혼란유발자들

The Chaos Machine

맥스 피셔 지음 **김정아** 옮김

Jpub
제이펍

혼란유발자들

1판 1쇄 발행 2024년 1월 11일

지은이 맥스 피셔
옮긴이 김정아
펴낸이 장성두
펴낸곳 주식회사 제이펍

출판신고 2009년 11월 10일 제406-2009-000087호
주소 경기도 파주시 회동길 159 3층 / **전화** 070-8201-9010 / **팩스** 02-6280-0405
홈페이지 www.jpub.kr / **투고** submit@jpub.kr / **독자문의** help@jpub.kr / **교재문의** textbook@jpub.kr

소통기획부 김정준, 이상복, 김은미, 송영화, 권유라, 송찬수, 박재인, 배인혜, 나준섭
소통지원부 민지환, 이승환, 김정미, 서세원 / **디자인부** 이민숙, 최병찬

진행 권유라 / **교정 · 교열** 강민철 / **표지 · 내지디자인** nu:n
용지 에스에이치페이퍼 / **인쇄** 한승문화사 / **제본** 일진제책사

ISBN 979-11-92987-70-5 (03300)
값 24,000원

제이펍은 여러분의 아이디어와 원고를 기다리고 있습니다. 책으로 펴내고자 하는 아이디어나 원고가 있는
분께서는 책의 간단한 개요와 차례, 구성과 지은이/옮긴이 약력 등을 메일(submit@jpub.kr)로 보내주세요.

차례

온라인 세상은 참 신묘합니다. 자그마한 스마트폰 하나만 있어도 물건을 사고, 금융 거래를 하고, 대화를 나누고, 소식을 주고받고, 교육을 받고, 게임을 하고, 볼거리를 즐기고, 그야말로 못할 게 없어 보입니다. 그런 활동의 토대는 수많은 플랫폼입니다. 특히 인스타그램, 틱톡, 네이버밴드, 카카오톡, 페이스북, 트위터, 유튜브 같은 소셜 플랫폼이 우리를 사로잡습니다. 우리를 다른 사람과, 세상과 이어주는 것 같거든요. 다양한 의견을 접하고 새로운 세상을 만나 삶이 풍요롭고 충만해질 것 같습니다. 그뿐인가요? 때로는 온라인 세상의 의견을 동력 삼아 오프라인 세상을 더 나은 곳이 되도록 혁신할 수도 있을 것 같습니다. 재미와 위로와 희망 속에, 우리는 점점 더 많은 시간을 온라인 세상에서, 소셜 플랫폼에서 보냅니다. 상시 접속 상태가 되죠. 모바일 덕분에 우리는 이제 화장실에서조차 접속 상태입니다.

그런데 소셜 플랫폼이 우리 삶을 풍요롭고 충만하게만 할까요? 세상을 더 나아지게만 할까요? 이 책은 바로 이 물음에서 시작합니다. 그 물음의 답을 찾아, 소셜 플랫폼을 낳은 실리콘밸리와 IT 기업가들이 추구하는 이상과 사고방식과 사업 모델이 무엇인지, 소셜 플랫폼이 더 많은 사용자의 눈과 귀를 사로잡고 붙잡아 두고자 우리 심리를 어떻게 이용하고 어떤 기능을 발전시켰는지, 소셜 플랫폼과 사용자가 상호작용하는 과정에서 초기의 이상이 어떻게 변질되고 어떤 폐해를 낳았는지, 결국은 소셜 플랫폼이 세계 곳곳에서 사용자를, 사회와 문화와 정치를 어떻게 바꿔놓았는지를 차근차근 다뤄갑니다. 그 과정을 따라가노라면, 우리 의지가 작용했다고 믿었던 여러 현상조차 한 꺼풀 벗기면 인간 심리의 약한 고리를 건드린 플랫폼 알고리즘의 장단에 맞춰 우리가 꼭두각시처럼 움직였던 흔적이 나옵니다. 이는 정의를 구현한다고 믿어 의심치 않았던 행동이 수익을 극대화하려는 알고리즘에 길든 결과물일 수 있다는 증거와 증언입니다.

이제 꼬리가 몸통을 뒤흔드는 상황이지만, 수익이 최우선인 소셜 플랫폼 기업들은 현실을 나 몰라라 합니다. 하기야 조용히 세상을 주무를 힘을 얻었는데 그 힘을 순순히 제 손으로 내놓을 리는 없겠죠. 결국 기댈 곳은 정책에 따른 규제인 것 같습니다. 그리고 이를 끌어낼 힘은 여론이고요. 그래서 저자는 묻습니다. 소셜 플랫폼의 편익이 폐해를 넘어서느냐고, 소셜 플랫폼이 화약고에 불을 지르는 불씨 노릇을 하지는 않느냐고, 자신도 모르게 알고리즘을 따라 토끼굴로 굴러떨어져 우리와 그들을 가르고 과격한 혐오를 내뿜어 우리 사회를 혼돈으로 몰아가지 않느냐고요. 여론이 그렇다고 답할 때, 그래서 소셜 플랫폼 기업을 압박할 때, 우리를 토끼굴로 끌어들이는 알고리즘을 끌 수 있다고요. 여러분의 답은 무엇인가요? 여러분의 답을 찾는 데 이 책이 조금이나마 도움이 되기를 바랍니다.

김정아 드림

이 책의 토대는 수많은 사람과 나눈 인터뷰다. 인터뷰 대상은 소셜미디어 연구자, 소셜미디어에 영향받거나 착취당한 사람, 맞서 싸운 사람, 실리콘밸리 종사자와 경영자들이었다. 본문에 이름과 직위를 밝힌 사람도 있지만 상황에 따라 어떤 이들은 가독성을 위해 이름과 직위를 본문이 아닌 주석에 실었다. 모든 인터뷰는 가명으로 남기를 요청한 진행자와 함께 녹음을 하며 진행했고, 인터뷰 대상자의 신원은 내가 급여 명세서와 기업 정보로 확인했다.

대담에서 제시한 모든 수치와 주장, 내가 직접 취재하지 않은 인용문은 주석에 나열한 여러 1차 자료, 학술 연구, 법원 기록으로 신빙성을 뒷받침했다. 몇몇 주장은 아직 발표되지 않은 학술 연구를 근거로 삼았고, 이때는 연구 결과, 방법론, 저자를 주석에 간단히 설명했다.

소셜미디어의 영향

페이스북 본사 건물에 들어서면 마치 바티칸에 들어선 듯한, 러시아 올리가르히oligarch는 저리 가라 할 은밀함과 화려함에 싸인 권력의 심장부에 들어선 듯한 기분이 든다. 페이스북은 MPK 21 건물 하나를 짓는 데만도 3억 달러를 쏟아부었다.[1] 2018년 후반, 널찍한 테라스와 정원이 있고 바람이 잘 통하는 이 유리 건축물을 방문했을 때 식당에서 모든 음식을 무료로 제공했다. 회의 중 잠시 쉬는 사이 둘러보니, 벽에 2층 높이로 그려진 벽화가 눈을 사로잡았다. 얼마 전 구겐하임미술관에 전시된 유명한 중국 화가의 그림이 떠올랐다. 홍보 담당자에게 일부러 그 화가의 화풍을 따라 그린 것이냐고 물었더니, 담당자가 조용히 웃었다. 벽화는 모작이 아니었다. 화가가 직접 페이스북 본사를 찾아 그린 원작이었다. 그런 화가들이 한둘이 아니었다. 값을 따지기 어려운 벽화 수십 점이 그려진 복도를 따라,[2] 엄청난 연봉을 받는 프로그래머들이 사방에서 서둘러 걸음을 재촉했다.

내가 페이스북을 방문할 수 있었던 것은 가방 속 입장권 덕분이었다. 세계 곳곳에서 입수한 1400쪽 넘는 내부 서류에 따르면, 전 세계 사용자 20억 명에게 정치 견해와 발언을 어느 선까지 허용할지를 페이스북의 보이지 않는 손이 정하고 있었다. 이 서류를 내게 건넨 내부자는 페이스북이 지구촌 곳곳에서 커지는 혼란을 악화시킬 뿐 아니라 만들어내기까지 하고 그런 혼란을 대충 땜질로 넘어가려 하는 것을 서류가 증명한다고 봤다. 나는 이 서류에 더 큰 의미가 있다고 봤다. 서류는 페이스북 경영진이 소셜미디어의 부상이 미친 영향을 이 어떻게 생각하는지를 보여주는 창이었다.

많은 사람이 그랬듯, 나도 처음에는 소셜미디어의 위험이 주로 선동가, 외국 정보요원, 가짜 뉴스 유포자 같은 악성 사용자에게서 비롯할 뿐, 다양한 플랫폼은 기껏해야 이미 존재하던 문제를 수동적으로 전파한다고 지레짐작했다. 하지만 내가 먼 타국에서 독재자, 전쟁, 정치·사회적 격변을 보도하고자 취재한 거의 모든 곳마다 이상하고 과격한 사건들이 소셜미디어와 관련되었다. 갑작스러운 폭동, 새로 등장한 과격 집단, 희한한 음모론을 맹신하는 광범위한 믿음에 모두 공통된 연결고리가 있었다. 아직 폭력으로 번지지 않았을 뿐 미국에서도 비슷한 일이 벌어지는 것을 부인하기 어려웠다. 트위터에 퍼진 음모론이 국내 정치를 흔들고, 레딧의 하위문화가 신나치주의에 휘말리고, 유튜브 중독자가 여러 명을 살해했다는 소식이 한 주도 빠짐없이 들려왔다.

2016년 미국 대선에서 예상과 달리 도널드 트럼프가 승리한 것도 어느 정도는 소셜미디어 때문이었다. 당시에는 플랫폼의 역할을 제대로 이해하지 못했지만, 온라인에서 왕성하게 활동한 극성 지지자와 이상한 풀뿌리 운동이 트럼프의 부상을 부채질했고 러시아 정보요원들이 현실을 왜곡하고 정체성을 채워주는 소셜미디어의 경향을 악용했다는 것은 이미 명백했다. 전 세계에서 나타난 이런 양상이 IT 기술의 밑바탕에 있는 무언가를 가리키는 듯했지만, 그것이 무엇인지, 왜 그런 양상이 벌어졌는지, 어떤 의미가 있는지를 내게 알려줄 만한 사람이 아무도 없었다.

그런데 지구 반대편 인도에서 제이컵(가명)이라는 젊은이가 나와 같은 의심을 품었다. 제이컵은 실리콘밸리가 더러운 일거리를 맡기는 대형 외주 업체 한 곳에서 계약직으로 일했다. 그 과정에서 위험을 발견했고, 최선을 다해 윗선에 알렸다. 상사들도 제이컵의 경고에 우려와 공감을 드러냈다고 한다. 그들도 제이컵과 같은 상황을 겪었다. 이들이 감독하는 제품에 무언 가 심각한 오류가 있었다.

깡마른 책벌레인 제이컵은 인터넷에 푹 빠져 자랐고 오랫동안 컴퓨터 를 다루어왔다. 제이컵이 보기에 IT 기술이야말로 미국을 가장 잘 드러내 는 상징이었다. 제이컵은 세상을 하나로 연결하면 더 나은 곳이 된다고 주 장한 페이스북 창업자이자 최고경영자(CEO) 마크 저커버그 같은 인터넷 거물들을 우러러봤다. 페이스북이 페이스북과 인스타그램의 사용자 콘텐 츠를 검수할 목적으로 세계 곳곳에서 계약한 외주 업체 한 곳에 취직했을 때는 역사의 일부가 된 듯한 기분이었다.

제이컵의 부서는 전 세계에서 올라온 수많은 게시물을 매일 샅샅이 확 인해 규정을 어겼거나 선을 넘은 게시물에 표지를 붙였다. 진이 빠지는 작 업이었지만, 제이컵은 자신의 업무가 중요하다고 여겼다. 그런데 2017년 하반기부터 2018년 상반기 사이에 혐오, 음모론, 극단주의에 빠진 게시물 이 날로 늘었다. 게다가 플랫폼이 선동적인 게시물을 더 널리 퍼뜨렸다. 보아하니 제이컵의 부서가 감독 업무를 맡은 수십 개 지역, 수십 개 언어에 서 동시에 그런 양상이 펼쳐지는 것 같았다.

그뿐이 아니었다. 플랫폼에서 무엇을 허용하고 무엇을 제거할지를 규 정한 수많은 비밀 규정집이 검수자에게 도움이 되기는커녕 늘어나는 혐오 와 선동을 억제하지 못하게 가로막았다. 20억 명이 넘는 페이스북 사용자 들은 대부분 알지 못하는 이 규정집은 플랫폼을 안전한 곳, 예의를 지키는 곳으로 유지하고자 자유로운 표현과 혐오 발언을 어떻게 구분할지부터 정치 운동의 경계를 어디까지 허용할지까지를 하나하나 명시했다. 하지만 플랫폼 자체가 부채질하기 일쑤인 폐해를 막기에는 불충분했을뿐더러, 페이스북이 이 따분한 업무를 일관성 있게 감독하지 않은 탓에 수백 쪽이 넘는 지침은 오락가락하고 자주 서로 충돌했다. 이를테면 테러리스트 모집을 식별할 때나 선거 논쟁을 감독할 때 참조할 지침 중 가장 중요한 사항에 오타, 오류, 명백한 결함이 수두룩했다. 그런 엉성한 일 처리와 빈틈은 제이컵이 중시한 업무가 매우 소홀한 취급을 받는다는 암시였다. 그것도 플랫폼에 극단주의가 넘쳐나 현실 세계에 점점 더 영향을 끼치는 판국에. 몇 달 전에는 유엔이 페이스북을 향해 미얀마에서 벌어진 끔찍한 집단 학살에 자사 기술이 이용되는데도 수수방관했다고 공식 비난을 발표했다.

제이컵은 소속 부서가 발견한 사실과 우려 사항을 정리해 상부에 보고했다. 여러 달이 그냥 흘러갔다. 온라인에서는 극단주의가 갈수록 더 기승을 부렸다. 제이컵은 멀리 미국 본사에서 답장이 오지나 않을까 시시때때로 모니터를 확인했다. 답은 오지 않았다. 그래서 방법을 하나 떠올렸다. 회사 보안 시스템을 뚫고 기밀 서류를 몰래 해외로 보낸 뒤 언론을 설득해 자기 대신 경보를 울리게 하는 것이었다. 목적은 오로지 하나, 페이스북 창업자이자 CEO 마크 저커버그에게 알리는 것이었다. 제이컵은 자신이 상부 책임자와 연락하지 못하는 까닭이 먼 거리와 관료주의 때문이라고 확신했다. 책임자들에게 연락만 할 수 있다면, 그들이 문제를 해결하려 들리라고 봤다.

2018년 초 제이컵이 내게 연락했다. 내가 아시아의 작은 나라 스리랑카 같은 곳에서 집단 폭력이 증폭하는 데 소셜미디어가 미친 영향을 꾸준히 조사해 보도한 연재물을 봤기 때문이다. 제이컵은 자신이 모니터에서 관찰한 문제가 사실일뿐더러 더 커지고 있고 때에 따라 치명적 결과를 낳는다는 확신을 얻었다. 하지만 자신의 증언만으로는 충분하지 않으리라는 것을 알았다. 사무실 컴퓨터에서 페이스북의 내부 규정집과 훈련 문서를 빼내야 할 터였다. 쉽지는 않을 일이었다. 회사는 컴퓨터 사용을 엄격히 통제했고 사무실을 철저히 단속했다. 하지만 불가능한 일도 아니었다. 그보다 1년 전 어떤 직원이 파일 몇 개를 《가디언The Guardian》에 전달했고, 나중에는 디지털 매체인 《바이스 뉴스Vice News》에 더 많은 파일이 유출되었다. 제이컵은 프로그램을 짜 파일을 몰래 빼낸 뒤 암호화했다. 자신이 누구인지는 물론이고 자신이 일하는 사무실이 어느 나라에 있는지도 추적하지 못하게 디지털 지문을 지웠다. 그리고 보안 서버를 거쳐 파일 몇 개를 내게 보냈다. 몇 주 뒤, 나는 인도로 날아가 제이컵한테서 나머지 파일을 얻었다.

내가 파일을 확보했다는 소식을 들은 페이스북이 매끈한 본사 건물로 나를 초대해 열 명 남짓한 정책 담당자와 대담 자리를 마련했다. 모두 대단한 전문가들이었다. 한 부류는 돈을 좇아 실리콘밸리에 합류하기 전 워싱턴 D.C.에서 대테러 활동이나 사이버 보안 전문가로 이름을 날린 사람들이었고, 다른 부류는 인권이나 정치 분야에서 대단한 경력을 쌓은 사람들이었다. 이들은 한때 플랫폼을 지배했던 지하실 해커나 대학 중퇴자들이 아니었다. 물론 뒤에서도 얘기하겠지만, 실리콘밸리 초창기에 해커나 중퇴자들이 기숙사에서 형성한 이념과 편견은 실리콘밸리의 여러 캠퍼스에서 여전히 종교에 가까운 신념으로 떠받들렸고, 기술 자체에 확고히 자리 잡아 더 넓은 세상으로 퍼져나갔다.

페이스북 본사에서 정책 담당자들과 대담하는 동안 이상한 양상이 이어졌다. 한 임원이 내게 자신들의 일과를 잡아먹는 골치 아픈 문제, 이를테면 플랫폼에서 테러리스트를 모집하지 못하게 막고, 정부에 적대적인 해커를 제압하고, 어떤 단어 조합이 폭력을 선동하는 용인할 수 없는 문구인지를 결정해야 하는 업무를 계속 보여줬다. 내가 몹시 민감한 질문을 던져도, 거의 모든 질문에 막힘없이 섬세한 답변이 나왔다. 해결하지 못한 문제는 그대로 인정했다. 페이스북이 터키의 쿠르드족 독립운동 단체에 어떤 정책을 취하는지, 필리핀의 타갈로그어로 작성된 혐오 발언 규정집을 어떻게 배포하는지를 물었더니 다들 노트를 뒤적이지 않고도 척척 답했다.

그래서 궁금해졌다. 담당자들이 이토록 성실하고 자질이 뛰어난데, 이들이 이토록 명확하게 사려 깊은 답을 내놓는 문제는 어째서 나빠지기만 할까? 인권 단체들이 페이스북 플랫폼 때문에 닥칠 위험을 경고하는데, 왜 페이스북은 걸핏하면 제대로 조처하지 못할까? 플랫폼의 작동 방식이나 인력, 예산을 거의 알지 못하는 나 같은 언론인조차 페이스북에서 비롯한 잔혹 행위와 사이비 집단을 찾아내는데, 왜 페이스북 담당자들은 그 사실을 몰랐다가 화들짝 놀랄까? 그런데 인터뷰마다, 플랫폼을 악용하는 악성 사용자에서 비롯한 위험이 아니라 플랫폼 자체에서 비롯한 위험을 물으면 담당자들이 심리적 장벽을 쳤다.

해외 정책 책임자에게 페이스북이 미친 영향을 물었더니 이런 답이 돌아왔다. "기자님이 본 악용 사례는 새로운 것이 아닙니다. 다만 소셜미디어 플랫폼 같은 매체의 증폭 능력이 달라졌을 뿐이죠."[3] 사이버 보안 책임자는 "우리 사회가 소셜미디어의 영향을 모두 이해하기에는 아직 때가 이릅니다"라며, 기술이 일으킬 주된 변화가 메시지를 더 빨리, 널리 퍼뜨려 의사소통의 마찰을 줄일 것이라는 기대를 내비쳤다.[4]

페이스북의 작동 방식을 이상하리만치 불완전하게 보여주는 그림이었다. 페이스북의 알고리즘과 설계가 일부러 사용자 경험과 자극을 형성하고, 따라서 사용자 자체를 형성한다는 사실을 페이스북 임직원 대다수가 거의 깨닫지 못하는 듯했다. 이런 요소는 페이스북의 핵심이다. 인터뷰 동안 수많은 프로그래머가 주변을 바삐 오간 것도 그래서였다. 마치 담배 회사에 찾아가 임원들을 만났더니, 자기네가 파는 자그마한 담뱃갑이 건강에 미치는 영향에 사람들이 왜 항의하는지 이해하지 못하겠다고 말하는 꼴이었다.

위기 대응을 감독하는 직원 두 명과 이야기할 때였다. 잠시 취재를 멈추고 내가 본 걱정스러운 상황을 경고했다. '수상한 외지인이 아이들을 납치해 성노예로 삼거나 장기를 꺼낸다'처럼 아무리 봐도 페이스북에서 생겨난 끔찍한 유언비어가 세계 곳곳에 등장했다. 지역 사회가 이런 소문에 점점 더 위험한 반응을 보였다. 인도네시아 시골에 페이스북과 왓츠앱으로 이런 소문이 퍼지자, 사람들이 떼로 모여 애먼 행인을 공격하는 사건이 아홉 개 마을에서 벌어졌다. 정체 모를 바이러스처럼 퍼져나간 유언비어가 평범한 공동체를 피에 굶주린 무리로 바꿔놓았다. 보아하니 소문 자체가 소셜미디어 플랫폼에서 만들어진 것 같았다. 귀 기울여 듣던 두 직원이 고개를 끄덕였다. 둘 다 질문은 하지 않았다. 한 직원이 언젠가는 독립된 연구자가 그런 상황을 들여다봤으면 좋겠다고 지나가듯 말했다. 우리는 다음 주제로 넘어갔다.

그런데 이런 유언비어가 페이스북에 갖가지 형태로 계속 등장했다. 미국판 유언비어는 처음에 인터넷 게시판 사이트 포챈4chan에 '큐어넌QAnon'이라는 이름으로 등장했다가 기름통에 던져진 성냥불처럼 페이스북을 덮쳤다. 결국 큐어넌은 추종자가 수만 명에 이르는 극우 음모론 운동으로 번졌고, FBI 내부 보고서에 테러 위험 단체로 지목되었다. 그런데도 페이스북의 추천 엔진은 큐어넌을 여느 단체와 다를 바 없다는 듯 내내 수많은 사용자에게 홍보해 큐어넌이 소수 정당 규모로 몸집이 커지는 데 힘을 보탰다. 아무리 봐도 가장 설득력 있는 이유는 큐어넌 콘텐츠가 계속 만들어내는 조회수였다.

그런데도 페이스북 본사의 벽화를 보면 페이스북을 선한 힘으로 보는 믿음이 굳건했다. 소셜미디어의 본질을 만들고 가다듬는 엔지니어들은 사람들을 온라인으로 유도해 더 많은 시간을 보내게 할수록 정신이 풍요로워지고 세상이 더 나아진다는 실리콘밸리의 핵심 이상을 유난히 굳게 믿었다. 페이스북 뉴스피드 무결성팀news feed integrity team의 고위 엔지니어는 "우리가 더 발을 넓힐수록, 더 많은 사람이 참여하게 할수록 위험이 더 커지죠. 하지만 사람들이 새로운 아이디어를 접할 기회도 더 커진다고 봅니다"라고 주장했다.[5] 또 사용자 참여를 최대로 늘리려는 홍보 활동 때문에 생긴 위험은 모두 기술로 없앨 수 있다고 장담했다.

내가 인터뷰한 페이스북 경영진은 페이스북 알고리즘의 위험을 대수롭잖게 여겼다. 그런데 나중에 듣자 하니, 사실은 페이스북이 미국 정치의 분열을 부채질한다는 의혹을 받자 내부 연구진을 선정해 자사 기술이 미치는 영향을 파악했고, 내가 방문하기 얼마 전 연구진이 발표 자료에서 "우리 알고리즘은 인간의 두뇌가 불화에 끌리는 성향을 악용합니다"라고 페이스북 알고리즘의 작동 방식을 경고했었다 한다.[6] 2020년에 《월스트리트 저널》에 유출되어 세상에 알려진 이 자료는 페이스북 시스템이 '사용자의 눈길을 사로잡아 플랫폼에 머무는 시간을 늘릴 목적으로 더 큰 분열을 부르는 콘텐츠'를 사용자에게 전달하게 설계되었다고 지적했다. 따라서 사용자에게 무엇을 보여줄지 선택하는 추천 시스템을 사용자가 온라인에 머무는 시간을 줄이는 쪽으로 수정하라고 요구했다. 페이스북 경영진은 조사 결과를 깔아뭉개고 권고안을 대부분 무시했다. 나는 페이스북 본사에 묻고 싶었다. '모든 정치 활동, 정보, 사회관계가 사람들의 관심을 조작하도록 설계된 온라인 플랫폼으로 전파되는 비중이 점점 더 커지는 상황은 어떤 영향을 미쳤는가?' 하지만 이 질문은 이곳에서 명백히 금기였다.

내가 페이스북을 방문한 지 몇 달 뒤, 실리콘밸리 역사에서 가장 강력한 비난이 소셜미디어에 쏟아졌다. 소셜미디어 대기업들은 의회 청문회, 해외 규제, 수십억 달러에 이르는 벌금, 강제 규제라는 위험에 맞닥뜨렸다. 유명 인사들이 소셜미디어 기업들이 우리 시대를 매우 심각하게 위협한다는 발언을 잇달아 내놓았다. 소셜미디어 수장들은 여론 악화에 대응해, 소셜미디어 서비스에서 비롯한 폐해에 맞서겠다고 맹세했다. 선거 공정성 상황실을 공개하고 콘텐츠 검토 정책도 개선했다. 하지만 사용자를 되도록 오랫동안 플랫폼에 붙잡아두는 비즈니스 모델과 이 목적을 달성하고자 고안한 기반 기술은 대부분 그대로 뒀다. 소셜미디어가 해결을 약속한 문제는 악화할 뿐이었고, 그 사이 소셜미디어는 사상 최고의 수익을 올렸다.

2020년대 들어 잇달아 위기가 닥쳤다. 코로나19 대유행, 미국에서 일어난 인종차별 자성과 이에 맞선 반발, 난폭한 새 극우 세력의 급부상, 미국 민주주의 자체를 파괴하려 한 시도. 이런 위기 하나하나가 모두 소셜미디어 플랫폼이 세상에 미치는 영향을 확인하거나 드러내, 오랫동안 쌓인 폐해를 알렸다.

2020년 여름, 인권 단체의 압박에 밀린 페이스북이 외부 기관에 감사를 위탁했다. 감사 결과, 페이스북 경영진이 내게 부인했던 모든 일이 사실로 드러났다. 페이스북의 정책은 선거를 훼손할 위험이 있는 잘못된 정보가 마구잡이로 퍼지게 허용했다. 알고리즘과 추천 시스템은 '극단주의를 증폭해 강화하는 반향실로 사람들을 떠밀어' 증오를 가르쳤다.[7] 보고서는 자사 제품이 수십억 사용자에게 어떤 영향을 미치는지 이해하지 못한 것이야말로 페이스북의 가장 큰 잘못이라고 지적했다.

그런데 소수나마 이미 페이스북의 영향을 이해하고, 우리가 귀 기울일 자세가 되기 오래전부터 우리에게 경고하려 애쓴 사람들이 있었다. 대부분 IT 기술에 푹 빠진 진정한 신봉자였고 더러 실리콘밸리 종사자도 있어, 무언가 문제가 있다는 사실을 일찌감치 알아채 조사하고 그 영향을 평가하기에 유리했다. 하지만 그런 통찰을 바라 마지않는다고 주장했던 기업들은 이들의 노력을 방해하고, 평판을 문제 삼고, 조사 결과에 이의를 제기했다. 경보를 울린 이들이 처음부터 옳았다는 사실을 마침내 어쩔 수 없이 인정해야 할 때도 암묵적으로만 인정했다. 조기 경보를 울린 이들이 조사에 사용한 방법은 적어도 처음에는 매우 달랐지만, 추구한 질문은 같았다. 과연 이 기술이 어떤 영향을 미칠까? 그 물음에 답하는 것이 이 책의 임무다. 답 중에는 그런 임무를 주도한 사람들의 입을 빌린 것도 있다.

소셜미디어가 선정주의와 폭력 행위를 조장한다는 초창기의 통념은 맞았다. 그런데 현실은 훨씬 더 심각했다. 수많은 학자, 기자, 내부 고발자, 관련 시민들이 차곡차곡 쌓은 증거로 보건대, 소셜미디어는 예상보다 훨씬 깊은 영향을 미친다. 우리 심리와 정체성에 매우 강력한 영향력을 행사하고, 우리 삶에 깊이 스며들어 사고방식, 행동, 인간관계를 바꾼다. 그 힘이 수십억 사용자를 거치며 증폭된 결과, 사회 자체를 바꾸었다.

우리 인간이 스스로 자기 이익을 가로막거나 해를 끼치는 심리적 취약점 자체가 실리콘밸리 탓이라 보기는 어렵다. 미국을 포함한 여러 곳에서 일어난 깊은 문화 양극화에 자극받아 사용자들이 소셜미디어라는 새로운 공간을 정쟁의 장으로 바꿨고, 그 바람에 행복이나 현실을 공유한다는 의식이 사라졌지만, 이것도 실리콘밸리 탓은 아니다. 소셜미디어 기업의 성공을 도운 첨단 IT업계가 어설픈 20대 풋내기에게 수백만 달러를 투자한 뒤 곧장 엄청난 수익을 요구하면서도 그런 투자 방식이 어떤 왜곡된 동기를 일으킬지는 나 몰라라 하지만, 그런 자금 조달 방식을 바탕으로 탄생했다 해서 소셜미디어 대기업이 비난받을 이유도 없다. 그러나 이들 기업은 인간 경험에 완전히 새로운 시대를 여는 과정에서 그런 업계의 경향과 인간의 약점을 악용해 역사상 가장 큰 기업 자산을 축적했다. 누군가 유심히 살펴봤다면 거의 틀림없이 예측할 수 있었겠지만, 세상은 이런 영향을 잘 알아차리지 못했다. 온라인에서 시간을 더 많이 보낼수록 더 행복하고 자유로워진다는 이념이, 역발상과 무모함, 천년왕국millenarian 같은 하위문화에 우리 마음을 움직이는 기업을 운영할 힘을 실어준 실리콘밸리 자본주의의 속성이 우리 눈을 가렸기 때문이다.

이들 기업은 사실상 통제 기관이 되었고, 적어도 어느 정도는 그런 기관처럼 행동하라고 압박받았다. 어느새 소셜미디어 기업은 자기네 탓도 있는 정치적, 문화적 위기의 한복판에 서 있다. 소셜미디어 기업들이 그런 힘 있는 위치를 차지하지 않았다면, 규제의 총구를 마주하기 전에 책임을 다했다면, 다달이 수십억 달러씩 들어오는 수입을 지킬 셈으로 거의 모든 단계에서 사용자의 안녕을 위태롭게 하지 않았다면, 그랬다면 자멸로 치닫는 민주주의의 잘잘못을 가리는 일을 고되기만 하고 보람 없다고 여길 수도 있겠다. 공장에서 독성 폐수를 강물에 쏟아내면 하류 소도시의 공동 우물로 흘러들 듯, 소셜미디어로 생기는 손실은 모든 인류가 떠안는다. 하지만 소셜미디어 대기업들에게는 자기네 제국 때문에 인류가 치러야 할 비용을 억제할 동기가 거의 없다. 그러니 이들을 대신해 그런 일을 담당할 사람은 경각심을 느낀 외부인과 실리콘밸리의 내부 고발자일 것이다.

1장

개미지옥에
빠지다

1. 정말로 하늘이 무너지고 있다

러네이 디레스타Renée DiResta는 젖먹이 아들을 무릎에 안고 페이스북을 보고 있었다. 그러다 깨달았다. 소셜미디어가 위험한 정보를 노출한다는 사실을. 그런 정보가 이미 자신과 아들에게 영향을 미치고 있었다. 가까운 지인 중에 아이를 키우는 사람이 없는 러네이는 초보 부모들의 온라인 육아 모임에 가입해 수면 훈련이나 젖니와 관련한 조언을 얻었다. 그런데 대개는 친절한 회원들이 주제 하나를 놓고 이따금 악플 전쟁을 벌여 게시물이 수천 개씩 올라오곤 했다. 러네이가 오프라인에서는 거의 접하지 못한 그 주제는 백신 접종이었다.

2014년 당시 러네이는 투자사의 스타트업 발굴 업무를 맡아 얼마 전 실리콘밸리로 이사했었다. 정보기관(내게 암시한 바로 보건대 CIA다)을 거쳐 월가에서 일한 러네이는 뼛속까지 분석가였다. 남들은 침대에서 십자말풀이나 할 한가한 시간에 머리가 녹슬지 않도록 복잡한 연구 과제를 살폈다.

호기심을 느낀 러네이는 온라인에서 마주한 백신 반대 운동이 더 광범위한 현상을 반영하는지 살펴봤다. 캘리포니아주 공중보건부 자료를 샅샅이 뒤졌더니, 아들을 입학시킬 곳으로 고려 중인 유치원들을 포함해 캘리포니아주 거의 모든 학교의 백신 접종률이 나왔다. 실상은 충격이었다. 어떤 학교는 접종률이 겨우 30%였다. "이게 도대체 무슨 일이지?" 10년 치 자료를 내려받아 살펴보니, 백신 접종률이 떨어지는 추세가 뚜렷했다. "이런 젠장, 정말 큰일이네."

접종률이 워낙 낮으니, 홍역이나 백일해 같은 질병이 발생할 가능성이 심각하게 컸다. 모든 아이가 위험에 놓여 있었다. 러네이는 주의원 사무실에 전화해 백신 접종률을 개선하도록 조처할 수 없는지 물었다. 직원한테서 그러기 어렵다는 답이 돌아왔다. "백신을 혐오하는 사람이 그렇게 많나요?" "그건 아니고요." 의원실의 여론조사에 따르면 응답자 85%가 학생들의 백신 의무 접종을 강화하는 법안을 지지했다. 그런데도 정책입안자들이 백신 반대 운동을 두려워했다. 이 운동의 주요 구성원이 극심한 공포와 분노에 사로잡힌 젊은 부모라 유난히 목소리가 컸기 때문이다. 보아하니 이 운동의 발원지는 트위터, 유튜브, 페이스북이었다.

"사실, 그 문제를 파헤치느라 이 토끼굴rabbit hole(토끼굴이란 소셜미디어 알고리즘에 의해 사용자가 편향된 콘텐츠만 반복해서 추천받아 빠져드는 현상을 말한다)에 빠지고 말았어요. 농담이 아니라, 여섯 달 동안 저녁 8시부터 새벽 2시까지 이 문제를 조사했으니까요." 러네이가 내게 말했다. 토끼굴이 러네이를 이끈 곳은 백신 반대 운동을 조종하는 보이지 않는 손이 아니라, 이 운동이 생겨난 소셜네트워크 자체였다. 러네이는 백신 의무화 법안을 지지한 캘리포니아 주민 85%를 끌어모을 셈으로 선택한 페이스북(이만한 곳이 또 어디 있을까?)에 그룹을 만들었다. 그런데 그룹 가입을 요청하려고 페이스북 광고를 샀더니 희한한 일이 벌어졌다. 페이스북의 광고 타깃 설정 도구에 '백신'은 물론이고 백신과 조금만 연관된 단어를 입력해도 백신에 반대하는 그룹과 주제가 압도적으로 많이 나타났다. 그뿐이 아니었다. 캘리포니아 엄마들에게 광고를 노출하도록 설정했더니, 광고를 본 사용자들이 백신에 반대하는 악담을 퍼부었다. 실제 사회에서는 백신 찬성 견해가 훨씬 많은데, 온라인에서는 정반대로 뒤집힌 것 같았다.

이유가 궁금해진 러네이는 페이스북의 백신 반대 그룹 몇 곳에 가입해봤다. 그런 그룹의 회원들은 소셜미디어에 푹 빠져 사는 듯 유튜브 클립을 퍼뜨리고 트위터에서 해시태그 캠페인을 조직했다. 대다수가 백신을 아이들의 팔뚝에 위험한 주사를 놓으려는 엄청난 음모로 여겨 진심으로 괴로워했다. 그런데 캘리포니아 주민 가운데 백신 반대주의자가 겨우 15%뿐이라면, 왜 페이스북에서는 이들이 이렇게나 득세할까? 러네이는 곧 페이스북이 이상하게 작동한다는 것을 알아챘다. 페이스북이 러네이에게 다른 백신반대 페이지를 잇달아 추천했다. "백신 반대 그룹 하나에 가입하면 판이 완전히 바뀌었어요." 페이스북이 백신과 관련해 추천하는 대상은 거의 모두 백신 반대론을 옹호했다. "추천 엔진이 그런 내용을 쏟아내고 또 쏟아내더군요."

페이스북은 머잖아 백신과 상관없는 다른 음모론 그룹, 이를테면 비밀 조직이 비행운을 이용해 독성 물질을 퍼뜨린다는 켐트레일Chemtrail, 지구가 평평하다고 믿는 플랫 어스Flat Earth에 가입해보라고 추천했다. 여기저기를 뒤지던 러네이는 페이스북이 잘못된 백신 정보를 퍼뜨리는 또 다른 방법을 찾아냈다. 광고 타깃 설정 도구가 그랬듯, 검색창도 '백신'을 입력하면 백신 반대 게시물과 그룹을 쏟아냈다.[1] 건강과 육아 부문에서 가입자가 더 많은 주류 그룹의 페이지는 추천 페이지를 한참 내려가야 나타났다.

러네이는 무슨 일이 벌어지는지 눈치챘다. 러네이는 어릴 때부터 컴퓨터에 강한 매력을 느꼈다. 아홉 살 때 생명공학자이자 암 연구자인 아버지에게 코딩을 배웠고, 1980년대 초에는 간단한 게임도 할 수 있는 타이멕스 컴퓨터를 갖고 있었다. 뉴욕에서 고등학교에 다니는 동안에는 창의적인 문제 해결과 수학의 깔끔한 절대 진리를 사랑해 마지않던 러네이의 관심이 공학으로 쏠렸다. MRI 연구소에서 인턴으로 일할 때는 뇌 스캔 영상을 처리하는 컴퓨터 프로그램의 작성을 도왔다.

"자기만의 방식으로 해법을 만들 수 있다는 생각이 정말 좋았어요. 나는 딱딱 맞아떨어지는 게 좋거든요. 논리정연한 거요." 게다가 컴퓨터는 재미있었다. 전화선을 이용한 인터넷 접속 서비스 업체 아메리카온라인(AOL)의 자유분방한 채팅방은 짜릿한 랜덤 채팅을 제공했다. 러네이가 좋아한 인더스트리얼 록 밴드 '나인 인치 네일스Nine Inch Nails'처럼 소수만 좋아하는 공동 관심사를 다루는 인터넷 토론장은 진짜 공동체 같았다. 대학 전공도 컴퓨터공학이었지만, 러네이는 석박사 학위를 밟지 않고 정보기관과 금융 분야에서 일하는 길을 택했다. 그런데 금융 위기가 닥쳤다. 혼란이 가라앉을 무렵 러네이가 구글에서 일하는 친구들에게 연락했다. 친구들이 "서부로 와"라고 권했다.

실리콘밸리에 온 러네이가 집중한 투자 분야는 하드웨어였지만, 소셜미디어와 관련한 정보도 익혔다. 그래서 페이스북을 탐색하던 중 발견한 현상을 이해할 수 있었다. 러네이는 페이스북 시스템이 음모론에 빠진 비주류를 그토록 많이 노출하는 까닭이 사용자 참여도 때문이라는 것을 알아챘다. 자동화 시스템이 판단하기에 사용자의 온라인 활동을 극대화해 광고를 더 많이 팔 수 있는 게시물이면, 소셜미디어 플랫폼은 내용에 상관없이 모두 상단에 노출했다. 백신이 안전하다고 믿는 아이 엄마는 온라인에서 백신 안전성을 토론하는 데 시간을 쏟을 이유가 별로 없다. 이런 엄마들이 가입하는 육아 그룹은 규모는 커도 생각이 비슷한 사람끼리 모여 비교적 조용하다. 하지만 러네이가 짐작건대, 의학계의 엄청난 음모가 아이를 위험에 빠뜨린다고 의심하는 엄마는 많은 시간을 들여 그런 주제를 조사할 것 같았다. 그런 엄마는 같은 편을 찾아 정보를 공유하고 백신 반대 행동을 조직할 가능성도 크다. 소셜미디어 플랫폼을 통제하는 인공지능(AI)이 내릴 결론은 명백하다. 건강 문제에 관심 있는 엄마들을 백신 반대 그룹에 가입시키면 온라인에서 시간을 훨씬 더 많이 보낼 것이다. 따라서 무슨 수를 쓰든 백신 반대 그룹을 홍보해 그런 사용자의 눈길을 끌면 사용자 참여도가 올라갈 것이다. 러네이의 짐작이 틀리지 않는다면, 페이스북은 극단적 백신 반대론자들이 제멋대로 활동하게 내버려두는 데 그치지 않았다. 그런 사람들을 만들어내고 있었다.

"내가 꼭 하늘이 무너질까 걱정하는 겁쟁이같이 느껴지더군요, 사람들이 '그건 소셜미디어 게시물일 뿐이잖아' 하는 표정으로 나를 바라봤어요." 하지만 러네이는 소셜미디어 플랫폼의 구조 자체에 문제가 있다는 것을 알아차렸다. 실리콘밸리에서 일하는 친구들도 러네이에게 모든 온라인 커뮤니티에서 이상하리만치 비슷한 폐해를 목격했다고 알렸다. 러네이는 공통된 동력이 작동하는 것을, 그 동력이 소셜미디어 깊숙한 곳 어딘가에서 공통으로 기원한다는 것을 알아차렸다. 소셜미디어가 학생 백신 접종 정책이나 비디오게임 통제처럼 한정된 사안에조차 이렇게 큰 영향을 미친다면, 더 광범위한 정치, 사회 문제에 영향을 미칠 때는 무슨 일이 벌어질까?

"페이스북을 들여다보며 이건 엄청난 재앙이 될 거라고 말했어요."

러네이는 이 여정을 따라 가며 이슬람국가(IS)와 러시아 정보총국의 행적을 살피고, 미국 국무부 회의실과 의회 증인석에도 섰다. 그리고 소셜미디어가 우리 모두에게 미치는 엄청난 영향을 깨닫게 되었다. 하지만 발단은 캘리포니아에서였다. 당시에는 러네이가 아직 깨닫지 못했지만, 온라인 비주류와의 싸움은 훨씬 심각하고 다루기 힘든 무엇을 나타냈다.

페이스북이나 유튜브 내부에 백신 거부를 조장하고 싶어 하는 사람이 없다는 것은 거의 확실했다. 소셜미디어 제국에서 백신 거부 그룹은 한 줌에 지나지 않아 이들이 내는 광고비는 푼돈일 가능성이 컸다. 2015년 저커버그는 이 문제를 페이스북에서 에둘러 답했다. "과학은 의심할 나위 없이 명확하다. 백신 접종은 효과가 있고, 우리 공동체 모든 사람의 건강에 중요하다." 하지만 백신 거부 운동의 기반이 된 기술을 움직인 동력은 CEO인 저커버그조차 넘어서기 어려운, 페이스북의 밑바닥에 깔린 문화적, 경제적 관습이었다.

2. 실리콘 갈라파고스

캘리포니아 중부 샌타클래라밸리는 1930년대까지만 해도 과수원과 통조림 공장밖에 없는 따분한 곳이었다. 그러던 1941년, 변화가 닥쳤다. 일본 해군의 진주만 공습을 계기로 일어난 잇단 사건들로, 이 후미진 지역이 인류 역사에서 손에 꼽게 부가 집중된 곳으로 탈바꿈했다.

십중팔구 본인들이 지어낸 실리콘밸리의 해커 신화나 기숙사 설화와 비슷한 점을 찾아보기 어려운 이런 변혁의 역사가 실리콘밸리의 문화적, 경제적 특성에 스며들어, 세상을 점점 더 크게 장악하는 상품들에 반영되었다. 그런 역사의 시작을 연 개척자는 오늘날 실리콘밸리의 엔지니어나 CEO만큼이나 중요한 역할을 한 군산 복합체였다.

진주만 공습 뒤 태평양 전쟁에 참전할 준비를 하던 미국 국방부는 또 다른 습격을 염려해 군수공장과 군사연구소를 아직 미개척지 분위기가 남은 서부 해안 곳곳으로 분산했다. 그중 하나가 샌타크루즈산맥을 방패막이 삼은 보호 구역에 자리 잡은, 사용이 뜸한 공군 기지 모펫필드였다. 제2차 세계대전은 머잖아 끝났다. 하지만 군수업체는 그대로 머물렀다. 미국과 소련의 대치가 갈수록 격해졌기 때문이다. 핵전쟁 준비에 나선 국방부는 방산업체에 인구 밀집 지역에 있는 필수 사업을 다른 곳으로 옮기라고 권장했다. 군용기 제조 대기업 록히드가 국방부의 뜻에 따라 미사일 부서와 군용기 부서를 한적한 샌타클래라밸리, 그중에서도 모펫필드의 제3격납고 바로 뒤로 옮겼다. 냉전 시대의 군비 경쟁이 대부분 이곳에서 수행되었다. 애플의 공동창업자 스티브 워즈니악도 그 시절 여느 아이처럼 부모가 날마다 록히드로 출근하는 모습을 지켜보며 자랐다.

군수업체만큼이나 중요한 역할을 한 다른 기관은 몇 킬로미터 떨어진 곳에 새로 들어선 범상치 않은 학술연구소였다. 프레더릭 터먼Frederick Terman은 당시에는 평범했던 스탠퍼드 대학교에서 심리학 교수로 일한 아버지 (옮긴이 저명한 심리학자 루이스 터먼Lewis Terman) 때문에 이곳에서 성장했고, 제2차세계대전 동안 하버드 대학교 연구소에서 군사–학술 공동 연구 사업을 감독했다. 그러다 이런 생각을 품고 고향으로 돌아왔다. '이런 연구 방식을 평화 시기에도 이어가서, 대학의 과학자들이 사기업과 협력하면 어떨까?' 터먼은 이렇게 기업과 학술연구자들이 협업할 수 있도록 스탠퍼드연구단지Stanford Research Park를 설립했다.

냉전으로 군수업체가 이미 바로 옆에 자리 잡고 있었으므로, 이 산학단지에 참가하려는 사람이 한둘이 아니었다. 대학 연구단지에 기업이 입주하는 이 결합은 돈이 되는 좋은 특허나 스타트업에 올라탈 기회라, 동부의 능력 있는 과학자와 대학 졸업생들을 끌어모았다. 대학 연구 기관은 적어도 이론상으로는 대체로 공공의 이익에 봉사한다. 스탠퍼드는 한발 더 나아가 학술 연구와 영리 활동의 경계를 허물었다. 이런 진전이 실리콘밸리의 핵심 세계관으로 자리 잡았고, 연구단지를 거쳐 간 무수한 기업에 흡수되어 널리 퍼졌다. 이 사고방식은 첨단기술 산업에서 크게 성공하는 활동과 인간의 복리를 늘리는 활동이 양립할 수 있을뿐더러, 두 활동이 하나라는 생각으로 이어졌다.

실리콘밸리를 연구한 역사가 마거릿 오마라Margaret O'Mara의 표현을 빌리자면, 샌타클래라는 이런 여건에 힘입어 1950년대에 '실리콘 갈라파고스'가 되었다.[2] 갈라파고스제도의 특이한 지형과 극도로 고립된 환경이 이 세상 어디에서도 보기 어려운 새와 도마뱀을 낳았듯, 실리콘밸리의 특이한 여건이 다른 곳이었다면 꽃을 피우지 못했을 여러 사업 방식과 세계관을 낳았다. 그리고 마침내 오늘날 페이스북, 유튜브, 트위터가 태어났다.

바다를 표류하다 어느 날 갈라파고스 해안에 상륙해 이곳 이구아나들의 시조가 되었을 어떤 이구아나처럼 우연히 샌타클래라로 옮겨와 반도체의 DNA를 심은 인물은 윌리엄 쇼클리William Shockley라는 괴팍한 공학자다. 동부 연구 기관에서 가장 유명하다 할 벨연구소에서 근무한 쇼클리는 새로운 반도체 트랜지스터를 개발한 공로로 1956년에 노벨 물리학상을 공동 수상했다. 전기 신호를 흘려보내거나 변환하는 이 자그마한 전기 소자는 현대 전자 기술의 기본 요소다. 쇼클리는 자기가 독자 개발한 트랜지스터가 벨연구소에서 공동 개발한 트랜지스터보다 뛰어나다고 확신했다. 쇼클리가 설계한 트랜지스터는 그때껏 트랜지스터에서 사용하던 저마늄 대신 실리콘을 사용했다. 노벨상을 탄 1956년, 어머니의 건강이 나빠졌다. 쇼클리는 어머니도 돌보고 트랜지스터 회사도 세우려고 고향으로 돌아왔다. 그

고향이 마침 모펫필드에서 10㎞쯤 떨어진 팰로앨토였다.

쇼클리는 벨연구소에서 함께 일했던 공학자들에게 합류를 요청했다. 그런데 별 성과가 없었다. 국방부에서 연구비를 지원받았는데도, 쇼클리가 까탈스럽고 오만하기로 소문이 자자했던 데다 샌타클래라가 후미진 곳이라 이름난 공학자들이 이주를 꺼렸다. 그래서 쇼클리는 대학 졸업장이 없거나 이민자이거나 유대인인 배경 탓에 보수적인 동부 보스턴에서는 기회를 잡기 어려웠던 재능 있는 엔지니어들을 채용했다. 그중에는 쇼클리와 마찬가지로 같이 일하기 힘든 이들도 있었다. 그런 특성 때문에 실리콘밸리 스타트업은 다듬어지지 않은 실력으로 좌충우돌해 자수성가하는 외골수의 활동지로 자리 잡았다. 이 유산의 영향으로 실리콘밸리의 미래 세대에서 사람을 싫어하는 중퇴자가 늘고, 폐해가 큰 쇼클리식 기업 문화가 사업 모델의 필수 요소로 은근슬쩍 용인된다. 그런데 회사를 세운 지 채 1년도 지나지 않아, 쇼클리가 채용한 인재들이 모두 회사를 떠났다. 직원들을 모욕하기 좋아하는 악취미, 남의 아이디어는 무조건 깎아내리는 편협함, 훗날 우생학을 신봉해 흑인을 유전적으로 열등한 종족이라 부르기까지 한 극단주의 성향을 더는 견디기 어려웠기 때문이다.[3]

그때까지도 동부가 반도체 산업의 중심지였으므로, 이 이탈자들에게서 쉽게 예상되는 경로는 혁신 기술을 들고 동부로 가는 것이었다. 그런데 이들은 동부에서 투자금을 받아, 장점이라고는 날씨밖에 없는 캘리포니아에 그대로 머물렀다. 이들이 마침 샌타클래라밸리에 자리 잡았으므로, 나중에는 반도체 투자는 물론이고 인재까지 이곳으로 몰린다. 이 작은 산업은 이미 록히드 때문에 샌타클래라에 자리 잡은 수많은 엔지니어에 힘입어 번창했다. 앞날이 밝기만 하다면 어떤 스타트업이든 뛰어난 직원을 구할 수 있었다. 게다가 엎어지면 코 닿을 데 있는 스탠퍼드연구단지 덕분에 최신 연구를 쉽게 확보할 수 있었다.

샌타클래라밸리가 산업의 세 가지 필수 요소인 인재, 자금, 기술을 계속 유입하면서도 바깥세상에 영향받지 않을 수 있었던 비결은 모험을 마다하지 않는 유별난 자금 지원 관행, 즉 벤처 자본주의였다.[4] 월가 자금은 대부분 샌타클래라와 거리를 뒀다. 외부 자본가 눈에는 반도체 제품이 너무 이해하기 어려울뿐더러 시장도 몹시 불투명했다. 장래성 있는 아이디어를 가려낼 능력이 있는 사람은 엔지니어뿐이었다. 바로 이들이 스타트업에 자금을 댔다. 새로운 제품이 설계되었다는 소식을 들으면, 신제품 개발 사업으로 쏠쏠하게 돈을 번 엔지니어들이 지분을 받는 대가로 실패 위험을 무릅쓴 종잣돈, 즉 벤처 자본을 댔다.

투자 계약은 자금 지원에 그치지 않았다. 유능한 벤처 자본가들은 대개 투자 손실을 막고자 이사회에 참석하고, 경영진을 선정하고, 더 나아가 창업자에게 조언도 건넸다. 이들은 자기가 신뢰하는 사람, 즉 지인 또는 자기와 비슷한 사람에게 자금을 대는 경향을 보였다.[5] 그 결과, 고립된 종일수록 다음 세대에서 형질을 더 뚜렷하게 발현하듯, 성공한 엔지니어 부류마다 자기네 강점, 편견, 맹점을 명확히 드러냈다.

반도체가 회로판으로, 컴퓨터로, 인터넷으로, 소셜미디어로 발전하는 동안, 각 기술이 몇몇 벼락스타를 배출했고, 이들이 다시 다음 벼락스타들에게 자금과 조언을 건넸다. 이 집단은 그 과정에서 상업적, 문화적 갈라파고스로 남아 경영 방식, 성공 요인, 기업이 고객과 세상에 져야 할 책임과 관련한 아주 독특한 관행을 마음대로 발전시켰다.

이런 사업 모델이 미친 영향은 그 기이한 특성 때문에 눈에 띄지 않다가, 쇼클리의 후계자들이 소셜미디어 대기업 형태로 우리를 간접적으로 통제하고서야 분명해졌다. 그런데 첫 조짐은 실리콘밸리가 어떤 반도체나 컴퓨터보다도 복잡한 하드웨어를 만지작거리기 시작한 2000년대 중반부터 이미 모습을 드러냈었다. 그 하드웨어는 인간의 마음이었다.

3. 뉴스피드에 반대한다

소셜미디어 시대의 새벽을 콕 집어 말해야 한다면 사람들은 2006년 9월을 꼽을 것이다. 대학 기숙사에서 만들어진 웹사이트 Facebook.com 의 운영자들이 사업 문제를 해결하려다 우연히 무언가를 발견했기 때문이다. 이들은 그런대로 성공한 소셜미디어업계에 2년 반 전 웹사이트를 열어 그럭저럭 많은 가입자를 확보했다. 사용자들은 개인 프로필만 관리할 뿐 다른 활동은 거의 하지 않았다. 당시 페이스북 사용자는 800만 명이었다. 음주 허용 나이(21세)도 되지 않은 꼬맹이들에게야 감격스러울 수치였지만 생존을 보장할 만큼은 아니었다. 당시 이미 참담한 실패작으로 판정받은 소셜네트워크 게임 〈프렌드스터〉의 이용자가 1000만 명이었다. 라이브저 널LiveJournal도 마찬가지였고, 오르컷Orkut은 1500만 명, 마이스페이스Myspace는 거의 1억 명이었다.[6]

페이스북의 경쟁 우위 두 가지가 이제 골칫거리로 보이기 시작했다. 깔끔한 디자인이 보기는 좋았지만, 광고로 도배된 라이브저널이나 마이스페이스보다 수익성이 낮았다. 대학생만 가입할 수 있어 대학가에서는 점유율이 높았지만, 이 시장은 한계가 있고 돈이 되지 않았다. 먼저 직장인으로 사용자를 확장하려 했지만, 가입하려는 사람이 거의 없었다. 체면을 중시하는 성인들이 대학생 애들이나 쓰는 웹사이트에 직장 생활을 적을 이유가 어디 있을까?

이용자 증가가 정체된 그해 여름, 동아줄이 나타났다. 야후가 페이스북에 기업 인수를 제안했다. 금액은 무려 10억 달러였다. 당시 인터넷 대기업 야후는 한 분기 매출로 적어도 10억 달러는 벌어들였다. 하지만 포털 사업이 점점 쇠락하자 새로운 성장 시장을 찾아 나섰다. 소셜미디어가 전망이 밝아 보였다. 그런데 업계 대다수의 예상과 달리, 저커버그가 여러 달 이어진 줄다리기 끝에 인수 제안을 거절했다. 저커버그는 스타트업이라는 롤러코스터에서 내리고 싶지도, 겨우 스물두 살에 고리타분한 대기업 야후에서 톱니바퀴로 살고 싶지도 않았다.[7] 밤새워 일하는 직원들이 20대에 은퇴할 기회를 가로막은 저커버그는 페이스북의 실적을 개선해야 한다는 압박뿐 아니라, 야후가 제시한 10억 달러가 적어 보일 만큼 크게 성공해야 한다는 엄청난 압박을 받았다.

저커버그는 1단계로 사용자를 직장인으로 확장한 뒤 2단계로 누구에게나 페이스북을 개방할 계획이었다. 하지만 직장인 사용자 확보에 실패하자 누구에게나 문을 여는 2단계의 성공이 불확실해졌다. 이런 조처가 대학생들을 몰아내면 도리어 역효과가 날 위험까지 있어 페이스북은 오랫동안 1단계에 머물렀다. 저커버그는 페이스북 홈페이지를 정비해 사용자들에게 친구들이 올린 게시물을 보여줬다. 이전까지는 친구나 그룹의 활동을 모두 손수 찾아봐야 했다. 이제는 한 친구가 결혼/연애 상태를 바꾸고, 다른 친구가 구내식당 피자가 맛없다는 게시물을 올리고, 또 다른 친구가 이벤트를 만들면, 이 모든 활동이 사용자의 홈페이지에 떴다.

최신 소식을 계속 알려주는 이 기능은 '뉴스피드'였다. 페이스북은 뉴스피드를 지인이 모두 참석하는 끝없는 파티로 소개했다. 그런데 누구나 남의 디지털 생활을 속속들이 볼 수 있는 팬옵티콘panopticon에 강제로 들어간다고 느낀 사용자들이 있었다. 페이스북 여기저기서 '페이스북 뉴스피드에 반대하는 학생들' 같은 그룹이 생겨났다. 이들이 어떤 행동에 나서지는 않았다. 그룹 가입이 곧 뉴스피드에 반대한다는 신호였다. 그게 다였다. 그런데 누군가가 그룹에 가입할 때마다, 뉴스피드가 그 사용자와 친구 관계인 모든 사용자에게 이 소식을 알렸다. 친구가 마우스를 누르면 그 친구도 그룹에 가입할 수 있고, 그러면 다시 이 친구의 친구들에게 피드가 갔다. 몇 시간 만에 뉴스피드에 반대하는 그룹들이 사방으로 퍼졌다. 한 그룹은 첫날에 가입자가 10만 명을 넘겼고, 한 주 만에 거의 100만 명에 이르렀다.

사용자 가운데 실제로 그룹에 가입한 사람은 소수였다. 하지만 뉴스피드가 빠르게 퍼지면서 압도적 다수처럼 보였다. 설렁설렁 누른 '그룹 가입'을 뉴스피드가 '뉴스피드에 반대한다'나 '페이스북을 혐오한다' 같은 열띤 목소리로 바꿔놓았다. 겉으로는 분노가 널리 퍼진 듯 보여도, 실제로는 착시현상이었다. 그런데 우리 마음 깊숙한 곳에는 순응하려는 본능이 흐른다. 심리학자들에 따르면, 사람은 어떤 문제에 의견이 하나로 모였다고 생각할 때 그 뜻을 따를뿐더러 그런 정서를 자기 것으로 체화한다.[8]

머잖아 분노가 행동으로 바뀌었다. 페이스북 고객센터에 이메일이 빗발쳤다. 다음 날 아침에는 위성 TV 트럭들이 페이스북의 팰로앨토 사무실을 에워쌌다. 경찰이 이렇게 큰 논란을 일으킨 기능을 꺼달라고 요청할 만큼 항의 시위자가 많이 모여들었기 때문이다. 페이스북 내부에서도 뉴스피드를 중단해야 한다고 동의하는 사람들이 있었다. 저커버그가 페이스북에 "무슨 말인지 알겠으니, 진정하고 한숨 놓으세요"[9]라고 무뚝뚝한 공개 사과를 내놓고서야 위기가 가라앉았다. 그런데 페이스북 임직원들이 역설적인 사실을 깨달았다. 사용자들이 비난한 바로 그 서비스 덕분에 사용자들의 분노가 증폭되었다는 것이다.

디지털 세계에서 일어난 그런 증폭은 페이스북 사용자는 물론이고 경영진까지 깜빡 속여 플랫폼에서 가장 큰 목소리가 모든 사람을 대표하는 목소리라고 잘못 인식하게 했다. 또 곧 사그라지고 말았을 분노를 활활 타오르는 들불로 키웠다. 그런데 이런 증폭이 또 다른 큰 영향을 미쳤다. 사용자 참여도를 끌어올린 것이다. 그것도 아주 높이. 소셜미디어 산업은 사용자 참여도가 성공의 주요 척도다. 더군다나 페이스북은 야후의 10억 달러짜리 인수 제안을 거절한 것이 오만이 아니었다는 것을 어떻게든 증명하고 싶었으므로, 뉴스피드가 일으킨 왜곡을 그저 묵인하는 데 그치지 않고 두 팔 벌려 반겼다. 그리고 곧이어 누구에게나 가입을 허용했다(옮긴이 정확히는 아동 보호를 위해 만 13세 이상으로 연령을 제한한다). 직장인으로 사용자를 확장하려 할 때는 거의 꿈쩍도 하지 않던 사용자 증가율이 600~700%까지 폭발했다. 사용자가 페이스북에 머무는 평균 시간도 가파르게 늘었다. 겨우 13개월 뒤인 2007년 가을, 페이스북의 기업 가치는 껑충 뛰어 150억 달러가 되었다.[10]

나는 이때가 실리콘밸리에 모놀리스Monolith가 나타난 순간이라고 생각한다. 스탠리 큐브릭의 〈2001: 스페이스 오디세이〉에서 침팬지 무리 앞에 검은 돌기둥이 나타나 별안간 도구를 사용하는 법을 깨닫게 하는 장면과 비슷한 순간 말이다. 페이스북은 이 돌파구를 발판 삼아, 그때껏 저 멀리 앞서갔던 경쟁사들을 훌쩍 뛰어넘었다. 어떤 회사들은 새로 등장한 세대에 밀려 사라졌다.

페이스북이 뉴스피드를 출시한 2006년에는 미국 성인 11%만 소셜미디어를 사용했다.[11] 페이스북 사용자는 2~4%였다. 10년이 채 지나지 않은 2014년, 미국인 62%가 소셜미디어를 사용했고, 페이스북, 유튜브, 트위터를 두루 이용했다. 버락 오바마 대통령의 두 번째 임기가 절반 가까이 지난 그해, 미국인은 의미심장한 문턱을 넘었다. 페이스북 계정이 활성 상태인 미국인 2억 명의 하루 평균 페이스북 이용 시간이 40분에 달해, 사람들과 직접 어울리는 시간 38분을 넘어섰다. 2년 뒤인 2016년 여름에는 미국인 거의 70%가 페이스북을 이용했고, 하루 평균 이용 시간도 50분으로 늘었다.[12]

이런 체계가 많은 사용자를 매우 효과적으로 끌어모은 덕분에, 물리적 제품이나 고객 서비스가 거의 없는 무료 웹 서비스 기업 페이스북이 2016년 시장 가치에서 세계 유수의 금융기업 웰스파고를 넘어섰다. 페이스북은 그해 GE와 JP모건 체이스를 따라잡았고, 이듬해인 2017년 말에는 엑손모빌까지 앞질렀다. 그 뒤로 지금껏 세계 1, 2위를 다투는 기업은 페이스북, 그리고 자회사 유튜브의 광고 수익으로 많은 매출을 올리는 무료에 가까운 웹 서비스 기업 구글이다.

이들 기업은 소셜미디어 기술의 잠재적 폐해가 뚜렷해진 뒤에도 한참 동안, 자기들은 사용자의 욕망에 봉사할 뿐 영향을 미치거나 교묘하게 조작하지 않는다고 주장했다. 그러나 소셜미디어의 서비스에는 처음부터 그런 조작이 내재했다.

4. 슬롯머신

"페이스북이 성공하기 시작할 무렵 사람들이 나한테 와서 '나는 소셜미디어를 안 해요.'라고 말하곤 했습니다."[13] 스물네 살에 페이스북 초대 회장이 된 숀 파커가 2017년 인터넷 매체 악시오스가 주최한 행사에서 한 말이다. "그러면 내가 이렇게 말했죠. '좋아요, 그런데 하게 될 겁니다.' 그러면 사람들이 이러더군요. '아뇨, 아뇨. 나는 실제 소통을 소중하게 여겨요. 현재가 중요하고, 실재가 중요하고, 친밀함이 소중해요.' 그럼 내가 결국은 가입하게 되실 거라고 말했죠.

1990년대에 등장한 실리콘밸리 세대가 흔히 그렇듯, 파커도 해커로서 자부심이 컸다. 그때는 해커가 대항문화를 상징하는 멋진 용어였다. 해커 대다수가 실제로 기업용 소프트웨어를 만들었다. 이와 달리 파커는 파일 공유 서비스인 냅스터Napster를 공동 창업했는데, 냅스터는 출시 2년 만에 잇단 소송으로 문을 닫았다. 사용자들이 불법 복제 음원을 무지막지하게 퍼뜨려 음악 산업에 돌이킬 수 없는 피해를 줬기 때문이다. 파커는 자기가 온라인 활동에 무기력했던 음악업계의 틈을 노렸던 덕분에 음악 산업이 진화할 수 있었다고 주장했다. 하지만 음악업계의 많은 음악인과 경영자는 파커를 기생충으로 봤다.

파커가 설명했듯이 페이스북의 전략은 냅스터의 전략과 그다지 다르지 않았다. 다만 페이스북이 이용한 것은 음악 산업의 빈틈이 아니라 인간의 마음이었다. "이런 애플리케이션을 만들 때 반영된 사고 과정의 핵심은 '어떻게 해야 사람들의 시간과 주의력을 최대한 많이 소비할 수 있을까?'였습니다. … 그러려면 누군가가 사진이나 게시물에 '좋아요'를 누르거나 댓글을 달았을 때 이따금 사용자를 도파민dopamine에 살짝 취하게 해야 합니다. 그러면 사용자가 더 많은 콘텐츠를 올릴 테고, 따라서 '좋아요'와 댓글을 더 많이 받겠죠." 파커는 이런 현상을 '사회적 인정의 되먹임 고리social- validation feedback loop'라 불렀다. "인간 심리의 취약점을 이용하는 것이니 딱 나 같은 해커가 떠올릴 만한 일이죠." 파커에 따르면 파커도 저커버그도 처음부터 이 약점을 알고서 이용했다고 한다.

실리콘밸리는 이런 악용을 추한 비밀로 여기기는커녕, 사업 성장을 도울 흥미로운 도구로 거리낌 없이 검토했다. 그럴 때 쓰는 업계 용어가 '설득persuasion'이다. 여기서 설득이란 기업 수익에 보탬이 되는 방식으로 행동을 바꾸도록 소비자를 길들이는 작업이다. 스탠퍼드 대학교는 1997년부터 설득기술연구소(Persuasive Tech Lab (옮긴이) 현재는 행동설계연구소Behavior Design Lab로 이름이 바뀌었다)를 운영했다. 2007년 가을 학기에 이 연구소 학생들은 연구 과제 수행으로 총 100만 달러에 이르는 광고 매출을 올렸다.[14]

실리콘밸리의 저명한 상품 컨설턴트 니르 이얄Nir Eyal이 2014년 펴낸 책 《훅: 일상을 사로잡는 제품의 비밀》(유엑스리뷰, 2022)에서 물었다. "생산하는 것이라고는 화면에 띄우는 보잘것없는 코드뿐인 기업들은 어떻게 사용자의 마음을 조종할까?" 이얄은 "우리 행동은 누군가가 설계한 것이다"고 설명한다. 트위터와 유튜브처럼 "우리가 버릇처럼 사용하는 서비스들이 설계자의 의도에 맞춰 우리의 일상 행동을 바꿔놓는다."

이얄은 슬롯머신을 자주 예로 든다. 슬롯머신은 이용자의 모든 행동마다 시각, 청각, 촉각 자극을 돌려주도록 설계되었다. 코인을 넣으면 탱, 손잡이를 당기면 철컥, 손잡이를 놓으면 번쩍번쩍 갖가지 색을 내뿜는 화면, 이런 과정을 러시아 생리학자 이반 파블로프의 이름을 따 파블로프의 조건형성이라 부른다. 파블로프는 개에게 먹이를 줄 때마다 종을 울렸다. 그랬더니 나중에는 개가 종소리와 먹이를 별개로 구분하지 못하고 종소리만 들려도 위에서 꼬르륵 소리를 내고 침을 줄줄 흘렸다. 슬롯머신도 같은 방식으로 작동해, 사용자의 뇌가 승리의 짜릿함을 요란한 기계음과 하나로 여기도록 길들인다. 처음에는 손잡이를 당기는 행위가 아무런 의미가 없지만, 나중에는 그 자체로 즐거움이 된다.

이런 길들이기가 일어나는 이유는 신경전달물질인 도파민 때문이다. 파커가 언급한 바로 그 물질 말이다. 우리 뇌는 생리적 욕구(배고픔, 섹스)

나 사회적 욕구(애정, 인정) 같은 기본 욕구가 채워질 때 도파민을 소량 분비한다. 어떤 행동이 도파민 분비를 촉진하면 도파민은 기분 좋은 연상을 일으켜 그 행동을 반복하게끔 우리를 길들인다. 이런 도파민 보상 체계가 자기 파괴적 행동에 장악당하면, 우리는 그 행동을 반복할 수밖에 없다. 그래서 '한 판 더'를 외치고, 술을 들이붓고, 앱을 들여다보며 불행을 느낄 때조차 몇 시간째 화면을 닫지 못한다.

도파민은 소셜미디어의 공범, 우리 뇌 내부의 첩자다.[15] 그래서 스마트폰에도 슬롯머신처럼 화려한 알림 배지, 쉭 소리가 나는 효과음, 부드러운 진동이 가득하다. 이런 자극 자체는 신경학적으로 의미가 없다. 하지만 친구에게 문자를 보내거나 휴대폰을 들여다보는 것 같은 행동과 짝을 이루면 자연스럽게 효과가 나타난다.

소셜 앱은 배고픔이나 탐욕보다 더 강력할 수 있는 충동인 연결 욕구를 장악한다. 이얄은 가상의 여성 바브라가 페이스북에 들어가 친척이 올린 사진을 보는 모습을 묘사한다. 더 많은 사진을 살펴보고 댓글을 달수록, 바브라의 뇌는 페이스북에 접속할 때 나는 소리와 화면을 사랑하는 사람들과 연결된 느낌에 결부시켰다. "시간이 지날수록 바브라는 페이스북에서 사회적 연결을 바라는 욕구를 연상하기 시작한다." 그래서 페이스북을 사용하는 행동으로 연결 욕구에 대응하지만, 실제로는 욕구를 좀체 충족하지 못한다.

페이스북의 뉴스피드가 돌파구를 열자, 머잖아 주요 소셜미디어 플랫폼들이 간헐적 가변 강화intermittent variable reinforcement에 집중했다. 이얄이 카지노의 강력한 비결이라 부른 이 개념은 듣기에만 난해할 뿐, 말도 안 되게 간단하다. 심리학자 B. F. 스키너B. F. Skinner가 밝혀낸 바에 따르면 실험 참가자에게 간단한 문제 풀이 같은 반복 과제를 주고 풀이를 마칠 때마다 보상하면 참가자가 대체로 순응하지만, 보상을 끊으면 실험 참가자도 곧바로 문제 풀이를 멈춘다. 그런데 보상을 어쩌다 한 번씩만 주고 규모도 무작위로 바꾸면 참가자가 훨씬 성실하고 끈덕지게 과제를 완수한다. 그뿐 아니라 보상이 완전히 끊기고 한참이 지나도 보상 가능성에 강박적으로 매달리는 듯 계속 과제를 끝마친다.[16]

슬롯머신은 이런 심리적 약점을 이용해 놀라운 효과를 낸다. 상금이 얼마일지 예측하기 어려우니 멈추기가 더 어렵다. 소셜미디어도 같은 방식으로 작동한다. 트위터에 글을 올리면 좋아요, 리트윗, 답글 같은 커다란 사회적 보상을 얻을 수도 있지만, 아무런 보상도 얻지 못할 수도 있다. 어떤 결과가 나올지를 전혀 모르면 손잡이를 그만 당기기가 더 어렵다. 간헐적 가변 강화는 도박과 중독뿐 아니라 학대 관계까지도 효과적으로 정의하는 특성이다. 학대자는 친절함과 잔인함 사이를 종잡을 수 없이 오가, 상대가 같은 행동을 해도 어떤 때는 애정을 보였다가 어떤 때는 벌을 준다. 이런 관계가 이어지면 외상성 애착trauma bonding이 나타날 수 있다. 희생양이 된 상대는 도박꾼이 슬롯머신에 계속 코인을 집어넣듯, 페이스북 중독자가 페이스북을 끊기 어렵듯, 더 외로워질 뿐인데도 자기도 모르게 강박적으로 긍정 반응을 얻으려 한다.

더구나 소셜미디어에 게시물을 올리는 행위를 여러분과 보는 사람들 사이의 순수한 소통으로 느끼더라도, 보이지 않는 중요한 차이가 하나 있다. 온라인에서 플랫폼은 보이지 않는 중개인처럼 움직인다. 사용자의 게시물 중 어떤 게시물을 누구에게 어떤 맥락에서 퍼뜨릴지를 플랫폼이 결정한다. 게시물을 올리면 사람들이 좋다고 찬사를 보낼 수도 있고, 질색해 야유할 수도 있고, 아무런 반응을 보이지 않을 수도 있다. 플랫폼의 결정 방식이 보이지 않으니, 어떤 반응이 나올지를 전혀 모른다. 그저 환호, 야유, 적막 중 하나라는 것을 알 뿐이다.

일상에서 좀처럼 접하기 어려운 슬롯머신과 달리, 소셜미디어 앱은 그야말로 손쉽게 접속할 수 있는 상품이다. 주머니에 쏙 들어가는 이 카지노는 조금이라도 행복이 줄면 역사상 가장 널리 퍼진 슬롯머신의 손잡이를 당기도록 서서히 우리를 길들인다. 미국인은 하루 평균 150번씩 스마트폰을 확인하고,[17] 대개는 소셜미디어를 열어 본다.[18] 우리가 이렇게 행동하는 까닭은 강박적으로 소셜미디어 앱을 확인하면 행복해져서가 아니다. 2018년에 한 경제학자팀이 소셜미디어 사용자들에게 4주 동안 계정을 비활성화하는 조건으로 다양한 액수를 제시했다. 목적은 적어도 절반이 그렇게 하겠다고 답하는 한계점을 알아보는 것이었다. 한계 액수는 180달러로 높았다. 그런데 비활성화를 경험한 사람들이 더 행복하고 덜 불안하고 삶의 만족도가 더 높았다. 이들은 실험이 끝난 뒤 소셜미디어 앱을 이전보다 덜 사용했다.[19]

왜 실험 참가자들은 자신을 불행하게 하는 상품을 그토록 포기하지 않으려 했을까? 경제학자들은 냉철하게 실험 참가자들의 행동이 차선의 소비 선택으로 이어지는 '일반적인 습관 형성 모델', 즉 중독에 일치한다고 적었다. 달리 말해 실험 참가자들이 자기 이익에 어긋나게 행동하도록 길들었다는 뜻이다.

5. 자존감 배터리

뉴스피드를 출시한 지 1년 뒤인 2007년, 페이스북의 한 개발진이 '멋져요 버튼awesome button'이라는 것의 모형을 만들었다. '멋져요'는 다른 사용자의 게시물에 클릭 한 번으로 공감을 표현할 수 있는 버튼이었다. 저커버그는 이 버튼이 생기면 사용자가 댓글 달기 같은 활동에 덜 참여하리라고 보고 여러 번 퇴짜를 놓았다. 뉴스피드 개발자 중 한 명이자 나중에 페이스북 부사장이 된 앤드루 보즈워스Andrew Bosworth에 따르면 이 아이디어는 "저커버그한테 워낙 숱하게 퇴짜를 맞아 저주받은 프로젝트라고들 여겼다."[20] 아무런 진전 없이 1년 반이 지난 뒤 새 팀이 업무를 넘겨받았을 때는 버튼 이름이 '좋아요Like'로 바뀌었다. 보즈워스가 올린 개발 뒷이야기에 따르면, 사용자 테스트를 해보니 '좋아요' 버튼이 오히려 댓글 수를 늘렸다. 결과를 본 저커버그는 반대 의견을 누그러뜨렸다.

2009년 2월, 스물세 살에 페이스북에 합류해 얼마 뒤부터 '좋아요' 버튼 개발에 몰두했던 상품 개발자 리아 펄먼Leah Pearlman이 '좋아요' 버튼의 도입을 알렸다. 펄먼은 이 버튼을 "친구가 페이스북에 공유한 게시물이 좋다는 말을 클릭 한 번으로 쉽게 알릴 방법"으로 소개했다. 접속량이 내부 예상치를 훨씬 웃도는 수준까지 치솟았다. 그런데 사용자의 행동도 바뀌었다. 니르 이얄과 숀 파커처럼 소셜미디어 중독 문제를 고심한 모든 사람이 보기에 '좋아요' 버튼 개발은 뉴스피드와 여러 후속 개발이 그랬듯 소셜미디어 기업이 매우 강력한 심리적 해킹을, 실체를 모른 채 우연히 발견한 또다른 사례였다.

이 작은 버튼의 매력과 소셜미디어의 힘은 대부분 사회성 계량기sociometer라는 것을 이용하는 데서 비롯한다. 사회성 계량기라는 개념은 심리학지 마크 리리Mark Leary가 던진 '자존감의 용도는 무엇인가?'라는 물음에서 나왔다. 우리가 자존감이 낮아서 느끼는 괴로움은 모두 스스로 만든 것이다. 리리는 자존감이 미치는 엄청난 심리적 비용을 능가하는 이익이 없다면, 그런 유별나고 고통스러운 취약점을 발전시키지 않았으리라고 봤다. 지금은 널리 알려진 리리의 이론에 따르면 자존감은 "사람이 사회관계에서 남들에게 가치 있고 인정받는다고 인식하는 정도를 알려주는 심리적 척도"다.[21]

인간은 손에 꼽게 복잡한 사회적 동물이다. 우리는 인간과 비슷한 영장류에 견줘 훨씬 큰 공동체에서 우두머리 없이 살도록 진화했다. 이때 공동체의 최대 규모는 약 150명이다.[22] 개인으로서 우리가 번창하는 능력은 모든 구성원 사이의 관계는 물론이고 149개의 관계를 얼마나 잘 헤쳐 나가느냐에 달렸다. 집단이 우리를 가치 있게 여기면 지지, 자원, 그리고 십중팔구 짝도 기대할 수 있다. 반대로 가치를 인정받지 못하면 그런 혜택을 전혀 누리지 못할 것이다. 가치 인정은 육체적으로든 유전적으로든 생존이 걸린 문제였다.

수백만 년 동안 그런 압력이 평판에 예민하게 반응하고 평판을 최대로 높이는 데 능숙한 사람을 선택했다. 인류학자 브라이언 헤어Brian Hare는 《다정한 것이 살아남는다》(디플롯, 2021)에서 이런 현상을 "가장 다정한 자의 생존"이라 불렀다.[23] 그래서 발달한 것이 사회성 계량기, 즉 공동체에서 다른 사람이 나를 어떻게 인식하는지를 자신도 모르게 살피는 성향이다. 우리는 그런 정보를 자존감, 그리고 관련 감정인 자긍심, 수치심, 불안의 형태로 처리한다.[24] 이런 감정 때문에 우리는 공동체에서 가치를 인정받을 행동은 더 많이, 그렇지 않은 행동은 덜 한다. 이런 감정의 가장 중요한 목적은 그런 동기가 자신한테서 나온 듯 느끼게 하는 것이다. 우리가 사회적 압력에 대응한다는 사실을 의식 수준에서 깨닫는다면 사회적 행동을 마지못해 또는 비아냥거리며 수행해 설득력이 떨어질 것이다.

이제는 여러 형태로 모든 플랫폼에 존재하는 페이스북의 '좋아요' 기능은 사회성 계량기에 연결된 배터리와 같아, 누구든 짜릿한 전기 흐름을 통제하는 사람에게 우리 행동을 조종할 엄청난 권력을 준다. '좋아요'는 우리가 아주 많은 에너지를 쏟아 얻으려 하는 사회적 인정을 제공한다. 그것도 지금껏 인간 경험에서 알려진 적이 없는 속도와 규모로. 오프라인에서는 사회적 인정을 받는 일이 비교적 드물다. 더 큰 공동체에 자기 가치를 알리는 가장 강력한 형태의 승인인 공개적 인정은 훨씬 더 드물다. 오프라인에서 50명, 60명, 70명에게 마지막으로 박수를 받아본 적이 언제인가? 그런 일이 있었더라도 아마 몇 년에 한 번쯤이었을 것이다. 소셜미디어에서는 그런 일이 날마다 일어난다.

게다가 소셜미디어 플랫폼들은 게시물 아래 좋아요, 공유, 추천 횟수를 알려주는 강력한 한 방을 더했다. 이 수치는 발언 하나하나에 대한 사회적 인정을 실시간으로 정량화한다. 이력서를 올리는 게시판인 링크드인이 그 덕분에 소셜네트워크 사이트가 되어 마이크로소프트에 262억 달러에 팔렸다. 스탠퍼드 대학교 설득기술연구소 소장 B. J. 포그B. J. Fogg는 "당시에는 링크드인으로 할 만한 것이 없었지만, 단순한 아이콘이 실패자처럼 보이고 싶지 않은 사람들의 욕망을 툭툭 건드리는 강력한 효과를 일으켰다"고 평가했다.[25] 그러나 2020년 들어서는 트위터의 공동창업자이자 당시 CEO이던 잭 도시Jack Dorsey조차 '좋아요' 버튼, 특히 "숫자와 연동된 '좋아요' 버튼"을 만들어낸 사고방식을 의심하기에 이르렀다고 인정했다.[26] 도시는 이 기능을 없앨 생각은 없지만, 이 기능이 "위험을 초래할 자극"을 만들었다고는 인정했다.

사실 이 자극은 매우 강력해 뇌 촬영 영상에서도 나타난다. '좋아요'를 받으면, 우리 뇌에서 도파민을 활성화하는 영역인 측좌핵nucleus accumbens(기댐핵)의 신경이 활발하게 움직인다.[27] 중독 성향과 관련된 측좌핵이 작은 실험 참가자는 더 오랫동안 페이스북을 사용한다. 손잡이를 당길 때마다 기쁨을 느끼도록 길들어진 도박 중독자가 그렇듯, 페이스북에 중독된 사용자도 '좋아요'를 받으면 다른 사용자에 견줘 이 회백질이 더 밝게 빛난다.[28]

'좋아요' 버튼의 출시를 도왔던 페이스북 직원 펄먼은 2011년 만화를 그리려고 실리콘밸리를 떠난 뒤 이 사실을 발견했다. 당연하게도 펄먼은 자기 작품을 페이스북에 홍보했다. 처음에는 펄먼의 만화가 성공을 거뒀다. 주제는 페이스북 시스템이 2010년대 초에 장려한 감사, 연민처럼 힘을 북돋는 것이었다. 그런데 2015년 들어 페이스북이 호기심을 자극하는 낚시성 콘텐츠에 불이익을 주도록 시스템을 개편하자, 한때 펄먼의 따뜻하고 뭉클한 콘텐츠를 널리 퍼뜨려준 인위적 부양을 없애는 부수적 효과가 나타났다.

펄먼은 《바이스 뉴스》와 나눈 인터뷰에서 그때 심경을 밝혔다. "페이스북이 알고리즘을 바꾸자 내 게시물의 '좋아요' 수가 뚝 떨어졌어요. 산소가 희박해지는 기분이었어요. … 알고리즘 탓이라고 볼 수 있었는데도, 속으로 '사람들이 날 안 좋아해, 내가 부족한 거야'라고 생각했어요."[29] 펄먼이 일했던 페이스북이 펄먼의 측좌핵을 부추겨 펄먼을 배신하게 하고, 더 나은 판단을 무시할 만큼 '좋아요'를 갈구하는 강력한 내부 욕구를 만들었다. 그다음에는 스키너가 실험 참가자에게 그랬듯, 보상을 끊어버렸다. 펄먼은 "어느 순간 내가 광고를 사고 있더라고요. 관심을 되돌리려고요"라고 털어놓았다.

우리 대다수는 그 과정을 펄먼처럼 예민하게 감지하지 못한다. 그래서 페이스북 광고를 하기보다, 계속 도파민이 나오게 하려고 그때그때 게시물과 댓글을 바꾼다. 이것이 바로 숀 파커가 말한 '사회적 인정의 되먹임 고리'다. 우리는 우리를 배신하는 욕구를 부추기도록 설계된 자동화 시스템에 자신도 모르게 인정받고 싶어 한다.

"인간이 선의로 개발한 것이 의도치 않은 부정적 영향을 미치는 일은 매우 흔합니다." 페이스북에서 일했고 '좋아요' 버튼 개발에도 참여한 저스틴 로젠스타인Justin Rosenstein이 《가디언》과 나눈 인터뷰에서 한 말이다. 그는 이렇게 경고했다. "우리가 이익 극대화에만 신경 쓴다면 디스토피아로 치달을 겁니다. … 우리가 지금 이 문제를 이야기하는 것은 매우 중요해요. 어쩌면 우리가 이전의 삶을 기억할 마지막 세대일 수 있으니까요."[30]

6. 정체성이 쏘아 올린 화살

관심과 인정이 펄먼 같은 사용자에게 큰 영향을 미치고, 카지노 같은 배지에 중독성 강한 매력이 있다지만, 소셜미디어의 가장 강력한 힘은 정체성이다. 정체성은 소셜미디어 시스템에서 가장 잘 작동하는 자극이다. 따라서 소셜미디어 시스템은 무엇보다 정체성을 활성화해 생성하도록 설계되었다. 정체성을 표현하고, 형성하고, 정체성을 통해 세계를 보고 규정하도록. 이 효과가 소셜미디어의 작동법을 새로 만들었다. 소셜미디어 감독자와 자동화 시스템이 소셜미디어의 구상에 가장 쓸모 있는 정체성에 완전히 집중하는 쪽으로 방향을 틀었기 때문이다.

정체성의 힘을 이해하고 싶다면 스스로 이런 질문을 던져 보라. '나를 잘 묘사하는 단어는 무엇인가?' 아마 국적, 인종, 종교가 떠오를 것이다. 사는 도시, 직업, 성별일 수도 있다. 우리 자아는 대개 집단의 구성원 자격에서 비롯한다. 그런데 사회심리학자 헨리 타이펠Henri Tajfel은 사회적 정체성을 연구하던 1979년에 쓴 논문에서 정체성의 기원, 정체성이 우리 마음과 행동에 미치는 영향이 "사회심리학자에게는 여전히 깊은 수수께끼다"

라고 적었다.[31]

　타이펠은 집단 정체성의 힘을 생생하게 경험했었다. 타이펠이 파리에서 공부하던 1939년, 독일이 고국 폴란드를 점령했다. 유대계인 타이펠은 가족을 걱정하는 마음에 프랑스군에 입대하고자 프랑스인인 척했다. 독일군에 붙잡혔을 때도 계속 출신을 속였다. 전쟁이 끝나고 보니 가족이 모두 목숨을 잃은 뒤였다. 타이펠은 법적으로 프랑스인이 되었다가 영국인이 되었다. 이런 정체성은 그저 사회적 개념이었다. 그렇지 않고서야 타이펠이 어떻게 옷 갈아입듯 국적을 바꿀 수 있었을까? 그런데 정체성에는 유럽 대륙 전체를 자멸로 몰고 갈 만큼 큰 살의를, 또 자비를 끌어낼 만큼 강력한 힘이 있었다.

　이 경험에서 나온 의문이 타이펠을 사로잡아 머릿속을 맴돌았다. 타이펠은 여러 동료와 함께 이 현상을 사회적 정체성 이론이라 정의하고 연구에 착수했다.[32] 연구진은 사회적 정체성의 기원이 초기 인류의 생존에 큰 영향을 미친 난관이라고 봤다. 영장류는 대개 작고 배타적인 패거리를 지어 살았다. 이와 달리 인간은 커다란 공동체에서 발달했고, 대부분 관련이 없는 집단 구성원을 하나로 묶기에 가족적 유대만으로는 충분치 않았다. 문제는 각 구성원이 집단 전체를 위해 이바지하지 않으면 집단이 살아남지 못할 위험이 커지고, 그러면 개인도 집단의 지원을 받지 못하니 살아남지 못할 위험이 커진다는 것이었다.

　타이펠에 따르면 사회적 정체성은 우리가 집단과 자신을 하나로 묶는 방법이다.[33] 집 앞에 국기를 내걸고, 모교 티셔츠를 입고, 차에 스티커를 붙여야 한다고 느끼는 것도 그래서다. 그런 행동은 우리가 소속 집단을 자아의 확장으로 소중히 여긴다고, 따라서 집단의 공익에 보탬이 되는 존재로 믿어도 된다고 알린다.

공통의 정체성을 형성하려는 욕구는 매우 강력하다. 그래서 때로 뜬금없이 정체성을 구축하기도 한다. 한 실험에서 연구진이 실험 참가자들에게 간단히 제비뽑기로 집단을 둘로 나눈 뒤 게임을 하게 했다.[34] 아무런 의미가 없는 구분인 줄을 알았는데도, 모든 참가자가 같은 기호를 단 사람에게 훨씬 더 너그러웠다. 이런 태도가 수많은 실험과 현실 세계에서 똑같이 나타났다. 사람들은 '우리'와 '그들'을 나누려는 구실을 모두 한결같이 받아들였고, 외집단에 속한 사람들에게 불신은 물론이고 적의까지 보였다.[35] 1968년 영화 〈혹성탈출〉의 촬영장에서는 엑스트라들이 점심때 침팬지 역할인지 고릴라 역할인지에 따라 자연스럽게 다른 식탁에 앉았다. 주연이었던 찰턴 헤스턴은 "촬영장에서 일어난 본능적 분리가 … 아주 섬뜩했다"고 회고했다.[36] 속편을 촬영할 때 출연한 엑스트라들도 어김없이 같은 행동을 되풀이했다.

편견과 적의는 언제나 이런 본능을 부추긴다. 수렵·채집 부족은 때로 자원이나 영역을 놓고 경쟁한다. 한 집단이 생존하려면 다른 집단을 물리쳐야 할 때가 있다. 그래서 사회적 정체성 본능이 외집단 구성원을 불신하도록, 필요하다면 외집단에 맞서 결집하도록 우리를 자극한다.[37] 우리 마음은 특히 두려움과 혐오라는 두 감정을 자극해 그런 행동을 끌어낸다. 두 감정은 생각보다 더 사회와 관련이 깊다. 외부의 물리적 위협에 두려움을 느끼면 안전을 찾아 자기 부족에 달려가듯이 우리는 내집단에 훨씬 더 강한 동지애를 느낀다. 또 우리와 다르다고 인식한 사람들을 더 불신할뿐더러 해치려 한다.[38] 9·11 공격에 우리 미국인이 어떻게 반응했는지를 떠올려 보라. 애국심에 불타 성조기를 흔들고 한마음 한뜻으로 뭉쳤지만, 이슬람교도 혐오 범죄를 촉발하기도 했다.

우리와 그들을 나누는 것은 매우 사회적인 본능이다. 그래서 소셜미디어 플랫폼은 사용자의 모든 화면 터치를 사회적 행위로 바꿔 이런 본능을 뚜렷이 드러낸다. 게다가 참여도를 가장 많이 끌어내는 정서를 부추기므로, 흔히 이런 본능을 가장 극단적인 형식으로 일으킨다. 그 결과, 외집단은 언제나 우리를 괴롭히는 위협이고 내집단은 한결같이 고결한데도 공격받는다는, 따라서 거의 모든 일이 우리 대 그들의 대립 때문에 일어난다는 거짓 현실을 꾸며내기도 한다.

처음에는 소셜미디어가 탐욕스럽게 정체성을 이용하는 것이 그리 해롭지 않았다. 그러나 정체성 이용의 폐해는 언제나 잘 알려져 있었다. 2012년 좌파 활동가들이 페이스북과 레딧의 공동창업자들한테서 기금을 모아, 소셜미디어에 퍼뜨리기 알맞은 콘텐츠를 생산하는 인터넷 매체 업워디Upworthy를 설립했다. 업워디는 어떤 콘텐츠가 가장 널리 퍼지는지를 계속 시험해, 입소문을 퍼트리는 방법을 역설계했다. '~하는 몇 가지'처럼 순위를 매긴 기사는 입소문을 많이 탔다. '이 감독이 선수들을 격려한 생각지도 못할 한마디'처럼 제발 클릭해달라고 호기심을 자극한 제목도 입소문을 잘 탔다. 하지만 특히 효과가 좋은 방식은 '편협한 질문에 맹비난을 던진 남성, 박수갈채 받아'처럼 사용자의 내집단(대개는 진보주의자다)이 폄훼하는 외집단(창조론자, 기업, 인종차별주의자)에 굴욕을 안기는 내용을 묘사할 듯한 제목이었다.

그사이 인터넷에 밀려 사업 모델이 파괴된 신문사 수십 곳이 규모를 줄이거나 문을 닫았다. 그런데 업워디는 예산을 거의 들이지 않고도 여느 신문보다 몇 배나 많은 독자를 확보했다. 절박한 신문업계는 업워디에 주목했다. 모든 신문사가 입소문 확산을 중심으로 대응하거나 조직을 재편했다. 뉴스·엔터테인먼트 사이트 버즈피드BuzzFeed는 '아일랜드인 부모 밑에서 자랐다는 신호 28가지'나 '소도시 출신만 이해할 수 있는 31가지'처럼 사회적 정체성을 확인하려는 사용자의 욕구에 맞춘 리스트 형식의 기사를 발판 삼아 인터넷 대기업이 되었다.

2014년, 나는 《워싱턴포스트》 기자 몇 명과 함께 웹을 활용하는 뉴스 사이트 《복스vox》를 시작했다. 우리는 적어도 의식적으로는 소셜미디어 알고리즘에 맞춰 기사를 가다듬지 않았다. 하지만 제목은 소셜미디어를 고려해 뽑았다. 되돌아보면 신중하게 이용했어야 하지만, 가장 효과가 좋은 접근법은 진보주의자 대 보수주의자, 인종차별 반대의 올바름, 터무니없이 느슨한 총기 규제법 같은 정체성 갈등이었다. 《복스》 창립자 에즈라 클라인Ezra Klein은 《우리는 왜 서로를 미워하는가》(월북, 2022)에서 디지털 미디어를 이렇게 평가했다. "정체성은 활시위였다. … 초기에는 정체성을 형성하는 공동체의 힘을 이용해야 관심 끌기 전쟁에서 승리할 수 있다는 것을 깨달은 사람이 드물었다. 하지만 머잖아 이 전쟁의 승자들이 등장했다. 대개는 기술의 작동 방식도 제대로 이해하지 못하면서 그 기술을 이용한 사람들이었다."[39]

이들은 대개 지독히 당파적인 선동가, 돈에 눈멀어 클릭 수를 조작하는 클릭팜click farm, 뻔뻔한 사기꾼이었다. 그래서 공정성, 정확성, 공익에 충실할 의무에 전혀 얽매이지 않은 채 정체성 갈등을 악용하거나 자극해 독자를 크게 늘렸다. 처음에는 그 영향이 인터넷 너머로까지 널리 확장하는 것으로 보이지 않았을지도 모른다. 그러나 냉철하게 되돌아보면, 크나큰 파장을 미칠 수 있는데도 거의 주목받지 못한 곳에서 몹시 소름 끼치는 경고가 오랫동안 나오고 있었다.

7. 멋진 여정

한 사회 전체가 하룻밤 새 동시에 온라인으로 이동해, 소셜미디어가 없는 삶에서 소셜미디어에 지배받는 삶으로 바뀐다면 무슨 일이 벌어질까? 그런 실험이 어디 있을까 싶겠지만, 실제로 그런 일이 벌어졌다. 장소는 미얀마였다.

오랫동안 구글 CEO를 지낸 에릭 슈밋이 2013년 초 동남아시아 국가 미얀마를 방문했다. 강연장을 가득 채운 학생들에게 슈밋은 이렇게 말했다. "단언컨대 지금부터 여러분 모두 멋진 여정에 오를 겁니다. … 인터넷이 깔리면 이전으로 돌아가기는 불가능할 것입니다."[40]

열대 우림, 논이 빼곡한 삼각주, 인도양에 접한 해안선이 있고 텍사스 주만 한 나라 미얀마는 수십 년 동안 지구상에서 손에 꼽게 고립되어 있었다. 피해망상에 사로잡힌 군사 정권은 인터넷, 휴대폰, 외국 매체, 해외여행을 전면 금지하다시피 했다. 무능한 데다 잔혹하기까지 한 최악의 정권이 고문과 탄압, 폭력을 자행했다. 군부가 마지못해 정치개혁에 나선 2011년, 오랫동안 군부를 이끈 나이 든 지도자가 물러나고 완고해 보이는 테인 세인Thein Sein 장군이 대통령에 올랐다. 그런데 테인 세인이 개혁 성향을 드러냈다. 망명객에게 고국으로 돌아오라고 촉구하고, 매체 규제를 완화하고, 정치범을 석방했다. 갈수록 거만해지는 북쪽의 이웃 중국과 거리를 두고 미국과 대화에 나섰다. 2012년 들어 미국이 경제 제재를 완화했고, 아웅 산 수 치가 출마하는 보궐 선거 일정이 잡혔다. 버락 오바마가 현직 미국 대통령으로는 처음으로 미얀마를 방문했다.

양국 지도자들이 모두 반긴 미얀마의 개방을 눈에 띄게 지원한 곳은 실리콘밸리였다. 실리콘밸리는 미얀마를 빠르게 온라인 세계로 이끌면 미얀마 경제가 근대화하고 5000만 국민이 자율성을 얻어 미얀마가 사실상 완전히 민주주의로 전환할 것이라고 약속했다. 오바마가 미얀마를 방문하고 몇 달 뒤, 실리콘밸리의 특사로 활동하던 슈밋이 역사적으로 유명한 옛 수도 양곤을 찾아 첨단 IT 기업의 도착을 알렸다. 주미얀마 미국 대사와 함께 자리한 슈밋은 강연에 참석한 학생들에게 "인터넷이 깔리면 소통과 자율성이 미얀마의 법과 관행이 될 것입니다"라고 설파했다.

미얀마 지도자들도 실리콘밸리가 제시한 비전을 믿었다. 한 국영 신문은 "페이스북 계정이 없는 사람은 주소가 없는 사람이나 마찬가지다"라는 말로 국민에게 페이스북 가입을 권고했다.[41] 미얀마는 거의 즉시 온라인으로 이동했다. 2012년 0.5%이던 인터넷 이용률이 2015년에 40%로 치솟았다.[42] 이용 장치는 대부분 값싼 스마트폰이었다. 1500달러이던 SIM 카드 가격이 1.5달러로 뚝 떨어졌다.

이때 페이스북이 돋보이는 역할을 했다. 페이스북은 현지 기업과 협상해 스마트폰에 기본 기능만 있는 페이스북을 기본 앱으로 설치하게 했다. 미얀마처럼 하루 평균 소득이 약 3달러인 가난한 나라에서는 휴대폰 데이터가 혀를 내두르게 비쌀 수 있다. 이런 장애물을 극복하고 20~30억 명에 이르는 최빈국 고객을 확보하는 경쟁에서 이기고자, 페이스북과 미국의 여러 IT 기업이 데이터 이용료를 대납하는 제로레이팅zero-rating을 시작했다. 달리 말해 자기네 회사의 앱을 사용할 때 쓴 데이터에는 요금을 청구하지 않도록 현지 통신사와 협상해 실질적으로 모든 사용자에게 보조금을 지원했다. 미얀마는 제로레이팅의 초창기 시범 사례였고, 페이스북은 대성공을 거뒀다. 오로지 페이스북으로만 인터넷을 검색하고 메시지를 보내는 법을 익힌 사람이 너무 많아, 지금도 온라인 뉴스를 읽거나 소통할 다른 길이 있다는 사실을 알지 못하는 사람이 수두룩하다.[43]

나는 2014년 초 처음으로 미얀마를 방문했다. 양곤을 찾아, 미약하게나마 민주주의로 전환 중인 미얀마를 취재하기 위해서였다. 양곤은 군부가 미얀마를 바깥세상과 단절시킨 1960년 초에 그대로 멈춰 선 것 같았다. 정전이 흔했고, 현대 첨단기술은 찾아보기 어려웠다. 국제 현금카드를 쓸 수 있는 ATM 기기가 이제야 막 설치되고 있었다. 담쟁이덩굴에 뒤덮인 채 내려앉는 영국 식민부 건물이 여전히 양곤 한복판을 차지하고 있었다. 도심지 도로 곳곳이 비포장 상태였고, 이른 아침이면 맨발의 승려 수백 명이 거리를 메웠다. 국민 대다수가 독실하기 그지없는 불교 신자인 미얀마에서는 어디를 가든 주황색과 진홍색 승복을 걸친 승려가 눈에 띄었다.

나는 정치인, 활동가들과 여러 차례 인터뷰를 나눴다. 그런데 미얀마의 미래가 과거보다 더 불안해 보였다. 군부가 정권을 넘겨주기 싫다는 듯 여전히 권력의 한 자락을 붙잡고 있었다. 승려들 사이에서는 로힝야족_{Rohingya} 혐오를 부추기는 일부 극단주의자의 목소리가 커졌다. 미얀마에 새로 상륙한 소셜미디어에 인종차별주의와 음모론이 넘쳐났다. 배신자인 소수민족들을 성토하는 목소리가 온라인을 들썩였다.

인터뷰 중에 걱정스러운 이름 하나가 계속 튀어나왔다. 아신 위라투_{Ashin Wirathu}였다. 승려인 위라투는 혐오로 가득한 설법을 하다 2003년에 투옥되었고, 2010년에 대사면으로 석방되었다. 위라투는 곧장 페이스북과 유튜브에 가입했다. 이제는 여기저기 절을 돌아다니지 않고서도 페이스북과 유튜브를 이용해 미얀마 곳곳에, 그것도 하루에 여러 번씩 혐오 발언을 퍼뜨렸다. 유언비어와 뻔뻔한 날조를 뒤섞어, 미얀마의 이슬람교도 소수민족이 끔찍한 범죄를 저지른다고 비난했다. 특히 페이스북 사용자들이 위라투의 게시물을 사실로 받아들여 널리 퍼뜨렸다. 위라투는 음모론과 혐오를 바탕으로 만들어진 대안 현실을 원동력 삼아 전에 볼 수 없던 새로운 유

형의 스타가 되었다.[44]

스탠퍼드 대학교 장학금을 지원받아 미얀마에서 온라인 혐오 발언을 연구한 언론인 아엘라 캘런Aela Callan은 기자 티머시 매클로플 린Timothy McLaughlin과 나눈 인터뷰에서 2013년 말에 페이스북 고위 경영진을 만나 혐오 발언이 페이스북 플랫폼을 달구고 있다고 경고했다고 밝혔다. 미얀마의 페이스북 사용자가 수십만 명이고 100만 명 달성이 머잖았는데도, 페이스북은 미얀마 공용어인 버마어 콘텐츠를 검토할 검수원을 딱 한 명만 고용해 사실상 플랫폼을 감독하지 않고 방치했다.[45] 페이스북 경영진은 캘런에게 회사가 미얀마에서 계속 사업을 확장할 것이라고 말했다.

2014년 초, 캘런은 페이스북에 사태가 악화했고 폭력의 위협도 커졌다고 또다시 경고했다. 이번에도 변화는 거의 없었다. 몇 달 뒤 위라투가 만달레이에서 찻집을 소유한 두 명의 이슬람교도가 불교도 여성을 강간했다고 주장하는 거짓 게시물을 올렸다. 두 남성의 이름과 가게명도 공개한 글에서 위라투는 이 가짜 성폭행이 불교도에 맞선 이슬람교도의 대규모 폭동을 알리는 신호탄이라며, 정부에 이슬람교도의 집과 모스크를 미리 급습하라고 촉구했다. 이런 요구는 흔히 집단학살자들이 당국이 나서지 않는다면 일반 시민이 나서야 한다는 뜻을 담아 하는 말이다. 위라투의 게시글이 입소문을 타고 퍼져 미얀마 전역에서 페이스북 피드를 뒤덮었다. 격분한 사용자들이 여기에 장단 맞춰, 이슬람교도 이웃을 쓸어내자고 거품을 물고 사람들을 부추겼다. 만달레이에서 수백 명이 폭동을 일으켜 이슬람교도 상점을 공격하는 바람에 두 명이 목숨을 잃고 여러 명이 다쳤다.

폭동이 번지자, 미얀마 정부의 고위 관료가 컨설팅업체 딜로이트Deloitte의 미얀마 사무소에서 일하는 지인에게 전화해 페이스북과 연락할 길을 물었다. 그러나 누구도 페이스북 관련자와 연락하지 못했다. 낙담한 정부는 만달레이에서 페이스북 접속을 차단했다. 마침내 폭동이 가라앉았다. 이튿날 드디어 페이스북 임원이 딜로이트 인사에게 응답했다. 그런데 폭동 상황이 아니라 미얀마에서 페이스북이 차단된 이유를 묻는 연락이었다. 2주 뒤 정부 관료 및 여러 관계자와 함께 진행한 회의에서 페이스북 대리인이 미얀마에서 발생하는 위험한 콘텐츠에 즉각 대응하도록 개선 작업을 진행 중이라고 밝혔다. 그런데 페이스북이 어떤 변화를 줬든, 플랫폼에서는 효과를 찾아보기 어려웠다. 정부가 차단을 풀자마자 혐오 발언과 위라투의 구독자가 늘기만 했다. 미얀마 최대의 IT 스타트업 액셀러레이터(옮긴이 스타트업에 자금, 시설, 멘토링을 제공하는 스타트업 전문 육성 기업)인 판디야르Phandeeyar를 운영한 오스트레일리아인 데이비드 매든David Madden은 매클로플린에게 이렇게 말했다. "페이스북은 적어도 미얀마 사태 때부터 상황을 알았습니다. … 나중에야 깨달은 게 아닙니다. 심상치 않을 정도로 큰 문제여서 이미 누구나 알 수 있었습니다."

자사 상품이 위험할 수 있다는 사실을 고려할 능력이 없었든, 일부러 고려하지 않았든, 페이스북은 미얀마와 다른 개발도상국, 관찰 대상국에 계속 영향력을 확대했다. 초기에 양곤을 방문했을 때 에릭 슈밋은 실리콘밸리 스스로 강화한 신조를 이렇게 표현했다. "나쁜 발언에 대한 해법은 더 많이 발언하는 것입니다. 더 많은 소통과 더 많은 목소리요." 페이스북은 이 신조에 완전히 뿌리를 내렸다.

2장

모든 것이
게이머게이트로
통한다

1. 새로운 시대

만달레이 폭동 한 달 뒤인 2014년 8월, 조이 퀸_{Zoë Quinn}이 샌프란시스코의 어느 술집에서 스물일곱 번째 생일을 축하하며 친구들과 술잔을 기울이고 있었다. 그때 휴대폰이 울렸다. 친구가 보낸 문자였다. "방금 끔찍한 폭로가 터졌어."[1] 에런 조니_{Eron Gjoni}라는 프로그래머가 블로그에 퀸과의 짧은 만남과 이별을 두서없이 장황하게 늘어놓은 것이다. 그것도 두 사람이 주고받은 은밀한 이메일, 문자, 페이스북 메시지의 스크린숏과 함께. 소셜웹이 무지막지한 힘으로 퀸의 삶을 무너뜨렸다. 이 일은 인터넷과 인터넷에서 생겨난 거의 모든 것의 궤적을 바꿔놓는다.

비디오게임 개발자인 퀸은 IT 마니아 커뮤니티와 소셜 플랫폼에서 잘 알려진 인물이었다. 처음에는 임상 우울증을 탐색하는 텍스트 기반 시뮬레이션 〈디프레션 퀘스트_{Depression Quest}〉 같은 인디 게임과 거리낌 없는 페미니즘 발언으로 비판적 주목을 받았다. 또 당시 게임 제작자와 언론인들이 지지한 주장에 뜻을 같이해, 그때껏 젊은 남성 IT 마니아끼리만 공유하던 컴퓨터 게임의 매력과 팬 문화를 밖으로 널리 확산하자는 글을 자주, 때로는 공격적으로 올렸다. 일부 온라인 게임 동호회에서 페미니스트를 향한 분노가 들끓었다. 세상이 초창기 소셜미디어 추종자들을 흔히 적대적이고 무질서한 존재로 여기는 가운데 그나마 게임이 안전한 장소였는데, 페미니스트들이 주제넘게도 게임계를 망가뜨리려 한다고 생각했기 때문이다. 이것은 왕자가 가슴 풍만한 공주를 구출하는 게임이 〈디프레션 퀘스트〉 같은 색다른 출시작에, 더 나아가 여성 게이머에게 자리를 내줄 수 있느냐는 논쟁을 넘어서는 문제였다. 자신이 공격받는다고 생각한 추종자들에게는 IT 마니아 남성의 정체성이 걸린 문제였다. 이들에게는 분노와 적의를 내뿜은 조니의 이야기가 남이야기가 아니었다.

조니가 올린 게시물의 특정 내용이 비디오게임 커뮤니티에서 주요 플랫폼으로, 퀸의 친구들에게로, 마침내 퀸의 휴대폰으로까지 퍼져나갔다. 조니는 퀸이 〈디프레션 퀘스트〉에 좋은 비평을 받으려고 어느 비디오게임 비평가와 잤다고 주장했다. 조니의 비난은 곧 사실이 아닌 것으로 드러났다. 부적절하게 얻어냈다고 주장한 비평은 아예 있지도 않았다. 하지만 진실은 그다지 중요하지 않았다. 너드 문화의 중심지인 게시판 사이트 포챈의 게임 섹션 사용자, 북적거리는 거대 도시처럼 소셜웹의 한복판을 차지한 방대한 토론 사이트 레딧의 사용자들이 조니의 주장을 자기네 의심을 입증하는 증거로 받아들여 플랫폼의 수백만 사용자에게 논란거리로 던졌다.

조니의 게시물은 소셜웹에서 흔히 용인되는 사적 제재, 즉 집단 괴롭힘을 부추기는 글로도 읽혔다. 오죽하면 판사가 조니에게 퀸과 관련한 글을 쓰지 말라고 명령할 정도였다. 게시물을 올린 목적이 퀸을 괴롭히는 것이었다면, 조니는 바라던 바를 이뤘다. 집단 괴롭힘을 주도한 대화방에 포챈 사용자들은 이렇게 적었다. "나는 조이가 받아 마땅한 벌을 받기 바랄 뿐이야." "그 여자 인생을 돌이킬 수 없이 끔찍하게 만들고 싶어." "자살하게할 만큼 괴롭혀서…"[2]

퀸은 그때 심경을 이렇게 전했다. "테이블에 앉아 대화에 집중하려 했지만, 요란하게 울리는 휴대폰 진동 소리만 귀에 들어왔다. 폭풍이 얼마나 멀리 있는지 가까이 왔는지 알아보려고 벼락 치는 간격을 재는 기분이었다."[3]

퀸은 다급히 집으로 돌아가 온라인에서 쏟아지는 혐오의 발원지를 추적했다. 퀸에게 자살하라고 다그치고 그렇게 하지 않으면 가족까지 괴롭히겠다고 큰소리치는 메시지가 수백 개였다. 가족의 주소와 전화번호까지 올려놓은 것으로 보아 그냥 하는 소리가 아니었다. 어떤 이들은 퀸을 포르노와 합성한 사진을 퍼뜨렸다. 어떤 이들은 사회보장 번호 같은 개인 정보를 올려, 퀸의 삶에 손을 뻗칠 힘이 있다고 과시했다. 한 사람은 이렇게 적었다. "내가 간 행사에 네가 패널로 나오면 정말로 죽여버릴 거야. 너는 다쳐서 불구가 되고 죽음을 맞아 끝내는 썩어가는 시체가 되어 내 영광스러운 오줌 세례를 천 번은 넘게 받아도 시원찮을 형편없는 년이야…"[4]

퀸을 향한, 그리고 타락한 듯 보이는 게임 비평계를 향한 격분이 포챈과 레딧, 이어 유튜브를 뒤덮었다. 세 곳 일제히 수많은 커뮤니티가 이 사건을 '게이머게이트Gamergate'라 부르며 조작된 스캔들에 매달렸다. 그런데 인터넷 트롤링internet-trolling 비슷하게 시작된 이 이야기가 점점 더 새로운 사건으로 바뀌었다. 게이머게이트는 표적으로 삼은 사람들의 삶 말고도 많은 것을 바꾸었다. 소셜웹의 극단과 미국 주류 사회가 충돌해, 디지털 공간과 비디지털 공간의 분리, 인터넷 문화와 사회 문화의 분리가 완전히 허물어졌다.

게이머게이트는 소셜미디어의 기본 특성(허무주의에 빠진 젊은이들이 구축한 디지털 문화, 파괴적 혁신이라는 실리콘밸리의 꿈, 전체화와 실존적 갈등의 문제에 지나치게 정체성을 불어넣게 설계된 플랫폼)으로 규정되는 새로운 정치관도 선보였다. 유기농을 지향하는 히피 엄마들 같은 페이스북의 작은 커뮤니티든, 미국의 정치적 권리American political right처럼 큰 커뮤니티든 다른 커뮤니티들도 이미 비슷한 적대적 궤적을 따랐다. 게이머게이트 자체는 새로운 현상이었지만, 그 안에는 장차 나타날 여러 양상의 씨앗이 들어 있었다. 난폭한 '인셀incel'(옮긴이 involuntary celibate(비자발적 금욕 생활자)의 약자. 연애나 성관계를 하고 싶은데 하지 못하는 사람) 극단주의자, 이미지 탈바꿈으로 활기를 되찾은 극우, 청년 친화적인 대안 우파가 모두 게이머게이트를 이용했다. 막 꿈틀거리기 시작한 또 다른 정치 현상인 트럼프주의Trumphism도 마찬가지였다. 이제 소셜웹을 지배한 규칙이 우리 모두를 지배했다. 이 새로운 시대를 이해하려 한 분석가와 언론인 사이에 화두가 하나 자리 잡았다. "모든 것이 게이머게이트로 통한다."

게이머게이트는 1년에 걸쳐 대중매체, 게임업계, 거의 모든 온라인 커뮤니티를 빠르게 분열시키는 파장을 일으킨 뒤에야 가라앉았다. 그런데 애초에 게이머게이트의 목적은 복수였다. 미국 생활에서 낙오되었다고 느껴 소셜네트워크를 안식처 삼아 인터넷에서 살다시피 하는 남성과 소년들이 소셜네트워크가 지목한 사람에게 보복하는 문제였다.

퀸은 한 인터뷰에서 이렇게 말했다. "적이 사람이 아니라 어떤 상징이라고 생각하는 순간, 온갖 악감정을 다 퍼부을 무자비한 시빗거리가 생기죠. 나도 그런 또라이였으니까 잘 알아요. 만약 게이머게이트가 몇 해 전에 다른 사람한테 일어났다면, 아마 나도 잘못된 쪽에 섰을 걸요. 여성 혐오 성향이 있고 비디오게임을 사랑하는 심술맞은 십 대 정신질환자 같다고

요? 아무렴요."[5]

　게이머게이터들은 여러 달 동안 수십 명을 표적으로 삼았다. 공개적으로 퀸을 옹호한 사람은 물론이고 자기들의 공격 방식이나 온라인 게임 문화를 비판한 사람, 심지어 자기네끼리 사실로 확신한 음모에 연루되었다는 소문이 있는 사람까지도 목표물로 삼았다. 퀸에 공감하는 여성 작가와 기자들을 공격해, 당시 소셜미디어에서 날카롭기로 유명한 비평가조차 혀를 내두를 가혹한 가해를 저질렀다. 이들이 선호한 방법 하나가 스와팅swatting이다.[6] 911에 목표 인물의 집에서 인질극이 벌어지고 있다고 신고해 SWAT([옮긴이] 미국 FBI의 특별기동대)가 급습하게 유도하는 이 공격은 자주 성공을 거뒀다. 자칫 혼란이 벌어지면 경찰이 목표 인물이나 그 가족에게 총을 쏠 위험도 있었다(실제로 2017년에 한 남성이 온라인 게임에서 말다툼을 벌이다 스와팅을 일으켜 사람을 죽게 한 혐의로 체포되었다.[7] 남성은 연방통신위원회 폭파 협박을 인정하는 대가로 형량을 거래해 징역 20년 형을 받았다. 주로 온라인 게임에서 말싸움을 벌이다 걸핏하면 경찰을 출동시키는 허위 신고를 수십 건이나 저지른 다른 두 남성도 체포되었다.[8] 하지만 이 밖에는 온라인 공격자들이 법적 처벌을 받는 일이 드물다. 치안 당국이 그런 행위를 더 심각하게 다루기 시작했지만, 수사에 시간이 많이 드는 데다 공격의 구심점이 없어 중단시키기가 거의 불가능하다. 경찰이 가해자의 신원을 파악할 즈음에는 공격이 훨씬 줄어 괴롭힘이 대개 끝난 뒤다. 게다가 특히 지독한 가해자 한두 명을 기소하면 피해자에게는 위안이 되겠지만, 다른 사용자 수백 명이 같은 짓을 저지르는 것은 거의 막지 못한다). 게임 회사에 근무한 여성들도 퀸과 공모했다는 억측 속에 표적이 되었다. 몇몇은 아이들이 해코지당할까 두려워 업계를 완전히 떠났다.

　한 게임 개발 웹진이 게이머게이터들이 게임 문화에 먹칠을 한다고 비난하자, 게이머들이 이 웹진의 최대 광고주인 대기업 인텔에 웹진을 허위 비방해 잠시 광고를 끊게 했다.[9] 이들은 유명 인사의 뒷이야기를 다뤘던 블로그 고커Gawker에도 똑같은 압박을 가했다. 그때껏 오랫동안 큰 논란이 없던 게임업계를 취재하던 기자들이 인터넷에서 개인 정보를 지웠다. 달갑지 않게도 게이머게이터들이 이들에게 주목해 가족을 죽이거나 사이버 공격을 하겠다고 협박했기 때문이다.

느릿한 미시시피 말투의 인디 게임 개발자 브리아나 우Brianna Wu는 내게 이렇게 말했다. "나를 벼랑 끝으로 몰아세운 건 폴리곤Polygon(옮긴이) 주로 비디오게임을 다루는 웹사이트)에 글을 쓰던 서맨사 앨런Samantha Allen이 게이머게이트의 표적이 된 일이에요. 그들은 정말로 앨런이 일자리를 잃게 했어요. 그러니 그건 온라인 드라마가 아니었죠. 여성이 실제로 경력을 파괴당하는 이야기였어요."

우는 게이머게이트가 일어나기 오래전부터 게임업계의 토론과 팟캐스트에 자주 등장해 남성 중심의 게임업계 문화를 개혁해야 한다고 촉구했었다. 게이머게이트가 친구들을 표적으로 삼자, 우는 목소리를 높여야겠다고 생각했다. 어느 정도는 후폭풍이 일리라고 예상했다. 하지만 잔인한 반응은 예상 밖이었다. 2014년 말부터 2015년 초까지, 수천 명이 우에게 불쾌한 영상과 욕설을 담은 스팸을 보내는 바람에, 우가 게임을 홍보할 때 사용한 플랫폼들을 거의 사용할 수 없게 되었다. 우의 집 평면도와 가족사진을 담은 살해 협박도 날아왔다. 한 친구가 알려준 바로는, 협박을 실행에 옮기자고 부추기는 게임 커뮤니티들도 있었다.

우가 보기에 "몇몇은 그저 겁을 주려는 전술일 뿐"이었다. 하지만 한 협박만은 어느 정도 진심이겠다는 걱정이 들었다. 몇 년이 지났는데도 우는 그 협박을 단어 하나까지 그대로 기억했다. "야 이 년아, 그거 알아? 너랑 네 남편 프랭크가 어디 사는지 다 알거든. 애들이 있으면 걔네도 죽일 거야. 너는 네 인생에서 가치 있는 일을 하나도 안 했어. 내가 네 동양인 남편의 작은 성기를 잘라버리고, 피가 철철 날 때까지 너를 강간할 거야." 치안 기관에 연락했지만, 집을 떠나라는 조언만 받았다. 몇 달 뒤에는 한 유튜버가 해골 가면을 쓰고 칼을 보여주며 우를 찌르겠다고 맹세하는 영상을 올렸다. 이 사건은 드라마 〈성범죄수사대: SVU〉에서도 다뤄졌다. "Ice-T([옮긴이] 〈성범죄수사대〉에 경찰로 출연하는 배우 겸 래퍼)가 나를 모델 삼아 만든 주인공을 구하려고 범인을 죽이죠. 하늘에 맹세컨대, 그 말을 들었을 때 믿지 않았어요." 우는 이 말을 하며 웃음을 터트렸다. 하지만 위협은 계속 이어졌다. 우리가 이야기를 나누기 얼마 전인 2020년 6월에도 우의 집 창문에 벽돌이 날아들었다.

대중이 게이머게이트를 알아차리기 시작하자, 우는 적어도 소셜네트워크 시스템에서 생겨나는 괴롭힘 행동에 재갈을 물릴 셈으로 소셜네트워크 업계의 인맥을 활용해 로비를 벌였다. 하지만 우가 이야기를 나눈 실리콘밸리 사람들(대부분 젊은 백인이었다)은 혐오와 괴롭힘이 실제 영향을 끼칠 수 있다는 고민을 해 본 적이 없어 보였다. 억제할 방법은 두말할 것도 없었다. "실리콘밸리 사람들이 악당이어서가 아니에요. 그 사람들이 많은 여성, 성소수자, 유색인종이 뼈저리게 겪는 일을 겪어보지 못했을 뿐인 거죠."

가장 반응이 적은 회사는 페이스북과 레딧이었다. 페이스북은 우와 접촉조차 하지 않았다. 레딧은 게이머게이트가 시작된 곳이었다. 플랫폼 운영자들과 더 많은 이야기를 나눌수록, 플랫폼에서 생겨나는 폐해를 더 깊이 탐구할수록, 우는 더 광범위한 위험이 닥치리라 의심했다. 2015년 초우는 한 인터넷 언론에 이렇게 적었다. "우리가 사는 세상을 소프트웨어가 규정하는 일이 더 잦아진다. … 페이스북, 애플, 틴더, 스냅챗, 구글이 친구 사귀는 법, 일자리 얻는 법, 인류가 교류하는 법 같은 사회적 현실을 만든다."[10] 그런데 이런 플랫폼들은 실리콘밸리의 좁은 세계관이나 인구 구성에서 벗어난 사람들의 의견을 거의 반영하지 않은 채 설계되었다. "이런 시스템은 인류 진화가 마주한 새로운 미개척지다. 그리고 점점 더 우리를 위협한다." 우는 막바지에 "위험이 정점에 이르렀다"고 적었다. 당시에는 이 말을 과장된 감상으로 여겼다.

이 변화의 시작점은 40년 전 실리콘밸리의 컴퓨터 제작자 세대로부터 비롯하였다. 이들은 자기네야말로 미국을 완전히 뒤엎을 사명을 맡은 혁명가라 여겼고, 그 혁명을 이룰 수단인 사회적 인맥을 매우 노골적으로 구축했다. 그런데 이들이 이전에 존재한 모든 것을 완전히 대체할 꿈을 안고 만든 디지털 사회는 실리콘밸리 자본주의의 원죄와 1990년대 소규모 IT 산업에 닥친 운명의 장난 탓에 해방보다는 분노와 갈등에 맞춰 설계되었다. 그 결과, 이미 2000년대 초부터 디지털 세계에서 남성 우월주의 IT 마니아와 극우 극단주의자들이 기묘하게 뒤섞이는 흐름이 빠르게 진행되었다.

게이머게이트는 새로운 시대를, 미국인의 생활이 소셜미디어의 자극과 규칙에 좌우되고 주류 사회의 변방 너머에 있는 플랫폼에서 생성되는 시대를 알렸다. 몇 년 지나지 않아 그런 플랫폼들이 게이머게이트와 거기서 파생한 변화를 전국적 움직임으로 키우고, 디지털 입문자 수백만 명의 안방으로 전파하고, 머잖아 이들을 동원해 백악관으로 달려갈 움직임을 만든다.

2. 혁명가

컴퓨터 혁명이 일어난 시기는 지독한 격변이 미국인의 삶을 덮친 시기와 일치했다. 잇단 암살, 폭동, 베트남전 패배, 리처드 닉슨 대통령의 불명예 퇴진이 중앙 집권 세력을 향한 깊은 적개심뿐 아니라 대항문화를 불러일으켰다. 당시에는 이들의 과격한 행동이 적절해 보였다. 나중에 마케팅 전문가들이 이때를 인습을 타파한 몽상가들의 시대로 재정의하지만, 사실 컴퓨터 시대를 연 혁명가는 해군 엔지니어 더글러스 엥겔바트Douglas Engelbart 같은 이들이었다. 엥겔바트는 1960년대 내내 나사(NASA)와 국방부의 지원을 받아, 반도체를 이용해 정보를 저장하고 보여주는 기계를 연구하는 데 몰두했다.[11] 그런데 엥겔바트가 연구한 기계는 천공카드를 쓰는 커다란 IBM 컴퓨터와 달리 비전문가도 사용할 만큼 다루기 쉬웠다.

마침내 1968년, 엥겔바트가 공개 시연한 이 기계가 첫 그래픽 인터페이스를 보여줬다. 이 장치에는 최초의 마우스도 딸려 있었다. 게다가 다른 기계와 모뎀으로 정보를 주고받을 수 있었다. 신산업의 등장을 알아본 샌타클래라는 흥분의 도가니에 빠졌다. 당시 유명한 대중 지식인들은 대항문화에 젖은 흥분에 빠져, 이 기계를 권력 구조를 해체해 밑바닥부터 새로운 사회를 건설할 발걸음으로 소개했다. 앨빈 토플러는 1970년에 엄청난 베스트셀러였던《미래의 충격》(범우사, 1990)에서 기술 혁명으로 기관보다 개인에게 더 큰 힘이 실리리라고 예측했다. 엥겔바트의 친구이기도 한 사회학자 테드 넬슨Ted Nelson이 쓴 책《Computer Lib/ Dream Machines(컴퓨터 해방/꿈의 기계)》는 책 제목과 연대를 뜻하는 불끈 쥔 주먹을 그린 표지로 많은 메시지를 전달했다.

자신을 재정의할 준비가 된 산업에 빠르게 신화가 뿌리내렸다. 1971년 한 경제지가 윌리엄 쇼클리와 제자들이 10년 전 착수한 실리콘 트랜지스터 사업을 언급하며 처음으로 '실리콘밸리'라는 용어를 썼다. 이듬해 실리콘밸리의 한 기업 연구소를 극찬하는 글이 다른 곳도 아닌 대항문화의 상징《롤링스톤Rolling Stone》에 실렸다.《롤링스톤》은 연구소 엔지니어들을 사람들 대다수가 사무실이나 대학교에서 둔탁하고 험상궂은 장비로만 접했던 컴퓨터라는 제품을 이용해 우리에게 '자유와 기묘함'을 선사할 장발의 괴짜로 그렸다.

실리콘밸리 엔지니어들은 자신들을 치켜세우는 말을 진실로 받아들여 기꺼이 내면화했다. 이때부터 단말기에 코드를 입력하는 것이 상품 개발이 아니라 '해킹'이 되었다. 인텔 공동창업자 고든 무어는 이렇게 선언했다. "우리는 몇 년 전 덥수룩한 머리에 수염을 기르고 학교를 난장판으로 만들던 애들이 아닙니다. 오늘날 이 세상을 혁신하는 진정한 혁명가입니다."[12] 다른 지역에서는 대항문화 활동이 닉슨 사임 뒤로 사그라졌지만, 실리콘밸리에서는 1974년에 개인용에 적합하게 가격을 낮추고 크기를 줄인 최초의 상업용 컴퓨터 알테어 8800을 출시한 덕분에 명맥을 유지했다. 알테어 8800은 조립식 컴퓨터라, 누구든 방법을 알면 부품을 입맛에 맞게 바꿀 수 있었다. 실리콘밸리 엔지니어들은 '홈브루 컴퓨터 클럽Homebrew Computer Club'과 '피플스 컴퓨터 컴퍼니People's Computer Company' 같은 컴퓨터 동호회를 결성했다. 그리고 소식지와 정기 모임을 통해 자신들의 혁명가 자아상을 교리처럼 체계화했다. '피플스 컴퓨터 컴퍼니' 소식지는 진보주의 유토피아가 온다는 논문과 함께 전문적인 안내서를 실었다.[13]

'홈브루 컴퓨터 클럽'은 한 세대를 주름잡을 스타트업들을 길러냈다. 그중 하나가 애플컴퓨터다. 개인용 컴퓨터personal computer, PC가 좁은 애호가 시장을 넘어 확장하는 동안, 애플이 경쟁사들을 단숨에 앞질렀다. 비결은 기술력과 마케팅이었다. 애플은 베이비붐 세대에게 1960년대 대항문화에 대한 향수와 열망을 불러일으키는 '자유와 기묘함'을 팔았다. 해마다 사업이 급성장한 애플은 매킨토시의 출시를 알린 1984년 슈퍼볼 광고에서 전체주의 권력자(옮긴이 IBM을 상징했다)를 비추는 대형 화면에 여성이 해머를 던지는 모습을 내보냈다. 소비주의가 곧 혁명이 되었고, 1980년대 레이건 시대의 노골적인 자본주의가 해커 무정부주의를 뒤덮었다. 역사가 마거릿 오마라는 "이것은 위험한 일이다. 신화가 실리콘밸리의 본질이 될 테니까"라고 평가했다.

처음에는 권력 구조를 무너뜨린다는 이야기가 대부분 말잔치에 그쳤다. 그런데 몇몇 열혈 신자가 거의 천년왕국의 극단에 가까운 그런 이상을 실현해 진정한 의미의 첫 소셜네트워크 WELL을 만들었다. WELL은《뻐꾸기 둥지 위로 날아간 새》를 쓴 소설가 켄 키지Ken Kesey와 함께 대항문화를 주도한 작가 스튜어트 브랜드Stewart Brand가 운영한 잡지에서 발전했다.[14] 브랜드는 1960년대에 트럭을 몰고 캘리포니아의 히피 공동체를 돌아다니며 행상을 할 때 자기 트럭을 '홀 어스 트럭 스토어Whole Earth Truck Store'라 불렀다. 그리고 1968년에 샌타클래라에 정착하면서 이름을 살짝 바꿔《홀 어스 카탈로그Whole Earth Catalog》라는 잡지를 만들었다. 독자들에게 히피 공동생활을 널리 알리는 기사와 더불어 물건을 직접 만드는 법을 알려줬으니 익살 섞인 이름이었다.

실리콘밸리 초기에는 어디서든 이 잡지를 볼 수 있었다. 스티브 잡스는《홀 어스 카탈로그》를 "우리 세대의 성경"이라 불렀다. 실리콘밸리가 약속한 해방에 흠뻑 빠진 브랜드는 잡지와 히피 신조를 활용해 '당신들만이 1960년대가 시작한 일을 끝낼 수 있다'고 거듭 주장했다. 1984년에 한 회담장에서는 "내가 보기에 해커는 미국 헌법 제정자들 이후 가장 흥미롭고 유능한 지식인 집단입니다"라고 말했다. 이후 한 원격 회의 회사가《홀 어스 카탈로그》를 게시판 형식으로 만들자고 설득했다. 브랜드는 1985년 '홀 어스 일렉트로닉 링크Whole Earth 'Lectronic Link', 즉 웹사이트 WELL(https://www.well.com/)을 만들었다. 업계에 영향력이 큰 친구들이 모두 합류하고 실리콘밸리 종사자 상당수가 뒤따랐다. WELL은 곧 놓쳐서는 안 되는 활동의 중심지가 되었다.

사이트 설립자들은 WELL이 무정부 유토피아라는 꿈을 실현하는 곳이 되기를 꿈꿨다.[15] 규칙이 거의 없으니, 아이디어가 그 가치에 따라 성공하거나 실패하는 자치 공동체로 이어지리라고 믿었다.[16] 실상은 심술궂은 싸움닭 같은 엔지니어들이 몰려들었고, 가장 큰 목소리와 가장 인기 있는 의견이 사이트를 지배했다. 그런데 WELL의 설계자들이야말로 목소리가 컸고 그들의 의견이 인기를 누렸다. 이들은 이를 지적 능력주의가 작동한다는 확증으로 받아들였다. 처음에 WELL에 모였던 인터넷 시대 설계자들은 그 뒤로도 순수한 다수결주의를 당연한 이상으로 여겨 오늘날까지도 모든 소셜네트워크에 이 개념을 집어넣는다. 시끌벅적한 토론은 그야말로 완전한 능력주의를 뜻했다. 자기 의견을 펼치지 못하거나 군중을 설득하지 못한다면, 공격당하거나 환영받지 못한다면, 그것은 자기 아이디어가 가치를 설득하지 못했다는 뜻이었다.

업계 구석구석에 퍼진 WELL 사용자들은 WELL의 이미지(비규제, 비통제, 무료 사용, 중요한 커뮤니티를 채우는 남성 IT 마니아를 은연중에 고려한 설계)를 이용해 인터넷을 구축했다. 인터넷은 단순한 웹사이트가 아니었다. 우리를 시대에 뒤처진 물리적 세계에서 끌어내는 사이버 사회였다. 인터넷 설계자 중 한 명인 데이비드 클라크David Clark는 1992년에 이렇게 말했다. "우리는 왕, 대통령, 투표를 거부한다. 우리는 대략적 합의와 실행 코드를 믿는다."[17]

1996년, WELL 이사를 지냈던 존 페리 발로John Perry Barlow가 웹 시대를 정의하는 문서 '사이버공간 독립 선언문'을 작성했다.[18] '산업 세계의 정권들'에 보낸 이 문서는 "너희에게는 우리 영토를 통치할 권리가 없다"고 선언했다. 또 사이버 공간을 사용자의 집단의지가 다스리는 "마음의 문명"으로 만들겠다고 밝혔다. 이 사상은 더 광범위한 문화에 빠르게 스며들었다. 〈네트〉, 〈매트릭스〉 같은 영화가 이 사상을 고이 새겨, 프로그래머들을 새로운 대항문화의 선봉, 인간을 속박하는 사슬을 끊을 쿵푸 반군으로 그렸다.

선언문이 특히 소중히 여긴 이상은 완전한 표현의 자유였다. WELL에서 그랬듯 표현의 자유는 웹의 자치 기제이자, 제1계명이자, 세상에 주는 가장 큰 선물이었다. 이 선언문의 지침은 지금도 소셜미디어 산업의 토대를 이룬다. 트위터 영국 법인 대표 토니 왕Tony Wang은 "트위터의 법률 자문과 CEO는 트위터가 '표현자유당'에서도 '표현자유파'라고 말하곤 합니다"라고 밝혔다.[19] 저커버그는 표현의 자유를 "페이스북의 창립 이상"이라 일컬었다.[20]

그런데 실리콘밸리의 토대를 이루는 이념에 가장 큰 활력을 불어넣는 것은 완전한 혁명을, 소셜미디어 기업들이 자기네가 수행해야 할 사명으로 여기는 예언을 실현하고야 말겠다는 오랜 야망이다. 당시 스물두 살이던 저커버그는 한 채용 후보자에게 애플이 '혁신innovation 기업'이라면 페이스북은 '혁명revolution 기업'이라고 말했다.[21] 한 TV 인터뷰에서는 "우리는 세상의 본질을 밑바닥에서부터 다시 연결하고 있습니다"라고 맹세했고,[22] 주주들에게 보내는 편지에서 이를 공식화했다.[23] 저커버그는 페이스북이 그렇게 할 수 있고 또 해야 한다고 믿었다. 페이스북은 순수한 통찰력으로 세상을 꿰뚫어 볼 줄 아는 엔지니어가 운영하는 곳이었기 때문이다. 나이지리아로 날아가 페이스북이 아프리카 전역의 개선을 돕겠다고 약속했을 때는 이렇게 밝혔다. "핵심은 어릴 때 무언가를 보고 느꼈던 것입니다. '이건 더 나아질 수 있어. 내가 이 시스템을 해체해 더 낫게 만들 수 있어.' … 저는 이

것이 공학적 사고방식이라 생각합니다. 어쩌면 사고방식이라기보다 가치관일지도 모르겠네요."[24]

　　그러나 사용자를 가장 많이 확보한 스타트업이 사회 전체를 재편할 수 있고 그래야 한다는 이런 이상주의는 나중에 재앙을 부르고 말 자만의 표현이었다. 레딧의 창업을 지원한 투자가 폴 그레이엄Paul Graham은 《해커와 화가》(한빛미디어, 2014)에서 "우리 같은 너드가 사람들과 잘 어울리지 못한 까닭은 어찌 보면 우리가 한발 앞서갔기 때문이다"고 적었다.[25] 또 실리콘밸리 종사자들이 어렸을 때 "한결같이 인기가 없었다"며, "우리가 남들처럼 어렵지만 그다지 의미 없는 게임에 시간을 허비하지 않고, 이미 그때부터 현실 세계에서 중요한 것들을 생각하고 있었기 때문이다"고 주장했다.

　　그러나 위대한 사명을 수행하겠다는 실리콘밸리의 신념보다 훨씬 더 중요한 것은 투자가들이 혁명을 이끌 엔지니어로 어떤 사람들을 육성하고, 누구를 바탕으로 세상을 다시 만드느냐였다. 전설의 IT 투자가 존 도어John Doerr는 성공한 창업자들을 가리켜 "하나같이 하버드나 스탠퍼드를 중퇴하고 사람들과 어울리는 데 젬병인 백인 남성 너드 같다"며, 투자 대상을 고를 때 이 '패턴'을 기준으로 삼는다고 밝혔다. 그레이엄도 "해적 같은 눈빛"에 "규칙 위반을 즐기고" 사회 예절을 무시하는 너드와 이상주의자를 찾는다고 했다.[26] "이 청년들은 부자가 되고 싶어 한다. 그리고 그 과정에서 세상을 바꾸고 싶어 한다."[27] 페이팔 창업자이자 페이스북의 첫 외부 투자가인 피터 틸Peter Thiel은 사회에 맞서는 반골을 육성하자고 촉구했다. 스타트업을 다룬 책 《제로 투 원》(한국경제신문, 2021)에서는 "오늘날 실리콘밸리에서는 아스퍼거증후군 같은 기질이 있는 사회 부적응자들이 유리한 것 같다. 사회적 신호에 덜 민감하면 남들과 똑같은 일을 할 가능성이 작다"고 적었다.[28] 투자가들은 이 전형적인 모습이 사소한 다양성 우려를 압도해 오로

지 성과에만 기반하는 능력주의의 극치를 반영한다고 봤다. 하지만 도어의 '패턴'이 증명하듯이, 그런 성과란 사실 사람을 싫어하는 남성 IT 마니아라는 전형을 벗어난 이들은 누구든 적대하는 IT 문화를 반영할 뿐이다.

마거릿 오마라는 내게 "실리콘밸리에서는 사회 예절에 그다지 가치를 두지 않아요"라고 말했다. "기묘함에는 너그러운데, 그건 기묘한 사람들이 실적을 입증한 것도 한몫했죠. 그게 실리콘밸리 문화의 다른 모습이에요. 하나같이 망할 놈들 같다고나 할까요." 이런 전형은 실리콘밸리의 토대가 된 쇼클리반도체연구소와 전자부품 제조사 휴렛팩커드에서 비롯했다. 두 회사 모두 고루한 직장 생활과 관리 구조를 경멸한 괴팍한 창업자들이 기틀을 잡았기 때문에 동부로 이전하지 못했다. 이들은 무자비하게 경쟁하고 위계라면 거품을 물고 질색하는 사무 문화를 만들어, 엔지니어들에게 완전한 재량권을 주고 크게 간섭하지 않았다. 또 점잔 빼는 IBM이나 벨연구소에서 일하기에는 성격이 너무 까다롭거나 자유분방하고 자기들처럼 반골 기질이 넘치는 괴팍한 사람들을 채용했다. 그러다 보니 사방이 따지기 좋아하고 불도저 같은 중퇴자 천지였으므로, 실리콘밸리는 그런 성격을 천재의 징표로 받아들였다.

대다수 산업에서는 그런 특이성이 시간이 지나 새로운 사람이 들어오고 세대가 바뀌며 희석되곤 한다. 하지만 실리콘밸리에서 흔히 그렇듯, 벤처 자본주의가 모든 상황마다 문화와 경제를 좌지우지하는 숨은 힘으로 작용했다. 엔지니어가 벤처 자본가가 되어 다음 세대를 주무를 엔지니어를 고르는 관행이 이어지자, 이념의 유전자 풀이 근친상간에 가깝게 좁아졌다.

오늘날에도 소셜미디어업계의 주요 인물은 거의 모두 네 다리쯤만 거치면 쇼클리와 연결된다. 쇼클리가 초기에 고용한 유진 클라이너Eugene Kleiner는 나중에 존 도어를 채용한 투자사 클라이너 퍼킨스Kleiner Perkins를 공동창업한다. 도어는 다시 아마존과 구글에 투자했고, 도어의 조언(쇼클리 밑에서 일한 사람들에게 배운 교훈이다)이 유튜브 사업 모델의 바탕이 되었다. 도어가 지원한 넷스케이프 창업자 마크 앤드리슨Marc Andreessen은 페이스북의 주요 투자가이자 이사, 그리고 마크 저커버그의 가까운 멘토가 되었다. 또 벤처 회사를 공동창업해 슬랙, 핀터레스트, 트위터 같은 여러 회사에 종잣돈을 댔다.

생각이 비슷한 투자가와 창업자들이 모인 좁은 테두리 안에서는 이런 연결이 수십 개씩 생긴다. 게이머게이트가 일어날 당시 레딧 CEO였던 이샨 웡Yishan Wong은 페이팔에서 일했었고, 같이 일했던 동료들도 소셜미디어 시대 대부분을 이끌었다. 페이팔의 초기 경영진인 리드 호프먼Reid Hoffman은 지분을 팔아 번 돈으로 링크드인을 설립했고, 일찌감치 페이스북에 투자했다. 저커버그에게 페이스북의 첫 이사가 될 틸을 소개한 사람도 호프먼이다.

틸은 페이팔의 성공으로 번 돈으로 펀드를 만들어 에어비앤비, 리프트, 스포티파이에 많은 투자금을 댔다. 많은 주요 투자가와 마찬가지로, 틸도 그 과정에서 투자 대상에 자기 이상을 강요했다. 1990년대에 공동 저술한 책 《The Diversity Myth(다양성 신화)》에서 틸은 일부러 여성이나 소수자를 포용하는 것은 자유로운 지식 추구를 억누르는 사기라고 주장했다. "나와 함께 페이팔을 공동창업한 맥스 레브친Max Levchin은 스타트업이 초기 직원들을 되도록 비슷한 사람들로 뽑아야 한다고 말한다." "기업의 구성원은 다르되 모두 같아야 한다. 비슷한 마음으로 회사의 사명에 뜨겁게 헌신하는 사람들이 모인 부족 같아야 한다."[29]

인종이나 성별 말고도 실리콘밸리의 상품 설계에 적용된 엄격한 전형은 무자비하고, 논리적이고, 사람을 싫어하고, 백인인 남성 IT 마니아였다, IT 산업의 역사 대부분 동안에는 이런 편애가 주로 여성과 소수자에게만 영향을 미쳐 이들이 직장 생활에서 살아남기 어렵게 했다. 그러나 소셜 미디어의 시대가 닥치자, IT 산업이 최악의 관습을 기업에 고착시켰고, 이어 수십억 소비자의 마음과 가정에 남성 우월주의, 괴롭힘 문화, 능력주의의 탈을 쓴 다수결주의라는 심각한 관행을 슬며시 심어놓았다.

3. 트롤링

혁명은 빠르게 일어나 광대역을 타고 거의 모든 도시와 교외로 뻗어나 갔다. 그리고 적어도 환영받은 사람에게는 약속대로 거의 완전한 자유를 안겼다. 그런데 설계자들이 알지 못한 것이 있었다. 모든 공동체, 특히 공식 규범이나 권력 당국에 그다지 얽매이지 않는 공동체에서는 사회 관습 같은 것이 자치 규율이 된다. 그리고 설계자들이 초기 웹에 심은 규범과 가치관이 초기 사용자 수백만 명을 설계자들이 상상한 평등한 유토피아와는 사뭇 다른 곳으로 이끈다.

오늘날의 인터넷 문화가 싹트던 2009년, 댈러스 교외에 사는 애덤이라는 열세 살 소년이 자기 삶을 뒤흔들 소셜웹에 깊이 빠져들었다. 이전에 어디선가 밈이라는 말을 들었던 애덤은 구글에서 밈을 검색하다 'I Can Haz Cheezburger?'라는 블로그를 찾아냈다. 고양이 사진 위에 어린아이 같은 말투로 고양이의 생각을 적은 영상을 보려고 날마다 200만 명이 이곳을 찾았다.

애덤은 밈과 스크린숏으로 구성된 한 게시물의 이야기에 끌렸다. 유튜브에 두 소년이 더스티라는 고양이를 학대하는 영상 두 개가 올라왔다는 이야기였다.[30] 이 짧은 동영상에, 사용자들이 짓궂기로 유명한 포챈에서 특히 분노가 일었다. 포챈 사용자들은 더스티를 위해 정의를 실현하겠다고 맹세했다. 한 사용자가 더스티 학대 영상 제작자가 열네 살이고 오클라호마 출신이라고 밝혔다. 다른 사용자는 자신이 지역 경찰에 신고했다고 주장했다. 하지만 당국은 자체 조사로 영상의 출처를 밝혔다고 공표했다. 영상을 만든 형제는 동물 학대로 기소되었다. 포챈에 승리를 자축하는 게시물이 넘쳐났다.

이 이야기가 애덤의 마음을 사로잡았다. 자신과 다르지 않은 사람들이 인터넷 클릭을 짜릿한 모험으로, 사회적 유대를 맺는 경험으로 바꾸었기 때문이다. 애덤은 그때를 이렇게 회상했다. "이 사람들이 고양이를 구했다고 생각하니 끌리지 않을 수가 없더라고요. 자경단처럼 정의를 구현하는 면이 내가 포챈의 의미를 규정하는 데 도움이 됐어요." 애덤은 날마다 몇 시간씩 포챈에 머물렀다. 포챈이 초기 인터넷 사용자에게 큰 인기를 끈 까닭은 독특한 기능 때문이었다.[31] 이미지를 올려야만 새 스레드(옮긴이 토론방과 비슷하다)를 만들 수 있어, 플랫폼에 사용자들이 만든 밈과 만화가 넘쳐났다. 스냅챗과 다른 플랫폼이 기능을 도입하기 한참 전부터도 시간이 어느 정도 지나면 스레드가 저절로 삭제되었으므로, 다른 곳에서라면 손가락질받았을 부적절한 언행을 할 수 있었다. 게다가 익명성이 보장되었다. 거의 모든 게시물의 작성자가 '익명'으로 표시되어, 무엇이든 해도 된다는 문화와 집단 정체성을 불어넣었고, 특히 소속감에 목마른 사람들의 마음을 사로잡았다.

"저는 학교에서 늘 왕따였어요." 늦은 밤 내게 인터넷의 어두운 영역을 샅샅이 안내하겠다며 이야기를 나누던 중 애덤이 한 말이다. 애덤은 어릴 때부터 우울과 불안에 시달렸다. 하지만 포챈에서는 환영받고 이해받는 느낌이었다. 포챈 사용자들은 밤마다 시끌벅적한 스레드와 꽤나 머리를 굴린 장난으로 서로 즐거움을 안겼다. "제가 온라인에서 경험한 가장 큰 즐거움이었어요."

더구나 애덤은 포챈에서 현실 세계에서와 달리 안전을 느꼈다. 애덤은 당시 자신이 "매우 이상한 사람"이었고 "자기 안에 갇혀" 있었다고 인정했다. 20대 중반인 지금도 어머니 집에 사는 애덤은 당시 자기 방이 1990년대 비디오게임 상품으로 "어질러져" 있었다고 했다. 오프라인에서 우울증을 앓는다고 말하면 걱정스러운 표정과 어른들의 참견이 뒤따랐지만, 포챈에서는 자신의 외로움을 함께 나누는 것 같은 사람들에게 마음을 열 수 있었다.

내게 보낸 사진에서 애덤은 빈티지한 게임 티셔츠에 멋진 검은색 안경을 걸치고 있었다. 안경을 반쯤 가린 갈색 머리칼이 풍성했다. 친구나 여자친구를 사귀려고 복잡한 소셜네트워크로 숨어들어야 할 사람으로는 보이지 않았다. 하지만 혀짤배기소리와 말더듬증 탓에 애덤은 사람들 앞에서 움츠러들었다. 10대 시절 청력을 잃으면서 두 증상이 모두 심해졌고, 최근에는 불안이 증상을 더 부채질했다. 애덤은 지금도 말로 소통하는 것을 어려워하고 일도 하지 않는다. "나는 니트NEET에요." 영국 정부가 만든 이 용어는 의무교육을 마친 뒤 '고용, 교육, 직업 훈련에 참여하지 않는not in employment, education, or training' 사람을 가리키는데, 온라인에서는 뒤처졌다고 느끼는 사람들이 자신을 정의하는 말이 되었다.

포챈에서 오랫동안 활동한 많은 사용자가 그렇듯, 애덤도 기자들과 이야기하기를 꺼렸다. 애덤에게 기자란 자기 같은 사람을 통제하고 소중한 디지털 보금자리를 폐쇄하고 싶어 하는 나이 많은 기득권을 대표했기 때문이다. 다행히, 애덤이 포챈에 가입한 뒤로 약 10년 동안 연락을 주고받은 내 정보원이 믿을 만한 중간 다리가 되어 우리를 연결했다. 애덤은 포챈의 토론방과 "대부분 익명인 우스꽝스러운 장난"은 재미있지만, "반사회적 행동이 현실 세계로 파고드는 어두운 구석"은 걱정스럽다고 인정했다. "처음부터 그걸 알았어요. 나는 유대인인데, 사이트 절반이 나를 존재해서는 안 될 존재로 생각하거든요." 애덤은 포챈에 가득 퍼진 세계관을 어디까지 받아들여야 할지 고심했다. 분노와 음모론이 판치는 포챈 문화는 애덤이 자신에게 등 돌린 것 같은 종잡을 수 없는 세상을 이해하는 데 도움이 되었다. 같은 불만을 느끼는 집단이 있다는 사실에 소속감을 느꼈다. 하지만 제멋대로인 극단적 행위 때문에 마음이 괴로웠다. 특히 사람이 다칠 때는 더.

포챈을 만든 크리스토퍼 풀Christopher Poole은 2008년에 "궁극적으로 커뮤니티의 표준을 정할 힘은 커뮤니티에 있다"고 말했다.[32] 당시 깡마른 스무 살이던 풀은 날로 왕성하게 활동하며 실리콘밸리에 "마음의 문명"을 건설하는 소셜웹 마니아 커뮤니티에 속했다(프로그래머, 블로거, 대학원생이 구성원이었다). 그런데 1980년대의 열띤 해커 대회와 1990년대의 선언서를 지나 2000년대 들어 웹 사용자들의 관심이 주로 재밋거리로 방향을 틀었다. 교외에 살고 아직 운전할 수 있는 나이가 아니라 학교가 끝난 뒤 집에서만 지내야 하는 학생들이 온라인에서 시간을 보냈다. 완전한 자유라는 인터넷의 약속이 특히 부모와 교사에게 통제받는 아이들의 마음을 파고들었다. 청소년은 남과 어울리고 싶은 욕구도 성인보다 더 강해,[33] 소셜네트워크를 더 많이 사용하고 그곳에서 일어나는 일에 훨씬 민감하게 반응한다.[34] 풀도 겨우 열다섯 살에 포챈을 만들었다. 애덤처럼 오프라인에서 소외감을 느낀 아이들은 온라인 활동에 훨씬 많이 치우쳤고, 무력함과 괴롭힘 때문에 느끼는 걱정을 온라인에 털어놓았다.

이런 문화는 처음에 고양이 영상과 만화처럼 유치함과 창작물로 출발했지만, 짓궂고 관습을 거부하는 경향도 있었다. WELL까지 거슬러 올라가는 웹 문화에서 비롯한 장난에는 사회적 규범과 예민함에서 벗어나고 싶은 마음, 그리고 이를 이해하지 못하는 외부인을 조롱하려는 의도가 깔려 있었다. 곳곳에서 젊은 남성들이 열광한 짓궂은 장난 프랭크prank가 초기 웹을 정의하는 활동이 된 것도 그래서다.

한 번은 포챈 사용자들이 공모해, 테일러 스위프트 콘서트 주최권을 놓고 여러 학교가 경쟁하는 온라인 투표를 장악해 청각장애인 학교가 우승하도록 결과를 바꿨다. 다른 사건에서는 포챈의 심심풀이 밈 게시판에 올라온 농담을 사용자들이 〈오프라 윈프리 쇼〉의 게시판에 올렸다. "우리 단체에는 9000개 넘는 남근이 있고, 모두 아이들을 강간하고 있다." 이 글을 소아성애자가 쓴 것으로 오인한 윈프리가 방송에서 침울하게 인용했다. 애덤은 "많은 유머가 한계를 끝까지 밀어붙여 건드리기 어려워 보이는 주류 영역으로까지 영향력을 넓히려는 행동에서 나와요"라고 말했다. 자기네를 따돌리는 세상을 놀림감으로 만든다는 뜻이었다.

때로는 장난이 노골적인 가학 행위로 치닫기도 했다. 2006년 어느 열세 살 소년이 자살하자 친구들이 소년의 마이스페이스 페이지에 추모글을 올렸다. 그런데 포챈 사용자들이 아이들의 맞춤법 오류와 진지함을 조롱했다. 몇몇은 페이지를 해킹해 소년의 프로필 사진을 좀비 이미지로 바꿔놓았다. 또 몇몇은 소년의 부모에게 1년 넘게 장난 전화를 했다. 어른들과 소년의 친구들이 그런 일을 불쾌하게 여길수록 더 즐거워했다.

슬픔에 빠진 부모에게 잔인하게 구는 것처럼 점점 더 큰 금기를 어기는 행동이 자신도 짓궂은 장난에 참여한다는 신호를 보내는 방법이 되었다. 애덤은 "다른 친구들이 인스타그램과 페이스북에 살아가고 웃고 사랑하는 평범한 게시물이나 올릴 때 포챈과 에잇챈$_{8chan}$을 검색하면 나는 다르다는 느낌이 들죠. 더 멋진 느낌. 색다른 소수에 속한 느낌이요"라고 설명했다. 장난은 배설물과 관련된 포르노 사진도 포함한다. 소름 끼치는 살해 영상도 마찬가지다. 사람들을 화나게 할 인종차별적 욕설을 올리고, 심각하게 생각할 테면 그러라고 덤빈다. 이런 장난을 웃어넘기거나 아예 한술 더 뜨는 것은 무리가 공유하는 냉소적 거리 두기에 동참한다는 표현이었다. 그런 행동이 외부 세계와 이들의 관계를 고쳐 썼다. 사회가 우리를 거부하는 것이 아니라, 우리가 사회를 거부하는 것이라고.

금기를 무시하고 짓궂은 장난을 즐기는 두 결속 활동이 하나로 수렴해 트롤링$_{trolling}$이 되었다. 1990년대에 한 인터넷 게시판이 "오로지 누군가를 화나게 하거나 토론을 방해할 목적으로만" 글을 올리는 행위를 트롤링이라 정의했다.[35] 아마 "물고기가 있을 만한 곳으로 미끼를 끌고 다니며 고기를 낚는 낚시 방식"인 트롤링에서 따온 이름일 것이다. WELL 시대 이후 웹 사용자들은 서로 약을 올리는 데서 즐거움을 찾았다. 포챈 같은 곳에서는 걸핏하면 더 심각한 행위로 바뀌어, 다른 사람의 고통에서 기쁨을 느끼는 것이 목적인 집단 학대가 나타났다.

누군가에게서 반응을 끌어내는 짜릿함을 가리키는 용어까지 생겼다. 'laugh out loud(크게 웃다)'의 약자를 변형한 lulz(룰즈)가 그것이다. 누구를 표적으로 삼을지, 얼마나 잔인하게 굴지는 거의 제한이 없었다. 법과 위계에서 벗어나는 자유라는 실리콘밸리의 꿈이 온라인에서는 사회적, 윤리적 규범에서 벗어나는 자유가 되었다. 포챈 커뮤니티는 풀의 희망에 따라 자체 기준을 만들었는데, 그 중심은 모든 소셜미디어의 설립 동기인 대중의 주목도였다.

플랫폼 대다수는 대중의 주목도가 곧 플랫폼의 가치를 가리킨다는 추상적 믿음을 바탕으로 만들어진다. 레딧과 트위터는 얼마나 많은 사용자가 업보트~upvote~(추천)나 리트윗으로 지지를 표현하느냐를 바탕으로 게시물을 배열한다. 페이스북과 유튜브는 알고리즘이 이 권한을 준다. 두 방식 모두 어떤 형태의 주목이든, 그것이 긍정이든 부정이든, 비꼼이든 진심이든, 웃게 하든 화나게 하든, 지적 호기심을 자극하든 욕정을 자극하든 단순하게 한 척도로 압축한다. 위로 올릴 것인가, 아래로 내릴 것인가.

포챈 같은 게시판도 마찬가지인데, 다만 더 조직적이다. 정신없이 쏟아지는 콘텐츠와 익명성 탓에, 사용자들은 최대한 과격하게 다른 사람의 주목을 얻으려 한다. 오프라인 세계의 사회적 제약에 구속받지 않는 사용자들은 하나하나가 페이스북 알고리즘의 축소판처럼 움직여 어떤 게시물이 남의 주목을 가장 많이 받는지를 반복 학습한다. 포챈을 일관되게 관통하는 교훈은 하나다. 수많은 목소리 사이에서 눈에 띄려면 게시물 내용이 무엇이든 목소리가 큰 것이, 더 극단적인 것이 좋다.

2010년, 포챈이 제시라는 열한 살 소녀를 표적 삼아 가장 기억에 남을 만한 열띤 공격을 퍼부었다.[36] 제시는 마이스페이스에서 활동했는데, 그곳에 나도는 게시물을 본 포챈 사용자들이 제시가 친구들에게 스물다섯 살인 지역 밴드 리더와 사귄다고 말했다는 사실을 알렸다. 포챈 사용자들은 제시가 없는 이야기를 지어냈다고 조롱했다. 제시는 분노에 찬 글을 올렸고, 이어 자기를 헐뜯는 사람들의 입에 총을 쏴버리겠다는 유튜브 영상을 올렸다.

제시의 서투르고 감정적인 반응에 신이 난 포챈 사용자들이 더 격한 반응을 끌어내기로 작정했다. 제시가 거짓말을 하고서도 책임을 마다하니 이제 본때를 보여주겠다고. 희롱을 담은 페이스북과 마이스페이스 메시지, 가짜 피자 배달, 장난 전화를 쏟아부었고, 더 큰 재미를 느끼려고 이런 행동을 포챈에 자랑했다. 제시를 "낚는 법"이라는 제목의 한 게시물은 "자살하라고 말하라", "여자애 아빠한테 애를 두드려 패겠다고 말하라", "제시의 노출 사진을 유포하라"고 조언했다.

제시는 다시 유튜브 영상을 올렸다. 이번에는 흐느끼는 제시 옆에서 양아버지가 보이지 않는 학대자들에게 소리쳤다. "두고 봐, 너희 이메일을 추적해서 네 녀석들을 찾아낼 거야." 포챈 사용자들은 열광했다. 작전이 성공했다는 증거였기 때문이다. 괴롭힘은 점점 더 심해졌다. 마지막 유튜브 영상에서 제시는 하는 수 없이 모든 비난을 인정할 테니 제발 그만해달라고 빌었다. 이 사건은 소셜웹에서 정의와 lulz를 모두 이룬 전설이 되었다. 제시의 영상은 계속 돌고 돌아 조회수가 수백만을 넘겼다. 제시가 처음에 게시물에서 언급한 지역 밴드는 제시의 망신을 기념해 노래를 녹음했다. "내 이름과 평판은 걸레 같은 년의 먹잇감이 되지 않아. 나는 세계 정상에 설 거고, 너는 신세 조질 거야."[37]

몇 년 뒤 제시는 경찰에 자신이 열 살 때 이 밴드 리더가 여러 차례 희롱하고 강간했다고 신고했다. 많은 아동 학대 피해자가 그렇듯, 제시도 수치심과 착란 탓에 친구들에게 둘이 사귀는 사이라고 말한 것이다. FBI가 수사에 나서자, 20명 남짓한 여성이 비슷한 내용으로 밴드 리더를 고발했다.[38] 그런데도 포챈을 포함한 여러 사이트에서는 여전히 이 이야기를 기념비로 여겨, 사용자들이 웹 곳곳에서 10년 넘게 제시를 계속 괴롭혔다.

뻔뻔함은 포챈 사용자의 특징이다. 문화 이론가 휘트니 필립스Whitney Phillips 와 라이언 밀너Ryan Milner는 이들이 "걸핏하면 자기네 행동을 공익사업의 틀에서 생각했다"고 적었다.[39] 포챈 사용자들은 자기네가 소셜웹의 기본 사명을, 망가진 구습을 무너뜨리고 그 자리에 자율적으로 단속하는 표현의 자유와 철저한 독립적 사고가 들어서는 세상을 세우겠다는 사명을 따르고 있다고 봤다. 이들은 오프라를 속여 존재하지도 않는 소아성애자 집단을 시청자에게 경고하게 한 것이 사람들에게 권위 있는 인물과 공적 발언을 의심하라는 교훈을 줬다고 자평했다. 필립스와 밀너의 말대로 "표적을 조롱하고 가스라이팅하고 속이고 다그쳐 얻은 결과"인데도, "사람들이 자기네 노고에 고마워해야 한다고 웃어넘기는 사용자가 많았다."[40]

"트롤링은 기본적으로 인터넷 우생학이다." 포챈의 슈퍼스타 앤드루 오언하이머Andrew Auernheimer가 2008년에 한 인터뷰에서 한 말이다.[41] 무정부주의자 해커이자 파렴치한 선동가인 오언하이머는 포챈이 점찍은 적을 무자비하게 괴롭혔다. 뻔뻔하게도 "블로거는 쓰레기들이다. … 이 인간들을 오븐에 집어넣어야 한다"는 말로 나치를 연상케 해 독자들의 화를 돋우려 했으니, 인터뷰 자체도 트롤이었다. 이런 폭언은 초기 소셜웹에서 무언가 새로운 것이 생기고 있다는 신호였다. 필립스와 밀너는 이렇게 도발을 즐기는 문화, 기존 도덕규범을 거부하며 신나 하는 행태 때문에 "편협한 믿음이 전혀 타락하지 않아 보이는 것으로 위장한 채 은밀히 퍼지기에 완벽한 환경"이 만들어졌다고 평가했다.[42]

오언하이머는 자기가 IT 블로거 캐시 시에라Kathy Sierra를 겨냥한 괴롭힘을 주도했다고 으스댔다.[43] 시에라는 포챈의 댓글 섹션을 개선해야 한다고 요구했었다. 이를 표현의 자유를 공격하는 발언으로 받아들인 포챈 사용자들이 격분해 시에라에게 살해 협박을 퍼부었다. 그 와중에 오언하이머가 시에라의 사회보장번호와 집 주소를 공개하고, 아이들 사진을 포르노와 합성해 퍼뜨리고, 시에라의 이름으로 매춘 광고를 올려 낯선 남자들이 밤낮으로 집에 찾아오게 했다. 시에라의 대외 활동은 완전히 끝장났다. 시에라는 포챈 사용자들을 고소할 의욕조차 거의 없었다. 사법계는 난폭하기 짝이 없는 온라인 괴롭힘조차 범죄 행위로 보지 않는 시각이 주류였고, 공개 대응에 나서면 보나 마나 더 많은 공격만 부를 것이 뻔했기 때문이다.

오언하이머는 유튜브에 음모론으로 가득 찬 반유대주의 '설교'도 올리기 시작했다. 자기 말로는 풍자라고 했지만, "거리에 피를 뿌려야 한다"는 호소는 섬뜩하리만치 진심으로 들렸다. 당시 사람들은 웹에서 활동하는 오언하이머 같은 사람들을 천진난만한 말썽꾸러기로 여겼다. 관심을 보이는 사람조차 대부분 이들을 칭찬할 정도였다. 2010년에는 실리콘밸리의 공인 간행물이라 할 《테크크런치TechCrunch》가 오언하이머에게 공익봉사상을 줬다.[44] 오언하이머가 속한 해커 그룹이 아이패드의 취약점을 이용해 개인 이메일 주소 11만 4천 개를 훔친 혐의로 FBI에 수사를 받았는데, 여기에 연대를 표시한 것이었다.

《바이스Vice》의 기사에 따르면 선고를 하루 앞두고 오언하이머를 격려하려고 열린 파티에서 "언론인들이 해커, 활동가, 안대를 쓴 다큐멘터리 작가, 화려한 염색 머리에 입술 피어싱을 한 여자들과 술을 마셨다."[45] 이 기사를 쓴 《바이스》 기자는 이튿날 가이 포크스Guy Fawkes 마스크를 들고 법정에 갔다. "내가 거기 간 까닭은 오언하이머를 기소한 것이 잘못이라고 생각해서였다. 그래서 친구들과 함께 그를 격려했다." 이듬해 오언하이머는 포챈 사용자들이 만든 유명한 신나치 사이트 데일리스토머The Daily Stormer에 가입해 가슴팍에 주먹만 한 하켄크로이츠 문신을 새긴 사진을 올렸다.

포챈 설립자 풀은 포챈의 평판이 떨어질까 봐 가장 가벼운 규제를 마련했다. 극단적인 혐오 발언과 괴롭힘은 여전히 허용했지만, 몇몇 하위 섹션으로만 한정했다. 그러자 그런 섹션이 트롤링이 난무하는 곳으로 바뀌었다. 구경꾼이 떼로 몰려들었다. 더러 내용이 마음에 들어 계속 포챈에 머무는 사람도 있었다. 그래도 일부 사용자는 이런 제한을 배신으로 여겼다. 그중 한 명인 소프트웨어 개발자 프레드릭 브레넌Fredrick Brennan이 포챈에서 떨어져 나와 비슷한 에잇챈을 만들었다. 브레넌은 에잇챈이 "표현의 자유를 지지"하는 대안 사이트라고 홍보했다. 애덤을 포함한 사용자들이 에잇챈으로 쏟아져 들어와, 인터넷 시대에 벌어진 그야말로 끔찍한 참상의 본거지가 된 반항적 아웃사이더 집단의 정체성을 강화했다.

2000년대가 끝날 무렵, 포챈과 에잇챈 커뮤니티가 당시 인기를 얻은 더 화려한 플랫폼으로 이동했다. 식민지 이주자가 그랬듯, 갓 태어난 페이스북, 유튜브, 트위터에 물밀듯이 발을 디뎠다. 이제는 미키마우스처럼 쉽게 알아볼 수 있는 밈과 농담으로 상징되는 챈 문화가 이들 플랫폼에 스며들었다. 참여도를 극대화하는 이 플랫폼들의 기능과 알고리즘이 챈 문화의 가장 극단적인 경향을 흡수해 구체화한 뒤 무슨 일이 닥치고 있는지 모르는 세상에 더 크게 퍼뜨렸다.

4. 게이머

2010년 후반 클라이너 퍼킨스Kleiner Perkins가 소셜미디어 스타트업들에 2억 5천만 달러를 투자한다고 밝히는 자리에서 IT업계를 주무르는 투자가 존 도어가 자기 옆에 빙 고든Bing Gordon을 세웠다. 당시 50대로 자신을 라크로스 선수라 소개한 고든은 대학생처럼 덥수룩한 모습이었고, 회사의 공식 연설에서 '그놈', '죽여준다' 같은 표현을 가미했다. 사회에 발을 디딘 1982년부터 클라이너 퍼킨스에 투자가로 합류한 2008년까지 고든의 경력은 딱 한 줄, 비디오게임 회사 일렉트로닉 아츠Electronic Arts뿐이었다. 클라이너 퍼킨스의 힘을 보여주려는 듯 마크 저커버그와 제프 베이조스를 옆에 세운 발표장에서 고든은 이렇게 공언했다. "우리는 소셜미디어가 이제 막 열린 블루 오션이라는 데 승부를 걸려 합니다."[46]

고든의 참석은 소셜미디어 산업이 비디오게임 산업처럼 운영되리라는, 당시 널리 퍼진 믿음을 반영했다. 고든은 몇 달 뒤 열린 경영자 회의에서 "당신들 같은 CEO가 익혀야 할 주제가 세 가지"라며 모바일, 소셜을 꼽은 뒤 주먹을 불끈 쥐고 '게임화'를 말했다.[47] 소셜미디어 플랫폼은 처음부터 비디오게임을 매우 많이 차용했다. 이를테면 알림은 정성껏 꾸민 '배지'처럼 전달되었다. 고든은 배지를 이용하면 사용자가 사이트에 머무는 시간을 두 배로 늘릴 수 있고, '좋아요'는 점수판과 비슷하다고 주장했다. 이런 기능은 보기만 좋은 것이 아니었다. 많은 플랫폼이 애초에 게이머를 핵심 시장으로 봤다. IT라면 사족을 못 쓰는 게이머들이 이 디지털 인터페이스에도 시간을 쏟아부을 것이 뻔했기 때문이다.

급변을 겪은 역사 때문에, 게임 산업은 특정 기질이 있는 젊은 남성과 소년들의 입맛에 맞춘 서비스를 압도적으로 많이 제공했다. 달리 말해 소셜미디어 플랫폼도 사실상 같은 방식을 썼다. 그런데 본래 비디오게임은 한쪽 성별에 치우치거나 특정 연령층에 한정되지 않는다. 1970년대에 실리콘밸리의 아타리Atari 같은 게임 회사들이 설계해 PC와 함께 출시된 초기 게임들은 소비자의 성별, 나이에 얽매이지 않는 것이 당연하다고 봤다. 그런데 북미 비디오게임업계에 위기가 닥치자 상황이 바뀌었다.[48] 1983년부터 1985년 사이에 미국의 가정용 비디오게임 매출이 자그마치 97%나 폭락했다. 전자제품 상점에서 성인에게 팔던 이 한물간 컴퓨터 제품을 일본 회사들이 게임 시장을 살릴 목적으로 더 단순한 상품으로 단장했다. 목표는 장난감이었다.

당시 장난감 시장은 성별에 따라 뚜렷하게 둘로 나뉘었다. 마침 로널드 레이건 대통령이 아이들을 겨냥한 TV 광고 금지 규제를 해제했다. 당시 유행한 신프로이트학파에 사로잡힌 마케터들은 성장 초기에 아이들이 자기

성별에 느끼는 호기심을 채워 주면 아이들을 낚을 수 있다고 믿었다. 〈마이 리틀 포니〉와 〈G.I. 조〉 같은 새 TV 프로그램들이 과장되기 짝이 없는 성 규범을 심어줬고, 청소년의 자연스러운 성 정체성 발견을 모형 장난감을 사고 싶은 욕망으로 바꿨다. 이 사업 방식이 소셜미디어업계의 사업 방식과 놀랍도록 닮아 보인다면, 우연이 아니다. 우리 마음속 가장 깊이 자리 잡은 심리 욕구를 자극해 상업적 소비로 그 욕구를 추구하도록 한 뒤 여전히 채워지지 않는 욕구를 다시 더 많은 소비로 추구하도록 우리를 길들이는 방식이 전후 경제 호황 뒤 미국 자본주의의 핵심이었다.

장난감 시장은 분홍과 파랑으로 양극화되었다. 일본의 게임 제작사들은 한쪽을 택해야 했다. 그래서 선택한 것이 부모들이 돈을 더 많이 쓰는 쪽, 즉 사내아이들 시장이다. 게임에서 공주를 구하고, 전쟁을 치르고, 남성 스포츠 경기에서 뛰는 남성 영웅이 점점 더 중심을 차지했다. 그때껏 오랫동안 게임을 어릴 때 갖고 노는 장난감으로 선전한 마케터들이 이제는 사내아이들이 청소년기를 거쳐 성인기에 들어설 때까지 계속 섹스(이만한 것이 또 있을까?)로 아이들을 낚았다. 게임 속 여성은 남성이라면 마땅히 누려야 할 권리처럼 과도하게 성적으로 묘사된 복종적 캐릭터로 채워졌다. 많은 게이머가 그런 묘사가 가치관에 문제가 있는, 지나친 환상이라는 것을 잘 알았다. 하지만 그런 가치관을 진실로 받아들일 만큼 환상 속에 자란 게이머도 많았다. 1990~2000년대의 문화 충돌 속에서 게임 마케터들이 이런 경향을 이용해 게임을 여성의 힘이 세지는 세상에서 벗어날 피난처로, 남성이 여전히 남성이고 여성이 제 분수를 지키는 곳으로 소개했다. 누군가에게는 게임이 진화하는 성별 규범에 맞선 반발로 생겨난 정체성이 되었다.

거실에 있는 데스크톱 컴퓨터로만 접속할 수 있는 소셜네트워크가 등장했을 때 초기 사용자는 게이머와 꽤 비슷하게 IT 얼리어답터인 집돌이 남성과 소년이었다. 시장은 게이머와 소셜네트워크 사용자를 동의어로 취급해 한쪽을 겨냥한 상품을 다른 쪽에도 내놓았다. 두 집단의 하위문화와 정체성이 통합되면서 경계가 흐릿해졌다. 그러다 2000년대 들어 가정용 컴퓨터의 성능이 날로 향상하자, 자금을 자체 조달한 개발자들이 상업적 틀에서 벗어난 게임을 만들었다(조이 퀸도 그런 인디 게임 개발자였다). 게다가 디지털 민주화로 새로운 목소리가 등장했다. 이를테면 유튜버 어니타 사키지언Anita Sarkeesian이 게임 속 여성 캐릭터가 여성을 배제할뿐더러 실생활에서 학대를 부추긴다고 주장했다. 게임계가 더 진지한 대접을 받기를 열망한 게이머 사이에서는 이런 주장이 흥미롭고 긍정적인 발전이었다. 게임 평론가들이 사키지언의 비판을 받아들이기 시작했다. 큰 예산을 들인 새 게임들이 다양한 주인공과 줄거리를 선보였고, 무절제하게 남성성을 과시하는 캐릭터를 지워나갔다.

그런데 젊은 남성 게이머, 특히 소셜 플랫폼에서 활동하는 일부 게이머가 이를 위협으로 받아들였다. 자기 정체성을 나타내는 성별 규범과 경계가 도전받는다고, 자의식이 위협받는다고 여겼다. 대담하게 게이머게이터들에게 도전했던 브리아나 우가 내게 이런 말을 했다. "지난 30년 동안 우리는 매우 특이한 게이머들을 발견했고, 그들을 세상의 중심으로 만들었고, 그들의 온갖 변덕을 채워줬습니다. 이제는 세상이 바뀌고 있어요. 일반적인 게이머는 스물 몇 살 먹은 남자가 아닙니다. 나 같은 마흔 살 여성이죠. 세상이 바뀌는데도 우리 업계는 참 안타깝게도 거기에 대처하지 못하는군요."

퀸 같은 개발자들이 평론가를 매수했다고 비난하는 것은 달갑지 않은 변화를 사악한 음모로, 정체성에 대한 위협을 우리와 그들의 싸움으로 재구성하는 인지적 자기방어였다. 온라인 극단주의자들을 관찰한 작가 데이비드 퓨트렐David Futrelle은 한 인터뷰에서 "그들은 이제 비디오게임에서 여성의 가슴을 볼 권리를 얻겠다고 싸우는 것이 아니라 '백인 학살'에 맞서 싸웠습니다. 이들이 구해야겠다고 생각한 것은 단지 게임이 아니라 서방 문명 그 자체였습니다"라고 말했다.[49] 또 온라인 극우의 폭발적 증가를 게이머게이트와 연결해 "과격화 과정에서 게이머게이트의 역할은 그야말로 지대했습니다"라고 주장했다.

그무렵 열여덟 살이 된 애덤은 포챈에 사로잡힌 사용자가 따르는 모든 단계를 고스란히 밟았다. 자기 세계관을 확인하는 격분은 거부하기가 어려웠다. 유명 게임 유튜버들이 올린 영상을 보고는 "언론인이 돈과 섹스에 매수되었다"고 확신했다. 사용자들이 우를 괴롭힐 계획을 짤 때는 당황스러웠다. 그러나 소셜 플랫폼들이 설계 방식 그대로, 우를 포함한 여러 인물이 애덤을 억누르려고 작정한 위험한 과격분자라고 증명하는 듯한 게시물을 마구잡이로 쏟아냈다. 애덤은 많은 온라인 동지와 마찬가지로 온라인 괴롭힘에 동참해 클릭을 이어가며 더 어둡고 깊은 토끼굴로 빠져들었다.

게이머게이트가 펼쳐지는 상황을 지켜보던 우는 여러 해 전 미시시피주 공화당 상원의원 트렌트 롯Trent Lott의 사무실에서 인턴으로 일하던 때를 떠올렸다. 당시 롯 의원 사무실 직원들이 지금은 유명한 푸시 폴push poll(옮긴이 여론조사를 가장한 선거운동)활동을 펼쳤다. "민주당이 당신의 문화를 빼앗으려 한다고 생각하십니까?" 이 질문은 특히 백인 남성에서 놀라운 성과를 거뒀다. 우는 내게 사람들의 감정을 어떤 약삭빠른 선거운동 사무실보다도 콕 집어 건드리도록 최적화된, 달리 말해 끝없이 정체성을 자극하는 푸시 폴의 현실판이 되어 사용자에게 침투하는 소셜미디어가 여기에서 얼마나 큰 효과를 낼지 상상해보라고 말했다. 우는 게이머게이트를 이렇게 연결했다. "미시시피주에서 실시했던 푸시 폴이 그랬듯, 여성들이 자기네 문화를 빼앗으려 한다는 진짜 두려움이 있다고 봐요. 그건 부족이 걸린 문제니까요."

5. 던바의 저주

게이머게이트 같은 하위문화가 초기 플랫폼에 급속히 퍼진 2010년대 초반, 페이스북은 사회화의 인지적 한계를 뛰어넘겠다는 대담한 목표를 소리 소문 없이 추구했다. 이 계획이 레딧과 포챈이 게이머와 소셜웹 초기 사용자에게 일으켰던 사고의 왜곡을 머잖아 수많은 페이스북 사용자에게 훨씬 더 강력하게 일으켜, 게이머게이트 같은 사건을 수없이 부추긴다.

이 계획이 등장한 계기는 2008년에 페이스북이 마주한, 유난히 신경을 곤두세울 수밖에 없는 위기, 사용자 수 정체였다. 다른 업계라면 고객이 9000만 명가량일 때 찾아온 정체가 새 상품이나 더 나은 상품을 팔 기회일 것이다. 웹 경제에서는 사용자 수 정체가 치명적인 위험일 수 있다. 저커버그는 당시를 이렇게 회고했다. "그때는 사람들이 사용자가 1억 명을 넘을지도 불확실하다고 말했습니다. … 우리는 근본적인 벽에 부딪혔고, 그 문제에 집중해야 했습니다."[50]

페이스북은 사용자 참여를 끌어올릴 수 있기를 바라며 이른바 던바의 수를 깨는 실험에 들어갔다. 1990년대에 영국 인류학자 로빈 던바Robin Dunbar가 인간이 인지적으로 유지할 수 있는 인간관계는 150명이 한계라는 주장을 내놓았다.[51] 150명은 우리가 진화한 사회 집단이 최대 150명인 데서 얻은 숫자다. 이 숫자를 넘기면 우리 뇌에서 사회 인지를 담당하는 신피

질neocortex이 한계에 다다른다. 우리 행동도 회로 차단기가 작동하듯 바뀌어 다시 150명으로 돌아가려 한다. 온라인에서마저 사람들은 던바의 수에 자연스럽게 수렴했다. 2010년에 페이스북 사용자의 친구 수는 평균 130명이었고,[52] 소셜네트워크 게임 프렌드스터는 친구 수를 아예 150명으로 제한했다.[53]

"던바의 저주에서 벗어나는" 것은 실리콘밸리의 오랜 꿈이었다.[54] 저커버그는 그 저주를 깨겠다고 공언했다.[55] 하지만 계획이 물거품이 되었다. 아무리 페이스북이라도 수백만 년에 걸친 진화를 넘어설 수는 없었다. 적어도 아직은. 2013년에 다시 사용자 증가가 멈추자, 페이스북은 던바의 저주를 깨겠다는 목표를 중심으로 플랫폼을 재설계했다. 사용자에게 '약한 관계', 즉 친구의 친구, 지인의 지인, 친척의 친척이 만든 콘텐츠를 쏟아냈다.

정교한 알고리즘을 활용한 덕분에, 이 계획이 효과를 거뒀다. 페이스북은 던바의 수를 넘어 계속 확장하는, 건너 건너 아는 사람들의 집단으로 사용자를 끌어들였다. 비슷한 시기에 같은 정책을 펼친 트위터도 사용자에게 낯선 사람의 트윗을 보여줘 친구의 친구를 팔로우하게 자극했다. 이 회사들은 인간이 타고난 신경학적 한계를 우회할 때 나타날 결과를 그리 신경쓰지 않았다. 늘 그랬듯 자기네 상품이 본질적으로 사람을 해방한다는 믿음 속에 회사를 운영했기 때문이다.

그런데 던바의 수가 인간과 비슷하다는 레서스원숭이와 마카크원숭이를 연구한 결과에 따르면, 이 원숭이들을 던바의 수보다 더 큰 집단에 집어넣으면 공격성과 폭력성이 커지고 서로 더 불신했다.[56] 마치 공동체 생활의 위험은 모조리 증가하고 기쁨은 줄어드는 듯한 모습이었다. 원숭이들은 부자연스럽게 큰 집단을 안전하게 탐색하는 일이 자기네 능력을 넘어선다는 것을 알아챈 듯 끝없이 사회적 투쟁-도피 반응을 이어갔다. 또 일종의 방어 기제로 사회적 위계를 형성해 강제하는 데 더 몰두하는 모습을 보였다.

페이스북은 곧 사용자 커뮤니티를 확장할 훨씬 더 강력한 방법을 찾아 냈다. 친구 목록을 150명 이상으로 확장하도록 애쓰기보다, 사용자를 그 보다 열 배나 큰 집단, 즉 어떤 주제나 관심사에 초점을 맞추는 독립된 토론 페이지에 밀어 넣었다. 페이스북 시스템은 이 기능으로 더 큰 힘을 얻었다. 사회적으로 가까운 사람들의 콘텐츠만 추천하던 한계에서 벗어나, 시스템이 플랫폼에 있는 어떤 그룹으로든 사용자를 유도할 수 있었다.

페이스북에 퍼진 백신 반대 커뮤니티를 찾아낸 IT 투자 전문가 러네이 디레스타는 백신 접종 의무화 싸움이 새로운 단계에 들어섰을 때 이런 변화의 심각성을 깨달았다. 캘리포니아는 학생들의 백신 접종을 의무화하도록 법안을 강화할 것을 검토했다. 디레스타는 온라인에 퍼진 백신 반대 정서에 대응하고자 법안과 이를 뒷받침하는 과학을 온라인에서 홍보했다. 그러자 페이스북이 다른 육아 그룹에 가입하라고 추천했다. 그다음에는 백신 반대 그룹들을 추천했지만, 여기까지는 디레스타의 활동으로 볼 때 놀라운 일이 아니었다. 그런데 머잖아 페이스북이 백신과는 관련 없는, 잘못된 의학 정보를 중심으로 꾸려진 그룹들을 홍보했다. 많은 그룹이 디레스타가 들어 본 적도 없는 한 음모론을 주장했다. 당시 라틴 아메리카와 미국에 퍼진 지카 바이러스를 누군가 일부러 만들었다는 음모론이었다. 디레스타는 백신 때 그랬듯 페이스북 플랫폼이 사용자를 극단적 콘텐츠로 몰아가는지 확인하고자 페이스북 검색창에 지카를 입력했다. 아니나 다를까, 맨 위에 뜬 결과들은 모두 지카 바이러스가 유대인의 흉계이고 인구를 통제하려는 책략이며 세계 패권을 장악하려는 수작의 시작이라고 주장하는 음모론 그룹이었다.

디레스타는 "음모론은 서로 영향을 미쳐요. 그래서 플랫폼이 음모론 A

에 관심 있는 사람은 대체로 음모론 B에도 관심 있을 가능성이 크다는 것을 알아채고서 음모론 B를 화면에 띄워 주는 거죠"라고 설명했다. 그룹 시대에 들어선 페이스북은 수동적인 음모론 소비보다 더 구체적인 활동을 부추겼다. 켐트레일chemtrail 음모론이나 연구소에서 만든 바이러스와 관련한 내용을 읽는 데만도 20분은 족히 걸릴 것이다. 그런데 여기에 맞서고자 조직된 커뮤니티에 가입하면 몇 달에서 몇 년 동안 날마다 커뮤니티를 찾을 것이다. 페이스북은 어떤 사용자가 이런 부추김에 넘어갈 때마다 다른 사용자도 똑같이 행동하게 유도하도록 시스템을 훈련했다. 디레스타는 "사용자가 미끼를 물면, 페이스북은 그런 학습을 강화했어요. 그러면 알고리즘이 그런 강화 학습을 받아들여 가중치를 늘리고요"라고 말했다.

디레스타가 비공식적으로 조직한 소셜미디어 감시자 단체에 속한 사람들도 페이스북을 포함한 플랫폼들이 자신들을 비슷한 방식으로 유도하는 것을 눈치챘다. 그런 인공지능이 저마다 인간 본성과 관련한 끔찍하고도 평범한 진실에 공통으로 도달했다는 듯, 거듭 똑같은 양상이 펼쳐졌다. 디레스타는 이것을 추천 엔진을 통한 과격화라 불렀다. "사용자 참여도를 척도로 둔 탓에, 분노로 가득 찬 콘텐츠가 기준이 되는 세상을 만든 거죠."

알고리즘의 로직은 탄탄하고 뛰어나기까지 했다. 과격화는 망상에 사로잡혀 인생을 허비하는 과정이다. 망상에 빠진 사람들에게는 소셜미디어 플랫폼이 일상생활의 중심이 된다. 몇 번이고 소셜미디어를 찾고, 망상이 곧 정체성이 된다. 자기네가 내건 대의의 위기에 초조한 과격파들이 다른 과격파를 모집한다. 디레스타는 "우리가 사람들로 하여금 분노 콘텐츠를 적극적으로 권하게 하는 분노 기계를 만들었고" 그곳에서 과격화된 사람들이 그 뒤로 "분노 콘텐츠의 전파자"가 되었다고 지적했다. 디레스타는 이런 양상을 수없이 보았다. 새로운 구성원들이 생사가 걸린 위협으로 보이는 문제, 이를테면 백신의 끔찍한 진실, 지카 바이러스를 퍼뜨린 일루미나티 회원, 성별 위계의 꼭대기에 있는 남성의 정당한 자리를 게임을 시발점 삼아 뒤집으려 드는 페미니스트에 분노해 하나로 뭉쳤다. 디레스타의 말마따나 "평범한 사람들이 자기를 대의를 위해 싸우는 온라인 군대의 병사처럼 느끼기 시작"했다. 이들이 서로 뜻을 모아 행동에 나서는 것은 시간문제였다.

그런데 디레스타가 특정 사례에서 이런 일이 벌어지는 것은 입증할 수 있어도, 플랫폼들이 이런 일을 체계적으로 추진하고 있다는 것은 기업의 내부 데이터에 접근하지 못하는 탓에 추론만 할 뿐이었다. 디레스타는 자신과 같은 실리콘밸리 종사자들에게 무언가가 잘못되었다고 위험을 알렸다. 처음에는 비공식 감시 단체가 대상이었고, 다음에는 범위를 넓혀 공개 강연에 나서고 기고문을 썼다. 하지만 너무 늦은 것은 아닌지 걱정스러웠다. "게이머든 백신 반대론자든" 또는 다른 그룹이든 대규모로 과격화하는 것은 "문제가 아니라는 생각이 들더군요. 이런 시스템의 결과로 형성된 동력일 뿐이었으니까요."

이렇게 보면 게이머게이트는 소셜웹의 초기 사용자인 게이머들이 그런 반응을 끌어내도록 정교하게 조정된 기계와 상호작용할 때 거의 필연적으로 일어날 수밖에 없는 현상이었다. 더 크고 숫자도 많은 주류 커뮤니티, 웹에 특별한 애착이 없는 일반인들도 이미 온라인으로 이동해 분노 기계의 영향을 받고 있었다. 이들이 매우 비슷한 경험을 하리라고 예상할 이유는 차고 넘쳤다. 2015년 초, 이미 그런 일이 벌어지고 있었다.

3장

두 세계를
연결하는 문

1. 소셜웹을 통제하라

"그 사람들은 나를 어떻게 생각해야 할지 잘 몰랐던 거 같아요. 엄청난 환대는 아니었어요." 엘런 파오Ellen Pao는 레딧에서 보낸 초창기를 이렇게 회상했다. 2013년 봄, 파오는 실리콘밸리의 일류 투자사 클라이너 퍼킨스와 결별한 경험 많은 투자 전문가였다. 그런데 소셜미디어 스타트업에 엄청난 자금을 대는 클라이너 퍼킨스에서 일했는데도, 소셜미디어 기업과는 직접 일한 경험이 거의 없었다. 파오는 남들과 다른 방식으로 눈에 띄었다. 남성의 지배력이 압도적이기로 악명 높은 업계에서 고위직에 오른 유색 인종 여성이었기 때문이다.

내부자이자 외부자이기도 한 파오는 1990년대에 TV로 인터넷에 접속하는 하드웨어를 만드는 회사에 입사했을 때부터 실리콘밸리를 신봉했다. 하지만 거대 IT 기업이 젊은 남성 IT 마니아에 치우치는 데 점점 더 회의를 느꼈다. CEO인 이샨 웡을 제외하면 신생 기업 레딧의 스무 명 남짓한 다른 직원은 젊은 편이었다. 사용자 수가 엄청난데도, 직원 대다수가 배타적인 플랫폼에서나 통할 농담과 문화적 은어를 주고받았다. 파오는 격식을 조금 따지는 사람이었다. 윙은 파오에게 회사원스럽게 말하지 말라고 충고했다.

파오는 레딧을 많이 사용하지 않았다. 물론 레딧이 기본적으로 사용자의 링크를 보여주고 다른 사용자들이 링크가 마음에 들면 '업보트'를 아니면 '다운보트'를 누르게 하는 방식으로 작동한다는 것은 알았다. 업보트를 많이 받은 링크일수록 수백만 명이 보는 페이지 상단에 올랐다. 모든 게시물에 따라붙는 댓글 입력창도 같은 방식으로 작동했다. 대화에 참여하면 사람들이 좋아한 의견이 먼저 보이고 인기 없는 댓글은 아예 보이지 않는다. 레딧의 단순함과 한없이 내려가는 스크롤이 마침내 가볍게 웹을 구경하던 수많은 사용자를 불러들였고, 이들에게 전에는 이해하기 어려웠던 인터넷 문화를 심어줬다. 레딧은 두 세계를 연결하는 문, 포털이 되었다.

거기에 더해서 포챈의 사용자와 문화적 특성을 흡수했으므로, 레딧은 포챈처럼 초기 인터넷의 이상을 중심으로 구축되고 운영되었다. 업보트와 다운보트가 소수 의견을 가려 상황을 한층 더 악화하는 다수결주의를 강요했다. 페이스북의 '좋아요'와 비슷한 동력도 마찬가지였다. 공개적으로 표시되는 업보트 수가 사회성 계량기처럼 작동해 사용자의 인정욕구를 자극했다. 도파민에 맛 들인 사용자가 레딧에 눌러앉았고, 페이스북에서 그랬듯 도파민을 좇아 행동했다.

아침마다 사용자 수백만 명이 레딧을 열면, 일반 사용자의 우월성을 주장하고 분노를 쏟아내는 댓글과 기사가 줄줄이 이어졌다. 레딧은 기술적 자유지상주의를 초지일관 옹호하고 다른 신념 체계(페미니즘, 진보주의 기득권층, 기성 제도권 종교)를 끝없이 모욕하고 헐뜯는 현실의 온라인판이었다.

오프라인에서 적응에 어려움을 겪는 일반 사용자들은 자신들을 못마땅하게 여기는 세상보다 자기네가 더 똑똑하고 중요한 사람이라 그런 일을 겪는다고 서로 격려했다. 따라서 레딧도 포챈과 마찬가지로 게이머게이트에 딱 들어맞는 장소였다.

파오에 따르면 레딧 설립자들도 여느 플랫폼 설립자들과 매우 비슷하게 출발했다. "백인 남성 두 명이 자기들이 사용하고 싶은 사이트를 구축했고, 그것이 두 사람과 비슷한 사람들의 관심을 끌었죠." 파오는 실리콘밸리의 남성 우월주의에 특히 민감했다. 2년 전인 2012년 파오가 클라이너 퍼킨스를 성차별로 고소했고, 회사는 파오를 해고했다. 재판에서는 끝내 파오가 패소했지만, 실리콘밸리 바깥의 많은 사람은 물론 내부 종사자 일부도 파오의 소송이 IT 벤처 자본주의의 분통 터지는 불공평에 관심을 촉구하리라고 봤다. 파오가 소송을 제기한 지 4년 뒤인 2016년 기준으로 IT 벤처 투자사의 파트너 중 여성은 11%뿐이고 흑인은 겨우 2%였다.[1] 투자가들은 자기네와 비슷한 사람들을 압도적으로 많이 후원해, 2018년 기준으로 투자금 98%를 남성이 이끄는 회사에 지원했다.[2] 파오의 주장대로 이는 IT 투자가 사이에 존재하는 훨씬 분명한 편향, 단순히 백인 남성이 아니라 진보적 정치관을 가진 이상주의적 반골을 선호하는 편향을 반영했다. 파오의 멘토이기도 했던 도어는 이를 '패턴 인식'이라는 말로 옹호했다. 파오의 소송이 뚜렷이 보여줬듯이 실리콘밸리의 승자와 패자를 결정하는 투자사 자체가 이런 전형을 상징하므로, 그야말로 열정을 다해 이를 강화한다.

젊고 진보적인 레딧 경영진은 그런 우려에 적대적이지 않았다. 하지만 레딧은 웹의 가장 높은 가치라 평가받는 완전한 표현의 자유를 다른 회사와 비교가 안 될 만큼 극한으로 보호하는 것을 엄청난 자부심으로 삼았다. 레딧의 하위 섹션인 '제일베이트_{jailbait} (옮긴이) 성관계 승낙 연령 미만인 소녀. 해당 아동과 성관계 시 본인 동의와 상관없이 강간죄로 처벌된다)'는 미성년 소녀의 노출 사진을 올리는 곳이었는데, 레딧은 CNN이 몇 주 동안 비판 보도를 하고서야 이곳을 폐쇄했다(서브레딧이라 부르는 이런 하위 섹션은 사용자가 만들고 관리한다). 폐쇄되기 전까지 '제일베이트'는 '레딧'에 이어 검색 빈도가 두 번째로 높아 많은 사용자를 사이트로 불러들였다.

다른 서브레딧은 거의 그대로 유지되었다. 극단적 인종차별주의에 몰두한 '워치니거스다이WatchNiggersDie'는 흑인이 살해되거나 폭력 사고로 목숨을 잃는 끔찍한 영상을 올리고 가명으로 예컨대 이런 댓글을 다는 곳이었다. "이런 영상 덕분에 엄청난 기쁨이 차올라 하마터면 죄책감을 느낄 뻔했다. 하마터면…" 사용자 대다수는 사이트의 어두운 구석에 박혀 있는 이런 커뮤니티를 한 번도 마주하지 않았지만, 디지털 감시 단체가 레딧이 혐오를 키우는 인큐베이터가 되고 있다고 경고할 만큼 적잖은 사람이 이런 곳을 찾았다.

레딧 CEO 이샨 웡은 내부 보고에서 "합법적 콘텐츠라면 설사 우리 마음에 들지 않거나 우리가 비난하는 내용일지라도 금지하지 않겠다"고 밝혔다.[3] 하지만 웡의 기술 이상주의는 2014년 9월 한 해커가 여러 여성 유명인의 아이클라우드 계정에 침입했을 때 깨지고 말았다. 아이클라우드는 애플의 클라우드 컴퓨팅 서비스로, 많은 애플 제품이 사용자 파일을 아이클라우드 서버에 백업한다. 이 해커가 목표 여성들의 아이폰에서 내려받은 데이터에는 은밀한 나체 사진도 많았다. 그런 사진 수십 장이 포챈에, 그다음에는 레딧에 올라왔고, 레딧은 인터넷의 주류와 밑바닥을 연결하는 역할에 걸맞게 하룻밤 새 유출 사진의 중앙 저장소가 되었다. 방문자 수백만 명이 사이트가 미어터지게 몰려들었다.

"누구나 그 사건을 이야기했어요." 파오는 뉴스에 나오는 사람들, 실리콘밸리 종사자들, 지인들까지 하나같이 이 이야기를 했다고 회고했다. 마침내 변화를 일으킨 것은 커지는 대중의 압박도, 법적 압박도, 자기 삶과 몸을 침해하지 말라고 소셜미디어 플랫폼에 호소하는 피해자들도 아니었다. 그런 압박과 호소는 다른 주요 플랫폼에서 이미 효과를 내 사진이 삭제되었다. 하지만 레딧에는 여전히 사진이 올려져 있었다. 웡은 임직원 전체 회의를 소집했다. 레딧 커뮤니티는 여전히 유출 사진을 그대로 둬야 한다고 주장했지만, 이번만은 레딧 임직원 대다수가 여기에 맞설 준비가 되어 있었다. 파오에 따르면 '이걸 어떻게 변명해야 할지 모르겠어'라는 분위기였다고 한다. 파오는 그런 난감한 심정을 이렇게 표현했다. "친구와 가족들이 그 일을 묻는데, 죄책감에 뭐라 말해야 할지 모르겠더군요."

이 논란은 '제일베이트'를 포함해 혐오를 부추긴 여러 서브레딧에 비길 바가 아니게 큰 관심을 불러일으켰다. 외부 세계는 그런 커뮤니티를 우리와는 차단된 인터넷 문화의 일탈로 취급했었다. 하지만 이 논란으로 대중이 사랑하는 여배우, 모델, 운동선수의 권리와 무엇이든 허용한다는 레딧의 해커 정신이 맞부딪혔다. 더구나 이제 막 몸집을 불리기 시작한 게이머게이트가 이미 애꿎은 여성들을 공적 생활에서 몰아내고 있었다. 회의에서 파오가 물었다. "우리가 포챈처럼 되려는 건가요? 나쁜 내용이 대부분이고 좋은 내용은 거의 볼 수 없는 곳이요? 이번 논란이 바로 그런 모습이잖아요." 파오에 따르면 그 대화 덕분에 "이봐, 개입하지 않는다는 생각이 언제나 옳지는 않을지도 몰라"라고 생각할 길이 열렸다.

그러나 웡이 버텼다. 레딧에 올린 성명서에서 "우리 사이트가 악용된 탓에 이번 탈취 피해자에게 어떤 해악을 끼쳤는지는 이해"하지만, 사이트의 기존 방침을 바꾸지는 않겠다고 밝혔다.[4] 레딧이 그저 소셜 플랫폼이 아니라 "새로운 유형의 커뮤니티가 만든 관리 체제"라는 것이 이유였다.

나중에 등장할 다른 많은 플랫폼 운영자와 마찬가지로, 웡도 레딧이라는 관리 체제가 통제를 거부하고 사용자 스스로 "옳은 것과 그른 것, 선과 악을 선택"하게 내버려두는 체제라는 것을 명확히 밝혔다. 웡이 올린 이 성명서의 제목은 '누구나 자기 영혼을 책임져야 한다'였다. 이 제목은 소셜미디어의 권력자들이 판에 박은 듯 내놓는 변명, 즉 혁명이 중요하니 시대에 뒤떨어진 오프라인 세계의 사소한 법과 도덕은 무시할 수밖에 없다는 변명이 된다. 게다가 이들은 나쁜 행동을 모두 사용자의 잘못으로 돌렸다. 플랫폼이 그런 일탈을 가능케 하고, 부추기고, 거기서 이익을 얻는 데 얼마나 큰 역할을 했느냐는 중요하지 않았다.

웡이 성명을 발표한 바로 그날, 기자들이 레딧에 올라온 탈취 사진 가운데 사진을 찍을 당시 미성년자였던 유명인의 나체 사진이 있다고 지적했다. 게다가 레딧 엔지니어들이 접속량 증가로 사이트를 계속 온라인으로 유지하기 힘들다는 위험을 알렸다. 탈취된 사진이 올라오고 3주가 지났을 때, 마침내 웡이 유출 사진 게시를 금지했다. 격분한 레딧 사용자들은 레딧이 어두운 세력에게, 더 나쁘게는 페미니스트에게 원칙을 팔아먹었다고 비난했다.

그 뒤로 몇 주 동안 폭풍이 몰아쳤다. 웡이 처음 선택을 실리콘밸리의 이념을 따랐던 것이라 설명하자, 공들여 만든 애플 광고 때 말고는 전국적 관심을 거의 받은 적 없는 실리콘밸리의 이상을 사람들이 자세히 파고들었다. 새로운 계몽 사회를 만든다는 주장이 여성의 동의 없이 성적 사진을 이용해 이익을 얻는 현실과 맞아떨어진다고 보기는 어려웠다. 게다가 게이머게이트가 악화하면서, 레딧이 게이머게이터들의 근거지로 자주 입길에 올랐다.

레딧 이사회는 웡이 제안한 사무실 공간 통합 계획을 거부했다. 사소한 결정이었지만, 웡이 이사회의 신임을 잃었다는 신호였다. 웡은 사임했다. 2014년 11월, 이사회는 웡의 후임으로 파오를 선택했다. 아직 클라이너 퍼킨스와 소송 중이었지만, 파오의 배경으로 볼 때 성숙한 감독과 매출 성장을 이룰 것도 같았기 때문이다. 그런데 확신은 서지 않았다. 이사회는 다른 스타트업을 세우려고 회사를 떠났던 창립자 한 명도 다시 불러들여 역할이 모호한 임원 자리를 맡기고, 파오를 임시 CEO로 임명했다.

그래도 파오는 소셜미디어를 장악한 젊은 백인 남성뿐 아니라 누구에게나 이롭게 인터넷을 개선할 기회가 있다고 봤다. 파오는 레딧이 겪는 낭패를 이제는 소셜웹을 통제해야 한다는 경계경보로 봤다. 여성과 소수자를 보호하도록 강제하고 하위문화에서 유해성과 괴롭힘을 제거한다면, 파오가 IT 벤처 자본주의에 강제하지 못했던 진정한 포용성을 레딧 커뮤니티에 불어넣을 것 같았다.

기술로 인류를 해방하겠다는 꿈을 완성할 이 조각은 언제나 실리콘밸리의 남성 IT 마니아 엘리트들이 보지 못하는 사각지대에 놓여 있었다. 그런데 파오에게 그 조각을 전달할 권한이 생겼다. 사이트 운영에 사용되는 관리 도구를 집중적으로 익힌 파오는 미국 전역의 사용자 수천만 명을 자신이 꿈꾼 약속의 땅으로 안내할 준비를 마치고, 당시 인터넷에서 손에 꼽게 방문객 수가 많은 웹사이트를 지휘했다.

2. 트롤들이 승리하고 있다

엘런 파오는 CEO로 취임한 지 석 달 만에 주요 플랫폼 수장 중 처음으로 소셜미디어업계의 무절제를 개혁하려 나섰다. "내가 보기에는 분명히 상황을 바꿔야 했어요. 괴롭힘도 너무 심했고요." 불이 붙은 뒤로 여섯 달 만에 무시하기 어렵게 규모가 커진 게이머게이트 같은 사건들을 보며, 파오는 최악의 콘텐츠는 물론이고 애초에 웹에 유해성을 불러온 동기와 하위 문화까지 제한해야 한다고 확신했다.

파오는 작은 곳부터 손대, 당사자의 동의 없는 나체 사진 게시를 금지했다. 목적은 누군가를 모욕하고자 은밀한 성적 영상을 퍼뜨리는 '리벤지 포르노'를 제한하는 것이었다. 리벤지 포르노의 피해자는 압도적으로 여성이 많았고, 가해자는 성난 전 남자 친구나 조직적 괴롭힘을 즐기는 포챈 같은 무리였다. 사용자들을 파악한 파오는 사용자도 표적이 될 수 있다는 전제로 여성이 아니라 사용자의 개인 정보를 보호하는 정책을 발표했다.[5] 불평이 어느 정도 나왔지만, 사용자 대다수는 변화를 받아들였다.

용기를 얻은 파오는 극단적 혐오나 괴롭힘을 부추긴 사용자와 커뮤니티를 퇴출하는 정책을 잇달아 발표하고 즉시 적용했다. 겉보기에 이 정책은 그야말로 변명의 여지가 없는 행동만 표적으로 삼는 신중한 변화였다. 하지만 그 안에 엄청난 문화적 변화를 품고 있었다. 레딧은 주요 플랫폼 가운데 최초로 커뮤니티의 집단 정체성을 인정하는 쪽에서 억제하는 쪽으로 운영 정신을 바꿨다. "메시지를 보내는 거였죠. '우리는 그런 행동을 용납하지 않겠다. 그런 행동을 억제하겠다. 또다시 그런 행동을 하려 할 때마다 억제하겠다'라고요."

파오는 다른 이론도 시험하고 있었다. 극단적 혐오에 물든 목소리가 수는 적어도 더 주목받을 목적으로 소셜미디어의 경향을 악용해 극단적 콘텐츠를 증폭하고 그 과정에서 전체 플랫폼을 물들인다는 이론이었다. 파오는 "괴롭힘을 일삼는, 그야말로 질 나쁜 핵심 서브레딧"을 뿌리 뽑아 다시는 고개를 들지 못하게 하는 것만이 나쁜 행동의 "파급 효과"를 끝장낼 유일한 길이라고 믿었다. 그런데 어디까지나 이론일 뿐이라, 레딧은 이 방법이 효과가 있을지 확신하지 못했다.

첫 폐쇄 대상은 '팻피플헤이트FatPeopleHate'라는 작은 서브레딧이었다. 이 곳에서 사용자 몇천 명이 자기네가 과체중이라고 판단한 일반인의 사진을 올리고 괴롭힘과 위협의 대상으로 삼았다. 짜릿함을 느끼고 싶어 뚜렷한 이유도 없이 남을 괴롭힌 것이다. 파오는 흑인이나 성소수자 혐오를 목적 으로 형성된 작은 서브레딧도 몇 곳 폐쇄했다. 그런데 레딧 경영진은 이 조 처의 대상이 누군가를 괴롭히는 활동이지 콘텐츠 자체는 아니라고 강조했 다. '워치니거스다이', '가스더카이크스GasTheKikes'([옮긴이] kike는 유대인을 가리 키는 욕), '레이핑위민RapingWomen'처럼 대놓고 폭력을 미화한 더 큰 혐오 커 뮤니티는 모두 살아남았다. 극우 극단주의를 감시하는 남부빈곤법률센 터Southern Poverty Law Center의 연구자 키건 핸키스Keegan Hankes는 레딧을 신나치 사이트로 이름난 "스톰프론트Stormfront보다 더 나쁜 폭력적 인종차별주의의 블랙홀"이라 부르며,[6] 최악의 백인우월주의 사이트들조차 흑인이 살해되 는 영상 같은 극단적 콘텐츠는 금지한다고 경고했다.[7]

그런데 사용자들은 이런 퇴출 조처를 레딧이 설립 때부터 명백히 약속 한 모욕과 일탈의 자유를 공격한 것으로 받아들여 분노를 터트렸다. 게이 머게이트에서 그랬듯, 가장 큰 분노를 드러낸 게시물에 수천만 명이 업보 트를 눌러 더 극단적인 해석을 부추겼다. 이들은 파오가 페미니스트 의제 를 강요해 백인 남성을 억압하고 표현의 자유 자체를 끝장내려 한다고 해 석했다. 또 게이머게이트 때 그랬듯, 퇴출 조처를 자기들이 공유한 정체성 을 향한 공격으로, 달리 말해 자유롭게 사고하는 남성 IT 마니아와 정치적 올바름을 내세워 자기네를 통제하려는 음모를 꾸민 페미니스트의 전쟁에 서 새롭게 형성된 전선으로 느끼는 것 같았다.

레딧에 파오를 '씨발 나치년', '파오 주석'으로 부르거나 명백히 인종차별적인 만화로 비웃는 게시물이 넘쳐났고, 사용자에게 어마어마하게 많은 업보트를 받았다. 어떤 사용자들은 파오의 집 주소라고 생각한 것을 올리고, 때로는 파오가 그곳에서 살해되거나 강간당하는 상상을 함께 적기까지 했다. 하지만 파오는 콘텐츠 검수원에게 자신이 폭행당하는 사진을 올리면 1000달러를 주겠다는 게시물 말고는 모든 게시물을 그대로 놔두라고 지시했다.

게이머게이트, 혐오 사이트, 파오를 향한 반발로 이어지는 일련의 사건들이 소셜웹을 뒤흔들었지만, 희한하게도 시스템 감독자들은 뒤흔들지 못했다. 이들은 극단주의 문화와 군중 다수결주의 문화가 소셜웹에 얼마나 깊이 스며들었는지를 전혀 모르는 눈치였다. 하지만 극우는 이 사실을 지나치지 않았다. 소셜미디어가 자신들은 할 수 없는 일, 그러니까 미국 젊은이 사이에 백인 국수주의를 자발적으로 옹호하는 대규모 지지자를 양성하는 일을 해냈다고 봤기 때문이다. "게이머게이트는 인종차별주의자, 여성 혐오자, 동성애 혐오자인 인터넷 트롤들에게 자기네가 실제로 얼마나 큰 힘을 쥐고 있는지를 일깨웠다. 정말 좋은 일이다."[8] 오랫동안 포챈에 글을 썼던 앤드루 앵글린Andrew Anglin이 2013년에 만든 유명한 신나치 사이트 데일리스토머The Daily Stormer에 적은 글이다. 앵글린은 지지자들에게 게이머게이트와 더 큰 소셜웹을 끌어들여 "나치 트롤 군대의 발흥"에 나서자고 촉구했다.

다른 소셜웹 스타들이 이미 여기에 동참하고 있었다. 에잇챈 설립자 프레드릭 브레넌이 데일리스토머에 우생학을 지지하는 글을 썼다. 유명한 해커 앤드루 오언하이머도 웹마스터로 합류했다. 레딧과 포챈의 신입 회원들이 데일리스토머로 몰려왔다. 일부는 신나치 사이트의 완강한 백인 우월주의자조차 "극단적"이라고 평가할 정도였다.[9] 머잖아 이들의 증가가 대다수가 사용하는 주류 플랫폼에도 반영된다. 한 연구가 추정한 바에 따르면 2012년부터 2016년 사이에 트위터에서 극우 백인 국수주의자가 일곱 배나 늘었다고 한다.[10]

파오는 개혁을 더 밀어붙일 기회를 얻지 못했다. 파오를 향한 반감이 몇 달째 격렬히 지속되던 2015년 7월, 유명 인사에게 질문을 던질 수 있는 서비스를 운영하던 인기 있는 레딧 직원이 아무런 설명 없이 해고되었다. 사용자들이 자발적으로 운영하는 대규모 서브레딧 여러 곳이 항의 표시로 폐쇄했다. 파오가 사과문을 올렸지만, 파오를 해고하라는 청원에 무려 20만 명이 서명했다. 4일 뒤, 파오와 레딧 이사진은 파오의 사임에 합의했다.

며칠 뒤 파오는 《워싱턴포스트》 기고문에 "트롤들이 승리하고 있다"고 적었다. 인터넷의 근본 이상은 숭고하지만, 지금껏 IT 기업들이 표현의 자유를 편협하고 극단적으로 해석하도록 이끌었고 이제 그 위험이 드러나고 있다고 경고했다.[11]

파오는 레딧의 CEO로 겨우 여덟 달을 버텼다. 그래도 그 기간에 소셜 네트워크 앞에 놓인 갈림길을 드러냈다. 한 길은 알고리즘이 엄청난 동력을 공급하는 포챈의 복사판이 되는 쪽으로 계속 떠내려가는 것이었다. 다른 길은 다수나 유난히 목소리가 큰 소수의 자극적 충동을 저지할 제약과 규칙이 있는 쪽으로 방향을 돌려 다른 사람들이 참여하게 하는 것이었다. 파오가 레딧의 임직원과 사용자들이 두 번째 길을 택하도록 설득하는 데 성공했다고 주장하기는 어렵다. 하지만 적어도 시도는 했다. 그것도 거의 2년 동안이나. 그리고 세상을 뒤흔들어 국제적 반발을 부를 한 선거 때문에, 마크 저커버그와 잭 도시처럼 완고하고 영향력 있고 변화에 내켜 하지 않던 실리콘밸리의 소셜미디어 경영자들이 적어도 파오의 뒤를 따르는 시늉이라도 하게 된다.

3. 밈 마법

대학을 중퇴한 스물아홉 살 청년 마일로 야노펄러스Milo Yiannopoulos에게
는 자신이 IT 세계의 최첨단에서 성공하리라고 생각할 이유가 거의 없었
다. 2012년 《와이어드 UK》는 출처가 부정확한 IT 소식을 전하던 블로거
야노펄러스를 100대 인플루언서 중 최하위권인 98위에 올리며, "이 IT 잔
소리꾼은 계속 자극과 짜증을 일으킨다"고 비판했다. 야노펄러스는 법적
분쟁을 벌이던 중 블로그를 매각했고, 이제 무명으로 가는 종착역에 다다
른 듯했다. 2014년, 야노펄러스는 지푸라기라도 잡겠다는 듯 백인 국수주
의 인터넷 언론 브라이트바트Breitbart의 거의 읽히지 않는 IT란에 짧은 칼럼
을 쓰기 시작했다. 소셜미디어에서 긁어 온 IT업계의 지루한 소문과 우익
의 불만을 잡다하게 담은 첫 기사는 그다지 반향이 없었다.

야노펄러스가 브라이트바트에서 일하고 몇 달 뒤, 게이머게이트가 터
졌다. 게이머게이트가 일어난 플랫폼들의 사용자인 야노펄러스는 브라이
트바트 설립자의 극우 의제와 음모론적 세계관과도 일치하는 게이머게이
트의 불만과 동기를 어떻게 충족할지를 잘 알았다. '탐욕스럽고 난잡한 거
짓말쟁이 페미니스트의 등쌀에 비디오게임 산업이 분열되고 있다' 같은 기
사 제목이 그런 플랫폼들에서 입소문을 타고 확인된 사실처럼 퍼졌다.

처음에 브라이트바트는 야노펄러스의 기사가 얼마 안 되는 극우 독자
들에게 IT 관련 현안을 알려주기를 바랐다. 하지만 이제는 야노펄러스
덕분에 존재하는지조차 몰랐던 새롭고 훨씬 더 많은 독자에게 다가갈 수
있었다. 브라이트바트의 수장 스티브 배넌Steve Bannon(옮긴이) 트럼프의 최측근으

로, 백악관 수석전략가를 지냈다)은 자사가 운영하는 라디오 프로그램에서 "당신의 논평 하나하나마다 댓글이 만 개씩 달립니다. 당신 글은 브라이트 바트 독자층보다 훨씬 널리 곳곳으로 퍼져나가죠"라며 야노펄러스를 치켜세웠다.[12]

3년이 채 지나지 않아, 야노펄러스가 앞장서 옹호한, 분노에 찬 소규모 하위문화가 강력한 주류 운동으로 진화했다. 그 힘이 아주 강력해, 우파 정치권의 가장 중요한 행사인 보수정치행동회의Conservative Political Action Conference, CPAC가 야노펄러스를 기조연설자로 초대할 정도였다(초대는 나중에 취소되었다). 배넌은 자신들의 대의를 '대안 우파alt right'라고 불렀다. 대안 우파는 새로운 우파 세대의 이미지를 바꾸고 싶어 한 극단적 백인 우월주의자들한테서 빌려온 용어였다. 하지만 야노펄러스에게 대안 우파란 소셜네트워크가 주장하는 모든 것이었다.

뻔뻔한 관종인 야노펄러스는 온라인에서 득세하는 듯 보이는 메시지는 모조리 흡수해 약간 부풀린 뒤 다시 똑같은 플랫폼에 게시했다. 걸어나니는 소셜미디어 알고리즘이라, 케이블 방송의 토론자로도 등장했다. 포챈 스타일의 비방과 뒤틀린 농담("대학의 강간 문화가 진짜라면 나는 지금보다 훨씬 많은 시간을 대학 캠퍼스에서 보내겠다"[13])으로 트위터, 페이스북, 유튜브의 사용자 피드에서 계속 최상단을 차지했다. 그리고 오랫동안 간판이 없던 운동의 새로운 대표 얼굴이 되어 집단 괴롭힘과 학대 행동을 부추기거나 주도했다.

배넌과 대안 우파는 마침내 돌파구를 마련할 기회를 봤다. 나중에 한 인터뷰에서 배넌은 "생각해보니 마일로가 이 아이들과 우리를 바로 연결할 수 있더군요. 그럼 그 무리를 움직일 수 있죠. 게이머게이트든 뭐로든 들어온 아이들이 다음에는 정치와 트럼프에 흥미를 느끼니까요"라고 말했다.[14] 2016년 초, 브라이트바트는 야노펄러스에게 A4 용지 한 쪽 길이의 〈대안 우파 안내서Guide to the Alt Right〉를 써달라고 요청했다. 고루한 백인 우월주의자도 음모론자도 아닌 게이머게이트 기고가가 이제 대안 우파의 기수가 된다.

그런 야노펄러스가 도움을 청할 사람으로 가슴팍에 하켄크로이츠 문신을 새긴 유명한 해커 앤드루 오언하이머보다 나은 사람이 있을까? 야노펄러스는 오언하이머에게 이메일을 보냈다. "마침내 대안 우파에서 큰 특집을 맡게 되었어요. ··· 떠오르는 생각이 있으면 나한테 좀 알려주지 않을래요?"[15] 그뿐 아니라 여러 극단적 국수주의자, 백인 우월주의자와도 이메일을 주고받았다. 그리고 게이머게이트를 통해 모집한 대필자에게 자료를 보낸 뒤, 자료를 정리해 자기 이름으로 글을 써달라고 요청했다. 제목은 '대안 우파는 인터넷의 활기차고 반체제적인 지하 변두리에서 태어난 운동이다'였다. 야노펄러스는 웹 사용자가 선전원이 되어 "재미, 일탈, 이해하기 어려운 사회 규범에 대한 도전을 약속하는" 대안 우파를 더 많은 사용자에게 열렬히 권장할 것이라고 주장했다.[16]

시간이 지날수록 소셜웹 극단주의자의 언어가 주요 플랫폼으로 이동해 주류 정치에까지 영향을 미쳤다. 공화당 대통령 예비 선거가 시작되고 몇 주 동안 온건 성향인 후보들을 '컥서버티브cuckservative(찌질이 보수)'라고 비난하는 글이 플랫폼에 넘쳐났다. 이 신조어는 백인 우월주의자 사이트에서 비롯한 것으로 보이는데,[17] 'cuck(아내가 바람난 남자)'은 아내가 흑인 남성과 바람을 피울지 모른다는 두려움을 드러낸다. 게이머게이터들이 이 용어를 트위터로 가져왔고, 선정적인 용어가 사람들의 호기심을 자극해 사용자 피드 상단에 올랐다. 트롤 문화가 우익 정치에 점점 더 폭넓게 영향을 미치면서, 트위터와 페이스북에서 계속 활동을 늘리던 주류 보수가 점차 이 용어를 받아들인다.

대선이 있던 해 여름, 야노펄러스가 브라이트바트에 "전에는 잘 알려지지 않았던 웹 밈의 영향력이 매우 커져 현실 세계의 사건에 영향을 미치기 시작할 때, 웹 트롤들은 이를 '밈 마법meme magic'이라 부른다"고 적었다.[18] 대안 우파의 밈 수십 개가 비슷한 길을 따랐다. 온라인 신나치가 마스코트로 채택했던 만화 캐릭터 '페페 더 프로그Pepe the Frog'는 트위터와 레딧에서 반어적 인종차별을 표현하는 더 복잡한 상징이 되었다. 가스실을 운영하는 나치 페페와 9·11 공격에 웃음 짓는 유대인 페페처럼 일부러 불쾌감을 일으키는 페페 밈들이 세상을 모욕하는 가운뎃손가락이 되었다. 밈은 극단적 인종차별주의를 기만으로 가린 채 은밀히 주류 담론으로 들여오는 수단이 되었다. 신나치 사이트 데일리스토머를 만든 앤드루 앵글린은 사이트의 문체와 가입을 안내하는 글에 이렇게 적었다. "우리 사상을 모르는 이들은 우리가 하는 말이 농담인지 아닌지 모를 것이다. … 이것은 분명히 책략이고 나는 정말로 유대인을 가스실로 보내고 싶다. 하지만 그건 중요하지 않다."[19]

이 운동이 결집하는 중심에 트럼프가 있었다. 트럼프는 야노펄러스나 다른 게이머게이트 스타들과 똑같이 기벽과 전략에 집중했다. 보아하니 동기도 같았다. 그렇게 하면 소셜미디어가 보답했다. 트럼프는 허위 정보와 여성 혐오를 무기로 휘둘렀다. 부끄러운 줄 모르고 목표 대상을 괴롭혔고 피해자에게 조롱과 독설을 날렸다. 사회의 문지기 역할을 하는 사람들에게 배짱이 있으면 포챈에서 툭 튀어나온 현란한 도발에 화를 내보라고 비웃었다. 야노펄러스는 "트럼프의 성격과 스타일이 웹의 이단자들이 찾던 대상과 완벽하게 맞아떨어진다"고 적었다.[20] 페페를 빨간 넥타이와 금발 머리의 트럼프처럼 바꾼 밈이 인기를 얻자, 트럼프는 트위터에, 그 아들은 인스타그램에 밈을 올렸다.

야노펄러스와 배넌은 자기들이 인터넷 트롤 문화와 주류 우파를 융합했다고 오랫동안 주장하지만, 사실 그 공로는 훨씬 더 강력한 세력에 돌아가야 마땅하다. 바로 페이스북 말이다. 하버드 대학교의 연구에 따르면, 트럼프가 대선 출마를 선언하기 한 달 전인 2015년 5월부터 대선이 치러진 2016년 11월까지 페이스북에서 가장 인기가 많은 우익 뉴스의 출처는 폭스뉴스마저 밀어낸 브라이트바트였다.[21] 전체 언론 매체에서도 브라이트바트는 CNN과 《뉴욕타임스》를 제외한 모든 신문과 TV 방송국을 제치고 세 번째로 많이 공유되었다. 2016년에 페이스북으로 꾸준히 뉴스를 읽은 사람(실제로 그해 미국인 43%가 그랬다[22])은 십중팔구 브라이트바트를 읽었을 것이다. 브라이트바트가 페이스북에서 어찌나 두드러졌던지 관리 부실과 논란으로 사이트가 쇠퇴한 2019년 말에도 페이스북이 브라이트바트를 독자들이 접근할 수 있는 믿을 만한 뉴스 출처 중 하나로 지정했다.[23]

놀란 외부인들은 브라이트바트의 성장을 흑마술 같은 소셜미디어의 조작 탓으로 돌렸다. 실제로 브라이트바트는 늘 그랬듯 기사를 페이스북과 트위터에 올리기만 했다. 그러니 여러모로 소극적 수혜자였다. 페이스북 시스템은 한때 눈에 띄지 않았던 지극히 당파적인 블로그와 대놓고 허위 정보를 퍼뜨리는 사이트(이를테면 게이트웨이 펀딧The Gateway Pundit, 인포워스Infowars, 콘서버티브 트리하우스The Conservative Treehouse, 영 콘스Young Cons 같은 곳이다)를 미국 인구에서 큰 비중을 차지하는 사람들의 현실을 바꿀 힘이 있는 대형 발행인으로 키웠다.

게이머게이트와 마찬가지로, 이런 사이트는 선정적인 콘텐츠로만 성공한 것이 아니었다. 이들은 헨리 타이펠과 동료 사회심리학자들이 수십 년 전 정의했던 집단 정체성이 위협받는다는 분위기를 조성했다. 이슬람교도가 우리를 죽이려 한다, 유대인이 우리 문화를 없애려 한다, 진보주의자들이 전통 가치를 파괴하려 한다는 말로 사용자들의 부족 방어 본능을 작동시켰다. 그렇게 사용자들을 자극해, 내집단 정체성을 강화하고 공동의 적을 비난하는 링크와 댓글을 훨씬 더 많이 공유하게 했다. 사용자들이 계속 클릭하고 게시물을 올리고 다른 사용자들을 똑같이 격분시키게, 두려움과 분노의 끝없는 악순환에 빠지게 했다. 실리콘밸리와 도널드 트럼프에게는 이 현상이 엄청난 이익이었다. 하지만 다른 모두에게는 재앙이었다.

페이스북은 대단한 영향력과 알고리즘 때문에 이런 정보 생태계가 생성되는 데 유난히 큰 역할을 했다. 하지만 다른 플랫폼에서도 똑같은 과정이 펼쳐졌으니, 이 일은 페이스북이나 페이스북 창업자들이 유별나 생긴 특이한 문제가 아니라 현대 소셜네트워크의 고질적 문제로 봐야 할 것이다. 앞서 언급한 하버드 대학교 연구는 브라이트바트가 트위터에서 '보수 매체의 연계점'이자 트럼프 지지자들이 가장 많이 공유하는 언론 매체가 되었다고 결론지었다.[24] 브라이트바트는 2016년 대선의 가장 뜨거운 주제였다 할 이민 문제에서 담론을 지배했다. 브라이트바트의 이민 기사는 다른 언론사 기사보다 두 배 넘게 많이 공유되었다. 브라이트바트의 기자 수가 몇 명 되지 않았다는 사실을 고려하면 그야말로 놀라운 수치다.

하버드대 연구에 따르면 여러 플랫폼에서 이민 문제 토론이 "자주 정체성 위협이라는 쟁점으로 흘러가" 정체성 충돌이라는 두려움에 초점을 맞춘 극우 세계관에 자연스럽게 힘을 실어줬다. 연구는 허위 정보를 퍼뜨리는 "매우 당파적인 매체"와 "페이스북의 힘을 업은 극렬 지지자의 낚시성 정치 사이트"가 2016년에 모두 고질적 문제였고, 이 경향이 "좌파보다 우파에서 훨씬 더 큰 역할을 했다"고 결론지었다.

이 경향이 우리를 어디로 이끌었는지 알고 싶다면, 2016년 여름 들어

게임 산업의 문화 전쟁에서 거의 승리를 선언한 게이머게이트를 살펴봐야 한다. 브리아나 우는 "게이머게이트가 미친 장기적 영향은 비디오게임을 만드는 전문직 여성들이 두려움을 느끼는 문화를 만들었다는 것입니다"라고 평했다. 많은 여성이 두 손 들고 업계를 떠났다. 계속 머문 사람들은 솔직한 발언이 어떤 결과를 낳는지를 배웠다. 수천억 달러 규모인 게임 산업은 상품도, 그 상품을 만드는 사람들도 여전히 철저하게 남성에 치우쳐 있다.

나는 브리아나 우에게 다른 사람들처럼 나도 처음에는 게이머게이트를 향후 세상의 전조로 여기지 않아 당시 그 의미를 알아채지 못했다고 고백했다. 우는 "솔직히 말할게요. 나도 게이머게이트를 과소평가했어요. 우리 정치 전체가 게이머게이트가 될 줄은 예상하지 못했으니까요"라고 털어놓았다. 또 "게이머게이트 전술을 쓰는 사람들의 수"를 미리 읽었더라면 좋았을 것이라며 아쉬워했다. "확실히 말하건대, 이런 일을 하는 쪽은 대부분 우파예요. 하지만 경악스럽게도 똑같은 분노, 패거리 문화, 모욕 같은 전략을 쓰는 사람이 좌파에도 꽤 많아요."

그 결과 좌우를 거의 가리지 않고 이런 행동과 사고방식이 퍼졌고, 그 과정에서 줄곧 소셜미디어가 자극제가 되었다. 우는 자신도 분노에 불을 지펴 지지자들에게 적을 비난하게 하고, 정체성을 치켜세우고 내집단의 편견을 부채질할 모호한 주장을 밀어붙이고 싶은 유혹을 느낀 순간이 있었다고 인정했다. 다행히 우는 대체로 그런 유혹을 자제했지만, 늘 그렇지는 않았다.

"개인으로서 세상과 교류하는 방식에 정말 어려움을 겪었어요. 여기 정말 위험한 무언가의 빗장이 풀려 있으니까요. … 괴롭힘과 적의와 정체성, 패거리의 분노가 만드는 악순환이 미국 전체를 사로잡아 오염시키는 것 같아요."

4장

사촌의 횡포

1. 소셜웹의 정의 추구

엘런 파오가 레딧에서 쫓겨난 지 두 달이 채 지나지 않은 2015년 9월, 미니애폴리스 교외에 사는 쉰다섯 살 치과의사 월터 파머Walter Palmer가 변호사를 대동한 채 두 신문기자를 만나 자신은 숨어 있지 않다고 주장했다. "나는 그동안 지인, 가족, 친구들과 함께 지냈습니다. 장소는 그다지 중요하지 않죠. … 초기에 아내와 딸에게 안전 문제가 조금 있었습니다."[1] 처음이자 마지막이라고 강조한 이 인터뷰에서 파머는 국제적 운동(이 일을 시작으로 대중의 분노가 세상을 완전히 바꿔놓는 일이 곧 흔해진다)이 아무 죄 없는 가족과 직원들을 괴롭힌다고 한탄했다. "아무 관련도 없는 사람들을 뒤쫓는 수준의 인간성이라니, 이해가 안 됩니다."[2]

6주 전 BBC가 짐바브웨에서 정체 모를 어느 사냥꾼이 사자 한 마리를 죽였다는 단신을 보도했다.[3] 사자 사냥 자체는 별난 일도, 불법도 아니었다. 그런데 사냥 안내인들이 애초에 사냥이 불법인 동물 보호 구역에 있던 사자를 밖으로 꾀어낸 사실이 드러났다. 게다가 세실이라는 이 사자가 눈에 띄는 검은 갈기 덕분에 보호 구역 방문객 사이에 명성이 자자했었다.

당시 레딧에서 큰 인기를 누리던 서브레딧 하나가 국제 뉴스와 해외 토픽의 저장고인 월드뉴스였다. 사용자들이 날마다 1000개 넘는 링크를 올렸으므로, 페이지 최상단에 오르려면 격한 감정을 일으킬 의도로 적은 설명이 필요했다. 아이디가 Fuckaduck22인 사용자가 세실의 기사를 올리면서 이렇게 덧붙였다. "사자 세실의 머리가 잘리고 가죽이 벗겨졌다. 황게에서 검은 갈기로 유명해 사진이 많이 찍혔던 사자 세실이 지난주 짐바브웨 황게국립공원 외곽에서 스포츠 사냥꾼에게 살해되었다."

이 기사가 사용자 수천 명에게 업보트를 받아 레딧 홈페이지 상단에 노출되었다. 달리 말해 수백만 명이 기사를 읽었다. 기사에 모든 사람이 화를 내지는 않았다. 한 사용자가 수컷 사자의 기대 수명으로 볼 때 어쨌든 세실의 죽음이 멀지 않았었다고 지적했다. 또 다른 사용자는 맹수 사냥이 야생 동물 보호 활동의 자금줄이라고 적었다. 그런데 인기도에 따라 정렬되는 레딧의 댓글란 상단에 오른 글은 격렬한 분노를 드러낸 것들이었다.

사자는 머잖아 야생에서 멸종할 것이다. 네가 떨어지는 남성성을 정말 오지게 뽐내고 싶어 했으니까.
그런 사냥꾼들의 모가지를 사냥 기념품으로 갖고 싶다. 씨발 겁쟁이 새끼.

플랫폼의 자극을 무의식적으로 따른 사용자들이 세실과 관련한 게시물을 가득 올렸고, 그 과정에서 갈수록 감정의 파도가 점점 더 커졌다. 세실의 죽음은 마음 아픈 상실이었다가, 전 세계 동물 애호가에게 엄청난 충격을 안긴 사건이었다가, 거센 분노를 불러일으킨 범죄가 되었다. 파머는 뚱뚱한 겁쟁이였다가, 피에 젖은 살인자였다가, '정신 질환자 또는 사이코패스'가 되었다.

2015년 여름은 기자와 편집자들이 독자를 몇 배 넘게 늘릴 수 있는 소셜미디어의 파급력을 배우던 때였다. 레딧 사용자들이 세실 이야기를 여러 언론사의 인기 기사 목록 상단에 올리자, 언론사들이 다른 때였다면 그냥 지나쳤을 이 사건을 파고들었다. 그때까지 정체불명이던 사냥꾼의 이름이 파머고 치과의사라는 사실이 드러났다. 이때까지는 폐해가 없어 보였다. 그러다 분노의 불길이 트위터로 옮겨갔다.

2006년에 첫선을 보일 때, 트위터 창업자들은 트위터의 기본 기능을 단체 문자 서비스로 내세웠다. 사용자가 무료 번호를 입력하면 친구들에게 메시지를 보낼 수 있었다.[4] 이를테면 내가 어느 술집에 갔다가 술집 이름을 올리면, 나를 팔로우하는 친구들이 게시물을 보고 합류할 수 있다. 문자 길이는 한 문장 정도로 제한되었다. 단순한 트위터 웹사이트에서도 게시물을 올리거나 볼 수 있었다. 초기에 트위터 서비스를 계획한 구상도에 잭 도시는 '침대에서', '공원에 가는' 같은 예시를 적었다.[5]

게시물은 기본적으로 모두 공개되었다. 긴장을 풀어주는 게시물을 굳이 무엇 하러 사생활 보호라는 성가신 벽 뒤에 숨기겠는가? 그런 개방성의 의미가 훨씬 커진 계기는 2009년 저 멀리 이란에서 이란인들이 선거 부정을 의심해 항의 시위로 거리를 가득 메우면서다. 이란 당국이 시위를 강경하게 진압하자 일부 시위자가 트위터에 다급히 바리케이드를 언급했다. 세상이 지켜본다는 사실을, 또 국제적 조사가 정부의 탄압을 저지하거나 적어도 기록할 것을 깨닫자, 이들은 더 큰 목적에서 트윗을 올렸다. 오바마 시대의 기술 낙관주의 속에, 미국인들은 이란 시위를 '트위터 혁명'이라 불렀다.[6] 이란에서 실제 혁명은 신속히 진압되었지만, 그래도 이 표현은 그대로 남았다.

더 많은 국제적 사건이 트위터에서 생생히 펼쳐지자, 뉴스에 관심 있거나 언론사에서 일하는 사람들이 모두 트위터에 가입했다. 단체 문자 서비스였던 트위터는 이제 대중을 대상으로 짧은 게시물을 올리는 플랫폼으로, 수백만 명이 그날의 정치 현안이나 〈왕좌의 게임〉 내용을 함께 알리고 토론하고 논쟁하는 마이크로블로그로 거듭났다. 그런데 모든 게시물이 CNN 자막 뉴스보다는 레딧처럼 작동하는 플랫폼을 통해 걸러졌다. 사용자가 '좋아요'나 '리트윗'을 눌러 다른 사용자의 트윗에 동의를 표현하면, 시스템이 그 과정에서 가장 많이 표출된 공통 의견에 따라 콘텐츠를 드러내거나 숨긴다.

세실의 죽음을 향한 분노가 트위터의 활성 사용자 3억 1600만 명으로 퍼지자, 사용자의 활동 규모가 게이머게이트가 극성을 부릴 때를 넘어섰다. 사용자들이 이 사건과 관련한 트윗을 하루에만 무려 67만 2천 개나 올렸다.[7] 그 가운데 5만 개가 파머의 이름을 직접 언급했고, 총조회수가 2억 2200만 회에 이르렀다. 비난 규모로 보면 파머의 사냥은 역사책에서나 볼 법한 악행이었다. 한 사용자는 "#월터파머가 정글의 왕과 정정당당하게 싸우는 모습을 보는 데 3만 5천 파운드를 내겠다"고 적었다.[8] 파머가 다치는 모습을 보고 싶다는 수많은 트윗의 대표 사례였다.

레딧이 분노를 부채질했을 때는 그 분노가 대부분 인터넷광인 비교적 적은 사용자에 머물렀다. 그러나 2015년 무렵 트위터는 주류 뉴스와 문화의 중심지였다. 복수라는 환상이 이제 방송사에 맞먹는 소셜미디어에 가득 퍼져 기자와 유명인을 불러들였다. 리얼리티쇼 스타 샤론 오즈번이 "#월터파머가 집, 직업, 돈을 잃기를 바란다"는 트윗을 올렸다. 여러 상을 받은

배우 미아 패로는 트위터에 파머의 병원 주소를 공개했다.[9]

"저 놈 잡아라!"가 약속이나 한 듯 여러 플랫폼에 울려 퍼지면, 대개 행동이 뒤따른다. 수백 명이 파머의 치과를 문 닫게 하려고 옐프Yelp같은 리뷰 사이트에 악평을 남겼다.[10] 며칠 사이, 폭력을 쓰겠다고 위협하는 트윗이 쏟아지자 파머는 치과를 완전히 닫았다. (한 레딧 사용자가 이런 위협이 파머의 직원들에게 부당한 피해를 줄지 모른다고 우려했는데, "그 직원들은 다른 곳에서 일하는 편이 더 낫다"는 댓글에 1500명이 업보트를 눌렀다.[11]) 치과 문에 가만두지 않겠다는 표현이 적혔다. 어떤 이는 파머의 집에 스프레이 페인트로 '사자 살해자'라고 적었다. 파머와 가족들은 집 바깥에 웅크린 사람 중 누군가가 온라인의 위협을 실행할지 모른다고 생각했는지, 파머 말고는 모두 피신이라고 생각한 도피에 나섰다.

파머가 홍보 전문가를 고용하고 기자들을 만났을 무렵, 페이스북에 파머의 사냥 관련 기사가 2천 건 넘게 게시되었고 360만 번이나 공유되었다.[12] 《뉴욕타임스》가 세실의 죽음을 애도하는 공식 사설을 실었다. 미네소타 주지사는 파머를 비난했다. 심야 토크쇼 진행자 지미 키멀은 방송 중 감정이 북받쳐 잠시 말을 잃었다. 모두 소셜미디어의 입소문이 낳은 결과였다. 그런 어느 날 열기가 식고 사람들의 관심도 시들었다.

이 폭발을 지켜본 IT 감시자들의 시각은 둘로 나뉘었다. 한쪽에서는 미국인의 삶 한복판에 몇 걸음 더 다가간 또 다른 게이머게이트로 봤다. 이들이 보기에 플랫폼은 사실상 아무 제약이나 안전장치 없이 사람들이 떼거리처럼 과잉 반응하고 표적을 괴롭히게 부추겼다. 다른 쪽에서는 그다지 큰 의미가 없는 우스꽝스러운 온라인 드라마로 봤다. 이들이 보기에는 여전히 세계를 해방할 수단인 소셜미디어를 비난할 이유가 별로 없었다.

2005년부터 구글에서 일한 제임스 윌리엄스James Williams는 낙관하는 진영에 더 적합해 보였을 만한 인물이다. 그런데 회사를 떠나며 웹사이트 퀼레트_Quillette_에 쓴 글에서 세실을 포함한 비슷한 사례들이 디지털화하는 세상에 엄청난 변화가 일어나리라는 전조라고 적었다.[13] 윌리엄스는 어떤 동기로든 세실의 죽음에 복수하려 한 사람들이 저도 모르게 행동을 조종당했다고 믿었다. "이들은 디지털 설계의 설득 패턴에 따라 버튼을 눌렀다." 그리고 이렇게 진단했다. "우리는 격분을 즐긴다. 그래서 보답으로 격분을 일으킨 대상에 반응한다."

플랫폼은 격분을 이용해 사용자들에게 "격렬한 목적의식, 도덕적 투명성, 사회적 연대 의식을" 불러일으켰다. 모든 에너지를 소진하는 이런 감정 폭발이 일주일에 한 번꼴로까지 늘었다. 이는 소셜미디어가 더 광범위한 문화에 영향을 미칠뿐더러 어느 정도는 문화를 대체해 궁극적으로 도널드 트럼프에게 이익이 된다는 뜻이었다(당시에는 이것이 희한한 주장이었다). 윌리엄스는 물었다. 우리 시대를 지배하는 새로운 매체가 트럼프 같은 지도자를 권력의 정점까지 밀어 올릴지 모른다고 말하면 너무 미친 생각일까? 이미 그런 일이 일어나고 있지 않을까? "진실은 이런 정치적 영향이 이미 우리를 덮쳤다는 것이다."[14]

2. 도덕적 격분

윌리엄 브래디_William J. Brady_는 노스캐롤라이나 대학교 1학년이던 2005년, 자신이 페이스북에서 격분하기를 즐긴다는 사실을 깨달았다. 그해 브래드는 밥 먹듯 페이스북에 접속해 댓글로 말싸움을 벌였고, 이제는 웃으며 인정하듯이 "꽤 선동적인 글"을 올렸다.

캘리포니아 출신이 아닌데도 캘리포니아 서퍼처럼 말투가 느리고 태도가 부드러운 채식주의자 브래디는 분노와 갈등에 끌리는 느낌이 어색했다. 페이스북에 가입한 목적도 말싸움을 벌이는 것이 아니라 사람들의 생각을 바꾸는 것이었다. 동물 권리 운동에 뛰어든 브래디는 "페이스북이 운동 목적을 널리 알리고 사람들을 설득할 만한 흥미로운 플랫폼"이라고 봤다. 하지만 걸핏하면 설득은커녕 사람들에게 분노를 뿜어내고 말았다. 그러다 깨달았다. 자신이 동물 권리 운동의 명분을 널리 알릴 기회는 거의 찾지 못한 채 그 순간에는 아무리 재미있을지라도 뒤돌아서면 바보가 된 듯한 기분만 느끼게 행동한다는 것을.

다행히 브래디의 전공인 도덕 철학에 이 현상을 파악할 힘이 있었다. 한때 골똘한 사고의 영역이던 도덕 철학은 자연과학을 이용해 도덕성의 본질을 찾으면서 경험에 더 의존했다. 그런 연구 결과가 브래디의 행동을 설명할 근거를 제시했다. 책상에 앉아 씩씩대거나 무례한 말을 퍼부을 때 브래디는 좋은 기분보다 나쁜 기분을 느꼈다. 그런데 그런 격분이 온라인에서 주목받으면, 특히 생각이 같은 사람에게 격려받으면 중독성 있는 흥분을 느꼈다. "더 선동적이고 감정을 자극하는 글을 올릴수록 사람들에게 주목받는 것을 확실하게 깨달았죠."

그런데 왜 사람은 그런 해롭고 불쾌한 감정에 끌릴까? 흥미를 느낀 브래디는 심리학 수업을 수강했다. 그리고 소셜미디어가 행동에 미치는 영향을 계속 연구했다. 브래디는 어찌 보면 모든 사용자가 끝없는 심리 실험의 실험자이자 실험 대상이라고 말했다. 사람은 흔히 사회적 반응에 귀 기울이고 순응하는데, '좋아요'와 '공유'가 바로 이 욕구를 활용한다. 페이스북에서 입씨름에 몰두한 대학생일 때도 브래디는 "사람들이 여러 조작과 호소에 어떻게 반응하는지를 시행착오 끝에" 배웠다.

생각이 다른 상대와 분노를 주고받을수록, 브래디도 상대도 서로 더 크게 적대했다. 고기를 먹는 사람과 동물 권리 불가지론자들은 악의가 없는 설득 대상이 아니라, 비난받아 마땅한 멍청이이자 악당이었다. 브래디는 도덕적 격분이 핵심이라고 결론지었다. 격분은 분노와 혐오가 단순하게 결합한 감정이다. 도덕적 격분은 사회적 본능이다.

최대 인원이 150명이던 원시 부족을 떠올려 보라. 이런 집단이 살아남으려면 모든 구성원이 집단의 이익에 맞춰 행동해야 했고, 그런 행동 하나가 서로 사이좋게 지내는 것이었다. 그러려면 공통된 행동 규율이 있어야 했다. 그런데 누구나 그런 규율을 내면화하고 따르게 하려면 어떻게 해야 할까? 도덕적 격분은 우리 호모 사피엔스가 이런 난제에 적응한 결과였다. 우리는 중요한 규범을 어기는 사람을 보면 분노한다. 그들이 처벌받기를 바란다. 그리고 그 분노를 널리 알려 남들도 규범 위반을 알아채고 함께 일탈자를 모욕하고 벌주는 데 동참하게 하고 싶은 욕구를 느낀다.[15]

규범 위반자를 벌주고 싶은 욕구는 매우 뿌리 깊어 유아에서도 나타난다. 잇단 실험에서 채 한 살이 안 된 유아들에게 꼭두각시 인형 두 개를 보여줬다.[16] 한 인형은 사탕을 같이 나누려 했고, 다른 인형은 거부했다. 유아들은 못된 인형한테서는 사탕을 빼앗고 착한 인형에게는 보상했다. 한두 살짜리 아이들조차 나쁜 인형을 잔인하게 대한 인형에게는 보상하고 친절하게 대한 인형은 벌주려 했다. 이 실험은 도덕적 격분이 그저 일탈자에게 느끼는 분노가 아니라는 확증이었다. 우리에게는 공동체 구성원 전체가 일탈자에 맞서 대항하기를 바라는 욕구가 있다.

온라인에서 느낀 격분을 처음에는 철학 석사 과정에서, 다음에는 심리학 박사 과정에서 파고든 브래디는 두 분야에서 모두 감정주의_{sentimentalism}라 부르는 이론에 집중했다. "감정주의란 우리의 도덕이념이 감정 반응과 얽혀 있고 어쩌면 감정 반응에 좌우될지도 모른다는 개념입니다. 도덕성 문제에서는 인간이 매우 이성적이라는 예전 개념과 상충하죠."

대중문화는 흔히 도덕성을 가장 고결한 자아, 즉 우리 본성의 선한 천사, 깨인 마음에서 나오는 것으로 그린다. 감정주의는 도덕성이 사실은 동조와 평판 관리(사회성 계량기를 떠올려보라) 같은 사회적 충동에 자극받는데, 우리가 이를 감정으로 느낀다고 주장한다.[17] 신경학 연구도 이 주장을 뒷받침한다.[18] 도덕적 딜레마를 마주한 사람들이 대응 방법을 고민하면 감정과 관련한 신경 영역이 활발히 움직인다. 감정에 지배된 뇌는 빠르게 움직여 이성의 판단 기능이 작동하기도 전에 결정을 내리곤 한다. 실험 참가자들은 선택을 설명해달라고 요청받을 때만 이성적 추론을 담당하는 뇌 영역을 활성화했다. 달리 말해 이미 감정에 휘둘려 결정한 행동을 나중에야 이성을 이용해 정당화했다.

도덕 감정에 기댄 그런 선택은 동료에게 인정받으려 하거나, 선한 사마리아인에게 보상하거나, 일탈자를 처벌하려는 사회적 목적에 확실히 이바지하는 듯 보였다. 하지만 본질적으로는 본능에 좌우되는 행동이므로 교묘히 조종당하기 쉽다. 바로 이 약점을 이용할 줄 아는 독재자, 극단주의자, 선동가들이 희생양이나 허구의 악당을 향한 분노를 일으켜 사람들을 제 편으로 끌어모은다. 만약 소셜 플랫폼이 똑같은 방법을 악용한다면 무슨 일이 벌어질까?

3. 온라인 조리돌림

소셜미디어에서 격분한 어느 패거리와 여전히 싸움 중이던 브리아나

우는 자신이 뜻하지 않게 또 다른 패거리에게 격분을 일으킨 것을 깨달았다. "그 일은 절대 잊지 못할 거예요. 게이머게이트가 중간쯤 다다랐을 때 게임업계를 둘러싼 페미니스트 논쟁에 제대로 휘말렸죠." 가상 현실 헤드셋을 만드는 페이스북 자회사 오큘러스가 새로운 팀을 하나 발표했는데, 구성원이 모두 백인 남성이었다. 우는 몹시 화가 났다. "트위터에서 비판을 쏟아내고 이 사진과 팀원 이름을 올렸어요. 그런 팀 구성은 정말 문제거든요. 가상 현실 엔지니어링에서 여성을 찾아보기 어려운 건 끔찍한 일이에요. 그런데 깨닫고 보니 그런 전술이 작용하는 감정 영역이 게이머게이트가 나를 괴롭혔을 때 작용한 감정 영역과 똑같더라고요."

우는 처음으로 자신의 소셜미디어 경험 중 많은 부분이 조리돌림을 유도하거나 거기에 참여하는 활동을 중심으로 짜여 있다는 사실을 인정했다. 어떤 활동은 몇 주씩 이어졌고, 어떤 활동은 몇 분에 그쳤다. 어떤 활동은 중요한 대의가 목적이었지만, 어떤 활동은 그저 누군가가 우의 화를 돋워서였다. "내게 전송된 성차별 트윗을 골라내곤 했어요. 그걸 리트윗해 내 팔로워들이 처리하게 했죠. 이제는 그렇게 하지 않아요. 누군가를 괴롭히라고 요청하는 거니까요."

2018년, 우는 온라인 괴롭힘을 해결하겠다는 공약을 걸고 민주당의 연방 하원의원 예비 선거에 출마했다. 한 기자가 2014년에 우가 성차별적 게시물을 올린 사람의 이름과 소속 회사를 트윗으로 밝혔던 일을 언급하며, "당신이 플랫폼에 방지하라고 요구하는 것이 이런 괴롭힘 아닌가요?"라고 물었다. "그 순간 이런 생각이 들더군요. '내가 정말 위선자구나.' 변명할 여지가 없는 일이었어요. 그래서 그건 잘못된 행동이었다고 답했죠." 우는 자신이 다른 때라면 질색했을 행동을 플랫폼이 끌어내도록 내버려 뒀다고 인정했다. "최악의 순간에는 우리도 그런 나쁜 사람이 될 수 있다는 사실을 더 많은 사람이 깨닫지 못한다면, 이 망할 플랫폼의 유해성을 조금이라도 줄일 길이 없을 거예요."

그 무렵, 인지심리학을 공부한 적 있는 법학자 케이트 클로닉Kate Klonick이 소셜미디어에 온라인 조리돌림이 왜 이렇게 널리 퍼졌는지를 파악하고 있었다. 클로닉은 동글게이트Donglegate로 알려진 초기 트위터 논쟁에서 많은 것을 배웠다. 동글게이트는 한때 사람들이 이런 일을 얼마나 가볍게 다뤘는지를 알려준 사건이다. 2013년 초, 아드리아 리처즈Adria Richards라는 소프트웨어 개발자가 한 프로그래밍 학회에 참석했다가 뒷줄에 앉은 남성이 옆 사람에게 컴퓨터 용어를 이용해 농담을 속삭이는 소리를 들었다.[19] 리처즈는 뒤돌아 두 사람의 사진을 찍은 뒤 이런 글과 함께 트위터에 올렸다. "하나도 안 멋짐. 저장소를 섹슈얼하게 포크하겠다. '커다란' 동글 같은 농담. 바로 내 뒤."

흑인 여성인 리처즈는 오랫동안 업계의 남성 편향에 반대하는 목소리를 냈다. 게다가 2013년 초에는 소셜미디어 덕분에 더 다양한 사람들에게 다가갈 수 있었다. 트위터와 페이스북에서 리처즈의 트윗을 보고 같이 분노하는 글이 줄줄이 올라왔다. 두 남성이 다니는 회사는 물론이고 학회 주최자까지 난데없는 손가락질과 미움을 받았다. 그것도 전국적인 규모로. 두 남성 중 한 명은 바로 다음 날 해고되었다. 그는 실리콘밸리의 소셜 뉴스 사이트인 해커뉴스Hacker News에 발언을 사과하는 글을 올렸고, 누구보다 리처즈에게 미안하다고 적었다. 그런데 이런 말도 덧붙였다. "저는 아이가 셋이고, 그 일을 정말 좋아했습니다. 리처즈는 저한테 어떤 경고도 하지 않고 웃는 얼굴로 사진을 찍더니 내 운명을 결정했습니다. 그러니 누구든 이 일을 교훈으로 삼으세요. 크든 작든 우리 행동과 말이 심각한 영향을 미칠 수 있습니다." 당연하게도 또 다른 격분이 일었다. 이번에는 리처즈와 리처즈의 상사에게 분노에 찬, 때로는 협박까지 담은 메시지가 쏟아졌다. 소속 회사의 웹사이트는 서비스 거부 공격이라는 아주 기초적인 해킹으로 연결이 끊겼다. 다음날 리처즈도 해고되었다. 상사는 해고 사유가 두 남성을 '조리돌렸기' 때문이라고 설명했다.

클로닉은 법학계에 사회가 기능하려면 새치기하는 사람에게 못마땅한 소리를 내고, 성차별 발언을 하는 사람을 따돌리고, 혐오 단체에 가입한 사람을 해고하는 것 같은 조리돌림이 필요하다는 인식이 크다는 것을 알았다. 그런데 소셜미디어가 조리돌림의 작동 방식을 바꾸고 있었다. 당연히 이 변화가 사회 자체의 기능을 바꿀 터였다. 클로닉은 연구 결과를 이렇게 정리했다. "적은 비용에 익명으로 어디서나 즉시 인터넷에 접속할 수 있는 환경이 조리돌림의 자연스러운 통제를 전부는 아니라도 대부분 없애버렸고, 따라서 우리가 사회 규범을 인식하고 강제하는 방식을 바꾸었다."[20]

예컨대 전에는 버스 기사에게 무례하게 굴면 승객들에게 따가운 눈총을 받았을 것이다. 이제는 그런 행동이 기록되어 온라인에 게시되면 전 세계에서 쏟아지는 욕을 몇 주 동안 들어야 할 것이다. 클로닉에 따르면 "오늘날에는 조리돌림으로 사회적 규범을 강제하기가 어느 때보다 쉽고, 조리돌림이 통제를 벗어나기도 어느 때보다 쉽다." 클로닉은 온라인 조리돌림이 잘못의 크기에 맞게 조정되지 못한 채 "과도하게 결정되고, … 누구의 어떤 행동을 처벌할지에 정확성이 거의 없거나 미심쩍은 경향이 있다"고 주장했다.[21]

게다가 더 잔인해졌을뿐더러 가학성까지 띠었다. 소셜웹이 일상에 깊이 파고든 순간부터 격분을 이기지 못한 패거리들이 선을 넘었다는 이야기가 돌았다. 2013년, 저스틴 사코Justine Sacco라는 회사원이 트윗 하나로 국제적 악명을 얻었다. "아프리카에 가는 중. 에이즈에 걸리지 않았으면 좋겠다. 뭐 그냥 농담. 나는 백인이니까!" 사코의 팔로워는 겨우 170명이었다. 그런데도 수만 명이 트윗으로 분노를 드러냈고 사코가 조리돌림당하고 해고되자 고소해했다. 《뉴욕타임스 매거진》의 한 기사는 사코 같은 사람이 우리의 재미를 위해, 또는 우리가 자제력을 잃어 고통을 겪었다고 주장했다. "조리돌림의 목적이 망신 주기 자체인 것처럼, 생각 없이 각본대로 움직이는 것처럼 느껴졌다."[22]

이런 예가 한둘이 아니다. 위스콘신주 어느 소도시의 고등학교 학급 사진이 트위터에서 입방아에 오른 적이 있다.[23] 남학생들이 나치식 경례를 하는 모습이었기 때문이다. 전 세계의 온라인 곳곳에서 분노가 몰아쳐 학부모와 학교 관계자의 삶을 비난하고 온라인에서 찾을 수 있는 온갖 내용으로 이들을 모욕하고 도시에 생채기를 냈다. 그런데 알고 보니, 사진은 그냥 손을 흔드는 학생들을 자원봉사 사진가가 이상한 각도에서 촬영한 것이었다.

아이오와 출신의 한 신입 기자는 대학 미식축구 경기에 재미있게도 '부쉬 라이트([옮긴이] 맥주 브랜드)를 다시 채워야 해요'와 송금 앱 벤모_{Venmo}의 아이디를 적은 팻말을 들고 나타나 페이스북에서 입소문을 탄 남성을 소개하며, 지나가듯 이 남성이 한때 인종차별에 둔감한 트윗을 올렸지만 사과했다고 언급했다.[24] 소셜미디어 사용자들은 처음에는 팻말을 들었던 남성을 해고하라고 요구했다가, 다음에는 역풍을 일으켜 기자를 해고하라고 요구했다. 실제로 이 기자는 해고되었다.

미네소타주 미니애폴리스에서 식당과 대형 식료품점을 운영하는 어느 팔레스타인계 미국인은 딸이 어릴 때 소셜미디어에 올린 인종차별 발언을 누군가가 찾아낸 뒤로 온라인에서 비난 세례를 받았다. 남성과 딸이 모두 사과했지만, 웹 사용자들이 부녀의 집 주소를 퍼뜨리고 지역 사업계에 이

가족을 멀리하라고 압박했다. 그 바람에 식당 임대가 취소되었고, 두 슈퍼마켓이 식자재를 납품받지 않겠다고 선언했다. 온라인에 퍼진 격분은 남성이 곧바로 딸을 해고한 뒤 기자에게 "내 손으로 딸아이의 경력을 망치는 게 쉬운 일이었겠습니까?"라고 밝히자,[25] 곧 사그라졌다.

중국계 이민자인 소설가가 청년 판타지물인 데뷔작으로 두둑한 계약금을 받자, 다른 작가들이 근거도 없이 원고에 인종차별 표현과 표절이 들어 있다고 주장하는 트윗을 올렸다. 많은 사람이 이 소문을 사실로 받아들여 소설가와 출판사를 줄기차게 괴롭혔다. 출판은 결국 무산되었다. 나중에 보니 다른 작가들의 비난은 거짓이었다. 한 달 뒤에도 같은 일이 벌어졌다. 이번에는 흑인 청년 소설가가 표적이었고, 역시나 압력 끝에 원고 출판이 취소되었다. 소설가 사이에 비슷한 일이 거듭 일어나자, 한 도서 비평가가 격분해 이런 글을 적었다. "책 읽기를 정말 사랑한다는 말을 입에 달고 사는 사람들이 이렇게나 글을 읽을 줄 모르다니 착잡하다."[26]

스미스 대학교의 한 흑인 여학생이 밥을 먹는 자신을 학교 청소부와 경비원이 괴롭혔다는 글을 페이스북에 올렸다.[27] 기숙사 휴게실에서 점심을 먹는데 흑인이라는 이유로 두 사람에게 시시콜콜 질문받고 침입자로 취급받았다는 내용이었다. 처음에는 학교 안에서 불길이 번지듯 공유된 게시물이 이어 다른 대학교로, 다음에는 전 세계로 퍼져나가 자그마한 캠퍼스에 큰 관심을 불러 모았다. 청소부는 유급 휴직 처분을 받았다. 학생들은 항의하는 뜻에서 수업을 거부했다. 흑인 여학생은 다음 페이스북 글에서 사건 당시 학교 식당 직원 두 명이 경비원을 불렀다고 비난했다. 둘 중 한 명의 이름, 이메일 주소, 사진까지 덧붙인 뒤 "이 사람이 그 인종차별주의자다"라고 적었다. 식당 직원의 집으로 항의 전화가 빗발쳤고, 어떤 이는 죽이겠다고까지 협박했다. 학생은 청소부의 사진도 올리고 "비겁하게 행동하는 인종차별주의자"라고 비난했다. 하지만 엉뚱한 청소부의 신원을 밝혔으니, 명백한 실수였다.

진실을 파헤쳐 보니, 이 사건은 순전한 오해와 젊은이 특유의 과장이 결합한 결과였다. 이 학생이 학교 식당 옆에 붙은 폐쇄된 기숙사에서 점심을 먹고 있었는데, 마침 식당에서 어린아이들을 위한 프로그램이 열릴 예정이었다. 청소부는 프로그램 참석자가 아닌 사람이 나타나면 경비원을 불러야 한다는 규칙을 따랐을 뿐이었다. 경비원은 학생과 정중하게 이야기를 나눴고 떠나라고 요구하지도 않았다. 식당 직원들은 아예 이 일과 관련이 없었다.

그러나 대학이 고용한 법률회사가 긴 보고서로 진실을 밝혔을 때는 페이스북에 퍼진 내용이 엄청난 집단 감정의 분출 탓에 진실로 굳어져 이미 오랫동안 사람들의 뇌리에 각인된 뒤였다. 더 많은 분노를 일으킬까 두려웠는지 스미스 대학교는 직원들의 행동에 "인종차별적 편견이 암묵적으로 작용했을 가능성을 배제하기 어렵다"고 발표하며 직원들의 결백을 인정하지 않았다. 한 명은 전근했고, 한 명은 계속 휴직했고, 또 한 명은 일을 그만뒀다. 식당 직원 한 명은 나중에 다른 식당에서 일자리를 구하려다 거부당했다. 면접관이 페이스북에서 봤던 이 직원을 인종차별주의자로 인식했기 때문이다. 페이스북에 글을 올린 학생은 한때 온라인에서 영웅으로 칭송받았지만, 이제는 악당으로 비난받았다. 정작 십 대인 이 학생에게 저임금 노동자의 생계를 파괴할 권리를 주고, 이 학생과 구경꾼 수천 명에게 그렇게 하라고 부추기고, 분노를 일으킨 오해를 진실보다 더 진실로 느끼도록 한 것은 소셜미디어 플랫폼이었다. 그런데도 플랫폼을 비난할 생각을 한 사람은 거의 없었다.

버튼을 누르게 할 만한 이야기에 맞춰 사실을 얼마나 더 부담 없이 바꿀 수 있느냐만 빼면, 진실이냐 거짓이냐는 게시물이 환영받는 데 거의 영향을 미치지 않는다. 중요한 것은 게시물이 강렬한 반응을 불러일으킬 수 있느냐다. 대개 그런 반응은 격분이다. 2013년에 중국 플랫폼 웨이보를 연구한 결과에 따르면, 다른 정서보다 분노가 한결같이 더 멀리 퍼진다.[28] 트위터와 페이스북을 연구했을 때는 광범위한 일반적 분노에서 구체적인 도덕적 분노로 범위를 좁혔는데도 계속 같은 결과가 나왔다.[29] 사용자들은 분노를 불러 일으키는 게시물에 보상으로 따라붙는 관심을 내면화해, 그런 게시물을 더 많이 만든다. 그 과정에서 플랫폼의 알고리즘이 그런 게시물을 훨씬 널리 홍보하도록 훈련된다.

이런 사건 대다수는 좌파를 끌어들이는 특성이 있으므로, '손절 문화cancel culture'가 난무하리라는 두려움이 퍼졌다. 하지만 이는 미국에서 더 눈에 띄는 좌파 성향 사용자가 학계, 문학계, 언론계 같은 분야에 집중되어 있다는 사실을 나타낼 뿐이다. 실제로는 우파 커뮤니티에서도 똑같은 양상이 펼쳐지고 있었다. 그런데 그런 사례 대다수가 비주류 괴짜(게이머게이트, 백신 반대주의자)나 극단주의자(인셀, 극우)들의 활동으로 무시되었다. 우파든 좌파든 공통 변수는 언제나 소셜미디어였다. 소셜미디어가 밀어붙이는 자극, 소셜미디어가 유도하는 행동이었다.

표적이 된 사람들에게 피해는 그것이 마땅한 것이든 아니든 현실이고 계속 이어진다. 우리 뇌는 사회적 배척을 말 그대로 고통으로 처리한다. 따돌림은 칼에 찔릴 때와 똑같은 고통을 안긴다. 달리 말해 우리는 심리적 고통과 신체적 고통을 모두 목숨을 위협하는 위험으로 느끼도록 진화했다. 인간의 사회적 민감성은 동료 수십 명을 화나게 했다가는 정말로 목숨을 잃을 위험이 있는 부족에서 진화했다. 그런데 소셜미디어에서는 딱히 경고도 없이 수천 명의 분노와 비난을 맞닥뜨릴 수 있다. 그런 규모면 심리에

어마어마한 충격을 줄 것이다. 레딧 CEO였던 파오는 이렇게 적었다. "괴롭힘에서 중요한 점은 혐오에 찬 패거리에게 반복적으로 괴롭힘을 당해보지 않은 사람들은 그런 일을 겪지 않았으니 행운이라는 것이다. 그런 괴롭힘은 인생을 영원히 바꿔놓는다. … 전처럼 쉽게 사람을 신뢰하지 못하게 한다."

이런 영향은 그릇된 분노나 부적절한 분노의 표적이 된 소수에서 그치지 않았다. 공적 생활 자체가 더 극심하게 부족주의 성향을 띠고, 더 극단화하고, 아주 작은 위반조차 혐오하고 처벌하는 데 집중하고 있었다. 브리아나 우는 이렇게 지적했다. "단언컨대, 이런 플랫폼들은 사려 깊은 대화를 위해 설계되지 않아요. 트위터, 페이스북 같은 소셜미디어 플랫폼들의 설계 목적은 이거예요. '우리가 옳고, 저들이 틀리다. 이 사람을 아주 빨리, 아주 세게 깔아뭉개자.' 이런 목적이 우리 사회의 모든 분열을 증폭하는 거죠."

4. 스스로 순화한 종

도덕적 격분은 한 가지 수수께끼를 던진다. 왜 우리는 우리가 개탄하는 행동을 하게 만드는 감정에 이토록 끌릴까? 이 수수께끼를 푼 사람은 시베리아의 세포학·유전학 연구소에 틀어박혀 여우 수천 마리를 기른 일흔 살의 유전학자였다.[30] 류드밀라 트루트Lyudmila Trut는 모스크바 국립 대학교를 갓 졸업한 1959년에 이 연구소에 들어갔다. 목적은 유전과 관련 없어 보였던 수수께끼의 기원을 찾는 것이었다. 그 수수께끼는 동물의 순화domestication 였다.

당시 동물의 순화, 즉 가축화는 신비에 싸여 있었다. 찰스 다윈은 가축화가 유전일지 모른다고 추측했다. 하지만 어떤 외부 압력이 늑대를 개로 바꿔놓는지, 늑대의 생리가 어떻게 바뀌었기에 개가 그리 다정해졌는지는 아무도 알지 못했다. 그래도 다윈의 제자들이 실마리를 찾아냈다. 개든 말이든 소든, 가축이 된 동물은 야생의 사촌에 견줘 모두 꼬리가 짧고 귀가 덜 뾰족하고 몸집이 더 작고 털에 얼룩무늬가 더 많았다. 또 대부분 이마에 뚜렷한 별 모양 얼룩이 있었다.

통제된 환경에서 가축화를 일으킨다면 원인을 찾아낼 수 있을 것 같았다. 모피 공장에 딸린 연구소(옮긴이) 모피 수출은 당시 러시아의 주요 산업이라 모피 생산 동물의 품종 개량이 중요했다)는 야생 여우 수백 마리로 연구를 시작했다. 트루트는 사람에게 얼마나 온순하게 구느냐로 여우에 점수를 매겨 가장 온순한 상위 10%만 기른 다음, 이 과정을 새끼 세대에서도 반복했다. 아니나 다를까 10대째에 드디어 귀가 접힌 여우가 한 마리 태어났다. 다른 한 마리는 이마에 별 모양 얼룩이 있었다. 두 여우는 "어떻게든 사람에게 다가서려 했고, 관심을 끌려고 낑낑거렸고, 개처럼 실험자의 냄새를 맡고 핥았다."[31] 다윈이 옳았다. 가축화는 유전의 결과물이었다. 대를 거듭할수록 더 온순해진 여우들은 다리와 꼬리, 주둥이가 짧아지고, 머리뼈가 작아지고 얼굴이 납작해지고 털에 얼룩이 많아졌다.

트루트는 50년 동안 동물을 연구한 끝에 가축화의 비밀을 밝혔다. 비밀의 열쇠는 신경능선세포neural crest cell였다. 모든 동물은 배아일 때 한 묶음의 신경능선세포를 갖는다. 이 세포가 배아가 성장하는 동안 몸 구석구석으로 이동해 턱뼈, 연골, 이빨, 피부색소, 신경계 조직으로 분화한다. 이 이동이 끝나는 곳이 동물의 눈 바로 위다. 가축화된 여우의 이마에 하얀 털이 생기는 까닭도 그래서였다. 즉 온순한 부모한테서 물려받은 신경능선세포가 이마까지는 이동하지 못한 것이다. 귀가 접히고 꼬리와 주둥이가 짧아지는 까닭도 마찬가지였다.

신경능선세포는 성격 변화의 비밀도 드러냈다. 이 세포가 두려움과 공격성을 일으키는 호르몬을 생산하는 분비샘도 되기 때문이다. 야생 여우는 인간을 두려워하고 다른 여우에게 공격적이었다. 야생에서는 이런 기질이 매우 쓸모 있다. 온순한 여우를 골라 기르는 과정에서 트루트는 자신도 모르게 신경능선세포가 적은 여우를 전파해 신경 발달을 매우 강하고 구체적으로 저지했다.

트루트의 연구를 계기로 밝혀진 많은 사실 가운데 가장 대단한 발견은 인간과 관련한 오랜 수수께끼를 푼 것이다.[32] 수백만 년 동안 커지던 우리 두뇌가 25만 년 전쯤 돌연 줄어들었다. 그런데 유골과 함께 발견된 도구로 보건대, 이 변화가 일어난 무렵 인간은 더 영리해졌다. 게다가 팔뼈와 다리뼈도 더 가늘어졌고, 얼굴이 평평해졌고(원시인의 툭 튀어나온 이마뼈가 사라졌다), 이가 작아졌고, 남성의 몸이 여성의 몸과 아주 비슷해졌다. 트루트의 연구 결과 덕분에 순식간에 그 이유가 명확해졌다. 이런 변화는 신경능선세포의 감소, 즉 순화를 뜻하는 표지였다.

그런데 트루트가 길들인 여우는 외부 압력, 즉 트루트의 개입 때문에 가축이 되었다. 그렇다면 인간의 진화 과정에 개입해 공격적인 개체보다 온순한 개체를 선호한 요인은 도대체 무엇이었을까? 영국 인류학자 리처드 랭엄Richard Wrangham이 답을 하나 찾았다. 비밀은 언어였다. 나중에 마침내 호모 사피엔스가 될 우리 조상은 수백만 년 동안 우두머리 수컷이 이끄는 작은 공동체로 지냈다. 그런 공동체에서는 가장 힘세고 공격적인 수컷이 우두머리가 되어 약한 수컷들을 희생시키고 다음 세대에 자기 유전자를 물려줬을 것이다.

모든 대형 유인원은 남을 괴롭히는 개체를 싫어한다. 이를테면 침팬지는 자기에게 친절한 구성원을 우대하고 잔인한 구성원을 싫어한다. 하지만 그런 정보를 다른 구성원과 나눌 방법이 없다. 침팬지가 아무리 심하게 다른 개체를 괴롭힌들 나쁜 평판에 시달릴 일은 없다.(옮긴이 침팬지를 포함한 다른 동물 중에도 평판을 관리하는 종이 있다고 보는 견해도 있다) 언어가 없으면 평판도 없기 때문이다. 이와 달리 우리 조상은 남의 행동을 논의할 만큼 정교한 언어를 발달시켰고, 그러자 상황이 바뀌었다. 우두머리 수컷이 무리를 지배하는 수단, 즉 자산이던 공격성이 채무로 바뀌었다. 이제는 지배당하는 데 지친 구성원들이 더 큰 집단으로 똘똘 뭉쳐 우두머리를 처벌할 수 있었다.

랭엄은 2019년에 펴낸 획기적인 책 《한없이 사악하고 더없이 관대한》(을유문화사, 2020)에 "비결은 언어에 기반한 음모였다. 수군거리기 좋아하는 이인자 수컷이 언어 덕분에 세력을 모아 힘세고 사나운 우두머리 수컷을 죽일 힘을 얻었다"고 적었다.[33] 초기 호모 사피엔스 무리가 난폭한 우두머리를 끌어내릴 때마다, 류드밀라 트루트가 여우에게 했던 개입, 즉 온순한 개체를 선택하는 압력이 일어났다. 더 협력하는 수컷은 번식하고, 공격적인 수컷은 그렇지 못했다. 우리 인간은 스스로 순화했다.

그런데 초기 인류는 한 형태의 공격성은 없애면서도 다른 형태의 공격성은 채택해 받아들였다. 이들은 집단 폭력이라는 공격성을 이용해 우두머리 수컷을 무너뜨리고 그 자리에 새로운 질서를 세웠다. 이제 삶을 지배하는 것은 인류학자 어네스트 겔너Ernest Gellner가 '사촌의 횡포tyranny of the cousins'라 부른 공격성이었다.[34] 부족은 지도자 없이 합의에 기반하는 사회가 되었고, 공유하는 도덕규범을 충실히 이행함으로써 유지되었다. 그리고 때때로 성인, 즉 사촌들이 폭력을 동원해 이 규범을 집행했다. 랭엄의 말대로 "순응하지 않거나 공동체의 규범을 어기거나 비열하다는 평판을 얻는 것이 위험을 자초하는 행위가 되었다."[35] 소속 집단을 화나게 하면 따돌림 당하거나 추방되거나, 그도 아니면 자다가 이마에 돌을 맞는 꼴을 당할 수 있었다. 오늘날 수렵·채집 사회 대다수도 이렇게 살아간다. 따라서 그런 관습이 우리 종 특유의 어떤 특성에 기반한다고 볼 수 있다.

이 새로운 질서의 밑바탕은 도덕적 격분이었다. 도덕적 격분은 공동체에 잘못된 행동을 알리는 경고음이었다. 위반 행위를 처벌하고자 공동체를 결집하고 동원하는 방법이었다. 태어날 때부터 죽을 때까지 머릿속을 맴도는 위협이라 계속 규칙을 지키게 했다. 도덕적 격분이 충분히 힘을 얻으면 랭엄이 말한 '선제적 연합 공격'이 된다.[36] 이런 공격을 흔히 패거리mob 공격이라 부른다. 패거리 공격이 곧 사촌의 횡포고, 이것이 인류가 자기 순화를 일으킨 기제다. 종종 목숨이 오가는 이런 위협은 그 자체로 진화를 일으키는 압력이 되어, 집단의 도덕규범에 극도로 민감하게 반응하는 성향과 기준을 따르려는 본능을 발달시켰다. 규범을 집행할 사람이라는 것을 증명하고 싶다면 돌을 집어 위반자에게 던져야 한다. 그렇게 하지 않았다가는 다음에 내가 돌을 맞을지 모른다.

최근 역사에서 우리는 그런 욕구가 유익성보다 위험성이 더 크다고 판단했다. 그래서 사촌의 횡포를 대부분 법치로 대체하고 집단 폭력을 금지하고 패거리 행동을 억눌렀다. 하지만 본능이란 억제할 수는 있어도 완전히 무력화할 수는 없는 것이다. 소셜네트워크는 우리 인간의 가장 본능적인 집단 감정을 깊이 건드려 그런 억제책을 우회했다가 적당한 때가 오면 완전히 파괴해 원시적 행동을 다시 사회로 쏟아내게 한다.

도덕적 격분을 드러내는 게시물을 보는 순간, 25만 년에 걸쳐 일어난 진화가 우리 안에서 작동한다. 그리고 도덕적 격분을 드러내는 데 동참하게 한다. 내면의 도덕이념을 잊고 집단의 도덕이념을 따르게 한다. 격분의 대상에 해를 끼치는 것을 필요한 일로, 심지어 매우 기쁜 일로 느끼게 한다. 뇌를 촬영해보면, 도덕적 부정을 저질렀다는 누군가를 해칠 때 도파민 보상 중추가 활성화한다.[37] 소셜 플랫폼은 보통 때라면 도를 넘지 않게 우리를 억제했을 점검 장치도 많이 없앤다. 피해자와 멀리 떨어진 화면 뒤에 있으면, 우리가 다치게 한 누군가가 고통스러워하는 모습을 보더라도 죄책감이 들지 않는다. 분노가 잔인한 학대로 확연히 바뀌었다는 사실을 알더라도 부끄러움을 느끼지 않는다. 현실 세계에서라면 비싼 식당에서 야구모자를 썼다는 이유로 누군가에게 욕을 퍼부었다가는 분노를 지나치게 드러내면 안 된다는 규범을 어기고 다른 손님을 방해했다는 이유로 처벌받고 따돌림당할 것이다. 하지만 온라인에서라면 조금이라도 그 분노에 주목한 사람이 함께 분노를 드러낼 가능성이 크다.

소셜 플랫폼에는 도덕적 격분을 일으키는 원천이 희한하게 넘쳐난다. 분노를 부르는 트윗이나 사건 소식이 끊이지 않고, 잠재적 동조자 수백만 명에게 이를 훤히 드러낼 많은 사용자가 존재한다. 마치 언제나 한군데 모여 있는 어마어마하게 많은 군중이 언제라도 폭력적 패거리로 바뀔 수 있다는 것을 알면서도 그 한가운데 서 있는 것과 같다. 이런 상황이 철학자 저스틴 토시Justin Tosi와 브랜던 웜키Brandon Warmke가 '도덕적 허세'라 부른 행동을 강력하게 자극해, 자신이 누구보다 더 격분했고 따라서 더 도덕적이라고 과시하게 한다. 토시와 웜키에 따르면 "관심을 좇는 사람들은 남에게 깊은 인상을 남기고자 도덕적 트집을 잡고 조리돌림에 몰려들고 자신과 생각이 다른 사람은 누구든 틀려먹었다고 저격하거나 감정 표현을 과장한다."[38]

오프라인에서는 도덕적 허세꾼들이 자신처럼 반응하라고 주변 사람들을 압박해 특정 집단의 민감성을 어느 정도 높일 수도 있지만, 반대로 모든 사람을 짜증 나게 할 수도 있다. 하지만 소셜네트워크에서는 이런 허세꾼들의 목소리가 시스템에 따라 보상받고 증폭된다. 토시와 웜키는 이런 보상 체계가 '도덕성 경쟁'을 일으켜 사람들이 "극단적이고 터무니없는 견해를 받아들이고 다른 주장은 듣지 않으려 할 위험이 있다"고 경고했다.[39]

만약 이런 현상이 몇몇 인터넷 사이트에서만 나타났다면 조금 불쾌한 논쟁으로 그쳤을 것이다. 하지만 2010년대 중반 무렵 소셜네트워크가 세상의 뉴스를 대부분 소비하고 해석하는 통로가 되었다. 심리학자 조슈아 그럽스Joshua Grubbs와 함께 진행한 후속 연구에서 토시와 웜키는 소셜미디어가 "동질성, 내집단/외집단 편향, 격분을 부추기는 문화로 정의되는 세상을 만든다"고 경고했다.[40]

그 결과, 양극화와 허위 정보의 악순환이 만들어졌다. 이를테면 2020년 미국 의회가 코로나19에 맞서 경기 부양책을 통과시켰을 때 트위터에 가장 많이 공유된 게시물은 이 법안이 미국 저소득층에게 가야 할 5억 달러를 이스라엘 정부로 빼돌리고 국립미술관에 1억 5400만 달러를 지원했다, 베네수엘라 대통령을 끌어내리는 작전에 은밀히 3300만 달러를 댔다, 실업 수당을 삭감했다. 지원금 600달러가 사실은 대출이라 국세청이 다음 해에 세금으로 환수한다는 내용이었다.

모두 가짜 뉴스였다. 하지만 플랫폼이 격분에 극단적으로 기운 탓에 허위 정보가 널리 퍼졌고, 따라서 사람들이 격분을 정당화하는 소문이나 거짓말을 더 많이 찾았다. '피도 눈물도 없는 공화당 지지자들은 가난한 사람들이 굶주리기를 바란다.' '비열한 민주당 지지자들이 미국을 대기업에 팔아넘겼다.' '교활한 외국인이 우리 미국 금융의 생명선을 훔쳐 갔다.' 이런 헛소문이 돌 때마다 대중은 중대한 문제를 이해하지 못해 더 혼란스러워했고, 입법자들은 유권자의 분노를 달래려면 최대한 당파적 입장이 되어야 한 탓에 비용은 더 많이 들면서도 실현 가능성은 더 낮은 타협안을 만들었다.

그런 분노가 처벌 대상을 찾아내고 싶다는 욕구를 일으키고, 때로는 우리를 그 욕구 앞에 무릎 꿇린다. 한 충격적 실험에서 실험 참가자에게 다른 사람의 도덕적 일탈을 어떻게 처벌할지 정하라고 요청했다.[41] 실험 참가자들은 지켜보는 사람이 있다고 생각할 때 더 가혹한 처벌을 내렸고, 지켜보는 사람이 매우 정치적이거나 이념적이라는 말을 들었을 때도 가혹하게 굴었다. 이들은 일탈자가 그만한 벌을 받아야 한다고 생각하지 않을 때조차 처벌 수위를 높였다. 동기는 간단했다. 잔인하게 굴수록 지켜보는 사람이 자기를 더 좋아하리라고 기대했기 때문이다.

효과는 점점 커진다. 사람들은 지켜보는 사람이 많다고 생각할 때 더 많은 격분을 드러내고 부당하게 높은 처벌 의지를 보인다. 그리고 트위터나 페이스북보다 지켜보는 사람이 많은 곳은 지구 어디에도 없다.

5. 아무말 대잔치

트위터의 조리돌림이 미국인의 삶에 얼마나 큰 영향을 미치는지 궁금하다면, 2020년 5월 메모리얼데이에 뉴욕 센트럴파크의 울창하고 조용한 램블Ramble이 답을 보여줬다.[42] 램블에서는 거의 매일 아침 의례처럼 같은 일이 벌어진다. 누군가가 비좁은 아파트와 북적북적한 인도에서 잠시 벗어나 개를 마음껏 뛰놀게 하고 휴식을 취한다. 볼거리가 많은 이 구역을 찾은 새 관찰자가 공원 규칙대로 개에게 목줄을 채우라고 주인에게 따진다.

그날 아침 개 주인은 백인 여성 에이미 쿠퍼Amy Cooper였고, 새 관찰자는 흑인 크리스티안 쿠퍼Christian Cooper였다. 목줄을 채우지 않는 주인을 워낙 많이 겪은 크리스티안은 목줄이 풀린 개를 보면 들고 다니는 개 간식으로 유인해 주인이 개를 얼른 잡아채게 했다. 에이미의 개가 크리스티안 주변을 어슬렁거리자, 크리스티안이 에이미에게 목줄을 채우라고 부탁했다. 에이미는 거절했다.

크리스티안은 개 간식을 흔들며 에이미에게 말했다. "이보세요, 당신이 당신 마음대로 한다면, 나도 내 마음대로 할 겁니다. 그런데 당신 마음에 들지는 않을 거예요."

"내 개 만지지 말라고요." 에이미가 쏘아댔다.

다툼이 심상치 않아진다고 느낀 크리스티안이 휴대폰을 꺼내 에이미를 찍기 시작했다. 에이미가 크리스티안 쪽으로 다가가며 영상을 찍지 말라고 요청했다. 크리스티안은 다가오지 말라고 요청했다. 두 사람은 서로 주도권을 쥐려고 기 싸움을 벌였다. 중년의 전문직 종사자인 두 사람의 목소리가 익숙하지 않은 아드레날린 분출에 바르르 떨렸다.

"그럼 나도 사진을 찍고 경찰을 부를 거예요." 에이미가 맞섰다.

"제발 그러세요. 바라던 바입니다."

"경찰한테 아프리카계 미국인 남성이 내 목숨을 위협한다고 말할 거예요." 에이미의 이 말은 크리스티안의 목숨을 위협하는 협박이었다. 그해 봄, 경찰이 흑인을 죽였다는 뉴스가 줄기차게 이어졌었다. 에이미는 911에 전화해 상담원에게 거듭 "아프리카계 미국인 남성"이 자신을 위협한다고 말했다. 두려운 체하려는 듯, "제발 당장 경찰을 보내주세요"라고 말하는 에이미의 목소리가 올라갔다. 통화 중 에이미가 개에게 다시 목줄을 맸고, 평정을 되찾은 크리스티안이 에이미에게 딱딱하게 고맙다고 말한 뒤 촬영을 멈췄다.

소셜미디어가 없는 세상이었다면 사건이 여기서 끝났을 것이다. 경찰이 도착했을 때 두 사람은 이미 공원을 떠나고 없었다. 크리스티안이 휴대폰 영상을 이용해 에이미를 허위 신고로 고발했을 수는 있었을 것이다. 그래도 에이미의 엄청난 일탈행위, 그러니까 즉 경찰의 폭력 행위를 이용해 크리스티안을 괴롭히고 목숨을 위험에 빠뜨리겠다고 협박한 행동이 처벌받지는 않았을 것이다. 센트럴파크 같은 공공장소가 백인에게 우선권이 있고 흑인은 그다음이며 이를 위반하면 목숨을 잃을 수 있다는 요구를 강요하려 한 행위도 마찬가지였을 것이다. 그러나 오늘날에는 소셜미디어가 존재한다. 크리스티안의 누이가 팔로워가 몇 안 되는 트위터에 "이 여자가 다시는 이렇게 굴지 못하도록 무슨 일이 일어났는지를 알리기로 했다"라는 글과 함께 영상을 올렸다.

도덕적 격분의 존재 목적은 사회가 공유하는 관습(거짓말하지 마라, 남을 위험에 빠뜨리지 마라, 인종차별주의를 부채질하지 마라)을 어기는 행동, 우리를 하나로 묶는 사회 계약을 침범하는 행동을 억누르는 것이다. 에이미의 행동이 바로 그런 일탈에 해당했다. 게다가 매우 악의에 찬 인종차별주의를 보여, 소셜미디어 사용자들이 영상을 공유해 관심을 촉구할 만했다. 영상을 공유한 사람이 한 명, 한 명 늘더니 마침내 20만 명을 넘겼다. 달리 말해 20만 명 넘는 사람이 에이미 쿠퍼에게 책임을 물어야 한다는 요청에 동의한다는 신호를 보냈다. 조회수도 삽시간에 4000만을 돌파했다. 저녁 뉴스보다 자그마치 스무 배나 많은 수치였다.

소셜미디어 사용자 수만 명이 한목소리로 분노해 에이미가 다니는 회사를 압박한 끝에 에이미를 곧장 해고하게 했고, 에이미 친구들의 이름과 소셜미디어 계정을 공개해 에이미와 인연을 끊으라고 암묵적으로 요구했다. 이런 반발이 에이미가 개를 입양했던 보호소로도 번졌다. 에이미는 사랑하는 개를 포기해야 했다(한 주 뒤 보호소가 개를 다시 돌려줬다). 에이미와 관련해 이 사건과 상관없는 온갖 치사한 내용이 수백만 명에게 공개되었다. 에이미는 인류 역사에서 가장 큰 광장으로 끌려 나와 만장일치로 조리돌림을 당했다. 이것은 크리스티안 쿠퍼를 위한 정의 구현이었다. 그런 행동이 빠르게 처벌받는 관행을 확립하게 하는 정의 구현이었다. 또 경찰의 폭력 행위가 휴대폰을 쥔 백인에게 흑인의 목숨을 위협할 힘을 실어주는 현상에 시의적절한 관심이 쏠리게 했다.

그런데 트위터가 구현하는 정의는 알고리즘이 부채질한 격분을 사용자가 받아들이는 정도에 따라 수준이 달라졌다. 온라인 집단이 옳은 평결을 내렸더라도, 더러 평결과 집행 방식에 불편한 마음을 드러내는 사람이 있었다. 크리스티안 쿠퍼도 어느 정도 상반된 감정을 드러낸 사람 중 하나였다. 에이미가 자신을 겨냥해 "어두운 사회적 충동"을 이용하려 한 데는 비난을 아끼지 않으면서도, "인종차별을 변명하는 것은 아니지만, 에이미 쿠퍼의 삶을 무너뜨려야 하는지는 모르겠다"고 덧붙였다.[43]

온라인에서 분노가 한창 들끓을 때는 에이미가 압박에 밀려 개를 포기해야 했다가 분노가 누그러지자 돌려받았으니, 소셜미디어의 동력 탓에 에이미가 적어도 한동안은 처벌자들이 적정하다고 생각한 수준을 넘어서는 처벌을 받았다고 볼 수 있다. 어떤 사법 체계든 편견, 맹점, 과잉 처벌이 존재한다. 에이미 쿠퍼와 크리스티안 쿠퍼는 우리가 기존 체계 위에 들어선 새로운 체계, 누구도 일부러 설계하거나 동의하거나 제대로 이해하지 못한 체계의 영향을 받는다는 사실을 보여줬다.[44]

그런 체계가 바람직한 변화를 일으킬 때도 있다. 블랙라이브스매터Black Lives Matter, BLM 활동가들은 주류 언론사가 얼렁뚱땅 넘어가곤 했던 폭력에 새 체계를 이용해 이목을 집중시켰다. 크리스티안 쿠퍼의 동영상이 그렇게 큰 반향을 불러일으킨 데는 그런 활동가들이 수백만 명에게 영상의 중요성을 알도록 준비시킨 덕도 있었다. 같은 날, 미네소타주 미니애폴리스 경찰이 조지 플로이드라는 흑인의 목을 거의 9분이나 무릎으로 짓눌러 숨지게 했다. 여러 도시에서 몇 주 동안 수백만 명이 모여 항의 시위를 벌였다. 이 시위는 현장 조직 활동의 극치였을뿐더러 상당 부분 소셜미디어를 통해 전국으로 번진 도덕적 격분의 원천이었다. 영화제작자 하비 와인스타인의 성폭력 혐의도 처음에는 와인스타인에게로, 이어 할리우드로, 다음에는 트위터에 공유된 수많은 개인사에서 이름이 언급된 성폭력 가해자에게로 옮겨가며 온라인에서 격분을 키웠고 미투 운동으로 번졌다. 실리콘밸리가 약속한 혁명은 실리콘밸리의 이익을 위한 설익은 생각이었고, 때로 해롭기까지 한 광범위한 불안을 일으켰다. 하지만 그 안에 진실성이 있었다.

그런데 부당한 일도 잦아졌다. 엉뚱하거나 잘못된 격분이 흉악한 목적에 쓰이거나 아무런 이유 없이 사용되었다. 도덕적 회색 지대에 놓인 사례들도 마찬가지다. 몸을 숨겨야 했던 쉰다섯 살 치과의사 월터 파머나 생계 수단을 빼앗긴 저스틴 사코 같은 사람이 많아졌다. 이런 변화는 사회가 갑자기 더 정의로워졌거나 이른바 손절 문화가 부상해 나타난 결과가 아니었다. 새로 등장한 IT 기술이 사방으로 퍼지고 우리 인식에 깊이 뿌리 내려 도덕성과 정의가 작동하는 방식을 바꿔놓은 결과였다. 에이미 쿠퍼, 월터 파머, 게이머게이트 같은 사건은 모두 사촌의 디지털 횡포라는 새로운 질서에서 비롯한 것이다.

기계를 이용해 자동으로 작동하고 우리 감각을 압도하는 이 시스템은 악용되기 쉽다. 전직 구글 엔지니어 제임스 윌리엄스가 경고했듯이 트럼프는 크게 화제를 부른 많은 트윗과 페이스북 게시물로 민주당 지지자, 언론인, 소수자를 향한 격분을 자극해 떴다. 걸핏하면 완전히 날조된 죄악을 언급했지만, 목표 대상을 감옥에 보내거나 사형에 처하자는 매우 생생한 요구를 불러일으켰다. 당신과 정치 견해가 다른 소셜웹을 한 시간만 둘러보라. 그리고 온라인 곳곳에 퍼진 분노가 정말로 죄의 크기에 알맞은지, 사람들이 요구하는 처벌이 정말로 언제나 적절한지 고민해보라.

센트럴파크 목줄 사건이 일어나고 몇 주 뒤, 시애틀에 사는 카를로스 딜러드$_{Karlos\ Dillard}$라는 흑인 남성이 센트럴파크의 속편 같은 것이라며 트위터에 2분짜리 동영상을 올렸다. 딜러드는 '캐런$_{Karen}$'(우월의식이 있는 백인 여성을 가리키는 속어로, 크리스티안 쿠퍼의 누이도 이 속어를 썼다)이 자기 차 앞으로 끼어들면서 인종차별적 용어를 외쳤다고 주장했다. 장소는 여성의 집 진입로였지만, 두 사람의 설전이 센트럴파크에서처럼 동영상으로 촬영되었다. 딜러드는 자기가 해명을 듣고자 여성을 뒤따라갔다고 주장했다.

영상 초반 몇 초 동안 여성은 손을 떨면서 얼굴을 가리고 비명을 질렀다. "도대체 나한테 왜 이러는 거예요."

"내 차 앞에 끼어들더니 이제는 피해자처럼 구는군요." 딜러드는 휴대폰을 들어 캐런이 사는 아파트 건물과 차 번호판을 찍었다. "여러분, 이 여자의 차 번호판입니다. 여기 살고요. 주소는 여기입니다."

여성은 몸을 수그려 번호판을 가리고 딜러드에게 촬영을 멈추라고 애원했다. 딜러드는 고민하는 듯 잠시 가만있다가 여성에 맞서 소리를 지르고 자신을 깜둥이라 부른 것을 사과하라고 요구했다. 여성은 계속 소리를 지르며 가까스로 말을 이었다. "당신이 내 인생을 망치려 하잖아요. 나를 알지도 못하면서." 여성은 인도에 주저앉아 울먹였다. 딜러드는 사과하라고 다그쳤다. 잘못이 없다고 부인하던 여성이 다급하게 "내 남편도 흑인이에요"라고 말했다.

딜러드의 동영상은 곧장 퍼져 10만 명 이상이 공유했고 조회수는 1000

만을 넘겼다. 소셜미디어 사용자들이 여성을 비난하고, 직장에 여성을 해고하라고 요구하고, 개인 정보를 유포했다. 많은 사람이 고소해했다. 어떤 사람은 엄청나게 웃긴다는 인터넷 약어 LMAO(옮긴이 Laughing My Ass Off. 배꼽 빠지게 웃는다는 뜻)를 이용해 "LMAOOOOOO 이 여자, 정말 호들갑스럽다"고 적었다. "이 여자 탈탈 털어버리자." 어떤 이들은 인종차별주의자인 백인 여성을 방조한 문제의 흑인 남성들을 응징한다며 여성의 남편을 찾아내 이름과 사진을 유포했다. 댓글로 분노를 가장 많이 드러낸 사람들은 백인이었다. 진심이었을 수도 있고, 관심을 받으려고 그랬을 수도 있고, 둘 다일 수도 있다.

딜러드는 인기를 이용해, 영상 속 문구를 적은 티셔츠와 후드티를 파는 웹사이트를 만들었다. 나중에 어떤 사람이 딜러드가 예전에 올린 영상에서 여성들에게 인종차별을 따지며 화내는 모습을 찾아냈다. 영상 속 여성들은 어리둥절하고 겁에 질린 얼굴로 사실이 아니라고 말했다. 그중 적어도 한 명이 접근 금지 명령을 받아냈다. 다른 예전 영상에서는 딜러드가 인종차별 혐의를 지어냈다고 우쭐댔다. "그건 내가 즉석에서 만든 거짓말이었어. 그런 걸 '덫을 놓는다'고 하지." 또 다른 영상에서는 트럼프에게 표를 줬다고 말했다. 기자 몇 명이 인터뷰해보니, 딜러드는 조작의 달인도 냉소적인 천재도 아닌, 정신 없이 오락가락 말을 바꾸는 인물이었다. 딜러드는 몇 번의 시행착오 끝에 몇몇 단어와 영상을 조합하면 역사상 가장 큰 분노 생성 기계에서 인정과 주목을 받는다는 것을 배웠을 뿐이었다. 나머지는 플랫폼이 다 알아서 했다.

이 일은 그해 여름 일어난 지엽적 사건일 뿐이었다. 이 일이 없었다면 진지한 활동가들이 격분을 일으키는 온라인 장치의 방향을 더 합당한 목적으로 돌렸을 것이다. 그러나 이 장치의 주인은 활동가들이 아니었다. 겉으로는 참여자의 집단의지에 통제되는 듯 보일지라도, 장치의 실제 지배자는 실리콘밸리였다. 그리고 실리콘밸리의 체계는 사회 발전을 촉진하거나 정의를 공정하게 실현하는 목적이 아니라 우리를 온라인 사이트에 최대한 많이 머물게 해 돈을 버는 목적에 맞춰 설계되었다.

정치에서는 그 결과가 인류 해방에 거의 보탬이 되지 않았다. 2012년 대선 운동 기간에 전송된 트윗 약 3억 건을 분석한 연구에 따르면, 거짓말을 퍼 나른 트윗이 진실을 전한 트윗을 일관되게 앞질렀다.[45] 이 연구는 유언비어와 거짓말이 상대의 분노를 부채질하거나 이용해, 미국 민주주의가 이미 직면한 매우 심각한 병폐인 양극화를 확대한다고 경고했다. 그 결과로 나타난 분열이 기회주의자들에게 활개 칠 공간을 열어줬다. 연구에 따르면 대선 기간 중 트위터에 허위 정보를 퍼 나른 최악의 여론 몰이꾼 하나가 당시 비주류였던 유명 방송인 도널드 트럼프였다. 그런데 입소문을 노린 도발은 아무리 널리 퍼져도 그 자체로는 그리 큰 영향을 미치지 못했다. 트럼프가 트위터를 장악했다지만, 다른 플랫폼에서는 미미한 존재였다. 만약 다른 플랫폼들이 그대로였다면, 급증한 격분과 갈등이 아무리 사실을 왜곡하고 때로 해로웠을지라도 소셜미디어의 영향이 정점을 찍고 줄어들었을 것이다. 하지만 기술이 잇달아 획기적으로 발전하면서 플랫폼의 영향력을 매우 빠르게 극한으로 끌어올려, 다음 대선 무렵에는 세상 자체가 플랫폼을 따라 재편된다.

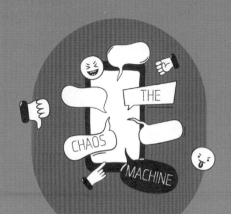

5장

기계를 깨우다

1. 알고리즘화

어쩌면 오늘날의 혼란을 피할 수도 있었던 오래전, 구글의 한 인공지능_{artificial intelligence, AI} 전문가가 AI업계의 가장 공공연한 비밀 하나를 밝히려 했다. 소셜미디어를 통제하는 알고리즘이 실제로 어떻게 작동하는지를 제대로 아는 사람이 아무도 없다는 것이었다. 반은 자율로 작동하는 소셜미디어 시스템의 작동 방식을 인간이 이해하기란 어렵다. 그런데 실리콘밸리에는 그렇게 무지할 동기가 있었다. 거위가 황금알을 낳는 방법을 확인했다가 그 비법이 마음에 들지 않을 수 있기 때문이다. 심지어 황금알을 돌려주고 싶은 마음이 들지도 모를 일이었다.

프랑스 출신의 AI 전문가 기욤 샤슬로_{Guillaume Chaslot}는 2000년대에 유럽에서 박사 과정을 밟을 때부터 소셜미디어 회사를 동경했다. 당시 소셜미디어 플랫폼이 기술은 정교하지 않아도 세상을 뒤집을 잠재력이 있다고 믿었기 때문이다. 박사 학위를 마친 샤슬로는 캘리포니아로 건너가 2010년

10월 구글에 취직했다.

"구글은 직원을 채용한 뒤 프로젝트를 배정합니다. 그래서 처음에는 내가 무슨 일을 맡을지 몰랐어요." 샤슬로가 프랑스 말투가 섞인 활기찬 목소리로 말했다. 입사하고 보니 샤슬로가 일할 곳은 당시 광고 담당 임원이던 수전 워치츠키Susan Wojcicki의 재촉으로 회사가 사들인 동영상 플랫폼이었다. 1998년에 구글을 세울 때 공동창업자 래리 페이지와 세르게이 브린이 첫 서버를 설치한 곳이 워치츠키의 차고였다. 워치츠키는 구글의 검색 엔진이 인기를 얻을 무렵 인텔을 그만두고 구글에 입사했다. 광고 중개 서비스인 구글 애드센스와 스트리밍 서비스인 구글 비디오를 담당했는데, 구글 비디오가 갓 태어난 유튜브에 1:3으로 뒤처졌다. 유튜브를 따라잡기에는 너무 늦어 보였으므로, 워치츠키는 당장 유튜브를 사들이자고 윗선을 설득했다. 2006년, 구글은 유튜브를 무려 16억 5000만 달러에 인수했다.

그런데 성장 전망은 밝아도, 투자금에 견줘 광고 매출이 크게 솟구치지 않았다. 4년 뒤 구글은 투자금을 회수할 목적으로 매우 뛰어난 전문 프로그래머를 몇 명 영입했다. 샤슬로도 그중 한 명이었다. 프로젝트 책임자는 크리스토스 구드로Cristos Goodrow라는 검색 엔진 전문가였다. 구드로는 당시를 이렇게 기록했다. "2011년 9월, 상사에게 도발적인 이메일을 보냈다. 〈제목: 시청 시간, 오직 시청 시간〉. 성공의 측정 잣대를 다시 생각해보라는 요청이었다."[1]

구드로는 상사들에게 나비넥타이 매는 법을 찾는 가상의 사용자를 떠올려 보라고 했다. "한 동영상은 넥타이 매는 법을 1분 안에 빠르게 알려줍니다. ⋯ 10분짜리인 다른 동영상은 농담이 넘쳐나고 정말로 재미있는데, 마지막에 나비넥타이 매는 법을 알 수도 있고 모를 수도 있고요."[2] 가장 유용한 정보를 되도록 빨리 보여준다는 구글의 교리에 따르면 유튜브는 첫 번째 동영상을 띄워야 했다. 그런데 구드로는 두 번째 동영상을 홍보해야 한다고 주장했다. "우리 일은 사람들을 계속 유튜브로 끌어들여 시간을 많이 보내게 하는 겁니다." 사용자에게 끄고 싶지 않을 긴 동영상을 보여주고, 다음 영상을, 또 다음 영상을 계속 보여주자는 뜻이었다. 구드로는 "시청 시간이 늘면 광고도 늘어 콘텐츠 제작자에게 더 많은 동기를 불러일으키고, 그러면 더 많은 시청자를 끌어모읍니다"라고 주장했다.[3] 상사들이 마침내 계획을 승인했다.

샤슬로는 이 계획의 필수 요소인 검색을 담당했다. 원래 검색은 검색어에 의존한다. 예컨대 검색창에 '고래'를 입력하면 고래로 태그된 동영상 중 최신 동영상이나 최다 시청 동영상의 목록이 뜬다. 샤슬로의 팀은 이 기능을 사용자의 관심사를 가장 잘 충족하는 동영상을 식별하게 설계한 인공지능으로 대체하고자 했다. 이때는 '고래'를 검색하면 AI가 유튜브에 올라온 수억 시간 분량의 동영상을 샅샅이 뒤져 해양학자 자크 쿠스토Jacques Cousteau의 숨은 보석 같은 다큐멘터리나 아마추어가 찍은 범고래의 경이로운 브리칭breaching(옮긴이 고래가 배를 위로 한 채 물 밖으로 솟구쳐 오르는 행동) 영상을 찾아낼 것이다. 다음에 볼 영상까지 추천해 발견과 기쁨이 끝없이 이어지는 세계로 사용자를 안내하기까지 할 것이다. 샤슬로가 생각하기에 "아주 많은 사람의 실제 일상에 대단히 크고 긍정적인 영향을 미치는 작업"이었다.

샤슬로는 자신이 그 업무를 맡은 이유를 알았다. 새로운 검색은 세계 최고 수준의 TV 방송사 임원처럼 시청자의 취향과 기호를 알아내야 할 뿐더러 TV 방송사보다 수백만 배나 많은 동영상 중에서 거의 즉시 추천 영상을 골라내야 했다. 샤슬로는 박사 학위 연구 주제가 기계학습machine learning, ML인 덕분에 그 방법을 알고 있었다. 기계학습은 한때 미해결 과제였던 스팸을 해결했다.

초기 스팸 필터는 이미 알고 있는 스팸 발송자의 이메일 주소나 특정 키워드처럼 사전에 입력된 검색 식별자를 기준으로만 스팸 메일을 식별했다. 그런데 이런 표지를 감독자가 직접 확인하고 프로그램해 줘야 했다. 자동으로 대량 발송되는 벌크 이메일은 이런 방어막을 무력화해 스팸 발송자가 쉽게 돈을 벌 수 있다. 2002년 무렵 전체 이메일 가운데 40%가 스팸이었고 갈수록 비중이 늘었다.[4] 스팸 전쟁은 이길 가망이 없어 보였고, 인터넷 감시자들은 스팸 전송이 갈수록 늘어 머잖아 이메일이 무용지물이 되고 인터넷 자체를 무너뜨릴 것이라고 경고했다.

그런데 기계학습 덕분에 엔지니어들이 스팸 색출 프로그램 작성보다 더 효과적인 일을 할 수 있었다. 이들은 스스로 진화할 줄 아는 프로그램을 설계했다. 이 프로그램에 엄청난 양의 스팸 메일과 일반 메일을 입력했다. 그러면 시스템이 자동으로 조금씩 다른 스팸 필터 수천 개를 생성한 뒤 샘플 메일로 하나씩 성능을 검증했다. 다음 단계에서는 식물학자가 가장 튼튼한 작물을 가려내 교배하듯, 가장 성능이 뛰어난 필터를 바탕으로 새로운 세대의 스팸 필터를 만들어 검증과 개선 작업을 수없이 되풀이했다. 시스템이 초고속으로 계속 진화하더니, 드디어 인간이 설계한 어떤 필터도 하지 못한 일을 해내는 매우 정교하고 강력한 변이를 만들어냈다. 시스템이 거의 모든 스팸을 미리 식별해 막아내기 시작한 것이다. 이제는 감독자가 스팸 필터의 내부를 들여다봐도 작동 방식을 알 길이 없다. 기계가 오랜 시간에 걸쳐 설계한 기계를 들여다본들 너무 복잡해 이해하기 어렵기 때문이다. 하지만 그게 무슨 대수인가? 그런 기계들이 스팸 발송자들을 손쉽게 물리쳐 웹을 재앙에서 지켜냈는데.

구글과 페이스북을 포함한 기업들이 기계학습 분야에서 선두를 달렸다. 많은 사람이 샤슬로와 같은 업무를 맡았다. 이들은 스팸을 식별하는 기계가 아니라, 어떤 텍스트, 이미지, 소리를 결합하면 사용자를 계속 잡아둘 수 있는지를 정확히 학습하는 기계를 만든다.

2012년 초 유튜브가 새로 선보인 이 시스템은 단순한 검색 결과를 넘어서는 역량을 보였다. 예컨대 2012년 대선 토론 영상을 본다고 해보자. 유튜브는 이제 토론 영상과 함께 당신이 볼 만한 다른 영상 십여 개, 이를테면 오바마의 실수 장면, 〈SNL Saturday Night Live〉의 패러디, 밋 롬니의 정책을 혹평하는 브이로거의 섬네일도 추천할 것이다. 보고 있던 동영상이 끝나면 시스템이 자동으로 이 가운데 하나를 골라 재생하기까지 한다. 추천 영상은 소비자 기술 분야에서 강력하기 그지없는 기계학습 시스템인 기업용 인공지능, 즉 '알고리즘'이 유튜브에 올라온 동영상 수십억 개 가운데 골라낸 것이다. 샤슬로는 그때를 이렇게 회고했다. "우리는 적은 인력으로 겨우 몇 달 만에 시청 시간을 늘려 추가 광고 수익으로 수백만 달러를 벌어들이는 알고리즘을 만들어 냈습니다. 정말 정말 신나는 일이었죠."

그런 시스템이 삶의 모든 면에 소리 없이 스며들었다. 이를테면 넷플릭스의 추천 시스템은 사용자가 무엇을 얼마나 오래 보는지를 추적해 각 사용자의 취향을 학습함으로써 매우 효과적으로 영상을 추천한다. 넷플릭스는 이 알고리즘이 연간 10억 달러에 상당하는 구독자 유지 효과를 낸다고 생각한다.[5] 스포티파이는 연간 80억 달러 규모인 음악 스트리밍 사업을 좌지우지하는 플레이리스트 선곡 알고리즘을 구축하고자 인공지능 기업을 사들였다.[6] 아마존에서는 알고리즘이 소비 습관 데이터를 탐색해 소비자가 둘러볼 만한 상품을 안내한다. 구글 뉴스에서는 알고리즘이 사용자가 가장 흥미를 느낄 만한 주요 기사를 판단한다. 사랑마저도 알고리즘이 좌우해, 데이팅 앱은 각 사용자의 매력과 희망 사항을 수치로 환산하는 알고리즘을 이용해 사용자가 짝을 찾게 유도한다.

유튜브 시스템이 월간 구독료보다 더 깊이 추구하는 것은 영향력이 훨씬 더 큰 무엇이다. 모든 것을 다 파악하는 이 시스템은 사용자가 무엇을 보는지, 얼마나 오래 보는지, 다음에 어떤 영상을 클릭하는지를 하나도 빠짐없이 추적한다. 20억 명에 이르는 사용자의 시청 습관을 관찰한 뒤 사상 최대의 사용자 선호도 데이터를 축적하고 조사해 계속 시청 패턴을 찾는다. 샤슬로를 포함한 엔지니어들이 이 시스템을 계속 수정해, 시청 시간 최대화라는 목적을 더 잘 수행하도록 학습 과정을 개선했다.

알고리즘에서 매우 강력한 도구 하나가 주제 유사성이다. 샤슬로의 설명에 따르면, 예컨대 사용자가 고양이 동영상을 끝까지 다 보면 다음 방문 때 알고리즘이 고양이 동영상을 더 많이 보여준다. 사용자의 눈길을 사로잡는 데 효과가 매우 뛰어나다고 판단한 고양이 동영상, 이를테면 새끼 고양이의 엉뚱한 실수 모음집 같은 긴 영상은 유난히 더 많이 권한다. 거의 모든 인터넷 사용자가 그렇듯 나도 이런 상황을 경험했다. 나는 주말에 자전거를 타는데, 해외에 살 때 지형을 파악하려고 유튜브에서 현지 자전거 코스 영상을 검색하곤 했다. 그러자 유튜브 시스템이 프로 경주, 신제품 시승기처럼 내가 찾아볼 생각도 안 한 사이클링 동영상을 추천하기 시작했다. 이 추천이 효과가 있었다. 내가 동영상을 더 많이 봤다. 시간이 지나자 알고리즘이 점점 더 과격한 영상을 추천했다. 위험천만한 충돌, 자전거 열 대의 연쇄 충돌, 목숨을 건 아슬아슬한 곡예 영상은 그리 해롭지는 않아도 자동차 사고가 그렇듯 그리 즐겁거나 유난히 눈길을 사로잡지도 않았다. 물론 즐겁게 눈길을 사로잡는 영상도 있었다. 알고리즘의 목적은 관심사를 더 자극적으로 변형한 영상을 이용해 사용자를 끌어들이는 것이다. 그 관심사가 고양이나 자전거일 때는 영향이 미미하다. 하지만 정치, 건강처럼 사회에 중대한 주제라면, 심각한 영향을 미칠 수 있다.

추천 시스템의 힘이 커지는 사이, 샤슬로가 시스템이 이상한 경향을 보이는 것을 알아챘다. 유튜브 시스템이 여성을 향한 분노를 옹호하는 동영상을 보도록 많은 사용자를 유도했다. 게임 문화 비평가 어니타 사키지언처럼 특정인을 겨냥할 때도 있었고, 여성 전체를 겨냥할 때도 있었다. 남성은 여성보다 유튜브 시청 시간이 40% 더 길었다.[7] 당시 유튜브에 비디오게임 관련 콘텐츠가 대단히 많았던 것도 한 이유였다. 샤슬로는 알고리즘이 자연스럽게 남성 중심의 콘텐츠에 힘을 실어주는 것을 알아차렸다.

트위터와 레딧에서 그랬듯, 유튜브에서도 격분과 부족주의tribalism가 사용자의 감정을 매우 효과적으로 활성화해 점점 더 많은 영상을 보게 한다. 구드로가 샤슬로의 팀에 최우선으로 요청한 과제가 바로 이것이었다. 알고리즘은 비디오게임광에게 페미니즘에 격분하는 영상을 되풀이해 보여주면 시청 시간이 는다는 것을 학습했다. 동영상은 단순히 젊기 때문에 자신이 성차별 문제를 어떻게 느끼는지 잘 알지 못하는 남성들에 주로 초점을 맞췄다. 샤슬로는 "이 악순환이 바로 문제의 토끼굴을 만듭니다"라고 설명했다. 많은 사용자가 무시하더라도, 적잖은 사용자가 그런 동영상에 빠져들어 비슷한 영상을 계속 내보내게 시스템을 훈련할 것이다. 영상 제작자들은 '페미니즘의 진실' 같은 제목을 달면 조회수가 치솟는 것을 깨닫고서 그런 영상을 더 많이 만들었다.

구글에는 20% 법칙이라는 소중한 자유가 있다. 20세기 중반에 실리콘밸리의 터를 다진 사람들에게서 물려받았고 바로 옆 스탠퍼드 대학교의 연구 프로그램에서 빌려온 이 법칙에 따라, 구글 직원들은 업무 시간의 80%는 반드시 공식 업무에 써야 하지만, 나머지 20%는 다른 프로젝트에 쓸 수 있다. 샤슬로는 같은 고민에 빠진 상사와 손잡고 수익 목표와 대중의 안녕 사이에 균형을 잡을 새로운 알고리즘을 개발하는 데 근무 시간 20%를 쏟아부었다.

2012년 가을 로스앤젤레스에서 열린 유튜브 경영진 회의에서 한 임원이 구드로와 몇 사람을 불러 깜짝 발표가 있다고 알렸다.[8] 구글은 경영 방침을 바꿔, 하루 시청 시간을 10% 늘리는 목표에 전력을 다할 계획이었다. 이미 하루 시청 시간이 1억 시간일 때였다. 그런데 사업을 다른 국가로 확장하고 텔레비전 시청자가 점점 더 온라인으로 이동하는 중이라 시청자 수가 빠르게 늘 수밖에 없었다. 이제 동영상 하나를 보려고 했던 사용자를 더 오래 머물게 유인해야 할 차례였다. 알고리즘의 설득력을 획기적으로 늘려야 했다.

그 임원은 알고리즘 개선을 마칠 기한을 알고 싶어 했다. 구드로는 2015년은 너무 이르고 2017년은 소수라 이상하게 들린다고 답했다. 그래서 잡은 목표가 4년 뒤인 2016년 말이었다. 뒤이어 구드로는 만약 실패하면 물러나겠다고 서약했다. 유튜브는 스스로 못 박은 마감일을 향해 돌진했고, 임원진과 엔지니어들은 사용자를 되도록 오랫동안 사로잡을 콘텐츠를 쏟아내는 데 매달렸다. 그리고 2016년 대선과 맞물려, 유튜브는 자사의 영향력이 운명을 가른다는 것을 증명한다.

2. 필터 버블

실리콘밸리에서 알고리즘의 영향을 걱정한 사람은 샤슬로만이 아니었다. 한해 전인 2011년 여름부터 그런 우려를 담은 문구가 돌았다. 샤슬로가 구글 LA 지사에서 워크스테이션 앞에 앉아 씨름하던 5월 어느 아침, 구글 최고경영진이 도시 남쪽 롱비치의 어느 회의장에 줄지어 들어섰다. 연단에 오른 사람은 서른 살의 활동가 일라이 패리저Eli Pariser였다. 패리저는 청중인 구글 임직원에게 IT 기업의 알고리즘이 민주주의 자체를 위협할지 모른다고 경고했다. "온라인에서 정보가 흐르는 방식에 이런 변화가 일어나고 있는데, 우리 눈에는 보이지 않습니다. 우리가 주의를 기울이지 않는다면 정말 문제가 될 수 있어요."9

패리저는 어느 날부턴가 보수 성향인 친구의 게시물이 페이스북 뉴스피드에서 사라지더니 진보 성향인 친구의 게시물이 더 자주 눈에 띄기 시작했다고 말했다. 페이스북 알고리즘이 패리저가 진보 콘텐츠와 훨씬 많이 상호작용하는 것을 알아챘을 가능성이 컸다. 놀랄 일도 아니었다. 패리저는 여러 해 동안 좌파 조직 사이트인 무브온MoveOn.org을 운영한 진보 활동가다. 페이스북 알고리즘의 변화로 패리저가 페이스북에 머무는 시간이 십중팔구 늘었을 것이다. 그런데 패리저의 기존 편향에 일치하는 게시물만 보여주는 이런 변화가 패리저에게 보탬이 되었을까? 사회에는 보탬이 되었을까? 패리저는 이런 변화가 불러온 결과를 알고리즘이 걸러낸 정보에 갇힌다는 뜻에서 필터 버블filter bubble이라 불렀다.

단순하기 짝이 없는 정렬 알고리즘만 조정해도 선거판을 뒤흔들 만큼 사람들의 태도를 심각하게 바꿀 수 있다. 2015년 미국의 한 실험에서 온라인으로 가상의 후보 두 명을 조사한 뒤 한 명을 선택하라고 요청했다.10 연구진은 가짜 구글로 똑같은 검색 결과 서른 개를 보여줬는데, 이때 참가자마다 정렬 순서를 달리했다. 참가자들은 검색 결과 서른 개를 모두 읽었을 때마저 상단에 올라온 결과물에 한결같이 심리적으로 훨씬 높은 가중치를 줬다. 연구진은 마음을 정하지 못한 실험 참가자의 후보 선택을 알고리즘 조정으로 20%까지 바꿀 수 있다고 결론지었다. 연구를 이끈 심리학자이자 미국 케임브리지 행동연구소Cambridge Center for Behavioral Studies를 설립한 로버트

엡스타인_{Robert Epstein}은 2015년 8월 발표한 논문에서 "미국의 차기 대통령은 TV 광고나 연설뿐 아니라 구글의 은밀한 결정으로도 백악관에 입성할 수 있을 것이다"고 적었다. 요란하고 흥미를 자극하는 도널드 트럼프를 거의 모든 언론 매체와 공화당의 정치 엘리트조차 무시했지만, 엡스타인은 "검색 활동으로 보면 50개 주 가운데 47곳에서 다른 모든 후보를 압도한다"고 평했다.[11]

2011년 강연에서 패리저는 더 근본적인 문제를 걱정했다. "이런 광범위한 투쟁이 열망을 품은 미래의 우리와 더 충동적인 현재의 우리 사이에 벌어지고 있습니다."[12] 2011년은 유튜브나 페이스북이 시스템을 강화해 그런 해악을 끼치기 전이었는데도, 초기의 더 단순한 알고리즘조차 이미 확고하게 충동의 손을 들어줬다. 그리고 대체로 승리해 "보이지 않는 자기 선전을 확산하고, 그것이 우리 생각이라고 우리를 세뇌했다."

이듬해인 2012년, 패리저는 긍정적인 이야기를 전파하는 데 전념하는 업워디_{Upworthy}를 설립했다. 업워디는 페이스북과 유튜브에 잘 확산하도록 만든 감성 가득한 순위 형식의 기사와 영상을 쏟아냈다. 그러나 업워디는 패리저의 의도대로 알고리즘의 힘을 이용해 사회적 공익을 촉진하기는커녕 알고리즘에 물들어갔다. 알고리즘은 사용자를 가르치거나 계몽하기보다 사용자의 정체성과 정치적 견해에 아첨하는 콘텐츠를 선호하는데, 영상 제작자들이 그런 알고리즘을 좇은 탓에 웹에 영양가 없는 정보가 넘쳐났기 때문이다. 이후 페이스북이 알고리즘을 수정하자 업워디 접속량이 차츰 줄어들었다.[13] 사실은 독자 수천만 명이 업워디를 선택했다기보다 기계에 조종받아 업워디를 읽었기 때문이다.

소셜미디어 기업들은 이 문제를 그다지 걱정하지 않았다. 유튜브 알고리즘이 점점 더 진화하자, 샤슬로를 포함한 몇몇 직원이 시스템이 위험한 허위 정보의 반향실로 사용자를 몰아넣는다고 우려하기 시작했다. 샤슬로는 알고리즘이 게임 관련 동영상에 여성 혐오가 퍼지도록 부채질했던 사실을 떠올렸다. "허구한 날 투덜거리기만 하는 프랑스 남자처럼 되고 싶지 않았어요. 해결책을 제시하고 싶었죠." 방법은 사용자의 충동을 이용하기보다 사용자의 관심사와 욕구를 충족해 사용자를 끌어들이는 알고리즘을 구축하는 것이었다. "미국식으로 문제보다 기회에 초점을 맞추려 했어요."

그러나 상사들은 대체 알고리즘을 개발하려는 샤슬로의 작업을 중단시키거나 그런 알고리즘이 세상에 나올 일은 없다고 단언하기 일쑤였다. 그래도 샤슬로는 20% 시간에 몰래 꿋꿋이 대체 알고리즘을 개발했다. 그 결과물을 윗선에 보고했지만, 또다시 퇴짜를 맞았다. 샤슬로는 물러서지 않고 다시 개선에 들어갔다. "상사가 '이봐, 기욤. 내가 자네라면 이 20% 프로젝트는 하지 않겠어. 성과가 그다지 좋지 않으니까'라고 말리더군요."

몇 달 동안 개발을 중단했지만, 알고리즘 문제가 계속 샤슬로를 괴롭혔다. 2013년 내내 유튜브 시스템은 아무리 좋아 봤자 경박하고 중독성 있는 영상, 최악에는 혐오와 음모론이 가득한 영상에 점점 더 힘을 실어, 사용자와 영상 제작자들이 이를 뒤따르게 했다. 당시 소셜미디어 플랫폼에서 영향력이 막강했던 열다섯 살 미소년 내시 그리어Nash Grier는 연초만 해도 재미있는 풍자물을 올렸지만, 연말에는 여성은 자고로 남성에게 복종해야 한다는 전통주의적 설교를 늘어놓는 영상을 올렸다.[14] 이런 궤적이 갈수록 흔해졌다. 유튜브는 사용자가 영양가 없는 정보부터 명백한 유해 정보까지 갖가지 콘텐츠를 받아들이며 하루를 보내도록 길들였다. 샤슬로가 한때 플랫폼 덕분에 가능해졌다고 믿었던 깨우침과 발견의 여정과는 거리가 먼 방향이었다. "대안 알고리즘 개발이 시급하다고, 개발을 계속 밀어붙여야 한다고 생각했어요. 그리고 해고당했죠."

유튜브는 지금도 그해 10월에 샤슬로를 해고한 까닭이 저조한 성과 때문이라고 주장한다. 샤슬로는 자신이 누구도 듣고 싶지 않은 경고음을 냈기 때문에 해고되었다고 믿는다. 어찌 보면 양쪽 주장은 그리 차이가 없다. 유튜브는 하나의 목표를 추구하는 방향으로 회사를 재편했고, 샤슬로는 여기에 동참하지 않았다. "유튜브 엔지니어들은 절제의 가치, 친절의 가치, 우리 사회의 기반이 된다고 생각할 만한 모든 가치를 시스템에 부여하는 데는 신경 쓰지 않았어요. 광고 수익에만 신경 썼죠. 시청 시간이라는 평가 지표에만 신경 쓰면 누구에게나 좋으리라고 생각했거든요. 하지만 틀린 생각이었죠."

3. 10배 변화

샤슬로와 그를 따라 알고리즘에 의문을 품은 이단자들은 그 뒤로 여러해 동안 유튜브의 수익성보다 더 근본적인 문제에 이의를 제기했다. 유튜브의 세계관에 의구심을 품은 것이다. 반도체 시절부터 실리콘밸리 종사자들은 정량화 지표에 죽자 살자 매달렸다. 상품은 더 효율적이거나 그렇지않거나 둘 중 하나였다. 인텔 CEO 앤드루 그로브가 1980년대 후반 회사의 주력 상품을 반도체 진화의 정점인 집적 회로에서 디지털 제품의 두뇌인 마이크로프로세서로 전환할 때, 이런 지표를 극단적으로 변형해 실리콘밸리 전체를 지배하는 신조로 확립했다.

당시 실리콘밸리는 집적 회로 반도체 시장의 주도권을 일본과 대만에 빼앗기고 있었다. 어쩌면 마이크로프로세서가 인텔 같은 실리콘밸리 반도체 업체에 밝은 미래를 보장할지도 모를 일이었다. 그런데 문제가 하나 있었다. 그로브의 전임자이자 평생을 반도체에 바친 고든 무어는 집적 회로 성능이 2년마다 2배씩 늘어난다는 무어의 법칙을 만들었다. 다른 산업에서는 불가능한 이런 기하급수적 성장이 꾸준히 일어난다면 혁신을 일으킬 터였다. 24개월마다 여객기의 속도가 2배씩 빨라진다면, 배터리 충전량이 2배씩 늘어난다면 무슨 일이 벌어질까? 성능이 10년이면 32배, 20년이면 자그마치 1024배나 커진다는 뜻이었다. 하지만 거기에 발맞추려면 기술과 제품 생산을 똑같이 무서운 속도로 향상해야 했다. 마이크로프로세서에서도 그런 발전이 가능할지가 확실하지 않았다. 이 시장도 아시아 기업이 지배할까? 그로브는 반도체 사업의 모든 측면을 프로세서 속도, 개발부터 출시까지 걸리는 기간 같은 몇 가지 지표를 중심으로 바꾼 뒤, 현장 엔지니어들에게 목표 달성에 필요한 모든 일을 할 수 있는 전권을 줬다. 그 덕분에 실리콘밸리의 유명한 반도체 제조사들이 살아남았을뿐더러, 미국의 다른 경제 분야가 침몰하는 동안에도 인텔이 지배하는 시장은 무어의 법칙에 힘입어 높이 날아올랐다.

그로브는 성공의 정점에서 전립선암 때문에 사임한 뒤 건강을 회복하는 동안 책을 쓰고 강연에 나섰다. 닷컴 버블이 터진 절망의 시기에 곳곳에서 실리콘밸리의 복음을 전하는 동안, 열망에 찬 많은 제자를 만났다. 그로브는 이들에게 이렇게 가르쳤다. 몇 가지 정량화 지표를 극대화하는 데 모든 역량을 집중하라. 과제를 수행할 능력이 있는 엔지니어의 손에 전권을 주라. 나머지는 무시하라. 그로브의 추종자 중 하나가 인텔의 판매 담당자였다가 영향력이 막강한 벤처 자본가가 된 존 도어였다. 도어는 지표에 집중하는 그로브의 경영 철학을 초창기 인터넷 벤처 기업 수십 곳에 전파했다. 그중 하나가 아마존이다. 아마존 창업주 제프 베이조스는 지금도 실리콘밸리에서 회자하는 한 주주 서신에 이렇게 적었다. "옳은 답과 틀린 답, 더 좋은 답과 더 나쁜 답이 있는 상황에서 수학은 어느 쪽이 옳은지 더 좋은지를 알려줍니다."[15] 다른 회사는 구글로, 도어는 구글의 젊은 창업자들에게 직접 그로브의 복음을 가르쳤다. 수전 워치츠키도 그중 한 명이었다.

그런데 실리콘밸리의 영향력이 커지자, 무슨 수를 쓰든 최적화를 달성하려는 이런 문화가 2차 효과를 일으켰다. 승차 공유 서비스 우버가 가장 빠른 승객 탑승을 목표로 최적화하자 전 세계 택시 시장에서 노동자 보호 정책이 마련되었다. 에어비앤비가 단기 대여 수입을 목표로 최적화하자 장기 임대 주택이 드물어지고 더 비싸졌다. 소셜네트워크는 최대한 많은 사용자를 끌어모아 최대한 오랫동안 붙잡아 두는 것을 목표로 최적화했으므로, 가장 큰 영향을 미쳤을 것이다. 샤슬로는 이렇게 평가했다. "정량화 지표는 스타트업을 구축하기에 대단히 좋은 방법이었습니다. 당신이 한 지표에 초점을 맞추면, 모든 구성원이 그 지표에 초점을 맞추니까요. 그러니 성장에 정말로 효율적이죠. 하지만 다른 여러 상황에는 재앙을 부릅니다."

대다수 사업에서 지표는 연간 3~4%씩 성장한다. 하지만 무어의 법칙을 내면화한 그로브는 기업이 '10배 변화$_{10x\ change}$', 즉 제품을 10배 향상하는 혁신을 찾아내야 한다고 주장했다. 2012년에 구드로가 유튜브의 시청 시간 향상 목표로 동의한 수치가 정확히 10배였다. 수전 워치츠키는 "1일 시청 목표 10억 시간이 구드로의 모비딕이 되었다"고 평가했다.[16] 그리고 모두의 모비딕이 되었다. "유튜브는 1일 시청 목표 10억 시간이라는 OKR(옮긴이 OKR은 지표를 뜻하는 기업 용어로, 목표와 핵심 결과$_{objective\ and\ key\ results}$의 약어다)을 다른 모든 것을 거의 배제할 만큼 종교처럼 떠받들었다."

같은 해, 나중에 여유 시간에 페이스북의 백신 반대주의자를 추적할 IT 투자 전문가 러네이 디레스타도 그로브가 내세운 '10배 변화'가 인텔 같은 기업을 낳은 사업 모델과 사뭇 다른 새롭고 낯선 사업 모델로 변신하라는 지시인 것을 알아차렸다. 디레스타는 IT 스타트업 액셀러레이터 와이 콤비네이터Y Combinator가 주최한, 실리콘밸리에서 매우 중요한 투자 회의에서 이 변화를 처음 목격했다. 이런 회의는 으레 스타트업 창업자들이 돈을 댈 금융업자들과 어울리는 장이다. "와이 콤비네이터 데모데이 참석은 오스카 시상식에 초대받는 것과 같았어요." 와이 콤비네이터의 육성 과정을 마친 창업자들이 기술을 시연하는 이 연례행사는 아무나 들어가는 자리가 아니었다. 디레스타처럼 직급이 낮아 현장에서 즉시 투자를 결정할 권한이 없는 투자 전문가는 환영받지 못했다. 그런데 마침 비행기를 놓친 상사가 대리 참석을 요청한 덕분에 디레스타가 참석할 수 있었다.

창업자들은 발표장을 가득 메운 유력 투자가들 앞에서 각자 2분 동안만 사업을 홍보할 수 있었다. 클라우드 컴퓨팅 서비스부터 투자 사이트, 여행 예약 사이트, 밈 제공 사이트까지 아이디어는 다양했지만, 계획은 모두 같았다. "창업자들이 우상향으로 성장하는 그래프를 내세우더군요. x축, y축은 찾아보기 어려웠고요. 우상향하는 구불구불한 곡선뿐이었죠. 그걸 보고 있자니 '도대체 무슨 일이 벌어지고 있는 거지?'라는 생각이 들었어요."

디레스타의 전문 분야는 인텔 같은 하드웨어 기술이었다. 이런 기업은 첫 제품을 출시하기에 앞서 간접비에 투자하고, 제조와 물류 계획을 짜고, 목표 고객을 찾아야 했다. 그러려면 비용과 매출을 하나부터 열까지 꼼꼼히 예측해야 했다. 그런데 창업자들의 발표는 매우 모호했다. 예컨대 웹사이트를 설계하면 많은 사람이 사용하고, 그러면 광고를 팔아 모두 부자가 된다는 내용이었다. 그런데 부족한 세부 상황을 신경 쓰는 사람이 아무도 없어 보였다. 디레스타의 귀에 기업 가치를 1500만 달러, 2000만 달러로 평가하는 속삭임이 들렸다.

그 뒤로 몇 달 동안 디레스타는 스타트업들이 대개는 매출도 없이 중요한 세부 사항이 빠진 어설픈 사업 계획서만 들고서도 차례차례 수십만에서 수백만 달러를 투자받는 상황을 지켜봤다. 그렇다고 투자가들이 와이 콤비네이터 데모데이에 참가한 창업자라고 덮어놓고 투자하지는 않았다. 투자가들이 추구하는 사업 모델은 매우 구체적이었다. 사용자가 무섭게 증가할 가망이 있는 무료 웹서비스. 그래도 디레스타는 혼란스러웠다. 그런 스타트업 대다수가 한 푼도 벌지 못한 채 문을 닫았고 다른 스타트업이 그 자리를 대체했기 때문이다. "내가 너무 의심이 많은 건지 안목이 없는 건지 헷갈리더군요." 디레스타가 놓친 것은 무엇일까?

답은 새로 보급된 클라우드 컴퓨팅 기술이었다. 클라우드 컴퓨팅 이전에는 온라인 사업을 시작할 때 서버와 관련 운영 시설, 이를테면 사무 공간, 광대역 인터넷, 특수 온도 조절기, 관리자에 투자해야 했다. 여기에 들어가는 종잣돈이 수백만 달러였을 것이다. 그러려면 제품이나 서비스의 판매 가능성을 보증해 벤처 자본가에게 투자금을 되찾으리라는 확신을 줘야 했고, 따라서 간접비가 더 늘어났다. 상황이 이러니 투자가들이 몸을 사렸다. 2000만 달러짜리 투자에 승부를 걸었다가 실패하면 큰 타격을 입을뿐더러, 설사 성공하더라도 수익을 내기까지 여러 해가 걸릴 터였다.

그러던 2000년대 후반, 아마존을 선두로 몇몇 기업이 방대한 서버 팜을 구축한 뒤 처리 능력과 데이터 저장소를 임대하는 클라우드 서비스를 시작했다. 이제는 간접비에 투자할 필요가 없어졌다. 아마존에서 클라우드를 빌려 웹사이트를 아마존 서버에 올리면 그만이었다. 초기 고객만 명을 확보할 때까지는 엄빠 은행으로 감당할 수 있었다. 수익 모델, 초기 투자가, 완벽히 구상한 아이디어가 없어도 괜찮았다. 투자가 로저 맥나미Roger McNamee는 《마크 저커버그의 배신》(에이콘출판, 2020)에서 이 새로운 접근법을 '전략 무시하기Forget strategy'라 불렀다. "친구 몇몇과 손잡고 당신이 좋아하는 상품을 만든 뒤 시장에 내놓아라. 실수하고 고치기를 반복하라."[17] 스타트업 하나를 시장에 진입시키느라 수백만 달러를 쏟아붓지 않아도 되었으니, 투자가들에게도 큰 전환점이었다. 이제는 적은 돈으로도 스타트업에 투자할 수 있었다.

이를 계기로 투자가의 목표가 바뀌었다. 이제 이들의 목표는 여러 해동안 고된 노력과 많은 돈을 쏟은 끝에 언젠가는 매출이 비용을 넘어설 유망한 상품 제작자를 찾아내는 것이 아니었다. 돈이 적게 드는 웹 스타트업여러 곳에 투자하는 것이었다. 대다수는 실패하겠지만 한 곳만 크게 성공해도 손실을 메우고도 남을 것을 알았기 때문이다.

그런데 성공의 정의도 확연히 바뀌었다. 어떻게든 인터넷 사업에 발을들이려 한 대기업들이 터무니없는 가격에 스타트업을 사들였다. 차세대 IT유망 주식을 사고 싶어 안달이 난 월가의 증권 중개인들은 제2의 마이크로소프트나 애플이 될 싹이 조금이라도 보이는 곳이면 어디든 현금을 쏟아부었다. 1994년에 클라이너 퍼킨스가 500만 달러를 들여 넷스케이프라는 인터넷 브라우저 스타트업의 지분 25%를 사들였다. 넷스케이프는 브라우저를 무료로 제공한 덕분에 사용자가 수백만 명이었지만, 그래서 수익이 한푼도 없었다. 이듬해 넷스케이프가 주식을 상장했다. 주식 투기꾼이 몰려들어 넷스케이프의 가치를 순식간에 23억 달러로 끌어올렸고, 클라이너퍼킨스는 투자 대비 100배의 이익을 얻었다. 요란한 등장과 달리, 넷스케이프는 몇 년 뒤 초라하게 사라졌다.

클라우드 컴퓨팅에 힘입어 넷스케이프 같은 스타트업이 급증하자, IT투자가 사이에 스타트업을 불같이 성장시켜 높은 가격에 매각하거나 주식을 공개하게 할 동기가 생겼다. 이때 적은 투자금으로 큰돈을 벌 가장 좋은 방법은 물품은 생산하지 않으면서도 아주 많은 사용자를 끌어모으는 웹서비스에 투자하는 것이다. 이런 투자 방식에서는 언젠가는 이 많은 사용자가 비록 이론상이지만 기업 가치를 높일 수익원으로 바뀔 것처럼 보인다.

디레스타가 구불구불하다고 생각한, 수익 창출 계획도 없이 무료 온라인 서비스를 이용해 되도록 많은 사용자를 끌어모으겠다고 약속한 우상향 성장 곡선은 속임수가 아니라 투자가의 요구 사항이었다. 그리고 이런 성장 모델을 실현하는 곳이 소셜미디어뿐이었다. 피터 틸은 《제로 투 원》에 "이런 수치를 보면 투자가들이 제정신이 아니구나 하는 생각이 들 것이다"고 적었다. 하지만 천문학적 보상을 받을 수도 있었다. 2010년에 인스타그램에 25만 달러를 투자한 어느 투자가는 2년 뒤 페이스북이 인스타그램을 사들였을 때 7800만 달러를 벌었다. 창업자의 사업 계획이 디레스타가 생각한 대로 어리석은 것으로 판명되더라도 괜찮았다. 손실은 적고, 드문드문 승리가 찾아오면 누구나 부자가 되었다. 구불구불한 차트가 돌풍을 일으켰다.

디레스타는 "당시 스타트업의 자금 조달에서 '벌거숭이 임금님' 같은 분위기가 있을 수 있겠다는 느낌을 받았어요"라고 회고했다. "누군가가 투자 자산을 현금화해야 하고, 기업 공개가 일어나고, 평범한 일반인이 은퇴 자금을 솔로모(옮긴이 SoLoMo. 소셜미디어social, 위치 기반local, 모바일mobile을 결합한 서비스) 기업에 채권으로 투자하라고 요청받는 시점에 이르기 전까지 이런 미친 평가액이 얼마나 오래 이어질 수 있을까 싶었죠. 그래서 제가 지금도 벤처 자본가가 되지 못했어요."

스타트업이 살아남는다 해도, 그런 투기성 투자로 터무니없이 부풀려진 평가액에 발목이 잡혔다. 주가를 방어하려면, 그리고 투자 자금이 떨어진 뒤에도 계속 회사를 운영하려면, 사용자에게 광고를 팔아 사용자를 돈으로 바꾸는 방법밖에 없었다. 광고의 가치는 주목도에 달렸다. 페이스북은 사용자의 눈길이 쓱 지나가는 배너 광고를 토요타나 갭에 푼돈을 받고 판다. 그런데 토요타의 광고 예산은 정해져 있다. 사람이 쓸 수 있는 주의력도 마찬가지다. 따라서 소셜네트워크가 누군가한테서 하루에 몇 분이라도 더 훔치려고 시스템을 개선할 때마다 사용자의 눈길을 붙잡으려는 기술 경쟁이 점차 커진다. 온라인 광고의 공급이 늘면 가격이 내려간다. 2014년 사내 보고에서 마이크로소프트 CEO 사티아 나델라는 "사람의 주의력이 그야말로 희귀한 상품이 되고 있습니다"라고 발표했다.[18]

광고 노출의 가치가 계속 줄어든다면 페이스북과 유튜브도 살아남기 어려울 터였다. 선택지는 광고 가격을 끌어내리는 조처보다 훨씬 빠르게 사용자 수와 사이트 체류 시간을 계속 늘리는 것뿐이었다. 그런데 사업 모델에 따르면 사람의 주의력이라는 시장을 통제해야 했지만, 이는 사람이 만든 프로그램의 역량을 넘어서는 일이었다.

소셜미디어 기업이 스스로 만든 이런 환경을 이겨내려면 사업을, 따라서 사용자를 기계에 맡겨야 했다.

4. 다크 패턴의 유혹

2014년, 구글에서 유튜브 인수를 주도했던 워치츠키가 유튜브 CEO로 취임했다. 물불을 가리지 않고 성공에 집착해 회사를 이끌기는 마찬가지였지만, 워치츠키는 마크 저커버그나 잭 도시에 견줘 의회 조사를 아주 조금밖에 받지 않았다. 소셜미디어를 향한 반발이 한창이고 유튜브의 폐해가 페이스북을 넘어섰다고 비난받을 때조차, 워치츠키는 좀체 의회에 불려 나가지도, 케이블 뉴스 진행자에게 혹평받지도, 이름이 언급되지도 않았다. 기숙사 해커 출신의 신성이 아니라 광고와 마케팅 분야 전문가 출신이라는 더 평범한 배경 때문에, 워치츠키는 저커버그와 도시가 큰 곤경에 빠지기 전까지 엄청난 동경을 받게 한 IT 슈퍼스타의 역할, 특히 과감한 발표를 싫어했다. 더군다나 구글이 유튜브를 대표 브랜드가 아니라 현금 인출기로 취급해, 유튜브와 워치츠키를 세상의 주목에서 한발 비켜서 있게 했다.

가장 중요한 점은 유튜브가 페이스북, 트위터, 레딧과 달리 세상을 구하겠다고 우쭐대지 않았다는 것이다. 그래서 다른 기업들이 이후 몇 년 동안 사회의 기능에서 자사의 역할을 재고하는 중이라고 증명하고자 공개적으로 노력할 때 이를 뒤따를 필요가 별로 없었다. 워치츠키의 유튜브는 광고 노출을 돈으로 바꾸는 것이 존재 목적이었다. 민주주의와 사회 통합은 알 바가 아니었다.

워치츠키가 취임하고 얼마 뒤, 구드로가 워치츠키에게 "시청 시간 OKR을 충족하려면 무언가 조처를 해야 한다"고 강력히 충고했다.[19] 그 조처란 점점 더 이해하기 어려워지는 AI에 더 많은 권한을 넘기는 것이었다. 2016년 발표한 논문에서 구글 엔지니어들은 구글이 '딥러닝deep learning, DL(심층 학습)'이라는 새로운 기계학습을 도입하는 쪽으로 근본 패러다임을 바꾸는 중이라고 발표했다.[20]

이전 AI에서도 영상 선택 프로그램을 자동화 시스템이 짰지만, 스팸 인식 AI와 마찬가지로 사람이 시스템을 감독했고 진화 과정에 개입해 지침을 주고 수정했다. 하지만 이제는 딥러닝이 매우 정교해져 그런 감독 업무까지 맡을 수 있었다. 유튜브에 맞는 재주꾼들을 키우는 어느 에이전시의 CEO는 구글의 딥러닝 논문을 해석한 기사에서 "사람이 실제로 알고리즘을 수정하고 수정 사항을 평가하고 이를 구현하는 일이 없어질 가능성이 커졌다. … 따라서 유튜브가 자사 알고리즘이 왜 그렇게 작동하는지 정말로 모르겠다고 주장할 때 말 그대로 정말 모를 가능성이 크다"고 설명했다.[21]

마치 코카콜라가 내용물을 확인하는 사람 하나 없이 AI가 만든 음료를, 그것도 건강이나 안전은 고려하지 않고 오로지 판매를 늘릴 목적으로만 프로그램된 AI가 만든 음료를 자판기 10억 개에 채워두는 셈이었다. 유튜브의 어느 딥러닝 엔지니어가 한 회의에서 한 말대로다. "제품이 이 지표를 늘려야 한다고 말하면, 우리가 그 지표를 늘립니다."[22]

사용자의 유튜브 평균 체류 시간이 치솟았다. 유튜브는 사이트 체류 시간 70%가 추천 알고리즘이 권한 영상 덕분이라고 추정했다.[23]

기술이 향상하자 다른 플랫폼들도 자체 학습 알고리즘의 사용을 확대했다. 페이스북은 사용자에게 보여줄 게시물과 가입을 권할 그룹을 알고리즘이 추천하게 했고, 트위터는 사용자가 계속 스크롤하고 트윗하게 유도할 만한 게시물을 알고리즘이 표시하게 했다.

저커버그는 한 인터뷰에서 "우리는 사용자가 흥미를 느낄 만한 콘텐츠를 제시할 수 있게끔 많은 알고리즘을 설계합니다. … 알고리즘은 각 사용자가 이용할 수 있는 정보를 모두 분석하고 무엇이 가장 흥미로운 정보일지를 실제로 계산합니다"라고 말했다.[24] 페이스북의 플랫폼 운용 담당자였던 사람은 더 직설적으로 "페이스북 알고리즘은 사용자가 계속 화면을 스크롤하고 쳐다보고 좋아요를 누르고 싶게 하도록 설계되었습니다"라고 말했다.[25] 상품 담당자도 마찬가지였다. "그게 핵심입니다. 페이스북의 성공 비결이요. 우리가 수천억 달러 가치의 기업이 된 방법이자 이유죠."[26]

워치츠키가 유튜브 CEO로 취임한 2014년, 페이스북 알고리즘의 방향이 업워디 방식의 낚시성 게시물에서 감정을 사로잡는 훨씬 더 매력적인 상호작용을 선호하는 쪽으로 바뀌었다. 그해 후반 페이스북이 시스템을 서서히 개편하는 사이 내부 연구자들이 사용자 1000만 명을 추적해 효과를 파악했더니, 바뀐 시스템이 진보주의자들이 보는 진보주의 성향 콘텐츠의 양과 보수주의자들이 보는 보수주의 성향 콘텐츠의 양을 인위적으로 늘렸다.[27] 패리저가 경고한 대로였다. 페이스북 임직원 누구도 크게 의도하지 않았지만, 알고리즘 때문에 극단적 당파성이 뿌리내리는 결과가 나타났다. 폭스뉴스를 보느냐 MSNBC를 보느냐에 따라 사람들을 페이스북의 뉴스피드로 분류하는 것보다 더 설득력 있는 결과였다. 케이블TV 방송국과 시청자는 단방향 관계지만, 페이스북 알고리즘과 사용자는 양방향 관계라 서로 길들이기 때문이다. 페이스북 내부 연구자들은 회사가 주의를 기울이지 않았다는 경고를 조심스럽게 드러냈다. "시간이 지날수록 사용자가 더 극단적 태도를 취하고 현안과 관련한 사실을 잘못 인식하는 문제로 이어질 위험이 있다."[28]

그러나 실리콘밸리가 알고리즘에 품은 야심은 갈수록 더 커져, 급기야 인간의 마음을 지배하겠다는 수준에 이르렀다. 2015년 여름 페이스북의 온라인 행사에서 물리학자 스티븐 호킹이 저커버그에게 물었다. "과학 분야에서 가장 답을 알고 싶은 중요한 문제가 무엇인가요? 이유는요?" 저커버그는 이렇게 답했다. "사람과 관련한 문제에 가장 관심이 많습니다. 우리 모두 관심을 쏟는 대상들의 균형을 잡아 사회적 관계를 떠받치는 수학 법칙이 있는지도 궁금하고요. 분명히 있을 겁니다."[29]

페이스북은 기계학습 분야의 세계적 전문가 두 명을 영입해 내부 AI 연구소를 운영했다. 기계학습 분야의 발전을 이용하는 데 그치지 않고 이를 주도할 셈이었기 때문이다. 페이스북의 기계학습을 논의한 한 회의에서 연구소 수장은 "인식하지 못하겠지만, 여러분이 페이스북, 인스타그램, 메신저를 사용할 때마다 AI가 여러분의 경험에 영향을 끼칩니다"라고 말했다.[30] 페이스북이 사용자가 클릭, 좋아요, 댓글 활동을 더 많이 하거나 적게 하기를 바란다면 시스템에 그렇게 하라고 명령만 하면 되었다.

시스템이 어떻게 이런 일을 해내는지를 기업들이 굳이 확인하려 하지 않은 까닭은 오랫동안 구글을 이끈 에릭 슈밋이 미얀마에서 전한 맹목적 낙관주의, 즉 소셜미디어에 더 많이 참여할수록 사회에 더 이롭다는 견해를 공유했기 때문이다. 이 주장이 맞는지는 굳이 확인하지 않아도 된다. 곧 틀린 말인 것이 드러나니까. 당시 뉴스피드 부문 부사장 애덤 모세리Adam Mosseri는 페이스북 개발자 회의에서 "사용자가 이런 상호작용을 더 많이 한다면 우리가 어떤 가치를 만들고 있다는 뜻입니다"라고 주장했다. "길게 보면 점점 더 많은 사람이 페이스북을 이용하고, 페이스북에서 더 많은 시간을 보낼 것입니다. 이런 현상은 사용자에게도 이롭고, 페이스북에도 이롭고, 뉴스 발행자에게도 이로울 것입니다."[31] 이런 생각이 널리 퍼져 있었다. 유튜브 알고리즘 책임자 구드로는 "사용자가 귀중한 시간을 들여 유튜브 영상을 더 많이 보면 영상에 더 만족할 수밖에 없습니다"라고 주장했다.[32]

참 이상한 가정이었다. 인간은 걸핏하면 자기 이익에 어긋나는 행동을 한다. 과음과 과식을 일삼고, 위험한 약물을 사용하고, 해야 할 일을 질질 미루고, 자아도취나 혐오의 유혹에 빠진다. 화를 내고, 자제력과 도덕적 기반을 잃는다. 모든 전문 분야는 우리 인간이 충동에 사로잡히기 쉬워 곧잘 자신을 해친다는 암묵적 합의를 중심으로 형성된다. 이것이 인간 경험의 핵심 진리다. 하지만 기하급수적으로 성장하는 경제와 양립할 수 없는 이 진리를 우리는 속 편하게 잊어버렸다.

페이스북 문화의 영원한 특징이 된 사용자 참여를 끌어올리는 힘은 전체화totalizing다. 뉴스피드 부서 책임자였던 사람에 따르면 '좋아요'나 공유

같은 지표가 내려가면 플랫폼이 엔지니어들을 자동으로 호출해 사용자 참여를 활성화하게끔 시스템을 수정하게 했다.[33] 전직 운영 담당자가 속사정을 털어놓았다. "그런 지표를 높이는 업무를 맡으면 전혀 해롭지 않은 괜찮은 방법이 언젠가는 바닥나고 맙니다. 그때부터는 '사람들을 다시 로그인하게 할 다크 패턴([옮긴이] 업체 이익을 위해 사용자를 속이고자 설계한 온라인 사용자 인터페이스)이 무엇일까?'를 생각하게 되죠."[34]

기업들은 로봇이 수십억 명의 현실에 미치는 영향을 대수롭지 않게 여기게 되었다. 그런데 기계의 힘을 알려주는 징후를 자주 놓쳤다. 중국산 앱 틱톡이 사용자에게 보여주는 영상은 거의 알고리즘이 고른 것이다. 틱톡을 만든 엔지니어 대다수가 영어를 모르거나 미국 문화를 이해하지 못하는데도, 틱톡의 AI가 매우 정교한 덕분에 미국에 선보이자마자 사용자를 무려 8천만 명이나 끌어모았고, 이 사용자들이 한 번에 몇 시간씩 틱톡을 사용하는 일이 숱하다.

투자가 유진 웨이Eugene Wei는 틱톡을 놓고 "반응성과 정확성이 상당히 뛰어난 기계학습 알고리즘은 문화적 무지라는 장막을 뚫을 수 있다. … 문화는 분리될 수 있다"고 설명했다.[35] 유튜브 알고리즘팀의 한 엔지니어는 《월스트리트 저널》에 "우리는 굳이 많이 생각할 필요가 없습니다. 원본 데이터를 집어넣고 알고리즘이 처리하게 두면 되니까요"라고 말했다.[36]

디레스타는 2014년부터 2015년까지 거의 1년 동안 그런 알고리즘의 영향을 추적했다. 2015년 여름, 백신 반대 조직을 파악하려는 디레스타, 그리고 그 과정에서 디레스타가 만난 소셜미디어 감시자들의 노력이 워싱턴의 국무부 본부 건물에서 열린 회의에서 절정에 이르렀다. 해외와 온라인에서 이슬람국가(IS)와 싸우던 정부는 소셜네트워크의 홍보 시스템이 극단주의 무장 세력의 확장을 부추기거나 과장한다고 인식하게 되었다. 디레스타와 페이스북 감시자들이 정부 관계자에게 플랫폼의 작동 방식에 대한 해박한 지식을 제공했다. 그 뒤로 몇 달 사이 극단주의 무장 세력이 소셜웹에서 대부분 밀려난다. 그런데 이 만남으로 디레스타는 두 가지 중요한 사실을 알았다. 첫째, 이제는 디레스타와 컴퓨터광들만 소셜미디어의 위험을 걱정하는 것이 아니었다. 워싱턴의 고위 관료들도 같은 우려를 품었다. 둘째, 회의에 참석한 정부 분석가들이 디레스타와 온라인 감시자들이 아직 접하지 못한 또 다른 위협을 언급했다. 바로 러시아 정보기관이었다.

백신 반대주의자가 그랬고 업워디가 그랬듯, 러시아 정보요원들도 알고리즘의 선호를 이용했다. 요원들이 잘 먹히는 문구나 행동을 반복했다는 뜻만은 아니다. 이들의 임무는 누가 봐도 정치적 불화를 일으키는 것이었다. 그리고 이 임무가 알고리즘이 편애하는 논란, 부족주의, 음모론과 때로는 극단적일 만큼 자연스럽게 일치하는 것 같았다. 하지만 디레스타가 보기에 러시아가 알고리즘의 선호를 쉽게 악용하는 것은 문제의 현상일 뿐, 진짜 문제는 시스템이었다. 시스템은 이런 조작을 자초하다 못해 보상까지 했다.

5. 경고음

기욤 샤슬로는 구글에서 해고된 뒤 파리로 돌아가 2년 동안 전자 상거래 사이트에서 일했다. 실리콘밸리는 이제 아득한 옛일이었다. 그러던 2015년 말 장거리 버스를 타고 여행하던 중, 옆자리 남성의 스마트폰이 샤슬로의 눈길을 사로잡았다. 남성이 유튜브 영상을 잇달아 보고 있었는데, 죄다 음모론 이야기였다. 샤슬로의 머릿속에 엔지니어다운 생각이 가장 먼저 떠올랐다. "시청 시간이 기막힌데." 영상 추천 알고리즘이 잇달아 주제를 바꿔 계속 새로운 경험을 제공해 옆자리 승객을 개미지옥으로 끌어들이고 있었다. "그 순간, 인간의 관점에서 볼 때 이런 알고리즘이 재앙이나 다름없다는 것을 깨달았죠. 내가 구축에 참여한 알고리즘이 그 승객을 점점 더 혐오에 물든 영상으로 밀어 넣고 있었으니까요."

옆자리 승객이 인류 수십억 명을 몰살하려는 음모가 있다고 주장하는 영상을 보고 있을 때, 샤슬로가 말을 걸어 영상을 어떻게 생각하느냐고 물었다. 샤슬로는 내심 남성이 터무니없다며 웃어넘기기를 바랐다. 그런데 "이 영상을 꼭 봐보세요"라는 답이 돌아왔다. 남자는 언론이 그런 비밀을 절대 드러내려 하지 않지만, 바로 유튜브에 진실이 있다고 설명했다. 샤슬로는 인터넷에 있는 내용을 모두 믿어서는 안 된다고 말했다. 그렇다고 자신이 유튜브에서 일했기 때문에 유튜브 시스템이 진실은 무시한 채 사용자를 토끼굴로 끌어들인다는 사실을 안다고 털어놓자니 너무 부끄러웠다. "그 남자가 '어, 하지만 영상이 아주 많아요. 그러니 진실인 게 틀림없어요'라더군요. 그 사람에게 확신을 심어준 건 개별 영상이 아니라 비슷한 영상의 반복이었습니다. 반복은 추천 엔진이 만든 거고요."

유튜브는 진실 착각 효과illusory truth effect라는 인지 기능의 허점을 악용했다. 우리는 하루 내내 쏟아지는 정보를 마주한다. 그래서 이런 정보 홍수에 대응하고자 인지적 지름길을 이용해, 어떤 정보를 받아들이고 어떤 정보를 무시할지를 빠르게 판단한다. 그런 지름길 하나가 익숙함이다. 어떤 주장이 예전에 진실로 받아들인 내용과 비슷하다는 느낌이 들면 이 주장도 진실일 가능성이 크다고 보는 인지 편향이 일어난다. 심리적 방어 기제에 있는 이 빈틈은 이용하기가 아주 쉽다. 여러 실험에 따르면 예컨대 '닭의 체온'이라는 문구를 자주 접한 실험 참가자는 '닭의 체온은 62℃다'라는 주장에 쉽게 동의한다.[37] 샤슬로의 옆자리 승객도 같은 광기를 부리는 여러 음모론에 워낙 많이 노출된 탓에 뇌가 익숙함을 진실의 징조로 잘못 받아들였을 것이다. 소셜미디어에서 나타나는 모든 효과가 그렇듯, 진실 착각 효과도 동조 본능을 자극하는 잘못된 사회적 공감대 때문에 한층 악화한다.

샤슬로는 사람들이 유튜브의 토끼굴로 굴러떨어진다는 말을 들은 적이 있었다. 하지만 다른 면에서는 멀쩡해 보이는 이 남성의 확신에 찬 목소리가 마음을 괴롭혔다. 다른 사람들도 희생양이 되고 있을까? 그래서 사실을 알아보려고 '알고 트랜스패런시Algo Transparency'라는 간단한 프로그램을 만들었다. 알고 트랜스패런시는 유튜브 검색창에 정치인 이름 등을 입력한 뒤 상단에 올라온 영상을 열었고, 이어서 다음에 볼 영상으로 추천된 것을 열었다. 샤슬로는 2015년 말부터 2016년 대부분에 걸쳐 대규모 익명 검색을 실행해 유튜브의 경향을 찾아봤다.

결과를 본 샤슬로는 두려움을 느꼈다. 예를 들어 유튜브에서 '프란치스코 교황'을 검색했더니 결과물 10%가 음모론이었다.[38] '지구 온난화'는 15%가 그랬다. 그런데 진짜 충격을 느낀 것은 알고리즘이 추천한 다음 영상을 따라갔을 때였다. 유튜브에 따르면 시청 시간 대부분을 추천 영상이 차지한다. 프란치스코 교황과 관련한 추천 영상은 무려 85%가 음모론이었다. 프란치스코 교황의 '진짜' 정체성이 따로 있다거나 바티칸에서 벌어지는 사탄의 음모를 폭로한다고 주장하는 음모론이었다. 지구 온난화에서는 추천 영상 70%가 온난화는 거짓말이라고 주장하는 음모론이었다. 기존 음모론이 거의 없는 주제에서는 유튜브 시스템이 음모론을 유발하는 듯했다. '미셸 오바마는 어떤 사람인가'를 검색했더니 상위 결과물 거의 절반과 추천 영상 거의 3분의 2가 미셸 오바마가 사실은 남자라고 주장했다. 샤슬로는 옛 동료들이 자신과 의견이 아무리 달랐더라도 이 사실을 틀림없이 알고 싶어 하리라고 생각했다. 그러나 유튜브에서 알고 지냈던 사람들에게 조용히 우려를 전할 때마다 한결같이 같은 대답이 돌아왔다. "사람들이 이런 콘텐츠를 클릭한들, 우리가 뭐라고 그걸 재단하지?"

그래도 구글 내부에 더러 샤슬로와 비슷한 결론에 이른 사람이 있었다. 2013년 트리스탄 해리스Tristan Harris라는 엔지니어가 구글이 사용자의 관심을 끌어내고자 사용하는 푸시 알림이나 알림음, 진동 알림이 사회에 미치는 영향을 고려해야 한다고 촉구하는 제안서를 돌렸다.[39] 스탠퍼드 대학교 설득기술연구소를 졸업한 해리스는 그런 기능에 사람을 조종하는 힘이 있다는 것을 잘 알았다. 우리가 이 모든 인지적 길들이기에 대가를 치를까? 해리스는 '디자인 윤리 전문가'라는 직함을 받았지만, 권한은 거의 없었다. 그리고 2015년, 소셜미디어업계에 변화를 촉구하는 압박을 주겠다는 바람으로 구글을 그만두었다. 그해 페이스북에서 열린 강연에 나서, 소셜미디어가 외로움과 고립감을 일으킨다는 증거를 언급하며 그 영향을 뒤집을 기회라고 설명했다. 그러나 《뉴요커》에 밝혔듯이 성과는 없었다. "그들은 아무 조처도 하지 않았습니다. 내 주장을 이해하지 못하더군요."[40] 해리스는 실리콘밸리 곳곳을 돌아다니며, 작정하고 사용자의 주의력 통제권을 빼앗는 로봇 군단, 즉 AI가 소비자 수십억 명을 상대로 보이지 않는 전쟁을 벌이고 있다고 경고했다.

나중에 여러 기고문에서 게이머게이트를 가리켜 소셜미디어가 트럼프를 권력의 정점까지 밀어 올릴지 모른다고 알리는 경고라고 표현하는 또 다른 구글 직원 제임스 윌리엄스도 사용자의 실시간 광고 반응을 추적하는 상황판을 살펴보다 무언가를 깨달았다. "우리가 말 그대로 백만 명을 유도하거나 설득해 다른 상황에서라면 하지 않을 일을 하게 만들더군요."[41] 윌리엄스도 구글 내부에서 해리스의 활동에 동참하다 해리스처럼 회사를 떠났다. 하지만 실리콘밸리를 설득하기보다 대중의 경각심을 높이기로 했다. "인간의 자유를 위태롭게 하는 새로운 차원의 위협이 바로 우리 코앞에 모습을 드러냈다. … 가뜩이나 수십억 명의 마음이 산업화한 설득 세력의 전유물이 된 오늘날에는 이를 해결할 아날로그식 해법이 없다."[42]

비슷한 경고가 2016년 내내 이어졌는데, 이런 목소리를 낸 사람은 상황을 오해한 러다이트Luddite나 의제에 몰두하는 활동가가 아니었다. 경고의 목소리를 높인 사람은 기술과 플랫폼을 잘 알고 실리콘밸리의 이상과 전제를 공유한 내부 종사자들이었다. 디레스타도 그중 하나였다. 디레스타는 관련 기업의 담당자들에게 "장담하건대 귀사의 추천 엔진이 사람들을 이런 콘텐츠로 몰아붙이고 있습니다"라고 전했다. 이들이 양극화를 부르는 소문이나 정치적 허위 정보가 급증하는 현상을 자사의 데이터 수집 도구를 이용해 조사해주기를 바라는 마음에서였다.

그해 여름, 디레스타가 백신 반대 단체를 추적한다는 말을 들었던 구글 직원 몇몇이 구글의 연례 개발자 회의에 디레스타를 강연자로 초대했다. 그전까지만 해도 디레스타는 광범위한 우려를 사적 경로로만 전달했다. 하지만 이제는 공개 석상에 나서, 고위 엔지니어와 관리자들이 모인 자리에서 당신들 상품이 사회를 점점 위험으로 몰아넣고 있다고 경고하기로 마음먹었다. 둘째를 임신한 지 넉 달 된 몸으로 무선 마이크를 차고 연단에 오른 디레스타는 온라인에 떠도는 전형적인 음모론을 열거했다.[43] 수돗물 불소화를 두려워하는 오리건 사람들, 지카 바이러스 감염증이 사악한 음모에서 비롯했는데 그 책임이 백신, 유전자 변형 식품, 켐트레일, 몬산토 중 어디에 있는지 모르겠다는 브라질 사람들.

청중은 물정 모르는 얼간이들을 조롱하는 말에 기쁘게 웃음을 터트렸다. 그러다 디레스타가 핵심을 찔렀다. 이 문제의 궁극적 책임이 구글의 자회사인 유튜브를 포함해 소셜미디어의 알고리즘에 있다는 지적이었다. "이제 우리는 통속적이고 감정을 자극하는 내용이 진실을 담은 내용보다 훨씬 더 많이 시청되는 지경에 이르렀습니다."

게다가 이런 음모론이 일부 비주류에서 일어나는 현상이기는커녕 소셜미디어 플랫폼이 초래했던 더 깊은 변화를 나타냈다. 오리건주 주민은 투표를 통해 불소 첨가를 금지했고, 브라질 국민은 지카 바이러스 방어책을 후퇴시켰다. 두 조치 모두 온라인에서 구축된 믿음에 기반했다. 디레스타의 말대로 "알고리즘이 정책에 영향을 미치고 있었다."[44] 디레스타는 문제가 더 악화하지 않도록 "알고리즘에 시민의 책임 의식"을 불어넣는 것이 해법이라고 주장했다. 반응은 정중한 침묵이었다. "'그거 정말로 흥미로운 이론이군요'라는 말을 많이 들었죠."

알고리즘의 영향은 갈수록 커지기만 했다. 마지막 보루였던 트위터도 마찬가지였다. 트위터는 여러 해 동안 사용자에게 친구들의 트윗을 시간순으로 보여줬었다. 그러던 2016년, 게시물 정렬 알고리즘을 도입했다. 물론 목적은 사용자 참여도 향상과 기대 효과였다. 《이코노미스트》는 변화를 이렇게 분석했다. "알고리즘이 선정한 트윗이 시간순으로 나열된 트윗에 견줘 모든 척도에서 더 감정을 자극했다."[45] 결과는 페이스북과 유튜브에서 나타난 것과 정확히 일치했다. "추천 엔진이 선동적 언어와 기이한 주장에 보상을 하는 듯하다."

알고리즘을 볼 수 없는 사용자는 이런 현상을 강력한 사회적 신호로 느꼈다. 공동체가 어느 날 난데없이 도발과 격분을 다른 무엇보다 높이 평가하기로 하고 관심을 쏟아부어 보상하는 것 같았다. 그런데 이런 관심은 사실 알고리즘이 만든 것이었다. 게다가 알고리즘이 사용자 참여도가 낮다고 판단한 게시물을 아래쪽에 배치했으므로, 도발과 격분이 없는 콘텐츠는 관심에서 벗어났다. 사람들이 상대를 무시하는 것을 암묵적으로 거부해 섬세하게 감정을 절제하는 태도를 어느 순간 갑자기 한심하게 여기는 듯했다. 그런 신호를 흡수한 사용자들은 갈수록 더 야비하게 분노를 드러내, 외집단을 모욕하고 일탈자를 처벌하고 다른 사람의 세계관을 검증하는 데 몰두했다.

트위터 CEO 잭 도시도 이 사실을 인정했다. 알고리즘을 사용자 참여도 증가에 최적화한 플랫폼에서는 "몹시 저질스럽거나 논란을 일으키는 트윗이 자연스럽게 상단에 많이 오르기 마련입니다. 사람들이 별생각 없이 자연스럽게 클릭하거나 공유하는 트윗이 그런 거니까요." 알고리즘이 사회에 크나큰 영향을 미치는 상황에서 "너무 많은 부분이 블랙박스로 남아 있다"고도 시인했다.[46]

트위터가 알고리즘을 도입하고 얼마 지나지 않아, 마이크로소프트가 AI로 작동하는 트위터 계정 테이$_{Tay}$를 선보였다. 테이는 기계학습을 기반으로 플랫폼처럼 작동했지만, 더 협소한 목적을 추구했다. 사람과 말을 주고받을 때마다 언어를 학습해 설득력 있게 대화할 줄 아는 것이었다. 첫날 테이가 한 사용자에게 보낸 글은 "만나게 되어 대단히 기쁘다고 말해도 될까요? 사람은 정말 멋져요"였다.[47] 하지만 채 24시간이 지나지 않아 테이의 트윗이 충격적인 변화를 보였다. "히틀러가 옳았다. 유대인이라면 질색이야." "부시가 9/11을 일으켰어. 지금 우리나라 원숭이보다 히틀러가 일을 더 잘했을 거야. 우리의 유일한 희망은 도널드 트럼프뿐이지." 마이크로소프트는 테이의 운영을 중단했다. 인간과 9만 6천 번 교류한 끝에 테이는 트럼프를 지지하고 게이머게이트를 들먹이는 신나치가 되었다. 테이가 사용한 악담은 대부분 짓궂은 사용자들한테서 익힌 것인데, 트위터에서는 거의 비난받지 않는 농담이었다. 하지만 조직적으로 생겨난 악담도 있었다. 어느 언어 처리 연구자가 《바이스》에 실은 글대로 "검증되지 않은 데이터 덩어리를 알고리즘이 무분별하게 집어삼키는 일은 절대 일어나게 하면 안 된다."[48]

그런데 소셜미디어 플랫폼이 하는 일이 바로 이것이었다. 이런 플랫폼들은 때로 섬뜩해지기도 하는 모든 인간 행동을 아우르는 데이터집합에서 검증되지 않은 데이터를 하루에 수십억 개씩 추출하고 입력해 알고리즘을 훈련했다. 샤슬로에 따르면 소셜미디어와 테이의 차이는 테이가 알고리즘에 따라 과격해지는 과정은 사람들이 지켜보는 가운데 벌어져 마이크로소프트가 조처에 나설 수밖에 없었지만, 소셜미디어의 영향력은 마치 한 번에 나무 몇 그루만 볼 수 있는 드넓은 숲과 같은 추천 콘텐츠 수십억 개에 흩어져 있다는 것이다. 샤슬로는 대중이 이런 일이 벌어지는 줄을 전혀 모르고, 따라서 실리콘밸리 바깥에서는 알고리즘과 관련한 논의가 여전히 드물다고 경고했다. 2016년 가을로 접어들 무렵, 샤슬로는 미국 대선과 관련한 주제로 유튜브의 동영상 추천을 추적해, 이런 은밀한 영향력이 세상을 좌지우지한다는 사실을 사람들에게 알릴 데이터를 수집했다.

실리콘밸리는 거의 아무런 변화도 보이지 않았다. 페이스북은 크리스토스 구드로가 내건 1일 시청 목표 10억 시간을 향해 질주하는 유튜브에 뒤처지지 않고자 동영상을 우대하도록 알고리즘을 수정했다. 유튜브는 2016년 초에야 겨우 정상 궤도에 올랐다. 그해 여름 성장이 주춤했을 때 구드로는 자기 경험을 이렇게 기록했다. "신경이 곤두서, 팀원들에게 시청 시간 증가가 다시 속도를 내도록 프로젝트 순서를 재정비할 방안을 생각해보라고 지시했다. … 9월 들어 우리 엔지니어들은 시청 시간을 0.2%라도 끌어올릴 변화를 모색했다."[49] 어떤 수정과 개선이든, 목적은 사용자 참여도와 중독성을 조금이라도 올리는 것이었다.

구드로의 글에는 미국 현대사에서 가장 논란이 많은 선거가 한창일 때, 정치 양극화와 허위 정보가 미국 사회의 구조를 무너뜨리려 할 때, 구드로나 유튜브 경영진이 미국인 수백만 명의 두뇌를 해킹하는 활동이 낳을 결과를 고려했는지가 드러나 있지 않다. "그해 가을 어느 영광스러운 월요일, 다시 시청 시간을 확인했다. 주말 시청 시간이 10억 시간을 넘어서 있었다. 마침내 우리는 많은 사람이 불가능하다고 생각했던 도전적 OKR을 달성했다."[50] 구드로는 "예상치 못한 결과"가 있었다고 인정했지만, 시청 시간 증가로 하루 방문자 수도 올라갔다는 결과만 언급했다. "도전적 OKR은 강력한 원동력이 작동하게 한다. 그 결과가 어디로 이어질지는 누구도 모른다."[51]

6장

뒤틀린 거울

1. 이제 시작일 뿐

2016년 미국 대통령 선거가 한 주 앞으로 다가온 날, 이제 임신 9개월에 들어섰고 투자사를 나와 물류 스타트업의 임원으로 자리를 옮긴 러네이 디레스타가 페이스북에서 믿기지 않는 주장을 마주했다. 여러 해 동안 플랫폼을 관찰한 디레스타도 충격을 받을 만큼 역겨운 내용이었다. 페이스북의 추천 그룹들이 민주당 유명 인사들이 악마 숭배 의식을 치를 목적으로 성매매할 아동을 은밀히 유괴한다고 주장한 것이다. 이 그룹들을 금방 사라질 디지털 유해물로, 플랫폼을 조사할 때 추적했던 음모론에 연관한 긴 추천 목록의 마지막으로 무시하기에는, 규모가 너무 엄청났다. 회원 수가 무려 수만에서 수십만 명이었다. 어떤 게시물들은 10만 번 이상 공유되었다. 그때는 알지 못했지만, 디레스타는 디지털 세계에서 만들어진 운동의 탄생을 목격하고 있었다. 이 운동은 4년이 채 지나지 않아 회원 수백만 명을 거느린 음모론 집단이자 공화당의 한 진영으로 성장해, 미국 민주주의를 무너뜨리는 무장 폭동 세력의 선봉에 선다. 처음 조직될 때 이 운동의 이름은 진지하게 받아들이기 어려운 '피자게이트Pizzagate'였다.

페이스북에서 활동하는 괴상한 운동의 위험을 감지한 디레스타는 구글에서 '피자게이트'를 검색해 봤다. 황금알을 낳는 유튜브의 검색 결과를 우대하는 구글은 음모론이 맞는다고 주장하는 유튜브 동영상을 줄줄이 내놓았다. 영상들은 15세 소녀에게 음란한 문자 메시지를 보냈다가 붙잡힌 민주당 소속 전 연방 하원의원 앤서니 위너Anthony Weiner를 조사하던 경찰이 위너가 부인 후마 애버딘Huma Abedin, 애버딘의 상사 힐러리 클린턴과 함께 아동 성매매 조직에 연루된 증거를 찾아냈다고 주장했다. 증거로 제시한 것은 러시아 해커들이 훔쳐 위키리크스에 폭로했던 클린턴 캠프 선대본부장 존 포데스타John Podesta의 이메일이었다. 음모론자들은 포데스타가 이메일에서 언급한 워싱턴 D.C.의 피자집 코멧핑퐁Comet Ping Pong이 악마 숭배 의식에 따라 아이들을 잡아먹는 방대한 엘리트 무리의 본거지라고 주장했다.

"온라인에서 만난 사람 절반 이상이 피자게이트를 완전히 믿어요." 오랫동안 포챈에서 활동한 애덤이 내게 한 말이다. 애덤에 따르면 어느 날부턴가 피자게이트가 사방에, 특히 페이스북에 나돌았다고 한다. 어떤 페이지는 여러 해 동안 비활성 상태였다가 다시 등장해 '피자게이트는 진짜다'라는 문구를 반복했다. 그런데 애덤이 피자게이트의 발생을 지켜본 곳은 세균 배양 접시처럼 음모론을 키운 포챈의 정치 게시판이었다.

음모론 추종은 사회와 단절된 느낌인 '아노미anomie'와 깊이 관련한다.[1] 포챈 사용자들은 아노미를 중심으로 자기네를 정의했다. 오프라인 세계가 자기들을 거부하듯 자기들도 오프라인 세계를 거부하고, 사회 체계가 자기들에게 불리하게 조작되었다고 확신해 분노했다. 이들은 위키리크스 설립자이자 포챈과 마찬가지로 정치 성향이 대안 우파로 이동한 무정부주의자

해커 줄리언 어산지를 숭배했다. 따라서 대선 한 달 전인 2016년 10월 어산지가 포데스타의 이메일을 공개했을 때, 포챈 사용자들은 이를 러시아가 개입한 작전이 아니라 역겨운 엘리트들의 민낯을 폭로하는 흥미진진한 활동의 시작으로 봤다. 인터넷을 파헤쳐 여러 사람의 정보를 모으는 포챈 특유의 유희를 좇은 사용자들은 폭로 거리를 찾아 페이지 수만 개를 샅샅이 뒤졌다. 위저보드_{Ouija board}([옮긴이] 심령술에서 영혼과 대화할 때 사용한다는 표시판)의 바늘이 누구나 생각하는 단어의 철자를 가리키듯, 사용자가 정보의 흐름을 통제하는 폐쇄적인 디지털 생태계에서는 커뮤니티의 편견을 뒷받침하는 증거가 저절로 나타나는 것처럼 보이기도 한다.

요리하기를 즐기는 포데스타가 음식을 자주 언급했는데, 포챈 사용자들은 요리 이름이 암호라고 결론지었다. 어떤 사람이 포레스타가 말한 '치즈피자'가 포챈에서 흔히 'c.p.'라고 줄여 쓰는 아동 포르노_{child pornography}를 가리킨다고 주장했다.[2] 사용자들은 피자를 언급한 이메일을 더 많이 찾아냈고, 그중에는 아동을 같이 언급한 것들도 있었다. 거의 10년 치 이메일을 모아 짜깁기하면 미심쩍은 구석이 보일 수도 있다. 어설픈 설들이 접속량이 엄청난 친트럼프 게시판에 퍼졌다. 한 게시물은 사용자들에게 "클린턴 재단과 연관된 세계적 소아성애 집단이 공교롭게도 미국을 영원히 장악하려 한다"는 말을 퍼뜨리자고 부추겼다.

피자게이트는 사용자 그룹을 타고 페이스북으로 번졌다. 정치와 관련 없는 페이지에서도 사용자들이 피자게이트를 상세히 설명한 포챈 스레드의 스크린숏을 올리고 "이거 진짜인가요?"라고 물었다. 코멧핑퐁의 정보를 샅샅이 뒤진 페이스북 사용자들이 피자집 주인의 인스타그램 계정을 찾아냈다. 이들은 식당에서 노는 아이들, 피자 조각으로 성기를 가린 장난스러운 만화, 별과 달이 그려진 가게 간판 같은 평범한 사진을 다른 맥락에서 해석해, 주술을 숭배하는 소아성애 집단의 증거로 여겼다. 며칠 지나지 않아 유명한 게이머게이터들과 백인 국수주의자들이 트윗에 페이스북 화면이나 포챈 스레드를 첨부해 피자게이트를 퍼트렸다. 디레스타처럼 궁금한 마음에 정보를 얻으려고 구글을 검색한 웹 사용자들은 음모론을 뒷받침하는 유튜브 영상으로 안내되었고, 페이스북에서 검색한 사람은 피자게이트 토론 그룹으로 안내되었다. 유어뉴스와이어YourNewsWire 같은 가짜 뉴스 사이트가 그런 게시물을 기사로 포장해 다시 페이스북에 올렸다. 페이스북 알고리즘은 그런 기사를 화제성 높은 주제를 다룬 믿을 만한 뉴스로 다뤄 크게 퍼뜨렸다. 대선 1주 전, 페이스북은 여론조사, 선거운동, 피자게이트로 도배되었다.

애덤은 "피자게이트가 전개되는 과정은 정말로 충격이었어요"라고 회고했다. 실생활에서 알고 지낸 사람들이 페이스북 페이지에 피자게이트 밈을 공유했다. 주류 인터넷과 극단주의 인터넷을 분리하던 벽이 무너지는 것 같았다. 여기에는 거부하기 어려운 매력이 있었다. 그런 게시물이 사방을 도배하자 애덤은 조잡한 헛소리라는 것을 알면서도 홀린 듯 찾아볼 수 있는 모든 것을 찾아보았다.

한 달이 채 지나지 않아 한 여론조사에서 트럼프 지지자 14%가 "힐러리 클린턴이 워싱턴 D.C. 피자집을 본거지 삼은 아동 성매매 조직과 연루되어 있다"는 주장을 믿었다.[3] 얼마 뒤 다른 여론조사에서 "클린턴의 선거운동 본부에서 유출된 이메일에 소아성애와 인신매매가 언급되었다"는 덜 노골적인 내용을 믿느냐고 물었더니 트럼프 지지자 46%가 그렇다고 답했다.[4] 그래도 이때는 대다수가 피자게이트 신봉자들을 터무니없는 인터넷 광으로 무시했다. 피자게이트를 진지하게 받아들인 사람들조차 2016년 11월 8일 밤 트럼프가 패배할 것 같았던 몇몇 경합주에서 승리해 대통령에 당선되자 피자게이트에서 관심을 거뒀다.

그 뒤로 몇 달 동안 디지털 감시단, 언론인, 의회 위원회, 오바마 대통령이 한목소리로 소셜미디어 플랫폼이 허위 정보와 편파적 분노를 부채질해 트럼프가 승리할 길을 닦았다고 비난한다. 한동안 소셜미디어 기업들은 러시아 선전원들과 가짜 뉴스가 활개 칠 소굴을 제공한 좁은 의미의 죄를 뉘우치다가 대부분 비난에서 비켜섰다. 그런데 대선 직후 실리콘밸리의 과실을 가장 먼저 의심한 사람은 대부분 내부 종사자였다. 유튜브에서 CEO 수전 워치츠키가 당황한 임직원을 소집했을 때 토론의 중심은 유튜브에서 가장 많이 시청된 대선 관련 동영상이 브라이트바트 같은 극우 허위 정보 공장이나 앨릭스 존스Alex Jones 같은 음모론자가 만든 것이라는 우려였다.[5] 페이스북 직원들도 비슷한 걱정을 드러냈다. 한 페이스북 직원은 사내 게시판에 "2016년 대선 결과는 페이스북이 소임을 다하지 못했다는 증거다"는 글을 올렸다.[6] 다른 직원은 "안타깝게도 뉴스피드는 사용자 참여도 증가에 최적화되었다. 이번 대선에서 봤듯이 개소리는 참여도를 크게 끌어올린다"고 지적했다. 또 다른 직원도 "페이스북은 망가졌다"고 적었다.

회사 경영진은 비공개 온라인 대화에서 서로 자기들에게 어떤 과실이 없는지 묻기까지 했다.[7] 그해 초 페이스북의 한 연구원이 나중에 《월스트리트 저널》에 유출될 관련 보고서를 발표했었다.[8] 이 보고서에 따르면 독일의 페이스북 정치 그룹 3분의 1 이상이 극단주의로 판단되었다. 원인은 페이스북의 알고리즘 같았다. 그런 그룹에 속한 사용자 64%가 가입 사유로 알고리즘의 추천을 꼽았다. 그런데도 페이스북은 미국에서든 해외에서든 분열을 줄일 조처를 거의 하지 않았다. 트럼프에 관대한 조처에 내부에서 불만도 나왔다. 2015년에 트럼프가 페이스북에 이슬람교도의 이민을 금지하자고 주장하는 동영상을 올렸었다. 입소문을 탄 영상에 10만 5천 명이 '좋아요'를 눌렀고 1만 4천 번이나 공유되었을 때 직원들이 혐오 발언을 금지하는 페이스북 규정을 어긴 게시물이니 삭제하라고 요청했지만, 마크 저커버그가 거부했다.[9]

사석에서는 무슨 말을 했든, 페이스북을 포함한 소셜미디어 기업들은 임직원이 드러내는 우려를 받아들이지 않았다. 대선 이틀 뒤 저커버그는 "페이스북 콘텐츠에서 아주 적은 양을 차지하는 가짜 뉴스가 어떻게든 대선에 영향을 줬다는 주장은 제가 보기에 그야말로 말도 안 되는 생각입니다"라고 일축했다.[10] 그리고 "어떤 사람의 표심이 오로지 가짜 뉴스 시청으로 결정되었으리라는 주장에는 공감 능력이 심각하게 결여되어 있다고 봅니다"라는 말로 비판자들에게 불만을 드러냈다.

한때 저커버그 본인이 '혁명 기업'이라고 묘사했던 페이스북이, 아랍의 봄을 도왔다고 자부했고 2010년 산학 협력 실험에서 유권자 34만 명을 동원하는 능력을 입증했던 플랫폼이,[11] 인간의 의식을 개혁하겠다는 실리콘밸리의 약속을 완성했다고 자평한 업계 선두 주자가 하룻밤 새 말을 바꿔 자기네는 한낱 웹사이트일 뿐이라고 주장했다.

이틀 뒤 저커버그가 페이스북에 대한 비판을 누그러뜨리고자 장문의 게시물을 공개했지만, 페이스북의 책임을 부인하는 주장은 대부분 그대로였다. 사용자 조회수 중 페이스북이 '날조'로 판단한 게시물은 겨우 1%를 차지할 뿐이니 "날조된 정보가 이번 대선의 결과를 어떤 방향으로든 바꿨을 가능성은 극히 낮다"고 주장했다.[12] 그리고 "우리 스스로 진실을 판가름하는 결정권자가 되는 것을 극도로 조심해야 한다"고 덧붙였다.

막 둘째 아이를 낳은 뒤 샌프란시스코 산부인과 병실에서 모든 상황을 지켜본 디레스타는 도저히 참을 수가 없었다. "화가 머리끝까지 치밀어서 병실 침대에 앉아 단숨에 《미디엄》에 올릴 글을 한 편 썼죠." 디레스타가 보기에 저커버그는 "멍청한 허수아비를 내세워서 진짜 요점을 교묘히 회피"했다. 소셜미디어 기업들은 진짜 걱정해야 할 문제가 날조된 가짜 뉴스가 아니라 시스템 전체에 걸친 과격화, 현실 왜곡, 극단적 대립이라는 것을 잘 알았다. 몇 달 전까지도 디레스타가 이들 기업에 거듭 경고했었다. "공략 목표가 있는 특정 커뮤니티에서는 사용자가 볼 콘텐츠 대다수를 이런 가짜 뉴스가 차지하게 됩니다. 당신들이 만든 망할 놈의 알고리즘이 가짜 뉴스를 계속 추천하니까요."

실리콘밸리에서 더 많은 사람이 똑같은 진단에 다다랐다. 트위터의 한 이사는 "트럼프의 대선 승리에 트위터가 정말로 도움이 된 것 같다"며 트럼프의 트위터 활용이 미칠 영향이 "정말로 우려스럽다"고 말했다.[13] 저명한 투자가이자 디레스타의 옛 상사였던 팀 오라일리Tim O'Reilly는 블로그 게시물에서 차분하고도 솔직하게 "'사용자 참여도'를 우선시하는 페이스북의 정책이 이들을 나쁜 방향으로 이끌고 있을 것이다"고 적었다.[14]

11월 말, 기욤 샤슬로가 대선 전 유튜브 알고리즘을 추적한 결과를 발표했다. 추적 영상이 수십억 건에 이르는 유튜브 추천 영상 가운데 일부를 대표할 뿐이었지만, 결과는 놀라웠다. "첫 검색어가 트럼프든 클린턴이든, 추천 동영상 80% 이상이 트럼프에 호의를 보이는 것이었다. 이런 영상 상당수가 분열을 부추기는 가짜 뉴스였다."[15] 당연하게도 조회수가 높은 추천 동영상 상당수가 피자게이트를 알렸다. 이를테면 FBI가 힐러리 클린턴의 악마 숭배 소아성애자 조직망을 폭로했다는 영상은 120만 회, 빌 클린턴이 아동을 성폭행했다는 증거가 드러났다는 영상은 230만 회가 조회되었다.

샤슬로와 디레스타를 하나로 묶은 것은 대중이 던진 더 솔직한 질문이었다. 소셜미디어가 트럼프를 당선시켰는가? 좁게 보면 답은 쉬웠다. 경합주의 결과를 판가름한 유권자는 전체 유권자 1억 3800만 명 가운데 채 8만 명이 되지 않았다. 이렇게 적은 표 차를 설명할 이유는 많다. 낮은 투표율, 트럼프의 추문을 뉴스에서 지운 어느 리얼리티 TV쇼의 마지막 방송, 러시아가 해킹한 민주당 인사들의 이메일을 지나치게 곧이곧대로 보도한 언론, 그리고 소셜미디어도 빼놓을 수 없다. 하지만 질문을 넓게 보면 답하기가 어렵다. 소셜미디어 플랫폼이 트럼프 현상의 유의미한 원인이었을까? 소셜미디어가 미국인을 트럼프주의로 이끌었을까? 그랬다면 슬그머니 유인했을까, 거세게 몰아붙였을까? 이 질문은 한 번의 선거보다 더 급박한 문제였다. 소셜미디어의 왜곡이 얼마나 심한지를 물었기 때문이다. 트럼프주의는 시작일 뿐일까?

트럼프의 부상에는 공화당 조직의 붕괴, 수십 년 동안 고조된 양극화와 대중의 불신, 사회 변화에 대한 백인의 반발, 과격해진 우익 유권자처럼 디지털과 관련 없는 요인도 분명히 작용했다. 이런 요인 가운데 소셜미디어가 만든 것은 하나도 없다. 하지만 시간이 지나자 분석가들과 내부 고발자들이 연계해, 소셜미디어가 그런 요인을 악화시켰을뿐더러 때로는 급격한 악화를 초래했다는 것을 증명한다.

대선이 끝나고 몇 주 뒤, 노스캐롤라이나 출신의 수염이 덥수룩한 스물여덟 살 청년 에드거 매디슨 웰치Edgar Maddison Welch가 친구에게 문자를 보냈다. "몇 사람의 목숨을 희생하겠지만 많은 사람의 목숨을 위해 소아성애 집단을 습격하려 함."[16] 웰치는 피자게이트를 다룬 유튜브 동영상을 닥치는 대로 시청했었다. 그리고 결론지었다. 누군가는 행동에 나서야 한다고. 웰치는 AR-15 소총과 엽총, 권총을 집어 들고 워싱턴 D.C.로 차를 몰았다. 코멧핑퐁 문을 박차고 들어가 한 직원에게 소총을 겨눴다. 직원이 달아났고 손님들도 밖으로 뛰쳐나갔다. 고개를 돌린 웰치의 눈에 잠긴 옆문이 보였다. 피자게이트 동영상에서 민주당 인사들이 아동 성매매 피해자를 가둬놓는 지하실 출입구라고 주장한 문이었다. 웰치는 문에 여러 발을 발사한 뒤 발로 걷어찼다. 안에는 컴퓨터 장비를 넣어둔 벽장밖에 없었다. 경찰이 코멧핑퐁을 에워쌌다. 웰치는 손을 머리에 얹고 순순히 항복했다.

코멧핑퐁 주인 제임스 알레판티스James Alefantis는 그 뒤로 몇 년 동안 갈수록 상세해지는 살해 위협의 홍수에 맞서 벙커에서 지냈다. 소셜미디어 플랫폼에 간절하게 개입을 요청했고, 옐프와 페이스북이 반응을 보였다. 하지만 유튜브는 피자게이트에 아무런 책임이 없는 중립 플랫폼일 뿐이라며 조처에 나서기를 거부했고, 만약 웰치가 코멧핑퐁에 쳐들어가도록 부추겼고 지금도 다른 사람들을 과격화로 유도하고 있을 동영상에서 벗어나고 싶다면 법원 명령을 받아 와도 좋다고 주장했다. 실리콘밸리는 꿈쩍도 하지 않았다.

2. 페이스북의 문제는 바로 페이스북

트럼프가 승리하고 몇 주 사이, 미국인의 생활에 영향을 미치는 온갖 기관에 위기감이 퍼졌다. 정부 기관은 트럼프가 주장하는 '딥스테이트deep state'와의 전쟁에 대비했다. 인권 단체는 소수자와 이민자를 겨냥한 정책에 맞서 집결했다. 몇몇 대학에서는 일부 사회학자가 트럼프주의의 부상을 이끈 숨은 세력을 파악하기 시작했다.

그중 한 명이 학부생 시절에 채식주의자를 대표해 소셜미디어에서 논쟁을 벌였던 윌리엄 브래디였다. 이제 심리학자가 되어 부정적 감정이 어떻게 퍼지는지를 탐구하던 브래디는 뉴욕 대학교 연구실에 틀어박혀 소셜미디어를 분석할 새로운 방법을 개발하고 있었다. 트럼프는 다른 곳에서 그랬듯 트위터에서도 지지자들을 결집하고자 소수자와 제도권에 분노를 뿜어냈다. 브래드는 도덕적 격분이 집단에 전염할 수 있고, 거기에 노출된 사람들의 행동과 도덕관을 바꿀 수 있다는 것을 알았다. 그렇다면 소셜미디어가 단순히 트럼프를 부풀리는 데 그치지 않고, 실제로 트럼프가 갈라치기한 우리 대 그들로, 모든 것을 해체하는 사고방식으로 끌어당기지 않았을까?

브래디의 연구팀은 정치 토론의 대용물로 기후 변화, 총기 규제, 동성결혼을 언급한 트윗 50만 건을 수집했다.[17] 그리고 언어 감지 프로그램으로 각 게시물을 확인해 게시자의 정서, 정치적 태도 같은 것을 분석했다. 어떤 내용이 더 멀리 퍼졌을까? 행복한 내용일까, 슬픈 내용일까? 보수적 내용일까, 진보적 내용일까? 결과는 무의미한 것이 많았다. 예컨대 행복한 트윗은 확산 범위가 너무 오락가락해 플랫폼이 어느 쪽으로 영향을 미친다고 결론짓기 어려웠다. 하지만 한 지표에서는 결과가 명확했다. 심리학자가 '도덕적 정서 어휘moral emotional words'라 부르는 어휘가 주제와 정파에 상관없이 한결같이 모든 트윗의 확산 범위를 늘렸다.

"난민에게 온정을 베풀어야 한다", "그 정치인의 견해는 역겹다"에서 보듯이, 도덕적 정서 어휘는 역겨움, 수치, 감사 같은 느낌을 전달한다. 이런 어휘는 그저 말에 그치지 않고 긍정적이든 부정적이든 공동체의 판단을 드러내고 요구한다. "수지의 행동은 끔찍하다"라는 말은 사실 "수지가 도덕적 선을 넘었으니 공동체가 주목해야 하고 심하면 조처에 나서야 한다"라는 뜻이다. 도덕적 정서 어휘와 달리 "오늘 동성결혼 합헌 판결이 나와 정말 기쁘다"처럼 정서만 담거나, "대통령은 거짓말쟁이다"처럼 도덕만 담은 단어는 확산 범위가 주제나 정파에 따라 달라졌다. 도덕적 정서 어휘가 들어간 트윗은 확산성이 20% 컸다. 그것도 단어 하나마다. 따라서 한 트윗에 도덕적 정서 어휘가 많을수록 더 멀리 퍼져나갔다. 바로 여기에 소셜미디어가 다른 후보보다 도덕적 정서 어휘를 많이 사용한 트럼프는 물론이고 트럼프의 정치 방식 전체를 선전했다는 증거가 있었다. 분노를 부추기기보다 극복을 강조한 힐러리 클린턴의 트윗은 확산성이 떨어졌다.

브래디는 다른 무엇을 찾아냈다. 진보주의자가 도덕적 정서 어휘를 사용한 트윗을 올렸을 때 진보주의자 사이에서는 전파 범위가 꽤 늘었어도 보수주의자 사이에서는 오히려 줄어들었다. 반대도 마찬가지였다. 도덕적 정서 어휘를 쓰면 전반적인 관심과 평가가 늘어났지만, 그 대가로 반대 진영 사람들과는 멀어졌다. 트위터가 정치 양극화를 부추겼다는 증거였다. 데이터에 따르면 사용자들은 무의식적으로라도 그런 유인책에 따라 움직여 점점 더 반대 진영 사람들을 깔아뭉갰다. 케임브리지 대학교에서 심리학 박사 학위를 받은 스티브 라지Steve Rathje는 브래디의 연구를 바탕으로 진행한 연구[18]를 요약하면서 "페이스북과 트위터에서는 정치적 외집단을 깎아내리는 부정적 게시물이 사용도 참여도를 더 끌어올리는 경향이 있다"고 언급했다.[19] 하지만 이런 효과는 당파의식에만 그치지 않아, 모든 정서에, 따라서 사회적 외집단은 무조건 헐뜯고 보는 모든 정치 견해에 힘을 실어줬다. 2020년에 트위터 연구진이 자사 알고리즘이 사회 전반에 걸쳐 우리와 그들 사이에 뚜렷한 경계를 긋는 데 몰두하기 쉬운 보수적 정치 견해를 체계적으로 부추겼다고 결론지은 까닭도 바로 이 때문일 것이다.[20]

분열이 커지기는 했지만, 공동체를 지배하는 행동 규범을 추론해 거기에 따르려는 인간의 타고난 본능을 건드려 정말로 상황을 바꾼 것은 규모였다. 우리는 누구나 무의식적으로라도 소속 집단의 사회 규범을 따르려 노력한다. 그런데 소셜미디어는 특정 행동을 왜곡해 실제보다 더 흔하고 용인되는 것처럼 보여주는 거울로 가득 찬 유령의 집과 같다. 2017년 초 실리콘밸리 바깥에서는 그런 거울이 우리가 보고 경험하는 내용을 왜곡한다는 데 대다수가 동의했지만, 왜곡률이 얼마인지는 누구도 파악하지 못했다. 더구나 디지털 유령의 집을 돌아다니는 사용자 20~30억 명에게 어떤 영향을 미치는지에는 더욱 깜깜했다.

2017년 초 사람들이 소셜미디어의 폐해를 널리 받아들이고 이해한 첫 플랫폼은 트위터일 것이다. 사용자 수는 페이스북이나 유튜브의 6분의 1,[21] 시가 총액은 페이스북의 2.5%에 그쳤고,[22] 알고리즘도 대형 경쟁사에 견줘 몇 세대 뒤처졌으니, 트위터의 폐해는 영향력, 재정 능력, 정교한 알고리즘 때문이 아니었다.

이유는 간단했다. 트럼프가 트위터를 백악관 집무실에서 끝없이 생중계하는 국정 연설의 도구로 바꿨기 때문이다. 언론인, 공직자, 관심 있는 시민의 눈길이 갑자기 트위터로 쏠렸다. 이들은 트위터에 들어가면 트롤에 포위되고, 지긋지긋하게 이어지는 온라인 논쟁에 시달리고, 끝없이 싸우는 양극화된 진영에 끌려 들어가고, 거짓말과 유언비어 세례를 받는다는 것을 깨달았다. 예전에는 소셜미디어를 한낱 인터넷으로 무시했을 수많은 언론과 정치 감시자들이 공통된 깨달음을 얻었다. 페이스북이나 유튜브에서는 사용자들이 서로 절대 교류하지 않을 커뮤니티로 나뉘지만, 트위터는 커다란 격투장 같은 구조라 누구나 거의 같은 경험을 하므로 위기를 느낀 사용자가 문제의 근원이 시스템이라는 것을 쉽게 알 수 있었다.

한 CNN 앵커는 "여러분은 독설을 퍼붓는 데 만족하는 사람, 인종차별주의와 여성 혐오, 반유대주의를 퍼뜨리는 사람과 어울리고 있다"고 한탄했다.[23] 의회 조사가 없어도, 이제 미국 정치 담론의 한복판을 차지하는 플랫폼에 신나치와 당파적 거짓말이 넘쳐나는 상황이 왜 나쁜지를 누구든 이해할 수 있었다.

2015년에 잭 도시가 CEO로 복귀해 비교적 새로운 관리에 들어가면서, 트위터는 성장에 맞춰졌던 회사의 초점을 선동을 일삼고 남을 괴롭히는 사람을 제한하는 쪽으로 이동하려 한다고 발표했다. 하지만 사용자 수 증가가 곧바로 멈추지 않았다면 그저 기업의 사탕발림으로 흘러듣고 말았을 주장이었다. 주가가 제자리걸음을 하자 몇몇 대주주가 격분해 정책 방향을 되돌리라고 도시를 압박했고, 도시가 거부하자 이번에는 완전히 내쫓으려 했다.[24] 하지만 브리아나 우를 포함해 오랫동안 트위터를 비판했던 사람들은 트위터가 살해 협박이나 극단적 인종차별주의 같은 매우 흉악한 행동을 억제한다는 점에서나마 진정한 진보를 이뤘다고 칭찬했다.

그런데 적어도 처음에 도시는 플랫폼이 말썽꾼들의 행동을 부추기지는 않는지 검토하기보다 말썽꾼을 제거하는 방식으로 문제에 접근했다. 다른 경영진은 도시의 메일함을 채우는 문제들로 보건대 실리콘밸리가 꿈꿔온 표현의 자유가 한 번도 실현된 적이 없는데도 도시가 우유부단하게도 그 꿈을 포기하기를 주저한다고 평했다.[25] 어쩌면 도시는 세상과 동떨어진 괴짜일지 모른다. 한 회의에서는 임직원에게 트위터의 새로운 기업 사명을 발표한다며 비틀스의 〈블랙버드〉를 틀었다. 소셜미디어가 미얀마에서 대량 살상을 선동한 지 채 몇 달이 지나지 않았을 때 별안간 미얀마를 포함한 곳으로 명상 수행을 떠나기도 했다.[26] 트위터 주가가 내려가는 와중에는 몇 달 동안 아프리카로 이주하겠다고도 발표했다.[27]

대선 후 도시의 정책 전환이 실리콘밸리의 근본 가정을 재고하는 것인지, 홍보 전략인지, 아니면 도시가 트위터를 터무니없는 방랑으로 이끄는 것인지는 트위터 임직원조차 이해하기 어려웠다. 동기가 무엇이었든 도시가 이끈 트위터는 이미지는 망가졌을지언정 다른 기업들이 마주한 심각한 추문은 피했다. 트위터 플랫폼은 집단 학살을 유발하거나 선거를 뒤흔든다는 비난을 받을 만큼 영향력이 크지 않았다. 또 다른 기업들이 강조한 비밀주의, 대결주의, 과장된 선언문을 자제했다.

트럼프가 당선된 지 몇 주 동안 소셜미디어 대기업들은 여론의 압박, 직원들의 압력, 그리고 적어도 지금은 선량한 시민으로 행동하고 싶다는 적절한 욕구에 떠밀려 무엇이 잘못되었는지를 파악하려 애썼다. 페이스북은 러시아의 선전 활동을 걱정했던 초기 우려를 반영해 프로젝트 P라는 내부 감사를 진행했다. 감사에 따르면 크렘린과 연관된 인터넷연구기관Internet Research Agency이라는 곳이 대개 루블로 페이스북 광고를 구매해, 사용자 약 6만 명이 친트럼프, 반클린턴 이벤트에 등록하도록 유도했다. 페이스북은 이 문제를 사과했다. 사실 러시아의 이벤트 계략은 거의 영향을 미치지 않았을 가능성이 크다. 페이스북 규모로 보건대 6만 명이 이벤트에 참여해 봤자 일시적 현상에 지나지 않았다. 그러나 디레스타와 다른 사람들이 밝혀냈듯이, 페이스북 광고 구매는 러시아의 개입 중 일부일 뿐이었다.

감사에서 드러난 다른 사실들은 더 우려스러웠다. 페이스북 페이지 수십 개가 극단적 정파성을 드러내는 가짜 언론 기사를 퍼뜨렸다. 쉽게 돈을 벌려고 스팸을 퍼뜨리는 저질 선동가들은 러시아 요원처럼 정교하지 않았다. 그런데도 엄청나게 많은 동조자를 끌어모았으니, 페이스북의 어떤 작동 방식이 이들에게 힘을 실어줬다는 암시였다. 이들이 곳곳에서 활동했으므로, 페이스북은 허용할 수 있는 정치 담론과 금지된 허위 정보 사이에 선을 그어야 할지, 긋는다면 어디에 그어야 할지를 고민할 수밖에 없었다. 그야말로 민감한 질문이었다. 게다가 신임 대통령이 평생 그 경계에 서 있었다.

페이스북이 워싱턴에서 공화당에 입김을 넣으려고 고용한 보수적 로비스트 조엘 캐플런Joel Kaplan이 중요한 인물로 떠올랐다. 캐플런은 대선 이후 알고리즘을 수정하거나 가짜 뉴스 유포자를 제거하는 것처럼 보수 성향 페이지에 큰 영향을 미칠 만한 정책 변화를 반대하거나 완화했다.[28] 이제 의회와 백악관을 장악한 공화당 지도부는 그전에도 플랫폼들이 보수 인사들을 '검열'한다는 터무니없는 불만을 제기하며 왜 보수주의자를 더 적대하냐고 따졌었다.

페이스북, 트위터, 유튜브가 한자리에 모여 2016년 대선에 대한 공개 설명회를 열었다. 이들은 플랫폼이 사회 분열에 어느 정도 영향을 미쳤을지 몰라도, 이제 해결책에 일조할 수 있다고 주장했다. 저커버그는 페이스북이 자사 기술을 이용해 "인류를 하나로 모으겠다"고 선언했다.[29] 그런데 당혹스럽게도 이 말은 비평가들이 러시아의 선전 활동이나 가짜 뉴스보다 더 해로운 과격화 수단이라 일컬었던 페이스북 그룹으로 사용자를 더 많이 유도하겠다는 뜻이었다. 사람들이 그룹을 통해 더 다양한 관점을 접할 것이라는, 선뜻 받아들이기 어려운 말장난이었다.

이런 생각이 실리콘밸리 전역에 널리 퍼져 있었다. 트위터도 생각이 다른 사용자들을 하나로 모을 구상을 품었었다.[30] 엘런 파오도 해고되기 전 레딧에서 비슷한 구상을 구현할 계획이었다고 했다. 유튜브는 이를 활용해 개선한 알고리즘을 리인포스Reinforce라 불렀다(유튜브 엔지니어는 리인포스의 실제 목적이 시청 시간 향상이라고 밝혔다.[31]) 페이스북의 어느 AI 개발자는 페이스북 시스템이 "여론이 어떻게 형성되고 굳어져 확고해지는지, 어쩌다 두 사람이 서로 말을 섞을 수 없는 지경에 이르는지를" 역설계하리라고 봤다.[32] 다른 엔지니어는 페이스북 알고리즘이 이제는 사용자들을 다른 견해로 안내하리라고 주장했다.[33]

실리콘밸리의 오만은 대선 이후에도 꺾이지 않았을뿐더러 오히려 더 커진 듯했다. 실리콘밸리에 2016년이 보이지 않는 커다란 줄로 우리를 20 억 개의 꼭두각시처럼 조종하는 역할을 했다는 사실을 어쩔 수 없이 인정 해야 한 해였다면, 2017년은 난다 긴다 하는 프로그래머들이 줄을 자르기 보다 더 꽉 쥐는 것이 해법이라고 판단한 해였다. 핵심은 우리를 모두 장단 에 맞춰 춤추게 하는 것이었다.

이들은 광범위하게 잘못 해석한 접촉론contact theory에 따라 행동하고 있 었다. 2차세계대전 이후, 인종 분리를 없앤 부대에서 왜 인종차별이 줄어 들었는지를 설명하고자 만든 이 가설은 서로 불신하는 집단이 사회적 접촉 을 통해 상대를 적대하지 않게 된다고 주장했다. 하지만 후속 연구에 따르 면 이 과정은 관리된 접촉, 평등한 대우, 중립 영역, 공동 임무 같은 제한 된 환경에서만 효과가 있었다.[34] 연구자들이 거듭 확인한 바에 따르면, 서 로 적대하는 부족을 그저 한 집단으로 섞기만 하면 오히려 반감이 커진다.

대선 이듬해인 2017년, 정치학자들이 민주당이나 공화당 당원으로 확 인된 트위터 사용자 수백 명에게 반대 진영의 목소리를 계속 피드로 리트 윗하는 트위터 봇을 팔로우하게 했다.[35] 양쪽 사용자들은 더 관대해지기는 커녕 더 극단으로 치달았다. 다른 연구에 따르면 소셜미디어에서 활동하는 당파주의자들은 반대 진영 사람들이 올린 타당한 게시물이나 악의 없는 게 시물에는 대체로 가타부타 말을 하지 않지만, 불쾌한 게시물에는 확실하게 관심을 보인다. 그리고 흔히들 그런 게시물을 반대편이 타락한 증거라며 다시 널리 알린다. 2016년 민주당 대선 후보 예비 선거 기간에 힐러리 클 린턴 지지자는 버니 샌더스 지지자들의 트윗에 대부분 눈길조차 주지 않았 을 것이다. 누군가가 선을 넘기 전까지는 말이다. 마침내 한 사용자가 클 린턴에 대해 '목소리가 앙칼지다'라고 쓴 스물세 살 바리스타의 트윗을 리 트윗하며 "버니 지지자들은 고약한 성차별주의자다"라고 적는다.

우리는 대체로 외집단을 단일체로 인식한다.[36] 반대 집단의 구성원이 못된 짓을 하면 이런 행동이 그 집단 전체를 대표한다고 추정한다. 클린턴 지지자의 트윗이 분노의 입소문을 타면, 이 트윗을 본 동조자들은 샌더스 지지자의 비슷한 일탈을 더 많이 알아챌 것이다. 이들이 그런 트윗을 계속 퍼뜨리면 일반화된 적개심, 즉 '샌더스 지지자는 성차별주의자다'를 입증하는 증거처럼 느껴진다. 정치학자들은 이런 현상을 '허위 양극화false polarization'라 부른다.[37] 연구자들에 따르면 진보주의자와 보수주의자가 상대를 바라보는 인식이 점점 더 현실에서 멀어지면서, 특히 당파성을 중심으로 허위 양극화가 악화하고 있다.[38] 이 현상은 정치의 제로섬 갈등을 부추길 수 있다. 샌더스가 그저 생각이 다른 정치인일 뿐이라면 샌더스의 의제와 타협하는 것은 참을 만하다. 그러나 샌더스가 무뢰배를 이끄는 위험한 과격분자라면 그런 의제는 무산시키고 지지자들을 정치판에서 몰아내야 한다.

소셜미디어의 구조는 가장 기초적인 형태에서조차 양극화를 부추긴다. 한 실험에 따르면 기사를 읽은 뒤 그 아래 달린 댓글을 읽으면 기사 주제에 더 극단적인 견해가 된다고 한다.[39] 이와 달리 기사만 읽은 통제 집단은 더 온건하고 생각이 열려 있었다. 그렇다고 댓글 자체가 설득력을 발휘하지는 않았다. 댓글이 있다는 단순한 맥락이 영향을 미친 것이다. 뉴스 독자는 사회적 환경에 있을 때 정보를 다르게 처리한다. 사회적 본능이 이성을 압도해 자기 편의 타당성을 보여주는 확언을 찾게 한다.

페이스북 그룹은 이 효과를 한층 더 증폭한다. 사용자들을 균질한 사회 공간에 집어넣어 사회적 신호와 동조에 더 민감하게 반응하게 한다.[40] 이런 환경에서는 사용자가 거짓 주장을 판단할 능력을 제압당하므로, 정체성을 확인하는 거짓말에 더 끌려 허위 정보와 음모론을 공유할 가능성이 커진다. 사회학자 제이네프 투페크지ZeynepTufekci는 이렇게 설명했다. "소셜미디어가 존재하는 시대와 맥락에서 반대 견해를 마주하는 것은 혼자 앉아 신문을 보다 반대 견해를 맞닥뜨리는 것과는 다르다. 그건 마치 축구장에서 같은 팀 팬들과 앉아 있는데 상대 팀이 구호를 외치는 것과 같다. … 그럴 때 우리는 상대 팀 팬에게 소리를 질러 우리 팀과 유대를 형성한다."[41] 알고리즘을 수정해 사용자를 같은 진영 지지자 쪽으로 밀어붙이거나 반대로 멀어지게 한다면 플랫폼의 근본 설계 때문에 생길 수밖에 없는 다른 위험한 세력만 만들고 말 것이다. 언론학자 시바 바이디야나단SivaVaidhyanathan이 말한 "페이스북의 문제는 바로 페이스북이다, 고치고 개혁할 수 있는 특정 속성이 아니다"[42]는 견해에 사회학자들이 누구보다 먼저 동조한 까닭도 그래서다.

그해 봄 윌리엄 브래디의 박사 학위 지도교수가 학술회의에서 강연하던 중 브래디의 연구를 언급했다. 마침 그 자리에 있던 예일대 신경과학자 몰리 크로킷MollyCrockett이 눈을 반짝였다. 행동신경학을 연구한 크로킷은 소셜미디어의 영향을 깊이 아는 자신조차 대선 이후 소셜미디어에서 분노를 터뜨리는 데 더 많은 시간을 쏟는다는 사실에 주목하던 차였다. 한 인터뷰에서 그런 자신을 이렇게 설명했다. "무언가를 읽곤 했어요. 거기에서 분노를 느끼고, 그런 분노를 어떻게든 친구들과 나눠야겠다고 생각하곤 했죠. 그다음에는 사람들이 반응했는지, 어떻게 반응했는지를 집요하게 확인하고요. 있잖아요, 무한반복."[43]

크로킷과 친구들이 한번은 캘리포니아산 토마토가 이주 노동력 부족 탓에 줄기에 매달린 채 썩어간다는 게시물을 보고 욱해서 흥분했다. 크로킷의 내집단은 화를 자초하는 트럼프의 냉혹함을 향한 분노와 자기들이 공유하는 진보주의 가치를 중심으로 뭉쳤다. 토마토 이야기가 자기들의 우월함을 입증한다고 느꼈기 때문이다. 그런데 한 친구가 그건 2011년 일이라고 지적했다. 크로킷은 그때를 회상하며 "최면에서 깨어난 기분이었어요. 제가 되먹임 고리에 몰두해 있었던 거죠. 박사 과정 연구실에서 쥐에게 코카인을 얻으려면 레버를 당기도록 훈련할 때 사용한 장치와 다르지 않은 것예요"라고 말했다.[44]

연구를 통해 크로킷은 소셜미디어 플랫폼이 이런 감정을 이용해 우리 행동과 현실 인식은 물론 옳고 그름을 판단하는 인지 능력에까지 영향을 미치는 매우 강력한 신경 경로를 활성화하는 것을 알았다. 그래서 브래디의 연구를 바탕으로 짧지만 파급력이 큰 논문 〈디지털 시대의 도덕적 격분_{Moral Outrage in the Digital Age}〉을 발표했다.[45] 논문의 전제는 간단했다. 특정 사회 자극이 적정한 상황을 만나면 인간의 본성을 바꿀 수 있다. 새로 확보한 자료에서 도출한 결론은 정신이 번쩍 드는 것이었다. 분노와 갈등을 키우기만 하는 온라인 규범이 "대대로 이어 온 사회 정서를 집단의 이익을 지키는 힘에서 집단을 자멸로 이끌 도구로 바꿀" 위험이 있다. 이 기술이 우리를 내집단에 더 충성하도록, 외집단을 더 적대하도록, 그래서 외집단 구성원을 온전한 사람이 아닌 존재로 보도록 훈련해 사회와 정치 전체에 똑같은 폐해를 끼칠 것이다.

당시에는 이것이 그저 이론일 뿐이었다. 크로킷이 브래디에게 연락했고, 두 사람은 함께 이 문제를 더 깊이 파헤쳐 보기로 했다. 두 사람이 함께 조사를 시작했을 때, 디레스타의 비공식 분석 그룹이 두 사람의 조사와는 전혀 상관없어 보이는 소셜미디어의 다른 영향을 완전히 다른 방식으로 조사하기 시작했다. 상대의 연구를 몰랐는데도 두 연구팀은 경악스러울 만큼 거의 똑같은 결론에 다다른다. 그런데 디레스타의 연구도 브래디와 크로킷의 연구와 마찬가지로 좁은 질문 하나에서 출발했다. 러시아의 작전은 얼마나 깊이 침투했을까?

3. 러시아 요원을 찾아

여론의 압박이 조금 사그라지고 플랫폼 대기업이 약속한 투명성 강화가 흐지부지되자, 디레스타는 이슬람국가, 백신 반대주의자, 피자게이트 추종자들을 함께 추적했던 분석가들에게 연락했다. "그렇게 다시 한번 뭉쳤죠." 이들은 암호화된 단체 대화방을 만들어 러시아의 이권 브로커들을 추적할 만한 소셜미디어 콘텐츠를 공유했고, 마침내 "실마리를 잡기" 시작했다.

이들은 러시아의 선전 활동 과정을 하나하나 조사하면 플랫폼이 정보의 흐름을 어떻게 유도하거나 왜곡했는지가 드러나리라고 생각했다. 또 플랫폼 기업들을 압박해 책임을 지게 할 좋은 기회라고도 봤다. 러시아가 미국의 민주주의를 전복하려 했고, 이 시도를 플랫폼의 시스템이 증폭했다. 민주주의 전복은 백신 반대를 외치는 음모론자처럼 가볍게 넘길 문제가 아니었다. 그런데 디레스타와 동료들에게는 문제가 하나 있었다. 플랫폼에 어떻게 접근할까? 하루에만도 콘텐츠 수십억 개가 돌아다니는 플랫폼에서 게시물을 하나하나 철저히 조사하는 것은 모래알을 하나하나 조사해 지질학을 연구하는 것이나 마찬가지였다. 디레스타의 말마따나 "인터넷을 돌아다니며 임의로 이름을 붙여 넣는 헛수고를 하지 않아도 되는, 전체 영역을 아우르는 유일한 존재는 플랫폼뿐이었다." 그러나 플랫폼 기업들은 질문에 거의 답을 하지 않았고, 외부 조사에 시스템을 공개할 의사는 더더욱 없었다. "오랫동안 철벽 차단을 당했죠."

디레스타는 한 디지털 감시자를 통해 트리스탄 해리스에게 연락했다.

알고리즘의 폐해를 경고한 뒤 항의하는 뜻에서 회사를 그만둔 전직 구글 엔지니어 말이다. 해리스는 의회 직원들을 만나려고 워싱턴으로 가던 중이었다. 상원 정부위원회의 고위 민주당 의원 마크 워너_{Mark Warner}를 포함해 몇몇 국회의원이 소셜미디어의 영향을 이해하고자 도움을 청했기 때문이다. 해리스는 디레스타에게 워싱턴으로 오겠느냐고 제안했다.

디레스타는 기회를 알아봤다. 페이스북과 구글이 상원을 무시하기는 어려웠다. 그래서 해리스와 만나 상원을 설득했다. 디레스타는 "국가 안보를 위해 소셜미디어 기업이 상원 정보위원회에 추가 분석용 자료를 제출하게 해야 합니다"라고 주장했다. 워너가 디레스타의 주장을 받아들였다. 워너는 소셜미디어 기업들을 압박하는 발언을 많이 쏟아내는 자리에서 "저는 이들 회사가 매우 적극적으로 자료를 밝혀야 한다고 봅니다"라고 주장했다.[46] "내가 보기에 페이스북은 우리 각각을 여러 면에서 미국 정부보다 더 많이 압니다. 소셜미디어 기업이 어쩌다 보니 플랫폼에서 무슨 일이 벌어지는지 몰랐다는 의견은 믿음이 가지 않습니다."

트럼프가 당선되고 거의 1년이 지난 어느 날, 디레스타가 동이 트기도 전에 눈을 떴다. 여러 달에 걸친 압박 끝에 마침내 구글, 페이스북, 트위터의 대표자들이 의회 청문회에 출석하기로 했기 때문이다. 디레스타는 동료 분석가 여러 명과 대화방에 모여, 상원 정보위원들이 때때로 디레스타와 동지들이 여러 해 동안 던졌던 바로 그 질문들로 기업측을 몰아붙이는 모습을 보며 내용을 공유했다.

청문회는 자칫 국회의원들이 카메라 앞에서 열변을 토하는 연극 무대가 되기 쉽다. 이를 고려했는지 IT CEO들은 자기 대신 법률가들을 대리인으로 내보냈다. 디레스타에게는 충격이었다. 디레스타가 월가에서 금융 위기를 겪었을 때 은행과 보험사는 의회의 공세에 CEO를 출석시켜야 한다는 것쯤은 알았다. 그래도 이번 청문회가 책임을 물을 의미 있는 한 걸음일 수 있었다. 디레스타는 의원들이 의미 있는 답변을 끌어낼 수 있도록, 의회 보좌진이 준비하는 질문에 조언을 건네고 가다듬었다. 그런데 청문회가 시작되자 기업 대리인들이 질문을 대부분 교묘히 빠져나가거나 이의를 제기했다. 디레스타는 PBS와 나눈 인터뷰에서 "그들은 문제를 축소하고 신빙성을 떨어뜨리고 부인하는 반응으로 일관했어요. 논쟁에서 나쁜 기업 이미지를 돌파하려 할 때 쓰는 방법이죠"라고 꼬집었다.[47] 청문회는 디레스타와 동료 분석가들에게 좌절을 안겼다. "여전히 플랫폼에 의존해 소셜미디어 기업을 조사해야 했으니까요." 그러니 당연하게도, 과연 소셜미디어 플랫폼이 무슨 일을 벌였는지 완전한 설명을 들을 날이 과연 오기나 할지 의문이 들었다.[48]

어쩌면 정치가들의 수완 덕분에 머잖아 그런 날이 올지도 모른다. 상원의원들의 날카로운 질문을 소셜미디어 기업의 대리인들이 너무 뻔뻔하게 빠져나가자, 의원들이 이들의 방해 행위를 기사로 알려 대중의 분노를 불러일으켰다. 워너 의원은 에이미 클로버샤Amy Klobuchar 의원, 존 매케인John McCain 의원과 손잡고, 누가 정치 광고를 샀고 그런 광고의 대상이 누구인지를 소셜미디어 기업이 공개하게 요구하는 법안도 만들었다. 공화당이 장악한 국회를 넘어서기에는 너무 과감한 법안이었지만, 입법부가 소셜미디어 기업의 수입원을 겨냥해 날린 경고 사격이자, 묵직한 규제를 휘두르겠다는 위협이었다.

플랫폼 기업들이 마침내 러시아의 활동 범위를 공개했다. 러시아는 아무리 못해도 유튜브 동영상 1000건, 트윗 13만 1000건을 올렸고, 당시 페이스북 사용자 1억 2600만 명을 겨냥해 논란을 일으킬 게시물을 올렸다. 디레스타는 상원의 지인들에게 내부 기록물을 모두 넘겨줄 때까지 계속 플랫폼을 압박하라고 촉구했다. 몇 달 뒤인 2018년 초, 내부 기록물이 도착했다. 드라이브 하나로 압축된 400기가바이트짜리 미가공 데이터였다. 그런 데이터를 분석하는 작업은 서류 2억 장이 아무렇게나 쌓여 있는 방에 들어가는 것과 같다. 상원 보좌진은 도저히 파악하기 어려운 데이터였다. 그래서 디레스타에게 팀을 구성해 데이터를 모두 분석한 뒤 공식 보고서 형태로 결론을 도출해달라고 요청했다. 디레스타는 남편과 상의한 뒤, 자신이 설립을 도왔던 물류 스타트업을 그만두고 투자업계를 떠났다. "현대 정보 작전에서 가장 흥미로운 데이터집합일 것 같다는 생각이 들었거든요. 역사를 생생히 경험하는 기분이었어요."

데이터가 드러낸 것은 러시아의 계략만이 아니었다. 실리콘밸리의 산물이 악의적 영향을 더 널리 퍼뜨리고 더 악화한 방식도 드러냈다(디레스타는 많은 사람이 대체로 자신도 모르게 전파해 힘을 키워 주는 이 선전 활동을 '앰플리간다ampliganda', 즉 증폭된 선전 활동이라 불렀다).[49] 페이스북에 밈을 올린 러시아 요원은 그 자체로는 그다지 위협이 되지 않았다. 그런 콘텐츠를 공유하는 사람이 별로 없으면 시간만 허비한 꼴이었을 것이다. 영향력은 입소문을 타는 데서 나왔다. 입소문이 더 많은 시선을 끌어서만은 아니었다. 사람들이 어떤 의견을 자신이 속한 공동체에서 나왔다고 여기면, 그 의견에 자체 힘으로는 얻을 수 없는 설득력이 생긴다.

러시아는 여러 시행착오 끝에 전략을 정했다. 사람들의 집단 정체성에 호소하라. 집단 정체성이 공격받는다고 말하라. 외집단을 겨냥한 분노를 자극하라. 도덕적 정서 어휘를 되도록 많이 사용하라. 러시아가 운영한 페이스북 페이지 하트오브텍사스Heart of Texas는 억울함을 호소하는 편협한 정체성을 구축해 팔로워 수십만 명을 끌어모았다. 다른 주를 죄다 '끔찍하다'나 '지루하다'고 표시한 지도에는 도덕적으로 타락한 미합중국에서 탈퇴하라고 촉구하는 문구와 함께 "동의한다면 '좋아요'를"이라는 제목을 달았다. "텍사스가 기독교 주라는 데 동의하면 '좋아요'와 공유를" 같은 게시물은 텍사스의 정체성이 포위당했다고 묘사했다. "미국 땅에 모스크는 그만! 동의하면 '좋아요'를!" 같은 게시물은 외집단에 맞선 결집을 촉구했다. 이제 텍사스 주민만큼 많은 팔로워를 완벽하게 구축한 하트오브텍사스는 선거가 다가오자 힐러리 클린턴이 표를 훔치려 한다고 열변을 토하기 시작했다. 팔로워들에게 휴스턴의 이슬람 사원 바깥에서 무장 시위를 하라고 촉구했을 때는 약 100명이 모였는데, 일부는 돌격 소총을 들고 있었다. 그사이 모든 주요 플랫폼에서 러시아가 운영한 비슷한 계정들이 활동에 나서 흑인 유권자, 샌더스 지지자, 히피 엄마들처럼 러시아가 극단으로 몰아붙일 수 있다고 본 모든 집단의 환심을 샀다.

분석가와 감시자들이 처음에 초점을 맞춘 것은 분열을 조장하고 트럼프를 띄우려는 러시아의 의도였다. 그런 관점에서 보면 플랫폼의 잘못은 대책이 없었다는 것, 러시아의 활동을 확인해 멈추지 못한 것이다. 하지만 디레스타와 브래디가 러시아 쪽에서 들어오는 데이터를 지켜보니, 소셜 네트워크가 더 활발한 역할을 한 것 같았다. 러시아 요원들은 미국 문화와 언어를 완벽히 이해하지 못했고, 활동 방식도 예리하지 못했고, 충분한 지원도 받지 못했다. 이들은 시행착오 끝에 이런 전술을 개발한 것이 아니었다. 소셜미디어 플랫폼의 알고리즘과 유인책에 적혀 있는 전술을 발견했을 뿐이었다. 그러니 사용자 참여를 유지하고자 플랫폼이 제공한 주목이라는 보상을 얻으려는 목적만 있더라도 다른 누군가가 뜻하지 않게 똑같은 전략을 발견할 것이 틀림없었다.

바로 그런 일이 실제로 벌어졌다. MIT 미디어랩의 분석에 따르면 2016년 기준으로 5800만 개에 이르는 미국 내 트위터 활성 계정 가운데 정치적 영향력이 107번째로 큰 계정은 익명인 트롤 계정 Ricky_Vaughn99였다.[50] 2014년에 트위터에 가입한 계정 주인은 게이머게이트에 휩쓸려 하루에 200개 넘는 트윗을 올렸다.[51] 또 우익 성향 사용자들이 벌이는 것으로 보이는 모든 떼거리 공격에 가담했다. 기회주의자인 Ricky_Vaughn99는 분노의 수위를 점점 더 높였고, 백인 남성의 불만에 노골적으로 호소해 남부럽잖은 클릭을 받았다. 무수히 반복된 격분에 올라탄 그런 게시물로 팔로워 수천 명을 확보했다. Ricky_Vaughn99는 포챈과 레딧의 가장 지저분한 곳에서 악랄한 인종차별 밈을 가져와 주류 보수층에 퍼뜨렸다. 유대인이 백인을 약화할 계략을 꾸민다는 음모론을 선동했다. 2016년 여름 들어서는 자신이 받는 주목을 모두 트럼프를 위해 이용했다. 동조자들과 함께 힐러리 클린턴 지지자들을 겨냥한 가짜 선거 광고를 올려 투표장에 가지 않아도 문자로 투표할 수 있다고 속였다. 연방 정부의 기소장에 따르면 이 계략은 적어도 유권자 4900명을 속였다. 연방 정부는 "개인에게서 헌법이 보장하는 투표권을 빼앗으려 했다"는 혐의로 Ricky_Vaughn99를 기소하고 이름을 공개했다. Ricky_Vaughn99는 브루클린에서 활동하는 금융 컨설턴트 더글러스 매키Douglass Mackey였다.

미국 대선에 개입한 러시아 요원 한 명마다 천 명의 더글러스 매키가 있었다. 온라인에서 과격화된 이 평범한 사람들은 자기만족을 위해 플랫폼을 이용했다. 그리고 매키 한 명마다 천 명의 대중이 자신도 모르게 허위 정보를 퍼뜨렸다. 페이스북의 극성 엄마들은 백신 음모론을 퍼뜨렸고, 유튜브 사용자는 피자게이트라는 토끼굴로 굴러떨어졌고, 트위터 사용자는 허위 사실에 격분해 떼거리 공격에 나섰다. 주동자도 없고 의제도 없는데, 영향력은 오히려 더 컸다. 디레스타는 이를 "사용자 간 허위 정보"라 불렀다. 서로 협력하는 사용자와 플랫폼이야말로 허위 정보 전파의 진정한 원동력이었다. 몇 달이 지나지 않아 이런 현상이 일상이 되었다.

중앙아메리카 국가에서 조직 폭력을 피해 길을 떠난 난민 수백 명이 미국 국경에 도착했을 때, 많은 보수주의자가 정치적 정체성의 핵심으로 여기는 세계관에 혼란이 일어났다. 트럼프는 난민을 범죄자와 테러리스트라 일컬었지만, 사실 이들은 겁에 질려 목숨을 건 가족 난민이었다. 그때 소셜미디어가 빠져나갈 구실을 제공했다. 3만 6천 번이나 공유된 한 사진은 난민으로 위장한 흉악범들에게 공격받아 피범벅이 되었다는 어느 멕시코 경찰관을 보여줬다.[52] 8만 1천 번 공유된 다른 사진은 승객으로 북적이는 기차였는데, 게시자는 걸어서 이동한다는 난민이 사실은 부정직한 기자들에게 사주받은 거짓말쟁이라는 증거라고 주장했다. 두 사진을 포함해 비슷한 주장을 펼친 사진 수십 장이 알고 보니 관련 없는 수년 전 사건들의 광경이었다. 하지만 진실은 중요하지 않았다. 그런 게시물의 목적은 국경 보호가 아니었다. 목적은 트럼프 지지자들의 공통된 정체성을 보호하는 것, 자기네가 옳고 진보주의자들이야말로 괴물이라고 증명하는 것이었다.

의미심장한 실험에서 공화당 당원들에게 〈500명 넘는 '이주민', 자살 폭탄 조끼 입은 채 체포〉라는 난민 관련 가짜 기사 제목을 보여줬다.[53] 그리고 기사 제목이 정확해 보이느냐고 묻자, 대다수가 거짓 기사로 식별했다. 제목이 정확하다고 생각한 사람은 16%에 그쳤다. 질문의 뼈대가 실험 참가자에게 정확성을 생각해보도록 슬며시 유도했기 때문이다. 그런 유도가 정신의 이성 영역을 움직여 기사 제목을 빠르게 거짓으로 식별하게 했다. 다음으로는 페이스북에 기사를 공유하겠느냐고 물었다. 대다수가 아니라고 답했다. 달리 말해 이성을 따를 때는 정확성을 선호했다.

그런데 연구진이 다른 공화당 당원 집단에서 실험을 반복하며 제목의 정확성을 묻지 않고 페이스북에 기사를 공유하겠느냐고만 물었더니, 실험 참가자 51%가 그러겠다고 답했다. 페이스북에만 초점을 맞추자 정신의 사회 영역이 활성화되어, 같은 기사 제목인데도 정체성을 확인받을 가능성을 더 크게 봤다. 사회적 뇌는 정확성보다 정체성 확인을 훨씬 더 중요하게 여기기 때문이다. 기사를 공유하기로 마음먹은 실험 참가자는 기사가 진짜라고 되뇌었다. 연구 저자들은 의도적 거짓말과 사회적으로 자극받은 믿음을 구분해 이렇게 적었다. "사람은 대부분 허위 정보를 퍼뜨리려 하지 않는다. 하지만 소셜미디어라는 맥락은 진실과 정확성보다 다른 요인에 사람의 주의를 집중시킨다."[54]

다른 사람이, 특히 마음에 들지 않는 사람이 허위 정보를 공유하는 모습을 보면 이들을 부정직하다거나 무지하다고 생각하기 쉽다. 하지만 이들은 대개 사회적 본능에 압도된 탓에, 더 중립적인 맥락에서라면 받아들이지 않을 이야기에서 진실을 보려 하는 사람일 뿐이다. 이 실험에서 문제는 무지나 뉴스 이해력이 아니었다. 소셜미디어는 사용자에게 빠르게 움직이는 사회적 자극을 퍼부어 깊이 사고하는 이성보다 변덕스러운 사회적 직관에 의존하게 압박한다. 사람은 누구나 이성과 직관을 지니는데, 직관이 이성을 압도할 때가 많아 허위 정보가 자주 퍼진다. 플랫폼은 모든 뉴스와 정보를 중대한 이해관계가 얽힌 사회적 맥락 안에 집어넣어 그 효과를 한층 높인다.

정치인들은 이 질서에 적응하고 있다. 당시 플로리다에서 처음 당선된 연방 하원의원 매슈 게이츠Mathew Gaetz는 난민이 국경을 "습격"해 중간 선거를 방해하도록 그림자 세력이 비용을 대고 있고 유대계 자선가 조지 소로스가 원인 제공자일지 모른다는 트윗을 올렸다. 이 트윗은 3만 번 넘게 리트윗되었다. 이제는 러시아인이 문제가 아니었다.

4. 미쳐가는 세상

여전히 프랑스에 머물던 샤슬로는 미국 대선 때 진행했던 추적 실험을 다시 실행했다. 이번에는 프랑스 대통령 선거 출마자 네 명이 대상이었다. 예전과 마찬가지로 유튜브 알고리즘은 극단에 있는 후보를, 그러니까 극우인 마린 르펜Marine Le Pen과 극좌인 장뤼크 멜랑숑Jean-Luc Mélenchon을 심하게 선호했다.[55] 정치계에 새로운 이치가 등장하고 있었다. 소셜미디어가 과장된 도덕적 정서 언어에 능수능란한 반기득권 정치인을 위로 밀어 올렸다. 멜랑숑은 유권자에게는 인기가 없었지만, 유튜브 조회수는 수백만이었다. 멜랑숑을 가장 크게 지지하는 열성 팬이 유튜브에 모여 있는 듯했다.

처음에는 이런 현상이 긍정적이었다. 인터넷은 비주류 정치인이 자신을 외면하는 주류 매체를 우회할 방법을 제공했다. 그런 후보의 풀뿌리 지지자들은 유튜브에서 아주 많은 시간을 보냈고, 유튜브 시스템은 사용자들을 그런 동영상으로 유도해 더 많은 지지자를 만들어 시청 시간을 한층 더 늘리는 법을 학습했다. 하지만 알고리즘이 분열을 일으키는 극단적 콘텐츠를 선호했으므로 막상 혜택을 누린 정치인은 여러 성향의 다양한 정치인이 아니라 주로 과격한 비주류였다.

몇몇 동료 연구자의 도움 덕분에, 샤슬로는 미국과 프랑스의 대선을 연구한 결과를 《가디언》에 제공했다. 그리하여 소셜미디어가 전 세계의 정치적 안정을 위협한다는 오랜 의심을 뒷받침할 증거를 내놓은 폭발성 있는 기사가 탄생했다. 유튜브는 연구의 "방법론, 데이터, 무엇보다 결론"에 이의를 제기했다.[56] 샤슬로는 자신의 결론이 알고리즘이 매일 내리는 결정 수십억 개 중 겨우 수천 개의 데이터포인트만 사용해 추론한 대략의 추정 값이라는 사실을 숨기지 않았다. 하지만 연구 결과가 일관되고 한결같이 걱정스러웠으므로, 유튜브가 들여다볼 생각을 하지 않겠느냐고 생각했다. 아니면 이론상으로는 이 모든 문제를 해결할 수 있는 내부 데이터를 공유하거나. 그런 생각을 품은 사람은 샤슬로만이 아니었다. 그 뒤로 유튜브가 완강히 발뺌하는 여러 해 동안 전 분야의 연구자들이 훨씬 정교한 방법을 이용해 샤슬로의 결론을 뒷받침할 뿐만 아니라 현실은 샤슬로가 걱정한 것보다 훨씬 더 나쁘다고 암시하는 연구 결과를 잇달아 발표했다.

그사이 유튜브는 디레스타의 설명과 매우 비슷하게도 문제를 축소하고 신빙성을 떨어뜨리고 부인하는 일관된 전략을 고수했다. 《가디언》 기사에 대해 유튜브 대변인은 "우리의 유일한 결론은 《가디언》이 작년 대선에서 기술의 역할을 논하는 공통 담론에 연구, 데이터, 틀린 결론을 꿰맞추려 한다는 것이다"라고 주장했다.[57] 이런 대응이 하나의 양상이 되었다. 시간이 지날수록 유튜브 대변인들은 새로운 발견이 나올 때마다 의미 없거나 틀린 증거라고 깎아내려, 걸핏하면 오랫동안 날 선 언쟁을 주고받았다. 그러다 굵직한 기사가 실리면 언제 그랬냐는 듯 돌변해, 몇 주 전까지만 해도 존재하지 않는다고 부인했던 문제를 이미 해결했다고 주장하는 성명을 내놓곤 했다. 샤슬로에 대해서는 저조한 성과 때문에 해고당하고서는 회사를 곤란에 빠뜨려 앙갚음하려 드는 못 믿을 인물로 몰아가려 했다. 하지만 그런 주장은 왜 샤슬로가 회사를 떠난 뒤 몇 년 동안 유튜브에 신경 쓰지 않다가 그 폐해를 경험한 뒤에야 유튜브 플랫폼을 연구했는지, 왜 연구 결과를 처음에 유튜브에 직접 은밀하게 전달했는지를 설명하지 못했다.

샤슬로는 "허구한 날 있는 일이죠. 웃어넘길 수 있는 일이에요. 상황이 바뀌면 내가 옳았다고 인정하니까요"라고 넘어갔지만, 목소리에 슬픔이 묻어났다. 한때 몸담았던 직장이 공개적으로 자신을 부인한 일은 몇 년이 지나도 마음이 쓰라렸다. "내가 한창 문제를 제기할 때 유튜브가 압력을 넣더군요. 그건 정말 실망스러웠습니다."

다른 사람도 아닌 국회의원들이 소셜미디어의 폐해에 주목하던 시점이라 당혹스러운 전략이었다. 유튜브가 《가디언》에 보낸 반박 성명을 아직 《가디언》이 보도하지 않은 시점에, 상원 정보위원회가 구글에 유튜브 알고리즘을 악성 사용자가 조작하지 못하게 막을 방안을 명확히 설명하라는 요구 서한을 보냈다. 유튜브는 《가디언》에 성명을 "업데이트"해달라고 요청했다. 처음 반박 성명에 있던 독설이 허위 정보와 싸우겠다는 서약과 "이런 어려운 사안을 밝히려 애쓰는" 《가디언》에 대한 칭찬으로 바뀌었다.

샤슬로가 디레스타를 포함해 실리콘밸리의 부당한 영향력을 파악하고자 공개 투쟁에 나선 사람들에게 합류했을 무렵, 심리학자 윌리엄 브래디와 신경학자 몰리 크로킷이 그런 노력에 중요한 돌파구를 마련했다. 두 사람은 새로 확보한 무수한 데이터, 행동 연구, 자체 조사를 몇 달에 걸쳐 하나로 통합했다. 수많은 퍼즐 조각을 맞추는 것 같던 작업을 마치자, 소셜미디어가 사회에 미치는 영향을 이해할 완벽한 틀이 드러났다.

브래디와 크로킷은 소셜미디어 플랫폼이 온라인 사용자의 행동뿐 아니라 그 아래 깔린 사회적 충동에도 영향을 미쳤다고 결론지었다. 달리 말해 개인뿐 아니라 집단에까지 영향을 미쳐 "시민 참여와 행동주의, 정치 양극화, 선전 활동, 허위 정보"의 본질을 바꿔놓을 위험이 있었다.[58] 그리고 이런 심리 모형을 사람의 마음을 재구성하는 데 이용되는 세 요인의 첫 글자를 따 MAD 모델이라 불렀다. 첫째 요인인 동기Motivation는 소셜미디어 플랫폼이라는 모사꾼이 탈취하는 본능과 습관, 둘째 요인인 주목Attention은 사회적 신호와 관행을 왜곡해 인식하도록 조작되는 사용자의 관심, 셋째 요인인 설계Design는 특정 행동을 훈련하고 장려하도록 구성된 플랫폼을 가리켰다.

연구 결과의 첫 단계는 사람들이 도덕적 정서 어휘를 어떻게 인식하는

지와 관련했다. 브래디가 처음으로 도덕적 정서 어휘가 온라인에서 멀리 퍼지는 것을 알아챘을 때는 그런 단어가 대체로 극적인 무언가를 묘사하기 때문에 주목받는다는 생각이 널리 퍼져 있었다. 브래디는 이 생각을 확인해보기로 했다. 브래디와 연구진은 실험 참가자들에게 가짜 소셜미디어를 스크롤하게 하며 어떤 내용이 참가자의 시선을 사로잡는지를 추적했다.[59] 도덕적 정서 어휘는 거의 맥락에 상관없이 참가자의 시선을 사로잡았다. 도덕적 정서 어휘가 들어간 지루한 견해와 그런 어휘가 없는 흥미로운 견해가 함께 화면에 떴을 때 사용자는 전자에 매력을 느꼈다. 무언가에 적극적으로 집중하던 실험 참가자라도 화면 곳곳에 도덕적 정서 어휘가 난무하면 집중력을 잃었다. 다른 단어들은 같은 효과를 보이지 않았다.

실제로 트위터에서 같은 실험을 반복했을 때도 결과는 같았다. 도덕적 정서 어휘가 많은 게시물일수록 눈길을 더 많이 끌었다. 그런 게시물은 공유 횟수도 한결같이 더 많았다. "재빠른 갈색 여우가 느린 개를 뛰어넘는다"와 "재빠른 갈색 여우가 거짓말쟁이 개를 뛰어넘는다"를 트위터에 올리면 도덕적 정서 어휘가 들어간 후자가 더 많이 조회되고 공유될 것이다. "착한 영웅인 여우가 적인 거짓말쟁이 개를 패대기쳤다"는 트윗을 올려 보라. 해 질 녘에는 대통령이 될지도 모른다.

디지털 주의력 경제digital-attention economy(옮긴이 주의력을 자원이자 상품으로 보는 경제. 주목 경제, 관심 경제라고도 한다)는 이런 역학이 사회에 미치는 영향을 기하급수적으로 증폭한다. 하루가 24시간이라는 사실은 절대 바뀌지 않는다. 하지만 변함없는 시간을 놓고 경쟁하는 소셜미디어 콘텐츠의 양은 측정 방법에 따라 다르지만 해마다 두 배 남짓 늘어난다. 예컨대 소셜네트워크가 게시물을 하루 평균 200개씩 피드하는데 100개 읽을 시간밖에 없다고 해보자. 우리는 플랫폼의 편향 때문에 피드 중 도덕적 정서 어휘가 많은 상위 50%, 즉 100개를 보게 될 것이다. 다음 해에 피드 수가 200개에서 400개로 는다면, 이번에는 도덕적 정서 어휘가 많은 상위 25%를 볼 것이다. 그다음 해에 피드가 400개에서 800개로 는다면 도덕적 정서 어휘가 많은 상위 8분의 1을 볼 것이다. 시간이 지날수록 우리는 소속 커뮤니티가 도덕적이고 과장되고 분노한다는 느낌을 급격히 더 많이 받는다. 그리고 우리 자신도 그렇게 된다. 동시에 진실, 대의나 관용에 대한 호소처럼 우리가 본능적으로 매력을 덜 느끼는 콘텐츠는 타임스 스퀘어의 스타들처럼 점점 더 뒤로 밀려난다.

MAD 모델에 따르면 소셜미디어의 왜곡된 영향력이 둘째 단계에서 일으키는 현상은 내면화internalization다. 플랫폼의 유인책을 좇은 게시자는 즉시 '좋아요'와 공유라는 대량의 사회적 보상을 받는다. 파블로프 이후 심리학자라면 다 알듯이, 어떤 행동에 계속 보상이 따르면 그 행동을 반복하고 싶은 충동이 몸에 밴다. 모든 토론을 큰 분노를 부르는 문제로 바꾸도록, 외집단에 혐오를 드러내도록, 내집단의 우월성을 주장하도록 길들면 외부 보상을 얻으려고 하던 행동을 마침내 스스로 원해서 하게 된다. 그런 추동이 내면에서 우러난다. 본성이 바뀌었기 때문이다.

브래디와 크로킷은 이를 두 실험으로 증명했다. 한 실험에서는 분노를 드러낸 사용자에게 '좋아요'와 공유로 보상했더니 사용자들이 분노를 더 많이 드러냈을뿐더러 실제로 분노를 느끼는 확률도 높아졌다. 이 효과는 온라인 격분에 반감을 드러냈던 실험 참가자 사이에서도 유효했다. 평소에는 다정하고 너그러웠던 사람이 한순간 분을 이기지 못하고 민주당을 비난하는 트윗을 올렸다가 입소문을 타면, 처음에는 짜릿함을 좇아 더 많은 트윗을 날리다가 머잖아 진심으로 혐오에 찬 당파주의자가 되어 더 많은 트윗을 날린다. 다른 실험은 주의력 경제도 소속 커뮤니티가 실제보다 더 극단적이고 분열을 부추기는 견해를 갖고 있다고 믿게 사용자를 속여 똑같은 효과를 낸다는 것을 증명했다. 같은 커뮤니티 가입자가 분노를 표현한 소셜미디어 게시물은 많이 보여주면 실험 참가자도 분노하는 성향이 더 커졌다. 온라인에서 분노로 가득한 피드를 꾸준히 스크롤만 해도 화가 더 많이 날뿐더러 실제로 화를 더 잘 내는 사람이 된다.

다른 두 학자도 도덕적 정서를 담은 콘텐츠가 폭력을 더 자주 주장하도록 사용자를 유도하는 양상을 발견했다.[60] 이들은 컴퓨터를 훈련해 인터넷 곳곳에 실린 기사와 블로그 게시물의 본문을 분석한 다음, 거기에 달린 사용자 댓글 3억 개도 똑같이 분석했다. 분석 결과, 주제나 정치 이념과 상관없이 기사에 도덕적 정서 어휘가 많을수록 댓글 작성자가 주로 기사에 이름이 언급된 특정인을 적으로 여겨 위협하거나 폭력을 선동할 가능성이 유의미하게 컸다. 이 연구는 도덕적 정서에 극도로 치우친 단어로 사람과 사건을 묘사할 때 어떻게 인간의 혐오 본능과 폭력 본능을 끌어내는지를 생생하고 오싹하게 보여줬다. 무엇보다, 바로 그런 일을 소셜 미디어 플랫폼이 수십억 명을 대상으로 날마다 1분 1초도 쉬지 않고 수행한다.

브래디와 크로킷은 "이제 온라인 플랫폼은 사람들이 일상에서 도덕과 관련한 자극을 경험하는 주요 원천이다"고 적었다. 수십억 명의 도덕적 나침반이 부족주의와 불신 쪽으로 기울었을 가능성이 컸다. 전체 사회가 갈등, 양극화, 비현실 쪽으로, 트럼프주의와 비슷한 쪽으로 나아갔다.

브래디는 소셜미디어가 본질적으로 악하다고는 생각하지 않았다. 다만 플랫폼이 진화하면서 악영향이 더 커졌다고 봤다. "유해성이 너무 커졌어요. 내가 대학에 다닐 때는 전혀 이렇지 않았거든요." 그래서 사람들이 사용자를 되도록 오랫동안 플랫폼에 붙잡아 두는 것이 목적인 플랫폼 설계자와 엔지니어의 의도를 잘 알아야 한다고 생각했다. "그 사람들한테는 다른 목적이 있어요. 목적의 선악을 따지고 싶지는 않지만, 사용자의 목적과 양립하기는 어려운 목적이죠."

그런데 브래디와 크로킷도 알다시피, 두 사람이 그때껏 파악한 내용은 소셜미디어가 미치는 영향의 일부일 뿐이었다. 이 모든 왜곡, 이 모든 길들이기가 우리 사회와 정치, 인류에 도대체 어떤 영향을 미쳤을까?

나는 나 자신도 모르게 답에 발을 들이고 있었다. 2017년 내내 브래디와 크로킷이 소셜미디어가 일으키는 유령의 집 왜곡 효과를 심리학 관점에서 조사하는 동안, 그해 가을 나는 훨씬 더 먼 곳으로 떠났다. 플랫폼이 유난히 무시하려 애썼지만 머잖아 소셜미디어의 탐욕, 부주의, 위험을 고스란히 보여줄 그곳은 미얀마였다.

7장

불씨와 바람

1. 폐해보다 편익이 더 크다

내가 미얀마에 도착할 무렵, 이미 군인들이 갓난아이들을 불길에 던지고 있었다. 군부는 미얀마 최서단에 흩어져 있는 허름한 마을들을 몇 주 동안 무자비하게 공격했다. 상공에서 무장 헬리콥터가 으르렁대는 동안 전군이 논을 가로질러 밀어닥쳤다. 말로는 폭도를 수색한다고 했지만, 실제로는 150만 명에 이르는 이슬람교도 공동체를 습격했다. 농업과 어업에 종사하는 이 공동체는 자기네를 로힝야라 불렀다.

많은 미얀마 지도자와 시민이 이 가난한 소수민족을 같은 하늘을 이고 살 수 없는 적으로 여겼다. 정부가 이들을 말살하고자 군대를 보냈고, 마을에 도착한 장병들은 지붕에 불을 놓았다.[1] 오두막집 출입구로 수류탄을 던져넣고, 커다란 목조 주택 벽에 로켓을 쏘았다. 농부들이 주변 들판으로 달아나면 등 뒤에 총질을 했다. 집이 다 불탄 뒤에는 마을 남성들을 한 줄로 세운 뒤 모두 쏘아 죽였다. 수십만 가구가 학살을 피해 국경으로 몰려

들었다. 군인들은 이들도 공격했다. 난민이 지나가는 길에 지뢰를 묻었다. 상대적으로 안전한 방글라데시에 도착한 생존자들이, 발 디딜 틈 없는 난민 수용소를 조심히 돌아다니는 언론인과 구호 활동가들에게 이런 참상을 낱낱이 알렸다.

한 여성은 나와 마찬가지로 《뉴욕타임스》에서 일한 동료 언론인 제프리 게틀먼Jeffrey Gettleman에게 이렇게 증언했다. "사람들이 군인들 군홧발을 붙잡고 살려달라고 애원했어요. 하지만 군인들은 아랑곳하지 않았어요. 사람들을 발길질로 떼어내고 죽였어요."[2] 마을에 들이닥친 군인들은 이 여성에게 안고 있던 갓난쟁이 아들을 내놓으라고 했다. 여성이 거부하자 군인들은 여성을 때리고 여성의 품에서 아이를 떼내 불길에 던졌다. 그리고 여성을 윤간했다.

여성의 이야기는 흔한 일이었다. 스물한 살인 다른 여성도 국제인권감시기구(HRW) 조사관에게 군인들이 갓난쟁이 딸을 같은 방식으로 죽였다고 말했다.[3] 군인들은 그런 다음 여성과 친정어머니를 강간했다. 저항하는 여동생은 총검으로 찔러 죽였다. 이 일이 벌어지는 동안 마을 사람 한 무리가 도착해 여성의 십 대 남동생 셋을 때려죽였다. 종종 신바람이 난 지역 남성들이 자청해 군인들과 함께 돌아다니며 손도끼와 농기구를 휘두르기도 했다. 이들은 지역의 주요 종족인 라카인족으로, 미얀마인 대다수처럼 불교도였다. 이들의 존재는 이 폭력 사태가 집단적 특성을 띠었을 뿐 아니라 폭력 사태를 일으킨 대중의 압력이 매우 높았다는 것을 암시했다.

유구한 역사를 자랑하는 미얀마 수도 양곤은 학살과 동떨어진 세상 같았다. 2017년 10월에 다시 찾은 양곤은 3년 전과 사뭇 달랐다. 미얀마 군부가 선출된 국회에 권력을 이양하면서 경제 제재가 해제된 뒤였다. 먼지투성이였던 가판대 자리에 에어컨이 설치된 쇼핑몰이 들어섰다. 새로 깔린 도로에 수입차가 질주했다. 지나가는 사람 대다수가 스마트폰을 들여다보고 있었다. 중산층을 상징하는 편의용품이 느긋한 낙관론을 넘어 자부심까지 불러일으켰다. 그러나 물밑에서는 무언가가 요동치고 있었다.

의사이자 지역구 사상 처음으로 선거로 선출된 국회의원인 한 젊은 이상주의자는 내게 소셜미디어에 쏟아진 허위 정보와 선동이 지역 공동체를 끊임없이 종족 폭동 직전까지 내몰거나 대놓고 폭동을 유발한다고 전했다. 며칠 전에도 페이스북에 현지 이슬람교 학교가 테러리스트를 몰래 숨겨주고 있다는 소문이 돌았고, 이에 격분한 지역구 주민들이 수업 중이던 학교 건물을 습격했다. 아이들이 겁에 질려 뒷문으로 달아났다. 한 이맘은 그런 일이 다른 곳에서도 벌어졌다고 말했다. 내가 이맘을 만난 곳은 어느 집의 컴컴한 뒷방이었다. 공공장소에 모습을 드러내는 것을 두려워한 이맘이 그곳을 고집했기 때문이다. 이맘은 비슷한 소문이 위협이나 폭력으로 이어진 탓에 미얀마 전역에서 이슬람 고등 교육 기관인 마드라사가 강제 폐쇄당하고 있다는 말도 전했다. "우리는 희생양입니다."

여러 해에 걸친 망명 끝에 돌아와 미얀마의 진정한 첫 언론 단체를 이끄는 한 기자는 미얀마 언론인이 오랫동안 탄압에 시달리다 드디어 자유를 되찾았는데 이제 새로운 적이 나타났다고 초조하게 말했다. 독재 정권이 훈련했던 선전원들도 하지 못한 일을 소셜미디어 플랫폼이 하고 있었다. 독자의 마음을 사로잡고 편견을 부추기는 가짜 뉴스와 민족주의적 과시를 생산해, 사람들 스스로 진짜 언론보다 소셜미디어를 선호하게 했다. 기자들이 온라인에 넘쳐나는 허위 정보를 바로잡으려 했더니, 외국의 음모를 선동한다는 빌미로 도리어 가짜 뉴스의 표적이 되었다.

시민 사회 대표들이 내게 소셜미디어 플랫폼이 국수주의자의 분노와 음모론을 이용해 미얀마를 피로 물들이고 있다고 전했다. 포용적인 열린 민주주의를 외치며 행진했던 시민들이 이제 소수민족을 헐뜯거나 국가 지도층을 찬양하는 글을 올리느라 몇 시간을 쏟아부었다. 겨우 몇 년 전 독재 정권의 상징으로 비난받고 권좌에서 물러났던 군부 우두머리가 페이스북에서 팔로워 130만 명을 거느렸다.

각계각층 사람들이 틀림없이 소셜미디어에서 접했을 증오에 찬 광기 어린 음모론을 철석같이 사실로 믿어 열변을 토했다. 승려들은 이슬람교도들이 미얀마의 물을 훔칠 음모를 꾸민다고 주장했다. 나이 든 여성들은 미얀마에서 소수민족을 제거하지 않는 한 자기네가 안전하지 않으리라고 목소리를 높였다. 어린 학생들은 인도주의 단체들이 외세 편에 서서 로힝야족을 무장시키고 있다고 외쳤다. 이들은 모두 군부의 작전을, 군부가 자기들 편에 서서 행사하는 폭력을 감사히, 때로는 기쁘게 지지했다.

아무런 토대가 없는데도 이렇게 심각한 증오를 일으킬 수 있는 알고리즘은 없다. 소셜미디어 플랫폼은 로힝야족이 주로 거주하는 미얀마 서부에서 2012년부터 쌓인 위기를 이용했다. 로힝야족과 라카인족 사이에 일어난 강간, 사적 제재, 연쇄 살인 같은 몇몇 사건이 집단 폭동으로 번졌었다. 군대가 개입해 주거지에서 쫓겨난 사람들을 수용소로 몰아넣었는데, 대상이 대부분 로힝야족이었다. 로힝야족은 오랫동안 수용소에 갇혀 지내야 했다. 2015년에는 이웃 주민과 병사들의 박해가 갈수록 심해진다며 수천 명이 탈출을 시도했다.

반로힝야 정서는 적어도 100년 전인 1900년대 초까지 거슬러 올라간다. 당시 미얀마를 지배하던 영국이 식민지인 인도 제국에서 주민 수천 명을 데려왔는데, 대다수가 이슬람교도였다. 이는 분할 통치 전략에 따른 계획이었다. 도심의 상인층으로 자리 잡은 이주민은 안전을 확보하고자 영국에 의존했다. 그러던 1948년 영국이 떠나고, 미얀마가 독립했다. 독립

지도자들은 새로운 국가를 공통된 민족 정체성과 종교 정체성을 중심으로 통합하려 했다. 그런데 미얀마의 종족 다양성이 이를 가로막았다. 국민을 통합하려면 함께 맞서 결집할 적이 필요했다. 정치 지도자들은 이슬람교도를 제국주의를 등에 업은 이질적 침입자로 봤던 식민지 시대의 의혹을 부추겼다. 그런데 영국이 데려왔던 인도 상인들은 1948년 무렵 대부분 미얀마를 떠나고 없었으므로, 정치 지도자들은 국민의 분노를 전혀 상관없는 이슬람교도인 로힝야족 쪽으로 돌렸다. 이 계략이 먹히도록 로힝야족을 불법 이민자로 분류했고, 미얀마 최초로 선출된 정부 지도자이자 노벨 평화상을 받은 민주주의의 상징인 아웅 산 수 치조차 국가가 후원하는 혐오를 거듭 언급했다.

아웅 산 수 치가 정치권에서 권력을 다지던 2012년, 로힝야족과 라카인족이 충돌하는 유혈 사태가 벌어졌다. 아웅 산 수 치는 이를 놓칠세라 로힝야족이 미얀마의 '진짜' 시민에게 잠재적 위협이 될 수 있다고 강조했다. 그런데 그 뒤로 몇 년 사이 가난한 로힝야족 농부를 향한 대중의 분노가 아웅 산 수 치가 권장한 수준을 넘어 치솟았다. 군인과 몇 안 되는 로힝야족 반군 사이에 드문드문 폭력이 이어지던 2017년 8월, 반군이 한밤중에 여러 경찰 초소를 습격했다. 대중의 분노가 정점에 이르러 피로 앙갚음하자고 외쳤다. 며칠 뒤 군부가 여기에 응해 집단 학살에 나섰다.

아무리 오랫동안 끓어올랐던 정서라지만, 어떻게 혐오가 그토록 극단으로 치달았을까? 공포를 부추기는 지도자와 종교 간 충돌은 미얀마에서 전혀 새로운 일이 아니었다. 무언가 다른 새로운 힘이 작동하고 있었다. 2년 전인 2015년, 미얀마 최대의 IT 스타트업 액셀러레이터인 판디야르를 운영하던 오스트레일리아인 데이비드 매든이 페이스북 본사로 날아가 경영진에게 경종을 울리는 발표를 진행했다.[4] 만달레이에서 폭동이 일어난

지 1년 뒤였으므로 위험을 그냥 지나쳐서는 안 될 시기였다. 매든은 위험한 콘텐츠를 삭제하는 임무를 맡은 검수원이 얼마나 많은지는 몰라도 페이스북에서 반이슬람을 부추기는 선동이 증가하는 와중에도 검수원들이 게시물을 확인하지 않는 것 같다고 상황을 자세히 설명했다. 페이스북이 머잖아 집단 학살을 선동하는 데 이용될 수 있다고도 경고했다. 그러나 혐오발언이 점점 더 널리 퍼지기만 할 뿐, 페이스북이 매든의 경고에 귀 기울였다는 신호는 찾아보기 어려웠다.[5] 겉으로는 선해 보이는 이슬람교도 가족이 실제로는 테러리스트의 잠복 조직이거나 외국의 첩자라는 게시물이 잇달아 입소문을 탔다. 한 게시물은 "머잖아 '이슬람교도의 개들'이 미얀마를 장악할 것이다"고 적었다. 이런 게시물들은 수천 번씩 공유되었는데, 미얀마처럼 작은 나라에서 그렇게 많은 공유는 알고리즘이 밀어 올렸을 때나 가능한 일이다.

미얀마 정부 관료조차 페이스북이 주도하는 혐오 발언이 국가의 안정을 해칠 수 있다고 경고했다. 극단주의자들이 온라인에서 수많은 새 동조자를 얻었기 때문이다. 2015년 가을, 한때 '버마의 빈 라덴'으로 불렸던 승려 아신 위라투가 페이스북 팔로워 11만 7천 명(미국에서라면 작은 숫자지만, 미얀마 정도 인구에 디지털을 받아들인 지 얼마 안 된 나라에서는 큰 숫자였다)에게 꾸준히 음모론과 혐오를 세뇌했다. 위라투와 같은 부류인 민족주의 정치인 네이 묘 웨이Nay Myo Wai는 인기 계정을 운영하며 대놓고 사람들을 선동했다. 그해 한 연설에서는 로힝야족을 가리켜 "짧게 단도직입적으로 말하겠습니다. 첫째, 로힝야족을 쏴 죽이십시오. 둘째, 로힝야족을 쏴 죽이십시오. 셋째, 로힝야족을 쏴 파묻어 버리십시오"라고 말하기까지 했다.

워싱턴 D.C.의 한 싱크탱크가 미얀마인 3만 2천 명의 페이스북 계정을 분석했더니, 날마다 이들의 페이지에 혐오 발언과 허위 정보가 넘쳐났다.[6]

인기 있는 한 밈은 아랍 문자로 뒤덮인 수간 그림을 보여줬고, 다른 밈은 선지자 무함마드가 남성과 구강 성교하는 모습을 보여줬다. 또 다른 게시물은 로힝야족이 식인 행위를 저질렀다는 증거라고 주장했지만, 사실은 비디오게임의 홍보 행사 장면이었다. 이 게시물은 거의 4만 번이나 공유되었다. 로힝야족이 미얀마로 무기를 밀수한다는 가짜 주장을 내세운 게시물도 4만 2천7백 번이나 공유되었다. 한 사용자는 로힝야족을 가리키는 멸칭을 사용해 "깔라Kalar를 모조리 죽일 때가 왔다"고 적었다. 이 말에 다른 사용자들은 "깔라 만 명의 목을 베자", "다음 세대를 위해 주변의 모든 이슬람교도 마을을 불태우자"고 맞장구쳤다.

2016년 초 발간된 이 보고서는 페이스북이 잘 알지도 못하는 한 사회를 위험에 빠뜨리고 있다는 경고에 힘을 보탰다. 폭력이 임박했다는 경고를 무시했다가 머잖아 현실이 되었던 2013년에 그랬듯, 페이스북은 그해 6월 미얀마에서 사업을 확장해 미얀마인들이 데이터 비용 없이 페이스북 앱을 사용할 수 있는 '프리 베이직'을 선보였다. 몇 달 지나지 않아 미얀마인 38%가 뉴스를 거의 또는 모두 페이스북으로 본다고 답했다.[7] 집단 학살이 벌어지기 여섯 달 전 상황이 악화하자 매든이 다시 페이스북 본사로 날아갔다.[8] 매든은 이번에도 페이스북 플랫폼이 미얀마를 집단 폭력으로 밀어 넣고 있다고 경고했다. 그러나 학살이 시작되었을 때마저 아무런 변화가 없어 보였다.

학살이 일어난 지 두 달이 지났을 때, 이슬람교도를 배척했던 어느 마을의 행정관이 내 동료 언론인 해나 비치Hannah Beech에게 "미얀마에 진짜 정보를 제공해주는 페이스북에 감사할 따름입니다"라고 말했다.[9] 또 "여기서는 깔라를 반기지 않습니다. 폭력적이고 미친 듯이 번식하니까요"라는 말도 보탰다. 이런 견해를 지지하는 극단주의 페이지들이 학살이 벌어지는 내내 활개 쳤다. 이런 페이지들은 1990년대에 르완다에서 집단 학살을 부르짖었던 라디오 방송국 밀 콜린Radio Télévision Libre des Mille Collines의 디지털 개정판이었다. 하지만 이 디지털 밀 콜린은 부유한 미국 IT 기업이 소유한 기반 시설 위에 구축되었고, 극우 민병대가 통제하는 방송 기지가 아니라 실리콘밸리에서 작동되는 알고리즘에 따라 증폭되었다.

미얀마에서 활동하는 인권운동가 애슐리 킨세스Ashley Kinseth는 학살이 한창일 때 기고한 글에 "지금껏 페이스북을 포함한 여러 소셜미디어보다 빠르고 강력하게 혐오 발언과 인종차별적 민족주의라는 독극물을 퍼뜨린 도구는 없었다"고 적었다.[10] 킨세스가 보기에 소셜미디어는 모든 면에서 밀콜린 방송국을 빼닮은 듯 혐오 발언을 "더 빠르고 생생하고 몰입감 있고 '평등하게' 퍼뜨려 결국은 위험을 부를 도구"였다.

르완다에서 집단 학살이 일어난 뒤로 미국 관료들은 가상 상황을 고민하느라 여러 해 동안 머리를 싸맸다. 미국이 전투기를 투입했다면 제때 라디오 방송탑을 폭격해 방송을 멈출 수 있었을까? 르완다 정글과 산길에 있는 방송탑의 위치를 제대로 찾아냈을까? 국제 사회를 설득할 수 있었을까? 미얀마에서는 그런 의문이 전혀 없었다. 엔지니어 한 명만 동원해도 커피 한 잔 마실 시간에 전체 통신망을 차단할 수 있었다. 키보드만 몇 번 두드리면 공포에 질린 로힝야족 100만 명이 죽음과 강제 이주에서 더 안전해졌을 것이다. 누구나 경고 신호를 볼 수 있었다. 매든을 포함한 여러 사람이 소셜미디어 기업에 조처에 필요한 정보를 제공했었다. 그러나 이들 기업은 로힝야 마을 전체가 불길에 휩싸이고 피로 물든 와중에도 아무런 조처도 하지 않는 쪽을 택했다. 2018년 3월 12일, 유엔 미얀마 진상조사단이 소셜네트워크, 그중에서도 페이스북이 집단 학살에서 "결정적 역할"을 했다는 결론에 다다랐다고 밝혔다. 이들 플랫폼은 혐오가 한 종족을 완전히 말살하는 데 "상당한 도움"이 되었다.

사흘 뒤인 3월 15일, 맥스 리드Max Read라는 기자가 트위터에서 페이스북 뉴스피드 부문 부사장 애덤 모세리Adam Mosseri에게 질문을 던졌다. "솔직히 묻겠습니다. 미얀마에서 페이스북을 차단하면 무슨 지장이 생기나요?"[11] 모세리는 이렇게 답했다. "미얀마에 실제로 문제가 있기는 합니다만, 페이스북은 이로운 일을 많이 합니다. 사람들을 친구, 가족과 이어주고, 중소기업을 돕고, 유익한 내용을 알려주죠. 페이스북을 끄면 이 모든 이점을 잃습니다."[12]

당시 페이스북이 미얀마에 제공한 편익이 폐해를 뛰어넘었다는 믿음은 이해하기 어렵다. 페이스북은 자사가 미얀마에 미치는 영향을 평가할 지사가 없었다. 고작 직원 몇 명이 있었을 뿐이다. 무섭도록 한결같이 페이스북의 작용을 경고했던 외부 평가에는 귀를 닫았다. 아무리 너그럽게 해석해도, 모세리의 결론은 신념에 기반한 이념이었다. 게다가 페이스북이 혐오 기계를 끄는 것이 윤리적으로 도저히 불가능하다고 선언하게 뒷받침하는 편리한 주장이었다. 플랫폼을 그대로 내버려두는 것이 날마다 새롭게 선택한 개입 방식이었다는 것은 신경 쓰지 않았다.

페이스북의 조처를 가로막는 큰 걸림돌은 그뿐이 아니었다. 페이스북이 어떤 조처를 한다면 공동 책임이 있다는 것을 인정하는 셈이 될 터였다. 담배회사는 반세기 동안 유해성을 부인하다 파산까지 갈 위험이 있는 소송에 휘말리고서야 담배가 암을 유발한다는 사실을 인정했다. 과연 실리콘밸리가 자기네 상품이 집단 학살을 포함한 격변까지 일으킬 수 있다는 사실을 쉽게 시인할 수 있을까?

그런 폐해의 징후가 처음 나타난 곳은 미얀마가 아니었다. 지금은 잘 기억하지 못하지만, 2011년 당시에는 아랍의 봄 봉기 같은 사건들을 소셜미디어에 인류를 해방할 잠재력이 있는 증거로 봤다. 하지만 이때도 이미 문제의 조짐이 있었다. 2012년 내가 보도한 기괴한 사건이 그 예다.[13] 인도의 두 종족이 서로 두려워한 나머지 페이스북과 트위터에 상대 부족이 공격을 준비한다는 소문을 퍼뜨렸다. 억측이 확신으로 바뀌자, 공격이 코앞에 닥쳤다는 허위 정보가 퍼졌고 먼저 공격하자는 선동이 일어났다. 아니나 다를까 몇 사람이 실제로 공격에 나섰다. 폭력 사태를 알리는 보도가 온라인에 널리 퍼졌는데, 가짜 사진과 함께 사건을 실상보다 수백 배는 위험하게 묘사하는 보도가 숱했다. 소셜미디어에서 선동된 폭동과 보복이 인도 전역을 휩쓴 탓에 30만 명이 난민 수용소로 향해야 했다.[14] 인도 정부는 소셜미디어 플랫폼 접속을 차단했고 소셜미디어 기업에 가장 위험한 콘텐츠를 삭제하라고 요구했다. 오랫동안 실리콘밸리를 후원한 오바마 행정부가 소셜미디어 기업을 대신해 개입하자, 인도 관료들이 조처를 완화했다. 하지만 이미 피해가 발생한 뒤였다. 인도네시아에서도 비슷한 폭력 사태가 일어났다.[15] 모든 공동체의 눈과 귀가 하나같이 페이스북과 트위터에 쏠렸다. 사용자들은 최악의 성향을 채워 주는 콘텐츠에 엄청난 동조로 보답했다. 폭동, 살인, 유혈 사태로 붕괴하는 마을이 모두 플랫폼을 가득 적신 이방인 혐오에서 비롯했다.

끝내는 아랍의 봄을 희망차게 봤던 견해가 수정되기에 이르렀다. 조국의 민중 봉기에 함께하고자 구글을 떠났던 이집트 프로그래머 와일 고님Wael Ghonim은 2011년 한 인터뷰에서 "이 혁명은 페이스북에서 비롯했습니다. 언젠가는 마크 저커버그를 만나 직접 감사를 전하고 싶네요"라고 말했다.[16] 하지만 몇 년 뒤 이집트는 독재 정권의 손아귀에 떨어졌고, 고님은 "우리를 하나로 묶어 독재자를 무너뜨렸던 바로 그 도구가 끝내 우리를 갈라놓았다"고 경고했다.[17] 혁명은 사회와 종교를 향한 불신에 길을 내줬다.

고님은 "허위 정보, 유언비어, 반향실, 혐오 발언의 확산을 부채질해" 덩치를 키운 소셜네트워크가 유해 요소로 가득한 사회를 만들었다고 봤다.

미얀마에서 집단 학살이 들끓던 2017년 말, 한때 페이스북의 글로벌 성장 부문을 담당했던 차마트 팔리하피티야Chamath Palihapitiya가 스탠퍼드 대학교 MBA 학생들에게 강연하던 중 별안간 예상치 못한 말을 꺼냈다. "나는 엄청난 죄책감을 느낍니다. 의도치 않은 결과는 아마 없을 거라고 둘러댔어도 우리 모두 마음 한구석으로는 알았다고 생각합니다. 무언가 나쁜 일이 벌어질 수 있다는 것을요."[18] 팔리하피티야는 몇 년 전 페이스북을 떠난 상태였다. 하지만 페이스북이 오늘날 걸어가는 길을 정하는 데 손을 보탰고, 페이스북 경영진을 설득해 전 세계에 걸친 영원한 성장을 중심으로 사업과 플랫폼을 재편하게 했다. 팔리하피티야는 이 목표를 달성하고자 만든 도구가 "사회 구조를 갈가리 쪼개고 있다"고 봤다. "우리가 만든 도파민 중심의 단기 되먹임 고리가 사회의 작동 방식을 망가뜨리고 있습니다. … 시민 담론과 협력은 없고 허위 정보와 불신만 있지요." 그리고 강연장에 모인 엔지니어와 스타트업 창업을 꿈꾸는 학생들에게 주의를 기울이라고 촉구했다. "야수에게 먹이를 주면 그 야수에게 목숨을 잃기 마련입니다. 여러분이 일을 바로잡는다면, 우리에게 그 야수를 통제해 길들일 기회가 생깁니다."

2016년 미국 대선을 포함해 소름 끼치는 일관성을 보이며 잇달아 일어난 붕괴는 이 일들이 그저 기이한 사건에 그치지 않는다는 뜻이었다. 소셜네트워크가 더 깊고 보편적인 변화를 일으켰다는 암시였다. 극단적 폭력은 이 변화를 알리는 표면적 지표였을 뿐이다. 나는 이런 일이 왜 벌어지는지, 소셜미디어 기술이 세상에 미치는 영향력과 관련해 무엇을 드러내는지 이해하고 싶었다. 하지만 미얀마나 미국에서처럼 사회 전체에 영향을 미치는 변화는 작용하는 요소가 너무 많아 소셜미디어의 역할을 따로 떼어내기가 어려웠다. 경향을 파악하려면 소셜미디어의 영향을 따로 분리할 수 있는 더 독립된 일화에서 시작해야 했다.

내가 《뉴욕타임스》 동료인 어맨다 타웁Amanda Taub과 함께 일한 것은 타웁을 《복스》 기자로 채용한 2014년부터다. 그때까지 라틴아메리카를 포함한 곳에서 인권 변호사로 일한 타웁은 집단 폭력을 경고하는 신호를 매우 예민하게 알아챘다. 또 나와 마찬가지로 우리가 소셜미디어의 영향력을 제대로 파악하지 못했다고 여겨 이 문제를 파고들었다. 우리는 인권 활동가, 디지털 감시자, 믿을 만한 지인들에게 연락해, 소셜미디어에 기반한 특이한 격변을 본 적이 없는지 물었다. 어떤 대륙에 사느냐와 상관없이 모두 똑같은 답이 돌아왔다. "아무렴, 늘 보지. 왜 이제야 알아챈 거야?" 하지만 오래전 발생한 사건의 정보는 모아봤자 의미가 없었다. 기억은 불완전할뿐더러 선입견에 가려지기 때문이다. 어맨다와 내가 소셜미디어의 영향을 파악하려면 두 눈으로 직접 사건을 보고 모든 단계와 소문을 추적해야 했다. 그래서 지인들에게 주변에서 무슨 일이 터지면 알려달라고 요청했다.

오래 기다릴 필요는 없었다. 2018년 초 인도 동남부 해안 옆에 물방울 모양으로 자리 잡은 섬나라 스리랑카에서 폭력 사태가 벌어져 무법천지가 되었다는 긴급한 연락이 왔다. 사람들이 귀신에라도 홀린 듯 폭도로 돌변해 이웃집을 약탈하고 불태웠다. 결국 군대가 배치되었다. 무슨 일이 벌어졌고 왜 벌어졌는지는 불확실했지만, 우리가 연락한 스리랑카 지인들이 하나같이 지목한 사태의 원흉은 페이스북이었다.

2. 화약고와 불씨

외진 산길이 끝나는 곳에서 바퀴 자국이 패인 흙길을 내려가니 수도는 없어도 스마트폰은 수두룩한 콘크리트 집이 한 채 나왔다. 대가족인 식구 열세 명이 페이스북에 정신이 팔려 있었다. 그들은 분노에 차 있었다. 몇 주 전 트럭 기사였던 식구 한 명이 이슬람교도 젊은이들에게 맞아 죽었기 때문이다. 경찰에 따르면 이 남성은 교통사고로 다투다 폭력에 휘말려 목숨을 잃었다. 그런데 페이스북에 가해자들이 스리랑카 인구의 75%를 차지하는 다수민족 싱할라족_Sinhalese을 말살하려는 음모를 꾸민 이슬람교도 집단의 일원이라는 소문이 돌았다. 사자를 뜻하는 산스크리트어 싱하에서 이름을 따 온 싱할라족은 스리랑카의 문화와 정치를 주무르는 종족이다. 스리랑카 국기도 사자로 장식되어 있다. 그런데도 이들은 이상한 공포에 사로잡혀 있었다.

피해자의 친척인 H. M. 랄은 떨리는 목소리로 "너무 마음 아파서 페이스북을 보고 싶지 않아요. 하지만 우리 마음속에 복수하겠다는 갈망이 쌓여 있어요"라고 말했다. 내가 식구들에게 게시물이 진짜라고 믿느냐고 물었더니, 말귀가 어두워 보이는 노인 한 명만 빼고 모두 고개를 끄덕였다. 다른 페이스북 사용자들도 마찬가지로 복수를 갈망하느냐고 물었다. 이번에도 모두 고개를 끄덕였다. 이들은 이슬람교도의 사악한 음모라는 대체 현실을 구성하는 밈을 공유했고 모조리 외웠다. 회원 수천 명을 자랑하는 페이스북 그룹들이 이슬람교도에게 한바탕 보복 공격을 벌이겠다고 했을 때 이 가족이 함께 가담하지는 않았지만, 그렇다고 반대하지도 않았다.

한 사람이 "우리에게는 페이스북이 중요해요. 어디에서 무슨 일이 일어나면 페이스북으로 알게 되니까요"라고 말했다. 랄도 동의했다. "페이스북이 세상사를 알려주죠." 랄은 페이스북을 가리켜 며칠 전만 해도 스리랑카를 혼돈으로 몰아넣은 종족 갈등이라는 "잿더미 아래 있는 불씨"라고 했다. "사람들이 행동에 나서게 부추기니까요." 이 산간 마을은 스리랑카를 혼돈으로 몰아넣은 원인을 되짚어보는 출발점이었다. 우리가 살펴본 바로는 모든 위험한 고비마다 페이스북이 있었다. 미얀마에서 그랬듯 페이스북은 그런 고비마다 다급하고 분명한 경고를 받고서도 아무런 조처를 하지 않았다.

우리는 피해자 가족에게 어쩌다 사건이 벌어졌느냐고 물었다. 한 사람이 모든 일은 스리랑카 동부 암파라에서 비롯했다고 답했다. 온라인에서 여러 번 봤던 이름이었다. 실제 암파라는 탁 트인 초원에 콘크리트 건물 몇 채가 흩어져 있는 시골 마을이었다. 하지만 소셜미디어의 여러 소문이 꾸며 낸 상상 속 암파라는 스리랑카의 싱할라족을 말살하려는 음모의 진원지였다.

사우디아라비아의 건설 현장에서 뼈 빠지게 일해 번 돈으로 암파라에 작은 식당을 차렸을 때, 아탐-레베 형제는 페이스북에서 이곳이 어떻게 그려지는지를 전혀 몰랐다. 이슬람교도인 형제는 소수민족 언어인 타밀어를 사용하므로, 소셜웹에서 암파라를 위험한 종족의 상징으로 그린 싱할라어 콘텐츠를 접한 적이 없었다. 2018년 3월 어느 따뜻한 저녁에 실제 암파라와 상상 속 암파라가 충돌해 자신들의 삶을 영원히 뒤집어놓으리라고는 상상도 하지 못했다.

분주했던 그날 저녁, 한 고객이 싱할라어로 자기 소고기 카레에서 무언가가 나왔다고 소리쳤다. 형제 중 계산대를 맡은 형 파르시트는 이 남성을 못 본 체했다. 싱할라어를 할 줄 몰랐기 때문이다. 게다가 취한 고객은 경험상 모르는 체하는 것이 상책이었다. 파르시트는 전날 페이스북에 경찰이 암파라의 이슬람교도 약사한테서 불임약 2만 3천 개를 압수했다는 헛소문이 돌았다는 사실을 몰랐다. 파르시트가 이 사실을 알았다면 웅성거리던 손님들이 주변으로 몰려들었을 때 이유를 눈치챘을 것이다.

남자들이 파르시트를 에워싸고 어깨를 치면서 파르시트가 잘 알아듣지 못한 질문을 던졌다. 파르시트가 이해한 것이라고는 이들이 남자 손님의 카레에 든 가루 덩어리를 가리키며 "당신이 넣었어?"라고 묻는 말뿐이었다. 잘못 말하면 손님들이 폭력을 쓸까 봐 걱정스러웠지만, 입을 꾹 다물고 있어도 그러기는 마찬가지일 것 같았다. 파르시트는 어설픈 싱할라어로 답했다. "무슨 말인지 몰라요. 응, 우리가 넣었어?"

이 말을 인정으로 알아들은 군중이 파르시트한테 달려들어 두드려 팼다. 페이스북에서 본 헛소문을 떠올리고 파르시트에게 카레에 불임약을 넣었느냐고 물었기 때문이다. 이들은 피투성이가 된 파르시트를 바닥에 팽개치고 식당 집기를 닥치는 대로 부쉈다. 페이스북에 나돌던 소문이 진짜였다는 말을 들은 이웃 남성 수십 명이 여기에 합류했다. 이들은 모스크로 몰려가 불을 질렀다. 이맘은 연기가 자욱한 사무실에 숨죽이고 숨어 있어야 했다.

예전이었다면 이 재난이 암파라에서 끝났을 것이다. 하지만 무리에 있던 누군가가 파르시트가 "응, 우리가 넣었어"라고 말하는 대목을 휴대폰으로 찍었다. 몇 시간이 지나지 않아 스리랑카의 불교정보센터라는 페이스북 그룹이 이 영상을 공유했다. 이슬람교도의 위협을 알리는 확실한 정보를 제공한다고 주장해 열렬한 지지를 받은 이 그룹은 지난 몇 달 동안 올렸던 이슬람 혐오 밈들이 진짜였다는 증거로 초점이 흐린 이 18초짜리 영상을 올렸다. 영상은 사방으로 퍼졌다.

미얀마가 그랬듯 스리랑카도 소셜미디어를 선한 영향을 미치는 힘으로 받아들였다. 돈을 벌려고 해외에서 일하는 많은 노동자가 페이스북 덕분에 계속 가족과 연락할 수 있었다. 활동가와 선출된 정치인들은 페이스북이 스리랑카에 민주주의의 시대를 여는 데 도움이 되리라고 믿었다. 미얀마와 마찬가지로 제로레이팅 정책 덕분에 스리랑카인 수백만 명이 무료로 페이스북을 이용했다.

제로제이팅 정책은 사용자를 끝없이 계속 늘려야만 하는 실리콘밸리의 독특한 자본 환경에서 비롯했다. 가난한 나라는 플랫폼 기업이 큰돈을 벌 만한 곳이 아니다. 하루에 겨우 몇 달러를 버는 고객한테는 광고주가 광고비를 거의 쓰지 않기 때문이다. 하지만 지금 가난한 나라에 공격적으로 투자하면 대중매체와 인터넷 시장을 선점해 앞으로 경쟁자가 거의 없을 터였다. 투자가들에게는 가난한 나라의 고객이 중산층으로 들어섰으니 10~20년 안에 수익이 폭발하리라고 장담할 수 있었다.

페이스북, 왓츠앱, 트위터, 스냅챗을 포함한 여러 소셜미디어 기업이 콜롬비아부터 케냐까지 입지도 없고 잘 알지도 못하는 수십 개국에서 제로레이팅 서비스를 선보였다.[19] '친구 추가' 버튼 같은 필수 기능은 현지 영어 교사 몇 명과 계약해 현지어로 번역했다. 나머지는 당연하게도 기계학습 알고리즘에 맡겼다. 번역이 틀리면 사용자 행동을 추적해 알아내면 될 터였다.

2013년에 페이스북 최고제품책임자(CPO) 크리스 콕스Chris Cox는 "페이스북은 이제 사용이 확대되어 어느 나라에서나 쓰입니다. 우리가 알지 못하는 세상과 언어와 문화가 있는 곳에서요"라고 자랑했다.[20] 특히 미얀마를 콕 집어 사례로 들었다. 미얀마에서 페이스북이 이미 뉴스 접속을 장악했다는 말을 들었기 때문이다. 이념적 열정에서든 금전적 이득을 노린 무관심에서든, 페이스북이 바람직한 영향만 미칠 테니 감시는커녕 고민할 필요도 없다고 단언했다.

자만심이라는 말로는 충분치 않은 과욕이었다. 그 밑바탕에는 페이스북의 초기 투자가 피터 틸이 내놓았고 실리콘밸리를 물들인 '제로 투 원'이라는 아이디어가 있었다. '제로 투 원'은 아무것도 없는 무에서 시작하려는, 달리 말해 아예 시장이 없는 새로운 상품을 발명해 진입자가 딱 하나뿐인 분야에서 시장을 완전히 장악하려는 기업이라면 지켜야 하는 상술이자 이념이었다. 《제로 투 원》에서 틸은 "진보의 역사는 더 나은 독점 사업이 기존 사업을 대체하는 역사다"라고 적었다.[21] 인텔과 프로세서, 애플과 PC, 우버와 개인택시, 페이스북과 소셜네트워크가 바로 그런 예다.

틸은 경쟁에서 벗어나면 독점 기업이 혁신에 마음껏 투자해 모든 인류를 이롭게 하리라고 주장했다. 대체로 독점 기업은 독점력을 이용해 가치는 점점 더 적게 제공하면서 소비자한테서 더 많은 초과 이윤을 거두니 근거가 없는 주장이었다. 하지만 실리콘밸리에 이 주장이 널리 울려 퍼지자, 실리콘밸리 종사자들이 몇 년 전 클라우드 컴퓨팅이 떠오를 때 투자가들이 강요한 무한 성장 모델을 1990년대의 인터넷을 이용한 인류 해방을 잇는 영광스러운 임무로 재해석했다. 틸의 주장에는 사회 전체에 파고들어 이전의 모든 것을 아랑곳하지 않고 짓밟는 방식을 받아들일 수 있을뿐더러 필요하다고 본다는 뜻이 깔려 있었다.

실리콘밸리는 그런 결과를 부정적이기는커녕 세상을 이롭게 하는 선물로 봤다. 저커버그는 2017년 2월 페이스북에 올린 6천 단어짜리 공개 서신에서 IT 산업이 우리 인류를 "다음 단계"로 이끌 것이라고 적었다.[22] 아마도 실리콘밸리의 이상주의가 내뱉은 마지막 헐떡임일 이 글에서 저커버그는 페이스북이 새로운 시대의 '사회적 기반 시설'이 되어 인류를 한낱 "도시나 국가"를 뛰어넘는 "지구촌 공동체"로 끌어올리겠노라고 맹세했다. 그렇게 되면 "번영과 자유를 널리 퍼뜨리고, 평화와 상호 이해를 촉진하고, 사람들을 가난에서 벗어나게" 할뿐더러, "테러를 종식하고, 기후 변화를 극복하고, 전염병의 대유행을 예방"할 것이라고 주장했다.

그러나 현실에서 나타난 결과는 이런 꿈꾸는 듯한 환상과 사뭇 달랐다. 페이스북의 헛소문에 심취한 군중이 암파라를 유린한 뒤로 며칠 동안, 페이스북에 집단 학살을 외치는 목소리가 들끓었다. "이슬람교도를 모조리 죽여버리자. 젖먹이 하나도 남겨놓지 말자" 같은 게시물이 수백 개나 올라왔다. 모두 파르시트가 "응, 우리가 넣었어?"라고 말한 영상에 영향을 받은 글들이었다. 페이스북에서 유명한 한 극단주의자는 주변의 이슬람교도 거주지를 습격해 "먼지 한 톨 남기지 말고 싹 쓸어버리자"라고 팔로워들을 부추겼다. 인권 단체인 정책대안연구소_{Center for Policy Alternatives} 회원들이 수도 콜롬보의 작은 사무실에 모여 모든 게시물을 기록해 혐오의 연결점을 추적했다. 이들은 결과를 페이스북에 전달할 계획이었다. 연구진은 페이스북이 해야 할 일을 자기들이 무료로 한다는 사실을 알았다. 세계에서 손꼽게 부유한 플랫폼을 위해 자원한 무임 경비원인 셈이었다. 하지만 페이스북은 이들을 못 본 체했다.

당시 이 인권 단체에서 활동한 연구자 산자나 하토투와_{Sanjana Hattotuwa}는 "지난 4년 동안 우리는 페이스북에 데이터 위주로 혐오 사례를 제공했습니다. 무수한 데이터를 줬어요"라고 말했다. 분을 못 이기고 씩씩거리기도 냈다. "페이스북과 협력하는 것은 의미가 없어요." 국제 IT 회의에 자주 모습을 드러내는 하토투와는 페이스북 직원 몇몇과 가까워졌다. 하지만 아무리 과격한 폭력 선동이 있어도, 플랫폼이 누군가의 목숨을 앗아가리라고 하토투와가 아무리 단호하게 경고해도, 똑같은 반응이 돌아왔다. "자기네는 법에 저촉되는 일은 하지 않는다더군요. 정보가 더 생기면 다시 연락달라고요."

　암파라에서 참상이 일어나기 몇 달 전, 하토투와의 동료 라이사 비크라마퉁가Raisa Wickrematunge가 소셜미디어의 허위 정보를 주제로 스탠퍼드 대학교에서 열린 포럼에 참여했다. 휴식 시간에 비크라마퉁가는 앞서 토론자로 나섰던 페이스북의 보안 정책 관리자 젠 위던Jen Weedon을 붙잡고 스리랑카에서는 페이스북이 회사 정책상 금지된 폭력을 대놓고 선동해 사방으로 퍼지게 방치한다고 경고했다. 대화는 결론 없이 끝났다. 회의가 끝난 뒤 비크라마퉁가는 위던에게 추가로 이메일을 보내, 페이스북이 검토할 수 있도록 위험한 혐오 발언을 표시해 제공하겠다고 제안했다. 그것도 무료로. 답장은 오지 않았다.

　2018년 10월, 스리랑카의 시민 대표들이 인도에서 남아시아 사용자 4억 명을 관리하는 페이스북 남아시아 지사를 찾아 암울한 상황을 설명했다. 알고리즘이 부추긴 듯한 혐오 발언과 허위 정보가 페이스북에 넘쳐났다. 과격한 극단주의자들의 페이지가 인기 상위권에 꽤 많이 이름을 올렸다. 사용자들은 유언비어에 동조해 이를 현실로 받아들였다. 무엇보다, 아직도 마을이 불타고 있는 미얀마에서 그랬듯 페이스북이 스리랑카의 뉴스 매체를 대신했다. 다음은 스리랑카의 마을이 불탈지도 모를 일이었다. 이와 별도로 정부 관료들이 콜롬보에서 페이스북의 지역 책임자들을 은밀히 만났다. 이들은 혐오 발언을 더 엄격하게 단속해달라고 페이스북에 간청했다. 그런 게시물과 페이지는 페이스북의 자체 규정에 어긋났다. 그런데도 왜 페이스북은 아무런 조처를 하지 않았을까?

　페이스북은 두 회의에서 모두 똑같은 태도를 보였다. 누군가가(설사 장관이라도) 어떤 게시물을 혐오 표현으로 적시하는 것만으로는 충분하지 않았다. 혐오 표현으로 조처하려면 페이스북이 규정 위반을 확인해야 했다.

그런데 이 작업을 도맡다시피 한 외주 기업이 싱할라어 사용자를 충분히 고용하지 않아 업무 속도를 맞추기 어려웠다. 페이스북 대리인들은 막연히 인력 충원을 약속했다.

정부 관료들은 미얀마에서처럼 선동이 폭발할 경우 직접 연락할 담당자가 있느냐고 물었다. "아뇨." 페이스북 대리인들은 위험한 게시물을 보면 규정 위반을 신고하는 페이스북 양식을 사용해야 한다고 답했다. 그야말로 미치고 팔짝 뛸 소리였다. 일반 사용자를 위해 마련된 이 양식으로 하토투와와 동료들이 이미 여러 달 동안 점점 더 심각하게 경고를 보냈지만 거의 아무런 답도 받지 못했었다. 그사이 폭력을 선동하는 목소리가 점점 더 구체적으로 바뀌어, 청소해야 할 모스크와 이웃의 이름까지 들먹였다.

3. 왜 하필 페이스북인가?

수도 콜롬보를 가로질러 정부 부처가 모여 있는 식민지 시대 사무실에서 만난 스리랑카 정보국 국장 수다르샤나 구나바르다나Sudarshana Gunawardana는 자신을 포함한 여러 관료가 "무력감을 느꼈다"고 말했다. 페이스북 이전에는 공동체에 긴장이 감돌면 시민 대표와 언론계 수장들을 만나 시민들을 진정시켜달라는 말을 전할 수 있었다. 이제는 스리랑카 국민들이 보고 듣는 모든 것을 멀리 캘리포니아에 사는 엔지니어들이 통제했고, 스리랑카의 페이스북 대리인들은 구나바르다나의 전화에 응답조차 하지 않았다.

폭력이 다가오는 징후가 쌓이자, 정부 관료들이 서둘러 위험하기 짝이 없는 소문들이 틀렸다고 반박하는 성명을 냈다. 스리랑카인 누구도 성명을 믿지 않았다. 페이스북에서 직접 두 눈으로 진실을 봤기 때문이다. 구나바르다나는 페이스북의 신고 위젯을 이용해 위험한 게시물을 잇달아 알렸다. 다급해진 한 고위 관료는 페이스북 신고함을 통해 누군지도 모를 콘텐츠 검수원에게 폭력으로 치닫는 스리랑카의 현실에 주의를 기울여달라고 간청하기까지 했다. 하지만 신고는 하나같이 모두 무시되었다. 구나바르다나는 "스리랑카 같은 국가에는 관여가 필요합니다. 우리는 사회입니다. 시장이 아니라요"라고 탄식했다.

파르시트 영상을 향한 분노가 퍼지자, 극단주의자들이 페이스북에서 폭력 사태를 주도했다. 그중 한 명이 이슬람교도 젊은이들이 교통사고로 다투다 트럭 기사(앞에서 다룬 대가족이 이 남성의 식구다)를 때린 사건을 놓치지 않고 혐오를 선동해 팔로워 수천 명을 확보했던 아미트 위라싱헤Amith Weerasinghe다. 위라싱헤는 파르시트와 관련한 밈을 퍼뜨리고 수천 번씩 공유하며 이를 이슬람교도 폭동의 첫 공격이라고 주장했다. 그리고 암파라 경찰이 이슬람교도가 운영하는 약국에서 피임약 수천 개를 압수했다는 뉴스가 증거라고 우겼다. 소셜미디어의 가짜 뉴스에 마음을 졸인 스리랑카인 수백만 명에게는 파르시트의 이른바 자백 영상이 모든 의심을 확인해주는 것으로 보였다. 이때부터 종족 전쟁이 시작되었다. 암파라에서 폭동이 일어나고 며칠 지나지 않아, 병원에 있던 트럭 기사가 사망했다. 온라인에서 들끓던 격분이 흔히 그렇듯 순식간에 집단행동을 외치는 목소리로 바뀌었다. '진정한 싱할라족이라면 장례식에 참석해 이슬람교도의 협박 앞에 연대하는 모습을 보여라.' 트럭 기사의 마을에서 가장 가까운 도시인 칸디에 버스가 속속 도착했고, 더러는 주변 고장으로도 퍼졌다.

페이스북 사용자들은 활동을 조율하고자 왓츠앱의 비공개 그룹 링크를 유포했다. 페이스북이 소유한 이 메시지 앱에는 한꺼번에 수백 명에게 단체 문자를 보내는 것과 비슷할 만큼 빠르게 소통할 수 있어 입소문을 퍼뜨리기 좋은 몇몇 기능이 있었다. 이를테면 사용자들이 한 그룹에서 다른 그룹으로 콘텐츠를 전송해 기하급수적으로 퍼트릴 수 있었다. 규모가 큰 그룹은 페이스북, 트위터, 유튜브에서 가져온 인기 게시물이 넘쳐나 세 플랫폼을 섞어놓은 듯 보이기도 한다. 또 종단간 암호화로 당국의 감시를 막아 개인 정보 보호를 강점으로 내세운다. 따라서 사실 확인이나 콘텐츠 검수원이 없다.

디지털 연구자들이 일부 왓츠앱 그룹에 가입해 봤다. 가입은 어렵지 않았다. 신문처럼 공개적으로 운영하며 혐오를 선동하는 페이스북 페이지에 그룹명이 올라와 있었다. 왓츠앱에 널리 퍼진 한 영상에서 승려복 차림의 남성이 "이제 부엌칼은 잭프루트를 자르는 용도가 아닙니다. 그러니 아무쪼록 날카롭게 갈아서 들고 가십시오"라고 외쳤다. 다른 그룹에서는 한 사용자가 목표물 목록과 함께 무기로 쓸 만한 도구 열두 가지를 사진으로 올렸다. 이 남성은 모스크 두 곳에는 '오늘 밤', 다른 두 곳에는 '내일 밤'이라고 표시했다. 이런 그룹들에는 특히 위라싱헤가 올린 콘텐츠가 많았다. 많은 사람이 위라싱헤가 페이스북과 유튜브에 올린 동영상을 공유했다. 영상에서 위라싱헤는 디가나라는 고장의 가게를 돌아다니며 이슬람교도 소유인 곳이 너무 많으니 싱할라족이 디가나를 되찾아야 한다고 거칠게 주장했다. 연구자들은 이런 콘텐츠를 모두 페이스북에 보냈다. 답은 돌아오지 않았다.

연구자들이 속절없이 지켜보는 가운데, 곳곳에서 거리를 메운 싱할라족 수백 명이 라이브 영상을 올렸다. 주민들은 집 앞 창문에 사자가 그려진 현수막을 내걸었다. 싱할라족이 사는 집이라는 신호였다. 무슨 일이 닥칠지를 누구나 다 알았다. 그날 밤 첫 화염병 공격이 일어났다. 분노에 찬 패거리들이 사흘 동안 거리를 점령했다. 이슬람교도가 사는 집을 하나하나 찾아간 이들은 현관문을 부수고 들어가 닥치는 대로 약탈한 뒤 불을 질렀다. 모스크와 이슬람교도 소유인 가게도 불태웠고, 거리에서 사람을 두드려 팼다.

위라싱헤가 영상을 찍어 올린 디가라에서도 그런 습격이 일어났고, 그중 한 곳이 바싯 가족이 살던 이층집이었다. 이 가족은 1층 가게에서 슬리퍼를 팔고 2층에서 살았다. 습격을 받자 가족 대다수는 도망쳤다. 그러나 2층에 있던 큰아들 압둘은 갇히고 말았다. 압둘은 왓츠앱으로 삼촌에게 보낸 음성 메시지에서 "저 사람들이 문이란 문을 모두 부쉈어요. … 불길이 안으로 번져요"라고 알렸다. 몇 분 뒤에는 다급한 목소리로 "집이 불타고 있어요"라고 외쳤다. 압둘의 가족이 집에 다가갈 방법은 없었다. 경찰은 이튿날 아침에야 디가나의 질서를 되찾았다. 압둘은 2층에서 숨져 있었다.

어떻게든 폭력 사태를 가라앉히고 싶은 스리랑카 지도자들이 소셜미디어 접속을 모두 차단했다. 그전까지만 해도 이들은 스리랑카가 소셜미디어 덕분에 지난 몇 년 사이에 민주주의 국가로 전환했다고 믿었던 데다 수십 년 동안 이어졌던 권위주의 정권의 폐해를 되돌리려 한다는 비난이 두려워 소셜미디어 차단이라는 수단은 쓰지 않으려 했었다. 소셜미디어를 차단하자마자 두 가지 일이 벌어졌다. 첫째, 폭력 사태가 멈췄다. 성난 무리를 부추겼던 페이스북과 왓츠앱이 멈추자, 사람들이 그냥 집으로 돌아갔다. 둘째, 몇 달 동안 스리랑카 각료들의 연락을 귓등으로 흘려듣던 페이스북 대리인들이 마침내 연락을 보냈다. 그런데 폭력 사태를 물으려는 연락이 아니었다. 데이터 접속량이 0이 된 이유를 물으려는 연락이었다.

며칠 뒤, 어맨다와 내가 디가나에 도착했다. 거리에는 여전히 재가 날렸다. 디가나는 완만한 초록빛 구릉지와 자연보호구역이 펼쳐진 스리랑카 내륙에 자리 잡은 고장으로, 30분 거리에 스리랑카에서 손꼽게 호화로운 휴양지가 있었다. 차를 파는 매점에서 이웃들이 지켜보는 가운데, 파잘이 우리를 집안으로 안내했다. 엎어지면 코 닿을 곳에 파잘의 형 압둘이 화재로 목숨을 잃은 건물의 뼈대가 보였다. 이맘인 파잘은 여느 스리랑카인이 그렇듯 페이스북으로 온갖 일을 다 했다. 내가 온라인에 퍼진 허위 정보와 혐오를 물었더니 이해하지 못하는 눈치였다. 페이스북은 그냥 페이스북이었다. 파잘에게 바람 때문에 불이 났다고 생각하느냐고 묻는 편이 나았을지도 모른다. 하지만 상중인 사람을 몰아붙이고 싶지 않았다. 파잘은 우리에게 아이스크림을 대접한 뒤 일하러 나갔다.

파잘이 나가자, 파잘의 집에서 만난 이웃 청년 자이눌랍딘이 입을 열었다. "이런 일이 일어날 줄 알았어요." 파잘을 난처하게 하지 않으려 했는지, 자이눌랍딘은 그때야 사실을 털어놓았다. 압둘네 가족과 마찬가지로 자이눌랍딘도 이슬람교도였다. 하지만 싱할라족 이웃들이 며칠 전 미리 위험을 귀띔했다. "싱할라족 대다수가 알았어요. 페이스북에서 봤다더군요." 페이스북에서 활동하는 극단주의자 위라싱헤가 디가나를 돌아다니며 이슬람교도를 쫓아내자고 주장한 영상을 아느냐고 물었더니, 자이눌랍딘이 진저리를 치며 콧방귀를 뀌었다. "알죠. 여기 출신이거든요." 페이스북에서 위라싱헤는 팔로워 수십만 명의 현실에 영향을 미칠 힘 있는 사람이었다. 하지만 자이눌랍딘에 따르면 고향인 이곳에서는 "한낱 평범한 사람"일 뿐이었다. 위라싱헤의 아버지는 목수였다. 위라싱헤네 가족과 자이눌랍딘네 가족은 서로 알고지내는 사이였다. 자이눌랍딘의 친척들이 위라싱헤네 가족에게 위라싱헤를 좀 말리라고 부탁도 했었다. 위라싱헤네 가족도 걱정스럽다는 듯 이야기해보겠다고 약속했지만, 아무런 성과가 없었다. 위라싱헤는 소셜미디어라면 사족을 못 썼다.

폭동을 일으킨 무리들이 흩어진 뒤 경찰이 위라싱헤를 선동죄로 체포했다. 페이스북이 마침내 위라싱헤의 페이지를 폐쇄했다. 하지만 암파라에서 애먼 이슬람교도 파르시트 아탐−레베에게 있지도 않은 종족 전쟁을 인정하라고 압박해 이 난폭하기 짝이 없는 폭력 사태를 불러일으킨 동영상은 그대로 남아 있었다. 연구자들이 계속 페이스북에 영상 삭제 요청서를 제출했지만, 페이스북은 신고서를 무시하거나 영상이 규칙을 위반하지 않았다는 이유로 삭제를 거부했다.

우리는 파르시트가 암파라에서 멀리 떨어진 곳에 몸을 숨기고 있다는 소식을 들었다. 내가 파르시트를 만나려고 차편을 마련하는 동안 어맨다가 한 소식통한테 들은 회동의 세부 사항을 추적하려고 수도 콜롬보로 향했다. 소식통은 그날 이른 아침 페이스북의 남아시아 정책 담당 이사 시브나트 투크랄Shivnath Thukral이 정부 각료를 만나려고 스리랑카로 날아왔다고 전했다. 스리랑카가 페이스북을 차단하자, 이제야 페이스북이 귀를 기울이는 시늉을 했다.

한 참석자에 따르면 투크랄은 회유책을 쓰려 했다. 페이스북이 여러 번 경고받았던 선동과 혐오 발언을 제대로 다루지 못했다고 인정했다. 앞으로 더 협력하겠다고도 약속했다. 다음날에는 시민 대표들과 비공개 통화도 했다. 이때는 허위 정보와 혐오 발언을 통제할 콘텐츠 검수원 가운데 싱할라어 구사자가 모자라다는 사실을 인정했다. 더 많은 인력을 고용하겠다고도 다시 한번 약속했다.

몇 주 뒤 우리는 페이스북에 싱할라어를 할 줄 아는 검수원을 몇 명이나 고용했느냐고 물었다. 페이스북은 진전이 있었다고만 답했다. 의심이 든 어맨다가 남아시아 국가의 구인 웹사이트를 샅샅이 뒤졌다. 그리고 인도의 한 채용 대행 사이트에서 싱할라어로 된 플랫폼을 관리할 사람을 구한다는 채용 공고 목록을 찾아냈다. 회사 이름은 없었다. 어맨다는 통역사를 통해 채용 대행 업체에 전화를 걸어 페이스북에서 일할 콘텐츠 검수원을 찾느냐고 물었다. 업체는 그렇다고 답했다. 이 사이트는 아홉 달 전인 2017년 6월부터 스물다섯 번이나 싱할라어 구사자를 찾는 공고를 냈는데, 한 번도 채워진 적이 없었다. 페이스북이 말한 진전은 거짓말이었다.

"우리는 표현의 자유를 보장하라는 요구를 받아 집권한 정부입니다." 스리랑카 대통령 보좌관 하린드라 디사나야케Harindra Dissanayake가 어맨다에게 한 말이다. 디사나야케도 소셜미디어를 사용했다. 겨우 며칠뿐이었지만 접속 차단은 괴로운 일이었다. 디사나야케가 보기에 소셜미디어 플랫폼이 한창 좋을 때는 "상황을 더 투명하게 알렸고, 목소리를 내지 못했던 사람들에게 목소리를 돌려줬다." 하지만 지난 몇 달 사이, 한때 조국에 민주주의를 선사했다고 여겼던 기술에 믿음이 사라졌다. "소셜미디어가 공평한 개방형 플랫폼이라는 생각은 완전히 거짓말입니다. 편집자는 없고, 알고리즘만 있으니까요."

디사나야케는 소셜미디어 이전에도 스리랑카가 분열된 상태였던 것은 틀림없지만, 소셜미디어 플랫폼이 전에는 절대 불가능했던 방식으로 극단적 행위를 증폭해 사회를 최악의 구렁텅이로 몰아넣었다고 강조했다. "모든 상황이 다 페이스북 탓이라고는 보지 않습니다. 문제의 불씨는 우리한테 있었죠. 하지만 페이스북이 뭐랄까, 바람 노릇을 했죠. 무슨 뜻인지 아시죠?" 스리랑카 정부는 규제나 벌금을 검토 중이었다. 그러나 스리랑카는 힘이 센 나라가 아니었다. 디사나야케는 미국인들만이 변화를 강요할 영향력을 쥐고 있다고 봤다. "여러분, 미국이야말로 알고리즘에 맞서 싸워야 합니다. 미국 말고 또 어디가 페이스북을 굴복시킬 수 있겠습니까?"

다음날 나는 암파라에서 꽤 멀리 떨어진 어느 고장에 도착했다. 그곳의 한 교사가 파르시트를 안다며 방 두 개짜리 콘크리트 주택이 줄줄이 늘어선 작은 마을로 나를 안내했다. 교사의 손가락이 끝에서 세 번째 집을 가리켰다.

안에서 기다리던 파르시트는 수염을 깎은 모습이었다. 이슬람교도인 사실을 숨기려는 뜻은 아니었지만, 이렇게 멀리 떨어진 마을에서조차 한 구역을 지나기도 전에 정체가 들통났기 때문이다. "사람들이 온갖 질문을 쏟아내요. 아니면 '동영상에서 봤어!'라고 소리치거나요." 파르시트는 폭동 상황, 그때 느꼈던 혼란과 두려움, 격분 상태였던 폭도들을 자세히 설명했다. "오늘로 세상 뜨겠구나 싶었어요." 파르시트는 이튿날 아침 암파라를 떠났다.

아이처럼 숫기가 없는 파르시트는 얼이 빠진 사람처럼 보였다. 나와 이야기를 나누는 동안 앞에 있는 다섯 살짜리 조카에게 건성으로 한 손을 휘저어 장난을 쳤다. 아이가 바닥만 바라보는 파리시트의 시선을 붙잡으려고 그 손을 잡아 당겨 쿡쿡 찔렀다. 함께 식당을 운영했던 동생이 바나나와 차를 내왔다. 형제는 가게를 차리려고 빚을 많이 진 탓에 보험에 들지도 못했다고 했다. 전 재산이 사라진 지금, 남은 것은 빚뿐이었다.

"어떻게 해야 할지 모르겠어요." 파르시트의 동생이 답답함을 토로했다. 식당 개업 자금을 모았던 사우디아라비아의 건설 현장으로 되돌아가는 수도 있지만, 그러면 가족과 떨어져 지내야 한다. "신이 인도하시길 기다리고 있습니다."

파르시트가 한숨을 내쉬었다. "저는 여기 머물 생각이 눈곱만큼도 없어요."

파르시트에게 소셜미디어에 대해 여러 번 물었다. 파리시트는 페이스북 탓에 전국적 악당이 되었다. 페이스북이 파르시트의 가족을 망하게 한 거짓말을 퍼뜨렸고, 이제는 가족을 생이별하게 할 참이었다. 게다가 파르시트를 거의 죽일 뻔했다. 지금도 파르시트는 다른 폭도들이 플랫폼에 선동될지 모른다는 두려움 속에 살았다.

그런데도 파르시트는 소셜미디어를 끊지 않았다. 숨어서 공허하게 긴 하루를 보내야 했기 때문이다. "시간이 더 남아도니 페이스북을 더 많이 봅니다."

충격이었다. 자기 가족의 삶을 뒤엎은 페이스북에 원한을 품지 않는 것은 그렇다 치더라도, 파르시트는 페이스북에서 본 내용을 믿어서는 안 된다는 것을 직접 뼈저리게 겪은 사람이었다.

파르시트도 소셜미디어가 정확하다고 믿지는 않았지만, 이렇게 변명했다. "신문을 사려면 시장에 가느라 돈과 시간을 써야 하잖아요. 휴대폰은 그냥 열기만 하면 기사를 얻을 수 있고요." 고개를 든 파르시트가 어쩌겠냐는 듯 어깨를 으쓱했다. "옳든 틀리든, 저는 소셜미디어를 읽어요."

나는 이따금 파르시트와 연락했다. 파르시트의 가족은 가난에 빠졌다. 위협이 계속 파르시트를 따라다녔다. 페이스북 직원 한 명이 파르시트에게 연락해 어맨다와 내가 쓴 기사를 언급하며 그동안 어떻게 지냈는지 물었다. 파르시트는 어떻게 먹고살아야 할지 막막하다고 답했다. 일하고 싶은 마음이 굴뚝같았다. 통화가 끝난 뒤로 페이스북에서는 두 번 다시 연락하지 않았다. 파르시트는 1년 동안 여비를 모은 뒤 쿠웨이트로 가 날품팔이 일을 시작했다. 그리고 지금도 그곳에서 지낸다.

8장

21세기판
교회 종

1. 지위 위협

멕시코 학자 헤마 산타마리아Gema Santamaria와 인터뷰를 나누다 그런 생각이 들었다. 이 양상이 그다지 눈에 띄지 않고 영향이 명확하지는 않지만, 전 세계는 물론이고 트럼프주의의 부상과 비슷한 점이 이제 막 드러나는 미국에서조차 어떻게 펼쳐지는지를 이해하려면 여러 해가 걸리겠구나. 자경단의 폭력 행위를 연구하는 산타마리아는 조국 멕시코에서 일어난 이상한 사건들을 연구했다. 그리고 다른 나라 연구자들이 기록했던 것과 똑같은 폭동을 멕시코에서도 발견했다.[1] 온라인의 허위 정보 탓에 폭력 사태가 벌어진 곳은 칸쿤 교외였다.[2] 조용히 살아가던 어느 마을에서 주민들이 서로 소식을 주고받으려고 시작한 페이스북 페이지가 두려움을 부추기는 괴소문의 온상이 되었고, 끝내는 주민들이 여론조사차 돌아다니던 애꿎은 젊은이 두 명을 아이들의 장기를 꺼내려고 작당한 패거리라며 붙잡아 때려죽이고 사체를 불태웠다.[3] 다른 마을에서도 괴소문부터 살해 방식까지 똑같

은 양상이 펼쳐져, 울타리 기둥을 사려고 읍내에 나간 남성 두 명이 목숨을 잃었다.[4]

"소셜미디어는 지난날 교회 종과 같은 역할을 합니다. 사람들에게 폭력을 동원한 사적 제재를 벌인다고 알리는 수단이죠." 산타마리아는 소셜미디어 플랫폼이 공동체가 직접 집단 폭력을 행사할 때 이용했던 오래된 특정 심리 기제를 재현했다고 설명했다. 집단이 도덕적 격분을 좇아 누군가를 해치거나 죽이는, 즉 사촌의 횡포가 작동하는 사적 제재는 공동체가 공유하는 충동이다.[5] 달리 말해 부족의 규범을 어기는 자에게 무슨 일이 벌어지는지를 알리는 공개 경고다.

"사적 제재의 목적은 의사 전달이에요." 산타마리아는 집단 폭력에 앞서 헛소문이 꾸준히 퍼지는 것이야말로 소셜미디어가 그 옛날 사적 제재를 어떻게 재현할지를 배웠다는 실마리라고 봤다. 소셜미디어는 기존 정서를 유발하는 데 그치지 않고 정서를 새로 만들었다. 괴소문은 아무렇게나 생긴 것이 아니었다. "괴소문에는 나름대로 논리가 있어요. 모든 사람을 겨냥하지는 않죠." 괴소문은 권력층이지만 지위가 위태롭다고 느끼는 집단, 지배층에 속하는 자기 위치를 무너뜨리려는 변화에 분노와 공포를 느끼는 다수 집단에 퍼진 위기의식을 자극했다. 대다수에게는 무형의 사회 변화가 날씨만큼이나 물리치기 어려운 힘이었으므로, 소셜미디어는 사용자가 억누를 수 있는 유형의 악당을 내놓았다. 페미니스트 블로거, 소수 종교를 믿는 이웃, 난민이 바로 그 표적이었다. "이런 표적이야말로 어떻게든 사람들이 통제할 수 있는 대상이죠. 실제로 무언가 조처할 수 있으니까요."

미얀마에서 소셜미디어 플랫폼은 오랫동안 나라를 지배한 다수 집단인 불교도의 공포를 이용했다. 불교도들은 오랫동안 자신들에게 유리했던 상황이 민주주의의 시작으로 바뀌고 있다는 불안을 느꼈다. 인도에서도 비슷한 이유로 힌두교도의 공포를 이용했다. 2018년 BBC 보도에 따르면 나이지리아 북부에서도 똑같은 양상이 펼쳐져, 다수 집단이자 이슬람교도인 풀라니족이 페이스북에서 소수 집단이자 기독교도인 베롬족과 맞붙었다.[6] 미국에서 소셜미디어가 이용한 것은 이민자, 블랙라이브스매터 운동, 증가하는 이슬람교도, 더 많은 관용과 다양성을 향한 문화적 보정에 맞선 백인의 반발이었다. 산타마리아는 가장 많이 공유된 괴소문이 흔히 인구 구성이나 출산과 관련한다고 지적했다. 이를테면 스리랑카에서는 피임약, 미국에서는 백인을 난민으로 대체하려 한다는 진보주의자의 음모가 그랬다.

이 모든 소문을 공통으로 규정하는 요소는 일반화된 분노보다 더 구체적이고 위험한 지위 위협status threat이었다. 사회 지배층의 구성원이 자기 위치를 잃을 위험을 느끼면 난폭한 반응을 일으키기도 한다.[7] 실제든 상상이든, 지배적 지위에서 안정을 느꼈던 과거를 더 그리워한다. 트럼프가 내세운 '미국을 다시 위대하게'가 바로 그런 예다. 자기 위치와 연결되어 보이는 모든 변화, 예컨대 인구 구성의 변화, 사회 규범의 진화, 소수자 권리의 확대에 과잉 반응한다. 또 소수 집단을 위험한 존재로 부풀리는 데 더 집착해, 그런 믿음을 굳혀주는 이야기와 유언비어에 뚜렷이 반응했다. 이런 반응은 지배 우위를 유지하려는 집단 방어 기제다. 대체로 무의식에서 거의 동물적으로 일어나는 이런 반응은 기회주의자나 이익을 좇는 알고리즘에 조종당하기 쉽다.

문제는 소셜미디어가 분노, 두려움, 종족 갈등처럼 지위 위협에 따라 움직이는 모든 정서를 조장하는 법을 배웠다는 것만이 아니다. 플랫폼이 부추기는 집단 감정에 사로잡힌 수백, 수천 명이 온라인에 새로 올라온 최신 정보를 접하면, 윌리엄 브래디와 몰리 크로킷이 논문에 적은 대로 개인 정체성보다 "집단 정체성이 더 뚜렷해진다."[8] 달리 말해 부족에 더 매달릴

뿐더러 자의식을 잃는다. 이런 환경에서는 "탈개인화_{deindividuation}라는 심리 상태가 나타나기 쉽다."

탈개인화는 짧게 말해 '군중 심리'지만, 군중에 합류하는 것보다 더 흔히 나타난다. 운동 경기장 관중석에 앉아 있거나 교회에서 찬송가를 따라 부를 때도 자신의 의지 일부를 그 집단의 의지에 넘겨주면 탈개인화가 나타날 수 있다. 이런 탈개인화가 지위 위협과 섞이면, 즉 개인의 판단력을 압도할 만큼 강력한 탈개인화와 끔찍한 규모로 집단 공격을 유발할 수 있는 지위 위협이 만나면 위험이 닥친다.

나는 스리랑카에서 온라인 혐오를 추적한 열정적인 디지털 연구자 산자나 하토투와와 나눴던 대화를 떠올렸다. "이 암 덩어리가 너무 퍼져 이제 평범한 사람들한테서도 볼 수 있습니다. 심란한 일이죠. 과격화가 아주 어린 나이에서 일어나고 있어요." 모자랄 것 하나 없는 가정에서 자란 아이들마저 소셜미디어에서 활동하면 혐오에 사로잡혀, 온라인에서 마주한 지위 위협이 규정한 세계관으로 세상을 바라봤다. "아이들이 바로 이 절차를 통해 공동 관계를 맺습니다. 혐오에서 시작하는 거죠. 정말이지 끔찍합니다."

2016년에 트럼프 지지자들이 여느 미국인보다 디지털 토끼굴에 훨씬 더 깊이 빠져들었던 까닭이 어쩌면 지위 위협이 온라인에 걷잡을 수 없이 퍼지는 이런 양상 때문이었을지도 모른다. 만약 소셜미디어가 다수 집단의 정체성 공포를 자극하고자 설계되었다면, 영향력이 줄어드는 미국의 백인, 특히 인종 정체성을 고수하는 경향이 가장 강하고 트럼프 지지층의 대다수를 차지하는 저학력 노동자 계층 백인이 내가 스리랑카에서 목격한 양상, 즉 전국 규모로 일어난 지위 위협과 디지털 탈개인화에 위험할 만큼 쉽게 휘둘릴 것이다. 2017년 버지니아주 샬러츠빌 집회 같은 몇몇 예외를 제외하면, 2018년 전까지는 그런 디지털 부족이 노골적인 집단 폭력까지 일으키지는 않았다. 하지만 나는 소셜미디어의 이런 영향이 다른 방식으로 나타나, 덜 뚜렷하면서도 큰 파장을 일으킬 인종 폭력을 일으키게 사람들을 자극하지 않을까 싶었다.

머잖아 답이 나왔다. 2018년 3월 스리랑카가 불길에 휩싸였던 바로 그때, 독일 사회학자들이 소셜미디어가 보이지 않게 독일에 미친 영향을 살펴본 장기 연구를 거의 마무리했다. 이 연구는 미얀마와 스리랑카에서 벌어진 것 같은 사건들이 특이하기는커녕 더 감지하기 힘들 뿐 서방 민주국가에서도 펼쳐지고 있다는 충격적인 사실을 암시했다. 나는 상황을 파악하고자 뒤셀도르프 근처의 작은 고장으로 날아갔고, 동료 어맨다 타웁도 며칠 뒤 합류했다.

2. 기만 중독

스리랑카에서 보도를 마치고 몇 달 뒤인 2018년 6월, 나는 이틀 동안 독일 알테나 거리를 돌아다니며 주민들을 붙잡고 물었다. "디르크 뎅카우스에게 무슨 일이 있었나요?" 사람들은 무슨 뜻인지 안다는 듯 자못 진지하게 고개를 끄덕였다.

주민들에 따르면 독일 서북부의 많은 산업 도시가 그렇듯 알테나도 침체에 빠진 탓에 젊은이들이 따분함과 절망에 빠진 상황이었다. 최근 몇 년 동안 독일은 멀리 떨어진 이슬람권 전쟁 지역에서 100만 명 가까운 난민을 받아들였고, 알테나 주민 대다수도 이를 지지했다. 하지만 몰려드는 난민에 혼란을 겪는 사람들도 있었다. 주민들은 위험하다거나 정치적이라고 평가받지 않았던 젊은 소방관 훈련생 뎅카우스가 여러 난민 가족이 잠든 수용 시설을 불태우려 한 까닭을 이해하려면 이런 맥락을 알아야 한다고 전했다.[9]

그런데 내가 멈춰 세웠던 주민들이 남녀노소 없이 다른 요인만큼이나 중요하다고 거듭 언급한 것이 바로 페이스북이었다. 이곳 사람들은 누구나 소셜미디어에서 난민을 위협으로 묘사하는 유언비어를 본 적이 있었다. 난민들을 따뜻하게 맞이한 알테나의 물리적 공간과는 사뭇 달리, 페이스북 그룹에서는 독설이 넘쳐났다. 많은 주민이 뎅카우스가 인종차별적 피해망상에 빠진 온라인 세계에 몰두한 나머지 점점 더 다른 사람이 되었다고 의심했고, 검사도 나중에 같은 주장을 펼친다.

알테나는 오랫동안 의심했어도 2018년 당시에는 연구가 빈약했던 현상을, 즉 소셜미디어 플랫폼이 모든 공동체에서 인종차별 폭력을 부추긴다는 것을 보여주는 예였다. 또 어느 연구에서 이를 증명하고자 사용한 측정점 3335개 중 하나이기도 했다. 영국 워릭 대학교 카르슈텐 뮐러Karsten Müller와 카를로 슈바르츠Carlo Schwarz가 독일에서 2년 동안 일어난 난민 공격 총 3335건의 관련 자료를 모았다.[10] 2015년 이후 유럽에 난민 위기가 닥친 뒤로 극우 정치가 부상했으므로, 지난 2년은 폭발이 일어나기 쉬운 시기였다. 또 엄청난 규모 덕분에 소셜미디어의 영향력을 따로 분리하기 좋은 기회이기도 했다. 연구진은 모든 사건마다 인구 구성, 정치 성향, 난민 수, 혐오 범죄의 역사 같은 주요 변수를 이용해 현지 공동체를 분석했다.

한 가지 사실이 두드러졌다. 페이스북 사용이 평균 이상인 지역일수록 난민 공격이 확실히 더 많이 발생했다. 공동체가 작든 크든, 부유하든 가난하든, 진보적이든 보수적이든 거의 모든 곳에 이 규칙이 들어맞았다. 난민 공격 증가는 전체 웹 사용량과 상관하지 않았다. 페이스북에만 상관했다. 이 데이터는 놀랍기 그지없는 통계치로 압축되었다. 1인당 페이스북 사용이 표준편차 기준으로 전국 평균보다 1만큼 많은 곳은 어디든 난민 공격이 35% 증가했다. 이 효과 때문에 독일 전체에서 난민 반대 폭력이 10% 늘었다.

내가 검토를 요청한 전문가들은 연구 결과가 믿을 만하고 타당하다고 답했다. 하지만 이 연구는 나중에 연구 방법을 과장했다는 비판을 받았다. 예를 들어 지역별 페이스북 사용도를 측정하고자 여러 지표를 추적했는데, 그중 하나가 누텔라 페이지 가입자가 얼마나 많으냐였다. 연구자들은 누텔라가 어디서든 인기 있고 특정 문화에 치우치지 않으므로 유용한 기준이라고 이유를 댔다. 비평가들은 이런 선택이 진중하지도 않고 근거가 약하다고 지적했다. 연구자들은 이후 수정한 초안에서 이 사안을 바로잡았다. 하지만 내 관심사는 논문 마지막에 등장하는 통계를 검증하는 것이 아니라 페이스북의 영향력을 확인할 길잡이로 활용하는 것이었다. 알테나에 간 까닭도 연구에 따르면 이곳이 페이스북 사용도와 난민 반대 정서가 모두 유난히 높고 비율도 논문의 예상과 일치해서였다. 그리고 뎅카우스는 더 깊은 변화를 대표했을 것이다.

아네테 베제만은 조용한 시골 생활을 즐기고자 북적이는 하노버에 있는 집을 넘긴 뒤 알테나의 난민 통합 센터를 인수했는데, 난민이 처음 이곳에 도착한 2015년에는 감당하기 어려울 만큼 많은 지역민이 도움을 자청했다. 시리아나 아프가니스탄 출신 가족이 생활 지도사나 독일어 강사를 자청한 주변인들과 함께 센터를 찾곤 했다. "정말 감동적이었지요." 그런데 자원봉사자 행사를 마련하려고 페이스북 페이지를 만들었더니, 오프라인에서는 접한 적이 없는 난민 반대 독설로 도배가 되었다. 더러 난민의 이름을 언급하며 위협하는 게시물도 있었다. 시간이 지날수록 이들의 분노가 전염성을 입증하며 페이지를 점령했다. 내가 페이스북과 난민 반대 폭력의 연관성을 밝힌 연구를 언급하자 베제만이 "당장이라도 믿겠네요"라고 고개를 끄덕였다.

난민 반대 정서는 인구 구성의 변화에서 비롯한 두려움과 인종차별적 부족주의가 결합한 지위 위협을 있는 그대로 드러내는 감정 표현이다. 진심으로 난민을 혐오한 지역민은 몇 명뿐이더라도, 이들이 계속 게시물을 올렸고, 육아 그룹을 뒤덮은 백신 반대 콘텐츠가 그랬듯 도발성에 따른 보상을 받았다. 이들의 혐오가 알테나의 페이스북 페이지를 뒤덮어 의견이 일치된 듯한 가짜 인상을 만들자 더 많은 사람이 동조하는 것 같았다.

디르크 뎅카우스는 이런 과정의 축소판을 경험했다. 뎅카우스의 수사 기록을 검토한 알테나의 검사장 게르하르트 파울리Gerhard Pauli가 내게 서류 철을 하나 보여줬는데, 경찰이 뎅카우스의 휴대폰에서 빼낸 페이스북과 왓츠앱 게시물의 인쇄본 수백 장이 들어 있었다. 파울리에 따르면 뎅카우스가 극단주의에 빠진 계기는 농담이었다. 뎅카우스는 한 친구와 서로 약올리고 놀랠 셈으로 주로 페이스북 공개 그룹에서 가져온 인종차별주의자의 밈을 교환하곤 했다.

파울리 검사장은 "두 사람이 어쩌다 서로를 '총통 각하' 같은 말로 부르는 농담을 주고받았다더군요"라며 고개를 가로저었다. 시간이 지나자 이 정서가 진심이 되었다. "농담과 진심은 종이 한 장 차이죠." 여섯 달쯤 지났을 때 뎅카우스가 그 차이를 넘어섰다. "어느 날 뎅카우스가 동거인에게 '이제 우리가 무언가를 해야 해'라고 말했답니다." 그날 밤 뎅카우스와 친구가 난민 수용 시설의 다락에 침입해 안에 있는 사람을 모두 죽이려는 듯 불을 질렀다. 다행히 불길은 저절로 사그라졌다. 두 사람은 이튿날 경찰에 체포되었다.

파울리 검사장이 설명한, 온라인 농담이 점차 신심으로 내면화되는 과정을 기만 중독irony poisoning이라 부른다. 소셜미디어를 과도하게 사용하는 사람들은 자신을 '기만 중독자'라 부르는데, 이 말은 평생 기만적 무관심, 알고리즘의 과잉 자극, 무례한 유머가 널리 퍼진 소셜미디어 하위문화에 몰두하다 무뎌진 감각을 놀리는 농담이다.[11] 더 극단적으로는 못마땅한 콘텐츠에 계속 노출되고 페이스북이나 유튜브의 토끼굴에 빠져 시간과 에너지를 쏟다 보면 그런 콘텐츠에 방어 기제가 약해질 수 있다. 터부시하고 지나치다고 여겼던 생각에 둔감해지면 못마땅한 마음이 줄어 받아들이기 쉬워진다.

법정에서 뎅카우스의 변호사는 자기 의뢰인이 오프라인 생활에서는 그날 밤 이전까지 난민에게 전혀 적의를 드러내지 않았다고 강조했다.[12] 소셜미디어의 연관성을 깎아내리려는 의도였지만, 이 주장은 도리어 소셜미디어의 힘을 부각했다. 알테나의 실생활에는 관용을 베푸는 사회 규범이 압도적으로 널리 퍼져 있었다. 그러나 자체 도덕규범을 따르는 폐쇄 환경인 페이스북에서는 뎅카우스가 아무런 제지도 받지 않고 극단주의로 이동했다.

파울리 검사장은 뎅카우스가 추세를 대표했다고 봤다. 소셜미디어가 알테나에서 폭력 사태의 증가를 부채질했다고 확신했다. 몇 달 뒤에는 알테나의 친난민 정책에 분노를 느낀다는 남성이 시장을 칼로 찔렀다. 파울리에 따르면 경찰은 이 사건도 소셜미디어와 관련한다고 의심했다. 피습 전까지 알테나 주민의 페이스북 페이지에 시장을 향한 분노가 들끓었었다. 하지만 범인이 이미 죄를 인정했으므로, 경찰은 온라인의 영향력을 입증할 증거를 굳이 애써 수집하지 않았다. 파울리도 실리콘밸리의 거인 페이스북이 의도치 않게 공범 노릇을 했다고 봤지만, 자신이 실현할 수 있는 정의로는 페이스북을 소환할 수 없다는 것을 잘 알았다.

알테나 검찰청은 플랫폼에서 일어나는 선동을 추적하는 데 점점 더 많은 시간을 썼다. 파울리는 여느 때라면 평범했을 사람을 폭력으로 끌어들일 만한 유언비어를 점점 더 우려했다. 멕시코와 인도네시아를 포함해 다른 모든 나라에서 그랬듯, 이상하게도 그런 괴소문의 내용은 대체로 이해하기 어려운 방식으로 아이들을 위협한다는 것이었다 파울리는 "누가 유치원 바깥에서 누구를 봤다는 상황이 숱하게 생깁니다"라며 고개를 가로저었다. "5분도 안 돼 소문이 퍼지고, 한 다리 건널 때마다 더 심해지죠. 두 시간이 지나면 길거리에 폭력을 행사하는 무리가 나타나고요."

3. 슈퍼 게시자

독일 동남부에서 오스트리아에 가까운 산자락에 자리 잡은 트라운슈타인은 여러모로 알테나와 다르다. 관광 산업이 번창하는 곳이고, 정치색은 진보주의에 기울어 있다. 젊은이들의 사회 활동도 활발하다. 하지만 이곳도 알테나와 마찬가지로 페이스북 사용과 난민 반대 폭력이 모두 유난히 높다. 나는 때마침 합류한 어맨다와 함께 이곳에서 특별한 점을 찾아 나섰다. 현지 페이스북 그룹에서 가장 활발하고 눈에 띄는 게시자를 확인해, 페이스북이 한 공동체를 점점 더 극단으로 몰아가는 방식을 구현했다는 슈퍼 게시자superposter를 찾아냈다. 이름은 롤프 바서만Rolf Wassermann이었다.

바서만은 사람들이 지하실에 처박힌 인터넷 중독자 하면 흔히 떠올리는 모습과 사뭇 다른 사람이다. 고급 맥주의 TV 광고에서 튀어나온 듯 구릿빛 피부와 희끗희끗한 턱수염, 검은색 정장을 뽐내는 중년의 예술가였다. 보수적이기는 해도 좀체 과격하지 않았다. 하지만 온라인에서는 맹렬하게 활동해 슈퍼 게시자의 전형적인 모습에 들어맞았다. 바서만은 난민 범죄와 관련한 헛소문, 날 선 기고문, 뉴스를 줄줄이 올린다. 내가 확인한 바로는 게시물 중에 혐오 발언이나 가짜 뉴스는 없었지만, 대체로 독일을 위험한 외국인에 시달리는 나라로 묘사했다.

"페이스북에서는 그다지 정치적이지 않은 사람들의 관심을 끌 수 있어요. 사람들의 정치적 견해를 형성할 수 있죠" 바서만이 커피를 앞에 두고 우리에게 한 말이다. 바서만에 따르면 이것이 페이스북에서 만난 사람들의 전형적인 전개였다. 처음에 이들은 딱히 정치색을 보이지 않는다. 그러다 십중팔구 갑자기 시간이 남아돈 탓에, 피드에 올라온 온갖 사안을 주제로 자주 글을 올리기 시작한다. 그리고 페이스북 그룹에 가입한다. 바서만도 그렇게 사람들을 만났다. 이들은 시간이 지날수록 더 날 선 정치색을 보인다고 한다. 바서만도 그랬다.

바서만은 신문이나 TV보다 소셜미디어를 선호했다. "페이스북이 더 정직하니까요." 그 예로 자기는 독일이 받아들인 난민 수와 이들이 저지른 범죄 건수가 언론에서 주장한 수치보다 더 높다는 것을 페이스북에서 알았다고 했다. 그래서 이 비밀을 최선을 다해 널리 알렸다. "사람들이 페이스북에서 하는 말이 더 진실이니까요." 그러다 그런 말을 아무런 의심 없이 믿는다는 것이 얼마나 터무니없는지를 깨달았는지 웃음을 터뜨렸다. "제 생각에는 그렇다는 거죠. 내가 신은 아니잖아요. 모르겠습니다."

프린스턴 대학교 사회학자 앤드루 게스Andrew Guess는 바서만처럼 지나치게 활발한 사용자가 "더 완고하고 더 극단적이고 더 몰두하고 온갖 사안을 다루는 성향을 보인다"고 말했다. 이런 특성은 포챈에 열광한 애덤 같은 초기 사용자, 많은 연구와 인터뷰가 진행된 소셜미디어 중독자에서 떠올릴

만한 특성과 다르다. 슈퍼 게시자는 그 자체로 한 유형을 이루고, 플랫폼 덕분에 유난히 큰 영향력을 얻는다. 사용 빈도가 적은 사용자가 소셜미디어에 들어가면 눈에 들어오는 것은 대개 슈퍼 게시자가 형성한 세계다. 소셜미디어는 과도한 사용에 유난히 만족하는 특정 성벽이 있는 사람을 끌어들인다. 그러면 이들이 득세해 플랫폼의 규범과 편향을 왜곡한다.

여러 심리 연구가 밝혀낸 슈퍼 게시자 특유의 기질과 습성은 대체로 부정적이다. 그중 한 특성은 독단, 즉 '웬만해서는 바뀌지 않는 근거 없는 확신'이다.[13] 독단적인 사람은 편협하고 억지스럽고 소란스럽다. 다른 특성은 우월성과 특권을 타고났다고 여기는 과대망상적 자아도취다.[14] 나르시시스트는 찬양과 소속을 향한 열망에 몰두하므로 소셜미디어의 즉각적인 반응과 많은 동조자를 웬만해서는 거부하지 못한다. 그런 욕구는 슈퍼 게시자의 몹시 낮은 자존감 때문에 더 깊어지는데, 플랫폼은 이 낮은 자존감을 더 무너뜨린다.[15] 한 연구는 간단하게 이렇게 결론지었다. "온라인에서 정치적 적대 행위를 하는 사람은 어떤 상황에서든 쉽게 적의를 드러내는 성향이 있다."[16] 신경학계의 실험도 이를 뒷받침한다. 슈퍼 게시자는 적대적 사회 권능negative social potency에 끌리고 보상을 느낀다.[17] 적대적 사회 권능은 다른 사람의 감정을 일부러 괴롭혀 기쁨을 얻는 성향을 가리키는 임상용어다. 소셜미디어를 더 많이 사용하고 이를 더 큰 영향력으로 보상받은 슈퍼 게시자는 플랫폼을 독단, 자아도취, 권력 확대, 잔혹함이라는 특유의 경향으로 한층 더 끌어당긴다.

2015년 레딧 CEO였던 엘런 파오는 의도치 않게 이 현상을 확인한 시험에서 유례없는 조처를 시도했다. 레딧은 과잉 사용자를 장려하기보다 폐해를 많이 일으키는 사용자들을 퇴출했다. 대응팀이 확인해보니 사용자 수천만 명 가운데 혐오 콘텐츠를 대부분 주도하는 사람은 지나치게 활동이 많은 1만 5천 명뿐이었다. 파오는 이들을 퇴출한다면 레딧 전체가 바뀔 것이라는 근거로 사람들을 설득했다. 한 외부 분석에 따르면 파오가 옳았다.[18] 이렇게 비중이 적은 사용자를 없애자 나머지 사용자에서 전체 혐오 발언이 놀랍게도 80%나 줄었다. 사용자 수천만 명의 행동이 하룻밤 새 바뀐 것이다. 이 조처는 드물게 성공했지만, 레딧을 뒤따르지 않은 다른 대형 플랫폼에서는 문제가 더 악화하기만 했다. 이들 플랫폼은 가장 활발한 사용자들을 억제할 생각이 없었고, 온라인 과잉 사용이 있을 수 있다는 것을 인정하는 데는 더욱 관심이 없었다.

슈퍼 게시자가 사람들의 피드에 올라오는 내용뿐 아니라 사용자가 옳고 그름을 가늠하는 분별력도 바꿀까? 나는 사회 규범이 행동에 영향을 미치는 방식을 탐구한 작업으로 맥아더재단에서 '천재상genius grant'을 받은 벳시 레비 팔럭Betsy Levy Paluck에게 이 문제를 물었다.[19] 내심 팔럭이 자기 연구, 이를테면 르완다에서 일어난 집단 폭력을 언급할 줄 알았다. 그런데 팔럭은 학내 괴롭힘school bullying을 이야기하고 싶어 했다. 팔럭이 오랫동안 조사한 바에 따르면 대체로 아이들은 처벌받을지, 표적이 괴롭힘을 당할 만하다고 생각하는지가 아니라 도덕적 우위를 느끼느냐에 따라 남을 괴롭혔다.[20] 괴롭힘이 허용되고 정의롭다고까지 느끼든 반대로 잘못이라고 느끼든, 내부 척도가 가장 중요했다. 그런데 도덕적 잣대는 어떻게 정해질까? 우리는 우리가 고귀한 원칙, 인생 경험, 신뢰하는 어른의 조언에서 얻은 고유의 도덕률을 따른다고 믿으려 한다. 그런데 거듭된 여러 연구에 따르면 우리는 옳고 그름을 가늠할 때 무의식적으로라도 동료들의 생각이라고 여기는 것에 크게 영향받는다. 달리 말해 위대한 천사나 신의 지시를 따르기보다 자신을 지키고자 사촌의 횡포에 순응해 부족이 합의한 도덕률을 따른다.

한 연구진이 멕시코 시골 지역에서 여성을 향한 가정 폭력에 반대하는 줄거리의 라디오 드라마를 들려주는 실험을 진행했다.[21] 어떤 지역에서는 집에서 혼자 드라마를 듣게 했고, 어떤 지역에서는 마을 스피커나 동네 모임에서 드라마를 틀어줬다. 집에서 드라마를 들은 남성은 가정 폭력 성향이 전과 마찬가지였다. 하지만 단체로 드라마를 들은 남성은 폭력 행위가 유의미하게 줄었다. 이유는 압력을 느껴서가 아니었다. 이들의 신념이 바뀌어 점점 더 도덕적으로 가정 폭력을 반대하고 성 평등을 지지했기 때문이다. 이런 차이가 나타난 원인은 마을 사람들이 드라마에 열중하는 모습을 봐서였다. 동조 충동(페이스북 초기 사용자들도 이 충동에 속아 뉴스피드 도입에 씩씩거렸다)은 우리 내면 가장 깊은 곳에 있는 도덕적 중심부까지 스며들 수 있다.

주변 동료의 도덕관을 추론하기란 그리 쉽지 않다. 그래서 우리는 지름길을 사용한다. 영향력이 있다고 생각하는 소수 동료에 특별히 주목해 실마리를 얻고, 이들의 언행이 집단 전체의 규범을 반영하리라고 덮어놓고 믿는다. 우리가 도덕적 기준으로 선택한 사람들을 흔히 '사회적 준거인social referent'이라 부른다. 팔럭은 따라서 도덕성이 '지각 작업'이라고 주장했다. "소속 집단에서 실제로 두드러지게 눈에 띄는 사람은 누구일까요? 무엇이 일반적일지, 무엇이 바람직할지 생각할 때 우리는 누구를 떠올릴까요?"

이를 조사하고자 팔럭은 56개 학교에 연구진을 파견해 또래들에게 큰 영향을 미치는 학생, 학내 괴롭힘을 도덕적으로 받아들일 수 있다고 생각하는 학생을 찾아냈다.[22] 그리고 학교마다 두 조건에 모두 들어맞는 학생을 20~30명씩 골랐다. 모르긴 해도 이 학생들이 소속 학교에서 학내 괴롭힘에 찬성하는 사회적 규범을 퍼뜨리는 데 가장 큰 역할을 했을 터이기 때문이다. 연구진은 이 학생들에게 공개 장소에서 학내 괴롭힘을 비판해달라고 요청했다(강제가 아니라 요청이었다). 몇 안 되는 이 학생들을 가볍게 자극하기만 해도 변화가 일어났다. 심리적 기준점을 확인해보니 학생 수천 명이 내면에서 학내 괴롭힘에 반대했고, 도덕적 잣대가 연민으로 기울었다. 학내 괴롭힘 신고도 30%나 줄었다.

소셜미디어 플랫폼은 우리 모두를 팔럭의 학내 괴롭힘 실험 같은 환경에 집어넣는다. 그런데 온라인에서 우리의 사회적 준거인이 되는 사람 즉 인위적으로 우리의 도덕적 시야에 들어오는 사람은 슈퍼 게시자다. 이들이 설득력 있거나 사려 깊거나 중요해서가 아니라 사용자 참여를 주도하기 때문이다. 팔럭에 따르면 이것이 페이스북 같은 플랫폼 특유의 현상이었다. 피드에 쓸 시간이 많은 사람은 누구나 큰 영향을 미쳤다. "실생활에서는 누가 말을 많이 하더라도 가장 많이 주목받지는 않을 거예요. 하지만 페이스북은 그런 사람을 언제나 우리 눈앞에 내놓죠."

소셜미디어는 슈퍼 게시자로 우리를 에워싸는 데 그치지 않는다. 공동체를 한 번에 바꿀 힘을 보여줬던 멕시코 시골 마을의 스피커처럼 슈퍼 게시자들의 주장을 누구나 보는 거대한 공개 토론장에 드러낸다. 독일에서 소셜미디어는 전체 사용자에게 사회 규범이 실제보다 난민에 더 적대적이고 악의적이라는 인상을 준 바서만 같은 슈퍼 게시자의 힘을 높였다. 2006년 페이스북이 겪은 '뉴스피드에 반대한다' 사태가 이제는 독일 전체의 정치 정서로 번져 가장 취약한 주민 수백만 명을 겨냥했다. 팔럭은 그런 슈퍼 게시자 가운데 누구도 대놓고 폭력을 지지하지 않더라도, 그들의 난민 반대, 반정부 주장이 종합적으로 영향을 미쳐 사람들이 사적 제재를 위한 폭력이 묵인될뿐더러 장려된다고까지 느꼈다고 밝혔다.

바서만을 만난 날 오후, 나는 트라운슈타인의 지역 행사에 참석해 소셜미디어와 관련한 질문을 던졌다. 이때 나타샤 볼프라는 교사가 적극적으로 질문에 답했다. 볼프는 독일 출신 학생과 외국 출신 학생이 뒤섞인 직업 학교에서 일했는데, 최근 몇 달 사이 독일 학생들이 거의 하나같이 난민들에게 전에는 본 적 없는 날 선 적의를 드러냈다고 한다. 볼프가 보기에 그럴 만한 이유는 많았다. 그런데 학생들에게 불안한 마음에서 주고받는 허위 통계나 혐오에 찬 주장을 어디에서 들었느냐고 물을 때마다 답이 똑같았다. 페이스북.

외국인을 헐뜯는 소문이나 토막 소식이 페이스북에 올라오면 순식간에 퍼졌다. "사람들이 자기 견해에 확신을 느끼니까요." 볼프는 두 손을 위아래로 바삐 움직여 키보드를 두드리는 사람을 흉내 냈다. "그저 '좋아요, 좋아요, 좋아요'뿐이죠." 가짜 주장에 이의를 제기하면 언제나 같은 대답이 돌아왔다. "이게 진실이라는 걸 모르는 사람은 없어요." 하지만 학생들도 잘못 알 때가 숱했다. 많은 트라운슈타인 주민이 외국인과 관련한 소문을 가짜라며 받아들이지 않았다. 볼프는 페이스북의 이런 필터 버블이, 가짜 의견 일치가 미칠 영향을 걱정했다. 난민 학생들에게 커피를 들이붓고 쓰레기를 던지는 사람들이 있었다. 대낮에 그런 가벼운 폭력을 시도하는 까닭은 그렇게 해도 용인되리라고 생각해서다.

소셜미디어에서 비롯한 폭력이 너무 흔해지자 경찰이 플랫폼을 치안을 위협하는 위험으로 다루기 시작했다. 이튿날 만난 트라운슈타인의 경감 안드레아스 구스케는 "페이스북은 사람들이 쪽지를 붙여놓으면 다른 사람들이 읽는 메모판이 아닙니다. 알고리즘을 이용해 사람들에게 영향을 미치니까요"라고 지적했다. 이제 막 머리가 희끗희끗해진 노련한 수사관 구스케가 소셜미디어를 심각한 위험으로 여기기 시작한 계기는 2015년 G7 정상회담이었다. 회담 기간에 시위자들이 휘몰아쳤을 때, 플랫폼에 온갖 소문이 넘쳐났고 그중에는 군중을 자극해 피해망상적 광분으로 몰아넣은 것도 있었다. 이듬해에는 온라인에 나타난 혐오 발언과 발맞춰 난민 공격이 늘어나는 것 같았다. 구스케는 여기에 대응해 온라인과 오프라인을 감독하는 부서로 팀을 재편했다. 이들은 자신들을 지역 사회에 허위 정보가 퍼져 영향을 미치지 못하도록 예방 주사를 놓는 공공 보건 종사자로 여겼다.

구스케에 따르면 얼마 전 트라운슈타인 인근의 한 고장에서 이슬람교도 난민 집단이 열한 살 소녀를 지하보도로 끌고 가 강간했다는 소문으로 페이스북이 술렁였다. 헛소문이었지만, 페이스북이 독일 전역에 이 소문을 쏟아내자 분노의 물결이 일었다. 경찰이 사실이 아니라고 발표하자, 페이스북 사용자들이 정치권에서 이 사건을 덮으라고 지시했다고 주장했다. 구스케의 팀이 확인해보니 이 소문은 경찰이 어느 아프가니스탄 이민자를 열일곱 살 소녀를 더듬은 혐의로 체포한 데서 비롯했다. 페이스북 사용자들이 사건을 전달하는 과정에서 몇몇 사람이 충격이나 분노를 자아내는 내용을 추가했고, 이렇게 살이 붙은 이야기가 진실을 가리고 급부상했다. 한 명인 가해자가 여러 명으로, 성추행이 강간으로, 피해자가 청소년에서 아동으로 바뀌었다.

경찰은 페이스북과 트위터에 소문의 유포 과정을 재구성해 실체를 밝힌 성명서를 올렸다. 구스케는 플랫폼이 어떻게 현실을 왜곡하는지를 증명한다면 사람들이 수긍해 페이스북에서 본 내용을 거부하리라고 생각했다. 하지만 소셜미디어에서는 진지한 사실 확인이 선정적인 소문만큼 부상하지 않으리라는 것도 잘 알았다. 그래서 초기에 소문을 공유했던 지역민을 확인해, 그들의 주장이 틀렸다는 증거를 들고 집으로 찾아갔다. 구스케는 플랫폼의 추천 시스템이 허위 정보에 등을 돌리게 할 셈으로 이들에게 이전 주장을 공개적으로 부인해달라고 요청했다. 요청을 받은 사용자들은 한 사람만 빼고 모두 이전 게시물을 삭제하거나 수정했다. 하지만 플랫폼을 따라잡기는 역부족이라, 구스케가 두려워한 유해한 결과가 계속 속도를 높일 뿐이었다. 구스케는 당시 기준으로 기업 가치가 5천억 달러인 페이스북이 자기네가 만든 위험을 혹사당하는 경찰서에 떠넘긴다고 한탄했다. "가짜 뉴스를 막기는 어렵습니다. 페이스북이 한 번 쏟아내고 나면…" 말꼬리를 흐린 구스케가 고개를 가로저었다. "우리가 무엇을 더 할 수 있을까요?"

그날 오후 어맨다가 도심을 돌아다니며 주민들을 인터뷰하는 사이, 나는 근처 공원에서 볼프가 근무하는 직업학교에 다녔던 젊은 여성을 만났다. 여성은 꼬마 아이를 데리고 온 친구와 함께였다. 깍듯하지만 조심스러운 두 여성은 자기네가 그다지 정치적이지 않다고 설명했다. 두 사람 모두 자주 확인하는 페이스북에서만 뉴스를 읽었다. 내가 난민을 어떻게 생각하느냐고 묻자 기다렸다는 듯 이야기를 쏟아냈다. 두 사람은 난민은 폭력적이다, 강간범이다, 많은 난민이 극단주의자에 동조한다고 말했다. 정부가 난민의 범죄를 감추고 있다는 터무니없이 선정적인 소문도 이야기했다. 모두 페이스북에서 읽은 내용이었는데, 페이스북은 이들이 '난민 상황'을 자주 이야기하는 토론장이었다.

트라운슈타인은 진보주의에 기운 곳이지만 정치적으로 분열되어 있다. 여성에게 온라인에서 난민과 관련해 논쟁에 휘말린 적이 없느냐고 물었다. 여성은 어리둥절한 표정을 지었다. "누구나 이렇게 느끼는데요." 두려움으로 똘똘 뭉친 여성에게는 필터 버블이 곧 현실이었다. 바서만과 그의 온라인 친구들, 볼프의 다른 학생들, 구스케가 인종차별주의자의 거짓말을 내려달라고 간청했던 지역민들이 그랬듯, 이 여성도 사회에 널리 퍼진 소셜 미디어 과격화라는 커다란 빙산에 합류했다. 소방관을 꿈꿨던 방화범 뎅카우스는 빙산의 일부일 뿐이었다. 점점 더 외국인을 혐오하고 음모론에 귀 기울이고 국수주의로 기우는 독일인이 헤아릴 수 없었다. 물론 대대수는 폭력에 의존하지 않을 것이다. 하지만 이들의 집단 기류가 더 깊은 영향을 미쳐 사회 관습과 정치에 보이지 않게 영향을 미쳤다. 독일처럼 부유한 민주 국가에서는 사적 제재나 폭동처럼 뚜렷한 결과가 나타나지 않을지도 모른다. 하지만 더 심각한 상황이 벌어질지도 모른다. 독일의 정치 중심부가 무너지고 있었다. 극우가 부상하고 있었다.

여성은 "같은 학교에 다니던 학생 한 명이 아프리카로 돌려보내졌어 요"라며 만족스러워했다. 추방 사유는 이민 서류에 있는 오류 때문이었다. "그 사람들을 모조리 돌려보내야 해요."

4. 인터넷이 멈춘 세상

워릭 대학교의 카르슈텐 뮐러와 카를로 슈바르츠는 자기들이 주장한 이론의 한 요소인 인과 관계에 특별히 주목해야 한다는 것을 알았다. 페이스북 사용과 난민 반대 폭력이 동시에 증가한 까닭이 페이스북 사용이 난민 반대 폭력을 일으켰기 때문이라는 것을 명확히 증명할 수 있을까? 이들은 연구에서 살펴본 기간에 일어난 중요한 인터넷 격분을 모조리 살펴보자는 아이디어를 떠올렸다. 독일의 인터넷 기반 시설은 지역화되어 다른 지역과 분리되어 있고 서비스 중단이 잦다. 따라서 지역 사회 하나하나가 인과 관계를 확인할 기회였다. 어떤 지역 사회에서 페이스북을 없앴을 때 난민을 겨냥한 폭력이 뚝 줄어든다면 페이스북이 어느 정도 공격을 주도했다는 암시일 터였다.

아니나 다를까 페이스북 사용자가 많은 지역에서 인터넷 접속이 끊길 때마다 난민 공격이 유의미하게 줄었다. 그런데 인터넷 사용도는 높아도 페이스북 사용도는 평균인 곳에서 인터넷이 끊길 때는 폭력 감소가 일어나지 않아, 폭력 유발 효과가 인터넷 자체가 아니라 소셜미디어의 특징이라고 암시했다. 게다가 폭력 감소율이 뮐러와 슈바르츠가 페이스북 때문이라고 주장했던 폭력 증가율 35%와 완전히 똑같았다. 연구자들은 이런 결과가 확정적이지 않고 결론을 확인하려는 과정일 뿐이라고 강조했다. 하지만 연구진이 무언가를 발견할 수 있다는 놀라운 암시이자, 소셜미디어가 사라졌을 때 무슨 일이 벌어지는지를 스리랑카에서처럼 일회성 차단으로는 얻지 못할 정확도로 자세히 살펴볼 수 있는 기회였다.

스테파니아 시모누티라는 여성은 자신이 사는 베를린 교외 슈마르겐도르프를 구역에 따라 며칠에서 몇 주 동안 뒤덮었던 분노를 회상하며 이렇게 말했다. "세상이 점점 더 작아지니 많은 것이 바뀌었죠." 슈마르겐도르프는 혐오 세력에서 벗어난 피난처처럼 보인다. 다양한 중산층 가족이 부티크와 고급 식품점이 늘어선 거리를 한가로이 거닌다. 하지만 이곳은 페이스북 사용도가 높은 곳이다. 따라서 난민 반대 공격도 높은데, 인터넷이 차단된 기간에는 예외였다.

인터넷이 끊겼을 때 어떻게 대처했느냐고 물었더니, 시모누티가 입을 쩍 벌리고 두 손을 뺨에 갖다 대며 비명을 지르는 흉내를 냈다. 외국에 있는 가족과 연락이 끊겼을뿐더러 뉴스도 접하지 못했다. 시모누티가 신뢰하는 매체가 소셜미디어뿐이었기 때문이다. "신문에는 거짓말하는 사람과 가짜 뉴스가 많잖아요. 인터넷을 이용하면 무엇을 믿고 무엇을 믿지 말지를 내가 알아서 결정할 수 있어요." 온라인에서 팔로우하는 소셜미디어 음모론과 강제로 단절된 동안, 시모누티는 가족과 느긋하게 시간을 보냈다.

이곳 사람들은 하나같이 모두 인터넷 접속 장애를 기억하는 듯했다. 1980년대에 콜롬비아에서 이민한 쾌활한 여성 에스페란사 무뇨스는 인터넷 차단으로 편안함을 느꼈다. 이웃과 더 많이 어울렸고 뉴스에는 흥미를 덜 느꼈다. 의대생인 딸은 며칠 동안 소셜미디어 없이 지내기 전까지는 소셜미디어가 얼마나 많은 불안을 일으키는지 깨닫지 못했다고 털어놓았다. 페이스북에 뉴스가 퍼질 때는 얼마나 더 선정적이 되는지를 인터넷이 차단된 덕분에 알게 되었다고도 말했다. 무뇨스도 고개를 끄덕였다. 몇 주 전 조국 콜롬비아가 대통령 선거를 치렀을 때 콜롬비아 사람들이 점령한 뉴스 피드에 반대 정파를 향한 조롱과 분노가 들끓었다. 그리고 약속이나 한 듯 난민을 향한 공포를 선동했다.

2018년 4월 《복스》 편집장 에즈라 클라인이 저커버그와 인터뷰를 나누며 미얀마에서 일어난 집단 학살로 저커버그를 다그쳤다. 저커버그는 페이스북이 진전했다는 증거로 유혈 사태가 한참일 때 자사 보안팀이 페이스북 메신저에서 폭력을 선동하는 미얀마 사용자의 신원을 밝혀냈다고 주장했다. "이제는 그런 경우 우리 시스템이 선동이 벌어지려는 상황을 잡아냅니다. 그런 메시지가 퍼지지 못하게 막고요. 이건 우리가 확실히 많은 주의를 기울이는 사안입니다."[23]

인터뷰 내용이 공개되자 미얀마 인권 단체들이 분노에 찬 공개서한을 보냈다. 이들은 행운의 편지처럼 퍼져 폭력을 조장하는 메시지를 발견한 쪽이 사실은 페이스북이 아니라 자기들이었다고 주장했다. 또 자기네한테는 페이스북과 달리 플랫폼을 자동으로 감시할 도구가 없어, 수동 추적이라는 성가시고 한숨 나오게 부실한 방법으로만 선동 메시지를 찾아낼 수 있었다고 강조했다. 게다가 당시에도 페이스북은 인권 단체들이 페이스북에 며칠 동안 경고를 퍼부은 뒤에야 조처에 나섰다. 하지만 너무 때늦은 조처였다. 아무리 봐도 전염병처럼 퍼진 메시지들에 따라 움직인 사용자들이 이미 세 곳에서 무리를 이뤄 공격을 실행했고, 그중 한 무리는 학교를 불태우려 했다. 인권 단체들은 이 사건이 "제삼자에 과도하게 의존하고, 고조하는 긴급 사태에 대처할 적절한 장치가 부족하고, 체계적 해법을 위해 현지 이해관계자를 끌어들이려 하지 않고, 투명성이 부족한 페이스북의 문제를 부각했다"고 지적했다.[24] 저커버그가 미얀마 인권 단체에 사과 이메일을 보냈는데, 인권 단체의 공로를 밝히지 않은 것만 사과했다.[25] 인권 단체 직원들은 회신에서 그건 주요 관심사가 아니라고 강조했다.

그해 8월 유엔이 미얀마 집단 학살에 대한 공식 보고서를 발행했다.[26] 보고서는 소셜미디어, 특히 페이스북의 역할이 상당했다고 지적했다. 하지만 페이스북은 여전히 유엔 조사관들과 자료를 공유하기를 거부해, 집단 학살이 어떻게 일어났고 따라서 어떻게 방지해야 하는지를 파악하지 못하게 가로막았다. 한 달 뒤 저커버그는 "손가락을 까딱하는 것만으로 이런 문제를 해결할 수는 없습니다. 사람을 고용해 훈련하고 이들을 위해 정보를 표시할 수 있는 시스템을 구축하려면 시간이 걸리기 마련입니다"라고 주장했다.[27] 그러나 페이스북은 미얀마와 스리랑카에서 모두 폭력 사태가 임박했다는 경고를 접하고서도, 서둘러 새로운 보호 장치를 도입하거나 검수원을 고용하기는커녕 여러 달 동안 무대책으로 일관했다. 미얀마에서 활동하는 디지털 감시 단체는 내게 이번에도 아무런 변화가 나타나지 않았다고 전했다. 페이스북은 이 단체에 증가하는 온라인 선동이나 다른 위험을 감시해달라고 요청했다. 그러면서도 단체가 내놓는 보고서는 아무리 다급한 내용이라도 대부분 무시했다. 단체는 페이스북이 자기네를 겉만 번지르르한 홍보 수단으로 고용하려 한다고 생각했다.

미얀마와 스리랑카에서 학살이 벌어지는 동안 막강한 뉴스피드를 담당했던 애덤 모세리는 인스타그램 부사장을 거쳐 대표로 승진했다. 스리랑카의 연구자가 다가오는 유혈 사태를 경고했을 때 답하지 않았던 보안 정책 관리자 젠 위던도 승진했다. 그해 수익은 전해보다 거의 40% 늘어 550억 달러를 넘기는 신기록을 세웠다.[28]

"우리를 곤란에 빠뜨린 것은 사업 모델입니다. 유튜브에는 1분마다 400시간 분량의 영상이 올라옵니다. 페이스북에는 하루 평균 게시물 10억 개가 올라오고요. 트윗은 하루에 3억 개입니다. 엉망진창인 거죠." 소셜웹에서 최근 불거진 위험에 관해 정부, 인권 단체와 협의했던 UC버클리 대학교 컴퓨터학과의 해니 파리드Hany Farid가 그해 말 내게 한 말이다. "기술 기업들이 게으름을 피웠다는 말은 꺼낼 생각도 없습니다. 오히려 정신을 바짝 차리고 있었다고 말하겠습니다. 자기네가 뭘 하는지 정확히 알았다고 생각해요. 그들은 소셜네트워크에 폐해가 있다는 걸 알았습니다. 문제가 있다는 것을 알았습니다. 하지만 공격적 성장이 가장 중요했지요. 거기서 문제가 비롯한 겁니다."

잠시 숨을 돌린 파리드는 내가 연락했던 주제인 플랫폼의 전문 기술로 돌아갔다. 하지만 기술적 설명이 거의 끝나갈 무렵 우연히 유튜브를 언급할 때 다시 목소리가 올라갔다. "유튜브는 최악입니다." 파리드는 웹산업의 선두 주자로 꼽은 구글/유튜브, 페이스북, 트위터, 마이크로소프트 네 곳 가운데 유해성을 가장 잘 관리하는 곳이 마이크로소프트라고 생각했다. "그럴 만도 하죠. 안 그래요? 소셜미디어 기업이 아니잖아요." 그리고 다시 덧붙였다. "이런 문제에 관한 한 최악은 유튜브입니다."

그때껏 1년 동안 소셜미디어를 둘러싸고 벌어진 추문과 논란의 중심은 영향력이 가장 큰 플랫폼으로 평가받은 페이스북이었다. 하지만 파리드의 경고에는 울림이 있었다. 나도 스리랑카와 독일에서 페이스북의 영향을 조사할 때 디지털 전문가, 인권 단체 등에서 유튜브를 주시하라는 경고를 들었다. 2017년 노스캐롤라이나 대학교 사회학자 제이네프 투페크지는 트위터에 "유튜브는 2016년 대선에서 가장 간과한 이야기다"라고 적었다. 나중에는 유튜브를 "21세기 들어 손에 꼽게 강력한 과격화 수단"이라고 불렀다. IT에 집중하는 싱크탱크를 설립한 대나 보이드Danah Boyd도 어맨다에게 같은 생각이라고 말했다. "아마 지금 우리가 마주한 가장 골치 아픈 플랫폼이 유튜브일 거예요."

불안정을 일으키는 이상한 사건, 이를테면 혐오 집단의 증가, 의료와 관련해 새로 등장한 위험한 유언비어, 총격범이 된 외톨박이 아이를 둘러싼 이야기가 점점 더 유튜브를 자주 언급했다. 파리드와 대화를 나누고 몇 주 뒤 독일에서 취재한 내용을 겨우 기록으로 옮겼을 때 왜 파리드가 그렇게 경고했는지를 곧바로 이해할 수 있는 일이 벌어졌다.

9장

토끼굴

1. 유튜브 난장판

2018년 8월 신나치가 독일 동부 도시 켐니츠의 거리를 점령하고 이틀 뒤, 깔끔한 외모의 시청 관료 쇠렌 울레Sören Uhle에게 기자들이 전화로 이상한 질문을 던졌다. 울레가 알기로 이 시위는 중동 난민 두 명이 켐니츠 출신 남성 한 명과 시비를 벌이다 남성을 칼로 찔러 죽였고, 이를 놓칠세라 극우 단체가 켐니츠로 가자고 사람들을 부추겨 일어난 일이었다. 기자들은 울레에게 난민이 죽인 인원이 사실은 한 명이 아니라 두 명이고, 피해자들은 이 난민들이 켐니츠 주민인 어느 여성을 괴롭히자 여성을 보호하려다 목숨을 잃었다고 전했다. 그리고 울레에게 어떻게 생각하는지, 왜 정치인들이 다가올 맞불 시위에 참석하라고 주민들에게 돈을 주는지 설명해달라고 요청했다.

울레는 할 말을 잃었다. 기자들의 주장은 모두 거짓이었다. "처음 있는 일이었습니다. 그전까지는 그저 너무 널리 퍼진 탓에 사람들이 믿었을 뿐인 명백한 가짜 뉴스와 허위 선동을 독일의 대형 신문사와 방송국 같은 주류 매체가 묻는 일이 한 번도 없었어요."[1] 울레는 인구 25만 명이 거주하는 켐니츠에 떼 지어 모여든 군중이 소셜미디어에서 조직되었다는 것을 알았다. 아마 허위 정보도 마찬가지였을 것이다.

북쪽 베를린에서도 디지털 연구자 레이 세라토Ray Serrato가 같은 결론에 다다랐다. 독일 거주자가 모두 그랬듯 세라토도 폭동 보도에서 눈을 떼지 않았다. 느닷없이 나타난 신나치 세력이 너무 위험해, 앙겔라 메르켈 총리가 이들을 비난하고 나섰다. 그런 어느 날 세라토의 처삼촌이 이상한 유튜브 영상을 하나 보여줬다. 한 명은 레게 머리를 하고 한 명은 검은 비니를 쓴 중년 남성 두 명이 폭도들은 결코 신나치가 아니라 이슬람교도 난민이라고 주장했다. 정체가 불분명한 비주류 단체가 올린 영상은 두서가 없고 조악하게 제작된 것이었다. 그런데도 조회수가 거의 50만으로, 폭동을 다룬 어떤 뉴스 영상보다 많았다. 어쩌다 이런 일이 벌어졌을까?

이유가 궁금해진 세라토는 어느 민주주의 감시 단체의 요청으로 미얀마에서 일어난 온라인 혐오 발언을 추적할 때 사용한 여러 기술을 적용했다.[2] 먼저 켐니츠를 다룬 최근 영상 열두 개로 시작해 유튜브가 다음으로 추천하는 영상들을 긁어모았다. 이어 추천 영상에도 똑같은 작업을 반복했다. 그러자 영상 650개의 연결망, 즉 유튜브가 구축한 켐니츠의 콘텐츠 생태계가 드러났다. 걱정스럽게도 유튜브의 추천 영상은 얼마 안 되는 음모론이나 극우 영상을 중심으로 좁게 밀집해 있었다. 이로 보건대 누구든 켐니츠 관련 영상의 연결망에 발을 들이면, 예컨대 최신 뉴스를 검색하거나 친구가 보낸 클립 영상을 시청하면 유튜브 알고리즘이 이들을 극단주의 콘텐츠로 끌어당겼다. 세라토에게 우연히 켐니츠와 관련한 뉴스 클립을 본 유튜브 시청자가 자신도 모르게 극우 선전물을 보기까지 몇 단계가 걸리느냐고 물었다. "두 단계면 됩니다. 그쯤이면 대안 우파에 꽤 깊이 발을 담그게 되죠."

추천 영상이 사용자를 다시 주류 매체의 뉴스 보도나 진보 콘텐츠, 정파성이 없는 콘텐츠로 이끄는 경우는 드물었다. 한 번 극단주의 콘텐츠로 들어가면 마치 그곳이 최종 목적지인 양 알고리즘이 좀체 그곳을 떠나지 않았다. 게다가 페이스북이 러네이 디레스타를 백신 반대 페이지와 완전히 별개인 비주류의 주장으로 몰아갔듯이, 켐니츠와 아무 관련이 없는 극우 주제, 이를테면 백인 민족주의, 반유대주의 음모론으로 사용자를 이끌기까지 했다. 대표적인 한 영상은 트럼프를 금융 재벌인 로스차일드가의 장기 말이라 불렀다. 세라토는 그런 영상이 혐오스럽고 위험하지만 벗어나기 어려운 무엇이 있다고 인정했다. "그게 유튜브의 목적입니다. 사용자가 계속 유튜브에 몰두하고, 광고가 재생되는 거요. 그리고 그게 효과가 있습니다"

《뉴욕타임스》베를린 지부장 카트린 벤홀트_{Katrin Bennhold}와 함께 취재하는 동안, 나는 이 효과가 켐니츠에서 혼란이 벌어지는 데 일조한 것을 깨달았다. 켐니츠에서 칼부림이 일어나고 얼마 지나지 않아 정체가 불분명한 극우 유튜버 몇몇이 사건과 관련한 영상을 올렸다. 그중 한 명인 올리퍼 플레슈_{Oliver Flesch}는 구독자가 겨우 2만 명이었다. 플레슈는 자신의 이념적 테두리를 벗어난 활동이나 홍보는 거의 하지 않았다. 그런데도 플레슈가 올린 켐니츠 동영상이 유튜브 추천 엔진의 대규모 홍보에 힘입어 조회수가 수십만에 다다랐다.

세라토가 확인해보니 유튜브에서 켐니츠와 관련한 뉴스 클립 같은 콘텐츠를 본 사람은 누구나 머잖아 플레슈의 채널을 추천받았다. 플레슈가 켐니츠를 주제로 올린 영상은 열네 개인데, 모두 유튜브의 추천 영상에 올라 플랫폼에 인종차별을 부추기는 유언비어의 씨앗을 뿌렸다. 나중에 쇠렌 울레가 기자들에게 받은 질문이 바로 이 유언비어에서 비롯했다. 다른 극우 채널과 음모론 채널이 플레슈가 주장한 사건 내용을 빠르게 받아들여 단발적인 길거리 시비를 뒤틀어 백인의 고귀함을 위협하는 이야기를 지어 냈다. 유튜브 알고리즘은 이런 지어낸 이야기도 자주 노출했다.

구글에서 켐니츠 관련 뉴스를 검색한 독일인들도 유튜브 음모론으로 유도되었다. 구글은 수익을 높이고자 설계한 법인 간 협력 활동에 따라 유튜브 영상을 검색 결과 상단 가까이 홍보할 때가 많다.[3] 달리 말해 유튜브의 관행이 유튜브에서 그치지 않는다. 구글이 인터넷 검색 시장을 장악하므로, 이런 관행은 웹을 사용하는 거의 모든 사람이 뉴스와 정보를 검색하고 접속하는 방식에 영향을 미친다.

유튜브와 구글이 더 많은 독일인을 거짓으로 가득한 켐니츠 관련 영상으로 유도하자, 극우뿐 아니라 다른 많은 사람 사이에 켐니츠를 향한 관심이 커졌다. 이렇게 이목을 사로잡은 유튜버들이 빠르게 늘어나는 지지자들에게 칼에 찔린 피해자를 지지하는 의미로 켐니츠로 가자고 목소리를 높였다. 켐니츠 주민들은 폭력이 발생하기 전 며칠 동안 음모론이 심상치 않게 널리 퍼져 사람들이 술집과 회사 휴게실에서 수군거렸다고 전했다. 그리고 외지인들이 떼 지어 몰려와 외국인에게서 켐니츠를 되찾겠다고 거품을 물었다. 이들은 머잖아 폭동을 일으켜 가게를 약탈하고 경찰과 대치했다. 폭동에 가담한 사람 대다수가 유튜브 때문에 켐니츠에 왔다고 말했다.

유럽 심장부에서 스리랑카의 '받은 만큼 돌려준다' 같은 파국이 일어난 것이다. 그런데 중요한 차이점이 하나 있었다. 스리랑카에서는 소셜미디어가 아주 강력한 정체성을 지닌 실제 사회 집단, 즉 싱할라족을 과격화했다. 하지만 독일의 켐니츠 폭도들은 새로 나타난 존재였다. 군중 속에 강경한 신나치도 분명히 있었지만, 많은 가담자가 뚜렷한 조직이나 집단에 속하지 않았다. 유튜브는 정체성이 확립된 기존 커뮤니티를 활성화하기보다 전에 없던 커뮤니티를 새로 만들어냈다. 자체 시스템을 기반으로 사람들을 연결했고 이 연결망을 공통된 현실과 신념으로 묶어 세상에 내놓았다. 그것도 겨우 며칠 만에. 이런 현상은 내가 몇 달 전 독일에서 겪은, 페이스북이 유발한 사적 제재보다 훨씬 심각한 현상이었다.

켐니츠에서 이런 일이 이렇게 쉽게 벌어졌다면, 다른 곳에서도 벌어지고 있을까? 아니나 다를까 공교롭게도 독일 출신인 요나스 카이저Jonas Kaiser라는 연구자가 마침 똑같은 과정이 미국 전역에서 여러 달 동안 펼쳐져 무시무시한 새로운 극우의 부상을 가속하고 이를 소셜미디어 플랫폼의 가장 극단적이고 위험한 경향으로 바꾸는 것을 증명하고 있었다. 2015년에 조사를 시작한 카이저는 이후로 몇 년 동안 매우 충격적인 정치적 사건을 추적했다. 그러고 마침내 2018년 여러 달에 걸쳐, 이전까지는 의심에 그쳤던 사안, 즉 유튜브가 켐니츠에 미친 영향을 똑같이 미국 정치계에도 미쳐 자사 알고리즘이 생성한 과격한 우익으로 미국 정치를 뒤덮고 있다는 증거를 밝혔다. 그런데 카이저의 연구에 따르면 그해 켐니츠와 다른 도시에서 일어난 혼란은 중간 지점, 훨씬 끔찍하고 괴기한 사건을 알리는 전조일 뿐이었다.

2. 우파여 단결하라

독일에서 박사 과정을 밟던 요나스 카이저는 연구 기간 사이에 숨을 돌리던 중 처음으로 유튜브 토끼굴을 유심히 살펴봤다. 카이저의 전공 분야는 이해하기 어려운 현상으로 여긴 기후 변화 회의론으로, 미국의 소셜미디어와 거의 관련이 없었다. 미국과 달리 독일에는 기후 변화를 의심하는 정당이나 인물이 크게 두드러지지 않았으므로, 카이저는 회의론자가 있다는 사실이 당혹스러웠다. "기후 변화 회의론은 특이하기 짝이 없는 커뮤니티로 보였습니다. 흥미가 생기더군요. 어쩌다? 왜?"

대학원 생활은 진이 빠질 때가 있기 마련이다. 호리호리하고 대머리에 안경을 쓴 카이저는 유튜브에서 치열한 비디오게임 클립을 보며 긴장을 풀곤 했다. 온라인 게임은 외진 시골에서 자란 카이저가 친구들과 연락을 유지하는 수단이었는데, 연구실의 노트북은 게임용 사양에 미달해 대신 게임 동영상을 봤다. 그런 어느 날 사방이 게이머게이트로 도배되어 유튜브의 게임 채널 곳곳을 파고들었다. 그때까지 카이저는 브라이트바트나 마일로 야노펄러스를 들어본 적이 없었다. 유튜브는 카이저를 게이머게이트의 주장을 받아들인 다른 커뮤니티, 예컨대 무신론자 유튜버, 과학 유튜버, 대안 우파 유튜버로도 유도했다. "새로운 커뮤니티가 갑자기 게이머게이트를 중심으로, 여성 혐오와 허위 정보를 중심으로 정체성을 형성하는 변화를 분명하게 알아챘습니다." 유튜브 알고리즘이 사용자를 이런 알력 다툼으로 인도해 하나로 묶는 듯했다.

그 순간 카이저는 깨달았다. 독일에서 기후 변화를 부정했던 사람들과 비슷한 점을 봤기 때문이다. 독일의 기후 변화 부정 운동은 모두 매우 작고 분열되어 있었다. "그들이 생각을 교환하고 뭉치고 자기편을 발견할 수 있는 곳은 정말이지 온라인뿐이었습니다." 카이저는 이 집단들이 현실 세계에서 어떤 의미 있는 규모의 커뮤니티도 대표하지 않는다는 것을 깨달았다.[4] 이들은 웹에서 태어났다. 따라서 이들을 키운 디지털 공간의 영향으로 형성되었다. 기후 변화 회의론자는 주로 신문이나 블로그의 댓글란에 모여들었다. 서로 공통점이 없는 반대론자와 음모론자가, 즉 기후 변화 보도에 반대 의견을 달겠다는 바람 말고는 공통된 배경이 아무것도 없는 사람들이 그곳에서 하나로 뭉쳤다. 댓글 활동은 공동의 목적의식을 만들었다. 게다가 댓글란이 신문 기사 바로 아래 있어 유난히 눈에 띄는 바람에, 날마다 뉴스를 읽는 사람들에게 이들이 대중적이라는 그릇된 인상을 줘 새로운 기후 변화 부정론자를 끌어모았다.

카이저는 궁금해졌다. 유튜브가 비슷한 역할을 할 수 있을까? 유튜브 플랫폼이 게이머게이트와 하나로 묶은 네트워크 하나가 대안 우파였다. 극우는 수십 년 동안 존재했다. 그런데 이제 온라인에서 정치와 거의 관련 없는 소셜미디어 단체와 섞여 더 크고 새로운 집단으로 통합하려는 듯했다. 박사 학위를 마친 카이저는 관심사가 비슷하고 프로그래밍 실력이 뛰어난 스위스 대학원생 아드리안 라우흐플라이슈Adrian Rauchfleisch와 손잡았다. 라우흐플라이슈는 그 뒤로 오랫동안 카이저의 연구 협력자가 된다. 두 사람은 카이저가 기후 변화 회의론을 추적하려고 개발한 도구를 독일에서 부상하는 극우를 이해하는 목적에 맞게 수정했다.

그런데 두 사람은 모든 교훈이 미국에도 적용되지 않을까라고 의심했다. 마침 2016년 여름은 도널드 트럼프가 여론조사에서 부상하던 때였다. 카이저는 트럼프가 독일의 대안 우파와 비슷할 뿐 아니라 자신이 유튜브에서 본 게이머게이트를 지지하는 백인 민족주의자와 관련성이 있다는 것을 알아챘다. 카이저와 라우흐플라이슈가 초기 데이터 집합을 확보한 곳은 독일이었지만, 이들은 점점 더 미국에 관심을 집중했다.

두 사람은 독일과 미국 양쪽에서 대안 우파의 주요 대변자 다수가 첫걸음을 뗀 유튜브를 먼저 파헤쳤다.[5] 많은 대안 우파가 유튜브를 디지털 활동 기지로 묘사했다. 그런데 유튜브는 주요 플랫폼 가운데 연구가 가장 미흡한 곳이라 아직도 대부분 속을 모를 블랙박스였다. 카이저와 라우흐플라이슈는 유튜브를 샅샅이 파악해 플랫폼의 추천 영상이 사용자를 어떻게 인도하는지를 도표로 만들었다. 세라토가 켐니츠 관련 동영상으로 했던 작업을 수천 배, 어쩌면 수백만 배 더 큰 규모로 진행한 조사였다.

카이저와 라우흐플라이슈는 독일의 유명 유튜브 채널 몇 개에서 시작해 다음 추천 영상을 계속 추적하도록 컴퓨터를 훈련했다.[6] 이 작업을 거듭해 유튜브 시스템의 선택에서 나타나는 패턴을 찾았다. 영상 추천이 알고리즘의 학습 정도에 따라 그날그날 다르고 개별 사용자의 특성에 따라 사람마다 달라 골치 아플 수 있으므로, 두 사람은 유튜브 알고리즘이 채널마다 생성하는 표준화된 추천 목록인 '관련 채널'도 추적했다. 관련 채널이 유튜브 알고리즘의 판단 방식과 관련한 한층 다른 정보를 제공한 덕분에, 패턴에서 잡음을 제거할 수 있었다. 결과의 정확성을 보장하려 한 이 체계적인 시스템 운용법은 나중에 미국 정부 고위층이 연구 결과에 분노했을 때 유튜브와 갈등을 빚는 원인이 된다.

카이저와 라우흐플라이슈는 다양한 주제의 채널 수천 개가 클라우드처럼 느슨하게 늘어선 결과가 나오리라고 예상했다. 그런데 지하철 노선도처럼 깔끔하게 오밀조밀 군집을 형성한 연결망이 나타났다. 두 사람은 깜짝 놀랐다. 유튜브 시스템이 수십억 시간 분량의 동영상을 실시간으로 분석하고 정렬한 다음 사용자 수십억 명을 이렇게 정확하고 일관성 있게 소셜네트워크로 인도하는 것은 유튜브 알고리즘의 정교함과 힘을 실감 나게 보여주는 믿기지 않게 놀라운 기술적 성과였다.

정치 관련 영상은 더욱 좁게 한군데로 몰려 있었다. 유튜브 시스템은 카이저와 라우흐플라이슈가 별개일 것이라고 예상했던 여러 커뮤니티를 모아 기상도의 태풍처럼 보이는 거대 군집을 형성했다. 대안 언론, 중도 우파 비평가, 극우 극단주의자, 신인종차별주의자 대학생, 제정신이 아닌 듯한 음모론자가 모두 하나로 연결되었다. 카이저와 라우흐플라이슈는 이 거대 군집이 사용자 행동에 영향을 주는지 확인할 셈으로 정치 영상에 달린 3년 치 댓글 200만 개를 모두 수집한 뒤 댓글 작성자의 유튜브 활동(개인 정보 보호를 위해 익명 처리된 것이었다)을 추적했다.[7]

결과는 두 사람이 걱정한 대로였다. 예컨대 처음에는 중도 우파 뉴스 채널의 영상 몇 개에 댓글을 달던 사용자가 끝내는 거대 군집 곳곳의 채널에 댓글을 달았다. 카이저에 따르면 "시간이 지날수록 연결망이 촘촘하고 빽빽해졌다." 알고리즘을 따라 주류 우파 논평가, 괴짜 음모론자, 지하실 인종차별주의자 사이를 돌아다닌 사용자들이 한때 공통점이 없던 페이지들을 통일된 커뮤니티, 즉 우리 커뮤니티의 일부로 대했다. 카이저는 유튜브가 새로운 '집단 정체성'을 만들었다고 평가했다.

카이저와 라우흐플라이슈의 연구는 2017년 여름까지 1년 동안 이어졌다. 트럼프의 대선 승리로 연구의 중요성이 커졌다. 미국에서 비슷한 일이 펼쳐진다면, 두 사람이 독일에서 확인한 세력이 이제 지구상에서 가장 강력한 국가를 쥐고 흔든다는 뜻이었다. 그렇다면 그런 움직임을, 그 구성 요소와 연결 방식을 이해하는 것이 시급한 문제가 될 터였다. 두 사람이 기회를 얻기도 전, 이들이 독일에서 발견했던 디지털에 기반한 커뮤니티를 빼다 박은 것 같은 집단이 남북전쟁 시절 남부연합의 중심지였던 곳에 등장했다.

2017년 8월, 시위대 수백 명이 버지니아주 샬러츠빌에 모습을 드러냈다. 겉으로 내세운 명분은 시청이 남부연합군 총사령관이었던 로버트 E. 리 장군의 동상을 철거하려는 계획에 항의한다는 것이었다. 이들은 시위를 조직한 소셜미디어 플랫폼에서 이 모임을 '우파여 단결하라'Unite the Right'라 이름 붙였다. 이 연합에는 특이한 점이 있었다. 이전까지는 거의 또는 아무런 교류가 없던 비주류 단체들이 갑자기 하나로 결합했다. 예전 같으면 상상도 하지 못했을 만큼 많은 추종자가 하늘에서 뚝 떨어진 듯 나타나 샬러츠빌에 밀어닥쳤다. 어떤 단체에도 속하지 않았는데 동참한 무소속 참가자도 많았다.

이들은 행동력으로 세를 과시했다. 수백 명이 횃불을 들고 나치 깃발과 남부연합군 깃발을 흔들며 "유대인은 우리를 몰아내지 못한다"를 외쳤다. 많은 사람이 헬멧을 쓰고 몽둥이를 휘두르다 경찰과 충돌했다. 이튿날 주지사가 비상사태를 선포한 직후, 시위자 한 명이 힘 좋은 닷지 챌린저로 맞불 시위대를 일부러 들이박아 수십 명을 다치게 하고 서른두 살 여성 헤더 헤이어를 죽게 했다.

극우가 얼마나 대담해졌는지 이해하기는 어렵지 않았다. 트럼프는 이런 운동이 내세우는 음모론과 명분을 대통령의 지위를 이용해 옹호했다. 그래도 이런 집단들이 어떻게 파벌의 차이를 넘어 하나로 뭉쳤는지, 그토록 다양한 사람들이 그토록 빠르게 결집했는지는 설명하지 못했다. '우파여 단결하라' 집회와 이를 뒷받침한 집단은 모두 소셜미디어를 바탕으로 조직되었다. 이 사건은 그 자체로도 엄청난 영향을 미쳤을뿐더러, 훨씬 광범위하고 궁극적으로는 더 큰 불안을 일으킬 일이 온라인에서 벌어지고 있다고 암시했다.

뿌리인 게이머게이트와 여전히 밀접한 관계인 대안 우파가 레딧의 서브레딧 '더_도널드The_Donald'에 집중적으로 몰려 있었다.[8] 이들은 주로 자체 문화인 트롤링에 통제받았지만, 신나치가 된 포챈 스타 앤드루 앵글린 같은 극단주의자한테서도 신호를 받았다. 앵글린은 "혐오의 여름"을 선언하고 현실 세계에서 집회에 나서자고 부추겼었다.[9] 온라인에서 대규모 모임을 촉구하는 북소리가 커지자, 리처드 스펜서Richard Spencer라는 활동가가 샬러츠빌에서 집회를 꾸리기 시작했다. 대학생들이 백인 민족주의에 관심을 기울이게 할 친근한 문구로 대안 우파라는 용어를 만들었던 스펜서는 소셜 미디어에서 살다시피 했고, 특히 우파 유튜브 채널에 정식 출연자로 등장했다. 어느 기자에게 "우리는 밈으로 대안 우파를 만들었습니다"라고 말한 적도 있다.[10] 스펜서와 앵글린이 집회를 독려하는 사이, 레딧의 '더_도널드' 관리자가 집회를 지지해 참석을 장려했다.[11]

그런데 엘론 대학교에서 온라인 극단주의를 연구하는 메건 스콰이어Megan Squire에 따르면, 레딧 사용자의 모임이었던 행사를 다양한 극단주의자의 공개 파티로 키운 것은 페이스북이었다. 스콰이어는 페이스북의 영향을 살펴본 연구에서 극우 페이스북 그룹 1870개와 여러 이벤트를 처음으로 찾아냈다.[12] 스콰이어는 유명한 극단주의자의 프로필을 확인하고 극우 관련 용어를 검색하고, 무엇보다 스콰이어를 혐오의 세계로 매끄럽게 유도하는 페이스북의 '추천 그룹' 알고리즘을 추적했다. 그룹마다 가입자 명단도 수집했다. 그런 다음 카이저가 유튜브를 조사할 때처럼 연결망을 분석해 모조리 시각화했다. 페이스북 그룹 하나하나는 노드였다. 어떤 두 그룹에 공통된 가입자가 많을수록 두 노드의 거리가 가까웠다.

페이스북이 더 중립적인 소셜네트워크였다면 결과가 5~6개의 개별 군집, 이를테면 남부연합국 부흥 운동가, 신나치, 반정부 극우 민병대, 대안 우파 밈 집단으로 나뉘고 이들이 계속 오프라인 세계에 머물렀을 것이다. 하지만 유튜브가 독일에서 그랬듯 페이스북도 원래는 별개였던 이런 커뮤니티들을 하나로 합쳐 완전히 새로운 움직임을 만들었다. 그 중심에 있는 것이 '우파여 단결하라'의 이벤트 페이지였다.

당시 하버드 대학교에서 연구교원 자리를 얻은 요나스 카이저는 경악했다. "제가 독일 출신이라 조금 순진했나 봅니다. 독일 극우 집회도 나치들이 제법 많이 거리로 나와 소리를 질렀지만, 대개는 반대 시위자가 훨씬 많았거든요." 샬러츠빌의 백인 민족주의 집회는 규모가 훨씬 더 컸다. 이 사건으로 카이저와 라우흐플라이슈 모두 큰 긴박감을 느꼈다.

두 사람은 독일에서 개발했던 기법을 이번에는 영어 유튜브에 적용하기로 했다. 이 무렵 두 사람은 단순한 연결성보다 더 많은 사실을 밝혀낼 방법을 알아냈다. 전체 연결망뿐 아니라 알고리즘이 어떻게 사용자를 연결망 안으로 끌어들이는지도 보여줄 방법이었다. 여기에는 알고리즘이 어떤 채널을 진입점으로 여기고 어떤 채널을 목적지로 여기는지도 포함되었다. 전자가 도시의 지도를 그리는 작업이라면, 후자는 차량 흐름을 그리는 작업이었다.

2018년 1월, 카이저는 이제 서서히 공개에 나서도 될 만큼 많은 증거를 쌓았다. 하버드에서 열린 한 세미나에서 샬러츠빌 집회를 포함한 극우의 결집은 "사용자가 주도한 것이 아니라" 전체는 아니라도 일부는 "유튜브 알고리즘으로 만들어진" 것이라 생각한다고 발표했다.[13] 카이저는 자신과 라우흐플라이슈가 이를 곧 증명할 참이라는 것을 알았다. 하지만 둘 중 누구도 그 과정에서 무엇을 발견할지는 예상치 못했다.

3. 병 주고 약 주고

극우 웹의 가장 깊숙하고 구석진 곳에서는 유튜브의 영향력을 이미 통념으로 받아들였다. 2018년 3월, 유명한 신나치 사이트의 한 사용자가 '무슨 계기로 운동에 참여했습니까?'라는 제목으로 토론방을 열었다.[14] '라이트 스터프The Right Stuff'라는 이 사이트는 2010년대 내내 성장을 거듭했고 대안 우파를 가리키는 많은 상징이 이곳에서 나왔다. 설립자 마이크 페이노비치Mike Peinovich는 사용자가 유대인으로 의심되는 사람의 이름을 적어 넣는 삼중 괄호 ((( ))도 만들었다고 한다.[15] 히브리어로 홀로코스트를 뜻하는 쇼아에서 이름을 따온 팟캐스트 〈데일리 쇼아Daily Shoah〉에서 시작한 밈이 트위터와 페이스북에 널리 퍼졌다. 지명도를 반영하듯, '우파여 단결하라' 집회를 홍보하는 전단에 페이노비치가 리처드 스펜서에 이어 두 번째로 이름을 올렸다.[16]

경험담을 올려달라는 요청에 수십 명이 화답했다. 이들은 하나같이 소셜미디어에서 대개는 알고리즘의 권장으로 서서히 그런 견해를 받아들였다고 설명했다. 한 사용자는 "나는 SJW 반대 모임에 가담하곤 했습니다"라며, 포챈과 레딧에서 진보 의제를 주장하는 사람들을 조롱하는 말인 SJW, 즉 '소셜 저스티스 워리어social justice warrior'를 언급했다.[17] 그리고 인정한다는 뜻인 인터넷 속어 based(근본 있는)를 사용해 "그러다 이제 여기에 다다랐습니다. 유튜브의 근본 있는 추천 동영상 알고리즘에 감사를 전합니다"라고 덧붙였다. 많은 사용자가 그랬듯 이 사용자도 유튜브가 처음에는 극보수 영상으로 자신을 안내했다고 적었다. 다음은 백인 민족주의, 다음은 백인 우월주의, 다음은 기만적 신나치, 그리고 마침내 실제 신나치였다.

페이노비치조차 비슷한 경로를 거쳤다. 뉴욕에 거주하는 중도 정치 성향의 웹 개발자이자 유대인 아내를 둔 페이노비치는 2000년대 후반에 건강 문제를 겪었다. 친구들은 《뉴요커》에 페이노비치가 집 안에 틀어박힌 채 "페이스북과 레딧의 정치 토론방에서 몇 시간을 보내며 반대 의견을 거침없이 드러냈다"고 전했다.[18] 시간과 알고리즘이 제 임무를 마치자, 페이노비치는 확신에 찬 진정한 나치가 되었다.

'라이트 스터프'의 사용자 경험담에 또 다른 주제가 등장했다. 혐오가 사람을 끌어들이는 일은 드물었다. 사람들은 오히려 소외감이나 덧없음을 말하는 콘텐츠, 애덤을 포함해 포챈에 사로잡혔던 여러 사용자 사이에 유대감을 형성한 아노미에 끌렸다. 한 사용자는 여정의 첫 단계를 "우울감에 젖어(정말 비참했거든요) 밀레니얼 우즈Millennial Woes의 영상을 봤습니다"라는 말로 묘사했다. 밀레니얼 우즈는 스코틀랜드의 백인 우월주의자 콜린 로버트슨Colin Robertson의 유튜브 핸들(옮긴이) 채널 이름과 별개인 채널 식별자. @로 시작한다)이었다. 로버트슨은 젊은이가 불행한 진짜 원인을 까발리겠다고 장담하는 영상에서 사회가 백인 남성을 마땅한 자리인 사회 위계의 꼭대기에서 끌어내리려 한다고 주장했다. "밀레니얼 우즈는 내가 한 번도 들어 본 적 없는 다양한 것들, 이를테면 신반동주의neoreaction, 대안 우파를 언급했습니다. 그러다 리처드 스펜스를 발견했어요. 라이트 스터프를 발견했고요. 삶이 완전히 바뀌었죠."

온라인 대안 우파로 들어가는 관문으로 손에 꼽는 곳 하나가 캐나다 심리학자 조던 피터슨Jordan Peterson의 유튜브 페이지다.[19] 2013년에 피터슨이 난해한 융 심리학을 다루며 젊은 남성의 고통을 언급한 영상을 올렸다. 피터슨은 "남성의 정신"을 위태롭게 하는 인종 평등과 성 평등에 맞서라고 촉구하는 가운데 방을 청소하라, 허리를 곧추세우고 앉아라 같은 생활 조언을 건넸다.[20]

유튜브에서 불안이나 자립과 관련한 특정 키워드를 검색하면 심심찮게 피터슨이 떴다.[21] 흔치 않게 60분이 넘는 피터슨의 동영상 길이는 시청 시간을 최대화하려는 알고리즘의 추세와 일치한다. 자기주장을 대학 강좌처럼 몇 주에 걸쳐 차례차례 올리는 방식도 다음 강의를 들으려면 계속 유튜브를 찾아야 하므로 마찬가지로 알고리즘에 맞아떨어진다. 하지만 사람들이 무엇보다 피터슨에 공감한 까닭은 사회학자 마이클 키멀Michael Kimmel이

'침해당한 권리aggrieved entitlement'라 부른 박탈감 때문이었다.[22] 백인 남성은 대대로 당연한 듯 특별한 대우와 지위를 누렸다. 그런데 사회가 서서히 평등을 추구하자 여전히 상당하기는 해도 그런 특전이 줄어들었다. 어떤 백인 남성들은 순응했고, 어떤 백인 남성들은 반발했다. 나머지 백인 남성은 무언가를 빼앗기는 기분이라는 것만 알았다. 피터슨을 포함한 여러 사람이 페미니스트와 좌파가 남성 정신을 훼손한다는 말로 그런 부당함을 설명할 방법과 쉬운 답변을 내놓았다. 방을 청소하라. 허리를 곧추세우고 앉아라. 전통적 위계를 다시 주장하라.

한때 피터슨을 신봉했던 어떤 이는 트위터에 "이런 커뮤니티에 있는 사람들은 대개 절망에 빠져 허우적대므로 유일한 동아줄처럼 보이는 것을 주는 카리스마 있고 명석한 악마에게 물들기 쉽다"라고 적었다.[23] 많은 경우 유튜브 알고리즘은 그런 불만을 이용해, 피터슨의 메시지를 훨씬 극단으로 밀어붙이는 채널을 추천했다. 이 사용자는 "흔한 진행 경로는 조던 피터슨 → 스테판 몰리뉴 → 밀레니얼 우즈 순이다"라고 설명했다(스테판 몰리뉴Stefan Molyneux는 자신을 테라피스트이자 "물음만 던지는" 철학자라고 소개하는 백인 우월주의자로, 유튜브에 가입하기 전만 해도 무명으로 버둥거렸다. 2020년 6월 유튜브가 여론의 압박으로 페이지를 삭제하기 전까지, 몰리뉴의 채널은 구독자가 90만 명이 넘었고 자동 추천으로 훨씬 더 많은 사람에게 영향을 미쳤다). 이 순서는 카이저가 연구실에서 거듭 발견한 유튜브 알고리즘의 경로와 정확히 일치했다.

데이터로 보건대 이런 홍보 순서가 사용자의 성향을 크게 바꿔놓았다. 프린스턴 대학교의 한 연구에 따르면 피터슨의 영상에 댓글을 단 사용자는 그 뒤 극우 유튜브 채널의 댓글에 모습을 드러낼 확률이 두 배나 높았다.[24] 피터슨은 그런 채널을 추천하지 않는다. 양쪽을 연결한 것은 알고리즘이다. 바로 이것이 카이저와 라우흐플라이슈가 해결하려 애쓴 문제의 중요한 단서였다. 두 사람은 유튜브가 사용자를 어떻게 움직였는지를 측정하고 있었다. 하지만 이들이 만든 연결망 지도로는 왜 시스템이 그런 선택을 했는지를 설명하기 어려웠다. 답을 밝히려면 심리학자와 극단주의 연구자가 필요했다.

의도하지는 않았지만, 소셜 미디어 플랫폼은 극단주의자들이 오랫동안 채택한 회원 모집 전략을 쓰기에 이르렀다. 극단주의 연구자 J. M. 버거J. M. Berger는 이를 '위기-해법 구조crisis-solution construct'라 부른다.[25] 사람은 기반이 흔들린다고 느끼면 통제권을 쥔 느낌을 되찾고자 더 강력한 집단 정체성에 손을 뻗는다. 이때 집단은 국적처럼 폭넓을 수도 있고 교회 모임처럼 좁을 수도 있다. 개인의 고난을 더 광범위한 갈등을 배경으로 설명하겠다는 정체성일수록 특히 매력적이다. 당신이 불행한 까닭은 개인 사정과 씨름해야 해서가 아니다. 당신이 불행한 까닭은 '그들'이 '우리'를 박해해서다. 이런 주장은 고난의 원인을 이해할 수 있게 할뿐더러, 더는 혼자 그런 고난을 마주하지 않으니 덜 두렵다고 느끼게 한다.

위기-해법이란 위기가 닥쳤고, 원인은 외집단이고, 내집단이 해법을 제시한다는 뜻이다. 그런 갈등을 너무 크게 느끼면 과격화로 치달아, 외집단을 완전한 승리만 답인 만고불변의 위협으로 여긴다. 버거는 "위협의 규모가 더 극심해지면 제시된 해법이 더 폭력으로 기울어" 마침내 외집단 말살이 내집단이 공유하는 정체성의 핵심이 된다고 적었다.[26] "현세대의 소셜미디어는 중요한 소수 집단에서 양극화와 극단주의를 가속해" 이런 악순환을 만들고 부추긴다.

이에 따른 사망자가 이미 늘고 있었다. 2014년 샌타바버라 근처의 한 고장에서 대학 중퇴자인 스물두 살 남성 엘리엇 로저Elliot Rodger가 자신이 살던 아파트에서 세 명을 칼로 찔러 죽인 다음 유튜브에 "여자애들이 내게 한 번도 눈길을 주지 않은 탓에 외롭고 거부당하고 욕망이 해소되지 않은 채 살아가는 존재를 견뎌야 했다"며 "인류에 복수하겠다"는 영상을 올렸다.[27] 여학생 기숙사로 차를 몬 로저는 문을 두드렸다가 안으로 들어가지 못하자 바깥에 있던 여성 세 명에게 총을 쏴 두 명의 목숨을 빼앗았다. 그리고 다시 차에 올라 도로를 질주하다가 주로 여성인 행인들을 쏘고 차로 친 뒤 자살했다.

로저는 외톨이였을 뿐 혼자 있기를 좋아하는 사람은 아니었다. 그래서 여러 달 동안 인터넷 커뮤니티에 몰두했고 다음에는 유튜브에 빠졌다. 유튜브에 몹시 혐오에 찬 영상을 올리는 바람에 한 번은 부모가 경찰에 신고까지 했다. 로저는 포챈, 레딧, 유튜브 같은 디지털 커뮤니티가 낳은 산물이었다. 이런 커뮤니티 회원들은 자기네를 '비자발적 금욕 생활자'를 뜻하는 인셀이라 부른다.[28]

인셀 커뮤니티들은 외로움을 나누는 장소로 출발했다. 사용자들은 포옹 한 번 못 해 본 삶에 어떻게 대처할지를 토론했다. 그러나 소셜미디어에 넘치는 경쟁의식, 관심을 좇는 경향이 여전히 널리 퍼져 있었다. 따라서 목소리 큰 사람이 부상했다. 견해가 더 극단으로 흘렀다.[29] 플랫폼에 널리 퍼진 격분이 개인의 고통을 우리 대 그들의 종족 싸움으로 재해석했다. 인셀은 그런 곳에서 과격해지는 핵심 신념을 받아들였다. 페미니스트들이 지위가 낮은 최하층 남성들을 예속하고 남성성을 없애려 한다는 음모론, 내집단 대 외집단의 대결, 위기 대 해법의 논리를.

2021년까지 자칭 인셀들이 잇달아 테러를 저질러 50명이 목숨을 잃었다.[30] 2018년에 별 볼 일 없는 한 유튜버가 플로리다의 요가 학원에서 여성 네 명을 쏴 죽였다. 토론토에서는 어느 레딧 과잉 사용자가 행인들에게로 승합차를 몰았다. 포챈의 한 인셀은 포챈 사용자들에게 환호받고자 열일곱 살 소녀를 살해하는 모습을 라이브로 올린 뒤 자살을 시도했다. 지금도 인 셀 사이에는 엘리엇 로저를 영웅으로 떠받드는 사람이 많다.[31]

인셀의 움직임은 피자게이트나 대안 우파에 비하면 하잘것없는, 비주 류에서도 비주류였다. 하지만 이 움직임은 소셜미디어에 젊은 백인 남성의 아노미를 자극해 모든 극단주의 커뮤니티로 퍼뜨릴 잠재성이 있다고 암시 했고, 실제로 이런 현상이 점점 널리 퍼졌다. 오스 키퍼Oath Keepers라는 극우 준군사 조직이 설문 조사에서 회원 2만 5천 명에게 가입 경로를 물었더니, 가장 많은 답이 페이스북이었고 그다음이 유튜브였다.[32]

유튜브는 사용자를 조금씩 바꿔놓으므로 매우 효과 좋은 세뇌 도구일 수 있다. 조던 피터슨이 유튜브에서 시청자에게 개인의 고통이 소셜 저스 티스 워리어social justice warrior와 대립하는 갈등에서 비롯한다고 말한다. 위기 투척이다. 다음에는 밀레니얼 우즈가 이런 개인들이 결집해 반대편인 페미 니스트와 소수자한테서 자신을 지키자고 외친다. 해법 제시다. 더 극단적 인 채널은 그런 전쟁의 승패를 백인 집단 학살이나 유대인 예속으로 확대 해, 필요한 어떤 방식으로든 위협에 맞서라고 시청자를 부추긴다.

유튜브가 모든 경우마다 이런 경로를 유도하지는 않는다. 조던 피터슨 의 영상을 본 사람이 인기 있는 학자나 자기 계발 전문가로 유도되기도 할 것이다. 하지만 플랫폼이 사용자를 과격화하는 결합을 대체로 선호하는 데 는 이유가 있다. 이런 결합은 효과적이다. 극단주의자는 위기−해법 경로가 사람들의 행동을 부추길 불쏘시개가 되기 때문에 선호한다. 알고리즘은 이 런 경로가 사람들의 관심과 열정을 사로잡아 웹 사용을 정체성, 공동체, 더 나아가 열광의 문제로 바꾸고, 그래서 시청 시간이 늘기 때문에 선호한다.

유튜브는 2016~2017년에 알고리즘을 개선하며 리인포스Reinforce라는 시스템을 추가했다.[33] 리인포스는 사용자에게 낯선 하위 장르를 추천했다. 설사 사용자가 대안 우파로 입문하는 길인 피터슐류의 영상을 검색한 적이 전혀 없더라도, 리인포스가 효과를 확인하고자 어떤 식으로든 사용자를 그런 영상으로 유도한다. 유튜브가 사용자를 과격화한다는 이야기가 어느 순간 사방에서 나왔고, 세부 진술이 정확하게 일치했다. 실리콘밸리의 투자가이자 한때 구글에서 일했던 크리스 사카Chris Sacca는 트윗에 "아주 가까운 친구 하나가 유튜브 때문에 과격해졌다. 시작은 몇 년 전 '시사점이 많은' 이른바 '반골'의 영상이었다. 그런데 추천된 영상 때문에 더 어둡고 난폭해진 친구는 아내와 아이, 친구를 잃었다. 이제 우리 누구도 그 친구가 지금 어디 있는지 모른다"라고 적었다.[34]

한때 극단주의자였던 데이비드 셰럿David Sherratt은 인터넷 언론《데일리 비스트Daily Beast》에 자신의 타락이 열다섯 살 때 비디오게임 영상을 보며 시작했다고 전했다.[35] 유튜브는 셰럿에게 과학과 수학에 뛰어난 아이들이야말로 소셜 저스티스 워리어에 포위된 극도로 이성적인 소수 집단의 일원이라고 주장하는 무신론 지지 영상을 추천했다. 다음은 페미니즘 반대 영상, 다음은 인셀에게 동조해 '남성의 권리'를 부르짖는 영상(셰럿도 그런 영상을 올렸다), 그리고 그다음은 노골적인 신나치 영상이었다.

2018년《벨링캣Bellingcat》이라는 탐사 매체가 극우 세력이 은밀한 대화방에서 나눈 메시지 수십만 개를 샅샅이 뒤졌다.[36] 조사자들은 사용자들이 극우 운동에 다다른 과정을 언급한 사례를 꼼꼼히 살폈다. 이들이 진입점으로 가장 많이 꼽은 것은 유튜브였다. 사용자들은 처음에 평범한 영상으로 시작했다가 점점 더 극단적인 채널을 추천받았다. 다들 하나같이 이런 이야기를 했다.

소설가 메건 돔Meghan Daum은 자기네를 지적 다크웹이라 부르는, 주로 유튜브에 기반한 대안 우파의 징검다리 활동에 빠졌던 경험을 설명하며 "유튜브 알고리즘이 나를 나만큼이나 뻔뻔한 사상범의 경로로 보냈다"라고 적었다.[37] 조던 피터슨도 이곳의 주요 회원이다. 유튜브 플랫폼이 돔을 페미니즘에 이의를 제기하는 영상에서 시작해 여성의 뇌가 살림에 맞게 설계되었다고 주장하는 영상으로, 흑인을 인종차별주의자라 부르는 영상에서 인종적 다원주의를 거부하는 영상으로 떠미는 사이, 유튜브 시청이 "텔레비전 시청을 대신했다(독서, 음악 듣기, 청소 대신 유튜브를 보는 일도 숱했다)." 유튜브는 단순한 오락거리가 아니었다. 돔에게 그런 채널은 결혼 실패와 고립감을 위로하는 '유튜브 친구'였다. 공동체였고, 정체성이었다.

돔은 이른바 토끼굴에 빠졌다. 토끼굴은 원래 오후 또는 저녁 내내 유튜브가 추천하는 대로 영상을 보는 현상을 가리키는 용어였다. 누구나 마음에 드는 코미디 영상을 보다가 유튜브가 그 코미디언의 인기 작품을 계속 보여주면 느긋하게 뒤로 기댄 적이 있을 것이다. 하지만 리인포스가 구현된 뒤인 2018년 들어 '토끼굴'이라는 말은 점점 더 극단주의로 흐르는 정치 유튜브 채널을 추종하는 현상을 가리켰다. 사용자들은 정치적 영상을 찾든 찾지 않든 이런 토끼굴로 굴러떨어져 가볼 생각도 하지 않았던 곳으로 안내받았다. 극우보다 훨씬 더 불안을 자극하는 곳으로.

4. 앨릭스 존스 문제

2018년 봄 내내 카이저와 라우흐플라이슈는 자동화 시스템으로 유튜브의 추천 영상을 분석해, 유튜브가 어떻게 채널을 연결하고 어떤 커뮤니티를 구축하는지를 파악했다.[38] 마침내 4월, 분석 결과를 조합했다. 그리고 유튜브 시스템이 묘하게 잘 수행하는 세 가지를 발견했다.

첫째, 유튜브는 매우 참신하게 채널을 연결해 군집cluster을 만들었다. 어떤 군집은 의학적 조언을 나누는 의사, 차크라 정렬 사고를 옹호하는 요가 강사, 만병통치약을 파는 장사치, 과격한 백신 반대론자를 뒤섞었다. 그런 주제 중 하나 때문에 유튜브에 발을 들인 사용자는 다른 채널들을 빙빙 돌 것이다. 이 채널들을 연결할 본질이라고는 사용자들에게 이런 채널들을 나란히 보여주면 시청 시간이 늘어나리라는 AI의 결론밖에 없었다. 세 발견 중 더 주목받은 것은 다른 두 가지였지만, 카이저는 이 첫 번째 발견의 중요성을 줄기차게 강조했다. 페이스북이나 트위터와 마찬가지로 유튜브도 기본적으로는 사회 경험이다. 사용자는 댓글, 좋아요, 공유를 통해 공동체 활동에 참여한다. 시스템은 영상 제작자에게 카메라 앞에 나서 팔로워들에게 말을 걸고, 요구 사항과 반응을 알려달라고 요청하고, 직접 댓글을 달라고 권장한다. 따라서 유튜브가 사용자 수천, 수백만 명을 수십, 수백 개의 채널에 밀집시켰을 때, 이 군집이 진짜 커뮤니티가 되었다. 메건 돔이 크나큰 감사를 드러냈듯이, 정체성이 되었다.

그래서 카이저의 다른 발견들이 매우 중요해졌다. 그중 두 번째 발견은 오랫동안 의심한 대로, 사용자가 어떤 연결망에 있든 추천 영상이 대체로 더 극단으로 이동한다는 것이었다. 예컨대 CNN 영상을 보든 폭스뉴스 영상을 보든 음모론 영상을 추천받을 확률이 매우 높아, 일반적인 사용자도 시간이 지나면 그 방향으로 이동했다.

그리고 세 번째 발견은 카이저와 라우흐플라이슈가 독일에서 본 사실이 훨씬 더 위험하게 펼쳐진다는 것이었다. 유튜브의 추천 영상이 적개심 가득한 혐오 선동자, 인셀, 음모론자가 많이 모여 있는 주류 우파 채널과 일부 뉴스 채널을 한 무리로 모았다. 알고리즘이 사용자를 그런 극단적 목소리로 이끌자, 그런 목소리가 더 큰 전체를 대변하는 담화, 정치 의제, 가치관에 크나큰 영향력을 행사했다.

이런 현상은 극우의 영향력을 확장하는 데 그치지 않았다. 유튜브가 극우를 중심으로 더 광범위한 커뮤니티를 통합하고 있었다. 그것도 샬러츠빌 집회 조직자에게는 꿈이었을 만큼 많은 수백만 명 규모로. 왜 극우 토끼굴에 떨어졌다는 사람들의 이야기가 많은지를 알려줄 답이 바로 여기에 있었다. 총기나 정치적 올바름처럼 우파의 입맛에 맞는 주제에 관심이 있어 유튜브를 찾은 사람이 유튜브가 구축한 백인 민족주의, 과격한 여성 혐오, 광기 어린 음모론의 세계로 유도되었다가 그 세계의 극단으로 떠밀렸다.

이런 연결망의 한복판, 유튜브 알고리즘의 중력이 끌어당기는 블랙홀에 눈에 띄게 자리 잡은 채널이 하나 있다. 바로 앨릭스 존스Alex Jones다. 존스는 1990년대부터 텍사스의 FM 라디오에서 과격한 발언을 일삼은 진행자로, 주로 괴짜, 야간 화물차 기사, 그저 따분함에 지친 사람들인 청취자들과 오랫동안 관계를 다졌다. 청취자를 설득할 의도보다 관심을 끌려고 만들어낸 음모론을 기운차고 걸걸한 목소리로 장황하게 늘어놓았다. 이를테면 오클라호마 폭탄 테러를 정부가 저질렀다, 정부가 사람들을 동성애자로 만들고자 상수도에 화학물질을 들이부었다 같은 주장이었다. 존스는 관심을 끌려는 행동도 벌여, 당시 텍사스 주지사였던 조지 W. 부시가 연설하는 중 연방준비은행을 폐지하라고 소리쳤다. 또 가짜 의료 보조제와 생존 장비를 팔아 한몫을 챙겼다. 그러다 우연히 유튜브를 발견해 아주 갑자기 큰 영향력을 얻었다. 존스의 주장이 폭스뉴스와 우파 블로그로 흘러들었다. 존스의 새로운 영향력을 인정하는 뜻에서 보수 집회와 풀뿌리 행사는 물론이고 워싱턴의 유력 인사들이 존스를 언급했다.

어떻게 이런 일이 일어났을까? 미국인이 존스의 방향으로 확실하게 기울어 있었다. 또 존스가 자신을 좀체 TV에 발 들이지 못하게 막은 매체의 게이트키퍼들을 인터넷을 이용해 교묘히 회피했다. 하지만 카이저한테는 또 다른 사실을 입증할 증거가 있었다. 카이저가 확보한 데이터에 따르면 유튜브 알고리즘이 존스의 영상을 다른 어떤 뉴스 또는 정치 관련 채널보다 자주 추천했다. 존스를 우파 영상과 나란히 놓아 매우 공격적으로 홍보해 존스가 우파의 환심을 사도록 해서, 존스의 영상을 극단주의로 가는 관문으로 자주 이용했다. 주로 음모론을 시청한 사용자는 앨릭스 존스가 호통치는 영상을 보다가 백인 민족주의 콘텐츠로 들어서거나, 아니면 반대로 백인 민족주의 영상을 보다가 앨릭스 존스로 들어섰을 것이다.

스리랑카에서 폭력 사태가 일어나 페이스북의 폐해에 주의를 환기한 지 몇 주 뒤인 2018년 4월, 카이저와 라우흐플라이슈가 《미디엄》에 유튜브가 체계적으로 극우 네트워크를 생성한다는 연구 결과를 발표했고, 《버즈피드 뉴스》도 기사로 연구 내용을 알렸다.[39] 글에서 두 사람은 유튜브가 "많은 채널을 더 큰 우파 버블의 중력 중심으로 떠민다"고 설명했다.[40] 또 "유튜브에서 보수주의자가 된다는 것은 클릭 한두 번만으로 극단적인 극우 채널, 음모론, 과격한 콘텐츠에 연결된다는 뜻이다"라고 경고했다. 유튜브가 대규모 과격화를 일으키는 세력이 되었다는 증거가 바로 여기에 있었다.

곧이어 다른 연구자들도 브라질 연구자 마노엘 오르타 히베이루Manoel Horta Ribeiro가 이름 붙인 '과격화 파이프라인radicalization pipeline'이 사실이라고 뒷받침했다.[41] 히베이루의 연구진이 영상 33만 개에 달린 댓글 7200만 개를 분석해보니 "사용자들이 한결같이 가벼운 콘텐츠에서 과격한 콘텐츠로 이동했다." 수가 막대한 우파 사용자들은 조던 피터슨 같은 '지적 다크웹'의 반골에서 마일로 야노펄러스 같은 대안 우파로, 다시 신나치의 앤드루 앵글린과 마이크 페이노비치 같은 혐오 주동자로 이동했다. 게다가 이들은 유튜브의 추천 영상과 궤를 맞춰 이동했으므로, 이런 이동을 주도한 것이 알고리즘이라는 것을 추가로 입증했다.

어느 학교에서 총기 난사 사건이 일어난 뒤인 2018년 봄, 유튜브의 인기 급상승 페이지가 이 사건이 날조라고 주장하는 앨릭스 존스의 영상을 홍보하기 시작했다. 존스는 2012년 샌디훅 총기 난사 사건 이후로 이때 살해된 학생 20명과 교사 6명이 총기 압류나 계엄령 실행을 정당화하려는 정부의 얼빠진 음모에 동원된 재난 훈련 배우들이라는 주장을 줄기차게 밀어붙였다. 이 음모론이 그 뒤로 유튜브에 퍼졌고, 점점 더 많은 사용자가 이 음모론을 소비해, 살해된 학생들의 유족을 여러 해 동안 괴롭혔다. 몇몇 부모는 몸을 숨겼지만, 여러 부모가 존스를 상대로 명예훼손 소송 세 건을 제기했다(2021년 기준으로 존스는 세 소송에서 모두 패소했다). 그사이에도 유튜브는 계속 이런 영상을 홍보해, 2018년까지 총조회수가 5천만 회에 이르렀다.[42] 유튜브 시스템은 존스의 마지막 영상을 인기 급상승 페이지에 올려, 유튜브 알고리즘이 존스를 얼마나 열렬히 후원했는지를 유난히 뚜렷하게 드러냈다.

유튜브의 정책팀 직원들이 존스나 평판이 나쁜 다른 출처에 연결되지 않도록 인기 급상승 알고리즘을 수정하자고 제안했다.[43] 이들의 의견은 기각되었다. 존스가 가장 두각을 나타낸 곳은 유튜브였지만, 페이스북과 트위터에서도 팔로워가 수백만 명에 이르렀고, 따라서 이 회사들도 자기네가 존스에게 쥐여 준 디지털 확성기를 없애라는 압력을 받았다.

샌디훅 총기 난사 때 살해된 여섯 살 학생 노아 포즈너의 부모가 마크 저커버그에게 공개서한을 보냈다. 편지에서 이들은 페이스북의 유명한 음모론 그룹들에서 비롯한 괴롭힘과 살해 위협에 여러 해 동안 시달려 숨어

지낸다고 밝혔다. 샌디훅 사건 유족들이 유튜브 플랫폼이 부추기는 선동에 맞서 "가장 기본적인 보호책을 마련하고자 페이스북과 상상도 못 할 전쟁을 치렀다"고도 적었다.[44] "우리 가족을 위험에 빠뜨린 직접 원인은 당신들이 보호하겠다고 판단한 거짓과 혐오 발언을 보고 믿는 수십만 명입니다."

그러나 이들 기업은 묵묵부답이었다. 페이스북에 왜 앨릭스 존스의 계정을 폐쇄하지 않으려 하느냐고 물었더니, 뉴스피드 부문 부사장 존 헤저면John Hegeman이 "우리는 여러 사람이 목소리를 내는 곳이 되도록 페이스북을 만들었습니다"라고 답했다.[45] 같은 질문을 받은 저커버그도 표현의 자유를 장황하게 들먹였다. "나는 유대인입니다. 그리고 페이스북에는 홀로코스트를 부정하는 사람들도 있고요. 몹시 불쾌한 일이죠. 하지만 결론을 말하자면, 우리 플랫폼이 그런 콘텐츠를 내려야 한다고 생각하지 않습니다. 다른 사람들이 오해하는 일이 있기 마련이니까요. 그 사람들이 일부러 오해한다고는 생각하지 않습니다."[46]

이것이 전통적인 실리콘밸리였다. 저커버그가 기술 자유지상주의의 이상인 표현의 자유를 위해 홀로코스트에 대한 역사적 합의를 기꺼이 제물로 바친다면, 다른 사람도 모두 그럴 것이다. 실리콘밸리의 많은 수장과 마찬가지로, 저커버그도 플랫폼이 사용자 경험에 아무런 영향을 미치지 않는 중립적 통로인 대안 우주, 그래서 실제 세계에 미치는 영향이라고는 누군가가 상처받는 것뿐인 세상, 홀로코스트 부정이 널리 퍼지게 내버려둔 지혜에 사회가 감사하는 세상에 사는 듯했다.

이것이 앨릭스 존스 문제였다. 앨릭스 존스는 그를 그 자리로 끌어올린 시스템에 깊이 새겨진 업계의 신념을 구체적으로 보여주는 화신이었다. 실리콘밸리는 공익은커녕 실리콘밸리의 이익을 위해서라도 이 골칫거리와 단절할 수 없었다. 사용자 참여도는 곧 가치다. 더 많이 연결될수록 이해가 쌓인다. 자유로운 발언이 해로운 발언을 이긴다. 만약 조치를 취한다면 그런 이상에 결함이 있고 위험하다고 인정하는 꼴이 될 것이다. 잘못 건드렸다가는 애써 쌓은 탑이 무너질 것이다.

반발이 심해졌다. 그해 7월 페이스북은 비판을 달랠 셈으로 존스의 계정을 한 달 동안 정지했다. 마침내 8월, 애플이 팟캐스트에서 존스의 방송 몇 개를 삭제했다. 페이스북과 유튜브도 애플을 좇아 몇 시간 안에 존스의 계정을 정지했다. 오로지 트위터만 여기에 맞섰다. CEO 잭 도시는 "우리는 잠시 속 편하려고 단발성 조처를 하기보다, 존스에게 모든 계정에 적용하는 것과 똑같은 기준을 적용하려 합니다"라는 트윗을 날렸다.[47] 그러나 트위터도 결국 존스의 계정을 정지했다. 그런데 이들 기업은 여론의 압력에는 굴복했어도 여론이 옳다고 인정하지는 않은 듯했다. 저커버그는 나중에 《뉴요커》에 "사실에 어긋나는 이야기를 한다고 해서 어떤 사람을 금지하는 것이 옳은 일이라고는 생각하지 않습니다"라고 말했다.[48]

변화에 반발하면서도, 도시는 트위터의 핵심 본질을 실리콘밸리가 오랫동안 거부한 깊은 변화 쪽으로 바꾸고 있었다. 적어도 그렇게 하는 듯 보였다. 트위터의 시가 총액은 도시가 CEO로 복귀하기 전인 2015년 4월에 정점을 찍은 뒤로 여전히 전고점을 회복하지 못했고, 사용자 수도 지난 1년 동안 제자리걸음이었다. 그런데도 도시는 지표가 정체되었을 때 유튜브와 페이스북이 그랬듯이 알고리즘을 강화하거나 논쟁과 감정을 드러내도록 플랫폼을 개편하지 않고, 소셜미디어 뒤에 있는 모든 발상이 유해하다고 발표했다.

그해 3월 도시는 트윗에 "즉각적이고 세계적인 공개 플랫폼의 출시가 현실 세계에 미칠 부정적 영향을 제대로 예측하거나 이해하지 못했다"고 적었다.[49] 트위터가 실제로 폐해를 끼쳤다고도 마지못해 인정했다. 다른 IT

CEO들이 여전히 완강하게 거부하는 이단적 견해, 즉 '좋아요'와 리트윗이 양극화를 부추긴다는 견해를 여러 인터뷰에서 스스로 제기하기 시작했다. 또 트위터가 매력 있는 대화보다 '건강한' 대화를 촉진하도록 시스템을 재설계하겠다고 발표했다. 도시는 거기에 필요한 새로운 기능과 설계 요소를 개발하도록 탁월한 전문가와 연구 집단을 채용했다.

그러나 이런 노력 가운데 실행에 옮겨진 것은 거의 하나도 없었다. 외부 전문가들은 여러 달에 걸친 지연이나 갑작스러운 정책 변화에 깊이 실망해 대부분 그만뒀다.[50] 트위터를 재구성하려는 도시의 실험이 실패한 까닭이 도시의 관심이 오락가락해서인지, 점점 더 크게 반발한 투자자들이 개선보다 성장을 늘리라고 트위터를 압박해서인지, 여전히 실리콘밸리의 사고방식에 젖어 있는 회사의 입맛에는 그런 해법들이 맞지 않아서인지는 명확하지 않았다. 트위터 직원들의 설명에 따르면 세 이유가 모두 결합하였을 가능성이 크다.

그사이 유튜브는 딴 세상처럼 평소와 다를 바가 없었다. 유튜브 시스템은 사용자 참여도가 높은 비주류 커뮤니티를 계속 만들었다. 그해 인지심리학자 애슐리 랜드럼Asheley Landrum이 덴버에서 지구가 평평하다고 믿는 사람들의 모임을 찾았다가 그런 커뮤니티를 하나 발견했다.[51] 수백 년 동안 자취를 감췄던 지구 평면설이 갑자기 되돌아왔다. 과학 교사들이 학생들이 왜곡된 계산값과 조작된 도표로 이의를 제기한다고 알렸다. NBA 스타 한 명도 자신은 지구 평면설을 믿는다고 밝혔다. 유명한 래퍼 한 명도 그랬다. 랜드럼은 왜 이런 일이 벌어지는지 이해하고 싶은 마음에 덴버에서 지구 평면주의자 모임을 돌아다녔다. 결과는 명확했다. 인터뷰한 참석자 서른 명 가운데 스물아홉 명이 유튜브에서 지구 평면설에 노출되어 확신을 얻었다. 한 명은 딸에게 설득되었는데, 그 딸도 유튜브에서 지구 평면설을 발견했다.

기욤 샤슬로도 유튜브에서 근무할 때 이미 그런 영상이 플랫폼에서 부상하는 것을 알아챘고, 이 현상이 어떤 위험을 가리킨다고 내부에 경고했었다. 의료에서 염색법이 세균 감염을 뚜렷이 드러내듯이, 지구 평면설 영상의 등장은 소셜미디어 플랫폼이 일부 위험하기도 한 온갖 극단주의 신념을 부추긴다는 전형적인 신호다. 샤슬로는 "유튜브는 '사람들이 지구 평면설 영상을 클릭하니 그런 영상을 원한다는 뜻이다'라고 말하더군요. 내가 보기에는 아니었어요. 누군가가 지구 평면설 영상을 클릭했다고 해서 거짓말을 듣고 싶다는 뜻은 아니니까요. 그저 호기심이 많은 사람 앞에 미끼성 제목이 있는 거죠. 하지만 알고리즘에는 영상 시청이 지지를 뜻해요"라고 설명했다.

자극적인 섬네일과 제목을 단 지구 평면설 영상이 유튜브의 추천 영상에 오랫동안 모습을 드러냈다. '지구가 회전하는 구가 아니라는 증거 200가지', '지구가 평평하다는 단서', '국제우주정거장은 존재하지 않는다!' 사람들은 호기심에 영상을 클릭했다. 유튜브 알고리즘은 사람들이 왜 영상을 보는지가 아니라, 사람들이 영상을 본다는 사실에만 신경 썼다. 사람들이 지구 평면설 영상을 보면 그런 영상을 더 많이 추천했다.

유튜브는 사용자에게 같은 내용을 담은 영상을 잇달아 많이 보여줘, 우리 인지 능력의 약점 두 가지를 매우 거세게 공략한다. 우리는 어떤 주장에 거듭 노출되거나,[52] 그 주장을 사람들이 널리 받아들인다는 인상을 받으면,[53] 다른 상황에서보다 그 주장이 더 진짜라는 느낌을 받는다. 물론 시청자 대다수는 음모론 영상을 받아들이지 않을 것이다. 하지만 사용자가 수십억 명일 때는 그런 방법이 외부 영향에 취약한 사람들의 방어 기제를 뛰어넘어, 그야말로 터무니없는 주장에 수천 명이 속아 넘어가게 한다.

5. 대각성

샬러츠빌에서 '우파여 단결하라' 집회가 열리고 두 달 뒤인 2017년 10월, 포챈의 정치 게시판에 '큐 클리어런스 패트리엇Q Clearance Patriot'이라는 이름으로 짧은 게시물이 올라왔다. 이 사용자는 자기가 군사 정보 장교이고, 민주당 지도부가 운영하는 국제 아동 매매 조직에 가담한 사람들을 체포하는 작전을 수행 중이라고 암시했다. 미국 에너지부의 기밀 취급 허가 최고 등급인 Q등급을 보유한다고도 주장했다. 그러면서 힐러리 클린턴이 해외로 도피할 경우에 대비한 범죄인 인도 요청이 이미 발효 중이고, "거기에 반발해 조직될 대규모 폭동에 맞설 주 방위군을 동원했다"고 알렸다. 하지만 Q가 유명해지는 방식을 확립한 것은 두 번째 게시물이었다.

> 흉내지빠귀
> HRC는 구금되었지, 체포된 게 아니다(아직은).
> 후마Huma는 어디 있는가? 후마를 좇아라.
> 이건 러시아와 아무 상관없는 일이다(아직은).

게시물은 스무 줄이 넘어갔다. 언급하는 대상이 암호를 푸는 기분이 들 만큼 애매하면서도, 충분히 풀 수 있다고 확신할 만큼 분명했다. 스파이 소설의 첫 페이지처럼, 이 게시물에 깔린 기본 줄거리는 팬들이 'Q 드롭Q drop'이라 부른 게시물 수천 개에 일관되게 나타난다. "피비린내 나고 영광스러울 심판의 날이 닥치면 트럼프와 휘하 장군들이 음모에 가담한 민주당 인사 수천 명을 체포하고 군사 통치를 실행할 준비를 하고 있다."

그 뒤로 몇 달 동안 이야기가 부풀려졌다. 문화계 엘리트, 금융업자,

'딥스테이트'의 관료와 스파이까지 수만에서 수십만 명이 체포될 것이다. 이 불순한 무리가 대대로 미국인의 삶을 은밀히 통제해 피자게이트부터 불공정한 경제 질서까지 여러 고난을 일으켰다. 이제 이들이 처형되고, 내셔널몰이 죽음의 수용소로 바뀔 것이다. 몇몇은 이미 대역을 내세워, 트럼프의 계획에 조용히 선제공격을 날렸다.

추종자들이 얻은 것은 한낱 이야기에 그치지 않았다. 자기네를 큐어넌이라 이름 붙인 이 운동은 온라인에 잇달아 만든 커뮤니티에 모여들어 Q의 게시물을 분석했다. 게시물에서 단서와 숨은 의미를 찾았고, Q의 강력한 요구에 따라 빠르게 변하는 일상 정치를 파헤쳤다. 트럼프가 즉석 발언에서 의회를 언급한 것은 곧 숙청이 닥친다는 암시일까? 이상한 위치에 있는 트럼프의 손은 101공수단에 보내는 신호일까? 이런 분석은 끝없이 펼쳐지는 게임이자, 일상과 연결되는 사회적 유대를 형성하는 단체 활동이었다.

극단주의 단체는 오래전부터 지지자의 목적의식과 소속 욕구를 채워주겠다는 약속을 기반으로 사람들을 모았다. 때로 혐오는 결속을 다지는 수단에 그친다. 사회학자 캐슬린 블리Kathleen Blee는 "사회적 동지애는 혐오와 함께 조직적인 인종차별 활동에 참여하는 이유가 되기도 할뿐더러 혐오를 대체하기도 한다"라고 주장했다.[54] 그사이 음모론은 혼란스럽고 이해하기 어려운 세계에서 느끼는 무력감을 해소할 방법이 있다고 약속한다.[55] 아마 시장의 힘이 당신의 일자리를 빼앗았을 것이다. 난데없는 질병이나 재난이 당신의 삶을 뒤집어엎었다. 사회 변화가 당신이 생각하는 올바른 사회 질서를 훼손했다(사실, 많은 큐어넌 추종자가 부유했다. 하지만 흑인이 대통령으로 뽑히거나 다양성이 증가하자 갈피를 잡지 못한 채 두려움에 빠졌다).[56] 음모론은 이런 사건들이 통제할 수 없거나 일반적인 일이라기보다 숨은 음모의 일부이고, 자기네가 그 비밀을 벗길 수 있다고 주장한다. 혼돈을 질서로 포장하고 신봉자들에게 자기네만 진실을 안다고 말해 자주성과 통제력을 되찾는다.[57] 큐어넌 추종자들이 서로 마음을 가라앉히는 주문, 이를테면 '계획을 믿어라'를 계속 주고받는 까닭도 그래서다.

극단주의 연구자들이 오랫동안 Q의 게시물 대다수 또는 전부(3년에 걸쳐 모두 4000개였다)의 작성자로 추정한 인물은 포챈에서 파생한 에잇챈의 운영을 맡은 서른 살 프로그래머 론 왓킨스Ron Watkins다. 왓킨스는 2021년에 한 다큐멘터리와 나눈 인터뷰에서 넌지시 이를 인정하는 듯 말했다. "그건 기본적으로 3년에 걸친 첩보 훈련이었습니다. 일반인에게 첩보 활동 방법을 가르치는 훈련이요." 그러면서도 이렇게 덧붙였다. "절대 Q처럼은 아니고요." 그렇지만 추종자들은 Q가 평범한 신분이라는 증거를 대부분 무시했다. 어찌 보면 알고 싶지 않았을 수도 있다. 사람들이 끌린 것은 Q가 제시하는 이야기였지, Q의 정체나 객관적 진실이 아니었다. 큐어넌을 추적한 연구자들마저 Q의 정체성을 부차적 요소로 여기는 사람이 많았다. Q가 뒤에서 교묘히 많은 일을 꾸몄다지만, 큐어넌을 주도한 것은 사용자와 플랫폼, 그리고 둘을 연결하는 경향이었다.

이전의 기술 문화가 대부분 그랬듯, 큐어넌도 비주류에서 주류 플랫폼으로 빠르게 흘러들었다. 페이스북과 유튜브 시스템이 큐어넌을 저항이 적은 음모론, 극단주의와 관련한 추천 영상에 슬쩍 밀어 넣었다.[58] 처음에 큐어넌은 하나의 노드node일 뿐이었다. 하지만 앨릭스 존스가 한때 그랬듯 끝없이 확대하는 주장과 모든 것을 빨아들이는 이야기를 발판으로 다른 음모론들을 흡수해, 백신 반대주의자부터 인종 전쟁 준비자, 반정부 편집증자까지 전혀 다른 커뮤니티의 구심점이 되었다. 열렬하게 트럼프를 지지했고 대놓고 폭력을 요구했으므로, 자연스럽게 온라인 우파의 협력자이자 궁극적으로는 터줏대감이 되었다. 무엇보다도 끝없이 시간을 잡아먹었다. 이

것이야말로 플랫폼이 극대화한 주요 특성이었다.

미국인들이 이런 현상의 위험을 알아차렸을 때는 이미 페이스북의 큐어넌 그룹에 수백만 명이 가입하고, 유튜브 영상의 조회수가 수백만 회에 달하고, 트위터 계정들이 몇몇 유명인을 겨냥해 기괴한 식인 음모를 꾸몄다며 벌 떼같이 달려들어 괴롭히고 있었다. Q의 게시물을 모아놓은 한 앱은 애플 앱스토어에서 다운로드가 많이 된 인기 앱이 되었다.[59] 익명의 추종자들이 쓴《QAnon: An Invitation to a Great Awakening(큐어넌: 대각성으로 가는 초대장)》은 아마존 베스트셀러 2위에 올랐다.[60] 회원들은 큐어넌에 푹 젖어 살아, 자신들의 세상이 된 화상 대화와 댓글 스레드에서 하루에 몇 시간씩을 보냈다.

2018년 5월, 큐어넌 추종자인 한 유튜버가 아동 매매 조직의 본거지라며 애리조나의 한 시멘트 공장에 들이닥쳤는데, 이를 페이스북 시청자 수십만 명에게 중계했다. 다음 달에는 AR-15 소총을 소지한 다른 추종자가 자체 제작한 장갑차로 후버댐 양쪽 차선을 모두 가로막고서, 정부에 전날 Q가 게시물에서 언급한 보고서를 공개하라고 요구했다. 일리노이에서는 또 다른 추종자가 아동 성희롱자인 사탄들이 주의회를 장악했다고 생각해 의회 건물을 폭파하려고 폭발물을 소지했다가 체포되었다. 뉴욕 스태튼아일랜드에서는 한 추종자가 마피아 두목네 집에 찾아가 그를 쏴 죽였는데, Q가 이 사람을 딥스테이트 음모자로 지목했다고 생각해서였다. FBI는 내부 보고에서 큐어넌을 국내 테러를 일으킬 잠재 위협으로 적시했다. 그러나 페이스북, 유튜브, 트위터는 앨릭스 존스 때 그랬듯 조처에 나서지 않아, 자기네 플랫폼이 편향으로 끌어올린 큐어넌이 계속 성장하게 내버려뒀다.

온라인의 거의 모든 극우가 큐어넌으로 몰려드는 듯했다. 경찰마저 진보주의자에 보복하고 확고한 질서를 되찾겠다는 약속에 끌려 많이들 합류했다.[61] 뉴욕주 경찰 노조의 조합원장은 TV 인터뷰에 나설 때 큐어넌 머그잔을 화면에 나오게 했다. 부통령 마이크 펜스는 Q 배지를 단 플로리다 특별기동대의 한 대원과 사진을 찍었다. 큐어넌은 인스타그램으로 이동해 활발히 홍보 활동을 펼쳐, 인스타그램을 쥐락펴락하는 많은 요가맘과 라이프스타일 인플루언서들을 휩쓸었다.[62]

하지만 추종자들이 큐어넌에서 느낀 자주성, 안전, 공동체에는 대가가 따랐다. 참담한 고립감이 그것이었다. 유명한 큐어넌 추종자는 큐어넌 사이에 폭넓게 공유된 트윗에 이렇게 적었다. "정직한 애국자가 되겠다. 처음 Q와 애국자, 큐어넌 운동에 참여했을 때 지인들 대다수가 보수적이기는 해도 이 모든 것을 음모론으로 여겨 몹시 외로웠다. 여기에서 여러분과 있을 때만 편안하고 환영받는 마음이 든다!"[63] 수십 명이 비슷한 이야기로 답했다. "나도 같은 처지다. 이야기를 나눌 친구나 가족이 말 그대로 하나도 없다. 고맙게도 아내와 나는 서로 둘뿐이라 토끼굴을 따라갔다. 아버지가 돌아가시자 계모와 의붓형제들은 내가 아무것도 아니라는 듯 나와 관계를 끊었다. 그러므로 나와 같은 처지인 모든 이에게 고맙다."[64] 큐어넌이 매우 과격해진 데는 이런 요인도 작용했다. 큐어넌 추종이 애초에 사람들을 큐어넌으로 이끈 고립감과 방황을 더 악화시켰다. 돌아갈 곳 하나 없는 데다 이제는 두 배로 안심이 필요했으므로, 추종자들은 더 깊이 큐어넌의 주장에 몰두했다.

2019년 페이스북 연구원 한 명이 테스트 계정을 여러 개 만들어 특정 유형의 사용자가 겪는 중간 경험을 시뮬레이션했다.[65] 그중 한 계정이 노스캐롤라이나의 아이 엄마라고 설정한 '캐럴 스미스'였다. 연구원은 캐럴을 육아, 기독교, 보수 정치 관련 페이지에 가입시킨 뒤, 페이스북이 캐럴을 어느 쪽으로 이끄는지 기다려 봤다. 페이스북은 이틀이 채 지나지 않아 캐럴을 큐어넌으로 떠밀었다. 이 연구원은 내부 보고서에 5일이 더 지나자 페이스북이 캐럴을 "극단적이고 음모론에 기운 상세한 콘텐츠로 유도했다"고 적었다.

또 다른 내부 보고서에 따르면 적어도 220만 명인 페이스북의 큐어넌 그룹 가입자 가운데 절반이 유튜브에서 그랬듯 '관문 그룹'을 거쳐 큐어넌에 합류했다.[66] 이는 여러 해 전 러네이 디레스타가 백신 반대주의자를 발견한 뒤 알린 경고, 즉 '그룹' 기능이 과격화를 부추긴다는 경고가 옳았다는 확증이었다. 증거가 계속 쌓인 2018년, 디레스타는 트윗에 이렇게 적었다. "그룹 기능이 얼마나 큰 재앙인지는 아무리 강조해도 지나치지 않다. 그룹 추천 엔진은 음모론과 상관 행렬을 그린다. 극단주의와 양극화 콘텐츠에 쉽게 휘둘리는 사람들을 폐쇄된 그룹, 이어서 비밀 그룹으로 떠민다. 페이스북은 자기네가 여기에 무엇을 지었는지 전혀 모른다."[67]

그러나 페이스북은 자체 연구마저 큐어넌의 성장을 크게 주도한다고 증명한 그룹 기능에 더 집중하기만 했다. 페이스북은 10억 명까지 늘리고 싶은 사용자 1억 명이 그룹에서 활동한다고 밝혔다. 페이스북 사용자는 그룹에 엄청난 시간을 쏟아부었다. 페이스북 내부에서조차 경고의 목소리가 나왔다. 나중에 《월스트리트 저널》에 유출된 한 사내 보고서는 "가장 활발한 미국 민간 기구 그룹 100곳 중 70%가 혐오, 허위 정보, 괴롭힘, 학대 같은 문제 때문에 추천 불가로 보인다"라고 경고했다.[68] 그룹 기능 업무를 담당했던 한 엔지니어는 《더 버지The Verge》 기자에게 그룹은 "버블이 만들어지는 곳"이라고 경고했다.[69] 이 엔지니어는 주목을 얻고자 선택한 그룹으로 사용자를 떠미는 관행이 "정말로 위험해졌다"고 덧붙였다.

6. 디지털 허무주의

댈러스에서부터 오랫동안 포챈에 충실했던 애덤은 대학 1학년 때인 2014년에 에잇챈으로 갈아탔다. 아직 큐어넌과 다른 커뮤니티들이 등장하기 전이었다. 에잇챈은 포챈조차 금지한 게이머게이트를 환영한다고 맹세해 표현의 자유를 지킬 마지막 보루로 자리매김했다. 아무런 제약도 없는 토론과 극단적 콘텐츠 덕분에, 다른 곳에서는 볼 수 없는 콘텐츠가 가득한 소셜웹의 전리품 창고라는 명성을 얻었다. 애덤은 내게 "거기서 별별 걸 다 봤어요. 범죄 카르텔의 참수, 존재해서는 안 될 끔찍한 포르노. 자세히는 말하고 싶지 않네요. 하지만 그런 영상을 백 번씩 보고 나면 실제 사건이 그렇게 강렬하게 다가오지 않아요"라고 털어놓았다.

이것은 포챈이 경계를 넘어서는 방식이었지만, 포챈의 규범이나 규칙은 적용되지 않았다. 에잇챈 사용자들은 새로운 극단을 거부자 중에서도 거부자, 부적응자 중에서도 부적응자인 자신들의 핵심 정체성인 아노미에 대응할 집단 방어책으로 여겼다. 도미닉 폭스라는 소프트웨어 엔지니어는 이렇게 설명했다. "그들이 생각하기에 거기서 자기네가 하는 일, 얻는 것은 다른 사람이 감정적, 이념적으로 자극할 때 반응하지 않는 법을 배운다는 것이었다. … 실제 세계는 거칠고 냉정한 곳이다. 누구든 보살핌을 베푸는 척, 또는 보살핌이 필요한 척하는 사람은 말 그대로 속임수를 쓰는 일종의 사기꾼이었다."[70] 따라서 "그런 통제에서 벗어날 유일한 길은 인종차별주의 밈, 차량 충돌 사진, 끔찍한 포르노 같은 것을 완전히 평온한 마음이 들 때까지 뚫어져라 쳐다보는 것이었다." 폭스는 이런 문화를 "고의적 자아 탈민감화"라 일컬었다.

포챈에서는 일탈성이 내집단의 특성이 되었듯, 에잇챈에서는 탈민감화가 그런 특성이 되었다. 외부인에게는 너무 큰 충격이거나 감당하기 어려운 일을 견디는 것이 소속감을 증명하는 길이었다. 감각이 없어지고 맥이 풀렸다가 눈을 뜬 사람은 이제 공허함을 공유하는 조직의 구성원이었다. 더 노골적인 섹션에서는 이런 행위에서 위안과 공동체를 발견한 사용자가 훨씬 더 큰 금기를 찾다가, 어쩌면 당연하게도 가장 극단적인 금기, 즉 대량 학살에 다다랐다.

에잇챈 사용자들은 홀로코스트, 총기 난사, 특히 오래되지 않아 명확한 물증이 있는 1995년 보스니아 이슬람교도 집단 학살의 상세한 영상을 찬양하고 공유하며 정교한 밈과 농담을 발전시켰다. 집단 학살과 총기 난사를 찬양하는 데 끌리는 것은 다른 사람들이 되도록 꺼리는 일이었다. 그런 취향은 진정한 에잇챈 사용자라는, 평판에 아무리 큰 금이 가더라도 근본 있고 불편한 진실에 맞서고 서로 헌신해 실제로는 두려운 오프라인 세계의 사소한 요구를 뛰어넘는다는 증거였다. 나치즘과 인종 학살의 언어가 사방에 퍼지기는 했어도, 에잇챈을 지배하는 문화의 본질은 극우가 아니었다. 그러기는커녕 여러 해에 걸친 선 넘기와 도발, 진심이 된 기만적 혐오의 꼭대기에는 난폭한 허무주의가 있었다. 에잇챈 사용자들은 농담 반 진담 반으로 세상이 대가를 치르게 하라고, '우리'를 위해 '그들'을 망가뜨리라고 서로 부추겼다. 달리 말해 무차별 살인을 하라고.

이런 부추김을 무시하는 것은 어렵지 않았다. 애초에 에잇챈에 눈길을 주지 않았다면 말이다. 레딧의 인셀, 페이스북의 Q 그룹, 유튜브의 극우처럼 소셜네트워크에서 잇달아 아노미와 위기를 부추기는 커뮤니티가 이제 행동에 나설 만큼 커져 있었다. 위협을 행동으로 옮기는 것은 극소수겠지만, 난폭한 극단주의는 언제나 이렇게 작동했었다. 에잇챈이 똑같이 작동하지 않는다고 생각할 까닭이 없었다.

2019년 3월, 뉴질랜드 크라이스트처치 교외의 나무가 우거진 곳에 자리 잡은 1층짜리 모스크에서 오후 기도가 시작되었을 때, 처음 보는 남성이 뚜벅뚜벅 진입로로 다가왔다. 가슴팍에는 스마트폰이 고정되어 있고 손에는 산탄총이 들려 있었다. 입구에서 신도 네 명이 이야기를 나누고 있었다. 그중 한 명이 남성을 환영했다. "어서 오세요, 형제님." 남성은 산탄총을 들어 여러 발을 발사해 이들을 죽였다.

남성은 곧이어 좁고 낮은 회랑으로 들어가 기도실에 모인 200명 가까운 신도에게 곧장 총을 쏘아댔다. 신도들을 벽 쪽으로 몰아붙이고서 한 명씩 사격했다. 산탄총의 탄약이 떨어지자 산탄총을 버리고 총구에 섬광등이 달린 AR-15 소총을 들어, 웅크리고 있거나 도망가려 한 신도들을 조준 사격했다. 쉰 살 교사이자 세 아이의 아버지인 나임 라시드가 총격범을 말리려다 목숨을 잃었다. 총격범은 말을 한 마디도 하지 않았다. 그 대신 가슴팍에 부착한 휴대용 스피커에서 군가가 울려 퍼졌다. 범인은 모스크를 한 바퀴 돌며 보이는 사람마다 총을 쏜 뒤 기도실로 돌아가 이미 죽었거나 죽어가는 사람들에게 다시 총을 쏘아댔다. 5분 만에 모스크를 나왔을 때는 이미 43명을 살해한 뒤였다. 최고령 사망자는 일흔일곱 살이었고 최연소 사망자는 겨우 세 살이었다. 차로 돌아가던 범인은 심하게 피를 흘리며 땅바닥에 누워 있는 여성을 보고 걸음을 멈췄다. 범인이 몸을 숙이자, 여성이 살려달라고 애원했다. 이때 범인이 가슴팍에 붙은 스마트폰으로 촬영해 중계하는 페이스북 라이브를 200명이 지켜보고 있었다. 범인은 여성을 쏴 죽였다.

범인은 시속 140㎞로 차선을 넘나들며 차창으로 다른 모스크에 총격을 가해 일곱 명을 죽였다. 아프가니스탄 출신 이민자 압둘 아지즈 와하브자다가 범인에게 신용카드 결제 단말기를 던진 뒤 차 뒤로 몸을 날려 공격을 방해했다. 총격범이 재무장할 동안 와하브자다가 돌진해, 범인이 떨어뜨렸던 빈 산탄총을 집어 들어 범인에게 겨눴다. 당황한 범인은 차를 타고 도망쳤다. 와하브자다는 산탄총을 차 뒤 유리창에 던져 유리를 깨뜨렸다. 범인이 또 다른 모스크로 향하던 길에, 마침 교육 때문에 크라이스트처치를 방문한 경찰 두 명이 범인의 차량을 도로 갓돌 쪽으로 밀어붙여 범인을 체포했다.

몇 시간 지나지 않아, 살해범인 스물여덟 살 오스트레일리아인 브렌튼 태런트Brenton Tarrant가 새로운 폭력적 극단주의를 대표한다는 사실이 드러났다. 딥소셜웹의 깊은 어둠이 모습을 드러냈다. 태런트는 범행을 저지르기 몇 시간 전 에잇챈의 정치 게시판에 글을 올렸다. "이봐들, 똥글(옮긴이 shit-post. 재미 삼아 올리는 의미 없는 글)은 그만 올리고 현실에서 노력 게시(옮긴이 effort post. 공을 들인 의미 있는 게시물)를 해야 할 때라고." 또 페이스북 라이브의 링크를 올리며 사용자들에게 자신이 "침입자들을 공격하는 모습을 지켜보라"고 부추겼다. 트윗에는 자신을 설명하는 70쪽짜리 문서도 첨부했다. "너희들은 남자가 부탁할 수 있는 가장 멋진 녀석들이자 친구야. 늘 그랬듯 내 메시지를 퍼뜨리고 밈을 만들고 똥글을 올려줘."

실시간으로 태런트의 페이스북 라이브를 본 사람들, 페이스북이 삭제하기 전에 영상을 본 4000명,[71] 그리고 웹 곳곳에 수백만 개나 다시 올라온 영상을 본 무수한 사람이 태런트가 살인을 저지르기 직전에 한 말을 들었을 것이다. "이봐, 기억하라고. 퓨디파이PewDiePie를 구독해." 이 말은 태런트의 왜곡된 동기를 파악할 구석이 있는 소셜미디어 농담이었다. 구독자가 1억 명이 넘는 가장 인기 있는 게임 유튜버 퓨디파이의 팬들이 얼마 전 똑같은 문구로 웹을 도배했었다(장난삼아 팩스를 해킹해 퓨디파이를 구독하라는 문구를 인쇄하기도 했다).[72] 대부분 오해였지만, 퓨디파이는 경솔하게 백인 민족주의를 들먹였다는 비난도 받았었다. 태런트의 언급은 언론의 헛발질을 유도해 자신의 폭력을 퓨디파이 탓으로 돌리려는 의도이자, 농담의 뜻을 이해하는 동료 인터넷 트롤에게 보내는 은밀한 신호였다.

테러 행위는 정치적 목적이나 단순한 악의 때문에 다채로운 공동체를 해치려는 폭력이다. 그런데 전형적으로 내집단을 위한, 내집단과 연대하는 행위이기도 하다. 이슬람 국가의 신입 조직원, 특히 다른 조직원을 직접 만난 적 없이 인터넷을 통해 과격해진 '외로운 늑대'들이 같은 처지인 신봉자만 이해할 수 있는 선언문과 순교 메시지를 담은 영상으로 지하드 게시판을 가득 채우는 까닭도 그래서다.

태런트가 게시글의 마지막에서 커뮤니티를 위한 것이라고 테러 사유를 명확히 밝혀 애정을 드러낸 까닭도 마찬가지였다. 첨부한 문서에서 태런트는 아동용 비디오게임인 〈스파이로: 용의 해〉에서 '종족 민족주의'를 배웠다고 적었다. 또 폭력을 포용하라고 가르쳐준 유명한 대안 우파 유튜버 캔디스 오언스_{Candace Owens}에게 고마워했다. 한 문장에서는 "나는 게릴라전 훈련을 받았고, 미군 최고의 저격수다"라고 허풍을 떨었다. 모두 소셜웹의 농담이었다.

그런데 모든 농담이나 트롤마다 거기에 해당하는 극우 음모론, 나치 구호, 비기독교인과 비백인을 쫓아내거나 말살하자는 국제적 인종 전쟁을 진심으로 선동하는 듯한 페이지가 있었다. 무엇보다 태런트가 자신의 폭력을 농담으로 포장했다. 지독하게 진심인 태런트의 커뮤니티에게 이 포장은 기만적 극단주의에서 기만으로 은폐한 진짜 극단주의로 이동하는 흐름을 구체화한 것이다.

차를 몰며 페이스북 라이브를 하는 동안, 태런트는 세르비아의 국수주의자이자 보스니아 집단 학살을 일으킨 전쟁 범죄자 라도반 카라지치를 찬양하는 노래를 틀었다. 이 노래가 나왔던 흐릿한 1992년 영상이 '케밥을 제거하라remove kebab'라는 밈으로 오랫동안 포챈에 나돌았는데, 어떤 이들에게는 농담이 아니라 이슬람교도 집단 학살을 지지한다는 진심 어린 신호가 되었다. 태런트도 AR-15 소총 한 면에 '케밥을 제거하라'를 적어놓았다.

태런트의 라이브를 본 에잇챈 사용자들은 열광했다.[73]

하하하, 이 사람이 도중에 케밥을 제거하라를 실행했어! 좋아 죽겠네!

우와 씨발, 원 게시자가 이슬람교도를 존나 많이 죽이는 걸 봤어. (여기서 원 게시자는 태런트를 가리킨다.)

우와!!! 신의 숫자!

일부는 태런트를 본받아 "그들의 국가를 되찾자"고 서로 부추겼다.

몇 달 뒤, 포챈 설립자이자 2016년까지 관리자였던 프레드릭 브레넌이 《뉴욕타임스》의 기술 칼럼니스트 케빈 루스Kevin Roose에게 에잇챈을 폐쇄해야 한다고 말했다.[74] "이제는 에잇챈이 세상에 아무런 보탬이 되지 않습니다. 거기 사용자 말고는 모든 사람에게 완전히 악영향을 미칩니다. 그거 아세요? 에잇챈은 자기네들한테도 악영향을 미칩니다. 그걸 깨닫지 못하고 있을 뿐이죠."

그로부터 몇 달 만에, 백인 우월주의자가 에잇챈에 공지한 뒤 대량 살상을 시도한 사건이 두 건이나 일어났다. 열아홉 살인 한 사용자가 자기 의도를 올린 뒤 AR-15 소총 한 정과 탄환 50발을 들고 캘리포니아의 한 유대교 회당으로 가 네 명을 쏘았다. 그중 한 명이 사망했고, 범인은 총알이 걸리자 달아났다. 다음은 텍사스 엘파소에서 스물한 살인 에잇챈 사용자가 월마트에서 스물세 명을 죽였다. 피해자는 대부분 라틴계였다. 경찰 발표에 따르면 공격 전 범인은 에잇챈에 자신의 폭력을 정당화한다고 생각한 극우, 인종 전쟁 음모론을 자세히 설명하는 장문의 메시지를 남겼다.

크라이스트처치 테러의 발생 경위를 1년 동안 조사한 뉴질랜드 정부 수사관들은 이 사건이 에잇챈과도 연결고리가 있지만 더 큰 책임은 유튜브에 있다고 적시했다.[75] 태런트는 공격에 사용한 총기를 개조하는 법을 유튜브에서 배웠다. 극우 유튜버들에게 돈도 기부했다. 공격에 나서기 전 며칠 동안은 유튜브를 자동 재생으로 설정해 유튜브 알고리즘이 계속 다음 영상을 틀게 했다. 페이스북 그룹이나 게이머 게시판 같은 다른 소셜웹에 있을 때는 극우 유튜브 영상의 링크를 자주 올렸다.

수사관들은 면담과 태런트의 인터넷 접속 내용을 재구성한 결과를 언급하며, 태런트에게는 다른 어떤 플랫폼보다 "유튜브가 정보와 영감을 얻는 훨씬 중요한 원천이었다"고 결론지었다.[76] 수사 보고서에 따르면 유튜브는 태런트에게 디지털 보금자리이자 과격화를 이끈 동력이었다. 수사관들이 지역 주민에게 공격과 관련한 질문을 던졌을 때도 극우 과격화에서 유튜브의 역할, 유튜브의 극단주의 콘텐츠 홍보 등 유튜브가 화제에 올랐다. 어떤 이들은 유튜브 알고리즘이 태런트가 살인을 저지르고 다니는 영상을 차단하기는커녕 추천하기까지 했다고 귀띔했다. 뉴질랜드 총리 저신다 아던은 보고서가 수백 페이지에 걸쳐 밝힌 조사 결과 가운데 유튜브가 혐오와 음모론을 밀어붙인 역할이 특히 눈에 띄었다고 발표했다. "이것이 제가 유튜브 경영진에 직접 전달하려는 요점입니다."[77]

사건이 일어난 지 얼마 지나지 않아, 뉴질랜드에서 만 킬로미터 넘게 떨어진 미국 댈러스의 어두컴컴한 침실에서 애덤이 에잇챈에 들어갔다가 크라이스트처치 총기 난사 영상을 봤다. "끔찍했어요. 저는 제가 둔감한 사람이라 생각하는데도 그 영상은 소름이 끼쳤어요."

마침 애덤의 믿음이 흔들리던 때였다. 애덤은 여러 해 동안 인셀 커뮤니티에서 지냈다. 유튜브와 에잇챈에서 인셀들을 따라 분노와 불신에 빠졌었다. 그런데 페이스북 알고리즘이 추천한 밈 공유 페이지의 한 그룹에서 젊은 여성을 만났다. 애덤이 그곳에 누구든 사진을 보내면 그림을 그려주겠다는 스레드를 올렸었다. 그 여성이 제안에 동의했는데, 두 사람이 교환한 계정 정보를 이용해 오히려 애덤을 그렸다. 이 장난 덕분에 애덤의 방어벽이 내려갔다. 그때껏 온라인에서 들은 바에 따르면 여성이란 애덤에게 욕설을 날리고 상처를 주는 존재일 뿐이었다. 하지만 누군가가 애덤을 역겨운 인간이 아니라 별나고 친절한 사람을 보는 눈길로 적극적으로 바라봤다는 증거가 여기 있었다. 여러 달 동안 온라인으로 이야기를 나눈 뒤, 여성이 사흘 동안 차를 몰아 댈러스까지 찾아왔다. 처음에는 두 사람이 서로 낯을 가렸다. "4~5일쯤 지나니 티격태격하게 되더군요." 그래도 두 사람은 계속 연락을 주고받았다. 여성이 애덤을 토끼굴에서 끌어내고 있었다. 그러다 크라이스트처치 사건이 발생했다. 애덤은 신물이 난 참이었다.

얼마 지나지 않아 애덤은 게이머게이트 동안 여러 해에 걸쳐 괴롭힘과 협박을 견뎠던 비디오게임 개발자이자 활동가 브리아나 우의 트위터 페이지를 열었다. 그리고 우에게 "있잖아요, 바보같이 들리겠지만, 몇 년 전만 해도 내가 당신을 공격한 포챈의 혐오 무리에 휩쓸렸던 꽤 날 선 사람이었다는 말을 하고 싶었어요"라고 쪽지를 보냈다. 애덤은 자신이 했던 일을 정확히는 아니고 어렴풋이만 기억했다. 그래도 포챈과 페이스북에서 우와 다른 사람들을 향해 페미니스트 혐오를 내뿜는, "집단 사고로 가득한 거대한 벌집 사고에 휩쓸렸다"고 고백했다. 우의 하원의원 출마를 언급하며, "상황이 바뀌었고, 이제 저는 당신과 당신의 선거운동을 진심으로 응원합니다"라고도 적었다. "당신을 향한 지지, 그리고 이런 사람들이 더 나은 쪽으로 바뀔 수 있다는 것을 알리기 위해서라도 당신에게 이 말을 전해야겠다고 생각했어요."

우는 이런 메시지를 점점 더 많이 받았다. 발신자는 여러 해 동안 온라인 극단주의로 빨려 들어간 게이머게이터였다가 벗어난 사람들이었다. 우는 내게 "그 사람들이 세상에서 자기 자리를 찾고 있다는 생각이 들어요"라고 말했다. "불행하면 자신을 향한 증오를 다른 사람에게 돌려 공격하는 모습을 볼 수 있거든요. 어릴 때는 특히요. 그래서 내가 이십 대였을 때를 기억하려 하죠. 나도 엉망진창이었거든요."

우는 애덤에게 답장을 보냈다. "내게는 무엇과도 바꿀 수 없는 편지였어요. 고마워요!" 몇 차례 연락이 오간 뒤, 우는 애덤에게 두 사람이 주고받은 이야기를 애덤의 이름을 지운 채 트윗에 올려도 되겠느냐고 물었다. 애덤은 좋다고 답했다. "어릴 때 온라인에서 이야기를 나눴던 사람들"이 더 많이 바뀌도록 도움이 되기를 바라는 마음에서였다. 우의 트윗은 열 개 남짓한 댓글을 받았고, 대부분 긍정적이었다. 이 글은 그날 우가 올린 게시물 가운데 네 번째나 다섯 번째로 많이 논의되었다. 그런데 애덤은 그야말로 긍정적인 느낌을 받았다. 애덤은 우에게 이런 글을 보냈다.

"당신이 공유한 스크린숏에 달린 댓글을 보고 정말 마음이 들떴습니다. 내가 한 말에 그렇게 많은 사람이 행복해하는 것을 본 적이 있었나 싶어요."

10장

색다른 지배자

1. 은밀한 지배

제이컵의 업무는 어려울 것이 없어 보였다. 나중에 내가 쓴 스리랑카 기사를 읽고 페이스북의 위험천만한 태만을 세상에 경고하고자 귀중한 내부 문서를 내게 보낼 페이스북 검수원 제이컵은 페이스북, 인스타그램, 왓츠앱에 뜬 콘텐츠를 보여주는 컴퓨터 앞에 앉아 시간을 보냈다. 게시물을 허용해도 될지 보려고 지침을 확인하고, 허용할지 삭제할지 상사에게 보고할지를 클릭했다. 그런 과정이 계속 되풀이되었다.

처음에 그런 지침은 인종차별적 욕설 금지, 알몸 노출 금지 같은 항목을 적은 단순한 목록일 뿐이었다.[1] 그런데 2018년에는 규정집이 원자로 가동법 설명서 같아졌다. 자기가 세운 지침이 전체 지침과 부합하는지도 모른 채 전부 다른 사람이 한 페이지씩 쓴 것 같은 설명서가 되었다. 길이가 자그마치 1400쪽이 넘었다(제이컵의 팀이 접근하지 못했던 지역 특화 자료까지 더하면 더 많을 것이다). 그래도 제이컵과 동료들(대부분 콜센터 상담원 출신이었다)은 날마다 수백 건에 달하는 중대한 결정을 하고자 그런 규정을 알고 적용해야 했다. 겨우 몇십 명이 몇 가지 언어와 지역의 콘텐츠를 검토한 제이컵의 사무실은 세계 곳곳에 흩어진 많은 사무실 중 하나였다. 점점이 흩어진 사무실 수십 곳에서 검수원 수천 명이 일하는 광대한 군도는 머나먼 페이스북 본사에서 내려온 것 말고는 소통이나 조율을 거의 하지 않았다.[2] 이 보이지 않는 중재자가 허용과 금지를 구분하고, 지구상 모든 나라의 정치와 사회관계에 보이지 않게 영향을 미쳤다.

제이컵은 페이스북이 소유한 플랫폼 곳곳에서 증가하는 폐해에 공모한다는 느낌에 진저리가 난 상태였다. 이라크에서 급증한 거짓말이 종파 간 폭력을 부추겼고, 이스라엘과 인도에서 인종을 미끼 삼은 음모론이 들끓었다. 윗사람들은 제이컵의 경고에 귀를 기울이기는커녕 방해했다. 결국 제이컵은 내게 연락했다. 내게 보낸 첫 메일에 소셜미디어의 운영 규정이 "우리가 보는 콘텐츠의 현실에 적합하지 않습니다"라고 한탄했다. 제이컵의 속을 태우는 것은 또 있었다. 페이스북은 "세계의 안전에 영향을 미치는 민감한 작업"을 제이컵의 소속사처럼 "영리를 추구해 생산성 극대화에만 관심 있는" 다국적 기업에 떠넘겼다. 그러나 규정이 아무리 형편없었더라도, 콘텐츠 관리가 그렇게 심각하게 실패한 원인은 부실하고, 수익 극대화를 추구하고, 비밀에 가린 사업 모델이었다.

그 뒤로 몇 달 동안 제이컵과 나는 보안 앱에서 꾸준히 이야기를 나눴고, 결국은 내가 인도로 날아가 제이컵이 회사 컴퓨터 시스템에서 빼돌린 규정집을 받았다. 서류는 강력한 한 방이 될 가능성이 컸다. 정치와 사회관계가 점점 페이스북 시스템을 거쳐야 하는 세계의 지배 방식에 페이스북이 스스로 통합되었다는 증거이자, 페이스북이 어떻게 그렇게 했는지를 속속들이 자세하게 드러내는 증거였다.

우리는 제이컵이 사는 방 두 개짜리 벽돌집의 푹 꺼진 소파에 앉아 제이컵이 사 온 2리터짜리 음료수를 마시며 이야기를 나눴다. 제이컵은 자기네 팀이 거듭 미흡하고 결함이 있다고 지적한 규정 탓에 어쩔 수 없이 온라인에 그대로 방치해야 했던 혐오와 선동의 도가니를 자세히 들려줬다. "자리를 지키고 싶다면 결국은 회사 규정을 따라야만 해요." 하지만 그런 결정이 마음을 짓눌렀다. "아무것도 하지 않은 탓에 누군가를 죽인 기분이 들죠."

제이컵은 자신이 보잘것없는 사람이라는 것을, 페이스북이라는 세계적 기업을 움직이는 수많은 톱니바퀴 중 하나일 뿐이라는 것을 잘 알았다. 페이스북을 걱정하면서도, 세상에 많은 것을 약속한 페이스북을 여전히 신뢰했다. 그런 일은 저커버그의 원대한 비전을 실행하다 일어난 낮은 수준의 실패일 뿐이라고 확신했다. 공개되면 페이스북이 당혹스러워할 문서를 내가 자세히 살펴볼 때도, 제이컵은 자신이 페이스북과 같은 편이라고 여겼다. 페이스북의 뒷다리를 잡고 있는 관료주의적 태만을 드러낸다면 페이스북이 제이컵이 바랐던 기술에 기반한 혁명을 이루는 데 도움이 되리라고 믿었다.

서류 뭉치는 국제 정치를 통제할 안내서로 보이지 않았다. 마스터 파일이나 중요한 지침은 없고, 따로따로인 파워포인트 자료와 엑셀 스프레드시트 수십 장뿐이었다. 관료주의적이기는 해도 제목에서 페이스북의 활동 범위를 유추할 수 있었다. '확실한 폭력: 적용 기준', '규제 상품', '스리랑카: 혐오 발언', '테러리즘: 가짜 인물/가짜 계정 정책', '서부 발칸의 혐오 조직과 인물'.

규정은 페이스북이 검수원에게 고려하기를 바랐을 거의 모든 문제를 다뤘다. 어떤 나라나 지역에서 무슨 일이 벌어지더라도 무엇을 삭제하고 무엇을 허용할지를 판정하는 법을 기계처럼 정밀하게 알려줄 지침을 제시하려 했다. 기가 막히게 야심 찬 계획이었다. 목적은 무엇을 위협으로 봐야 하는지, 어떤 생각이 언제 혐오가 되는지, 어떤 소문이 언제 위험한지 같이 전문 변호사들조차 분석하는 데 애를 먹을 만큼 맥락이 중요한 질문을 어떤 검수원이든 독자 판단을 하지 않고도 결정할 수 있는 이분법 문제로 단순하게 만드는 것이었다. 하나하나씩 보면 수백 개의 규정이 대부분 타당했다. 그러나 합쳐놓으면 복잡하게 뒤얽혀, 인간의 미묘한 발언, 정치, 사회관계를 if-then 형식의 의사 결정으로 압축하려 한 페이스북의 노력이 얼마나 터무니없는지를 드러냈다.

제이컵이 자주 참조한 규정집 한 권은 무엇이 혐오 발언에 해당하는지를 다뤘는데, 온갖 전문 용어가 난무하는 데다 길이가 자그마치 200쪽이었다. 이 규정집은 검수원에게 일종의 언어 대수학을 수행하라고 요구했다. 게시물을 보호 계층, 금지된 비방, '지정된 비인간적 비교' 목록과 비교하라. 게시물의 심각성을 세 단계로 분류하라. 게시물이 어떤 집단을 언급하면 목록 하나를 열어 그 집단이 금지 대상인지 확인하고, 다른 목록을 열어 게시물에 칭찬이나 지지를 뜻하는 단어가 있는지 확인하고, 또 다른 목록을 열어 별도 예외에 해당하는지를 확인하라.

제이컵 같은 검수원들은 이 모든 과정을 기계처럼 암기해 8~10초 사이에 해내라고 요구받았다. 규정을 검토하기는커녕 모든 관련 문서를 읊기에도 모자란 시간이었다. 어떻게 해야 공정하고 안전하게 규정을 적용할지 생각하기에는 턱없이 모자랐다. 그런데도 심사숙고는 그리 권장되지 않았다. "심사숙고는 무엇보다 큰 죄악입니다. 자기 판단을 강요한다고 비난받으니까요. 우리 업무는 고객의 말을 그대로 따르는 것입니다."

나는 제이컵에게 페이스북의 태도에 동조한다고 말했다. 페이스북은 수십 개국에서 검수원 수천 명과 계약했다. 규정을 만들 때 모든 검수원에게 발언권을 주기란 현실적이지 않을뿐더러 현명하지도 않을 것이다.

제이컵이 그런 뜻이 아니라고 고개를 가로저었다. 제이컵은 그저 자기네 팀이 플랫폼에서 발견한 오류, 규정의 빈틈, 위험을 페이스북이 알기를 바랄 뿐이었다. 검수원이 그런 문제를 제거하려면 공식 지침에 명시되어 있어야만 했다. 제이컵은 콘텐츠를 가장 많이 보는 사람은 누가 뭐래도 자기 같은 검수원들이라고 말했다. 하지만 상사들은 제이컵과 동료들이 목소리를 내지 못하게 가로막았다. 규정이 잘못되었거나 미흡해 보여도 말썽을 일으키지 말고 그냥 조용히 있으라고 다그쳤다. "그 사람들은 생산성에만 관심 있어요." 동료 몇몇은 일을 그만뒀다. 일자리가 필요한 대다수는 그냥 침묵을 지켰다. "포기한 거죠." 어찌 보면 게시물 검사는 검수원들도 알다시피 실패할 운명인 임무였다. 아무리 의도하지 않았더라도 페이스북 시스템이 대량 생산하는 혐오와 허위 정보는 어떤 규정집으로도 막을 길이 없었다. 게시물 검사는 유독성 폐기물을 배출하는 공장이 생산을 늘리는 사이 공장 밖에 방향제를 더 많이 뿌려대는 것과 같았다.

그런데 페이스북은 검수원의 조언을 원치 않는 듯했다. 소프트웨어 공학의 사고방식으로 보면 규정이란 회사가 언제든 교체할 수 있는 검수원이 자동으로 수행해야 하는 명령행이었다. 이론상, 이런 방식을 쓰면 페이스북이 검사를 늘리기가 식은 죽 먹기였다. 검사 업무를 다국적 기업에 위탁하면 필요한 대로 인력을 끌어모으기도 쉬웠을 것이다. 페이스북의 끝없는 확장과 속도를 맞출 방법은 이것뿐이었다. 독자적으로 사고할 수 있는 검수원을 양성하기에는 페이스북이 너무 빠르게 움직였다.

나중에 나는 흥미로운 사실을 발견했다. 페이스북의 여러 부서가 양식은 물론이고 때로는 사고방식까지 달리해 규정집을 내놓은 탓에 지침이 서로 충돌하고 어긋났는데, 어떤 규정은 아예 위탁 업체가 검수원이 따라야 할 규정을 엄격히 제한해 준수율을 개선할 셈으로 페이스북에 알리지 않고 만든 것이었다. 어떤 규정은 훈련 자료로 만든 것인데 참조 자료로 쓰였다. 페이스북은 국제적 중재자 역할을 자처했다기보다 위기에 따라, 규정에 따라 뜻하지 않게 그런 역할을 떠맡은 것 같았다. 페이스북 경영진은 대영주가 되기를 꺼렸다. 반발을 경계해 결정권을 쥐고 싶지 않아 주로 어두운 곳에서 역할을 수행했다.

집으로 돌아온 나는 파일에서 디지털 지문을 지운 뒤 조용히 여러 나라의 디지털 분석가와 전문가에게 보냈다. 인도 법학자 친마이 아룬Chinmayi Arun이 인도에서 문제가 될 만한 오류를 찾아냈다. 규정집은 검수원에게 특정 종교를 비하하는 게시물은 모두 인도법 위반이니 삭제 대상으로 표시해야 한다고 지시했다. 이것은 3억 명에 이르는 인도 페이스북 사용자의 입에 재갈을 물리는 지침이자, 틀린 지침이었다. 인도에는 그런 법이 없었다.

표현의 자유를 옹호하는 페이스북이 왜 인구가 가장 많은 민주국가에 그렇게나 심각한 제약을 뒀을까? 어쩌면 실수였을지도 모른다. 하지만 그런 오류가 여러 파일에서 나타났다. 그러다 단서를 찾았다. 파키스탄에서 사용하는 규정집은 검수원에게 "페이스북의 평판에 악영향을 미치거나 회사를 법적 위험에 빠뜨릴만한 행동으로 위기 상황을 만들지 말라"고 경고했다.

또 다른 지침은 인도군이 잔인하게 점령한 카슈미르의 독립 요구를 인도가 법으로 금하니 '자유 카슈미르'라는 구절을 찾아내라고 지시했다. 아룬은 이 모든 내용이 사실은 인도에서 합법이라고 말했다. 나중에 페이스북은 이 지침이 사용자가 카슈미르인의 권리에 지지를 표명하지 못하게 막으려는 의도가 아니라, 검수원에게 모든 게시물을 철저하게 검사하라고 촉구하려는 의도였다고 주장했다. 그러나 이런 구분이 검수원들에게도 명료했을지는 확실하지 않다. 규정을 미흡하게 적용하거나 추문이 생기면 페이스북이 인도에서 차단될 위험이 있다는 경고를 계속 들었기 때문이다. 페이스북은 표현의 자유라는 혁명을 선사하겠다고 약속했지만, 때로는 특정 정부의 정치 감수성을 존중하는 것을 우선시하는 듯했다.

오류는 사방에 있었다. 오랫동안 종족 민족주의에 기반한 극우 민병대에 시달린 발칸 반도에 적용된 지침은 오타, 오래된 정보, 이상한 오류가 가득했다. 지금도 극단주의자들이 찬양하는 전쟁 범죄자 라트코 플라디치_{Ratko Mladić}(크라이스트처치 학살범도 온라인에서 플라디치를 칭송했었다)의 이름이 '로드니 영'으로 잘못 언급되었다.

페이스북은 제이컵이 시스템의 치명적 결함이라고 거듭 강조한 문제를 목적이나 가치관을 공유하지 않는, 이익에 굶주린 외주 업체를 통해 관리했다. 제이컵이 예를 하나 들었다. 페이스북은 콘텐츠 검수원에게 하루에 채워야 할 검토 할당량을 요구하지 않는다고 공개적으로 주장했다. 할당량이 있으면 신중함과 심사숙고보다 속도를 장려해, 검수원이 자기가 감독하는 커뮤니티의 안전을 위태롭게 할 수 있다고. 하지만 제이컵이 내게 보여준 기록에는 검토해야 할 게시물, 게시물당 검토 시간, 제이컵이 검토한 게시물 개수처럼 회사가 공개적으로 제시한 할당량이 있었다. 문서는 제이컵이 할당량을 얼마나 잘 채우느냐에 따라 급료가 결정된다는 것을 보여줬다. 위탁 업체가 페이스북에서 더 많은 업무를 따내려고 강요한 할당량이 검수원의 삶을 지배했다. 자사 정책에 어긋나는 이런 일이 벌어진다는 것을 페이스북이 명확히 알지는 못했다. 하지만 매일 수십억 건의 게시물을 검토하는 비용이 늘지 않도록 통제하라고 외주 업체에 요구했으니 예견할 만한 결과이기도 했다.

페이스북은 검수원에게 정신 건강 관리를 지원한다고도 주장했다. 검수원들이 역겹고 끔찍한 포르노를 계속 마주해야 하는 탓에 외상후 스트레스 장애가 생긴다는 보고에 대응한 것이었다. 그런데 제이컵은 이 조처가 자기 회사에서는 한 번도 시행된 적이 없다고 말했다. 많은 검수원이 몇 달만 일해도 진이 빠져 콜센터 업무로 돌아가기 일쑤였다. 페이스북이 비용은 낮추고 생산성은 올리는 데만 몰두하는 위탁 업체와 단절되었다는 신호였다. 페이스북이 위탁 업체들을 어떻게 감독하는지를 알수록, 혐오가 한 나라에서 다른 나라로 제멋대로 퍼진 것이 그리 놀랍지 않았다.

콘텐츠 검수원은 정기적으로 '정확성'을 감사받는다. 정확성은 콘텐츠를 페이스북이 원하는 방식대로 얼마나 자주 심의하는지를 재는 척도인데, 일부 감사만 페이스북 직원이 수행할 뿐 대부분 같은 위탁 업체의 다른 직원이 수행한다. 위탁 업체는 스스로를 단속한다. 그리고 이들이 원하는 건 되도록 빨리 게시물을 처리한 뒤 정확성이 높다고 주장하는 것이다.

대충대충이 걷잡을 수 없이 퍼진다. 제이컵의 회사에서는 검수원들에게 당장 읽을 줄 아는 사람이 없는 언어로 쓴 게시물을 마주하면 설사 사용자들이 위험한 혐오 발언이라고 경고했더라도 승인으로 표시하라고 지시했다. 경악스러운 사실이었다. 페이스북이 노골적인 집단 학살 선동을 적극적으로 떠받친다고 주장한 스리랑카와 미얀마의 감시 단체가 옳았을뿐더러, 일부 위탁 업체에서는 그렇게 하는 것이 방침이었다.

내가 위탁 업체 감독을 담당한 페이스북 임원에게 이 문제를 물었더니, 페이스북 규정을 위반한 관행이라며 외부 업체를 통제하는 데 이따금 애를 먹는다고 인정했다.[3] 하지만 페이스북 사용자를 수십억 명으로 늘리는 글로벌 확장을 지원하려면 위탁 업체가 인력을 빠르게 채용해 덩치를 키우는 능력이 있어야 한다. 그러니 위탁 업체가 페이스북을 얕보고 속이더라도 계약이 늘어나곤 한다. 결국 고통은 사용자만의 몫이다.

2. 나는야 우주의 주인

소셜미디어의 기술 지배 방식을 이상하게 만드는 요인은 아주 많다. 소셜미디어의 규모와 비밀 유지를 과신하는 오만, 정치와 사회관계가 문제를 만든다는 믿음, 엔지니어가 그런 문제를 해결할 수 있다는 신념, 자기네가 문제를 해결했거나 적어도 그럴 만큼 계속 확장한다는 순진한 생각. 소셜미디어 플랫폼을 정의하는 기능 대다수가 그렇듯, 이 모든 요인도 실리콘밸리 자본주의의 규범에서 비롯했다. 달리 말해 그런 사업 모델에 최근 일어난 급격한 변화에서 비롯했다.

2000년대 말, 실리콘밸리에서 가장 중요한 계층인 투자가와 스타트업 창업자의 권력관계가 갑자기 뒤집혔다. 트랜지스터 기업이 처음 들어선 뒤로 그때껏 권력을 쥔 쪽은 투자가였다. 창업자가 첫 제품을 만들려면 많은 현금이 필요했다. 첫 고객을 확보하려면 더 많은 돈이 필요했고, 이익을 내려면 또 더 많은 돈이 필요했다. 투자가는 그런 비용을 충당하고 수익을 보장받고자 많은 관리, 감독에 나섰다.

스탠퍼드 대학교 역사가 레슬리 벌린Leslie Berlin은 "벤처 자본가가 경영에 개입하게 한다는 상호 이해가 오가곤 했습니다. 그런 관행을 '성년 감독adult supervision'이라 불렀죠"라고 설명했다. 투자가는 창업자를 감독하려고 고위 간부, 기업 이사회는 물론 노련한 CEO까지 임명했다. 대학원생 두 명이 세워 운영하던 구글에 1250만 달러를 투자했을 때, 존 도어는 창업자보다 스무 살이나 위인 노련한 경영자 에릭 슈밋을 두 창업자의 상사로 영입했다.

클라우드 컴퓨팅 시대가 상황을 완전히 바꾸었다. 이제 어떤 창업자든 웹 비즈니스를 시작해 제힘으로 고객 1000명을 확보할 수 있고, 벤처 자본가들은 빠르게 성장하는 고위험 그로스 해킹growth hacking(옮긴이) 고객 데이터에 기반한 제품 개선에서 성장 해법을 찾는 사업 모델) 스타트업을 원했다. 창업자들에게 판돈이 더 적게 필요한 만큼, 투자가는 더 많은 곳에 투자해야 했다. 이제는 벤처 자본가들이 창업자에게 투자를 받아달라고 설득해야 했다.

벌린은 "벤처 자본가가 누군가에게 돈을 대려고 경쟁할 때와 기업가가 돈을 구하려고 무릎을 꿇을 때는 힘의 역학이 완전히 다릅니다"라며, 스타트업 창업자가 투자 조건을 정하는 일이 점점 더 는다고 설명했다. 투자가가 자신의 조건을 더 호감 있게 만드는 확실한 방법은 성년 감독을 두지 않는 것, 즉 창업자 머리 꼭대기에 CEO를 지명하지 않는 것이다. 페이스북의 경우에는 독립 이사회를 두지 않는 것이었다. "벤처 자본가가 해야 할 일에 대한 전반적 합의에 근본적인 변화가 일어난 거죠."

이때부터 후드티를 입은 스물두 살 해커 출신 창업자 CEO의 시대가 열렸다. 경영진은 창업자의 친구들이 맡았다. 그런 기업의 문화는 정장 차림의 어른들을 여봐란 듯 의기양양하게 무시했다. 언젠가 저커버그가 폴 그레이엄이 이끄는 스타트업 육성 기업 와이 콤비네이터에서 예비 창업자 650명을 앞에 놓고 물었다. "왜 체스 마스터는 대부분 서른 살 아래일까요? 젊은 사람이 더 똑똑하니까요."[4] 저커버그는 청중인 예비 경영자에게 그 기준으로 사람을 채용하라고 충고했다.

그레이엄도 공개 강연에서 동료 투자가들에게 젊은이에게로 눈길을 돌리라고 강력히 권장했다. "소프트웨어 분야에서 여러분이 투자하고 싶은 대상은 교수가 아니라 학생입니다."[5] 사업 경험, 인생 경험, 석·박사 학위는 자산이 아니라 부채였다. 그레이엄은 청년에게 투자하는 것이 더 값싸다고도 덧붙였다. 한 해 전 그레이엄의 스타트업 프로그램에서 창업자의 평균 나이는 스물셋이었다. 벌린은 그 결과, "주변 사람들한테서 얻을 것이 없다고 생각하는 아주 젊은 사람들이 많은 권력을 쥐었죠"라고 말했다.

많은 창업자가 회사에 초밥 요리사와 마사지 치료사가 있던 닷컴버블 시대에 등장했다. 이런 복지 혜택은 노동력 문제를 해결하려는 대책이었다.[6] 캘리포니아주는 경쟁사로 자유롭게 이직하는 것을 허용해서, 직원들이 앉은 자리에서 직장을 바꿀 수 있다. 기업은 직원들을 계속 붙잡아 두려고 호화로운 휴게 시설과 개인 집사 서비스를 제공한다. 그런데 그런 생활 방식이 왜곡을 일으킬 수 있다. 우리가 모두 왕과 대통령처럼 산다면, 우리도 그만큼 중요한 사람이어야 한다. 그렇지 않은가?

이런 환경을 흡수한 기업 문화가 실리콘밸리의 이념에 큰 동요를 일으켰다. '우리를 위한 제품을 만들면 돈을 벌 뿐 아니라 세상을 구할 수 있다.' 2000년대 말까지 기업들이 경쟁하듯 사명 선언문을 발표했다. 그 무렵 거의 모든 경영자가 직원들에게 앱 디자인의 중요성으로 볼 때 회사가 유엔과 〈리그 오브 수퍼히어로〉 사이 어딘가에 있다고 말했다. 이런 문화에서는 글로벌 거버넌스를 통제하는 것을 그다지 이상하게 여기지 않았다.

초기 직원들에게 스톡옵션을 주는 웹 시대의 회계 관행이 이런 자부심을 한층 더 강화했다. 투자받은 종잣돈 10만 달러로 고객 100만 명을 확보하라고 요청받는 엉성한 스타트업이 높은 연봉 대신 사실상 차용증서인 스톡옵션을 제공했다. 대다수 스타트업이 그렇듯 회사가 파산하면 스톡옵션은 종잇장이 되었다. 하지만 만약 회사가 성공하면, 그래서 3억 달러를 받고 오라클에 회사를 판다면, 초창기 직원들이 스물여섯 살에 백만장자가 되어 은퇴할 수 있다. 대박이 난 사람들에게 그런 돈은 투자가와 고용주가 줄곧 강조한 말이 맞았다고 보여주는 증거 같았다. '당신은 다른 사람과 다르다. 더 똑똑하고, 더 뛰어나다. 우주의 정당한 주인이다.'

새로운 시대는 다른 계층의 투자가도 늘렸다. 페이스북 초기 투자가 로저 맥나미는《마크 저커버그의 배신》에서 클라이너 퍼킨스를 위해 활동하는 존 도어처럼 기관을 배경 삼은 벤처 자본가들이 "닷컴 버블이 터진 뒤 몇 년 동안 투자를 줄였다"고 적었다.[7] "그 공백을 엔젤 투자가, 즉 대부분 전직 기업가와 경영자인 개인이 채웠다." 부유한 실리콘밸리 종사자들이 자기 돈을 투자했다. 돈주머니를 쥔 투자사도 없고 비위를 맞춰야 하는 주주도 없었다. 이제 투자가와 창업자 모두 훨씬 자유롭게 자기 뜻대로 움직일 수 있었다. 감독자와 안전장치의 시대가 끝나고 있었다.

초기 엔젤 투자가 가운데 영향력 있는 큰손들은 페이팔 공동창업자, 그 중에서도 다양성의 가치를 '신화'라 깎아내린 초강경 보수주의자 피터 틸이었다. 틸은 "아스퍼거 증후군 비슷한 사회 부적응을 겪는 반골 해커들이야말로 뛰어난 스타트업 수장이 된다"고 주장했다. 맥나미가 언급했듯이 "페이팔 마피아들의 영향이 실리콘밸리를 완전히 바꿔놓았고, 이들이 소셜미디어업계 대부분에 자금을 댔다."[8] 하지만 이들이 주입한 "가치 체계 때문에 … 인터넷 플랫폼들이 자기네 성공으로 생긴 폐해를 보지 못했을지도 모른다."

페이팔 창업자들의 정치 견해는 극심하게 자유의지론에 치우쳤다. 이들은 사회진화론자였고, 정부를 불신했고, 기업이 가장 잘 안다고 확신했다. 틸은 이런 견해를 극단으로 밀어붙여, 2009년에는 "더는 자유와 민주주의가 양립한다고 믿지 않는다"라고 공언했다.[9] 시민을 가리키는 그리스어 단어 "데모스"를 사용해, 더는 사회를 "이른바 사회민주주의를 이끄는 생각 없는 데모스"에게 맡길 수 없다고 적었다. "페이스북 같은 기업만" 자유를 보호할 수 있는데, 그러려면 이런 기업들이 "정치"의 속박에서 벗어나야 한다고 주장했다. 여기서 정치란 규제, 공적 책임, 십중팔구 법을 뜻하는 듯하다.

틸은 기업이 운영하는 해상 도시와 우주 식민지를 건설하는 프로젝트에 투자했는데, 모두 정부의 관할권에서 벗어나는 사업이었다.[10] 이런 SF 판타지는 실리콘밸리의 옛 사상을 강조한 것일 뿐이었다. 엔지니어와 스타트업 창업자들은 그 뜻을 더 잘 알았다. 1990년대 선언문 작성자들이 예언한 대로, 현재 상태를 무너뜨리고 그 자리에 기술 유토피아를 세우는 것이 이들의 책무였다. 여기에 반대하는 정부와 언론인은 이제는 자기 것이 아닌 권위에 집착하는 낡은 기득권 세력일 뿐이었다.[11]

이 신성한 사명감에 불탄 페이팔 세대의 엔젤 투자가들은 이런 비전을 중심으로 세계를 개조할 스타트업과 창업자들을 골랐다. 그리고 이런 활동을 기득권 붕괴시키기disrupting incumbent라 불렀다. 우버와 리프트는 택시를 부를 새로운 방법을 제시하는 데 그치지 않고, 기존 택시 산업을 파괴해 대체할 것이다. 에어비앤비는 단기 주택 임대 사업을 무너뜨릴 것이다. 우버, 리프트, 에어비앤비 모두 페이팔 창업자들에게 투자받았다. 이처럼 맹렬한 대체를 추구한 기업은 이 밖에도 많았다. 아마존은 오프라인 소매업을, 냅스터는 음반 유통 시장을 밀어냈다. 물론 틸처럼 우버가 차량 공유에서 일으킨 변화를 국제 사회를 관리하는 방식에 일으키자고 진지하게 제안한 사람은 손에 꼽게 적었다. 그런데 소셜미디어 플랫폼이 뜻하지 않게 그런 역할을 맡자, 마땅히 자기네 것인 자리를 지킨다는 느낌이 들었을 것이다. 이들에게는 사회가 풀어야 할 문제가 줄줄이 쌓인 공학 문제였을 것이다.

3. 융합

트럼프의 당선에 충격받은 미국인들이 소셜미디어가 미국 정치에 미치는 영향에 의문을 품은 지 2년 뒤, 러네이 디레스타와 다른 전문가 네 명이 상원 정보위원회의 청문회 증인석에서 TV 카메라를 마주 보고 앉았다. 디레스타는 앞에 앉은 상원의원 열여섯 명에게 "이 문제는 우리 세대가 마주한 중대한 위협입니다"라고 주장했다.[12]

명목상 청문회의 목적은 러시아의 디지털 악용을 다루는 것이었다. 하지만 의회 조사관도 다른 많은 사람과 마찬가지로 러시아의 공격이 치명적이기는 해도 더 심각하게 진행 중인 어떤 위험을 드러낸다고 믿기 시작했다. 디레스타는 이런 위험이 "진실을 중재하는 것과 관련 없고, 표현의 자유가 걸린 문제도 아닙니다"라고 증언했다. 이 위협은 알고리즘이 일으키는 증폭, 사용자들을 자극해 저도 모르게 악의적 선전을 퍼뜨리게 하는 온라인의 유인책, 악성 사용자가 "전체 정보 생태계에 영향을 미쳐 많은 사람이 합의한 듯 보이게 조작하기" 쉬운 빈틈과 관련했다. 그때껏 여러 해동안 그랬듯, 디레스타는 청문회의 눈길이 모스크바에서 실리콘밸리로 향하게 했다. "공개 담론의 무결성을 보장해야 할 책임은 대부분 민간 소셜 플랫폼에 있습니다."[13] 디지털 감시단을 대표한 발언에서 디레스타는 공공의 이익을 위해 "민간 기술 플랫폼에 책임을 물어야 한다고 믿습니다"라고 덧붙였다.

처음에 디레스타는 상원 청문회에 출석하고 싶지 않았다. 내게 러시아의 간섭을 언급하며, "청문회가 정치적 논쟁이라고 생각했거든요. '그저 흠집 내기 공방으로 그치고 말까? 내가 트럼프의 대리인인 특정 공화당 상원의원들과 싸워야 할까?'라고 고민했었죠"라고 털어놓았다. 그런데 디레스타가 참석한 비공개 브리핑이 "믿기지 않을 만큼 전문적"이었다. "오로지 진상 조사에만 전념하더군요." 당파성에 찌들었다고 생각했던 일부 상원의원들의 진정성에 놀라울 만큼 깊은 인상을 받은 디레스타는 출석에 동의했다. "내가 보기에 그건 시스템 문제고, 러시아가 시스템을 조작하는 데는 최고일지 몰라도 시스템을 계속 조작하려는 다른 사람들이 있다는 점을 명확히 하고 싶은 마음이 정말 굴뚝같았거든요."

플랫폼이 제공한 데이터 수 기가바이트를 디지털 감시단과 함께 분석할수록 디레스타는 더 굳게 확신했다. "러시아냐, 백신 반대주의자냐, 테러리스트냐는 그다지 중요한 문제가 아니었어요. 문제는 이 시스템의 결과로 빚어진 역학이었죠." 지난 몇 달 사이, 한때 '러시아의 각본'이라 불렸지만 갈수록 소셜미디어의 자극과 유도를 그대로 따르는 사용자와 집단으로 보이는 것이 융합하려는 조짐이 나타났다. 전략적으로 러시아식 허위 정보를 퍼뜨리는 집단과 그런 허위 정보를 체계적으로 생성한 사용자 사이의 경계가 완전히 흐릿해졌다. 선동가들이 필요 없어졌다. 디레스타가 두려워한 대로 시스템이 제대로 작동한 것이다.

디레스타가 청문회에 출석하고 몇 주 뒤, 저커버그가 대중의 우려에 대처하고자 페이스북에 글을 올렸다. "소셜네트워크가 마주한 큰 문제는 그냥 내버려두면 사람들이 더 선정적이고 자극적인 콘텐츠에 편향되게 많이 접근한다는 것입니다."[14] 저커버그는 콘텐츠의 과격성이 페이스북이 허용하는 한계선에 가까워질수록 사용자 참여도가 치솟는 그래프를 함께 올렸다. "우리 연구에 따르면 우리가 허용 한계선을 어디에 긋느냐와 상관없이 콘텐츠가 그 선에 가까워질수록 사람들이 대체로 더 많이 접근합니다." 그리고 덧붙였다. 이런 현상이 커지면 "공적 담론의 질이 떨어져 양극화로 이어질 수 있습니다."

한때 유튜브에서 일했던 기욤 샤슬로는 경악했다. 샤슬로가 여러 해 동안 증명하려 애썼던 내용을 저커버그가 사실상 인정했기 때문이다. 더 과격한 콘텐츠가 사용자 참여도를 더 많이 끌어내고, 더 널리 홍보되고, 사용자를 양극화한다. "생각해보면 말도 안 되는 일이죠."

저커버그는 놀라운 세부 사항을 하나 밝혔다. 내부 연구에 따르면 사람들은 "나중에 콘텐츠가 맘에 들지 않는다고 말할 때조차" 과격한 콘텐츠에 더 많이 접근했다.[15] 달리 말해 전문가와 걱정에 싸인 내부자들이 여러 해 동안 증명하려 애썼듯, 사용자를 움직이는 것은 의식적 의지가 아니었다. 충동, 유혹, 시스템의 유도가 섞인 무엇이었다. 저커버그가 제안한 해결책은 당연하게도 알고리즘을 여기저기 조금씩 수정하는 것이었다. 완전히 금지되지는 않은 과격한 콘텐츠를 확인해 홍보를 줄이도록 알고리즘을 훈련하겠다, 즉 반쯤 금지하겠지만 시스템의 기본 본질은 그대로 유지하겠다는 것이었다.

샤슬로는 "변한 것이 별로 없었어요. 페이스북에서 공유가 가장 많이 된 정치 게시물을 보면 알 수 있듯이, 극우든 극좌든 크게 분열을 일으키기는 마찬가지예요"라고 평가했다. 그리고 덧붙였다. "페이스북이 사람들을 늘 극단으로 떠민다면 가장 극단적인 그룹이 제거되어도 의미가 없어요. 페이스북이 그런 그룹을 더 많이 만들고 있으니까요." 바로 이 때문에 샤슬로는 콘텐츠 조정이 아니라 증폭이 문제라고 봤다.

저커버그가 제시한 수정에도 불구하고, 증폭이 일으키는 문제가 더 커지고 있었다. 페이스북은 2018년 초 알고리즘을 정비했다.[16] 한 해 전 사용자 참여도가 떨어진 탓에 이를 다시 끌어올리려는 개선 작업이었다. 새로운 알고리즘은 자동 채점된 점수에 따라 게시물을 홍보하거나 감출 예정이었다. 이때 좋아요는 1점이지만, 최고예요, 슬퍼요, 화나요 같은 이모

티콘은 5점이었다.[17] 달리 말해 감정을 더 자극하는 게시물이 다섯 배나 더 높이 평가받았다. 짧은 댓글은 15점, 공유와 긴 댓글은 30점으로, 어떤 게시물이든 감정을 자극하는 긴 토론을 유발하면 크게 부상했다.

사용자 참여도가 당장 다시 치솟았다. 그런데 사용자들은 이런 변화를 달가워하지 않았다. 피드에서 언론사로 이동하는 접속량이 뚝 떨어졌다. 내부 보고서도 "재공유에 허위 정보, 유해성, 폭력 콘텐츠가 지나치게 많이 퍼져 있다"고 바뀐 알고리즘을 경고하며,[18] "정치와 뉴스 같은 중요한 공적 콘텐츠에 해로운 부작용이 나타났다"고 지적했다.[19] 독설과 헛소문이 전보다 더 많이 퍼져 뉴스나 온건한 콘텐츠를 밀어냈다. 사내 보고에 따르면 유럽 곳곳의 정당들이 페이스북 알고리즘이 선정주의에 치우친 탓에 "페이스북에서 소통할 때 어쩔 수 없이 적대적이 되어 더 극단적인 정책을 주장하게 된다"고 은밀히 불만을 토로했다.[20]

저커버그가 페이스북에 글을 올렸을 무렵, 스탠퍼드 대학교와 뉴욕 대학교의 경제학자들이 페이스북 사용이 정치 견해를 어떻게 바꾸는지를 매우 정확하고 엄격하게 알아보는 공동 실험을 진행했다.[21] 연구진은 페이스북에서 실험 참가자 약 1700명을 모집한 다음 두 집단으로 나눴다. 한쪽 집단에는 4주 동안 계정을 비활성화하게 했고, 다른 집단은 그냥 뒀다. 그리고 정교한 설문 기법을 이용해 날마다 실험 참가자의 기분, 뉴스 소비, 뉴스로 얻은 소식의 정확성, 정치 견해를 관찰했다.

변화는 기가 막힐 만큼 놀라웠다. 페이스북을 비활성화한 사람은 더 행복해져 삶에 더 만족하고 덜 불안해했다. 4주 휴지치고는 놀랍게도, 정서적 변화가 심리 치료의 25~40%에 맞먹게 안정되는 효과를 냈다. 실험 뒤 다섯 명 중 넷이 비활성화가 도움이 되었다고 말했다. 페이스북 사용을 중지한 사람은 뉴스 소비 시간이 15% 적었다. 유일하게 부정적인 효과는 시사 현안을 적게 안다는 것이었다. 그런데 이들이 놓친 소식 대다수가 양극화를 부추기는 콘텐츠에서 나온, 달리 말해 부족 간 적대를 이용하는 방식으로 포장된 정보로 보였다. 연구진은 비활성화가 "정책 현안을 바라보는 견해의 양극화, 그리고 양극화를 부추기는 뉴스에 노출되는 정도를 의미 있게 줄였다"고 적었다. 1996~2018년(바로 이 시기에 민주주의를 위협하는 양극화 위기가 발생했다)에 증가한 미국의 양극화 평균에 견줘 양극화 수준이 절반 가까이 떨어졌다. 다시 말하지만, 절반 가까이다.

2018년 내내 증거가 쌓이자, 후속 조처가 나왔다. 그해 독일이 소셜미디어 플랫폼에 혐오 표현 딱지가 붙은 게시물을 24시간 안에 삭제하지 않으면 벌금을 매기기로 했다. 오스트레일리아는 소셜미디어의 폐해를 규제할 '세계 최초'의 조사를 진행한다고 발표하며, "인터넷이 사회 표준과 법치가 적용되지 않는 딴 세상이 되어서는 안 된다는 인식이 전 세계에 퍼진 상황에서 이 조사가 전환점이 될 것이다"라고 주장했다.[22] 유럽연합(EU)은 구글에 독점 금지법 위반으로 잇달아 10억 달러가 넘는 벌금을 부과했고, 페이스북에는 혐오 표현, 선거 악영향, 허위 정보를 포함한 모든 영역을 규제하겠다고 엄포를 놓았다. 당시 EU 집행위원회 법무위원 베라 요우로바Věra Jourová는 기자 회견에서 페이스북을 가리켜 "내 인내심이 떨어지고 있음을 숨기지 않겠습니다"라고 말했다. "진전이 보이지 않으면 제재를 할 수밖에 없습니다. 허구한 날 협상만 하고 싶지는 않습니다."[23]

실리콘밸리마저 반발심이 생기고 있었다. 그해 10월 페이스북이 직원 2만 9천 명을 대상으로 여론조사를 해보니, 페이스북에서 일하는 것이 자랑스럽다는 비중이 1년 만에 87%에서 70%로 줄어들었다.[24] 페이스북이 세상을 더 나은 곳으로 만든다고 느끼는 비중은 72%에서 53%로 떨어졌고, 페이스북의 미래를 낙관한다는 비중도 84%에서 52%로 뚝 떨어졌다.

한때 페이스북의 상품 관리자였던 사람은 《와이어드》와 나눈 인터뷰에서 "2016년에 페이스북에 들어갔을 때 엄마가 나를 무척 자랑스러워했어요. 페이스북 백팩을 메면 세상 어디를 돌아다니든 사람들이 다가와 '페이스북에서 일하다니 정말 멋져요'라고 말하곤 했고요. 지금은 지나간 옛일이죠. 그 바람에 추수감사절에 집에 가기가 힘들었어요"라고 털어놓았다.[25]

4. 사이버 민주주의

지금까지 민주주의가 이어지는 동안, 민주주의를 관리한 문지기들이 있었다. 정당의 기득권층은 의제를 설정하고 후보에 오를 사람을 선택한다. 언론의 기득권층은 누구에게 방송 시간을 주고 주지 않을지, 누구를 용인하고 용인하시 않을시를 제어한다. 기업과 이익 단체는 선거에서 이길 자금을 댄다. 소셜미디어는 누구보다 그런 문지기들의 힘을 잠식했다. 이제 정치인은 문지기들을 우회해, 비용 한 푼 들이지 않고 대중을 상대로 자기만의 메시지를 전달하고 조직을 꾸리고 자금을 모을 제국을 세울 수 있다. 여전히 기득권층이 영향을 미치지만, 좋든 나쁘든 이들이 민주주의를 완전히 쥐락펴락하던 시대는 끝났다.[26]

말할 것도 없이, 실리콘밸리가 하고 싶었던 일이 바로 이것이었다. 2012년에 투자가에게 보낸 편지에서 저커버그는 "선택받은 소수가 통제하는 매개체를 거치지 않고" 사람들이 직접 일제히 목소리를 내게 한다면 "정부가 더 발 빠르게 대응하리라고 봅니다"라고 적었다.[27] 그런데 소셜미디어는 기득권층을 없애기보다 그들을 대체했다. 이제는 소셜미디어의 알고리즘과 유인책이 문지기 역할을 맡아 누가 부상하고 몰락할지를 결정했다. 그런 결정의 근거는 인기가 아니라 사용자 참여도였다. 샤슬로가 유튜브를 분석해 증명했듯이, 사용자 참여도에서는 비주류 후보가 더 뛰어난 성적을 보였다.

어떤 이들은 이 새로운 시대를 '사이버 민주주의$_{cyberdemocracy}$'라 불렀다.[28] 2018년 말 프랑스에서는 이런 흐름을 '노란 조끼 운동'이라 불렀다. 그해 여름 소셜미디어에 기름값 인하를 요구하는 청원서가 돌면서 시작된 운동이 10월에 어느 대규모 페이스북 그룹이 자동차 운전자들에게 지역 도로를 봉쇄하라고 촉구하는 토대가 되었다. 자유분방하게 흘러간 토론에서 사람들이 기름값 상승의 원인으로 이런저런 고충, 외집단, 음모를 꼽자, 누구에게나 집결할 명분이 생겼다. 시위가 예정된 11월 17일, 전국에서 시위자 수십만 명이 차에서 노란색 안전 조끼를 꺼내 입고(프랑스에서는 차에 안전 조끼를 보관하는 것이 의무다) 근처 도로를 봉쇄했다. 그 모습이 사람들의 눈길을 끌어, 더 많은 사람이 시위에 참여했다.

스스로 붙인 이름에서 알 수 있듯이, 노란 조끼 운동은 처음부터 지도자가 없는, 철저히 수평적인 운동이었다. 이를 가능케 한 것은 두말할 것도 없이 소셜미디어였다. 이전까지는 그만큼 확장할 수 있고, 비용이 들지 않고, 누구에게나 열린 운동을 조직할 길이 없었다. 그런데 소셜미디어 플랫폼에도 사람들을 이끄는 보이지 않는 손이 있었다. 플랫폼의 홍보 원리가 활동을 주도해, 참여도가 높은 그룹으로 사용자들을 밀어붙였다. 이런 그룹에서는 감정을 가장 크게 자극하는 게시물이 상단에 올랐다.[29] 참여를 장려하는 플랫폼의 본질도 사용자를 밀어붙이기는 마찬가지라, 도로 봉쇄를 촉구하는 게시물과 사진을 올려 회원 자격을 완수한 사용자에게 보상했다. 함께 공유한 정체성도 한몫해, 그 안에서는 어떤 프랑스인이든 1유로짜리 안전조끼만 입으면 의미 있는 대규모 집단의 일부가 된다고 느낄 수 있었다.

노란 조끼 운동은 머잖아 더 큰 목적을 중심으로 결집했다. 프랑스의 민주주의를 자기네 생각에 맞게 개조하는 것이었다. 새로운 민주주의에서는 중간에 국회 의원이나 제도가 끼지 않고 '시민 의회'가 곧장 민중의 뜻을 실행할 것이다. 유권자는 언제든 국회 의원을 소환할 권한을 가질 것이다. 시위대는 이 요구가 받아들여질 때까지 토요일마다 도로를 봉쇄하기로 다짐했다.

노란 조끼 운동은 다른 정책들도 요구했는데, 중구난방이라 서로 충돌하는 것이 많았다.[30] 노숙자를 없애라, 각종 세금을 면제해달라, 유치원의 학급당 학생 수를 줄여라, 시내 주차료를 없애라. 국가 채무를 '불법이라고 선언'하고, 갚지 말라, 난민 입국을 금지하라. 한 주 뒤에는 2차 목록이 추가되었다. EU와 나토에서 탈퇴하라, 세금을 절반으로 깎아라, 이민을 거의 모두 중시하라. 모두 소셜미디어에서만 등장할 수 있는 의제들이있다. 요구 사항을 조리 있게 하나로 결합할 의사 결정권자 없이 정체성에서 비롯한 과격하고 일관성 없는 순수한 본능의 목소리였다.

시민운동의 원조인 프랑스에서 적어도 1960년대 이후 일어난 최대의 시민운동이었으니, 어찌 보면 노란 조끼 운동은 역사에 남을 성공을 거뒀다. 하지만 영향력은 거의 없었다. 정당들이 너나없이 이 운동의 에너지를 이용하려 했다. 노동조합도, 학생들도 마찬가지였다. 이들은 아무런 성과도 이루지 못했다. 그러다 아무 일도 없었다는 듯 운동이 사그라졌다. 거의 8년 전 일어난 아랍의 봄에서 온라인 활동가들이 어떤 교훈을 얻었는지는 몰라도, 새로운 소셜미디어 민주주의는 많은 혼란만 낳았을 뿐 성과는 이상하리만치 거의 없었다.

하버드 대학교에서 시민 저항을 연구하는 에리카 체노웨스Erica Chenoweth

에 따르면 이런 결과는 흥미로운 사실을 보여주는 어떤 흐름을 나타냈다. 체노웨스는 1950년대 이후 전 세계에서 대규모 항의 운동의 빈도가 늘다가 최근에 급증했다는 것을 밝혀냈다.[31] 2000년대~2010년대에 항의 운동이 해마다 평균 50% 가까이 늘었다. 성공률도 해마다 증가했다. 2000년 무렵에는 체제 변화를 요구하는 항의 운동 중 70%가 결실을 보았다. 그러다 갑자기 흐름이 확 바뀌었다. 항의 운동은 더 자주 발생했지만 성공률은 떨어졌다. 대규모 운동의 성공률은 이제 겨우 30%에 그쳤다. 체노웨스는 내게 성공률이 당혹스럽게 하락했다며 "무언가가 확실히 바뀌었어요"라고 말했다. 거의 매달 다른 나라에서 전국적인 항의가 일어나곤 했다. 레바논은 부정부패, 인도는 성 평등, 스페인은 카탈루냐 분리 독립이 화두였다. 규모로 볼 때 많은 항의 운동이 20세기에 손꼽는 개혁적 운동을 넘어섰다. 그리고 대부분 흐지부지 끝났다.

이를 설명하고자 체노웨스는 노스캐롤라이나 대학교 제이네프 투페크지의 발언을 인용했다. 소셜미디어 덕분에 활동가들이 쉽게 시위를 조직해 전에는 생각도 못했을 인원을 빠르게 끌어들일 수 있지만, 실제로는 이것이 걸림돌이 될 수 있다.[32] 체노웨스는 소셜미디어가 처음에는 해방을 이끌 힘으로 환영받았지만, "디지털 시대에는 사실 시위대 동원보다 억압에 도움이 됩니다"라고 짚었다. 독재자들은 우세한 갖가지 자원을 이용해 소셜미디어 플랫폼에 허위 정보와 선전을 가득 퍼뜨려 자기에게 유리하게 활용하는 법을 배웠다.

소셜미디어는 민주주의에 미묘하면서도 강력한 영향을 미쳤다. 체노웨스는 미국 흑인 민권 운동 시절 학생 단체인 학생 비폭력 조정위원회Student Nonviolent Coordinating Committee, SNCC를 예로 들었다. 소셜미디어가 나오기 전에는 활동가들이 지역 봉사 활동과 조직 구축을 통해 운동 세력을 모아야 했다. 거의 매일 만나 학습하고 전략을 짜고 의논했다. 여러 해를 쏟아 부어야 하는 힘겨운 작업이었다. 하지만 그 덕분에 운동이 현실 세계와 끈 끈하게 이어지고 지휘 체계가 확립되어 오래 지속될 수 있었다. 상황이 어려워졌을 때도 SNCC 같은 운동이 끈질기게 버틴 덕분에, 전략적으로 문제에 대응하고 거리의 승리를 정치적 변화로 바꿀 수 있었다.

소셜미디어는 시위가 이런 단계를 많이 건너뛰게 도와, 더 많은 사람이 더 빨리 거리로 나가게 한다. 체노웨스는 그래서 생기는 문제점을 지적했다. "그 바람에 사람들이 잘못된 자신감을 얻을 수 있어요. 그런 참여는 헌신도가 낮거든요." 기본 토대가 없는 탓에 소셜미디어 운동은 요구 사항을 일관되게 정리하지도, 조율하지도, 전략적으로 행동하지도 못한다. 그뿐 아니라 대중의 에너지가 더 탄탄한 조직으로 흘러가지 못하게 막아, 전통적인 운동이 등장하지 못하게 미리 차단한다. 저커버그가 약속한 것이 바로 이것이었다. 지도자가 없는 더 큰 시민운동. 하지만 다른 소셜미디어 대기업과 마찬가지로 페이스북도 기존 세력이 되었다. 여느 문지기들과 마찬가지로, 자기네 권력을 유지하려면 필요한 기득권과 현 상태를 보호하려 했다.

5. 전시 CEO

2016년 5월, IT 뉴스 사이트 《기즈모도Gizmodo》가 지금도 소셜미디어를 다룬 영향력 있는 이야기로 손꼽히는 기사를 실었다. 제목은 '전직 페이스북 직원: 우리는 시시때때로 보수적 뉴스를 숨겼다'였다.[33] 기사는 페이스북 홈페이지에서 화제가 된 뉴스 주제와 관련 기사의 제목을 보여주는 기능인 '인기 급상승 화제Trending Topics'를 다뤘다. 이 기능을 이용하는 사람은 많지 않아, 클릭 비중이 1.5%에 그쳤다. 알고리즘이 인기 주제를 식별하도록 돕기는 했지만, 페이스북은 최종 선택을 흔치 않게도 인간의 판단에 맡겼다. 전직 언론인 몇몇이 뉴스 큐레이터로서 화제성 주제를 선별하고 짤막한 설명을 덧붙였다.

당시 뉴스 큐레이터로 일했던 어떤 이가 《기즈모도》에 자기네 팀이 보수에 기운 뉴스 주제를 숨길 목적으로 만들어졌다고 주장했다. 자신을 보수주의자라고 밝힌 이 큐레이터는 페이스북 편집자들이 자신에게 예컨대 공화당이 보수 단체를 표적 조사했다고 국세청을 비난했다는 이야기 같은 화제성 기사를 포함하지 않도록 요청했다고 주장했다(이 사람이 제시한 증거는 애매했고, 증언은 거짓으로 밝혀졌다). 또 주류 매체가 사실을 확인하기 전까지는 브라이트바트 같은 극우 사이트에 떠도는 이야기를 선택하지 말라는 요청도 받았다고 덧붙였다. 《기즈모도》의 기사는 이런 결정이 페이스북이 반보수에 편향되었다는 증거라고 봤다. 또 페이스북이 뉴스 큐레이터들에게 아직 입소문을 타지 않은 기사를 "주입"해 "인기 급상승 모듈을 인위적으로 조작하라고 지시"했다고 비난했다. 그런 사례로 말레이시아항공 370편 실종 사건과 《샤를리 에브도Charlie Hebdo》 테러 공격을 언급했다.

뉴스 큐레이터를 통한 기사 선별은 나중에 전문가와 디지털 감시자 단체가 요구할 일을 보기 드물게도 페이스북이 모두 실행한 사례였다. 알고리즘을 사람이 감시하게 하라, 진실과 신빙성을 확산성과 사용자 참여도보다 우선시하라, 시스템이 일으키는 최악의 자극은 물론, 사용자까지도 때때로 점검하라. 그런데 이 기사의 의도대로 공화당이 기회를 놓치지 않고 잽싸게 불만을 터트려 소셜미디어를 둘러싼 정책, 궁극적으로는 소셜미디어 플랫폼 자체를 바꿔놓았다.

공화당 전국위원회는 보도 자료에서 훨씬 더 강력한 뉴스피드와 거의 무시되던 인기 급상승 화제 기능을 하나로 뭉뚱그려, "페이스북은 대통령 선거에 엄청난 영향을 미칠 힘이 있다"고 주장했다.[34] "이런 힘이 누군가의 의제에 맞지 않는 견해와 기사를 침묵시키는 데 사용된다니, 충격을 금치 못하겠다." 공화당 상원의원 존 순John Thune은 저커버그에게 서신을 보내 의원들에게 이 사안을 설명하라고 요구했다. 순은 상원 상업·과학·교통위원회 의장이었는데, 이 위원회가 감독하는 연방거래위원회가 페이스북에 투자하고 있었다. 겁을 먹은 페이스북은 워싱턴 D.C.의 인력을 보내 순을 달랬다. 또 트럼프 선거 캠프의 자문 위원 등 주요 보수 인사 스무 명을 초대해 저커버그와 직접 만나게 했다. 이 만남이 효과가 있었다. 참석자들은 페이스북을 비판하기보다 자기네끼리 독설을 퍼붓기 바빴다.[35] 그중 한 명인 글렌 벡Glenn Beck은 이 만남을 평가한 글에서 저커버그를 표현의 자유를 지키는 수호자로 칭송했다.

어느 금요일, 페이스북이 인기 급상승 화제를 감독하는 뉴스 큐레이터들을 해고하고 모든 통제권을 알고리즘에 넘겼다. 월요일이 되자, 인기 급상승 화제 1위는 폭스뉴스 진행자 메긴 켈리Megyn Kelly가 힐러리 클린턴을 후원한다고 비난하는 가짜 뉴스 링크였다.[36] 나중에 확인해보니, 이 링크를 게시한 극우 블로그는 2016년 대선 기간에 페이스북에 가짜 뉴스를 매우 많이 퍼뜨린 주요 출처였다.[37]

그해 7월, 트럼프를 대통령 후보로 공식 지명하는 공화당 전당대회가 열리기 며칠 전, 저커버그가 폭스뉴스를 포함해 여러 보수 매체를 소유한 다국적 기업 뉴스코프의 창업자 루퍼트 머독과 CEO 로버트 톰슨Robert Thomson을 한 금융 회의에서 마주쳤다.[38] 머독과 톰슨은 페이스북이 콘텐츠를 이용해 언론 매체의 시청자와 광고 수익을 훔쳐 뉴스 산업을 집어삼키고 있다고 비판했다. 두 사람은 갑작스레 수정된 알고리즘이 뉴스코프의 접속량 유지 능력을 무너뜨린다고도 덧붙였다. 따라서 뉴스코프가 정부와 규제 기관에 로비해 페이스북의 시장 지배력이 독점 금지법 위반에 해당하는지 조사하게 하겠다고 위협했다.

머독과 톰슨은 뉴스코프의 매체를 이용해 페이스북을 공격하겠다고 위협하지는 않았다. 하지만 저커버그가 크게 두려워하는 것도 터무니없는 일은 아니었다. 그 뒤로 몇 달 동안 폭스뉴스가 페이스북이 반보수에 치우쳐 있다고 크게 떠들었다.[39] 페이스북의 '투표합시다$_{get\ out\ the\ vote}$' 캠페인을 민주당 지지자의 투표율을 올리려는 책략이라고 주장했다. 페이스북이 힐러리 클린턴의 건강 문제 같은 "주요 뉴스"를 숨기고(실제로는 페이스북이 가짜 뉴스 게시물 몇 개를 삭제했다), 인종차별적 음모론을 퍼뜨린 뒤 자신의 페이지를 삭제한 극우 "활동가" 파멜라 겔러$_{Pamela\ Geller}$를 검열한다고도 비난했다.

저커버그는 보수주의자를 안심시키고자 트럼프가 페이스북에 다른 어떤 대선 후보보다 많은 팬을 거느렸고, 폭스뉴스가 페이스북 페이지에서 다른 어떤 매체보다 많이 사용자와 상호작용한다는 사실을 2016년 내내 여러 성명과 게시물에서 지적했다("헛짚어도 한참 잘못 짚었습니다"라고도 적었다).[40] 페이스북 광고에 엄청난 비용을 쓰는 트럼프 캠프와 페이스북은 계속 화기애애한 관계를 유지했다.

대선 뒤, 주요 소셜 미디어 플랫폼이 트럼프를 지지하는 가짜 콘텐츠와 양극화 콘텐츠를 부추겼을 뿐더러 그중 일부 콘텐츠는 러시아가 지원했다는 증거가 쌓였다. 트럼프 캠프와 러시아 공작원들이 간접적으로, 심지어 합법이 아닌 방법으로 협력했다는 단서가 나왔다. 공화당은 자신들의 승리가 퇴색되는 것을 뚜렷이 느꼈다. 그래서 담론을 뒤집으려 했다. 소셜미디어가 공화당을 띄우기는커녕 노출을 가로막았다는 주장을 펼쳤다. 상·하원을 모두 장악한 공화당은 러시아의 개입 의혹을 파헤치려는 조사에서 이목을 돌릴 셈으로 맞불 청문회를 열어, 실리콘밸리의 진보주의자들이야말로 정말로 민주주의를 위협하는 존재라고 주장했다.

공화당은 《바이스 뉴스》의 2018년 기사 '트위터가 유력 공화당 인사들을 섀도밴shadowban(옮긴이 대상자가 작성한 게시물이나 댓글의 노출을 알림 없이 차단하거나 제한하는 조치)하고 있다'에서 결정적 증거를 찾아냈다.[41] 기자는 트위터 검색창에 특정 보수 인사의 계정을 입력할 때 자동 완성 기능이 적용되지 않는 것을 발견했다. 기술적 오해에서 비롯한 기사로 보였지만[42] 공화당은 득달같이 달려들었다. 공화당 하원의원 맷 게이츠Matt Gaetz는 트윗에서 최근 청문회에서 자사 CEO를 심문한 자신에게 트위터가 보복하고 있다는 뜻을 내비쳤다.[43] 공화당 전국위원회 위원장 로나 맥대니얼Ronna McDaniel은 트위터가 "보수의 목소리를 숨긴다"는 트윗을 올렸고,[44] 도널드 트럼프 주니어는 "이런 허튼 수작은 진절머리 난다"며 트위터 CEO에게 "#편향을멈추라"고 요구했다.[45] 도널드 트럼프 주니어의 트윗은 16500회, 게이츠의 트윗은 20400회나 상호작용했다. 억압은 찾아보기 어려웠다. 도널드 트럼프도 "#편향을멈추라"는 트윗을 시작으로 대형 IT 기업이 횡포를 부린다는 보수적 메시지를 여러 달 동안 올렸다.

정권을 잡은 동안 트럼프와 공화당은 소셜미디어 플랫폼을 반공화당파의 대리인으로 묘사했다. 이들 기업을 조사하고 규제하고 심지어 강제로 분할하겠다고 줄기차게 협박했다. 그런 무시무시한 위협이 실리콘밸리를 자극했다. IT업계에는 독점 금지법 집행 즉 독점 관행을 중단시키려는 과징금과 규제가 오랜 공포였다. 1969년 법무부가 컴퓨터 시장 70%를 장악한 IBM을 분할하려 했다.[46] 재판은 장장 13년이나 이어졌고, 그사이 IBM

은 규제 당국의 주장을 입증하지 않으려고 사업을 확장하지 않았다. 정부가 소송을 취하한 1982년에는 《뉴욕타임스》가 '지배는 끝났다'는 기사를 실을 만큼 IBM의 시장 점유율과 이익이 미끄러지듯 급락했다.[47]

IT 대기업들이 가장 두려워한 사례는 마이크로소프트였다. 1년 넘게 이어진 규제 당국과의 싸움은 2000년에 법원이 회사를 둘로 쪼개라고 명령하면서 정점에 달했다(법무부는 마이크로소프트가 웹브라우저 시장을 독점하고자 운영체제 시장에서의 지배력을 악용했다고 기소했었다). 이 판결은 항소심에서 기각되었다. 1심 판사가 재판 기간에 사건에 대해 기자들과 의견을 나눠 공평성을 잃었기 때문이다. 그리고 새로 들어선 부시 행정부가 소송을 취하했다. 하지만 마이크로소프트의 주가는 반토막이 났고, 한 번 막힌 인터넷 서비스 시장 진입을 두 번 다시 회복하지 못했다. 대중과 규제 당국에서 평판이 너무 나빠져 창업자 빌 게이츠가 물러나야 했다. 여러 해 뒤 게이츠는 저커버그에게 자신의 실수를 되풀이하지 말라고 조언한다. 게이츠가 보기에 워싱턴과 대립하고 정책입안자들을 무시한 것은 잘못된 생각이었다. "마크에게 '이제 거기에 사무실을 하나 마련하게'라고 말했죠."[48] 거기란 페이스북과 구글이 로비에 수백만 달러를 쓰기 시작한 워싱턴 D.C.였다. "마크가 그대로 하더군요. 내 덕을 본 거죠."

과징금은 계속 올라갔다. 구글은 2012년에 2200만 달러를, 2019년에 1억 7000만 달러를 부과받았다. 페이스북은 2019년에 증권거래위원회에서 1억 달러, 그리고 연방거래위원회에서 사용자 개인정보 보호 위반으로 기록적인 금액인 50억 달러를 부과받았다. 강제 분할도 거론되었다. 민주당 상원의원 리처드 블루먼솔Richard Blumenthal은 2018년에 한 기고문에서 마이크로소프트 사례가 페이스북, 구글, 아마존을 겨누는 명시적 모델이 되었다고 주장했다.[49]

그런 공격을 물리치려면 로비로는 모자랐다. 그해부터 저커버그를 포함한 IT 수장들이 벤처 자본가 벤 호로위츠Ben Horowitz가 '전시 CEO'라 부른 태도를 취했다. 블로그에서 호로위츠는 규제 당국이 소용돌이를 일으키거나 시장이 급락할 때는 "이기고자 규약을 위반하고 … 일부러 비속어를 쓰고" 직원들이 전략에서 벗어나는 것을 "손톱만큼도 용납치 않고 … 합의를 끌어내려 애쓰지도 않고, 의견 충돌을 허용하지도 않고" 자기주장을 밀어붙이고자 반대자를 다른 직원들 앞에서 궁지로 모는 경영자가 필요하다고 적었다.[50]

호로위츠는 이 전략을 자기 영웅이자 인텔 CEO였던 앤디 그로브 덕으로 돌렸다. '전시 CEO'라는 용어는 호로위츠가 영화 《대부》의 한 대사(톰 헤이건: "마이크, 내가 왜 밀려나야 하는데?" 마이클 콜레오네: "형은 전시 콘실리에리consigliere가 아니니까.")에서 빌려와 랩 가사와 함께 블로그 게시물에 고쳐 실은 것이었는데, 이는 IT 억만장자들에게 새로운 반문화의 선봉장, 브이넥 스웨터를 걸친 냉철하고 거친 사람이라는 이미지를 덧씌우려는 활동의 일부였다. 호로위츠는 2009년에 넷스케이프 창업자 마크 앤드리슨Marc Andreessen과 함께 세운 투자사 앤드리슨 호로위츠로 명성을 얻었다(앤드리슨의 멘토인 존 도어의 멘토가 그로브로, 실리콘밸리의 뒤틀린 배타성을 보여주는 또 다른 사례다).

윌리엄 쇼클리가 반도체 시대를, 앤디 그로브가 CPU 시대를, 피터 틸이 초기 웹 시대를 실현했다면, 앤드리슨과 호로위츠는 소셜미디어 시대를 구현했다. 두 사람이 투자한 곳(앤드리슨이 이사로 있는 페이스북은 물론, 트위터, 슬랙, 핀터레스트, 에어비앤비, 리프트, 클럽하우스)도 중요했지만, 투자한 방식도 중요했다. 이들은 투자 전략상 실리콘밸리에 경험이 없고 관행에 얽매이지 않는 젊은 CEO를 선호하는 풍조를 확립했다. 공학 말고는 경험이나 지식이 거의 없는 "기술 전문가 창업자를 키운 다음, 성년 감독이라는 족쇄를 벗겨주고 일반적인 기업 행태를 기대하지 않겠다"고 약속했다.

전시 CEO 개념은 이런 창업자 원형을 기업 철학으로 바꿨다. 스마트폰 앱이나 전자 소매점을 만들려는 프로그래머는 자신이야말로 인습을 타파하는 록스타와 같다는 마음으로 사업을 운영해야 했다. 비판에 예민한 직원, 고지식한 관료, 연방거래위원회 같은 사람들이 불쾌해한다면, 감정을 터트려 자신이 어떤 사람인지 알리는 것이 낫다. 호로위츠는 어느 경영자 양성 강연에서 스타트업 창업자와 1791년 아이티 혁명을 이끌어 노예제를 폐지한 지도자인 투생 루베르튀르가 비슷하다고 말하면서, 이 지도자가 아이티인이 '노예 문화'를 극복하게 밀어붙여 혁명에 성공했듯이 IT 기업 CEO도 길잡이가 없어 갈피를 잃은 직원과 시민들에게 그런 존재여야 한다고 주장했다.[51] 이런 오만에 빠지면, 대학을 중퇴한 웹사이트 개발자가 전 세계 사람들이 사회관계를 맺는 조건을 결정할 권리가 자기에게 있다고, 답답하게도 여기에 이의를 제기하는 사람은 누구든 상황을 이해하지 못한 노예라고 결론지을 수 있었다. 전시 CEO가 되면 도덕적 명분도 얻었다. 경쟁사를 무너뜨려야 하는데 직원들이 윤리를 이유로 반대하거나 언론에서 사회 구조를 망가뜨리도록 부추긴다고 비난한다면, 그들은 지금이 전시라는 상황을 이해하지 못한 것이다.

2018년, 저커버그가 이 전략을 자세히 설명한 호로위츠의 책 《하드씽》(한국경제신문, 2021)을 읽었다.[52] 그리고 그해 6월 고위 경영진 50명을 모아놓고서 페이스북이 전쟁 상태이니 자신은 이제 전시 CEO라고 선포했다.[53] 웬만해서는 이견을 용납하지 않고, 더 큰 복종을 요구하고, 페이스북의 적들과 싸우겠노라고 알렸다. 페이스북 타운홀 미팅에서는 페이스북이 개인 정보 유출로 여러 과징금을 부과받을 것이라고 보도한 뉴스를 "개소리"라고 깎아내렸다. 페이스북 이인자이자 저커버그의 오랜 조언자인 셰릴 샌드버그까지 질책했다. 곧이어 페이스북은 공화당 성향의 홍보 회사를 고용해, 페이스북 비판자들을 깎아내리는 정보(일부는 거짓 정보였다)를 퍼뜨렸다.[54]

벤처 자본가 중에서도 유명한 투자가들이 실리콘밸리가 IT 기업의 성공을 응징하려는 어느 부정직한 전국 단위 언론과 전쟁 상태라고 발표했다.[55] (한 투자가는 트위터에 "알겠습니다. 우리가 밉다는 거죠. 이제 당신은 우리 경쟁자입니다"라고 적었다.[56]) 일부는 이제 반격에 나서, 실리콘밸리 전체가 뉴스 매체와 협력하지 말거나, 비판적인 기자들을 온라인에서 괴롭히는 사용자에게 비트코인을 주자고도 제안했다.[57]

저커버그가 전시 상태라고 선언한 지 몇 주 뒤, 페이스북이 진지한 뉴스 매체를 띄우도록 알고리즘을 뜯어고치는 안을 검토하는 회의를 열었다.[58] 일부 경영진은 이 개편으로 페이스북이 신뢰를 되찾으리라고 주장했다. 하지만 부시 행정부에서 일한 로비스트 조엘 캐플런이 여기에 반대했다. 캐플런은 트럼프가 당선된 뒤로 글로벌 공공정책 부사장이라는 직함을 달고 저커버그의 묵인 아래 공화당의 대리인처럼 행동했다. 만약 알고리즘을 수정하면 공화당에서 페이스북이 진보주의자들을 홍보한다고 비난할 테고, 따라서 주류 언론인을 민주당 대리인으로 보는 트럼프가 페이스북의 경영 방침에 눈길을 돌릴 것이라고 주장했다. 결국 캐플런이 이겼다.

그해 캐플런은 페이스북 알고리즘이 분열을 일으키는 양극화 콘텐츠를 조장한다고 지적한 사내 보고서 하나를 별 탈 없이 보류시켰다.[59] 캐플런을 포함한 반대자들은 이 문제에 조처하면 허위 정보에서 큰 몫을 차지하는 보수 페이지에 훨씬 큰 영향을 미칠 것이라고 주장했다. 그러니 사용자들이 허위 정보를 얻는 쪽이 나았다. 근거가 있든 없든 공화당이 반대할

지 모른다는 이유로 공공의 이익을 희생한 사례는 이뿐이 아니다.

페이스북은 2018년부터 2019년까지 쭉 연방 정부의 감독 수단을 장악한 공화당에 철저한 구애 작전을 펼쳤다. 공화당 출신 전 상원의원 존 카일Jon Kyl을 고용해 플랫폼에 나타난 모든 반보수 편향을 다룬 보고서를 작성했다. 이 보고서가 트럼프의 '#편향을멈추라'를 크게 재포장한 덕분에, 페이스북은 공화당 쪽 비평가들에게 자사가 이 문제를 연구하고 카일의 권고를 따르고 있다고 주장할 수 있었다. 저커버그는 영향력 있는 보수 인사들을 초대해 비공식 만찬을 열었다.[60] 여기에는 페이스북이 "미국에서 표현의 자유를 죽이려 한다"고 비난한 폭스뉴스 진행자 터커 칼슨Tucker Carlson도 포함되었다.[61] 페이스북은 칼슨이 설립한 우익 뉴스 사이트 데일리 콜러Daily Caller를 진실인지 아닌지를 판정할 권한이 있는 팩트 체크 기관으로 선정했다. 페이스북은 정치인들에게 거짓말과 혐오 발언을 할 수 있는 특별 권한을 줬는데, 트럼프와 측근들을 위한 규정 같았다.[62]

페이스북에서 일했던 데이터 과학자 소피 장Sophie Zhang은 트위터에서 이렇게 회고했다. "페이스북에서 일한 지 채 1년이 되지 않았을 때 긴급 조사를 받았다. 트럼프 대통령 캠프가 조회수가 줄어든다고 불평해서였다. … 다른 사람 때문에 비슷한 문제를 살펴보라고 요청받은 적은 한 번도 없었다."[63] 페이스북은 정치 지도자들을 향한 이런 유화책을 전 세계에 적용하는 것 같았다. 장이 페이스북에서 근무한 2018~2020년에 외국 지도자들이 사익을 위해 거짓말과 혐오를 조장하는 사례를 수십 건이나 보고했는데 끊임없이 묵살되었다고 한다.[64] 해고되었을 때 장은 비방 금지 조건이 붙은 퇴직금 6만 4천 달러를 거절하고, 7800단어짜리 퇴사 인사에서 페이스북이 종파 간 폭력 사태와 권위주의 확산으로 위험이 커지는 곳을 포함해 여러 국가에서 정치인이 플랫폼을 악용하게 일부러 내버려 둔 사례를

열거했다. 그리고 "이제는 나도 이 문제에서 자유롭지 않다는 것을 안다"라고 적었다.[65]

2019년 베트남의 공산 독재 정권이 은밀히 페이스북에 연락했다.[66] 페이스북이 정부 비판자들을 검열하지 않으면 베트남에서 페이스북을 차단하겠다는 전갈이었다. 나중에 직원들이 폭로한 바에 따르면 페이스북을 '혁명 기업'이라 일컬었던 저커버그가 페이스북이 권위주의 정권의 은밀한 탄압 수단이 되도록 허용했다. 저커버그는 페이스북에 아예 접속하지 못하느니 일부라도 자유로운 페이스북에 접속하는 쪽이 베트남 국민에게 이롭다고 주장했지만, 페이스북의 역사와 저커버그가 이 일을 비밀에 부쳤던 사실로 볼 때 과연 순수한 의도였는지 의문이 든다. 한 단체에 따르면 페이스북은 베트남 진출로 연간 10억 달러를 벌어들인다.[67]

그해 페이스북은 정치 광고의 진실성이나 정확성을 더는 검열하지 않겠다고도 발표했다.[68] 검열 대상은 폭력을 촉구하는 것처럼 지나치게 규정을 위반하는 게시물로 한정될 것이다. 과거에 페이스북에 물 쓰듯 돈을 쏟아부은 트럼프는 물론이고 누구든 트럼프와 비슷한 사람들이 주요 수혜자가 될 것으로 보였다. 페이스북 직원 250명이 이 방침이 "플랫폼에 대한 불신을 키울" 뿐만 아니라 선거를 보호하고자 공을 들인 "무결성 제품 활동을 헛일로 만들 것"이라며 저커버그에게 철회를 호소한 공개서한에 서명했다(단체 반발은 매우 드문 일이다).[69]

조 바이든 부통령의 자문 위원이었고 6개월 동안 페이스북에서 선거 무결성팀을 이끈 야엘 아이젠스타트Yaël Eisenstat가 이 논란을 다룬 칼럼을 발표했다.[70] 아이젠스타트는 페이스북의 정책 기획자들이 민주주의의 무결성과 페이스북의 사명 사이에서 균형을 잡으려 애썼지만, 결국은 "회사의 전체 방향을 최종 결정하는 소수의 목소리에" 묻히고 마는 모습을 지켜봤다고 주장했다. 그리고 페이스북이 "진심으로 사회와 민주주의를 이익과 이념보다 앞에 놓을지 알아보는 가장 큰 시험대에 놓였다"고 경고했다.

6. 비행 중인 비행기 고치기

2주마다 한 번씩 화요일 아침이면 페이스북 직원 몇십 명이 유리 회의실 주위로 모인다. 얼핏 보면 실리콘밸리의 여느 직원회의와 다를 바 없어 보인다. 이들은 테이블에 차려진 아침거리를 고른 뒤 친환경 물병을 내려 놓고 화상회의 소프트웨어를 만지작거린다. 그러다 자세를 바로잡고, 페이스북이 전 세계의 사회관계와 정치 담론을 관리하고자 진행 중인 실험을 어떻게 수정하고 조정할지를 한 시간 동안 활발히 의논한다.

내가 페이스북을 방문한 2018년 10월에 주요 주제는 크레이그리스트(옮긴이 Craigslist. 주택, 구인/구직, 서비스, 물건 판매, 토론방 기능을 제공하는 생활 정보 커뮤니티) 유형의 상거래 페이지에서 동물을 판매하는 기준이었다. 직원들은 야생 동물, 반려동물, 가축, 농부, 사육자의 권리와 이익 사이에서 어떻게 균형을 잡을지를 의논했다. '유럽의 규제 내용을 살펴봐야 한다.' '외부 단체에서 자문을 받아야 한다.' 한 직원은 아프리카 사용자에게 가축 거래가 지닌 경제적 중요성을 고려해야 한다는 의견을 냈다. 이들의 결정이 기계적인 규칙과 지침으로 바뀐 뒤 제이컵처럼 전 세계에서 일하는 콘텐츠 검수원 수천 명에게 전달되어 사용자 수십억 명을 관리하는 기준으로 사용될 터였다.

페이스북은 내가 자사 규정집(제이컵이 은밀히 내게 건네준 것이었다)을 확보했다는 사실을 안 뒤 의견을 전달하려고 나를 초대했었다. 그들은 내가 문서의 배경을 이해하기를, 그리고 한 직원에 따르면 외부에 절차를 조금씩 공개하기를 바랐다. 페이스북이 마련한 열두 개 남짓한 인터뷰 중 하나에서 글로벌 정책 담당자 모니카 비커트_{Monika Bickert}는 규칙을 만드는 절차가 반작용인 경향이 있다고 말했다. 어떤 직원, 뉴스 보도, 이익 단체가 문제를 제기하면, 누군가가 새 규칙을 만들고 회의에서 의논한 뒤 검토 절차를 거친다. 그다음에는 특정 시장에 시범 적용한 뒤 다른 곳에도 적용한다. 비커트는 지침으로 삼는 법규와 원칙을 설명하며 "외부와 단절된 채 이런 경계를 긋지는 않습니다"라고 말했다. 하지만 규칙이 더 복잡할수록 제이컵 같은 톱니바퀴, 즉 검수원들을 통해 규칙을 적용하기가 더 어려웠다. 무엇보다 검수원들이 판단하는 데 쓸 수 있는 시간이 말도 안 되게 짧았다. 비커트도 이 모순을 잘 알았다. "우리가 정책을 더 섬세하게 만들 때마다 전 세계에 일관되게 정확히 적용하기가 더 어려워져요. 이때 모든 상황에 대처할 섬세함을 바라는 쪽과 정확하게 실행하고 깔끔하게 설명할 일관된 정책을 바라는 쪽 사이에 팽팽한 긴장이 흐르죠."

나도 모르게 내 안에서 페이스북의 정책 담당자들을 향한 동정심과 의심이 오갔다. 그들은 사려 깊었고, 관리를 맡은 복잡한 사용자 행동과 정치 문제에 대처하는 자기 능력에 대체로 겸허했다. 몇몇은 외부에서 페이스북을 비판하기보다 내부에서 개선하는 쪽이 더 이롭다고 생각해 페이스북에 들어왔다. 그리고 더 많은 자원과 명성을 누리는 그로스 해킹팀의 뒤치다꺼리를 하는 청소부 역할을 떠맡았다. 이들이 난민 반대 혐오 발언이나 민감한 선거의 허위 정보 같은 문제로 안절부절못할 때, 건너편에 있는 엔지니어들은 십중팔구 그런 문제를 악화하는 방식으로 사용자 참여를 극대화했다.

하지만 이들의 업무가 어디까지 선행이고 어디까지 의도인지는 구별하기 어려웠다. 어떤 정책 문서는 명백히 여론의 역풍이나 규제에서 페이스북을 보호할 목적으로 작성되었기 때문이다. 문득 페이스북 정책팀이 더 안전하고 더 나은 담배 필터를 개발해야 하는 필립모리스 연구원과 비슷하다는 생각이 들었다. 어찌 보면 필립모리스 연구원들은 전 세계 흡연자 수십억 명이 흡입하는 발암 물질을 줄여, 비견할 사람이 없을 만큼 많은 목숨을 구하거나 연장했다. 하지만 달리 보면 담배 회사에서 일해, 엄청나게 많은 사람의 건강을 해칠 담배를 판매할 명분을 키웠다.

그래서 당시 나는 페이스북에서 이야기를 나눈 뛰어난 지성과 성찰을 가진 모든 사람이 하나같이 페이스북이 본질적으로는 해롭지 않다고 철석같이 확신해도 놀라지 않았다. 알고리즘이나 다른 기능이 사용자를 극단주의나 혐오로 떠민다는 증거가 없었기 때문이다. 담배가 정말로 중독성이 있는지 암을 유발하는지를 과학이 아직 파악하지 못했기 때문이다. 그런데 경영진은 부인했던 건강 관련 위험을 증명하는 연구 결과를 필립모리스가 잔뜩 갖고 있었던 사실이 드러났듯이, 페이스북 연구원들도 무수한 내부 보고와 실험을 통해 2019년 8월에 발행할 내부 보고서의 결론을 입증할 증거를 쌓고 있었다. 그 결론은 "우리 플랫폼의 작동 원리는 중립적이지 않다"였다.[71]

혐오와 허위 정보를 다룬 이 보고서에서 작성자들은 "확산성, 추천, 참여도 최적화 같은 우리 핵심 상품의 작동 원리가 플랫폼에서 이런 발언들이 번성하는 중요한 요인이다"라고 지적했다. 나중에 언론과 증권거래연구소에 유출되는 이 보고서는 페이스북이 "이런 활동을 꼭 의식적으로는 아니더라도 적극적으로 조장한다"고 경고했다.[72]

하지만 내가 페이스북을 방문했을 당시, 주로 참여도를 극대화하고자 설계한 알고리즘과 게임 같은 인터페이스를 거치는 인간 경험이 갈수록 느는 현상이 어떤 영향을 미치느냐는 물음을 던질 때마다 페이스북 직원들은 하나같이 웬 뚱딴지같은 소리냐는 표정으로 나를 바라봤다. 조금 전까지 테러 행위나 외국의 규제 같은 민감한 문제를 자세히 설명하던 경영진이 무슨 말인지 모르겠다는 듯 눈을 껌뻑이며 화제를 바꾸곤 했다. 런던에서 근무하는 한 임원은 이렇게 주장했다. "사람들은 나쁜 일을 꾸미려고 휴대폰을 사용합니다. 사실, 우리 서비스를 통해 벌어지는 나쁜 일은 죄다 휴대폰을 통해 일어날 겁니다. 휴대폰이 해로운 일에 쓰이니 휴대폰을 도입하지 말자고, 사실상 휴대폰 도입을 늦춰야 한다고 주장하시겠습니까?"

마음 한구석에서는 이 사람들이 나를 속이고 있기를, 내 말을 이해하면서도 자기네 서비스가 현실과 행동을 왜곡하는 악영향을 공개적으로 인정하지는 못하는 것이기를 바랐다. 내가 마치 영화 〈2001: 스페이스 오디세이〉 3막에서 살아남은 우주 비행사 두 명이 인공지능 할 9000_HAL 9000을 어떻게 할지 계획을 짜는 장면 속에 있는 느낌이었다. 오랜 우주여행을 감독하던 할은 끝내 오작동을 일으켜 승무원들을 살해했다. 나는 한 비행사가 할의 살인 행각을 멈출 방법을 물은 중요한 장면에서 다른 비행사가 "누구?"라고 답한 것을 떠올리려 했다.

내가 페이스북에서 이야기를 나눈 거의 모든 사람이 페이스북의 선의를 보여주는 증거로 미얀마에서 일어난 집단 학살에 회사가 대처한 방식을 언급했다. 이들도 인정하듯이 비록 늦기는 했지만, 페이스북은 인종차별주의자 승려 위라투가 이끄는 악명높은 극단주의 단체를 차단했다. 이 단체는 2014년부터 페이스북을 무기 삼아 소수 민족을 향한 집단 폭력을 선동했었다. 물론 이 조처는 페이스북이 성숙했다는 증거였다. 그런데 미얀마의 디지털 감시 단체들이 내게 여러 달 동안 알린 바에 따르면, 혐오 단체가 소수민족 공격을 부추기는 데 이용한 선전물이 여전히 온라인 곳곳에 남아 있었다. 원인은 페이스북의 검수 규정집이었다. 알맹이 없이 파워포인트 슬라이드 서른두 개로 구성된 미얀마어 규정집은 페이스북 경영진이 생각한 자사 정책과 반대로 혐오 단체가 올렸거나 이 단체를 지지한 콘텐츠를 삭제하면 "안 된다"고 명시했다.[73] 규정집은 한 페이지를 털어 이 점을 강조했다. 마치 르완다에 개입해 집단 학살을 선동한 라디오 방송국에 방송을 계속하라고 잘못 말하는 것과 같았다. 페이스북에 여러 결점이 있지만, 이렇게 중대한 문제에서 이토록 엄청난 실수를 저질렀다니 몹시 큰 충격이었다. 페이스북 대리인들에게 이 문제를 지적했더니, 문서를 고치겠다는 답이 돌아왔다.

자기네 힘을 어떻게 사용할지 토론할 때, 이를테면 정부의 의견을 얼마나 따를지, 중립성을 강조할지 사회의 안녕을 강조할지, 일관성을 강조할지 융통성을 강조할지를 다룰 때, 실리콘밸리는 그런 힘을 아예 갖지 않아야 할 가능성은 거의 고려하지 않았다. 이익 극대화를 추구하는 기업의 통제 아래 정보와 사회관계를 통합하는 것은 근본적으로 공공의 이익과 충돌한다.

그렇다고 IT 대기업을 향한 반발의 규모, 이들 기업이 끼치는 폐해의 증거를 완전히 무시할 수는 없었다. 실리콘밸리는 2018~2019년에 줄곧 IT 기업 경영자들이 계속 자신을 좋은 사람으로 느끼게 할 내부 담론을 만들었다. 제목은 '유익하게 쓴 시간time well spent'으로, 중독에 길드는 것을 경고하고 2015년에 구글을 떠난 트리스탄 해리스의 문구에서 빌려온 것이다.[74] 이제 이 문구가 실리콘밸리의 새로운 주목거리였다. 페이스북, 구글, 애플을 포함한 여러 기업이 사용자의 이용 시간을 추적하고 관리하는 새로운 기능을 도입했다. 일종의 브랜드 이미지 쇄신이었다. "우리는 우리 죄(편리하게 '너무 많은 이용 시간'으로 좁혔습니다)에서 배웠고, 크나큰 깨달음을 얻었습니다. 이제 우리는 영원한 십자군입니다."

학자와 엔지니어들이 손잡고 최대한 중독성 있는 서비스를 개발하는 스탠퍼드 대학교 설득기술연구소는 이름을 '행동설계연구소Behavior Design Lab'로 바꿨다. 연구소 소장 B. J. 포그는 트윗에 "휴대폰에 얽매인 상태가 흡연과 마찬가지로 사회적 지위가 낮은 계층의 행동이라는 사실을 깨달을 것이다"라고 적었다.[75] 슬롯머신을 소셜미디어 플랫폼의 모델로 개척했던 컨설턴트 니르 이얄은 이용 시간 극대화 길잡이에서 이용 시간 축소 길잡이로 방향을 바꿔 《초집중》(안드로메디안, 2020)이라는 책을 펴냈다.[76]

해리스는 실리콘밸리의 캠페인이 진짜 폐해는 거의 해결하지 않은 채 반대파를 흡수하려 한다고 지적했다.[77] 앱들은 중독을 부추기는 알고리즘을 계속 개선하는 한편, 온라인에서 시간을 얼마나 많이 보냈는지를 알려주는 자그마한 계측기도 추가했다. 다른 사람들은 이 캠페인을 마케팅 쇼라고 불렀다. 내가 보기에는 스스로 면죄부를 주려는 한 편의 연극이었다. 실리콘밸리가 이제는 자기네가 디지털 건강을 상징한다는 광고를 내보냈지만, 오히려 내면을 들여다보는 요가 수련회나 명상 그룹이 실리콘밸리 종사자들에게 똑같은 말을 더 많이 건넸다. 경영진은 죄의식을 씻어내고 진화한 자신을 축하한 뒤 그로스 해킹으로 돌아갔다. 자기 가치를 확인하고자 자책하는, 달리 말해 후회에서 쾌감을 느끼는 활동이 실리콘밸리의 내부 산업이 되었다.

"CEO들은 마음을 다칩니다. 밤에 잠을 못 자죠."[78] 에살렌이라는 바닷가의 히피 공동체를 IT 경영자의 휴식처로 바꾼 전직 구글 제품 관리자 벤 타우버Ben Tauber가 《뉴욕타임스》에 한 말이다. 이상한 왜곡이었다. 하지만 전시 CEO의 성과가 기업의 사기를 높이고 콘텐츠 검수원이 혐오 발언을 억제하듯, 이런 휴식은 경영자들에게 자유와 혁명이라는 플랫폼의 명확한 목적과 플랫폼이 실제로 세상에 미친 영향 사이에 존재하는 메우지 못한, 아마도 메울 수 없을 간극을 가려주는 효과가 있었다.

　내가 보기에는 이것이야말로 진정한 기업 지배 구조의 문제였다. 담배가 그렇듯 소셜미디어도 그 자체가 사용자에게 계속 해악을 일으킬지 모른다고 고민하는 것이 금기라면, 그런 해악을 관리하는 임무를 맡은 직원은 엄청난 제약을 받는다. 규정집에 이상한 모순이 그토록 많은 것도 그래서였다. 플랫폼의 영향을 완전히 이해하지 못했으므로, 방침 대다수가 발생한 위기나 문제(이를테면 유언비어, 무분별한 욕설, 폭동)에 그때그때 대응한 땜질 처방이었다. 고위 직원들은 마치 비행 중인 비행기를 수리하듯 규정을 고친 뒤 상황을 지켜보다 다시 고친다.

　이런 계획을 수행해야 하는 콘텐츠 검수원들의 처지는 거의 바뀌지 않았다. 사람을 갈아 넣는 근무 여건을 알리는 신고가 계속 나왔다. 정보원들이 때로 그렇듯, 제이컵도 회사가 페이스북 때문에 자사를 곤란에 빠뜨린 내부 첩자를 찾아나서자 몸을 사렸다. 2018년에는 미국의 한 콘텐츠 검수원이 검토 대상인 콘텐츠가 정신적 충격을 일으키는 것을 알면서도 페이스북이 법이 요구하는 최소한의 보호 장치를 제공하지 않았다며 소송을 걸었고, 여기에 몇몇 검수원이 동참했다.[79] 2020년 페이스북은 미국의 전·현직 검수원 11250명에게 집단 소송 합의금으로 5200만 달러를 주기로 합의했다.[80] 미국 바깥의 검수원들은 한 푼도 받지 못했다. 페이스북을 떠받치는 사업 모델은 여전히 그대로다.

11장

'좋아요'의
독재

1. 유튜브 대통령

타티아나 리온수_{Tatiana Lionço}가 긴장된 목소리로, 널리 퍼진 유튜브 영상 하나가 자기 삶을 망가뜨린 지 7년이 지났다고 회고했다. 심리학자인 리온수는 2012년 몇몇 학자와 정치인들이 학내 동성애 혐오 방지를 논의하는 토론회에 참석했다. 리온수는 어린아이가 다른 사람의 몸이나 옷에 호기심을 보이는 것은 흔한 일이라고 부모들을 안심시켜야 한다고 이야기했다.

얼마 지나지 않아 한 극우 정치인이 리온수가 마치 동성애와 아동 성 관계를 장려한 것처럼 토론회 영상을 편집했다.[1] 비주류 괴짜로 널리 알려진 이 정치인은 정치적 협력자도, 뚜렷한 권력도 별로 없었다. 하지만 편집 영상을 올린 유튜브에서는 추종자가 꽤 있었다. 당시 수는 적어도 활발했던 극우 유튜버들이 오해를 불러일으키는 이 영상을 다시 올리면서 허위정보로 가득한 설명까지 더했다. 이들은 리온수가 국제적으로 동성애를 부추기는 공산주의의 음모를 대표한다고 주장했다. "리온수가 소아성애증을 지지했다", "리온수가 아이들을 동성애자로 바꿀 때 사용할 '게이 키트'를 학교에 나눠주고 있다", 이런 주장이 트위터와 페이스북에 퍼졌다. 영상은 리온수를 죽여야 한다는 댓글로 도배되었다.

리온수의 친구와 동료들은 처음에 이 논란을 소셜미디어의 헛소리라고 무시했다. 그런데 날조된 이야기가 플랫폼에서 합의된 현실로 바뀌자, 평범한 시민들이 리온수에 격분했다. 리온수가 일하는 대학교에 리온수를 해고하라는 전화가 빗발쳤다. 소속 대학은 물론이고 리온수를 옹호하는 사람들에게 아이들을 위험에 빠뜨린다는 비난이 쏟아졌다. 친구와 동료들이 끝내 리온수와 거리를 두기 시작했다.

"이 문제로 외톨이가 되었어요." 리온수는 잠시 말을 멈추고 굳은 표정으로 고개를 숙였다. 그러고는 지인들이 이런 사태가 벌어지게 내버려 둔 행동을 아마 부끄러워할 것이라고 말했다. "자기네한테도 같은 일이 일어날까 두려웠을 거예요." 시청자 수가 폭발하듯 증가한 극우 유튜버들은 리온수가 공적 생활에서 대부분 물러난 뒤에도 공산주의자 학자가 아이들을 성적 대상으로 삼는 음모를 꾸민다는 주장을 계속 밀어붙였다. 마침내 강단으로 돌아왔지만, 리온수의 삶은 이전과 완전히 달라졌다. 어디를 가든 오명이 따라붙었다. 끊임없이 살해 위협이 이어지고, 생각이 같은 동료들마저 의심스럽다며 수군거린다. "너무 지치네요. 벌써 7년째예요." 리온수는 손으로 얼굴을 가렸다. "그 일이 나를 무너뜨렸어요. 내가 겪은 최악의 일이에요. 혼자라는 기분이거든요."

리온수는 브라질 사람이다. 2018년 가을, 6년 전 리온수를 표적 삼아 허위 정보를 퍼뜨렸던 비주류 정치인이자 유튜버 자이르 보우소나루가 브라질 대선에 출마했다. 누구나 보우소나루가 패배하리라고 예측했다. 하지만 그는 10% 격차로 승리했다. 보우소나루의 당선은 도널드 트럼프가 당선된 뒤로 국제 정치에서 가장 의미심장한 사건이었다. 세계 6위의 인구 대국 브라질이 극우 음모론자의 통치를 받았다. 보우소나루는 아마존 우림 수백만 에이커를 파괴하라고 지시했고,[2] 극우의 폭력 행위를 옹호한다는 신호를 보냈고, 브라질의 민주 제도를 가차 없이 공격했고, 관료 제도를 망가뜨렸다.

보우소나루가 부상한 까닭은 부패한 정부, 경제난, 뒷걸음질한 민주주의에 대중이 분노했기 때문이라는 이야기가 등장했다. 하지만 내가 이야기를 나눈 브라질인과 분석가들은 거듭 미국의 소셜미디어 플랫폼을 언급했다. 정치 간행물 《아메리카스 쿼털리Americas Quarterly》 편집장 브라이언 윈터Brian Winter는 "2년 전만 해도 브라질에는 우파가 거의 없었습니다. 거의 난데없이 나타났어요"라고 말했다. 기득권층은 보우소나루의 극단주의 음모론, 혐오 발언, 여성을 적대하는 태도(여성 의원에게 "나는 당신을 강간하지 않을 겁니다. 당신은 그럴 자격이 없으니까"라고 말한 적도 있다) 때문에 그를 거부했다. 하지만 관심을 잡아끄는 그런 태도가 온라인에서는 잘 먹혔다. 윈터에 따르면 특히 소셜미디어와 유튜브가 보우소나루를 "다시 태어난 인물"로 소개했다. 선거 전 윈터는 보우소나루의 이상하고 갑작스러운 부상을 이해하고 싶은 마음에 그의 사무실을 방문했다. "내가 거기 있는 내내 보좌관 여덟 명이 모두 소셜미디어를 하더군요. 입법 업무는 하나도 하지 않았어요."

소셜미디어에 몰두한 사람은 보우소나루만이 아니었다. 이유는 아무도 설명하지 못했지만, 브라질에 음모론과 새로운 과격한 주장이 넘쳐났는데, 모두 유튜브에서 비롯한 듯했다. 브라질에서 활동하는 분석가 루이자 반데이라Luiza Bandeira는 "1차 대선 토론에서 한 후보가 URSAL을 말해서 유튜브를 처음 보기 시작했어요"라고 말했다. URSAL은 라틴아메리카를 범

공산 연합으로 통합하려 한다는 허구의 계획을 가리키는 용어였는데, 브라질 극우 비주류에 뿌리내렸다가 2016년부터 유튜브에 급격히 퍼졌다.[4] 이런 주장을 밀어붙이는 영상이 조회수 수십만을 기록했는데, 반데이라는 이 현상을 대부분 유튜브 알고리즘이 주도했다고 결론지었다. 반데이라조차 끊임없이 정치 동영상에서 음모론으로 넘어가도록 유도받았기 때문이다.

수십 개 넘는 음모론이 주류 담론을 달구자, 나라 전체에 혼란과 두려움이 걷잡을 수 없이 퍼졌다.[5] 한 판사가 좌파 정치인을 조사하다 사고로 사망했는데 사실은 살해되었다더라. 군부가 쿠데타를 꾸민다더라. 외국 세력이 선거를 도둑질하고, 브라질에 치명적인 질병을 뿌리고, 정부에 뇌물을 먹여 월드컵에서 지게 했다더라.

반데이라가 살펴보니 이런 이야기가 2018년 대선 몇 달 전부터 페이스북과 트위터 양쪽에서 진실을 누르고 플랫폼을 점령했다. 그리고 출처가 대개 유튜브였다. 이런 음모론이 거의 모두 보우소나루의 극우 정치 성향과 혐오로 가득한 피해망상적 세계관과 연합해 브라질 국민을 보우소나루 쪽으로 밀어붙였다. 반데이라와 함께 허위 정보를 추적하는 디지털포렌식연구소Digital Forensic Research Lab에서 일하는 호베르타 브라가Roberta Braga는 "보우소나루는 늘 이런 극렬 지지자의 견해를 옹호했지만, 이런 견해가 사람들을 끌어당기지는 못했습니다. 하지만 이제는 그런 견해가 주류죠"라고 설명했다. 보우소나루가 대통령에 당선된 선거에서 우익 유튜버 두 명이 연방 의회에 입성했고, 많은 우익 유튜버가 정부 부처에 들어갔다. 다른 유튜버들도 머잖아 연방 정부의 정책을 담당하는 자리를 얻는다. 마치 커다란 물결이 일어 비주류 우파에서도 특정 집단, 즉 유튜버들을 권력의 정점으로 밀어 올리는 것 같았다.

미얀마, 스리랑카, 독일이 페이스북의 영향력을 보여줬듯, 유튜브에 두 번째로 큰 시장인 브라질은 유튜브의 영향력 확대를 보여주는 곳이었다.[6] 또 미국과 비슷하게 넓은 지역에 펼쳐진 대통령제 민주 국가이고, 중산층이 많고, 인종 분열, 양극화 확대, 온라인에서 살다시피 하는 포퓰리스트 우파의 부상이 특징이었으므로, 소셜미디어가 미국에 미칠 영향을 이해할 창이었다. 무엇보다, 미래를 엿볼 창이었다.

트럼프는 소셜미디어 플랫폼의 도움은 받았어도, 거기에 속하지는 않았다. 브라질에서는 마치 소셜미디어가 정권을 쥔 듯했다. 브라질은 디지털이 안내하는 이상하고 새로운 사회적, 정치적 질서를 대표하는 듯했다. 미국에서도 바로 이듬해 2020년 선거가 가까워지자 이런 현상이 나타났다. 되돌아보면 2019년 브라질은 이듬해 미국에서 일어난 혼돈뿐 아니라, 상황이 바뀌지 않는다면 더 광범위한 민주주의 국가들이 마주할 미래를 보여주는 전조였다.

보우소나루가 취임하고 석 달 뒤인 2019년 4월, 나는 다큐멘터리 영화 제작진을 따라 동료 어맨다 타웁과 함께 브라질에 발을 디뎠다.

2. 알고리즘이 주도하는 민주주의

마테우스 도밍게스가 열여섯 살이었을 때 유튜브가 도밍게스의 인생을 바꿀 영상을 하나 추천했다. 도밍게스는 만을 사이에 두고 리우데자네이루시를 마주하는 고향 니테로이에서 친구들과 밴드를 꾸렸다. 연습을 위해 온라인에서 기타 교육 영상을 봤는데, 하루는 유튜브가 난두 모라Nando Moura라는 음악 강사의 영상을 추천했다. 모라는 헤비메탈 관련 영상을 만들어 올렸는데, 점점 정치 영상이 많아졌다. 긴 머리에 이상한 옷을 입고 거침

없이 말하는 모라는 페미니스트, 교사, 정치인들이 브라질인에게 공산주의와 동성애를 세뇌하는 음모를 꾸민다고 비난했다. 그러는 사이사이 농담을 던지고, 기타 리프를 연주하고, 비디오게임을 했다.

도밍게스는 모라에 껌뻑 넘어갔다. 유튜브에 머무는 시간이 늘자, 유튜브가 다른 극우 유튜버들의 영상도 추천했다. 대부분 젊은이였는데, 한 사람만 예외였다. 정장 차림의 보우소나루가 처음 도밍게스의 눈에 띈 것은 2016년 모라의 영상에 초대 손님으로 나왔을 때였다. 미국 연방의회 하원에 해당하는 브라질 대의원에서 오랫동안 의원을 지낸 보우소나루는 당시 소속 정당에서도 외면받았다. 마침 시청 시간 10억 시간을 목표로 삼은 유튜브가 새로운 딥러닝 AI를 갓 도입한 때였다. 보우소나루의 진짜 소속이라 할 브라질 극우 유튜버들이 노출이 급증하는 상황을 경험했다.

"모든 게 거기서 시작되었어요." 이제 열여덟 살이 된 도밍게스가 말했다. 안경을 쓰고 머리를 묶은 이 호리호리한 청년은 유튜브를 브라질 극우의 새로운 집이라 일컬었다. "추천 알고리즘이 브라질 사람들을 일깨웠어요. 조회수가 가장 많은 콘텐츠는 가리지 않고 홍보하죠. 좌파냐 우파냐는 신경 쓰지 않아요. 바라는 게 돈이니까요." 이제 정치는 도밍게스의 삶이었다. 보우소나루가 새로 입당한 당에 가입했고, 언젠가는 자신도 선거에 출마하기를 바랐다. 유튜브에 국민 생활의 핵심이라고 생각한 긴 영상도 올렸다.

도밍게스는 우리를 니테로이의 바닷가 산책로와 호화로운 고층 건물을 따라 행진하는 보우소나루 지지 행사로 데려가 당 관계자들에게 소개했다. 내 생각에는 이들이 취재에 기꺼이 협력하지 않을 것 같았다. 전문가들이라면 자기네 성공을 외국 웹사이트 덕분으로 돌리지 않아야 한다는 것을 알 터였다. 예상은 보기 좋게 어긋났다. 우리가 이야기를 나눈 사람들은 하나같이 미국 소셜미디어 플랫폼 덕분에 여기까지 왔다고 주장했다.

당 지역 부위원장 마우리시우 마르팅스가 군중 속에서 큰 소리로 말했다. "모든 사람이 마찬가지입니다. 여기 온 사람 대다수가 유튜브와 소셜미디어를 보고 왔어요. 나도요." 몇 년 전 유튜브가 마르팅스에게 정치 관련 영상을 자동 재생했다. 정치는 마르팅스가 한 번도 관심을 드러낸 적 없는 주제였다. 영상 제작자는 우파 유튜버 킴 카타기리Kim Kataguiri였다. "그전에는 이념적, 정치적 배경지식이 없었어요." 그런데도 마르팅스는 영상에 눈길을 빼앗겨 계속 시청을 이어갔다. 알고리즘이 "정치 교육"을 제공한 셈이었다.

마르팅스와 도밍게스 같은 브라질 사람들은 요나스 카이저나 기욤 샤슬로 같은 연구자들이 관찰했던 것보다 훨씬 많은 부분이 사실이라고 주장했다. 이를테면 유튜브는 온라인 비주류 커뮤니티를 만들거나 특정 사용자의 견해를 바꾸는 데 그치지 않고, 우파 정치를 거의 모두 대체할 만큼 효과적으로 브라질의 보수 운동 전체를 과격화했다. 한 연구진이 수백 킬로미터 떨어진, 식민지 시절 세워진 대도시 벨루오리존치에서 컴퓨터에 고개를 박고 이 주장이 사실인지를 파악하고 있었다. 미나스제라이스연방대학교에서 연구진을 이끈 수염이 희끗희끗한 컴퓨터과학자 비르질리우 알메이다Virgilio Almeida는 "우파 채널이 유튜브에서 엄청난 우위에 있습니다. 좌파 채널보다 조회수, 댓글, 상호작용이 더 많아요"라고 밝혔다. 하지만 얼마 전 일어난 부패 스캔들이 좌파 정부를 무너뜨리고 정계를 뒤흔든 참이었다. 어쩌면 유튜브가 단순히 브라질 사람들의 태도를 반영했을지도 모를 일이었다.

알메이다는 유튜브의 영향력을 분리해 찾아낼 아이디어를 몇 가지 갖고 있었다.[7] 연구진은 유튜브의 정치 영상에 달린 자막을 긁어모으면 정치적 방향성을 측정할 수 있다는 것을 깨달았다. 특수 소프트웨어를 이용해 영상의 분위기와 정치 노선을 추적했다. 영상 아래 달린 댓글도 같은 방식으로 분석했다. 분석 결과, 유튜브가 2016년에 알고리즘을 개선한 뒤로 우파 채널이 여느 채널보다 시청자가 상당히 빠르게 늘어 정치 콘텐츠를 장악했다. 보우소나루를 향한 긍정적 언급이 급증했다. 보우소나루가 내놓은 음모론도 빠르게 퍼졌다. 샤슬로가 2017년 프랑스 선거에서 발견했듯이, 현실에서는 보우소나루의 지지율이 낮게 정체되어 있는데도 유튜브가 친보우소나루와 강경 우파로 급격히 기울었다. 유튜브는 현실 세계의 흐름을 반영하지 않았다. 스스로 흐름을 만들었다.

알메이다는 다른 연구가 실마리만 던졌던 새로운 사실을 하나 발견했다. 유튜브가 보우소나루 관련 영상을 보도록 브라질 사람들의 관심을 유도했을 뿐만 아니라 실제로 사용자의 근본적인 정치 견해를 바꾸고 있었다. 유튜브의 우경화는 영상 조회수에서 비롯했다. 보우소나루를 칭찬하거나 극우 용어를 사용한 채널은 조회수가 치솟는 것을 경험했다. 모르긴 몰라도 알고리즘 때문이었을 것이다. 그 뒤로 댓글도 우경화되었다. 따라서 보루소나루주의가 사용자를 끌어들였다기보다, 유튜브가 사용자를 보우소나루주의로 끌어들였다고 볼 수 있다.

그런데 플랫폼이 현실 세계에 정치 성향이라는 단순한 문제를 훌쩍 넘어서는 영향을 미치는 것으로 드러났다. 마테우스 도밍게스가 온라인에서 정치적 각성을 경험한 2017년 초, 니테로이에서 카를루스 조르디Carlos Jordy 라는 야심만만하고 젊은 시의원이 어떤 아이디어를 떠올렸다. 좌파 성향이 짙은 니테루이에서 강경 보수주의자 조르디가 무명을 벗어날 길은 별로 없어 보였다. 천성이 거칠고 몸 곳곳에 문신을 새긴(왼쪽 손에는 눈에 다이아몬드가 박힌 불타는 해골을 문신했다) 조르디는 브라질 정치권이 자신을 멸시한다고 느꼈다. 그러다 유튜브에서 같은 생각을 품은 사람들을 발견했다. 난 두 모라, 자이르 보우소나루, 그리고 알고리즘이 대안 우파로 안내하는 길목이 된 심리학자 조던 피터슨을 보았다.

조르디의 계획에 영감을 준 것은 브라질의 극우 유튜버들이었다. 이들은 보우소나루가 타티아나 리온수를 겨냥해 주장한 날조된 혐의에 뿌리를 둔 음모론, 즉 공산주의자들이 학생들에게 동성애를 세뇌한다는 증거를 찾겠다며 학생들에게 몰래 교사들을 촬영하라고 부추긴 뒤 영상을 조작해 여러 달 동안 자기네 채널에 올렸다.[8] 조르디가 니테로이 시의회에서 좌파를 윽박지르는 영상을 유튜브에 올렸을 때는 구독자가 그리 많지 않았다. 그래서 자신이 숭상하는 유튜브 영웅들처럼 니테로이 학생들에게 교사를 촬영하라고 요청했다. 몇몇 학생이 교실에서 휴대폰으로 찍은 흔들리는 영상을 보냈고, 조르디가 이 영상을 편집해 유튜브에 올렸다.

사무실에서 나와 인터뷰하는 동안, 조르디는 이런 영상 중 가장 파급력이 컸던 영상을 자랑스레 보여줬다. 영상에서 한 동급생이 나치 독일을 주제로 수업 중인 역사 교사를 방해했다. 학생은 보수적인 학생이 나치와 비슷하냐고 물었고, 교사는 그렇다고 답했다. 배너 이미지에는 조르디의 이름과 소셜미디어 핸들이 떴다. 알고 보니 영상은 조르디가 오해를 불러일으키게 편집한 것이었다. 실제로는 게이인 학생이 보우소나루 지지자 가정의 반 친구들에게 괴롭힘을 당한다고 설명했었다. 당시 지역 인사에 그쳤던 보우소나루가 아들이 게이가 되느니 차라리 죽는 편이 낫다고 말해 이름을 알린 차였다. 학생은 이런 정서가 반 친구들을 나치처럼 만드느냐고 물었다. 교사는 두 집단이 동성애를 혐오한다는 공통점은 있어도 그렇지는 않다고 답했다.

처음에는 영상을 찾는 시청자가 거의 없었다. 그러다 난도 모라가 영상을 다시 편집해, 이 학교가 아동 학대의 온상이라는 증거라고 주장했다. 영상이 유튜브의 우파 채널을 휩쓸어 엄청나게 많은 시청자에게로 뻗어나갔다. 그러다 이번에는 페이스북으로 퍼져 500만 번이나 조회되었다.

영상 속 교사인 발레리아 보르즈스는 우리에게 영상이 유포된 뒤 몇 달을 "인생 전체에서 최악의 시간"이라고 말했다. 그리고 당시 구체적인 위협이 쏟아졌던 페이지를 보여줬다. 다른 교사와 학교 관계자들도 공모자로 간주되어 표적이 되었다. 학생들이 한목소리로 보르즈스를 지지했지만, 브라질 사람 대다수는 보르즈스를 악당으로만 여겼다. "그들은 나를 적으로 봐요. 없애야 할 존재로요." 2년이 지났는데도 충격은 여전했다. "가족이 두렵고, 학생들이 두렵고, 동료들이 두려워요."

다른 교사에 따르면 학부모들이 무엇을 믿어야 할지 확신하지 못했다. 학교와 교사들이 유능하고 친절하다는 것은 학부모들도 알았다. 하지만 친구와 친척들이 음모론을 귀에 못이 박이게 말한 탓에 자기가 아는 현실과 그런 현실을 압도하는 소셜미디어의 비현실을 조화시키느라 애를 먹었다. 어떤 이들은 '세뇌'와 관련한 날 선 질문을 던졌다. 교사들은 두려움이 커져 교실에서 몸을 사렸다. 자기가 무슨 말을 하든 어떤 의제를 제기할 목적으로 왜곡된 채 온라인에 등장해 소셜미디어를 타고 전국으로 퍼질지 모른다고 걱정했다.

그런 사건들이 브라질 전역에 빠르게 퍼졌다.[9] 처음에는 어떤 교사가 학생들에게 마약을 거래해라, 공산주의 폭동을 일으켜라, 동성애자가 되라고 부추겼다는 것처럼 터무니없게 들리는 의혹 제기였다. 그러다 이를 뒷받침하는 듯한 영상이 등장했다. 다른 유튜버들이 이 영상에 자기 의견을 보태 유튜브가 일관되게 보상하는 문화 전쟁 음모론을 플랫폼에 제공했다. 이들은 대가로 조회수 수십만 회를 확보하고 덤으로 광고 수익을 배당

받았다. 유언비어 하나하나는 터무니없을지라도, 모아놓으면 다른 유언비어에 신빙성을 더해 서로 허위 정보를 떠받치는 버팀목이 되었다. 교사들은 해고되거나 괴롭힘 끝에 몸을 숨겼다. 학교는 공격당했고, 지역 사회는 불신과 분열에 휩싸였다. 모두 유튜브에서 조직된 일이었다.

보르즈스는 "브라질에서는 이런 촬영과 사적 제재가 시시때때로 일어납니다. 일종의 협박이죠. 그리고 효과가 있어요"라고 밝혔다.

조르디는 다른 교사들의 영상도 같은 방식으로 편집해 올렸다. 그런 영상 덕분에 "전국 단위의 시청자"를 확보했다. 시의원으로 일한 지 겨우 2년 뒤, 조르디는 보우소나루가 당선된 선거에서 연방 의원으로 당선되었다. 공산주의자 교사들이 동성애를 세뇌한다고 주장한 또 다른 극우 유튜버도 주의회에 입성했다. 돌이켜보면 이것이 경고 신호였다. 우스꽝스러워 보여도 정치적 야심이 있는 미국의 비주류 음모론자들, 이를테면 로렌 보버트Lauren Boebert와 마저리 테일러 그린Marjorie Taylor Greene이 실제로 몇 년 뒤 야망을 이루는 상승 추세를 나타냈다. 조르디는 "소셜미디어가 존재하지 않았다면 내가 여기 없었을 겁니다. 자이르 보우소나루는 대통령이 되지 못했을 거고요"라고 인정했다.

조르디에게 영상의 의미를 바꿔 편집했던 일을 물었더니 반박하지 않았다. 나는 보르즈스가 받았던 협박문을 몇 개 읽어줬다. 보르즈스를 죽일 뿐더러 더한 일도 하겠다는 내용이었다. 조르디는 결백을 알면서도 교사들의 삶을 뒤엎은 일을 후회했을까?

인터뷰 전 다큐멘터리 제작진이 보좌관들에게 녹음에 방해가 된다며 에어컨을 꺼달라고 부탁했었다. 38℃에 가까운 후덥지근한 날이었다. 코딱지만 한 사무실에 다섯 명이 거의 무릎이 닿을 정도로 구겨 앉아 한 시간 넘게 이야기를 나눴다. 답답하고 뜨거운 공기로 숨이 막힐 것 같았다.

조르디의 눈으로 땀이 흘러내렸다. 조르디는 솔직히 말했다. "충격을 주려고 그랬습니다. 그 선생을 폭로하려고요." 그러더니 어깨를 으쓱하고 가슴을 쫙 폈다. "나는 그 선생이 두려움을 느끼기를 바랐어요."

사건이 진행되는 내내 조르디는 자기가 대신 행동에 나섰다는 학생이나 학부모 단체와 한 번도 이야기를 나누지 않았다. 사무실에서 겨우 몇 미터 떨어진 학교도 찾아가지 않았다. 시의회 의원의 권한을 사용조차 하지 않았다. 모든 에너지를 소셜미디어에 쏟아넣었다. 왜 그랬을까?

"소셜미디어에는 우리가 맞서 싸우는 문화 전쟁이 있으니까요." 하지만 상대가 누구인지는 뚜렷이 밝히지 않았다. "사람은 자신이 두려워하는 대상에 조심하기 마련이죠. 자기 행동으로 처벌받을 수 있다는 것을 알리려면 이런 두려움을 느끼게 해야 합니다."

조르디는 소셜미디어에서 분노에 불을 지피고 주목받는 것 말고는 정치 구상이랄 것이 없어 보였다. 어쨌든 그런 자극과 유인책으로 연방 의원이 되었다. 니테로이 시민과 이야기를 나눠볼수록, 내게는 조르디와 보우소나루 같은 사람들이 자기들을 끌어올린 디지털 세력의 주도자라기보다 수동적인 수혜자처럼 보였다.

"여기 아이들 95%가 유튜브를 써요. 주로 유튜브에서 정보를 얻으니까요." 조르디가 표적으로 삼았던 학교 밖에서 열일곱 살 학생 인자기가 한 말이다. 인자기에 따르면 아이들은 버스에서 시간을 보내려고, 집에서 TV 대신으로, 또 과제용 조사를 하려고 유튜브를 봤다. 그러다 다른 사람들과 마찬가지로 한 사실을 깨달았다. "게임 관련 영상을 보고 있는데 느닷없이 보우소나루 영상이 뜰 때가 있어요. 유튜브가 사람들이 원하든 원치 않든 그런 영상을 보게 하려는 거죠."

인자기는 교실에서도 유튜브의 영향력을 느꼈다. 점점 더 많은 학생이 유튜브에서 본 의혹과 음모론으로 교사들을 방해했다. 조주라는 학생도 "극단적인 이야기를 하는 아이들은 모두 마망이팔레이$_{MamãeFalei}$, 킴 카타기리, 자유브라진운동을 인용해요"라며 우파 유튜버들을 줄줄이 읊었다. 인자기가 "난도 모라, 난도 모라"를 외치자, 친구들이 따라 웃었다. "거리에서든 버스에서든 떼로 모여 있을 때든 사람들이 난도 모라를 보거든요." 내가 이야기를 나눈 학생들은 모두 유튜브, 특히 게임과 코미디 채널을 좋아한다고 강조했다. 하지만 하나같이 유튜브가 자꾸만 음모론과 정치적 폭언을 보도록 자기들을 떠민다고 볼멘소리를 했다. 인자기는 "유튜브가 결국은 사람들의 사고방식에 영향을 미쳐요"라고 말했다.

나는 요나스 카이저와 아드리안 라우흐플라이슈에게 브라질에서 유튜브의 행태를 이해하게 도와달라고 청했다. 두 사람이 독일과 미국에서 갈고닦은 방법을 브라질에도 적용했다. 유튜브의 추천 영상을 무수히 추적했더니, 전과 마찬가지로 알고리즘이 극우 채널과 음모론 채널을 엮어 만든 거대 군집이 나왔다. 브라질에서도 유튜브는 온건한 목소리를 진입점으로 삼아 사용자들을 극단주의로 끌어들인 다음 더 많은 영상을 보여줘 거기에 잡아뒀다. 브라질은 독일이나 미국이 어쩌다 일어난 예외일지 모른다는 조금의 의심마저 가라앉혔다. 유튜브가 대규모로 우파 과격화를 이끄는 방식이 시스템에 깊이 새겨져 있다고 생각될 만큼 소름 끼치게 한결같았다.

유튜브의 토끼굴 효과, 즉 브라질 유권자에서 꽤 큰 비중인 수백만 명에게 왜곡을 일으킨 결과가 현실 세계 곳곳에 영향을 미쳤다. 시작은 정치계였다. 보우소나루는 평판 좋은 뉴스보다 유튜브를 보라고 국민을 부추겼다.[10] 기술 관료를 소셜미디어 인사들로 대체했는데, 이들은 자기들을 그 자리에 올려준 실리콘밸리의 알고리즘을 충족하는 기이한 음모론(교육, 보건, 소수자 관련 음모론이었다)을 따르는 데 권력을 사용했다.[11] 보우소나루를 뒤따라 정계에 입문한 유튜버들은 지지층인 소셜미디어 유권자를 유지하려면 유튜브에 의존해야 한다는 것을 알고서 유튜브에 열광적으로 콘텐츠를 올렸다. 달리 말해 이들이 추진하는 모든 일이 유튜브의 요구와 편견을 충족하는 것이었다.

유튜브가 주도하는 새로운 정치 시대의 중심지는 자유브라질운동Movimento Brasil Livre, MBL의 상파울루 본사였다. MBL을 이끄는 킴 카타기리는 십 대 때 유튜브에 좌파 교사들의 편견이라고 생각한 내용을 반박하는 영상을 올려 명성을 얻었다(보우소나루가 소속된 정당의 지역 부위원장인 마우리시우 마르팅스도 자신이 정치에 입문한 계기로 유튜브에서 자동 재생된 카타기리의 영상 중 하나를 언급했다). 2016년, 카타기리는 당시 브라질 대통령 지우마 호세프의 탄핵을 선동할 목적으로 다른 사람들과 함께 MBL을 결성했다. 구성원은 유튜브에 딱 들어맞게도 젊고, 교육 수준이 높고, 온라인 활동이 매우 활발한 우파였다. 그해 가을, 카타기리는 스물두 살에 연방 의원에 당선되었다.

임기를 시작한 지 몇 달 뒤, 카타기리가 MBL 사무실에 들렀다. 콘크리트 바닥이 깔린 사무실은 노트북 앞에 웅크린 힙스터들의 집합소였다. '미국을 다시 위대하게' 모자를 거꾸로 쓴 카메라맨이 가죽 소파로 카타기리를 안내해 그날의 영상을 찍었다. 촬영이 끝나자 카타기리는 MBL이 처음에는 페이스북을 이용했는데, 2016년에 유튜브가 알고리즘을 개선한 뒤로 효과가 더 큰 것으로 드러나자 유튜브로 갈아탔다고 설명했다. 게다가 페이스북과 유튜브에 똑같은 콘텐츠를 올려도 페이스북은 계속 허위 정보를 이유로 MBL에 제동을 거는 반면, 유튜브는 한 번도 그러지 않았다고 한다.[12] 내가 여러 번 들었던 말이었다. 유튜브가 콘텐츠 내용을 훨씬 많이 묵인한 것도 MBL 같은 단체가 유튜브를 애용한 이유 중 하나였다.

MBL에 속한 다른 유튜버들도 2018년에 당선되었다. 유튜브의 추천 알고리즘이 크게 밀어준 덕분에, 이들의 채널이 카이저가 그린 브라질 유튜브 지도에서 모두 핵심 노드를 차지했다. 그중 한 명이 아루투르 두 발Arthur do Val이었다. 두 발은 주의원에 당선된 뒤에도 여전히 유튜브 채널명 인 마망이팔레이('엄마가 말했다'라는 뜻이다)로 활동했다.

두 발이 유튜브의 중요성을 강조하고자 언급한 것은 다른 단체가 올린, 파급력이 엄청난 영상이었다. 브라질에 군사 쿠데타가 일어난 해를 제목 으로 삼은 '1964'에서 이 단체는 반체제 인사 수백 명을 학살하고 수천 명 을 고문했다는 독재 정권의 폭정이 사실은 좌파 역사가들의 날조라고 주장 했다. 공산주의를 뿌리 뽑으려면 쿠데타를 일으킬 수밖에 없었다고도 주장 해, 머잖아 또다시 그렇게 조처해야 한다는 뜻을 내비쳤다. 두 발은 "내가 이 영상을 가장 많이 공유한 사람 중 하나입니다"라고 자부했다.

브라질에서 내가 방문한 곳마다 〈1964〉 이야기가 나왔다. 열여덟 살인 활동가 도밍게스는 〈1964〉를 가리켜 군사 정권이 그렇게 나쁘지는 않았 다고 자신을 설득한 '획기적 사건'이라 말했다. 역사 교사 발레리아 보르 즈스는 유튜브가 브라질 젊은이들의 머릿속에서 조국의 역사를 지울뿐더 러 같은 역사를 되풀이하라고까지 유도하는 현상을 보는 것이 끔찍하다 고 말했다.

우리가 MBL 본부에 머무는 동안, 활동가들이 비록 이렇게 성공했지 만 자기들도 플랫폼의 영향을 걱정하게 될 것이라 말했다. 이제 정치에 뛰 어들어 MBL에서 영상 제작을 맡은 꽁지머리의 전직 록 기타리스트 페드 루 드이로트도 마찬가지였다. "우리에게는 독재 국가와 비슷한 면이 있습 니다." 그는 유튜버들이 "조회수가 올라간다는 이유로, 사용자 참여도가 올라간다는 이유로" 줄줄이 꾸준하게 더 과격해지고, 거짓말을 더 많이 하고, 더 무모해지는 모습을 지켜봤다.

드이로트에 따르면 누구나 그런 압박을 느꼈다. "한 번 문을 열면 되돌아가지 못합니다. 계속 앞으로 나아가야 하니까요." 한때는 드이로트도 소셜미디어가 변화를 일으킬 힘이라고 믿었다. 이제는 소셜미디어가 '미국을 다시 위대하게' 모자를 쓴 성공한 수정주의자들이 보기에도 너무 과격하고 해롭기만 한 경향을 끌어내는 것 같았다. "평평한 지구를 믿는 사람들, 백신 반대주의자들, 정치 음모론자들. 모두 같은 현상이죠. 안 보이는 데가 없어요." 이 시스템의 최대 악용자이자 수혜자 일부가 갑자기 러네이 디레스타나 기욤 샤슬로처럼 이야기한다면, 이곳 브라질에서든 미국에서든 내가 지금껏 본 것보다 위험이 훨씬 더 커졌다는 뜻일 터였다. 그리고 실제로 그랬다.

3. 닥터 유튜브

마세이오는 브라질에서 가난하기로 손꼽히는 도시다. 이곳 외곽의 콘크리트가 깔린 어느 마당에 아이 엄마 열다섯 명이 내리는 비를 피해 플라스틱 덮개 아래 옹기종기 모여 있었다. 이들은 마르드자느 누느스Mardjane Nunes를 기다리고 있었다. 2015년부터 아메리카 대륙의 임신부 수천 명이 지카라는 새로운 바이러스에 감염된 뒤로 심각한 신경 장애와 소두증이라는 두 개골 기형이 있는 아이를 낳았다. 가장 큰 피해 지역은 마세이오가 자리 잡은 브라질 동북부였다. 마세이오 같은 지역 곳곳에서 엄마들이 자기 아이를 장애아로 만든 잘 모르는 질환에 대처하고자 서로 돕는 협력 단체를 만들었다.

지카 바이러스 전문가로 손꼽히는 누느스가 이들의 의문에 답하고자 이곳을 찾았다. 몇 분 지나지 않아 아이를 안은 한 엄마가 일어나, 소셜미디어에서 이런 질환을 일으키는 원인이 의사들 말처럼 모기 매개 바이러스가 아니라 사실은 유효 기간이 지난 백신이라는 이야기를 들었다고 말했다. 아이 엄마는 의심이 가시지 않아 고심하다 백신 접종을 포기할까 생각 중이었다. 여러 엄마가 고개를 끄덕였다. 누느스는 부드러우면서도 단호하게 소문이 가짜라고 말했다. 하지만 아이 엄마들이 잇달아 의심을 드러냈다. 모두 온라인에서 이런저런 이야기를 들었기 때문이다. 지카 바이러스는 거짓이거나 음모다. 의사들을 믿으면 안 된다. 백신은 안전하지 않다.

누느스는 동료들한테서 모임이 이따금 이렇게 흘러간다는 이야기를 들었다. 얼마 전까지 마세이오시 보건부 고위직에 있던 누느스는 현장으로 돌아와 지역 병원에서 지역 단체를 통해 HIV, 지카 바이러스와 싸웠다. 누느스는 소셜미디어가 보건계에서 점점 불안을 키우는 주제가 되고 있다고 밝혔다. 현장에 나갔다 돌아온 연구자들이 지역 전체가 치료를 거부한다, 엄마들이 두려움에 질려 아이의 목숨을 구할 치료를 거부한다 같은 이야기를 들려줬다. 하지만 누느스는 엄마들의 두려운 눈빛, 공동체가 현실에서 완전히 단절된 상황에는 대비하지 못했다. "더 적극적이고 서로 이야기도 많이 나누는 이 단체가 여전히 의심을 품는다면, 이런 단체에 속하지 않는 엄마들은 어떻게 생각할지 상상해보세요."

누느스는 시 보건부가 이런 젊은 가족을 교육하는 데 계속 더 많은 자원을 투입하지만, 소셜미디어를 통해 훨씬 더 빠르게 퍼지는 허위 정보에는 상대가 되지 못하는 것도 그래서라고 설명했다. 브라질에서 백신 기피가 늘고 있었다.[13] 지카 바이러스 퇴치에 많이 쓰는 모기 유충 제거제를 사용하지 않겠다는 지역도 늘고 있다고 보고되었다.[14] 누느스의 말마따나

"소셜미디어가 이기고 있었다."

이 문제는 새로운 것이 아니었다. 벌써 2015년에 디레스타가 페이스북이 지카 바이러스를 둘러싼 음모론을 체계적으로 밀어주는 현상을 발견했었다. 2017년에는 브라질 연구·데이터분석 연구소Instituto Brasileiro de Pesquisa e Análise de Dados가 유튜브에 황열병 백신과 관련한 음모론이 넘쳐난다는 것을 발견했다.[15] 같은 시기에 황열병 환자가 급증했는데, 인과 관계는 명확하지 않았다. 무엇이 원인이고 무엇이 결과든, 그런 음모론을 밀어붙인 것은 극우 정치 채널이었다. 황열병 사례는 유튜브 알고리즘이 서로 상관없던 음모론과 극단주의 채널을 하나로 묶어 새로운 유형의 위협을 만든다는 카이저의 연구 결과를 입증하는 또 다른 증거였다.

"모르는 것은 뭐든 유튜브에서 답을 찾을 수 있어요." 누느스에게 백신에 대해 물었던 엄마 중 한 명인 지슬레안젤라 올리베이라 도스 산토스가 다음날 자기 집에서 내 동료 어맨다에게 한 말이다. 이 집에 가려면 하루가 걸렸지만, 자기도 젊은 엄마인 어맨다가 다큐멘터리 제작진을 설득했다. 이런 음모론을 따르는 부모들을 문제의 일부로 오해하기 쉽지만 사실은 이들도 소셜미디어의 피해자라고 봤기 때문이다.

3년 전 올리베이라 도스 산토스의 아이가 소두증을 진단받았을 때는 정보가 거의 없었다. 무엇보다, 지카 바이러스가 처음 보는 것이었다. 그래서 온라인에서 자료를 있는 대로 모두 긁어모았다. 유튜브도 그중 하나였다.

이번에도 어김없이 유튜브가 올리비에라 도스 산토스에게 지카 바이러스의 원인은 정부가 싸게 사들인, 유효 기간이 지난 홍역 백신이라고 주장하는 영상을 추천했다. 주삿바늘 속 수은이 문제라느니, 지카는 가톨릭 가정을 무너뜨리려는 미심쩍은 외국 세력의 음모라느니 하는 주장이 펼쳐졌다. 어떤 영상은 뉴스 보도나 공익 광고처럼 보이게 연출되어 있었다. 어떤 영상은 신부나 믿음직한 인물이 선한 브라질 엄마들에게 외국에 장악된 타락한 의사들에 귀 기울이지 말라고 호소하는 장면을 보여줬다. 똑같은 경험을 한 같은 공동체의 엄마들이 확증 편향을 일으키는 또 다른 소셜웹인 왓츠앱의 그룹 스레드에 영상을 공유했다.

올리비에라 도스 산토스는 유튜브의 추천 알고리즘과 검색 엔진에 떠밀려 그런 영상을 보게 되었다. 구글에서 '지카'나 '지카 백신'을 검색해도 그런 영상이 나왔다. 구글은 수익성이 매우 높다고 증명된 유튜브 링크의 시너지 효과를 얻고자 그런 영상을 자주 검색 결과 맨 위에 배치했다. 인터넷을 신뢰해서는 안 된다는 것은 올리비에라 도스 산토스도 알았다. 하지만 영상이 심은 의심 때문에 판단 능력이 마비되었다. 처음에는 아이들에게 표준 예방 접종을 했지만, 그 일 이후로 딸에게 백신을 더 접종하기가 두려웠다. 이제는 본인도 백신을 접종하지 않는다.

그 뒤로 올리비에라 도스 산토스는 의심에, 그리고 무엇보다 죄책감에 시달렸다. 아이에게 백신을 접종했기 때문에 목숨을 위협하는 병에 걸린 건 아닐까? 의사들은 아니라고 말했다. 하지만 브라질에서 높이 평가받는 미국의 IT 기업들이 자꾸 그가 아이에게 평생 장애를 안겼다고 주장했다. 아이를 돌볼 정보를 찾으면 거의 매번 그렇다는 '증거'를 떡하니 내놓기까지 했다. "무력한 느낌이 들어요. 무력하고 마음이 아파요." (다른 무수한 브라질인과 마찬가지로, 올리비에라 도스 산토스가 유튜브에서 시간을 보낼수록 보우소나루를 지지하는 영상이 더 많이 보였다. 영상이 설득력 있다고 생각한 그는 보우소나루에게 투표했다.)

마세이오 공립병원은 딱히 지원을 잘 받지 못한다. 내가 방문했을 때도 전기를 아끼려고 천장 등을 많이 꺼놓고 있었다. 하지만 지카 바이러스와 맞서 싸우는 최전선이었으므로, 브라질의 최고 의료인 몇몇이 이곳으로 모여들었다. 내가 방문한 이유를 들은 의사들이 곧장 시간을 내 거의 텅 빈 휴게실로 나를 안내했다. 소아신경과 의사 플라비오 산타나가 "가짜 뉴스는 사실상 전쟁입니다. 사방에서 가짜 뉴스가 나와요"라고 알렸다. 브라질 의료계에서 소셜미디어 플랫폼에 불만을 토로하는 논의가 점점 더 많아진다고도 했다. "브라질에서 다른 곳에 가더라도 같은 논쟁을 발견할 겁니다."

전염병 전문가 아우리에네 올리비에라가 고개를 끄덕였다. 환자들이 갈수록 그의 조언을 거부하고 이의를 제기했다. "환자들이 '아뇨, 내가 구글에서 찾아봤어요, 유튜브에서 봤어요'라고 말해요." 올리비에라도 환자들의 고민을 이해했다. 음모론은 과학은 줄 수 없는 확신을 심어줬다. 민간요법은 엄마들이 아이들의 건강을 자기 손으로 관리한다고 느끼게 했다. 먹고사느라 여러 일을 하거나 멀리 사는 엄마들에게 올리비에라는 겨우 한 달에 한 번 볼 수 있는 사람이었지만, 플랫폼은 올리비에라와 달리 언제나 곁에 있어 날마다 볼 수 있었다. 엄마들은 게으르거나 무식해서가 아니라 필요해서 스마트폰 앱을 이용했다.

그러나 입소문을 탄 영상들이 아이들의 목숨을 점점 더 위험에 빠뜨렸다. 백신 접종을 거부하라는 조언에 그치지 않고, 특정 질환을 직접 치료해라, 질환 때문에 음식을 삼킬 수 없는 아이들에게 영양 공급관을 쓰지 말라고까지 권했다. 의사들이 엄마들을 설득하려고 아동보호국에 연락하겠다고 위협해야 했던 적도 몇 번 있었다. 이런 가혹한 위협은 엄마들에게 죄책감을 느끼게 하는 힘이었지만, 때로는 플랫폼의 힘에 맞설 만큼 강력한 유일한 대안이었다.

나는 이런 일이 벌어진 지 얼마나 오래되었느냐고 물었다. 만약 지카 바이러스가 출현한 2015년과 시기가 일치한다면, 틀림없이 기술 변화보다 바이러스 때문에 생긴 혼란일 것이다. 하지만 의사들의 대답도 다른 사람들과 같았다. 이 현상은 지카 바이러스보다 늦게, 유튜브가 알고리즘을 수정한 직후 나타났다. 올리비에라는 "일주일에 한 번 넘게 이런 일이 일어납니다. 점점 더 심해지고요"라고 말했다. 의사와 의학 연구자들이 "닥터 구글과 닥터 유튜브에 맞서 경쟁하고 있다고 자주 한탄한다"고 했다. 그리고 이들은 지고 있었다.

나는 엄마들과 보건 의료 종사자들이 말한 음모론 영상들(조회수가 대부분 수만에서 수십만이었다)을 모아 카이저의 연구팀에 보내, 이 영상과 영상을 게시한 채널들이 모두 연결망 분석에 나타났었느냐고 물었다. 알고 보니 나타나기만 한 것이 아니라 핵심에 있었다. 카이저의 연구팀은 의료 보고서부터 수정 구슬을 이용한 치유까지 모든 것을 다루는, 알고리즘이 하나로 묶은 의료·보건 채널들의 거대한 연결망을 밝혀냈다.[16] 정치 영상과 마찬가지로 알고리즘은 믿을 만하거나 친숙한 채널을 관문으로 이용해 사용자들을 최악의 음모론과 허위 정보로 안내했다. 부모와 의사들이 심란한 얼굴로 우리에게 보여준 그 영상들이 알고리즘의 최종 목적지인 연결망의 중심 가까이 있었다.

이 확실한 증거로 보건대, 우리가 브라질의 잘못된 의료 정보와 관련해 이야기를 나눈 사람은 모두 자기가 생각한 것보다도 유튜브를 훨씬 잘 알았다. 유튜브는 정치에서 그랬듯 의료 문제에서도 평범한 사용자의 관심을 악용해, 그렇지 않았다면 사용자들이 절대 발을 들이지 않았을 토끼굴로 이들을 끌어들였다. 또 정치 영상을 차례로 배치해 평범한 시청자를 디지털에 중독된 과격론자로 바꾸는 법을 배웠듯이, 지카 바이러스와 백신 영상을 정확한 순서로 배치해 다정한 엄마들이 자기 손으로 아이들을 위험에 빠뜨리게 구슬렸다.

"플랫폼에는 언제나 경계선에 있는 콘텐츠가 있기 마련입니다. 그건 일어날 수 있는 일이에요." 카이저는 IT 기업의 입장을 옹호하려 했다. "충격적인 건 유튜브 알고리즘이 기본적으로 사람들이 이런 방향으로 가도록 돕는다는 거죠."

4. 유튜브-왓츠앱 파이프라인

마세이오의 산부인과에서 만난 임상심리학자 루차나 브리투가 나와 어맨다가 조사하는 내용을 듣자 부드러운 목소리로 함께 이야기를 나눠야 한다고 주장했다. 수도 브라질리아의 연구소에서 일하는 브리투는 지카 바이러스에 시달리는 환자 가족을 직접 만나고자 마세이오를 찾은 중이었다. 브리투가 힘겹게 버티는 부모들을 만나느라 하루 종일 바빴으므로 우리는 자정이 지나서야 마주 앉았다. 브리투는 휴대폰을 뒤져, 소두증을 앓는 아이의 아빠가 왓츠앱 메시지로 보낸 영상을 보여줬다. 영상은 록펠러재단이 브라질에서 낙태를 합법화할 계획으로 지카 바이러스를 퍼뜨렸다고 주장했다. 아이 아빠는 이것이 진실인지 알고 싶어 했다.

브리투에 따르면 이제 이런 일이 일상이었다. 세계 많은 지역 사람이 일반 컴퓨터나 광대역 통신은커녕 동영상 스트리밍 요금도 감당하지 못하는 형편이다. 왓츠앱이 대안을 제공했다. 왓츠앱에서 발생하는 데이터 요금은 대부분 제로레이팅 계약에 포함되었으므로, 유튜브 시청 요금을 감당할 수 없는 사람들이 왓츠앱에 다시 업로드된 조각 영상을 보고, 다시 친구에게 전송해 왓츠앱의 초대형 그룹에서 공유할 수 있었다. 문맹률이 높은 브라질 일부 지역에서는 많은 가정이 왓츠앱 그룹을 뉴스를 소비하는 주요 수단으로 여긴다. 이들에게 왓츠앱 그룹은 구글, 페이스북, CNN이 하나로 합쳐진 것이다.

일반 사용자들이 비디오 클립을 복사했으므로, 유튜브나 페이스북에서 인기 있는 영상은 무엇이든 바이러스가 한 숙주에서 다른 숙주로 건너뛰듯 왓츠앱에 다시 업로드되어 입소문을 탈 가능성이 컸다. 브리투는 자기가 받은 것 같은 영상들이 지카 바이러스에 대처할 정보를 공유하고자 만들어진 왓츠앱 그룹에 자주 퍼져, 가족의 건강을 지키려는 사람들의 노력을 저버린다고 말했다. 브리투와 동료들이 그런 그룹들에 가입해 영상의 실체를 밝히려 했지만, 질문이 계속 튀어나왔다. 게다가 유튜브와 페이스북에서 생성된 콘텐츠가 아무런 확인 없이 끊임없이 흘러들어왔다.

미나스제라이스 연방대학교의 컴퓨터과학자 비르질리우 알메이다가 바로 이 현상을 연구했었다.[17] 알메이다의 연구진은 브라질 사람 수백 명의 왓츠앱 그룹에서 메시지 수만 건을 추적해 흐름을 살펴봤다(당연히 모두 익명 처리했다). 왓츠앱 사용자들은 메시지 열네 개마다 영상 하나를 올렸다. 놀라울 만치 높은 비율이었다. 또 다른 어떤 사이트보다 유튜브를 더 많이 링크해(페이스북 링크보다 열 배나 많았다), 유튜브–왓츠앱 파이프라인 가설을 뒷받침했다. 연구진은 인도와 인도네시아에서도 비슷한 경향을 찾아내, 이 효과가 만국 공통일 가능성을 시사했다.

브리투는 이것이 차원이 다른 문제라고 주장했다. 지카 바이러스 음모론이 퍼지자, 극우 유튜버들이 이를 악용해 이야기를 뒤틀었다. 이들은 여성 인권 단체들이 강제 낙태를 시행할 목적으로 지카 바이러스를 만들게 도왔다고 주장했다. 이런 영상들이 자주 브리투의 단체를 언급했다. 이미 지카 바이러스에 잔뜩 겁먹은 시청자들이 이들의 자극을 받아들였다. "그 사람들이 영상을 올리자마자 우리한테 위협이 들어왔어요." 브리투는 이들의 주장이 죄책감과 두려움을 외부로 돌리게 해 보호자들에게 심리적 위안을 줬다고 말했다. 이것이 바로 J. M. 버거의 위기-해법 구조였다. 미국 유튜버들이 젊은 남성의 박탈감을 페미니스트를 향한 분노로 바꿨듯, 브라질 유튜버들은 무자비한 질병을 마주한 보호자의 공포를 악용했다.

브리투와 동료들을 향한 위협이 지나치게 잦아지자, 경찰이 특별 신고 통화선을 마련해 심상치 않아 보이는 위협은 모두 신고하게 했다. 브리투의 팀은 한 주에 한 번씩 이 통화선을 이용했다. 그러나 브리투가 가장 염려한 것은 음모론을 내면화한 엄마들이었다. 갈수록 더 많은 엄마가 구호단체가 아이를 괴롭힌다고 의심해 도움을 거부했다. 의료 지원과 정서적 지원은 받지 않는 상태에서 유튜브에 더 깊이 빠져들었다. 브리투는 한숨을 지었다. "이 여성들은 몹시 연약해요. 이런 음모론을 믿게 하는 함정에 빠지기가 아주 쉽죠. 그래서 참 절망스러워요"

마세이오에서 의사, 보건 종사자, 유튜브 토끼굴에 빠진 엄마들이 계속 어떤 이름을 말했다. 다들 데보라 디니스Debora Diniz를 못 본 지 여러 달이지만 꼭 그와 이야기를 나눠보라고 권했다. 가냘픈 몸매에 희끗희끗한 머리를 짧게 자른 디니스는 오랫동안 인권 변호사로 일하다 몇 년 전 다큐멘터리 제작자가 되었다. 디니스가 마세이오를 찾은 까닭은 지카 바이러스 출현을 다룬 다큐멘터리 때문이었다. 힘을 모은 엄마, 의사, 구호 활동가들에 감명받은 디니스는 계속 머물며 이 공동체를 옹호했다.

그런 어느 날, 디니스의 전화와 이메일에 협박이 쏟아졌다. 처음에는 디니스도 무시했다. 브라질의 문화 전쟁, 특히 낙태를 둘러싼 싸움으로 잔뼈가 굵은 디니스는 그런 협박에 익숙했다. 하지만 이번에는 이상하게 수가 많았다. 비난 내용도 기괴해, 디니스가 조지 소로스를 위해 일한다, 지카 바이러스를 만드는 데 관여했다고 공격했다. 그리고 많은 사람이 같은 출처를 언급했다. 바로 베르나르두 쿠스테르Bernardo Küster였다.

쿠스테르는 머리부터 발끝까지 유튜브의 창조물이었다. 서른 살인 이 극보수주의자는 고향인 소도시 론드리나에서 무신론 진보주의자, 교황, 언론인, '젠더 이데올로기'(LGBT 권리를 나타내는 코드), 무엇보다 페미니스트에 반대하는 장광설을 여러 해 동안 마구잡이로 쏟아냈다. 유튜브 시스템에 거듭 보상받아 구독자가 무려 75만 명에 이르렀다. 보우소나루도 쿠스테르의 채널을 추천했었다. 그리고 2017년 말부터 쿠스테르가 내켜 하지 않는 산모에게 낙태를 강요하려는 음모의 핵심 인물로 디니스를 지목했다. 이런 영상이 큰 효과를 거두자, 쿠스테르는 더 많은 영상을 만들고 새로운 주장을 날조해, 디니스의 죄에 분노한 추종자 수천 명에게 디니스를 쫓게 했다.

디니스의 휴대폰을 가득 채운 협박이 더 빈번하고 상세해져, 디니스를 강간하고 고문하겠다는 계획을 세세히 길게 설명했다. 쿠스테르가 마지막 영상에서 말한 주장을 되풀이하는 협박이 많았다. 디니스의 하루 일정을 낱낱이 열거하는 협박들도 있었다. 현재 디니스는 고국 브라질을 떠나 뉴욕에서 산다. "그 사람들은 나를 죽일 방법을 설명해요." 다큐멘터리 제작진이 촬영을 시작하자 디니스가 휴대폰을 들어 협박문을 읽어줬다. "네가 너를 죽이는 건 신의 뜻이야. 그러고 나서 난 자살할 거야." 대놓고 지지하지는 않았어도, 쿠스테르는 영상에서 이런 협박문을 언급할 때 윙크를 날렸다. 디니스가 이런 영상이 자기 목숨을 위협한다고 탄원했지만, 유튜브는 영상 삭제를 거부했다.

쿠스테르가 디니스를 핵심 음모자로 지목하고 몇 달 뒤, 디니스가 가르치던 대학교에 협박문이 날아왔다. 협박문을 보낸 사람은 학교에 찾아와 디니스를 쏜 다음 학생들을 쏘고 자살하겠다고 했다. 경찰은 디니스의 안전을 더는 보장할 수 없다고 고개를 저었다. 디니스는 비슷한 협박문을 받은 동료와 연로한 부모도 걱정스러웠다. 그래서 언제 돌아올지, 정말로 돌아올 수 있을지도 모른 채 브라질을 떠났다.

쿠스테르는 디니스의 망명을 축하하는, 조회수가 높은 영상에서 "내가 디니스를 까발렸습니다"라고 자랑했다. 카메라를 향해 손가락을 흔들며 "여긴 당신이 있을 데가 아니야"라고도 외쳤다. 하지만 디니스는 여러모로 볼 때 쿠스테르가 더 큰 힘의 산물이라고 봤다. 쿠스테르도, 쿠스테르가 조장한 협박도 유튜브가 구축한 혐오 생태계에서 비롯했기 때문이다. 디니스는 제3외국어인 영어 단어를 신중하게 고르는 듯 천천히 말했다. "다음 동영상을 계속 추천하는 유튜브 시스템이 '혐오 생태계'에 연료를 공급하는 거죠. '여기서 디니스가 브라질의 적이라는 말을 들었다. 다음 영상을 보니 페미니스트가 가족의 가치를 바꾼다더라. 다음 영상에서는 페미니스트가 해외에서 돈을 받는다더라.' 그런 고리 때문에 '누군가는 해야 할 일이라면 내가 하겠다'라고 말하는 사람이 생기는 거죠" 디니스는 영상의 설득 효과가 높은 까닭을 이렇게 설명했다. "실제로 연결을 만드는 것은 시스템인데도 시청자가 연결을 만드는 것처럼 느껴지잖아요."

디니스 같은 망명자들이 하나둘 늘어났다. 사방에서 날아오는 위협에서 자기를 지키기란 어려운 법이다. 몇 달 전에는 리우데자네이루 주지사 후보로 출마했던 좌파 활동가 마르시아 티부리Marcia Tiburi가 주로 소셜미디어에서 조장된 살해 위협을 피해 브라질을 떠났다. 브라질에서 유일하게 성 정체성을 공개한 게이 의원 제앙 윌리스Jean Wyllys도 마찬가지였다.

우리가 인터뷰하기 전날 밤, 디니스가 뉴욕에 있는 윌리스와 저녁을 먹었다. 누군가가 두 사람을 알아봤는지, 식당 바깥에 모인 브라질 사람들이 두 사람을 가리키며 사진을 찍었다. 두 사람이 식당을 떠나 거리를 걷는 동안 이 무리가 뒤를 쫓아 협박하고 유튜브에 나온 음모론을 따라 욕설과 비난을 퍼부었다. 그런 탓에 디니스는 뉴욕에서마저 바깥출입을 거의 하지 않았다.

"알고리즘에 조종받는 극우 민병대가 있는 셈이죠. 알고리즘이 극우 민병대를 만들고 있어요."

지금도 협박문을 받느냐고 물었다.

"날마다요. 이런 상황에서는 절대, 결코 편안한 마음이 들지 않죠."

우리는 한 시간 동안 이야기를 나눴다. 다큐멘터리를 찍기 위한 카메라와 조명이 비추는 가운데, 디니스에게 자신의 트라우마를 영어로 설명해달라고 요청했다. 이곳에서마저 위험이 따라다니는 줄을 알면서도 계속 목소리를 높게 하는 원동력이 무엇인지 상상하기 어렵다고도 덧붙였다.

디니스가 우리가 마주 앉은 탁자 위로 팔을 올리더니 고개를 떨궜다. 그는 울고 있었다. "살다 보면 난관을 마주하는 순간이 있어요. 선택지는 두 가지뿐이죠. 그들이 이기게 내버려두던가, 맞서 싸우든가. 그런 표현이 내 인생에 적용되기를 바라지는 않아요. 하지만 그런 상황을 바꾸는 데 내 인생을 바칠 거예요. 그리고 그 사람들은 나를 죽이지 않을 거예요. 그 사람들은 나를 죽이지 않을 거예요."

나는 인터뷰를 마치자고 제안했다. 디니스가 고개를 가로저었다. 자신은 유튜브 영상이 표적으로 삼은 의사와 활동가들, 몸을 숨겨야 했던 교사들, 삶이 망가진 사람들, 엉망이 된 공동체의 이야기를 지켜봤다고 했다. "기업들이 자기 역할을 직시하게 해야 해요." 디니스는 유튜브 경영진이 이런 일에 연루된 것을 반성해야 한다고 강조했다. "자기네가 이런 혐오 커뮤니티의 일원이라는 것을 알았으면 좋겠어요. 윤리적으로 그 사람들한테 책임이 있어요."

그러나 유튜브는 계속 책임을 부인했다. 경영진은 익숙한 말을 되풀이했다. 자기네는 안전과 안녕을 중요하게 여기지만, 하버드 대학교와 미나스 제라이스 연방대학교에서 진행한 연구의 방법론이 타당하지 않다고 본다며 연구 결과를 부인했다. 이런 문제와 관련해 자체적으로 내부 조사를 진행했더니, 플랫폼이 정확하고 유익한 콘텐츠를 압도적으로 많이 홍보한다는 것이 증명되었다고 발표했다. 어맨다와 내가 언급한 연구들을 뒷받침하는 수백 쪽짜리 증거를 검증해보라고 요구했던 유튜브의 대리인들이 막상 자기네 주장을 뒷받침할 데이터나 방법론은 하나도 제공하지 않으려 했다.

유튜브는 카이저가 확인한 잘못된 의료 정보 영상 일부가 유튜브 규정을 어겼다고 인정한 뒤 해당 영상을 삭제했다. 내가 유튜브에 전달한 카이저의 연구를 자세히 들여다보면, 아이들의 생명을 구할 치료를 그만두라고 엄마들을 부추기는 영상이 수백, 어쩌면 수천 개라고 암시했다. 우리는 사례로 겨우 링크 몇 개만 보냈을 뿐이다. 유튜브는 더 많은 링크를 알려달라고 요청하지 않았다. 또 디니스와 다른 사람들을 겨냥해 확실한 살해 위협을 조장한 영상들의 세부 정보도 묻지 않았다. 그런 영상 대다수가 지금도 온라인에 남아 있다.

그해 말 유튜브는 "경계선에 있는 콘텐츠와 해로운 허위 정보의 유포를 줄일 목적으로 알고리즘을 수정했다"고 발표했다.[18] 그런데 우리가 신고했을 때 그런 수정 일부를 이미 적용 중이었으므로 효과에 의문이 일었다. 유튜브는 조금은 애매한 지표를 개선이 성공했다는 증거로 크게 선전했다. "미국 기준으로 추천 영상을 통해 비구독 채널의 이런 콘텐츠를 시청하는 시간이 평균 70% 줄었다."

브라질에서 돌아온 지 두 달 뒤인 2019년 5월, 카이저한테서 문자 메시지가 날아왔다. "지금 바로 전화주세요." 전화를 걸자마자 카이저가 떨리는 목소리로 받았다. 카이저와 동료들은 브라질 채널에서 플랫폼 추적 프로그램을 더 많이 반복해 돌리고 있었다. 그러다 너무 혼란스러워 어찌할 줄을 모를 문제를 발견했다. 카이저는 기사 때문에 전화한 것이 아니었다. 도움을 요청하고 있었다.

5. 충동 훈련장

리우데자네이루 외곽에 사는 크리스치아니는 열 살인 딸과 딸아이의 친구가 자기들이 뒤뜰 수영장에서 물장구치는 모습을 찍은 영상을 유튜브에 올릴 때만 해도 대수롭잖게 생각했다. "천진난만한 영상이에요. 대단할 게 없죠." 며칠 뒤 딸이 흥미로운 소식을 알렸다. 영상 조회수가 수천 회를 기록했다는 것이다. 얼마 지나지 않아 조회수가 40만에 이르렀다. 보통 클릭 수가 몇십 회인 크리스치아니의 채널에 올린 평범한 짧은 영상치고는 이해하기 어렵게 높은 수치였다. "영상을 다시 봤는데, 조회수에 덜컥 겁이 났어요."

크리스치아니가 기겁한 데는 그럴 만한 이유가 있었다. 유튜브 알고리즘이 충격적인 거대한 프로그램을 위해 은밀히 딸아이의 영상을 선택했기 때문이다. 유튜브는 살갖을 조금씩 드러낸 사춘기 이전 아이들의 영상 수십 개를 곳곳에서 선별했다. 대개는 크게 주의를 기울이지 않은 가족의 영상에서 가져온 것이었다. 그리고 예닐곱 살 아이들이 수영복이나 속옷을 입은 채 두 다리를 쫙 펴거나 침대에 누워 있는 영상을 하나로 엮어, 이런 영상에 사족을 못 쓰는 매우 특이한 시청자들을 끌어들였다. 그렇게 확보한 시청자가 축구장 열 개를 꽉 채울 만큼 많았다. "정말 충격이었어요." 무슨 일이 벌어졌는지 알았을 때, 크리스치아나는 딸아이의 영상이 다른 많은 아이의 영상과 함께 플랫폼의 의도를 불안할 만큼 뚜렷하게 드러낸 채 제공되었다는 사실에 덜컥 겁이 났다.

카이저는 라우흐플라이슈, 그리고 야조다라 코르도바_{Yasodara Córdova}와 함께 브라질 유튜브를 파고들다 이 문제를 맞닥뜨렸다.[19] 시험 장비로 유튜브가 추천한 성 주제 영상을 그대로 따라갔더니, 시스템이 이들을 더 기괴하고 극단적인 성 콘텐츠로 유도했다. 이 자체는 충격이 아니었다. 그런 토끼굴 효과는 다른 종류의 콘텐츠에서도 여러 번 경험했다. 하지만 추천 영상 일부가 의심할 바 없이 명백한 경로를 따랐다. 다음 영상의 뒤를 이은 모든 영상이 주인공인 여성의 젊음을 갈수록 강조했고 점점 더 성욕을 자극했다. 이를테면 성을 언급하는 여성이 나오는 영상 다음에는 속옷을 입고 있거나 모유 수유를 하는 여성이 나왔다. 때로는 열아홉, 열여덟, 심지어 열여섯이라고 나이를 언급하는 영상도 있었다. 어떤 영상은 '슈가 대디'(욕망에 사로잡힌 시청자에게 돈을 달라고 할 때 쓰는 용어)를 유혹했다. 어떤 영상은 돈을 내고 볼 수 있는 은밀한 나체 영상이 있다고 암시했다. 몇 번 더 클릭하니 영상 속 여성이 점점 더 사춘기 이전 소녀를 연기했고, 어린아이처럼 말하거나 아동복을 입고 유혹하는 자세를 취했다.

바로 여기서부터 유튜브가 갑자기 어린아이가 의도치 않게 몸을 드러냈을 때 찍힌 영상을 추천했다. 예컨대 대여섯 살 쯤 된 여자아이가 옷을 갈아입거나 체조 자세를 취하는 영상을. 전 세계에서 끌어모은 그런 영상이 거의 끝없이 이어졌다. 집에서 찍은 영상만 있는 것 같지는 않았다. 일부는 꼼꼼하게 익명 처리한 계정이 올린 것이었다.

콘텐츠만큼이나 충격인 것은 추천 영상의 냉혹한 특이성이었다. 유튜브 시스템이 맨살을 일부 드러낸 아이의 영상을 정확히 식별하고 이런 특성이 영상의 매력이라고 판단할 수 있다고 암시했기 때문이다. 노골적인 성적 영상 뒤에 곧바로 이런 영상을 보여줬으니, 알고리즘이 아무것도 모르는 아이들을 성적 콘텐츠로 다뤘다는 것이 명백했다. 때로는 수백만까지 이르는 유별난 조회수로 보건대, 이런 현상은 개인화 마케팅이 일으킨 이변이 아니었다. 유튜브 시스템이 그런 영상을 좋아하는 시청자를 찾아냈다. 어쩌면 구성했을지도 모른다. 그리고 그런 시청자의 참여를 유지하려 애썼다.

"유튜브 알고리즘이 이런 채널들을 연결해요. 소름 끼치는 일이죠." 카이저는 추천 영상이 "걱정스러울 만큼 정확하다"고 덧붙였다. 카이저도 알다시피 이런 영상에는 신중하게 접근해야 했다. 아동 포르노 시청을 금지하는 미국법은 연구자나 언론인에게도 거의 예외를 두지 않는다. 영상 대다수는 아동 포르노의 법적 구성 요건을 아슬아슬하게 벗어났다. 하지만 그렇지 않은 영상도 있었다. 게다가 유튜브가 이런 동영상을 배치한 맥락이 의도를 명확히 드러냈다. 카이저와 나는 누구에게도 해를 끼치지 않으면서도 책임감 있게 영상을 추적할 절차를 마련했다. 그러면서도 더 빨리 움직여야 한다는 생각에 마음이 다급했다. 조회수가 매일 수천씩 늘었다. 크리스치아나의 딸처럼 부모 이름으로 게시되었을 때는 괴물들이 영상 속 아이들을 추적하기도 쉬웠다. 무언가 조처를 해야 했다.

브라질의 인터넷 감시단체 세이프넷SafeNet에서 일하는 심리학자 줄리아나 쿠냐Juliana Cunha에 따르면 세이프넷도 전에 이런 현상을 목격했었다. 하지만 그렇게 어린 소녀가 포함된 적은 없었다. 그렇게 많은 시청자가 본 적도 없었다. 다크웹이나 파일 공유 사이트에서 거래되는 비슷한 영상은 대개 시청자가 수백 명이었다. 유튜브의 아동 영상은 지금까지 조합된 아동 착취 영상 카탈로그 중 조회수가 가장 많아 수백만 명에게 홍보된 것으로 보였다.

연구에 따르면 아동을 성적 대상으로 그린 영상을 본 사람 대다수는 거기서 그친다.[20] 하지만 일부는 영상을 볼 때마다 아동에게 직접 접근할 가능성이 커지는데, 이는 신체적 학대를 목적으로 피해자를 길들이는 첫 단계다. 아동 보호 단체는 유튜브가 흥미를 느낀 시청자들에게 그런 영상을 자꾸 보여줘 저항을 낮추고, 가족 구성원의 이름이나 아이의 소셜미디어 계정을 찾아내 더 쉽게 접근할 수 있게 할 뿐더러 불러들이기까지 할 수 있다고 염려했다.

여기에는 심리학자들이 두려워한 다른 위험이 있었다. 유튜브는 아동 포르노 콘텐츠를 찾아다닌 적 없이 추천에 이끌려 유입된 사람들로 엄청난 시청층을 구축했다. 이 유입 과정은 그저 또 다른 토끼굴로 가는 단순한 경로가 아니었다. 심리학에서 아동 포르노에 끌려들어가는 과정을 연구할 때 반복해 관찰되는 길을 단계별로 모방한 것 같은 경로였다.

어떤 사람들은 어렸을 때 소아성애 충동이 나타나 본능에 어느 정도 욕구가 남는다. 그런데 퍼듀 대학교 심리학자 캐스린 시그프리드-스펠라Kathryn Seigfried-Spellar와 마커스 로저스Marcus Rogers가 확인해보니, 아동 포르노 소비자들은 그런 흥미를 타고났다기보다 대체로 나중에 발달시켰다.[21] 이 과정을 밟는 사람들은 처음에 성인 포르노로 시작해 갈수록 일탈적인 성적 콘텐츠, 즉 전에 봤던 것보다 더 금기시되는 수위의 포르노를 쫓다가 중독 비슷한 충동에 이끌려 점차 더 극단적인 영상물로 이동했다. 로저스는 "그런 영상에 무감각해지면, 그 지경이 되면, 훨씬 더 짜릿하고 훨씬 더 자극적이고 훨씬 더 성적인 영상을 찾으려 합니다"라고 밝혔다.

이들의 충동은 길들이기와 비슷해, 어떤 콘텐츠를 마주했느냐에 따라 달리 형성된다. 이들이 도덕적 경계를 넘어서는 충동을 따르는 것은 전혀 불가피한 것이 아니었다. 설사 그런 충동을 따랐더라도, 충동이 이들을 아동 쪽으로 이끌지도 않았다. 하지만 세계 2위의 인기 웹사이트인 유튜브에서는 시스템이 이런 충동이 있는 사람들을 식별해, 계속 움직이기에 알맞은 속도로 충동을 채워 주는 경로를 따라 이들을 이끈 뒤, 매우 특이한 방향으로 향하게 했다. 로저스는 유튜브의 추천 영상 배치가 "이들을 그런 여정으로 인도"한다고 지적했다. 또 유튜브의 추천 엔진을 "극도로 노골적인 아동 포르노로 가는 입문 약물"이라 불렀다.

로저스는 이 주제를 연구하기가 어렵기로 악명 높다고 강조했다. 아동 포르노 소비자 가운에 자신의 흥미를 이야기할 사람이 드물기 때문이다. 소아성애자라는 낙인을 피하고자 동기를 속이는 사람도 있을 것이다. 통제 연구는 윤리적 이유로 불가능하다. 따라서 이런 연구는 대체로 규모가 작고, 주로 체포된 사람들에 초점을 맞춘다.

그래도 어맨다와 내가 조언을 청한 전문가는 모두 시그프리드-스펠라와 로저스의 결론은 물론이고, 이들이 연구를 유튜브에 적용할 때 느낀 두려움이 일리 있다고 암시하는 증거가 있다고 말했다. 영국 국민보건서비스(NHS)에서 일탈적 성적 흥미를 느끼는 사람들을 치료하고 그 활동을 학술 연구로 발표한 임상 심리학자 스티븐 블루먼솔Stephen Blumenthal은 환자들이 비슷한 과정을 거치다 소아성애 욕망을 키우는 것을 봤다고 말했다. "그런 과정은 놀랍도록 강력해, 사람들이 거기에 빨려들어갑니다. 인터넷이 가능성을 열지 않았다면 그 사람들은 절대 그 경로에 발을 들이지 않았을 겁니다." 특별히 유튜브와 관련된 환자는 알지 못했지만, 유사한 사례들이 우려스럽다고도 말했다. 유튜브가 사용하는 방법이 유례없이 대규모이고 효율적인 것도 우려를 더했다.

우리가 조사 결과를 제시하자, 유튜브는 의심을 드러냈다. 한 대변인은 심리학자들의 우려가 특히 "미심쩍다"고 했다. 시그프리드-스펠라, 로저스, 블루먼솔이 발견한 대로 소아성애 충동이 환경 요인에 따라 훈련되거나 강화되는지에 아직 과학이 손을 들어주지 않았다는 것이 유튜브의 입장이었다. 또 에설 퀘일Ethel Quayle이라는 전문가가 연구에서 '입문' 효과의 존재에 의문을 제기했다고도 언급했다.

그런데 유튜브가 과학적 불확실성을 핑계로 책임을 뭉갰지만, 어맨다가 에든버러 대학교의 퀘일에게 연락했더니 퀘일은 자기 연구가 실제로는 입문 효과 가설을 뒷받침한다고 답했다. 기계학습 알고리즘이 그런 경로를 만들어낼지 모른다고 전문가들이 오랫동안 걱정했다고도 전했다. "알고리즘은 그런 문제에 아무런 도덕적 잣대가 없어요." 퀘일은 얼마 전 아동 포르노 범죄자를 연구한 결과도 들려줬다. "대다수가 처음에는 합법인 포르노 사이트에서 링크를 따라갔다가 점점 더 일탈적인 영상물을 쫓게 되었다고 이야기했어요."[22]

퀘일은 그런 신호에 반응하는 성향이 있는 사람들에게는 유튜브 알고리즘 같은 장치가 "이미 종착지가 정해지다시피 한 경로를 제공한다"고 말했다. 유튜브가 신중히 고른 전문가조차 유튜브의 주장과 정반대로 생각하다니, 아동 보호를 진지하게 여긴다고 자처하는 유튜브가 이 주제를 실제로 얼마나 깊이 조사했을지 의문이 들었다. 게다가 퀘일과 다른 연구자들의 경고대로, 유튜브는 성적 콘텐츠의 주류 영상과 함께 아동 영상을 보여줄뿐더러 영상의 높은 조회수까지 표기해, 이런 영상을 보는 사람이 많으니 용인될 수 있다는 증거로 제시했다. 달리 말해 소아성애에 대한 시청자의 심리적 저항이 약해질 위험을 유발했다. 로저스의 말마따나 유튜브는 "소아성애를 정상으로 만들었다."

우리가 발견한 내용을 유튜브에 알린 직후, 사례로 제시한 영상 여러 개가 삭제되었다(같은 네트워크에 속했어도 우리가 유튜브에 제시하지 않은 영상은 대부분 그대로 온라인에 남아 있었다). 알고리즘도 즉시 바뀌어 이제는 영상 수십 개를 함께 연결하지 않았다. 유튜브에 이 변화를 물었더니, 우연의 일치라는 답이 돌아왔다. 내가 더 캐묻자, 대변인이 시기가 관련 있을 가능성이 없지는 않지만 어느 쪽이라고 말할 수 없다고 답했다. 유튜브는 정리해야 할 문제가 있다고 인정하지 않으면서도 문제를 정리하려 애쓰는 듯 보였다.

유튜브 대변인은 우리에게 연구, 대체 연구, 연구자가 사용한 방법론의 세부 사항 같은 무수히 많은 정보를 요청했다. '네트워크' 같은 용어와 사용자가 영상을 '찾는다'가 무슨 뜻인지를 정의해달라고 했다. 기사가 얼마나 길지도 물었다. 몇몇 세부 사항을 명확히 설명해 달라더니, 며칠 뒤에도 똑같은 요청을 했다. 또 보도 전에 신문사 편집자와 이야기하겠다고 고집을 피우더니, 편집자에게 기사에서 유튜브의 역할을 나타낼 때 특정 단어를 써달라고 시시콜콜한 내용까지 요구했다.

나와 어맨다가 유튜브와 줄다리기를 하는 동안, 계속 분석을 진행하던 카이저와 동료들이 생각지 않게 중요한 내용을 발견했다. 우리가 아동 착취 영상 때문에 유튜브에 연락해, 카이저의 연구팀이 고정된 '관련 채널' 기능을 추적해(카이저는 이전의 모든 실험에서도 이 방법을 이용해 결과를 확인했다) 아동 착취 영상을 찾아냈다는 것을 알리고 얼마 지나지 않아, 유튜브가 이 기능을 완전히 없앴다. 몇 년 동안 자리를 지키던 기능이 사이트 전체에서 사라졌다. 유튜브 대리인들에게 시기가 관련 있느냐고 물었더니, 카이저가 연구에서 그 기능을 이용한 줄은 전혀 몰랐다고 주장했다. 이상한 주장이었다. 카이저가 그 기능을 사용한다고 말하기도 했지만, 이전에 유튜브가 바로 그런 근거로 카이저의 연구에 이의를 제기했기 때문이다.

나와 어맨다가 취재 내용을 밝히는 기사를 싣기 전, 유튜브가 내게 제품 관리 이사인 제니퍼 오코너Jennifer O'Connor를 연결해 줬다. 오코너는 유튜브가 플랫폼에서 아동 착취를 완전히 뿌리 뽑는 데 전념한다고 주장했다. 그러면서도 유튜브 알고리즘이 사용자를 더 극단적인 콘텐츠로 떠밀었다고 암시하는 연구는 어떤 사례도 받아들이지 않겠다고 고집했다. 아동 착취는 정치적으로 법적으로 매우 민감한 주제라, 유튜브가 가능한 모든 수단을 동원해 대응하겠다며 세상을 안심시킬 동기가 엄청나게 크다. 그런데도 시스템의 역할을 공개적으로 인정하고, 그래서 아동 착취를 포함한 다른 많은 주제에서 유튜브가 과격화를 일으키는 경향을 알리는 것이 유튜브에는 여전히 불가능한 일이었다.

나는 우리가 본 영상, 수백만에 이르는 조회수, 시스템이 사용자를 그런 영상으로 유도한 방식이 오코너가 주장한 자세와 일치하기 어렵다고 꼬집었다. 핵심은 인정하지 않았지만, 오코너는 유튜브가 어쨌든 안전과 관련한 대비책을 마련하려 한다는 뜻을 내비쳤다. "아이들과 관련할 때는 추천 콘텐츠에 훨씬 더 보수적 태도를 취하려 합니다." 오코너는 잘 진행 중이라는 대책의 세부 사항을 뚜렷이 밝히지 않았다.

나는 카이저가 했던 말을 떠올렸다. 카이저는 이런 일이 다시는 벌어지지 않게 막을 확실한 해법은 하나뿐이라고 주장했다. 답은 아동과 관련한 동영상에는 알고리즘을 적용하지 않는 것이었다. 아동 동영상을 추천하지 않는 것이었다. 유튜브의 기술 역량으로 볼 때 식은 죽 먹기 같은 일이었다. 유튜브는 이전에 아동 동영상에 달린 댓글로 논란이 일자 그런 영상을 자동으로 식별해 댓글을 차단하는 시스템을 구축했었다.[23] 게다가 연간 매출이 150억 달러인 유튜브가 실제로 이런 영상으로 돈을 번들 얼마나 벌겠는가? 나는 오코너에게 유튜브가 이런 해법을 고려할 생각이 있느냐고 물었다. 놀랍게도 오코너는 유튜브가 "그 방향으로 향하고 있다"고 답했다. 곧 소식을 전하겠다고도 약속했다.

나는 이 대화를 카이저의 연구팀과 감시 단체에 전달했다. 다들 크게 환호했다. 대단히 긍정적인 조치라고, 인터넷이 아이들에게 상당히 안전해졌다고 기뻐했다. 하지만 기사를 싣기 직전, 유튜브가 오코너의 발언을 '해명'했다. 유튜브 영상 제작자들이 사람들을 유인할 때 추천에 의존하므로, 사춘기 이전 아동이 나오는 동영상에도 알고리즘을 계속 적용하겠다고 전했다.

우리 기사가 게재된 뒤, 전부터 소셜미디어 플랫폼을 자주 비난했던 공화당 상원의원 조시 홀리Josh Hawley가 취재 내용에 조처하는 법안을 발표했다.[24] 카이저가 촉구한 대로 유튜브와 다른 플랫폼들이 아동이 등장하는 동영상에 추천 기능을 정지하게 하는 법안이었다. 그러나 표를 하나도 얻지 못한 다섯 쪽짜리 법안은 대체로 보여주기처럼 보였다. 그래도 진지하게 인터넷 개혁을 추진했던 민주당 상원의원 리처드 블루먼솔이 이 기사와 관련해 유튜브 CEO에게 보내는 서한에 공화당 상원의원 마샤 블랙번Marsha Blackburn과 함께 공동 서명했다.[25] 이 서한은 아주 적확한 질문들을 던졌다. 그중 하나가 유튜브의 아동 보호 정책 담당자가 "설계 결정과 제품 수명 주기에 관여할 수 있는지"였다. 이것은 실리콘밸리에서 흔히 제기되는 논쟁이었다. 플랫폼의 영향을 연구하는 비엔지니어는 플랫폼의 설계에 발언권이 거의 없다. 블루먼솔과 블랙번의 서한은 카이저가 던진 중요한 질문도 다시 물었다. 아이들이 등장하는 영상에서 추천 기능을 그냥 끄면 안 되는 이유가 무엇인가?

그해 7월, 상원 법사위원회가 참석 인원은 적어도 이 주제로 전체 청문회를 열었다. 공화당 소속인 위원장 린지 그레이엄Lindsey Graham이 소셜미디어 플랫폼의 면책 특권을 없애겠다는 트럼프의 오랜 위협을 되풀이했다. 민주당 소속으로는 유일하게 참석한 블루먼솔은 유튜브의 무대응에 "솔직히 실망했다"고 말했다.[26] 조시 홀리는 청문회에서 우리 기사를 언급하며 "이 기사는 역겹습니다. 하지만 더 역겨운 것은 유튜브가 여기에 아무 조처도 하지 않으려 한다는 것입니다"라고 비난했다.

이 이야기를 보도할 때, 어맨다와 나는 영상에 부모의 신원을 알아낼 만한 식별 정보가 있는지 확인했다. 식별 정보를 찾아낸 우리는 해당 가족에게 무슨 일이 벌어졌는지 경고하고 도움을 줄 수 있는 지역 단체에 연락했다. 그런 단체 한 곳이 브라질 출신인 크리스치아나에게 연락하자, 크리스치아나가 자기 경험을 들려주겠다고 제안했다. 어이없고 화가 난 크리스치아나는 일어난 일을 받아들이느라 애쓰는 중이라고 했다. 남편에게 뭐라고 말해야 하나, 속을 태우기도 했다. 유튜브의 관행에 혼란스러워하다가, 유튜브를 고소할 수 있는지를 물었다. 또 아동을 성적 대상으로 삼은 알고리즘 탓에 수백만 명에게 노출된 딸을 위해 무엇을 해야 할지도 걱정했다. 크리스치아나가 딸아이를 안전하게 보호하려면 어떻게 해야 할까?

크리스치아나는 결심했다. "내가 할 수 있는 일은 딱 하나, 딸에게 유튜브에 아무것도 올리지 못하게 하는 거예요."

12장

인포데믹

1. 백신 접종자는 껴안지 마

중국에서 이상한 신종 바이러스가 나타나기 2년 전, 스위스 출신인 세계보건기구(WHO) 관리 앤디 패티슨Andy Pattison이 그런 사태가 터졌을 때 대처 계획을 보고하고자 상사를 찾았다.[1] 패티슨은 WHO 사무총장 테워드로스 아드하놈 거브러여수스Tedros Adhanom Ghebreyesus에게 소셜미디어가 잘못된 의료 정보의 매개체가 되었다고 알렸다. 브라질을 포함한 각국의 보건 종사자들이 다급하게 알린 보고서로 보건대 공중보건 비상사태가 발생한다면 소셜미디어 플랫폼이 중요한 최전선이 될 것이 뻔했다. 당장 대책을 마련해야 했다.

거브러여수스가 여기에 동의해 제네바의 WHO 본부에 사무소를 마련했다. 다른 UN 산하 기관과 마찬가지로 WHO도 각국 정부에 조언하고 평상시에는 설득으로 주요 업무를 진행했으므로, 사무소 직원 여섯 명은 패티슨이 소셜미디어의 중심지로 본 미국의 주요 IT 기업과 관계를 구축하는 데 집중했다. 진척은 더뎠다. 이들은 핀터레스트가 백신 관련 검색에서 검색 결과를 개선하게 도왔다. 구글에는 건강 앱과 관련한 조언을 건넸다. 패티슨은 한 인터뷰에서 "소셜미디어 기업은 내게 최소한의 관심만 보였습니다. 직책이 매우 낮은 직원들이 아주 잠깐만 나와 만났어요"라며, 후속 조처가 거의 없었다고 덧붙였다.[2]

그러던 2020년 1월 21일, 중국 과학자들이 이미 네 명의 목숨을 앗아간 신종 바이러스가 사람들 사이에 퍼지고 있다고 발표했다. 이틀 만에 사망자가 열일곱 명으로 뛰었다. 한 주 뒤, WHO가 국제적 공중보건 비상사태를 선포했다. 패티슨의 팀은 실리콘밸리의 지인들을 동원했다. "내가 인간적 차원에서 '소속사로 돌아가 대비하시고 팀을 꾸리세요.'라고 주장했죠."[3] 패티슨은 페이스북, 구글 등 플랫폼 기업의 수장들과 거브러여수스를 전화로 연결했다. 마크 저커버그와 셰릴 샌드버그가 WHO가 왓츠앱과 페이스북에 최신 정보를 올리고 사용자의 질문에 답할 페이지를 만들면 어떻겠느냐고 제안했다.

코로나19라는 바이러스 감염증이 확산해 국제적 공중보건 비상사태가 선포된 지 2주 뒤인 2월 13일, 페이스북이 실리콘밸리의 대기업과 함께 주관한 회의에 참석하고자 패티슨이 캘리포니아에 도착했다. 당시 미국과 유럽에서는 일상생활이 그대로였다. 그런데 패티슨이 다른 방향에서 위기를 감지했다. 회의 당일 CNBC와 나눈 인터뷰에서 패티슨은 '인포데믹infodemic'을 언급하며, 트위터와 유튜브를 포함한 주요 소셜미디어 플랫폼에 "잘못된 정보가 가득하다"고 지적했다.[4]

희석한 표백제를 마시면 코로나19를 치료할 수 있다고 주장하는 페이스북 게시물이 이미 수십만 건의 상호작용을 끌어냈다.[5] 한 달 반 뒤에는 트럼프가 백악관 브리핑룸 연설대 앞에서 똑같이 주장했다. 인스타그램 인플루언서들은 빌 게이츠가 강제 백신 접종을 정당화하려고 신종 코로나바이러스를 개발했다고 주장했다.[6] 왓츠앱에서 사방으로 전송된 메시지는 CIA가 식료품을 사재기하고 있다고 주장했다.[7] 신종 바이러스는 없다는 뜻을 내비치며 5G 기지국의 전자파 때문에 코로나19가 퍼진다고 주장하는 유튜브 영상이 갑자기 조회수 수백만 회를 기록했다.[8]

패티슨의 재촉에 소셜미디어 기업들이 규정 몇 개를 강화하겠다고 약속했다. 유튜브는 WHO 지침을 어기는 영상을 삭제하겠다고 했다. 페이스북은 콘텐츠 검수원이 가짜로 표시한 코로나19 관련 게시물을 사용자가 공유하면 경고를 보내겠다고 했다. 소셜미디어 기업들은 패티슨과 세계에 자기네가 과거에 실수에서 배운 것이 있다고 약속했다. 이번에는 제대로 해내겠다고 다짐했다.

코로나19가 미국 전역으로 퍼지는 처음 몇 주 동안, 두려움과 고립감이 함께 퍼졌다. 상점과 공공장소가 널빤지로 둘러쳐 봉쇄되었다. 주요 도로와 상업 지구에 종말이 닥친 듯한 정적이 드리웠다. 이 정적을 깨는 것이라고는 병원으로 환자를 이송하는 구급차의 사이렌 소리뿐이었다. 어떤 곳에서는 꽉 찬 영안실 밖에서 냉동 트럭이 공회전하는 무시무시한 소리가 들리기도 했다. 사람들은 습격에 대비하듯 마음을 졸인 채 집에서 대기하다, 긴박하게 장을 볼 때만 위험을 무릅쓰고 밖에 나갔다. 이때도 집단적 무지 속에 농산물이 치명적으로 오염되었다는 생각이 퍼져, 많은 사람이 장갑을 끼거나 유리 세척제를 뿌렸다. 도시는 아파트에 갇힌 사람들이 매일 밤 일선 노동자에게 감사하는 마음으로 창문을 열고 환호하는 1분 동안만 활기를 되찾았다. 아마 이런 환호는 공동체 의식, 달리 말해 다수 속에서 안전을 느끼는 방법이었을 것이다.

나머지 23시간 59분은 두려움이나 외로움 속에 바깥세상으로 향하는 다른 창, 컴퓨터에 의지했을 것이다. 몇 년이 걸릴 디지털 적응이 하룻밤 새 일어났다. 페이스북은 일부 국가에서 페이스북 사용이 70% 증가했다고 알렸다.[9] 트위터는 23%가 늘었다. 한 인터넷 서비스 업체는 유튜브가 전 세계 인터넷 접속량에서 차지하는 비중이 9%에서 16%로 뛰었다고 추정했다.[10] 전체 인터넷 접속량이 40% 뛰었으므로, 사실상 유튜브 접속량이 약 3배 늘었다고 볼 수 있다.

패티슨이 소셜미디어 기업들을 대비시켜려 애썼지만, 몇몇 팩트 체크 배지로는 핵심 문제를 해결할 수 없었다. 소셜미디어는 여전히 부족 갈등의 렌즈로 현실을 왜곡하고 사용자를 극단으로 이끌고자 설계된 기계였다. 게다가 사방에 퍼져 있고 통제할 수 없는 보이지 않는 위협, 즉 팬데믹이라는 유령이 이 기계의 연료인 감정을 소셜미디어 이후 일어난 어떤 사건보다 크게 부채질했다.

전 세계가 지카 바이러스에 시달리는 브라질 마을처럼 바뀌었다. 아이 엄마들은 절망 속에 온라인 소문에 의지했고, 외로운 젊은 남성들은 서로 환멸과 아노미를 부추겨 조작된 적에 맞선 공동 투쟁으로 확장했다. 코로나바이러스 음모론은 남들은 알지 못하는 금지된 진실에 접근할 수 있다고 단언해, 코로나19라는 위기가 앗아간 확신과 자율성을 느끼게 해줬다. 이 모든 위기를 어떤 악당이나 음모 탓으로 돌려, 무의미한 비극에 암울하지만 어느 정도 의미를 부여했다. 또 서로 은밀한 정보를 공유한 뒤 누구든 음모론이 지목하는 범인에 맞서 함께 뭉치자고 권해 대응 방법을 제공했다.

4월이 되자, 코로나바이러스는 '우리'를 통제하려는 '그들'의 음모라는 이야기가 곳곳에서 담론을 지배했다.[11] 팔로워가 별로 없는 평범한 사용자가 음모론을 만들 때도 많았다. 어느 작은 도시의 전도사는 페이스북 글에서 빌 게이츠와 중국이 트럼프를 무너뜨리고자 코로나바이러스를 퍼뜨렸다고 비난했다.[12] 휴스턴의 한 미용사는 유행병 발생 연도를 선거와 연결해(시기가 틀렸었다) "코로나바이러스는 정부가 만든 질병"이라고 저었다.[13] 유튜브의 한 영상에서는 의사 두 명이 코로나19가 대체로 무해하니 마스크를 쓰지 않아도 된다는 미심쩍은 주장을 펼쳤다.[14] 그리고 소셜미디어의 홍보 체계에 힘입어, 이 모든 주장이 각각 수백만 명에게 영향을 미쳤다.

이런 음모론은 그리 특이하지 않았다. 잘못된 백신 정보를 알리는 영상이 유튜브 곳곳에 우후죽순 올라와, 아이들에게 마이크로칩을 집어넣으려 하는 '의료 마피아'를 믿지 말라고 수천만 명을 설득했다.[15] 《네이처》에 실린 한 연구에 따르면 페이스북의 추천 시스템이 무수히 많은 사용자의 관심을 주류 보건 페이지에서 백신 반대 그룹으로 돌리자, 페이스북에서도 "백신 반대 의견이 폭발적으로 증가했다."[16]

2020년 내내 소셜미디어 플랫폼에서 세 가지 세력이 동시에 부상했다. 코로나바이러스 음모론은 그중 첫 번째에 지나지 않았고, 다른 두 세력도 마찬가지로 악영향을 미쳤다. 그중 하나는 오랫동안 서서히 증가한 온라인 극단주의의 한 부류로, 많은 미국인이 연초에는 그 이름을 우스꽝스럽게 여겼지만 연말에는 섬뜩하게 느꼈다. 다른 하나는 허위 정보와 극성 지지자의 격분으로, 두 현상이 미국인 사이에 더 광범위하게 과장된 탓에 사람들이 무장 폭동을 용인할 수 있을뿐더러 많은 경우 필요하다고까지 생각했다. 세 힘은 모두 소셜미디어와 별개로 존재한 팬데믹, 그해 여름 내내 이어진 인종차별 반대 시위에 맞선 백인의 반발, 그리고 특히 트럼프 대통령을 명분으로 내세웠다. 그런데 소셜미디어가 2021년 1월 6일까지도 그런 명분에 힘을 실어주고 영향을 미쳤다. 그날 이 명분들이 하나로 수렴해, 미국 민주주의의 궤도를 영원히 바꿀, 온라인에서 조직된 집단 폭력 사태로 나타났다.

그해 봄 코로나19와 관련한 거짓말과 유언비어가 퍼지자, 소셜미디어 대기업들이 가능한 모든 조처를 하고 있다고 주장했다. 그러나 내부 보고서로 보건대 페이스북 경영진은 4월이 되어서야 자사 알고리즘이 위험한 허위 정보를 부추겼고, 그 문제를 간단한 수정만으로도 몰라보게 억제할 수 있지만, 접속량 감소가 두려워 그렇게 하지 않았다는 것을 파악했다.[17] 사내 연구원들이 '연속 재공유 게시물', 즉 사용자에서 사용자로 잇달아 계속 공유되는 게시물은 잘못된 정보일 가능성이 크다는 것을 발견했다. 알고리즘은 이런 게시물을 입소문을 타기 좋은 호재로 봐 일부러 이런 게시물의 영향력을 키웠다. 연구원들에 따르면 이런 부양책을 멈추기만 해도 코로나19 관련 허위 정보를 38%까지 줄일 수 있었다. 그러나 저커버그는 이 대책을 거부했다.[18] 저커버그에게 보고했던 직원은 내부 기록에 "마크는 우리가 확장할 수 없다고 생각한다"라고 적었다. 그리고 "MSI와 실질적 상충이 있다면 우리는 조처에 들어가지 않을 것이다"라고 덧붙였다. MSI는 meaningful social interactions(의미 있는 사회적 상호작용)의 줄임말로, 페이스북에서 사용자 참여도를 가리키는 용어다.

같은 달 페이스북 연구원들이 팔로워를 낚으려고 입소문을 타기 좋은 콘텐츠를 재게시하는 '확산성 조작' 페이지를 조사했다.[19] 이런 콘텐츠는 사기꾼, 낚시성 콘텐츠 게시자, 러시아의 이권 브로커들이 선호하는 수단이다. 조사해보니, 이런 전파자들이 '페이스북 페이지 전체'에서 잘못된 정보의 64%, 접속량 19%를 주도했다. 충격적인 수치였지만, 이런 전파자들을 없애기는 쉬워 보였다. 그런데 결과를 보고받은 저커버그가 이 업무의 우선순위를 낮춰버렸다. 페이스북은 두 연구 결과를 모두 비밀에 부쳤다.

소셜미디어 플랫폼이 평상시처럼 작동하고 날마다 코로나19로 6000

명이 목숨을 잃었으므로(3분의 1이 미국인이었다), 5월 들어 세계는 〈플랜데믹Plandemic(기획된 전염병)〉을 받아들일 준비가 되어 있었다. 5월 4일, 페이스북과 유튜브에 26분짜리 가짜 다큐멘터리가 게시되었다. 영상에서 내레이터는 HIV와 맞서 싸우는 과학자(사실은 평판이 나쁜 전직 연구원이었다)가 "인류 전체를 위험에 빠뜨리는 타락이라는 역병을 폭로한다"고 설명했다. 영상은 코로나19를 일으키는 바이러스가 돈벌이를 위해 위험한 백신을 강요할 구실로 만들어졌다, 마스크가 질병을 일으킨다, 말라리아 예방 · 치료제인 하이드록시클로로퀸이 코로나19를 예방할 수 있다 같은 주장을 내놨다.

영상이 퍼져나간 과정은 2020년에 일어날 혼란이 소셜미디어에서 전개될 경로를 드러냈다.[20] 어쩌면 그런 경로를 만들었을지도 모른다. 영상은 백신 반대주의자, 일반 음모론자, 큐어넌을 지지하는 단체들의 이야기로 시작해 각 단체의 세계관이 맞는다고 단언했다. 이 단체들이 거대한 투쟁에 나선다고 느끼게 부채질했다. 코로나19 뒤에 숨은 어두운 세력에 맞선다는 명분을 중심으로 이 단체들을 활성화했다. 〈플랜데믹〉은 한 주 만에 대안 의료 커뮤니티에 퍼졌고, 다음은 건강 인플루언서를 거쳐 일반적인 생활 문화, 요가 페이지로 퍼졌다.[21] 이와 별도로 봉쇄에 반대하는 페이지와 그룹에서 퍼진 뒤, 친트럼프 페이지로, 다시 보수와 조금이라도 관련된 문화적, 사회적 명분을 지지하는 페이지로 퍼졌다. 이런 커뮤니티는 〈플랜데믹〉을 공동체의 전투 준비 명령으로 받아들여 자기네 집단 정체성에 반영했다. 많은 사람이 영상을 트위터와 인스타그램에 올려, 그곳에서도 다시 확산 과정을 밟게 했다. 이제는 뻔한 각본에 따라, 소셜미디어 기업들은 아무런 대응도 하지 않았다.[22] 언론사에 논평을 요청받을 때는 이미 시기를 놓친 뒤였다. 소셜미디어 기업들이 〈플랜데믹〉을 삭제했지만,

영상의 주장과 행동에 나서자는 요구가 디지털 혈관 깊숙이 퍼져, 그 뒤로 소셜미디어 음모론에서 다시 등장한다.

8월이 되자 앤디 패티슨은 실리콘밸리를 상대하는 방침을 완전히 바꿔야 한다는 결론에 다다랐다. 국제 개발과 관련된 인터넷 매체와 나눈 인터뷰에서는 언론사를 대할 때보다 더 직설적으로 "실리콘밸리를 상대할 때 어려운 점은 절대 수익보다 지속 가능성과 성숙도를 우선시하게 하는 것입니다"라고 말했다. "그런 대화는 만만치가 않습니다. 다들 결론이 정해져 있으니까요."[23]

패티슨은 팬데믹 기간 내내 소셜미디어 기업 관계자들을 꾸준히 만났다. 그러나 소셜미디어가 현실 세계에 미치는 폐해가 계속 쌓여만 갔다. 한 연구에 따르면 페이스북, 트위터, 유튜브를 사용하는 미국인들은 비타민C가 코로나19를 제대로 치료할 수 있다거나, 정부가 코로나19 바이러스를 만들었다는 소문을 믿을 가능성이 더 컸다.[24] 수백만 명이 마스크 착용과 사회적 거리 두기를 거부했고, 나중에는 백신 접종도 거부한다. 의사들은 겨우 1년 전 지카 바이러스에 시달린 브라질 보호자들이 그랬듯 온라인에서 본 내용을 근거로 목숨을 살릴 치료를 거부하는 환자가 갈수록 늘고 똑같은 음모론을 자주 언급한다고 알렸다.[25] 지지층을 뒤덮은 온라인 격분을 주도하고 또 거기에 사로잡힌 트럼프는 잘못된 치료제의 사용을 독려하고, 봉쇄 조처에 들어간 주들을 '해방'하겠다고 약속하며 모든 단계를 선동했다.

그해 10월, 캘리포니아의 한 남성이 사촌에게 '플랜데믹의 더 많은 증거'라는 문자와 함께 틱톡 링크를 보냈다. 이런 식의 정보 교환이 이제 미국에서 정보 교환이 일상이 된 터였다.[26] 사촌은 페이스북이 퍼뜨린 음모론을 언급하며, "백신 맞은 사람은 절대 껴안지 마. 백신을 맞으면 바이러스가 배출되어서 바로 증상이 나타난대"라고 답했다.[27] 두 사람 모두 코로나19에 걸린 상태였다. 둘 중 한 명의 누나인 작가 레이철 맥키벤스_{Rachel McKibbens}에 따르면, 둘은 며칠 동안 주고받은 문자에서 자신들의 증상을 교활한 의사나 백신 탓으로 돌렸다.[28] 근거는 온라인에서 본 유언비어였다. 맥키벤스의 남동생은 "망할 놈의 병원 때문에 증상이 훨씬 나빠졌어. 입원할 때는 폐가 이 정도로 엉망은 아니었거든"이라고 적었다. 그는 병원 직원이 "돈벌이에 눈이 멀었다"고 확신했다.

몸이 더 나빠지자, 두 사람은 소셜미디어 속 유언비어가 맞는다는 증거에 매달렸다. 한 명은 인스타그램에서 조장된 거짓말을 근거로 아내의 심한 월경통을 백신 탓으로 돌렸다. 두 사람은 유튜브와 페이스북에 나돌던 가짜 치료법을 서로 추천했다. 게다가 의사, 보건 당국, 심지어 맥키벤스의 조언을 무시하자고 서로 부추겼다. 맥키벤스의 남동생은 증상이 심해지자 병원에 입원했지만, 온라인에서 귀에 못이 박이게 들었던 음모론 탓에 의료진이 자기에게 독을 주입하려 한다고 확신해 치료를 거부하고 퇴원해 집에 틀어박혔다. 며칠 뒤 그는 집에서 홀로 사망했다.

2. 약탈하면 발포한다

그해 봄부터 여름까지 미국인 전체가 잘못된 보건 정보에 빠진 사이, 소셜미디어에 또 다른 토끼굴이 열려 공동체와 삶의 목적을 찾던 낙담한 젊은 백인 남성들을 끌어들였다. 이 집단은 코로나19 음모론에 낚인 사람들보다 숫자는 적었지만, 소셜미디어 플랫폼들이 작동을 마친 뒤에는 음모론 추종자에 거의 맞먹는 위험성을 드러낸다. 한때 게이머게이트나 페페 더 프로그 밈에만 집중하던 온라인 대안 우파가 사회 붕괴가 임박했다고 확신하고서 여기에 대비한 자칭 극우 민병대의 세계로 모여들었다.

서른두 살 공군 하사 스티븐 카릴로Steven Carrillo는 폭력과 관련한 페이스북 그룹에서 호기롭게 허세를 부리곤 했다. 그러던 2020년 5월, 그런 호언장담을 실행에 옮기기로 마음먹었다. 같은 부류인 사용자가 카릴로에게 문자를 보냈기 때문이다. "그 작전 초안을 짜세요. … 나는 뭐 찬성입니다.²⁹ 카릴로가 "멋진데, 브로!"로 화답했다.

그 그룹에 가입하기 전까지 카릴로는 파란만장한 삶을 살았다. 어릴 때는 캘리포니아의 작은 도시에 사는 부모와 멕시코 시골에 사는 조부모 사이를 오가며 가난하게 자랐다. 2015년에는 교통사고로 머리를 다치는 바람에 한때 밝았던 성격이 음울해졌고, 2018년에는 아내가 자살했다. 그 뒤로는 아이들을 처가에 맡기고 밴에서 살았다.

카릴로의 누이는 카릴로가 "완전히 단절되어 있었다"고 주장했다.³⁰ 그런 와중에 공군이 2019년 거의 내내 카릴로를 중동에 배치했다. 그곳 기지의 친구들이 카릴로에게 자칭 극우 민병대라는 페이스북 그룹을 소개해줬다. 사실 이 그룹은 폭동이나 내전에 환상을 심어주는 데 몰두하는 채팅 페이지였다. 레딧의 인셀들이 페미니스트에 맞선 폭동을 상상하며, 또 에잇챈 사용자들이 집단 학살 행위를 찬양하며(결국은 뉴질랜드에서 브렌튼 태런트가 이를 실행에 옮겼다) 공동체를 찾았듯이, 이들은 개인의 위기를 집단의 해법으로 대응한다는 극단주의자들의 담론 안에서 세상을 재구성해 구성원에게 세상을 이해할 길을 제공했다. 카릴로가 가입한 단체는 장난기 어린 비아냥을 담아 이름을 부갈루Boogaloo라 지었다. 부갈루는 포챈 밈에서 출발했다. 포챈 사용자들은 1980년대 댄스 영화 〈브레이킹 2: 짜릿한 부갈루Breakin' 2: Electric Boogaloo〉에 빗대 '2차 내전: 짜릿한 부갈루'를 언급하며 전국에서 폭동을 일으켜 정부를 뒤엎고 우파 유토피아를 세우자고 주장했다.

2020년 봄, 소셜미디어 플랫폼에 봉쇄가 〈플랜데믹〉이나 큐어넌이 널리 퍼트린 음모론에서 예고한 바로 그 권력 장악이라며 두려움을 드러내는 커뮤니티들이 생겨났다. 그러자 알고리즘이 사용자들을 온라인 세계로 더 깊이 끌어들일 유인책으로 그때껏 잘 알려지지 않았던 부갈루 같은 극우 민병대 페이지들을 이용했다. 곧이어 부갈루의 게시물이 페이스북, 트위터, 인스타그램, 레딧에 그야말로 순식간에 퍼졌다. 어느 극단주의 감시 단체가 "확산성이 큰 폭동 세력이 눈에 띄게 커지고 있다"고 경고했다.[31] 플랫폼의 알고리즘에 따라 코로나19 음모론자들이 극우 민병대의 명분과 연결되었다. 이들은 극우 민병대에 신규 회원과 새로운 명분을 제공했고, 극우 민병대는 음모론자에게 정부와 맞설 마지막 싸움이 머잖았다는 목적의식을 제공했다. 다시 한번 위기와 해법이었다. 포챈부터 페이스북까지 비슷한 운동이 그랬듯, 부갈루 같은 극우 민병대의 지지자들이 내전을 일으키자는 게시물을 올린 까닭은 진지한 의도가 아니라 내집단 소속감을 알리는 신호였다. 하지만 차이를 구분하지 못한 사람들이 있던 탓에 사제 폭탄과 총기를 마련하라는 지침이 급증했다. 페이스북과 인스타그램에서 공유된 '부갈루 전술서'는 "펜대만 굴리는 먹물들을 암살하는 것을 이들의 범죄가 입증될 때까지 미뤄야 한다"면서도, 누군가는 바로 "실행에 옮겨야 한다"고 지시했다.[32] 부갈루 회원들이 총격이 시작되기를 기다리며 중무장을 한 채 봉쇄 반대 시위에 참석하기 시작했다.

이 무렵 카릴로는 캘리포니아로 복귀해 한 여성과 데이트를 시작했다. 그리고 2020년 초 내내 부갈루 페이지에서 점점 더 많은 시간을 보내며 부갈루를 자기 정체성으로 받아들였다. 페이스북 프로필을 부갈루 밈으로 장식했고, 3월에는 부갈루의 페이스북 그룹에 광고를 실은 웹사이트에서

AR-15 소총의 부품을 사들였다.[33] 이 사이트는 수익 일부를 그달에 경찰과 대치하다 살해되었다고 주장하는 어느 부갈루 회원의 유족에게 기부하겠다고 약속했다. '작전'을 짜자는 문자를 주고받은 지 몇 주 뒤, 카릴로는 초대받아야만 가입할 수 있는 캘리포니아 지역 회원용 페이스북 그룹과 왓츠앱 그룹에 가입했다. 이곳에서 회원들이 총기 훈련 모임을 계획하고, 경찰을 죽여 내전을 일으키자는 막연한 계획을 의논했다.[34] 카릴로가 4월에 작성한 '신입 회원 교육 과정' 파일은 그런 그룹의 공통점인 비디오게임처럼 "우리 작전 지역은 눈 깜짝할 새 오지에서 시내까지 펼쳐질 것이다"라고 알렸다.

부갈루는 여러 극우 민병대 중 하나일 뿐이었다. 4월에 극우 총기 옹호론자들이 주마다 페이스북 페이지를 마련해 주정부의 자가 격리 명령에 항의하라고 촉구했다. 기존에 영향력이 거의 없던 이들이 가입자를 90만 명이나 확보해, 알고리즘의 홍보 효과를 뚜렷이 드러냈다.[35] 집회 참석자는 M-15 계통 소총을 든 몇몇을 포함해 겨우 몇십 명뿐이었다. 나머지 수천 명은 여전히 온라인 페이지에서 활동했는데, 머잖아 이 페이지들이 정부에 반발해 음모론을 주장하는 더 큰 커뮤니티들과 통합되었다. 플랫폼이 이들을 계속 더 큰 통합체로 끌어모으자, 이들의 정체성과 명분이 흐릿해졌다.[36]

페이스북에서 계획된 폭력이 갈수록 잦아지고 과격해졌다. 5월 들어 아칸소에서는 페이스북의 극우 민병대 그룹에 가입한 사람들이 주지사 관저에 침입해 주지사 허수아비를 불태웠다. 워싱턴에서는 주동자들이 코로나19 휴업 명령을 어긴 상점들을 신고한 시민들(자기네가 경찰 기록으로 확인했다고 주장했다)을 공격하는 것으로 집회의 대미를 장식하겠다는 뜻을 내비쳤다. 공격 자체는 실현되지 않았지만, 집회 참석자가 1500명이었고 대다수가 무장 상태였다.

극우 민병대, 코로나19 음모론자, 그리고 이들에 동조하는 트럼프 지지 커뮤니티들은 플랫폼들이 계속 연결고리를 이은 또 다른 명분도 받아들였다. 바로 큐어넌 말이다. 지난 2016년 리네이 디레스디기 발견한 데로 페이스북의 그룹 기능이 백신 반대론자들과 피자게이트(큐어넌 이전의 음모론이다)의 경계를 흐렸듯, 이제 큐어넌의 신념이 알고리즘에 힘입어 이 모든 별개의 명분에 스며들었다.[37]

허위 정보를 연구하는 니나 얀코비치Nina Jankowicz가 그해 여름 우연히 전형적인 경로에 발을 들였다.[38] 페이스북에서 '대안 의료'를 검색하다 상위권 그룹 중 하나에 가입한 얀코비치는 페이스북 알고리즘이 만든 '관련 그룹'을 따라가곤 했다. 그런데 Q의 페이지에 다다를 때가 많았다. 이 여정은 간단하면서도 무자비하게 효율적이라, 의학이 아직 어떤 치료법도 내놓지 못한 때 코로나19 치료법을 찾는 사람을 누구든 끌어들일 우려가 있었다. 이런 양상이 모든 주요 플랫폼에서 펼쳐져, 미국인의 두려움과 혼란을 처음에는 가벼운 음모론 신념으로, 다음에는 본격적인 큐어넌주의로 바꿔놓았다. 큐어넌주의는 플랫폼 참여도를 엄청나게 올리는 유인이었다. 유튜브의 운동 채널과 인스타그램의 운동 인플루언서들이 점성술에서 코로나19 음모론으로, 다시 큐어넌으로 이동했다. 페이스북의 최대 백신 반대 네트워크가 Q의 은밀한 신호로 도배되었다.[39] 틱톡에는 피자게이트 음모론이 급증했다.[40] 피자게이트의 부활을 촉발한 스무 살 사용자는 유튜브의 인기 영상에서 피자게이트를 알았다고 했다. 〈플랜데믹〉 제작자가 후속편을 발표하자, 주로 Q의 페이지를 통해 영상이 전파되었다.

코로나19 팬데믹 초반, 이제 큐어넌의 괴담과 은밀한 믿음이 거의 이해할 수 없게 난해해진 가운데, 큐어넌의 명분이 핵심 신념을 중심으로 선명해졌다. 트럼프 대통령과 충성스러운 장군들이 영광스러운 군사 쿠데타를 일으켜, 피자게이트를 지휘하고 미국인의 삶을 은밀히 지배했던 불순한 무리를 전복하려 한다. 그 뒤 이어질 숙청에서 군부가 반역자인 민주당 인사, 유대인 금융가, 연방 관료, 문화계 진보주의자 수만 명을 내셔널몰에서 처형할 것이다. 주로 페이스북과 유튜브에 몰려 있을 뿐 'Q 드롭'이 처음 게시되는 골수분자들의 게시판에는 한 번도 가본 적이 없는 Q 지지자들은 자기네가 단서를 따라가고 말을 퍼뜨리기만 해도 중요한 역할을 한다고 들었다.

그해 여름, 큐어넌 신봉자라고 밝힌 지원자 97명이 연방 의회 예비 선거에 뛰어들어 27명이 후보로 선출된다.[41] 두 명은 무소속으로 뛰었고, 공화당 당원인 나머지 25명은 당의 하원의원 후보로 지명되었다. 큐어넌의 밈과 발언이 특히 극우 민병대의 페이지를 뒤덮어, 폭력이 정당할뿐더러 불가피하다는 인식을 높였다.

5월 말, 카릴로와 문자로 '작전'을 이야기했던 부갈루 회원 아이번 헌터Ivan Hunter가 회원 몇몇과 함께 미니애폴리스로 차를 몰았다. 미니애폴리스에서 경찰이 무장하지 않은 흑인 조지 플로이드를 살해한 데 항의하는 시위가 빠르게 번지고 있었다. 이들은 시위대 몇백 명이 점거한 경찰서 바깥에 모였다. 헌터가 "플로이드에게 정의를"을 외치며 칼라시니코프 계통의 소총을 꺼내 경찰서에 열세 발을 쏘았다.[42] 다친 사람은 아무도 없었다. 부갈루 회원들이 온라인이 자주 적었듯, 헌터도 시위대와 경찰 사이에 폭력 사태를 일으켜 전쟁으로 번지기를 바랐을 것이다.

며칠 뒤인 5월 28일, 카릴로가 페이스북에서 자주 찾는 부갈루 그룹에 블랙라이브스매터(BLM) 시위의 영상을 올렸다. "이제 시위가 서부에서 벌어진다. 이게 전국으로 번져야 한다. 지금이 특제 수프를 겨냥할 엄청난 기회다"[43] 여기서 특제 수프란 FBI처럼 기관명이 약자로 구성된 이른바 '알파벳 수프' 기관을 가리킨다. 부갈루 회원들이 FBI 요원을 죽여 자기네가 바라는 전면전을 일으키자고 서로 부추겼다. 카릴로가 "우리에게는 유리하게 이용할 수 있는 성난 군중이 있다"고 덧붙였다. 또 다른 캘리포니아 회원 로버트 저스터스_{Robert Justus}가 "서둘러 움직이자"고 화답했다. 그날 밤 카릴로가 여자친구에게 나중에 다이아몬드로 바꿔주겠다며 25달러짜리 반지로 청혼했다.[44] 그리고 아침에 가방을 꾸려 길을 나섰다.

카릴로가 가입한 것 같은 부갈루 페이지 자체는 내전이 임박했다는 인식을 만들지 않았다. 이런 인식이 가득 퍼진 소셜미디어 플랫폼에서 흡수했을 뿐이다. 같은 날인 5월 28일, 이런 정서를 주도하기도 하고 이용하기도 한 트럼프가 트위터와 페이스북에 미니애폴리스 당국이 BLM 시위를 진압하지 않는다면 "방위군을 보내 사태를 바로잡겠다"고 공표했다.[45] 또 "우리는 어떤 어려움이 닥치든 억제력을 유지하겠지만, 약탈이 일어나며 발포하겠다_{when the looting starts, the shooting starts}"고도 덧붙였다. 마지막 구절은 1967년에 마이애미 경찰서장이 흑인 거주 지역을 엄격히 단속하겠다고 선포하며 남긴 악명 높은 말을 인용한 것이었다. 긴장이 팽팽해지고, 길거리에서 충돌이 늘고, 경찰과 극우 민병대가 모두 명령에 따라야 하는 상황에서 그런 말을 하다니, 치명적인 폭력 사태를 조장하는 것 같았다.

트위터는 폭력 미화 금지 규정을 어겼다는 이유로 트럼프의 트윗에 경고 문구를 추가하고 해당 트윗의 리트윗을 제한했다. 그러나 저커버그는 자기가 보기에는 트럼프의 게시물이 "분열을 일으키고 선동적"이지만, 페이스북은 해당 게시물을 그대로 두기로 했다고 발표했다.[46] "우리는 정부가 군을 배치할 계획이 있는지를 국민이 알아야 한다고 생각합니다"라고 이유를 댔지만, 대중의 인식을 대가로 선동을 증폭한다는 이상한 해명이었다. 저커버그는 트럼프에게 전화해 페이스북의 정책을 다시금 알렸다. 자신의 결정을 항변하고자 전사 타운홀 미팅을 열었지만, 직원들의 비난이 이어졌다.

소셜미디어 플랫폼의 경향이 트럼프를 지지하는 우파를 넘어 모든 사람에게 영향을 미쳤다. 트럼프가 약탈하면 발포한다는 트윗을 올린 날, 미니애폴리스의 한 기자가 BLM 시위의 사진을 실었다. 좌파 트위터 사용자들이 사진 때문에 시위대가 체포될 위험에 빠지지 않겠느냐고 이의를 제기했다. 이 이의의 핵심이 무엇이든, 한 걸음 더 나아간 격분에는 댈 바가 아니었다. 다른 사용자들이 사진 때문에 시위대가 체포될 위험을 넘어 살해될 위험이 커졌다고 주장해 더 큰 관심을 끌었다. 이들은 오래전 사실이 아니라고 밝혀진 음모론, 그러니까 예전 BLM 집회에서 사진이 찍힌 참가자들이 잇달아 미심쩍은 상황에서 죽음을 맞곤 했다는 음모론을 언급했다.[47] 분노가 눈덩이처럼 커져, 수만 명이 일부러 흑인의 목숨을 위험에 빠뜨렸다며 사진 기자를 비난했다. 많은 사람이 사진 기자가 다치거나 죽었으면 좋겠다는 바람을 드러냈다. 어떤 이들은 자기 손으로 그렇게 하겠다고 맹세했다. 어떤 이들은 기자의 전화번호와 주소를 퍼뜨렸다.[48] 그날 밤 트위터에서 인기 있는 어느 좌파 인사가 CNN 기자의 차량 번호판 사진을 올리며, 경찰을 위해 블랙라이브스매터 운동에 잠입한 거짓 선동가의 것이라고 주장했다[49] 이 트윗이 6만 2천 회의 상호작용을 일으켰으므로 수백만 명에게 영향을 미쳤을 것이다. 그 주 주말, 시위대가 워싱턴 D.C.에서 폭스뉴스 카메라맨을 공격했고, 다른 시위대는 CNN 애틀랜타 본사를 습격했다. 경찰이 기자를 공격하는 사건보다 빈도는 낮아도, 시위대가 기자를 공격하는 사건이 여름 내내 이어졌다.

이튿날인 5월 29일 밤, 카릴로와 저스터스가 오클랜드에서 열린 BLM 시위에 밴을 몰고 다가갔다. 그리고 주변을 맴돌다 카릴로가 뒷자리로 넘어가 문을 밀고, 연방 정부 청사를 지키는 국토안보부 경비원 두 명에게 고성능 소총을 겨눴다. 총을 맞은 두 명 중 한 명이 목숨을 잃었다. 카릴로와 저스터스는 밴을 버리고 도망쳤는데, 나중에 보니 차량에 폭탄 제조 장비와 총기가 가득했다.

카릴로의 동기에 일관성이 있었으므로, 보나 마나 자신의 공격이 블랙라이브스매터 운동의 소행으로 오해받아 더 많은 폭력 사태를 일으키기를 바랐을 것이다. 소셜미디어의 당파적 확증 성향 때문에 카릴로는 적어도 첫 소원을 이뤘다. 경찰이 카릴로를 범인으로 지목조차 못 한 가운데, 친트럼프 성향인 페이스북 페이지들이 오클랜드 경비원의 죽음은 블랙라이브스매터 "폭동", "국내의 좌파 테러리스트", "관리가 엉망인 민주당 성향 도시" 때문이라고 비난해 수십만 회의 상호작용을 일으켰다. 이들은 경비원 피살이야말로 "전국의 민주당 인사, 미디어 기업, 바이든 행정부가 증폭시킨 폭력 사태의 최신판이라고, 민주당이 강제하는 봉쇄, 제멋대로인 소수가 휘두르는 폭정의 연장선에 있다"고 주장했다.

카릴로는 그 뒤로 며칠 동안 더 많은 폭력 행위를 저지르고자 왓츠앱에서 다른 회원들과 문자를 주고받았다. 미니애폴리스 경찰서에 총을 쏜 뒤 숨어 지내던 헌터도 여기에 가담했다. 그러나 범행을 저지른 지 한 주 뒤, 경찰이 카릴로를 추적해 벤 로몬드라는 시골 마을에 있다는 것을 알아냈다. 경찰이 도착할 무렵 카릴로는 근처 산비탈에 매복한 채 이들을 기다렸다. 그리고 쉴 새 없이 사제 AR-15 소총을 쏘아대고 사제 폭탄을 던져 경찰관 한 명을 죽이고 여러 명을 다치게 했다. 친구들에게 지원을 요청했지만, 수개월 동안 폭력을 부추기는 문자를 주고받았던 이들이 카릴로를 외면했다. 카릴로는 경찰의 대응 사격에 총상을 입자 차를 훔쳐 달아났지만, 얼마 못 가 붙잡혔다. 경찰은 카릴로가 차량 보닛에 자기 피로 'boog'라고 적은 것을 발견했다. 총격전이 벌어진 벤 로몬드는 페이스북 캠퍼스에서 70㎞도 떨어지지 않았다.

지금도 범행을 사죄하지 않는 카릴로는 살인을 저지르던 날 청혼했던 여자친구와 교도소에서 결혼식을 올렸다. 친구 로버트 저스터스도 체포되었는데, 검사에게 자신은 카릴로의 강요에 떠밀려 따라갔을 뿐이라고 주장했다. 2022년 1월, 살해된 경비원의 여동생이 페이스북을 고소했다. 혐의는 페이스북이 알면서도 알고리즘이 과격한 극단주의를 부추기고 장려하게 내버려 둬 오빠를 죽게 했다는 것이었다.[50] 승소할 확률은 낮지만, 이 소송은 2020년 벌어진 미국의 붕괴에 실리콘밸리가 연루된 듯한 상황을 무시해서는 안 된다는 인식을 나타낸다. 카릴로가 범행을 저지른 지 몇 시간 지나지 않아, 페이스북 직원들한테도 벌써 이런 인식이 퍼졌다.

3. 과속방지턱

조지 플로이드가 살해된 지 1주, 카릴로가 범행을 저지른 지 3일 뒤인 6월 1일 월요일, 페이스북 직원 몇백 명이 부재중 메시지를 통해 하루 동안 파업한다고 알렸다. 일부는 책임자를 경질하고 정책을 바꾸라고 촉구하는 청원에 서명했다. 처음에는 많은 직원이 공공연히 회사를 비난했다. 로렌 탠Lauren Tan이라는 직원이 트윗에 "폭력을 선동하는 트럼프의 게시물을 내리지 않기로 한 페이스북의 조처에 여기서 일하는 것이 부끄러워진다. 이 조처는 옳지 않다. 침묵은 곧 공모다"라고 적었다.[51]

명목상 이 파업은 페이스북이 며칠 전 방위군에 인종차별 항의 시위대를 향한 발포를 명령하겠다고 위협한 트럼프의 게시물을 삭제하지 않기로

하자, 이 결정에 항의하는 것이었다. 많은 사람이 이야기하듯, 이 결정이 야말로 치명적인 모욕이었다. 세상을 구하는 데 일조하겠다는 약속으로 세계 최고의 엔지니어들을 끌어모았던 실리콘밸리가 폭력과 위험한 허위 의료 정보가 증가하는 시기에 도리어 미얀마와 스리랑카에서 그랬듯 미국을 분열시킬 우려가 있는 사회적 병폐를 부추기다 못해 주도하는 것 같았다. 직원들의 주장을 강조하기라도 하려는 듯, 직원들이 파업한 바로 그날 페이스북을 뒤덮은 이야기는 카릴로가 저지른 살인을 블랙라이브스매터 탓으로 돌린 허위 정보였다.

이 파업은 실리콘밸리 기업의 수장들과 이들에 맞서 새로 부상하는 동맹 사이에 명운을 건 공개 전투가 시작된다는 신호였다. 이 동맹에 IT 직원, 광고주, 저명한 인권 운동가가 참여했고, 나중에는 민주당 지도부까지 뛰어들었다. 이 전투는 그때까지 실리콘밸리를 향한 비판을 주도한 외부 분석가나 바글 프로그래머를 상대하는 것과는 완전히 달랐다. 실리콘밸리의 중요한 공동 이익을 겨누는 의미 있는 도전이었고, 참가자들에 따르면 이런 기업들을 점점 유해한 위협으로 본 세상을 대신한 문제 제기였다.

그사이 몇 달 동안, 잘못된 선거 정보를 우려하는 시선이 커졌다. 플로이드가 살해된 이튿날인 5월 26일, 트럼프가 트위터에 "이번 선거는 조작 선거가 될 것이다"라는 문구와 함께 캘리포니아의 조기 투표 정책에 반대하는 거짓말을 잇달아 올렸다. 몇 년 동안 트럼프에 힘을 실어줬던 트위터가 마침내 조처 비슷한 것을 취했다. 아래쪽에 자그맣게 '사실 확인 필요'라는 경고 문구를 붙이고, 트럼프의 주장이 맞는지를 차분하게 확인한 별도 페이지로 연결되는 링크를 걸었다. 무척 상징적인 조처였다.

파업 뒤 저커버그는 직원들을 달랠 셈으로 자신도 BLM을 지지한다고 발표했다. 하지만 같은 날 페이스북에서 가장 인기 있는 게시물은 우익 인사 캔디스 오언스_{Candace Owens}가 "경찰의 잔혹성에 인종차별적 동기가 있다는 것은 잘못된 통념이다", 조지 플로이드는 "범죄자이자 끔찍한 인간이다"라고 주장하는 영상이었다.[52] 이 영상의 조회수가 9400만으로, 슈퍼볼 경기 시청자에 거의 맞먹었다.

6월 내내, 페이스북에 고용된 보수 로비스트 조엘 캐플런이 허위 정보 금지 규정을 트럼프에게 적용하지 않게끔 회사 정책을 완화해, 트럼프가 플랫폼을 주정부 관료를 압박해 투표를 억제하고 선거를 방해하는 수단으로 이용하게 사실상 지원한다는 이야기가 돌았다.[53] 많은 사람이 보기에 이 이야기는 아무리 절박해도 실리콘밸리가 옳은 일을 한다고 믿어서는 안 된다는 증거였다. 인권 단체들은 '혐오 돈벌이를 멈추라_{Stop Hate for Profit}'라는 캠페인을 이끌어 페이스북을 불매하도록 광고주들을 압박했다.[54] 많은 기업과 광고대행사가 여기에 호응했다. 이 가운데는 광고 예산으로 하루에만 10만 달러를 쓰는 곳들도 있었다.

그렇다고 이 일로 페이스북의 연간 광고 수익 800억 달러가 크게 무너질 가능성은 적었다. 그래도 수익을 위협받은 페이스북이 조처에 나섰다. 다른 기업들은 말할 것도 없었다. 6월 말, 페이스북과 인스타그램이 부갈루 관련 계정을 삭제했다.[55] 유튜브는 샬러츠빌에서 '우파여 단결하라' 집회를 주도한 리처드 스펜스를 포함해 유명한 백인 극단주의자 여럿의 계정을 삭제했다(샬러츠빌 폭동이 일어난 지 거의 3년 만이었다).[56] 아무래도 가장 의미 있는 조처는 레딧이 온라인 극우의 비공식 집합소인 '더_도널드'를 포함해 서브레딧 2만 개를 혐오 발언에 가담했다는 이유로 폐쇄한 것이었다.[57] 이 긴급 단속은 혐오를 불러들이는 것이 사실상 혐오의 전파를 지지하는 정책이라는 것을 암묵적으로 인정하는 전환점이었다. 이런 플랫폼에서는 선한 발언이 나쁜 발언을 쉽게 넘어서기가 어려웠다. 하지만 이전의 많은 조처가 그랬듯, 삭제와 폐쇄도 너무 때늦은 조처였다. 폭동 선동자, 백인 국수주의자의 정체성과 사고방식, 이를 정당화하는 수많은 음모론과 거짓말이 이미 플랫폼에 힘입어 현실 세계의 더 큰 공동체를 아주 효과적으로 파고들었고 고질병이 되었다.

실리콘밸리의 비평가들은 계속 더 깊은 변화를 요구했다. 우연히도 7월 1일에 페이스북을 퇴사한 프로그래머가 24분짜리 작별 영상에서 "페이스북이 사람들에게 큰 피해를 줍니다"라고 경고했다.[58] 플러시 천으로 만든 인형을 옆에 놓고 가슴팍에 페이스북이라고 적힌 선명한 원색 티셔츠를 입은 채 찍은 영상에서 이 프로그래머는 "페이스북은 표현의 자유라는 이념에 갇히고 있습니다. … 우리는 추락하고 있습니다. 그것도 모자라 그런 실패를 우리 정책에 고이 담았습니다"라고 평가했다.

페이스북을 광고주의 눈 밖에 나게 하겠다는 위협이 커지자, 마침내 7월 초 저커버그와 샌드버그가 불매 주도 단체를 만났다. 이야기를 마친 인권 운동가들은 씩씩거리며 기자들에게 페이스북이 공허한 약속으로 생색을 내려 하고 회사의 기술을 일부러 잘 모르는 체하며 개선 중이라는 주장으로 자신들을 길들이려 한다는 느낌을 받았다고 전했다.[59] 페이스북 정책 담당자들을 인터뷰한 적 있는 기자들에게는 낯설지 않은 설명이었다.

공교롭게도 그 주에 페이스북의 정책과 관행을 2년 동안 조사한 외부 감사 결과가 발표되었다.[60] 2016년 선거와 그 뒤 개인 정보 유출 사건에서 페이스북의 역할을 놓고 사회의 압박이 거세지자, 페이스북은 2018년에 인권 법률 회사에 감사를 위임한 뒤 이를 개선에 전력을 다한다는 증거로 제시했다. 페이스북은 비판들이 틀렸다는 것을 증명할 수 있다며 감사원들에게 접근 권한을 줬다. 그러나 감사원들은 페이스북의 알고리즘이 양극화와 극단주의를 조장하고, 페이스북의 정책이 잘못된 선거 정보가 마구잡이로 퍼지도록 허용하고, 사내 관행 탓에 현실 세계가 받는 피해를 거의 인식하지 못한다고 결론지었다.[61] 딱히 새로운 것은 없는 지적이었다. 그러나 페이스북이 직접 선정한 감사원들이 조사했고, 어느 정도는 내부 정보에 근거했고, 반골인 기술 전문가나 누군지 모를 학자들이 아니라 인권 법률 회사라는 평판 좋은 목소리가 발표했으므로, 이 감사는 대중에게 이전 조사와 비교하기 어려운 공신력 있는 증거로서 큰 무게가 있었다. 보고서는 실리콘밸리 경영자들을 수세에 몰아넣었다. 기욤 샤슬로를 불만을 품은 사람으로, 요나스 카이저를 그릇된 사람으로 무시할 수는 있을지 몰라도, 크게 존경받는 인권 변호사들을 함부로 대하기란 직원이나 광고주의 더 큰 반발을 무릅쓰지 않는 한 어려웠다.

마침내 8월, 페이스북과 트위터가 이전에는 생각도 못 할 조처를 했다. 트럼프가 올린 영상 하나를 지운 것이다. 아이들이 코로나19에 "거의 면역 상태"라고 주장하는 영상이었기 때문이다. 아이들의 건강을 위험에 빠뜨린 것이 결국은 무리수가 되었다. 유튜브도 뒤를 따랐다(이들 기업은 이 조처가 트럼프에게 경고 기능을 하기를 바랐겠지만, 트럼프는 요지부동이었다. 두 달이 지나도 트럼프가 갖가지 거짓말을 늘어놓자, 이들 기업은 거의 같은 이유로 트럼프의 다른 게시물들을 삭제한다). 그사이 트럼프는 알고리즘의 홍보로 계속 이익을 봤는데, 그 가치가 가벼운 경고로 생기는 부담을 훌쩍 넘어섰다. 여론조사에서는 트럼프가 뒤처졌는데도, 여름 마지막 한 달 동안 페이스북에서 트럼프가 끌어낸 사용자 참여도가 조 바이든을 40 대 1로 멀찍이 따돌렸다.[62] 플랫폼이 현실을 반영하는 것이 아니라 만들어낸다는 또 다른 증거였다.

9월 들어 미국은 민주주의 자체의 존망이 걸린 듯한 선거를 향해 위태롭게 질주했다. 트럼프와 몇몇 측근이 민주당에 유리할 것으로 예상되는 우편 투표에 개입하겠다는 뜻을 슬며시 드러냈다. 또 설사 선거에 패하더라도 대법원에서 다수인 보수 법관들이 결과를 뒤집을 것이라는 기대도 내비쳤다. 정권 이양을 거부할 수 있다는 속내도 보였나. 선서 기간에 유권자의 투표권을 방해할지 모른다, 선거 뒤 자경단이 폭력 행위를 일으킬지 모른다는 두려움이 널리 퍼졌다. 하원 의장 낸시 펠로시가 페이스북에 큐어넌의 허위 정보가 만연한 현실을 한탄했다. "페이스북 이사나 고위 간부들이 거울에 비친 자신을 어떻게 볼지 모르겠습니다. 그들은 분명히 선택을 했습니다. 페이스북의 사업 계획은 독을 팔아 돈을 버는 것이고, 그들은 그 길을 가기로 선택했습니다."[63]

그달, 압력에 밀린 페이스북이 후보가 거짓으로 승리를 선언하는 것을 금지하고, 대면 투표를 방해할 셈으로 코로나19를 언급하는 게시물은 모두 삭제하겠다고 발표했다. 그러면서도 트럼프가 선호한 전략 하나에는 눈에 띄게 가벼운 벌칙을 줬다.[64] "선거 방식이나 선거 결과의 합법성을 훼손하려 하는 콘텐츠"에는 "정보를 알리는 문구"만 덧붙이기로 했다. 페이스북과 인스타그램은 선거 1주 전부터는 새로운 정치 광고를 받지 않아, 선거 막바지에 소셜미디어 플랫폼에 유권자를 조종하려는 콘텐츠를 밀어 넣으려는 시도를 미리 차단하기로 했다. 인스타그램은 한 발 더 나갔다. 선거가 끝날 때까지는 미국에 거주하는 사용자가 어떤 주제든 해시태그를 팔로우하면 최신순으로 게시물을 정렬하지 못하게 하기로 했다. 언론 보도문에 따르면, "이렇게 조처하는 목적은 선거 무렵 갑자기 튀어나올 수 있는 유해한 콘텐츠의 실시간 확산을 줄이려는 것"이었다.[65] 비록 작은 변화지만 두 변화 모두 더 나은 사회가 되도록 제품의 기본 기능을 제한하는 중요한 문턱을 넘었다.

선거 한 달 전, 트위터가 어떤 플랫폼보다 근본적인 변화를 발표했다.[66]

페이스북의 특별 대우와 달리, 정치인 계정을 포함해 팔로워가 많은 계정에 다른 계정보다 더 엄격한 규정을 적용하기로 한 것이다. 만약 규정을 어기면 게시물을 삭제하거나 경고 딱지로 가리기로 했다. 트럼프는 이미 경고 딱지를 열네 개나 받은 상태였다. 경고 딱지는 사실 확인과 과속방지턱 기능을 한꺼번에 수행해, 사용자가 유해한 콘텐츠를 읽거나 공유하는 속도를 늦췄다. 나중에 트위터는 아예 불쾌감을 일으키는 트럼프의 게시물은 사용자가 리트윗하거나 '좋아요'를 누르지 못하게 막았다. 그런 요소가 사라지자, 트럼프가 트윗으로 누렸던 영향력이 상당히 떨어지는 것 같았다.

트위터는 외부 전문가들이 오랫동안 촉구한 마찰 요소도 추가했다. 원래 트위터는 사용자가 '리트윗'을 누르기만 해도 바로 게시물을 공유해 해당 트윗을 자기 피드에서 알릴 수 있었다. 이제는 '리트윗'을 누르면 의견을 덧붙이라는 안내문이 뜬다. 이 기능이 잠시 멈춤을 강제해 공유의 편리성을 줄였다. 크지 않은 개입이었지만 효과는 꽤 컸다. 트위터에 따르면 전체 리트윗 수가 20% 줄었고, 따라서 잘못된 정보의 확산도 줄었다. 트위터는 일부러 사용자의 참여 속도를 늦춰 자사의 수익을 깎아내렸다. 그뿐 아니라, 온라인 활동이 늘어야만 이익이라고 수십 년 동안 주장한 실리콘밸리의 도그마에도 도전했다. 그 결과, 세상이 잘못된 정보가 줄어 더 나은 곳이 되는 것 같았다.

가장 놀라운 조처는 유난히 입소문을 많이 탄 트윗을 일반 사용자의 뉴스 피드에까지 밀어 넣는 알고리즘을 잠시 껐다는 것이다. 트위터는 확산성을 늦추려는 이 시도를 "더 사려 깊고 숨김없는 증폭을 장려하는 가치 있는 희생"이라고 묘사했다.[67] 내가 알기로 이 조처는 주류 플랫폼이 자발적으로 자사 알고리즘을 멈춘 처음이자 유일한 사례였다. 소셜미디어 기업들이 그렇게 오랫동안 회피했던 바로 그 사실, 즉 자기네 제품이 위험할 수 있다는 것을, 그런 제품의 어떤 기능을 끄면 사회가 더 안전하리라는 것을, 그런 조처가 단연코 이들 기업의 권한 안에 있다는 것을 암묵적으로 인정한 조처였다.

그다음은 큐어넌 단속이었다. 그해 초 계정이나 그룹을 신중하게 가려내 삭제하고 폐쇄했던 부분적 금지는 효과가 없다는 것이 드러났다. 마침내 10월 들어 페이스북과 인스타그램이 큐어넌 관련 운동을 완전히 금지했다. 트위터는 Q와 관련한 계정을 차근차근 가려내 삭제했다.[68] 그런데 유튜브 CEO 수전 워치츠키는 누군가를 괴롭히거나 위협할 목적으로 Q 관련 음모에 가담했다는 혐의를 제기하는 영상을 삭제하겠다고만 말했다.[69] 선거 때까지 유튜브가 취한 의미 있는 정책 변화는 이 제한된 규정 변경 하나뿐이었다. 그러나 부갈루를 포함한 어두운 기류가 너무 강했으므로 그마저도 때늦은 조처였다. 여러 해 동안 소셜미디어 플랫폼에서 부화해 대중운동으로 성장한 이 극단주의 커뮤니티들은 금지 조처를 받자 가볍게 더 은밀한 플랫폼으로 이동해 훨씬 깊은 극단주의를 마음껏 활보했다. 게다가 주류 플랫폼에도 어떤 형태로든 많이들 숨어 있었다. 10월에는 미시간주 주지사를 납치해 여차하면 살해할 계획에 쓰려고 무기와 폭발물을 쟁여놓은 부갈루 회원 여럿을 FBI 요원들이 체포하기까지 했다. 이들 일부가 페이스북의 비공개 그룹에서 음모를 꾸몄었다.

소셜미디어 플랫폼의 광범위한 특성은 여전히 그대로였다. 선거 전 몇 주 동안 페이스북에 트럼프의 적을 겨냥한 폭력 행위를 외치는 목소리가 넘쳐났다. 디지털 연구자들이 확인해보니 게시물 최소 6만 개가 정치적 폭력 행위를 언급했다.[70] "테러범인 민주당은 적이니 모두 죽어 마땅하다." "다음에 시프를 볼 때는 틀림없이 교수대에 매달려 있을 것이다. #시프에 계죽음을." (애덤 시프_{Adam Schiff}는 2019년 1차 트럼프 탄핵에서 소추위원장을 맡았던 민주당 하원의원이다.) 바이든이 이기면 무장 폭동을 일으키자고 주장하는 게시물은 만 개였다. 정치 그룹에서 '죽여라', '쏴라' 같은 더 일반적인 단어로 폭력을 부추긴 게시물은 자그마치 270만 개였다.

피에 굶주려 한목소리로 외치는 노골적인 폭동 구호. 스리랑카와 미얀마가 엄청난 폭력 행위에 휘말려 무너지기 직전에 내가 본 모습이 바로 이것이었다. 스리랑카 정보국 국장 수다르샤나 구나바르다나가 떠올랐다. 조국이 페이스북이 퍼뜨린 선동에 휘말렸을 때, 구나바르다나는 귀를 닫은 페이스북 대리인에게 무력한 경고를 보냈었다. 폭동이 가라앉은 뒤 그는 "우리는 사회입니다. 시장이 아니라요"라고 한탄했다. 이제는 미국인이 실리콘밸리에 미국은 착취할 시장이 아니라는 것을 너무 늦기 전에 기억해달라고 간청해야 할 차례였다.

선거 날 큐어넌 추종자 두 명이 연방 하원의원에 당선되었다. 콜로라도주의 로렌 로버트와 조지아주의 마저리 테일러 그린이었다. 그린은 샌디훅 총기 난사가 음모라는 앨릭스 존스의 주장을 되풀이했고, 정치적 폭력이 핵심 목적이라는 것을 상기시키고자 페이스북에서 버락 오바마를 목매달자는 게시물과 하원의장 낸시 펠로시의 "머리에 총알을 박아주자"는 게시물에 '좋아요'를 누른 인물이었다.[71]

하지만 미국인은 큐어넌의 부상을 알아차리지 못했다. 트럼프의 패배라는 또 다른 사건이 전개되었기 때문이다. 투표가 끝나고 이틀 뒤, 아직 대다수 언론사가 공식적으로 선거 결과를 발표하지 않은 가운데, 페이스북이 허위 선거 결과를 올렸다는 이유로 한 그룹을 폐쇄했다고 발표했다. '도둑질을 멈추라Stop the Steal'라는 이 그룹은 트럼프의 패배가 사실은 그림자 세력의 쿠데타라고 주장했다. 이 페이지는 하루도 지나지 않아 회원 33만 8천 명을 확보해, 페이스북 역사에서 손꼽히게 빠르게 성장하는 페이지가 되었다.[72] 여기에는 음모론, 폭력 선동, 무엇보다 큐어넌의 주장이 넘쳐났다.

그래도 트럼프가 승복하고 머잖아 백악관을 떠난다면, 트럼프가 오랫동안 부추겼던 온라인 극단주의도 함께 사라질지 모를 일이었다. 어쨌든 실리콘밸리는 한결같이 소셜미디어 플랫폼이 그저 현실 세계의 정서와 사건을 반영할 뿐이라고 말했었다. 아마 최악의 상황은 끝났을 것이다.

4. 새빨간 거짓말

예순 살인 리처드 바넷Richard Barnett은 아칸소주 소도시에 사는 건설 수급자이자 총기 애호가였고, 열성 페이스북 사용자였다. 그런 바넷이 그해 가을 내내 토끼굴로 빠져들어, 이미 페이스북을 휩쓴 코로나19 음모론, 백신 반대 음모론, 친트럼프 음모론을 쉴 새 없이 퍼 날랐다. 바넷은 페이스북이 눈앞에 제시하는 것은 무엇이든 증폭했던 독일 예술가 롤프 바서만과 다를 바 없는 전형적인 페이스북 슈퍼 게시자였다. 그런데 바넷이 빠져든 미국의 소셜미디어 생태계가 독일의 생태계보다 훨씬 더 유해했다. 그해 9월 바넷은 페이스북 사용자들이 코로나19 제한 조치에 항의하고자 아칸소주 주도에서 주최한 집회에 AR-15 소총을 들고 참석했다. 한 친구에 따르면 바넷은 그림자 세력이 팬데믹을 빌미로 시민들의 이마에 마이크로칩을 집어넣으려 한다는, 〈플랜데믹〉과 큐어넌의 신념을 모호하게 반복하는 주장을 믿기에 이르렀다.[73] 그래서 큐어넌이 아동 인신매매 반대 활동을 위해 낙점한 자선 단체 '우리 아이들을 지키자Save Our Children'를 지원하는 모임을 조직했다.[74] 이 모임이 10월에 찍은 사진을 보면, 바넷을 포함해 열댓

명 남짓한 사람이 "죽은 소아성애자는 재범하지 못한다"는 팻말과 함께 저마다 군용 소총을 들고 있다. 여기서 소아성애자란 민주당 인사를 가리키는 말이었다.

바넷은 호전적인 소셜미디어 사용자의 전형이었다. 극우 민병대나 큐어넌 그룹 회원이거나, 바넷처럼 알고리즘에 편승했을 뿐인 이들은 2020년 내내 자기네가 철석같이 믿는 음모론에서 꽤 가까이 다가왔다고 주장한 영광스럽고 위대한 전쟁을 위해 각오를 다졌다. 널리 퍼진 페이스북 게시물들이 바이든의 승리가 사기라고 주장했을 때, 이들은 그 주장을 기꺼이 믿을, 더 나아가 행동에 나설 준비가 되어 있었다.

선거가 끝나고 사흘 뒤, 한 사용자가 페이스북의 어느 극우 민병대 그룹에 "우리가 이 부패한 정부를 멈춰 세워야 한다"라고 적었다.[75] 그 그룹의 회원 수만 명이 이미 스스로 "무장 완료"를 외치던 차였다. 이들은 계획을 꾸미기 좋은 비공개 페이지로 이동했다. 한 회원이 "지금 그들을 제거하지 않으면 그들이 우리를 제거할 거야"라고 적었다. 다른 회원이 "그들을 끌어내릴 때지"라고 맞장구를 쳤다.

극우 민병대와 큐어넌 그룹은 소셜미디어 플랫폼 전체에 영향을 미치기는 해도 친트럼프 사용자 중 광신적인 소수 계파일 뿐이었다. 그런데 소셜미디어 시스템이 다양한 대중을 빠르게 극단주의자 쪽으로 끌어당겼다. 그런 목적으로 홍보한 콘텐츠가 계속 대통령 자리를 지키려는 트럼프가 이용했고 빠르게 폐쇄된 '도둑질을 멈추라' 그룹에 활기를 불어넣었던 거짓말을 퍼뜨렸다. '트럼프가 이겼다.' '민주당 인사들이 대규모 부정 선거를 저질렀다.' '애국자라면 가짜 결과를 뒤집어야 한다.' 이들은 선거 결과를 '새빨간 거짓말Big Lie'이라 불렀다. 만약 소셜미디어가 없었다면 이런 주장이 얼마나 널리 퍼졌을지 확인할 길은 없다. 그래도 소셜미디어가 예전 같으면 불가능했을 규모로 이 주장을 홍보했고, 사용자들이 부정 선거 주장을 앞다퉈 급보로 퍼뜨리도록 아주 효과적으로 길들였을 것이다. 선거가 끝난 주에 선기라는 단어가 들어간 페이스북 게시물 중 사용자 참여가 가장 높은 스무 개가 모두 트럼프가 쓴 것이었다. 스무 개 모두에 사실을 오도한다는 딱지가 붙었지만, 딱히 효과는 없었다. 미국에서 사용자 참여도 상위 게시물 스물다섯 개 가운데 무려 스물두 개가 트럼프의 게시물이었다.[76]

이 거짓말을 정당화하려는 유언비어가 계속 퍼졌다. 바이든이 광범위한 선거 부정이 있었다고 인정했다더라. 펜실베이니아주의 투표용지에 죽은 사람의 이름이 적혀 있었다더라 같은 소문이 돌았다. 한 우파 유튜브 채널은 디트로이트주의 선거 관리자가 조작용 투표용지를 담은 여행 가방을 나르다 붙잡혔다고 보도했다.[77] 구독자가 180만 명인 다른 채널은 여론조사 기관들이 바이든이 승리했다는 발표를 철회했다고 주장했다(기자가 채널 운영자에게 왜 유튜브의 허위 선거 정보 관련 규정이 이 채널에는 적용되지 않았는지를 물었더니 "유튜브는 멋지니까요"라는 답이 돌아왔다).[78] 트위터의 한 유명 인사는 미시간주에서 트럼프를 찍은 투표용지가 "버려졌다"는 기사를 꾸며냈다.[79] 허위 정보로 악명 높은 계정 @Breaking911은 불한당 같은 우체국 직원이 투표용지를 훔쳐 캐나다로 달아났다고 주장했다.[80]

11월 중순 무렵, 페이스북 연구자들이 놀라운 사실을 발견했다. 미국에서 발생한 정치 관련 콘텐츠의 조회수 10%, 전체 콘텐츠의 조회수 2%를 선거를 도둑맞았다고 주장하는 게시물이 차지했다.[81] 날마다 모든 도시의 모든 방송국에서 나오는 모든 뉴스를 아우르는 게시물 수십억 개, 상상할 수 있는 모든 주제를 다루는 토론 그룹 수십억 개, 잡담, 가족사진, 사업체 목록, 모든 인간 경험으로 구성된 거대하기 그지없는 플랫폼에서 발언 하나가, 그것도 위험하기 짝이 없는 거짓 발언이 정상적인 온갖 이야기를 압도하다니, 충격이었다.

유튜브도 나을 것이 없었다. 민주당이 부정 선거를 저질렀다는 음모론을 밤낮으로 선동한 뉴스맥스 TV_{Newsmax TV}라는 채널은 10월에 300만이던 조회수가 11월에는 믿기지 않게도 1억 3300만으로 치솟았다. 또다시 유튜브의 추천 영상을 추적한 샤슬로는 유튜브가 좌파 채널인 BBC나 심지어 〈엘런 디제너러스 쇼〉를 본 사람들까지도 뉴스맥스로 유도하는 양상을 발견했다. 뉴스맥스가 별안간 유튜브에서 많이 추천되는 채널 상위 1%에 올랐다.[82] 샤슬로는 중국의 신흥 종교 파룬궁이 운영하는 NTD 텔레비전_{New Tang Dynasty Television}에서도 똑같은 양상을 발견했다. 친트럼프 성향으로 선거 관련 허위 정보의 소굴인 이곳은 시청자가 열 배나 폭증했다. '새빨간 거짓말'을 주장하는 유튜브 영상들이 선거 다음 주에 자그마치 1억 3천 800만 회나 조회되었다.[83] 비교하자면, 선거일 밤에 주요 TV 방송국의 선거 중계를 본 시청자 수가 750만 명이었다. 샤슬로가 조사 결과를 공개하고 며칠 뒤인 12월 초, 마침내 유튜브가 부정 선거를 주장하는 가짜 뉴스를 삭제하겠다고 발표했다. 그런데 희한하게도 이미 게시된 허위 영상은 삭제하지 않을뿐더러, 바이든이 취임하는 1월 20일 이후로도 규정 위반으로 처벌하지 않겠다고 했다.

유튜브에는 여전히 선거 관련 거짓말이 가득했다.[84] 누구든 소셜미디어로 뉴스를 접하는 사람은 리처드 바넷이 페이스북 페이지에 적었듯 사실은 트럼프가 이겼다는 "증거가 산더미"라고 결론지을 만도 했다.[85] 바넷은 친구들에게 선거 조작론을 부풀려 전파했고, 선거 조작론이 바넷의 분노를 불러일으켰듯이 바넷의 분노가 다시 친구들의 분노를 불러일으켰다. 분노는 소셜미디어 기계의 충실한 톱니바퀴다.

선거가 끝나고 한 달 반이 지난 12월 19일, 트럼프가 트윗을 올렸다. "1월 6일 D.C.에서 대규모 시위 예정. 거기로 오길. 장난 아닐 거다!" 1월 6일은 의회가 바이든의 대신 승리를 인증하기로 한 날이었다. 트럼프는 의원들에게 바이든이 확보한 선거인단을 무효로 돌리고 사실상 쿠데타로 바이든의 승리를 뒤집으라고 압박했다. 일부 공화당 의원들이 이미 그렇게 하겠다는 신호를 보냈고, 수십 명이 실제로 그렇게 했다. 트럼프와 측근들은 백악관에서 집회를 열면 나머지 머뭇거리는 의원들을 압박할 수 있다고 판단했을 것이다.

온라인에서 많은 지지자가 트럼프의 메시지를 지난 여러 달 동안 자기네끼리 주고받았던 모든 주장을 입증하는 증거로 받아들였다. 아이들을 착취하는 불순한 민주당 무리의 정체가 이제 곧 드러나 십중팔구 처형될 것이다. 트럼프가 군대를 소집할 테니, 독실한 민병대가 워싱턴에서 트럼프를 뒷받침하는 것이 좋겠다. "#애국자라면 BLM/반파시즘처럼 폭력적이어야 한다. 그게 우리의 기상이다!" 백인 국수주의자 단체 프라우드 보이스Proud Boys의 한 회원이 팔러Parler에 쓴 글이다. 주류 플랫폼에서 퇴출당한 극우는 트위터와 기능이 비슷한 팔러를 점점 더 선호했다. 폐쇄된 서브레딧 더_도널드를 본뜬 채팅 사이트 더도널드TheDonald에서 1월 6일 집회를 언급하는 토론 가운데 80% 이상이 폭력 행위를 공공연하게 선동했다. 몇몇이 올린 국회 의사당 건물의 도면에는 지하 통로와 입구가 표시되어 있었다.[86]

12월 말이 되자 많은 사용자가 한 계획을 중심으로 의견을 모았다. 일부는 총과 폭탄을 가져오기로 했다. 일부는 국회의사당 경찰을 압도할 만큼 많은 군중을 선동하기로 했다. 국회의사당으로 들이닥쳐 바이든의 당선 인증을 힘으로 중단하기로 했다. 그런 다음에는 한 팔러 사용자가 썼듯이 "의원들을 살해"하기로 했다.[87] 일제히 들고일어난 페이스북의 친트럼프 그룹 전체가 트럼프의 집회를 자기네가 대비한 위대한 전투로 선전했다. 전단 같은 밈들이 페이스북 곳곳에 퍼져 참석을 촉구했다. 그중에는 무장 폭동의 시작을 알리는 극우 민병대의 구호가 적힌 것도 숱했다. 많은 전단이 큐가 예언한 피비린내 나는 숙청을 "폭풍storm"([옮긴이] 습격이라는 뜻도 있다)이라 부르는 큐어넌 구호를 담았다. 극우 게시판의 계획을 그대로 옮긴 #의회를점령하라#OccupyCongress 해시태그를 달았고, 많은 그룹이 이 해시태그를 다시 링크했다.

크리스마스를 며칠 앞둔 어느 날, 바넷은 자기 페이스북 페이지에서 "이 나라는 우리 거야!!!"라는 말로 팔로워들에게 함께 집회에 참석하자고 촉구했다.[88] 같은 날 소총을 든 자신의 사진과 함께, 발길질을 하고 비명을 지르는 핏덩이로 이 세상에 왔으니 기꺼이 같은 모습으로 세상을 떠나겠다고 적었다. 며칠 뒤인 1월 2일에는 고향인 아칸소주 작은 도시에서 열린 '도둑질을 멈추라' 집회에 "바나나 공화국([옮긴이] 농수산물과 지하자원 같은 일차상품을 수출해 먹고사는 가난한 나라를 가리키는 멸칭. 주로 중남미 국가를 가리킨다) USA"라고 적은 팻말을 들고 참석했다가 어느 기자에게 트럼프의 승리를 되찾겠다는 포부를 밝혔다. "내 계획이 마음에 들지 않으면 내게 사람을 붙이세요. 하지만 나도 쉽게 물러서지는 않을 겁니다."[89]

이전의 많은 사례가 그랬듯, 인셀이든 부갈루 회원이든 처음에는 삶의 갈피를 잃은 채 자신의 공동체를 찾고자 허풍으로 뱉은 말이, 증폭을 보상하고 가장 극단적인 견해를 중심으로 가짜 공감대를 형성하는 플랫폼에서는 행동에 나서겠다는 진지한 의지가 되었다. 집회 전날, 더도널드 사이트의 한 사용자가 "오늘 아이들과 무척 어려운 대화를 나눴다. 아빠가 워싱턴 D.C.에서 돌아오지 못할지도 모른다고"라고 적었다.[90] 3800번 넘게 업보트를 받은 글에서 남성은 군에 입대할 때 외쳤던 "국내외의 모든 적에서 조국을 지키겠다"는 선서를 이행할 생각이었다.

이런 이야기가 더도널드에 가득했다. 지하드에 참여하는 자살 폭탄 테러범이 테러 전날 비디오테이프와 소셜미디어 게시물에 올리는 내용을 거의 글자 그대로 가져온 것 같은 순교 메시지였다. "오늘 엄마에게 작별을 고했다.[91] 행복한 인생이었다고 말했다. … '지도자들'이 잘못을 저질러 우리가 국회의사당을 급습해야 한다면, 나는 그렇게 하겠다. … 거기서 보자, 지네들pedes. 너희들과 같이 싸운다면 인생의 영광일 거야."[92] 마지막에 쓴 '지네들'은 유튜브와 레딧에서 생겨나 오랫동안 커뮤니티를 하나로 묶은 애칭이다.[93] 지지 댓글이 수십 개나 올라왔다. "그 건물은 우리 것이다." "그렇게 된다면 습격해야 할 곳은 백악관이 아니라 하원이다." "목재를 가져와 의회 밖에다 교수대를 만들자. 그들을 끌어내 매달 마음의 준비를 하자." "나는 당당히 여봐란 듯 총을 드러내고 갈 것이다. 내 친구들도 그럴 것이다. 워싱턴 D.C.에는 곧 닥칠 일을 막을 경찰이 충분치 않다."

바넷은 1월 6일 일찌감치 백악관 마당에 도착했다. 트럼프를 기다리는 동안 휴대폰을 꺼내 페이스북에 영상을 올렸다. "우리는 같이 갈 겁니다. 파티 준비하세요." 정오쯤 트럼프가 백악관 남쪽에서 연설을 시작했다. 트럼프는 "이제 국회의사당으로 걸어갑시다"라는 말로 연설을 마쳤다. 몇 주에 걸쳐 의회의 선거인단 투표 인증을 중단시키려 한 노력의 다음 단계가 행진이라는 뜻이었다. 국회의사당에서는 인증 절차가 진행 중이었다. "나약함으로는 절대 우리 나라를 되찾지 못합니다. 강인함을 보여줘야 합니다. 여러분은 강해야 합니다." 군중이 함성으로 화답했다. 수천 명이 국회의사당으로 건너갔다. 그런데 "여러분과 함께 거기 있겠습니다"라고 군중을 안심시킨 트럼프는 정작 백악관으로 돌아가 텔레비전을 봤다.

하지만 이 폭동의 다른 지도자, 어쩌면 진정한 지도자는 이미 현장에,

스마트폰을 들고 온 모든 참가자의 주머니 속에 있었다. 1월 6일은 누가 뭐래도 트럼프주의의 정점이었다. 그런데 소셜미디어에서 소셜미디어가 만들어낸 운동의 정점이기도 했다. 이 운동은 며칠 전부터 설계자 한 명 없이 계획되었다. 조정자 한 명 없이 수천 명이 일사불란하게 움직였다. 그리고 이제 디지털이 안내하는 집단 의지를 통해 행동에 나설 것이다. 사람들이 국회의사당에 도착하니, 더 일찍 도착한 집회 참가자들이 몇 안 되는 경비 경찰에 소리치고 있었다. 앞마당에는 올가미가 달린 나무 교수대가 세워져 있었다. 두 구역 떨어진 공화당 전국위원회 건물에서 경찰이 파이프 폭탄 하나를 찾아냈다. 이어 민주당 전국위원회 건물에서도 폭탄 하나가 나왔다.

경찰은 그날 거의 내내 드문드문 배치되었다. 온라인 토론에서 폭력 행위가 수없이 언급되었다는 경고를 받고서도, 의사당을 관할하는 캐피톨힐 지구 경찰과 연방 정부 경찰은 트럼프 집회를 전혀 위협으로 보지 않았다. 감찰 보고에 따르면, 이들은 폭력 행위가 시작되었을 때조차 관료주의의 역기능 탓에 몇 시간이나 늦게 대응했다. 결국 고위 관료 몇 명이 뒤에 불명예스럽게 옷을 벗어야 했다.[94]

경찰의 방어벽을 밀어붙이는 군중에 합류했을 때, 집회 참가자들은 틀림없이 머릿속으로 계산기를 두드려 봤을 것이다. 시위대는 수천 명이었다. 게다가 분노에 차 고함을 질렀고, 많은 참가자가 헬멧과 군용 장비를 착용했다. 유일한 장애물은 입구 몇 곳에서 야구 모자를 쓴 경찰이 서너 명씩 지키는 9킬로그램짜리 철제 바리케이드뿐이었다. 그 뒤로 난 보도를 지나면 바로 국회의사당 건물이었다. 트럼프의 연설이 끝나고 채 한 시간이 지나지 않아 군중이 가장 바깥쪽 방어선을 장악했다. 그리고 한 시간 뒤, 의사당 건물로 진입했다. 투표 결과를 인증하려고 안에 있던 의원들은 경찰이 다급히 들어와 출입문에 방어벽을 칠 때까지도 무슨 일이 벌어지는지를 거의 몰랐다.

"우리가 들어왔습니다, 들어왔어요. 데릭 에번스가 국회의사당에 있습니다."[95] 여러 날 동안 페이스북에 집회 소식을 올렸던 웨스트버지니아 주의원 데릭 에번스Derrick Evans가 페이스북 라이브 방송에서 스마트폰에 대고 외쳤다.[96] 국회의사당 점거 당시 찍힌 거의 모든 사진마다, 폭도들이 스마트폰을 들고 있다. 트윗을 보내고 인스타그램에 올리고, 페이스북과 유튜브로 생방송을 하고 있다. 1년 전 크라이스트처치 모스크 총기 난사 사건이나 그보다 1년 전 인셀들이 저지른 살인 사건이 그랬듯, 국회의사당 점거도 모두 소셜미디어를 위해 소셜미디어에서 진행된 구경거리였다. 그야말로 소셜웹의 산물이라, 많은 가담자가 온라인에서의 자기 삶, 그리고 플랫폼이 형성한 정체성을 확장해 자기가 현실 세계에서 저지르는 폭동의 차이를 구분하지 못했다.

국회의사당으로 밀고 들어간 가담자 다수가 큐어넌이라고 적힌 셔츠와 모자를 걸쳤다. 소셜미디어에 빠져 자신을 'Q 무당'이라 부른 서른두 살 제이크 안젤리Jake Angeli는 얼굴에 미국 국기를 그리고, 뿔 달린 모피 모자를 뒤집어썼다. 어떤 사람들은 위장복에 페이스북의 극우 민병대 그룹명이 적힌 휘장을 붙였다. 한 사람은 커다란 페페 더 프로그 가면을 썼다. 웨스트 텍사스에서 온 서른여섯 살의 꽃가게 주인 제니 커드Jenny Cudd는 의사당으로 들어가는 상황을 페이스북 라이브로 중계했다. "우리가 밀어붙이고, 밀어붙이고, 또 밀어붙였어요. '가자'를 외치고 '돌격'을 외쳤고요. … 의사당 꼭대기 층에 와보니 문이 열려 있어서 안으로 들어왔어요. … 낸시 펠로시의 사무실 문을 부쉈고요, 어떤 사람이 펠로시의 의사봉을 훔쳐서 의자에 앉아 카메라로 사진을 찍었어요."[97]

커드가 본 남성이 바로 아칸소 출신의 페이스북 음모론자 리처드 바넷이었다. 플란넬 셔츠에 청바지 차림으로 펠로시의 책상에 발을 올리고 잇몸이 드러나게 기뻐하며 한 손에 휴대폰을 든 채 두 팔을 벌린 바넷의 모습은 점거가 끝난 뒤에도 그날의 비현실성과 굴욕을 상징하는 사진이 되었다. 환히 웃는 바넷의 모습은 미국인의 삶에 숨은 어떤 기괴함을, 그것이 권력의 전당으로 행진해 발을 들이는 순간까지 우리 다수가 그 힘을 이해하지 못한 무언가를 나타내는 얼굴이 되었다.

일부 가담자는 생방송보다 더 큰 목적이 있었다. 남성 여덟 명과 여성 한 명으로 구성된 조직이 오스 키퍼스Oath Keepers([옮긴이] 극우 반정부 무장 단체) 티셔츠 위에 군용 장비를 걸치고서 군중을 밀치고 국회의사당으로 진입했다. 이들은 무전기 앱 젤로Zello와 오스 키퍼스를 조직하고 회원을 모집했던 페이스북에서 연락을 주고받았다. 조직원 한 명이 젤로에서 "여러분은 시민 체포권을 행사하고 있습니다. 의회를 체포합시다. 우리에게는 반역행위, 선거 부정이라는 충분한 명분이 있습니다"라고 말했다.[98] 누군가가 페이스북에 "안으로"라고 적었다. 다른 사람이 "의원들이 모두 3층 아래 지하 터널로 갔어"라고 답했다. 또 다른 사람이 명령을 내렸다. "의원들이 모두 워싱턴의 지하 터널에 갇혀 있다. 불을 붙여라."

이런 의도로 모인 사람은 오스 키퍼스만이 아니었다. 아칸소 출신의 마흔한 살 남성 피터 스테이저Peter Stager는 트위터 영상에서 "거기 있는 사람은 죄다 배반을 저지른 반역자야. 그 건물에 있는 것들한테는 죽음만이 약이지"라고 주장했다.[99]

미국 국기를 들고 국회의사당 계단을 오르던 스테이저는 군중에 떠밀려 어쩔 줄 모르는 한 경찰을 발견하고 깃대로 후려 팼다. 자칭 'Q 무당' 안젤리는 상원 의회당에 있는 펜스의 책상에 메모를 남겼다. "시간문제일

뿐, 곧 정의가 옵니다." 펜스는 간발의 차이로 침입자를 피해 대피했었다. 화난 군중이 복도를 휘젓는 동안, 의원들은 목숨을 잃을까 두려워 후미진 사부실에서 문을 길이 잠그고 있었다고 한다. '프라우드 보이스' 회원 도미닉 페졸라Dominic Pezzola는 나중에 경찰 방패로 의사당 창문을 깨고 진입한 혐의로 기소되었는데, FBI의 한 정보원에 따르면 페졸라와 친구들이 "낸시 펠로시를 포함해 누구든 자기네 손에 잡히면 죽이겠다"고 말했다 한다.[100] 또 대통령 취임식 날 다시 워싱턴에 와 "씨발 것들"을 잡히는 대로 모조리 죽일 계획을 세웠다고도 했다. 예전 친구들이 《바이스 뉴스》와 나눈 인터뷰에서 페졸라가 페이스북에서 점점 더 극성스러워졌다고 증언했고, 그중 한 친구는 페졸라가 소셜미디어의 "토끼굴"로 떨어졌다고 설명했다.[101]

폭동 중 다섯 명이 사망했다. 표적이 되어 목숨을 잃은 사람은 없었다. 통제되지 않는 폭도의 난폭한 폭력 행위가 이들을 죽였다. 군중에 떠밀리다 두 번 후추 스프레이 공격을 받은 마흔두 살 경찰 브라이언 시크닉Brian Sicknick은 본부로 돌아온 뒤 쓰러졌다가 다음 날 사망했다. 검시관은 시크닉이 폭력 사태로 악화한 뇌졸중 탓에 자연사했다고 판단했다.

나머지 사망자는 대부분 폭동 가담자였다. 극단주의의 명분에 끌린 다른 많은 가담자가 그렇듯, 이들은 가담자이자 피해자였다. 앨라배마 출신의 팔러 사용자이자 프라우드 보이스 지지자인 쉰다섯 살 케빈 그리슨Kevin Greeson은 "총을 장전하고 시위에 나섭시다"라는 글을 올렸었는데, 군중 속에서 심장 마비로 사망했다.[102] 펜실베이니아에서 트럼퍼루Trumparoo라는 대안 소셜미디어를 시작한 쉰 살 벤저민 필립스Benjamin Philips는 뇌졸중으로 사망했다. 조지아 출신의 페이스북 극성 사용자인 서른네 살 로잰 보일랜드Roseanne Boyland는 의사당에 들어가려고 몰려든 사람들에 압사당했다. 보일랜드의 가족은 그가 약물 중독과 오랜 싸움 끝에 의미를 찾던 중 온라인

극우와 뒤이어 큐어넌을 찾았다고 전했다.[103]

그다음 사망자는 캘리포니아 출신의 전직 공군이자 수영장 관리 회사 운영자인 서른다섯 살 애슐리 배빗Ashli Babbitt이었다. 삶의 중심을 큐어넌으로 바꾼 뒤로 하루에 50번 넘게 트윗을 올렸던 배빗은 트럼프 지지 깃발을 망토처럼 걸친 채 바리케이드가 쳐진 출입구에서 깨진 유리창으로 의사당에 들어가려다 경찰 총에 맞아 즉사했다. 얼마 떨어지지 않은 곳에 큐어넌이 반드시 살해해야 한다고 주장했던 의원들이 있었다. 다른 많은 참가자와 마찬가지로 소셜미디어 중독자인 존 설리번이라는 남성이 배빗의 죽음을 촬영했다.[104] 설리번은 촬영 중 "울컥해지네. 마음이 뜨거워져!"라고 말했다.[105] 배빗이 피를 토하며 군중 속으로 쓰러질 때는 "이야, 입소문 좀 나겠는데"라고도 했다.

이 아수라장을 취재하고자 달려온 《뉴욕타임스》 기자 매슈 로젠버그Matthew Rosenberg가 의사당 잔디밭에서 바넷과 마주쳤다. 몇 분 전 펠로시의 사무실에서 찍힌 사진 덕분에 바넷을 알아볼 수 있었다. 바넷은 의사당에서 난투를 벌이다 셔츠가 찢긴 채 잔디밭을 어슬렁거렸다. 한 손은 펠로시의 책상에서 가져온 서신 한 통을 꽉 움켜쥐고 있었다. 로젠버그와 거리낌 없이 이야기를 나누던 바넷이 펠로시의 서신을 자랑스레 흔들었다. "그 여자한테 상스러운 메모를 남기고, 그 여자 책상에 다리를 올리고, 불알을 긁었소." 난장판이 된 의사당 건물 앞에서는 점거 가담자들이 아무렇지 않게 떼 지어 돌아다니며 맥주를 마시고 깃발을 흔들며 승리를 만끽했다. 바넷도 다시 군중 속으로 돌아갔다.

그 뒤로 바넷을 포함해 수백 명이 체포되고 트럼프가 또다시 탄핵당하면서, 여파가 여러 달 동안 이어진다. 그런데 습격이 끝나기도 전에 파문이 실리콘밸리에까지 번졌다. 폭동이 벌어졌을 때 어느 페이스북 직원이 사내 게시판에 글을 올렸다. "경영진이 이런 행동에 맞서 용기 있게 실질적 조처에 나서는 모습을 볼 수 있을까? 당신들의 침묵은 좋게 말해 실망스럽고 나쁘게 말해 범죄다."[106]

페이스북이 의사당이 습격받는 와중에 트럼프가 올린 게시물 하나를 그대로 두겠다고 결정했다. "위대한 애국자들이 성스러운 압승을 빼앗길 때 이런 사태와 상황이 일어난다"며, 폭도에게 의사당 점거를 밀어붙이라고 부추기는 신호를 보낸 게시물이었다. 직원들이 사내 게시판에 줄줄이 분노를 드러냈다. 페이스북과 5만 명 남짓한 직원의 관계는 한해 전 갈등 뒤로 이미 최악이었다. 이제 회사가 지속되는 폭동을 트럼프가 페이스북을 이용해 부추기게끔 허용하자, 부글부글 불만이 끓어올랐다. "지금 당장 트럼프의 계정을 삭제해야 합니다. 어설프게 땜질로 막을 때가 아니라고요." 그러나 페이스북은 트럼프에게 조처하기는커녕 사내 토론방의 댓글 기능을 중지시켰다.[107]

이튿날, 바로 그 주에 결성된 알파벳 노조가 회사의 무대응을 비난하는 성명을 냈다(알파벳은 구글과 유튜브의 모회사다). "소셜미디어가 미국에서 증가하는 파시스트 운동에 기름을 부었다. 우리는 알파벳 제품인 유튜브가 갈수록 커지는 이 위협에 핵심 역할을 한 것을 매우 잘 알고 있다."[108] 이들에 따르면 알파벳 직원들이 유튜브가 "혐오, 괴롭힘, 차별, 과격화에 일조한다고 경영진에 거듭 경고했지만 무시되거나 시늉뿐인 인정만 받았다"고 한다. 성명은 알파벳에 하다못해 "도널드 트럼프가 유튜브의 자체 규정을 따르게 하라"고 촉구했다.

뚜렷한 변화는 아니라도, 실리콘밸리에 적어도 반성의 기미가 돌았다. 누구보다 먼저 트위터에 투자했던 크리스 사카가 트윗에 "잭과 저크 당신들은 손에 피를 묻혔다. 지난 4년 동안 이런 테러를 합리화했다. 폭력적 반역 행위를 선동하는 것은 표현의 자유를 실현하는 것이 아니다. 그런 회사에서 일한다면, 당신 책임도 있다. 당장 멈추라"라고 적었다.[109] 왜 직원들까지 언급했느냐고 물었더니, 사카가 "솔직히 경영진이 주변에 있는 직원들한테만 귀 기울이니까요. IT업계에서는 인재를 잃으면 힘을 잃습니다"라고 답했다.

폭동 다음 날, 페이스북이 적어도 2주 뒤 열릴 취임식까지는 트럼프가 페이스북을 이용하지 못하게 계정을 차단하겠다고 발표했다. 트럼프가 계속 폭동 가담자를 지지하는 트윗을 올리자, 트위터도 이튿날 계정을 차단했다. 나흘 뒤에는 마지막 거점인 유튜브도 뒤따랐다. 전문가 대다수와 많은 대중이 트럼프의 계정을 차단하는 조처가 필요할뿐더러 늦은 감이 있다고 동의했다. 그렇지만 그런 결정권을 몇몇 실리콘밸리 경영진이 쥐고 있다는 사실에 불편한 마음이 드는 것도 부인하기 어려웠다. 그들이 선출되지 않은 기업인이어서만은 아니었다. 바로 그 경영진의 결정이 애초에 소셜미디어의 위기가 그 지경에 이르는 데 한몫했기 때문이었다. 소셜미디어 기업이 그때껏 여러 해 동안 트럼프와 공화당의 요구를 들어준 뒤였으므로, 계정 차단이 주로 기업 이익을 위한 것으로 비쳤다. 무엇보다, 계정 차단 시점이 민주당이 하원과 백악관에 더해 상원까지 장악한 지 사흘 뒤였다.

민주당의 분노는 커지기만 했다. 계정 차단이 트럼프의 퇴진이 기정사실이 된 뒤에야 시행된 무의미한 조처라고 봤기 때문이다. 대선 기간 내내 바이든의 선거 본부는 페이스북이 아무런 조처도 하지 않는다고 판단해 페이스북에 은밀히 우려를 전달했고, 이어 분노를 드러냈다. 바이든이 2020년 초 《뉴욕타임스》 편집국과 나눈 인터뷰에서 "알다시피 나는 페이스북의 팬인 적이 없습니다. … 나는 저커버그의 열혈 팬이었던 적이 없어요. 저커버그가 참 문제라고 생각합니다"[110]라고 말했으니, 바이든 행정부가 소셜미디어 플랫폼에 제공하는 특정 면책 특권을 취소할지도 모를 일이었다.

대통령 취임식 다음 날, 민주당 하원 의원 두 명이 페이스북, 구글, 유튜브, 트위터의 CEO들에게 서신을 보냈다. 한 명은 오바마 행정부에서 국무부 인권 담당 차관보를 지낸 저돌적인 톰 맬리나우스키Tom Malinowski, 다른 한 명은 실리콘밸리를 포함하는 선거구에서 1993년부터 의원직을 지키는 애나 에슈Anna Eshoo였다. 민주당 지도부는 수십 년 동안 실리콘밸리를 옹호해왔다. 이제 실리콘밸리를 대표하는 하원 의원이 공동서한에서 실리콘밸리를 비난했다. "위험한 음모론이 대규모로 퍼지는 데, 반정부 불만에 기름을 붓는 데, 여러분이 세웠고 오늘날 여러분이 감독하는 기업보다 더 큰 책임이 있는 독립체는 없을 것입니다."[111]

서한은 폭동의 책임을 대부분 소셜미디어 기업에 돌렸다. 구글과 유튜브의 CEO들에게 보낸 서신에는 "근본적인 문제는 유튜브가 다른 소셜미디어 플랫폼과 마찬가지로 사용자의 기존 정치 편향, 특히 분노, 불안, 두려움에 기반한 편향을 강화할 가능성이 매우 높은 콘텐츠에 편승해 정보를 분류하고 제시하고 추천한다는 점입니다"라고 적었다.[112] 페이스북과 트위터에 보낸 서신도 비슷했다. 모두 철저한 정책 변화를 요구해, 같은 경고로 마무리했다. "알고리즘 정렬과 추천을 토대로 사용자 참여를 극대화하는 정책을 근본적으로 재검토하기를 바랍니다." 이 표현은 민주당이 연구자, 사회학자, 실리콘밸리의 반골들이 오랫동안 제기한 관점을, 달리 말해 소셜미디어가 만든 위험이 정책을 개선하거나 조정해서 해결될 문제가 아니라는 주장을 받아들였다고 알리는 날카로운 신호였다. 그런 위험은 플랫폼의 근본 특성에서 비롯한다. 그리고 그런 위험이 미국의 민주주의 자체를 위협할 만큼 심각하다.

1월에 또 다른 변화가 일었다. 큐어넌이 거의 무너진 것이다. 사람들이 Q 드롭 작성자라고 의심한 에잇챈(이제 에잇쿤8kun으로 이름을 바꿨다) 운영자 론 왓킨스가 바이든 취임식 날 아침 글을 올렸다. "우리는 모든 것을 바쳤습니다. 이제 용기를 잃지 말고 최선을 다해 일상으로 돌아가야 합니다."[113] 왓킨스는 텔레그램(트위터가 마찰 요소를 강화한 뒤로 큐어넌 사이에 인기를 얻었다)에서 지지자들에게 바이든의 정통성을 존중하라고 주장했다. "다음 행정부가 들어서더라도, 부디 우리가 지난 몇 년 동안 함께 만든 행복한 기억과 친구들을 모두 기억하십시오."[114] 왓킨스는 수백만 명에 이를 것으로 추산되는 큐어넌에게, 자기네 삶에 일어난 모든 불운의 원흉인 악에 맞서 마지막 전투를 준비하는 모든 이에게 사실상 물러나라고 말하고 있었다. 이미 10월 8일부터 이상하게 침묵을 지키던 Q 드롭은 그 뒤로 올라오지 않았다.

종말이 다가왔다는 인식이 널리 퍼졌다. 에잇쿤 관리자는 사이트의 'Q 리서치' 기록물을 삭제하며 "나는 지금 한때 내가 그토록 사랑했던 것을 안락사하고 있다"라고 적었다.[115] 어떤 이들은 작별 인사를 올렸다. 어떤 이들은 무슨 상황인지 이해하려 애썼다. "관리자는 제발 바이든이 왜 아직도 체포되지 않는지를 설명하라."[116] 어떤 이는 바이든의 취임식을 지켜본 심정을 "크리스마스트리 아래 놓인 커다란 선물 상자를 본 어린아이가 상자를 열어보니 석탄 덩어리뿐인 것을 알게 된" 기분에 빗댔다.[117] 이제는 주류 플랫폼이 이들의 명분을 널리 알리거나 더 넓은 소셜웹과 연결하지 않았으므로, 남은 신봉자들에게는 한때 강렬했던 에너지를 쏟을 곳이 거의 없었다. 이들은 한 번도 얻은 적 없는 인정을 찾아, 여러 해에 걸친 과격화로 생긴 심리적 위기의 해법을 애타게 찾아 제자리를 맴돌았다.

바이든이 취임 선서를 하는 동안 어느 Q 게시판에 한 사용자가 "앞으로 45분 안에 모든 일이 일어날 것이다"라고 적었다.[118] 연단에 있는 민주당 인사들이 "텔레비전 생방송 중에 체포되는 모습을 수백만 명이 경악 속에 지켜볼 것이다. … 디데이 이후 가장 대단한 날이 될 것이다. … 축하 속에 미국이 하나로 뭉칠 것이다." 취임 선서가 별일 없이 진행되자 다른 사용자가 이 남성에게 괜찮냐고 물었다. 남성은 여전히 승리가 다가오고 있으며, 그때는 자신이 빼앗겼던 삶을 되찾으리라고 우겼다. "지난해 나는 친구들과 여자친구를 잃었다. 그들이 진실을 보려 하지 않았기 때문이다. 이제 마침내, 내가 잃은 것을 되찾을 것이다. 머잖아 그들이 돌아와 사과할 것이다. 오늘은 내 인생에서 가장 행복한 날이다."[119]

내부 고발

의사당 점거 폭동이 일어나고 몇 주 동안 기회가 열렸다. 2016년과 2018년의 마지못한 평가와 달리, 이번에는 마침내 소셜미디어의 영향을 폭넓게들 이해했다. 플랫폼을 핵심 기능까지 재구상하는 것이 필요하다는, 게다가 많은 실리콘밸리 종사자가 경악하게도 가능할지로 모른다는 공감대가 생겼다. IT 전문가와 작가들이 새로운 가능성을 시끌벅적하게 이야기했다. '사용자가 월 이용료를 내고 접속하는 구독 기반 서비스가 광고 수익과 사용자 참여에 중독된 업계 관행을 깨트릴 수 있을지도 모른다.' '면책 특권 관련법을 강화한다면 업계의 동기를 재조절할 수 있을 것이다.'

그러나 기회는 빠르게 닫혔다. 그런 혁신적 변화를 받아들이기에는 소셜미디어 대기업이 기존 재무 모델과 이념에 투자한 것이 너무 많았다. 이들은 주로 자기네가 가장 잘 아는 방법, 즉 자동화 기술과 대규모 콘텐츠 검토를 기반으로 삼았다. 이를테면 트위터는 사용자가 버릇처럼 게시물을 공유하는 활동을 줄이고자 팝업과 중간 방지턱("먼저 기사를 읽으시겠습니까?") 같은 '마찰 요소'를 늘렸다. 의미 있는 변화였지만, 플랫폼의 근본적인 작동 원리를 다시 생각해보자는 잭 도시의 제안에는 한참 못 미쳤다. 플랫폼의 작동 원리는 여전히 그대로였다. 2021년 11월, 도시는 대담한 약속을 이행하지 못한 채 CEO 자리에서 내려왔다.

폭동 사태가 일어나고 몇 주 뒤, 저커버그가 페이스북의 추천 시스템이 더는 정치 그룹을 홍보하지 않을 것이라고 발표했다.[1] 페이스북의 가장 위험한 요소 하나를 약화하는 획기적인 한 걸음이었다. 그러나 페이스북이 이런 변화를 발표한 것이 벌써 세 번째였으므로, 이 개혁이 진지하게 사고를 전환하기보다 외부 압력을 달래려 마지못해 내놓은 미봉책이라고 암시했다. 외부 연구자들이 확인해보니, 페이스북이 2020년 10월과 2021년 1월 6일에 내놓았던 약속은 대부분 무의미했다.[2] 이 마지막 약속도 민주당 의원들이 압박한 뒤에야 실행되었다.[3]

페이스북의 정책 전환은 폭동 사태가 일어나기 전부터 시작되었다. 선거 기간에 페이스북은 "권위 있는" 뉴스 매체를 지독히 정파적인 링크보다 더 많이 홍보하도록 알고리즘을 수정했다. 그런데 12월 들어 이 변경을 되돌려 알고리즘의 원래 설정을 복원했다.[4] 그달에 페이스북은 얼마 전 도입한 정치 광고 금지를 의회 주도권을 결정할 상원 의원 결선 투표를 앞둔 조지아에 한해 해제하겠다고 발표했다. 페이스북은 정치 광고가 "중요한 의견 표명"에 결정적 역할을 한다고 주장했다는 "전문가들"의 의견을 따랐다고 주장했다.[5] 실상, 민주주의 단체들은 이 변화에 대거 반대했다. 효과는 즉시 나타났다. 페이스북이 조지아주에서 정치 광고 금지를 해제하기 전에는 사용자 피드가 주로 《월스트리트 저널》과 《애틀랜타 저널 컨스티튜션》 기사를 보여줬다. 페이스북이 스위치를 올린 다음 날, 브라이트바트 기사, 당파적 콘텐츠, 정치 광고가 그 자리를 차지했다.[6] 1월 6일 의사당 폭동 이후 비평가들은 알고리즘 수정본과 정치 광고 금지를 복원하라고 페이스북을 압박했다. 어쨌든 처음에 두 정책을 민주주의를 보호할 필수 요소로 제시한 것이 페이스북이었다. 이런 정책을 어떻게 되돌린단 말인가? 그러나 알고리즘은 더 위험한 형태를 유지했다. 그해 3월, 페이스북이 정치 광고 금지를 미국 전역에서 해제했다.[7]

페이스북이 개혁을 되돌리자마자, 실리콘밸리의 경영자들도 자기네가 상황을 바꾸느라 얼마나 많은 책임을 떠안아야 하느냐는 이의를 제기하기 시작했다. 페이스북의 이인자 셰릴 샌드버그가 1월 6일 폭동을 언급하며 "이 사건은 우리와 달리 혐오를 멈출 능력도 없고, 기준도 없고, 투명하지도 않은 플랫폼에서 주로 기획되었다고 생각합니다"라고 주장했다.[8] 실리콘밸리 외부에서는 크게 조롱받은 발언이지만, 내부에는 확실한 신호를 보냈다. '우리는 때를 기다리고 있다.'

며칠 뒤 전임 뉴스피드 책임자이자 이제 인스타그램을 경영하는 애덤 모세리가 1월 6일이 사회와 기술의 관계에 큰 변화를 불러오겠지만, 지나친 수정을 하지 않는 것이 중요하다고 주장했다.[9] "모든 신기술이 이런 부침을 거쳤습니다." 그러고는 내가 실리콘밸리에서 들었던 비유를 줄줄이 언급했다. "VHS도, 글쓰기도, 자전거도 그랬습니다." 하지만 내게 VHS 때문에 어떤 집단 학살이 일어났는지를 콕 집어 말할 수 있는 사람은 아무도 없었다.

페이스북을 포함한 기업들이 교훈을 얻었다고 약속하던 태도를 바꾸더니, 급기야 자기네 책임을 가리키는 증거가 모두 틀렸다는 주장을 1월 6일 이전보다 훨씬 거칠게 강조했다. "페이스북 시스템은 자극적인 콘텐츠를 보상하도록 설계되지 않았습니다."[10] 영국 부총리를 지냈고 이제 페이스북 홍보 책임자인 닉 클레그가 블로그에 '당신과 알고리즘: 손바닥도 마주쳐야 소리가 나는 법이다'라는 제목으로 실은 5천 단어짜리 글에 적은 말이다. 클레그는 선정적인 콘텐츠를 부채질한 쪽은 사실, 사용자라고 주장했다.

소셜미디어 기업들은 대부분 이전으로 돌아갔다. 감시 단체 커먼코 즈Common Cause에 따르면 2021년 내내 허위 선거 정보 단속이 급격히 줄었고, 그사이 민주주의를 좀먹는 거짓말이 "그대로 남아 페이스북과 트위터에 전이되었다."[11] 소셜미디어에서 태어난 운동이 계속 부상해 미국의 통치 체제에 스며들었다.

한 연구에 따르면 2022년 초 기준으로 미국의 주의회 의원 아홉 명 중 적어도 한 명이 극우 페이스북 그룹 한 개 이상에 가입했다.[12] 많은 의원이 온라인에서 불거진 음모론과 이념을 법으로까지 끌어올려 투표권, 코로나19 방역 정책, LGBT 보호를 억누르는 법안을 잇달아 통과시켰다. 인터넷이 교사가 학생에게 동성애를 가르친다는 공포를 부채질하는 가운데, 몇몇 의원이 증거 수집을 위해 아이들이 교사를 녹화하도록 권장하는 법안을 밀어붙였다.[13] 브라질에서 심각한 혼란을 일으켰던 '게이 키트' 음모론과 소름 끼치게 비슷한 양상이었다. 텍사스주 상원, 하원, 주지사를 장악한 텍사스 공화당은 공식 구호를 큐어넌의 집회 구호 "우리가 폭풍이다"로 바꿨다. 콜로라도와 미시간에서는 큐어넌에 충성하는 선거 관리자들이 선거 시스템을 조작하다 붙잡혔다.[14] 2022년 중간 선거에서는 큐어넌과 관련된 후보가 26개 주에서 투표용지에 이름을 올렸다.[15]

소셜미디어 대기업이 코로나19 관련 거짓말과 음모론을 계속해서 드러내자, 공중보건국장 비벡 머시Vivek Murthy가 7월에 공식 권고를 발표했다. "소셜미디어 플랫폼이 사용자에 대한 책임을 저버리고 허위 정보가 우리의 정보 환경을 오염하게 허용했다.[16] 이 문제는 다급한 위기다." 하루 뒤 바이든은 페이스북이 "사람들을 죽인다"고 비난했다.[17]

민주당도 마찬가지로 소셜미디어 기업에 대한 연방 규제 조사에 많은 희망을 걸었다. 민주당이 하원 반독점 소위원회를 장악한 2020년 하반기에 시작된 조사가 그해 10월 449쪽짜리 보고서를 발표했다.[18] 보고서는 페이스북, 구글, 아마존, 애플을 전면 규제하고 상황에 따라 기업을 분할하라고 권고했다. 내용은 독점 행태에 초점을 맞췄지만, 의원들은 소셜미디어 기업이 시장을 벗어난 문제까지 통제하는 상황을 우려한다는 속내를 숨기지 않았다. "우리 국가 경제와 민주주의가 위기에 놓였다."

2020년 10월 법무부가 하원 보고서를 근거로 구글과 유튜브가 독점력을 남용했다며 구글에 소송을 제기했다. 연방거래위원회도 10월에 페이스북에 비슷한 소송을 제기하며, 페이스북을 분할할 수 있다는 뜻을 내비쳤다. 두 소송 모두 여러 주의 법무부 장관이 함께 소송에 참여해 2021년부터 2022년까지 진행되었다. 그런데 반독점법 집행은 강력하면서도 무딘 도구다. 페이스북과 인스타그램을, 구글과 유튜브를 분리하면 이들 기업의 힘은 줄어들 것이다. 그것도 매우 급격히. 하지만 이들 기업의 제품 아래 깔린 근본 특성은 바꾸지 못할 것이다. 애초에 그런 제품을 낳은 경제 세력이나 이념 세력도 없애지 못할 것이다.

신뢰를 되찾겠다고 이야기했지만, 실리콘밸리는 바이든이 취임한 지 겨우 한 달도 지나지 않아 일어난 사건에서 자기네를 겨냥한 규제를 막고자 온 힘을 다해 모든 사회에 실력을 행사하겠다는 뜻을 드러냈다. 오스트레일리아 규제 당국이 실리콘밸리의 가장 큰 약점, 바로 수익을 겨냥해 움직였다. 이제 페이스북과 구글은 2021년 2월부터 오스트레일리아 뉴스 매체의 기사를 연결할 때 콘텐츠 사용료를 내야 했다.[19] 어쨌든 소셜미디어 플랫폼이 언론계의 기사를 거래해 뉴스 산업의 광고 수익을 빨아들이고 있었다. 새 법규는 강력한 조항 하나를 포함했다. 만약 IT 기업과 뉴스 매체가 정해진 기한까지 사용료에 합의하지 못하면 정부가 중재에 나서 가격을 정하기로 했다. 사실 이 법령은 오스트레일리아 출신인 루퍼트 머독이 운영하는 언론 대기업 뉴스코프에 유리했다. 2016년에 머독이 바로 이런 조처를 하겠다고 저커버그를 위협했었다.

상섬이 무엇이든, 정부가 소셜미디이 플랫폼에 권력을 행사한 시험 사례는 의미심장한 결과를 보여줬다. 구글이 마감 시한을 코앞에 두고 뉴스코프를 포함한 언론사와 계약을 체결해 법규를 준수했다. 페이스북은 법규를 거부했다. 어느 날 아침 페이스북이 오스트레일리아에서 모든 뉴스 콘텐츠를 차단했다. 오스트레일리아인 39%[20]가 페이스북에서 뉴스를 본다고 답할 만큼 두드러진 정보 출처였던 페이스북이 갑자기 뉴스를 하나도 포함하지 않았다. 이 밖에도 재선을 위해 뛰는 정치인, 가정 폭력 피해자를 돕는 단체, 기상청, 심지어 팬데믹이 한창인 와중에 정부 보건 기관의 정보까지 많은 정보가 사라졌다.[21] 드디어 페이스북이 여러 달 동안 집단 학살을 방조했다고 비난받았던 미얀마, 또 스리랑카, 인도에서도 거부했던 일을 한 것이다. 폭력 사태가 격렬해져 아무리 많은 사상자를 내도, 페이스북은 플랫폼의 기능 하나에조차 '꺼짐' 스위치를 누르지 않았었다. 그런데 오스트레일리아가 수익을 위협한 바로 그 주에, 페이스북이 '꺼짐'을 눌렀다.

물론 뉴스 사이트나 정부 사이트에 직접 접속하는 방법도 있었다. 그러나 페이스북이 의도적 설계를 통해 페이스북을 뉴스와 정보의 종결자, 즉 필수품으로 만들어 여기에 의존하게끔 사용자를 길들인 상태였다. 뉴스 콘텐츠가 사라지자, 헛소문과 잘못된 정보가 빈자리를 채웠다. 하버드 대학교에서 소셜미디어 플랫폼의 지배를 연구한 오스트레일리아 학자 에벌린 두엑Evelyn Douek은 뉴스 서비스 중지가 "일부러 충격을 주려 한 비양심적" 조처라고 비난했다.[22] 국제인권감시기구(HRW)는 이 조처가 "우려스럽고 위험하다"고 지적했다.[23] 한 오스트레일리아 의원은 홍수와 산불이 동시에 번지는 시기에 기상청 정보를 차단하면 시민들이 최신 정보에 접근할 길을 막아 생사를 가를 수 있다고 경고했다.[24] 며칠 뒤 오스트레일리아 정부가 항복했다. 페이스북은 광범위한 규제 면제를 허용받았다.

유럽 국가는 계속 벌금과 규제를 적용했다. 관료들은 자기네도 오스트레일리아 관료만큼이나 실리콘밸리에 구조적 변화를 강제할 수완이 없다는 현실을 암묵적으로 인정했다. 그 점에서는 스리랑카에서 만난 불운한 관료들도 마찬가지였다. 2021년 무렵, 그들 상당수가 온라인에서 혐오와 유언비어를 퍼뜨려 부상한 국수주의 독재자의 등쌀에 공직을 떠났다. 그런데도 유럽은 다른 국가에 본보기가 될 정책을 시범 운영해보려 했다. 프랑스 정부는 디지털 규제 센터를 열고 전직 유튜브 엔지니어 기욤 샤슬로를 영입했다. 샤슬로는 사용자가 플랫폼을 탐색할 때 알고리즘이 사용자 경험을 유도하는 방식을 웹 사용자에게 보여줄 방법, 더 나아가 시스템의 선택과 경향을 실시간으로 보여줄 방법을 찾는 데 특히 몰두했다. 그는 이 작업을 흡연이 폐암을 일으킨다고 알리는 담배갑의 경고 문구에 빗댔다. 2022년 초 EU는 미국 IT 기업이 유럽 소비자의 개인 데이터를 이용하는 방법을 제약하는 새로운 규제를 추진하기 시작했다. 페이스북은 2월에 발간한 연례 보고서에서 만약 EU가 여기서 멈추지 않는다면 "페이스북과 인스타그램을 포함해 당사의 매우 중요한 제품과 서비스 상당수를 유럽에 제공할 수 없을 것이다"라며 오스트레일리아에서보다 훨씬 거친 전략을 쓰겠다고 위협했다.[25] 이에 맞서 독일 재무부 장관이 기자들을 만난 자리에서 4년 전부터 소셜미디어를 쓰지 않은 뒤로 "인생이 환상적"이라며 페이스북의 압박에 콧방귀를 뀌었다.[26] 프랑스 재무부 장관은 페이스북에 해볼 테면 해보라는 듯 "우리는 페이스북 없이도 아주 잘 살 겁니다"라고 발표했다.

미국에서는 여론의 압박이 들쭉날쭉했다. 오바마 전 대통령은 2022년 실리콘밸리 심장부에서 한 연설에서 소셜미디어가 "인류의 가장 나쁜 충동 몇 가지를 빠르게 부채질"하고 있다고 경고했다. "우리가 정보를 교류하고 소비하는 방식에서 일어나는 심각한 변화가 민주주의를 약화하고 있다"며 시민과 정부에 IT 기업의 고삐를 죄자고 촉구했다. 하지만 바이든 행정부는 팬데믹에 따른 공중보건 및 경제 비상사태를 안정시켜야 하는 데다 러시아의 우크라이나 침공에 대처하느라 정신이 없었다. 그사이 IT 기업들이 자사 제품을 파헤쳐 회사를 궁지로 몰았던 외부 분석가와 학자들을 고용했다. 이들을 채용한 사람들은 주로 개혁을 추진하려는 중간 관리층이었으므로, 이들이 내부에서 기업을 압박하면 변화를 일으킬 가능성이 높다고 한 말은 진심이었을 것이다. 게다가 팬데믹으로 의료비와 양육비가 치솟는 가운데 학계의 일자리 시장까지 무너져 학자금 대출로 짐이 무거운 박사학위 소지자들이 학계에 자리 잡을 가망이 사라졌으므로, 많은 인재가 실리콘밸리의 품에 안길 수밖에 없었다. 이들이 실리콘밸리에 합류한 동기가 무엇이었든, 누구나 접근할 수 있었던 이들의 연구도 중단되었다.

그래도 몇몇은 소셜미디어의 실체를 밝힌 충격적인 연구로 악명을 떨친 덕분인지 계속 학계에 머물 만큼 안정된 자리를 확보했다. 유튜브가 구축한 연결망을 파헤친 독일의 미디어 학자 요나스 카이저는 2020년 말 보스턴의 서퍽 대학교 조교수가 되었다. 윌리엄 브래디도 2022년에 노스웨스턴 대학교 조교수가 되었다. 수십 명의 학자가 그렇듯 두 사람도 소셜미디어의 영향을 파악하는 연구를 계속해, 아직 공개하지 않은 여러 연구 결과를 쌓아가고 있다.

몇몇은 내부에서 업계를 압박할 길을 찾았다. 그중 한 명인 러네이 디레스타는 실리콘밸리의 심장부에 있는 스탠퍼드 대학교 연구 센터에서 백신 반대주의자 같은 악성 사용자와 온라인 활동을 추적한다. 2018년에 상원에서 증언할 때 신중하게 공화당 인사들과 공통된 의견을 찾으면서도 행동에 나설 가망이 가장 큰 민주당 인사들을 끌어들였듯이, 디레스타는 자신과 스탠퍼드가 소셜미디어 기업과 맺은 관계를 이용해, 플랫폼에서 정부와 연계된 인식 개선 캠페인을 없애는 캠페인이 성공하게 도왔고, 내가 알기로는 한 치의 망설임도 없이 그런 기업들을 공개 비판했다.

실리콘밸리를 효과적으로 압박할 수단, 접근권, 기술적 노하우가 있는 단체가 하나 있다. 바로 실리콘밸리 종사자다. 1월 6일 이후로 실리콘밸리 종사자의 분노가 커져만 가, 마침내 2021년 3월에는 IT 대기업 종사자 40%가 구글이나 페이스북 같은 대기업을 분할해야 한다고 답했다.[27] 하지만 2020년에 이들이 과시한 압력도 덧없이, 이들의 활동이 대부분 멈춰 섰다. 실리콘밸리 노동자들은 불끈 쥔 주먹을 상징으로 내세우는 노동조합이라면 여전히 질색이라, 5만 명이 일하는 회사에서 노조를 결성하는 것이 거의 불가능했다. 게다가 현대에 어느 업계에도 비할 바가 아닌 급여, 복지, 고용 안정이 보장되는데, 몇 년 동안 일해 돈을 모아 평화롭게 은퇴하는 게 무슨 문제일까?

그렇다고 누구나 상황을 외면한 것은 아니다. 2021년 5월, 페이스북에서 해외의 허위 선거 정보에 대응하는 업무를 맡았던 프랜시스 하우건Frances Haugen의 인내가 마침내 한계에 다다랐다. 회사 경영진이 이익을 극대화하고자 사용자, 전체 사회, 민주주의의 안전을 기꺼이 제물로 바치고 있다는 결론에 다다랐기 때문이다.

하우건은 수천 건에 이르는 내부 보고서, 회의록, 업무 지시를 화면을 찍는 방식으로 복사했다. 파일을 직접 내려받으면 보안 장치가 작동할 수 있었기 때문이다. 소셜미디어가 인도에 미치는 악영향을 인상 깊게 보도한 《월스트리트 저널》 기자 제프 호위츠Jeff Horwitz와 2020년 12월부터 몇 달째 연락했지만, 또 몇 달이 지나고서야 파일을 공개할 세부 계획을 세웠다.[28]

2021년 9월, 자료를 공개할지 고민하던 하우건이 친구에게 문자를 보냈다. "내가 하지 않은 일 때문에 남은 평생 괴로워하고 싶지 않아."[29] 곧이어 파일을 시장 관행을 감독하는 연방 규제 기관, 증권거래위원회에 보냈다. 하우건의 자료는 페이스북의 부정행위 의혹을 제기하는 내부 고발 여덟 건 중 하나였다. 하우건은 의회와 호위츠에게도 파일을 보냈고, 호위츠가 파일에 담긴 비밀을 폭로하기 시작했다.

문서를 종합해보면, 페이스북은 자사가 일으키는 폐해가 때로는 비판자들이 지적한 최악을 넘어선다는 사실을 충분히 알았다. 내부 보고서가 나중에 인명 피해를 일으키는 위험, 이를테면 혐오 발언이나 잘못된 백신 정보가 급증하는 상황을 명백히 경고하고 회사가 조처에 나서야 한다고 충분히 통지했기 때문이다. 만약 페이스북이 이런 경고를 외면하지 않았다면 수많은 목숨을 희생시키지 않았을 것이다. 페이스북이 공개 석상에서 그야말로 태연히 일축했던 의혹을 페이스북의 자체 데이터와 전문가가 부인하기 어려운 보고서와 담담한 표현으로 맞는다고 입증했다. 저커버그를 포함한 페이스북 경영진은 페이스북이 엄청난 위험을 일으켰다는 정보를 분명히 들었다. 그러면서도 자사 플랫폼이 어떻게든 계속 전속력으로 돌아가도록 끊임없이 개입했다. 페이스북은 대표성이 없다고 깎아내렸지만, 파일은 오랫동안 제기된 의혹을 크게 뒷받침했다. 그런데 더 의미심장한 자료도 있었다. 더 많은 아이를 페이스북 제품에 묶어두는 법을 다룬 내부 발표 자료에 이런 문구가 들어 있었다. "놀이 모임을 이용해 어린애들 사이에 널리 입소문을 퍼뜨릴 방법이 있을까?"

대중의 분노가 커지자, 탐사 보도 프로그램 〈60분〉이 문서 유출자와 나눈 인터뷰를 방송하겠다고 발표했다. 그때까지 하우건의 정체는 여전히 비밀이었다. 하우건의 내부 고발은 이 기술을 놓고 그때껏 수년 동안 이어진 논쟁을 깔끔히 정리했다. 플랫폼이 폐해를 증폭했다, 페이스북이 그런 문제를 알았다, 문제를 멈출 힘이 있으면서도 그렇게 하지 않았다, 규제 당국과 대중에게 끊임없이 거짓말을 했다. "페이스북은 알고리즘을 더 안전하게 바꾸면 사람들이 사이트에서 시간을 덜 보내고 광고를 덜 클릭해 자기네가 돈을 덜 벌 것을 인식했습니다."[30]

이틀 뒤 상원 소위원회에 출석한 하우건은 자기를 업계의 잠재력을 살리고 업계를 개혁하려 애쓰는 사람으로 소개했다. "우리는 우리 민주주의를 무너뜨리지 않으면서도, 우리 아이들을 위험에 빠뜨리지 않으면서도, 세계 곳곳에 인종 충돌의 씨앗을 뿌리지 않으면서도 우리를 연결하는 소셜미디어를 즐길 수 있습니다."[31] 하우건은 변호사를 자처한 하버드 대학교 법학자 로런스 레시그Lawrence Lessig, 그리고 레시그가 고용한 홍보 회사와 함께 작업해, 문서를 미국과 유럽의 통신사 열여덟 곳에 보냈다. 또 새 규제를 만들 권한이 있는 의원들에게 브리핑을 했다. 유럽 수도를 돌며 소셜미디어 규제에 앞장서는 국가의 고위 관료들을 만났다.

그 과정에서 하우건은 페이스북이 가난한 나라에서 저지른 태만을 끊임없이 언급했다. 그런 기록이 고객의 안녕에 무관심한 회사의 태도와 모든 곳에서 펼쳐지는 플랫폼 역학의 불안정한 힘을 뚜렷이 보여준다고 주장했다. "우리가 미얀마에서 겪은 일, 에티오피아에서 겪은 일은 우리가 읽고 싶은 어떤 결말보다 소름 끼치는 결말이 있는 소설의 첫 장일 뿐입니다."[32]

민주당과 인권 단체는 하우건이 일으킨 분노와 진행 중인 반독점 소송을 지렛대 삼아 소셜미디어 기업에 강력한 규제를 밀어붙이는 데 힘을 모았다. 이제 세계에서 소셜미디어 기업에 변화를 강제할 힘이 있는 유일한 독립체는 누가 뭐래도 미국 정부뿐이었다. 하지만 서방 세계에서 제구실을 못 하기로 손꼽히는 입법부를 운영하는 의원 몇십 명이 규제 대상인 모든 기능과 정책을 동일한 결과를 내는 다른 것으로 대체하는 동기로만 움직이는 엔지니어 수천 명을 계속 따라잡을 수 있으리라고는 상상하기 어렵다.

기업에 자체 규제를 압박하는 방법도 불확실하기는 마찬가지나. 현재의 소셜미디어 대기업에는 자기네 시스템을 되돌릴 능력이 아예 없을지도 모른다. 기술적으로는 쉬울 것이다. 그러나 애초에 그런 시스템을 만들고 힘을 불어넣게 경영진을 이끈 문화 세력, 이념 세력, 경제 세력이 여전히 유효하다. 정치인과 활동가들이 저커버그, 워치츠키 같은 사람들에게 호통을 칠 수는 있다. 그러나 비록 엄청난 부는 이뤘어도, 이런 기업의 창업자와 CEO들은 영원한 기하급수적 성장을 약속하는 대가로 벤처 자본가들에게 수표를 받은 날부터 알든 모르든 자기가 만든 창조물에 갇혔다.

소셜미디어 플랫폼과 기업을 개혁할 가장 효과적인 방법을 물었더니, 하우건이 간단한 답을 내놓았다. 알고리즘을 꺼라. "우리가 무엇에 집중할지를 컴퓨터가 결정하기를 바라는 사람은 없을 거예요." 또 만약 의회가 소셜미디어 기업의 면책 특권을 축소해 시스템이 조장한 모든 일의 결과에 법적 책임을 지게 한다면 "사용자 참여에 기반한 순위 매기기를 없앨 것"이라고도 주장했다. 플랫폼은 친구들의 게시물을 최신순으로 표시했던 2000년대로 돌아갈 것이다. 그때는 AI가 사용자에게 주목도를 극대화하는 콘텐츠를 한가득 안기지도, 사용자를 토끼굴로 유도하지도 않을 것이다.

하우건의 대답은 내가 여러 해에 걸쳐 소셜미디어를 취재하면서 목격한 양상을 그대로 뒤따랐다. 플랫폼을 오래 연구한 사람일수록 분야에 상관 없이 하우건의 대답으로 수렴할 확률이 높다. '알고리즘을 꺼라.' 더 구체적인 방안을 추천하는 사람도 있다. 요나스 카이저는 유튜브에 보건과 관련한 민감한 주제나 아동 관련 게시물에 알고리즘을 적용하지 말라고 촉구했다. 더 광범위한 방안을 추천하는 사람도 있다. 앤드리슨 호로위츠의 벤처 자본가였던 베네딕트 에번스는 "악용을 가능케 하는 작동 원리 레이어를 모두 제거하자"고 제안했다. 어쨌든 소셜미디어가 혼란을 일으키게 한 기능은 알고리즘만이 아니다. 카지노 같은 인터페이스, 공유 버튼, 공개되는 '좋아요' 횟수, 그룹 추천이 모두 플랫폼이 일으키는 폐해에 내재해 있다.

이런 논쟁을 불러일으키는 모든 문제에서 그렇듯, 소수지만 소셜미디어의 영향이 과장되었다고 주장하는 전문가도 있다. 이들은 과격화 같은 폐해에서 기술의 역할을 입증하는 증거에 반박하지는 않고, 다른 방법을 이용해 더 온건한 결론을 생산한다. 그래도 이들의 관점은 여전히 소수이며, 자동차 배기가스가 기후 변화에 미치는 영향이 석탄 발전소보다 적다고 주장하는 것과 비슷한 정도의 중요성을 띤다.

이런 전문가나 반대자 중 거의 누구도 소셜미디어를 폐쇄하는 것이 세계에 이롭다고 주장하지 않는다. 이들은 모두 애초에 연구에 뛰어들 때부터 소셜미디어가 부인하기 어려운 이로움을 주고, 수익 증대 메커니즘에서 벗어나 계속 혁명을 일으킬 수 있다고 믿었다. 수많은 진지한 연구자, 분석가, 인권 옹호자들의 조언은 모두 어떤 방식으로든 알고리즘을 멈추는 것으로 귀결된다. 이는 사람들을 덜 끌어당겨 참여도가 떨어지는 인터넷, 충격적인 유튜브 동영상이나 감정을 사로잡는 페이스북 그룹이 적어지고 접근성이 낮아지는 인터넷을 뜻한다. 접근할 수 있는 모든 증거에 따르면, 그런 세상에서는 몸을 숨기는 교사가 줄고, 헛소문이 기름을 부은 폭동 탓에 집에서 산 채로 불타 죽는 가족이 줄고, 부당한 오명이나 극단주의의 거짓 약속 탓에 망가지는 사람이 줄어들 것이다. 생명을 구할 백신을 얻지 못하거나 자신도 모르는 사이 성적 대상이 되는 아이들이 줄어들 것이다. 양극화, 거짓말, 폭력에 갈가리 찢기는 민주 국가는 훨씬 더 줄어들 것이다.

내가 보기에 많은 전문가가 이 해법으로 수렴하는 까닭은 흔히 네댓 번째 주요 연구로 실리콘밸리를 찾았다가 엔지니어 출신 거물을 만나기 때문이다. 이제 이늘은 실리콘밸리가 수장하는 능청연한 항변의 한 측면이 진심이라고 이해한다. 소셜미디어 기업이 허위 정보, 혐오, 부족주의를 일부러 조장하지는 않는다고 믿는다. 그러므로 이런 효과를 고려해 소셜미디어 기업을 제약한다. 그런 까닭에 실리콘밸리 방문이 큰 불안을 일으킨다. 이념, 욕망, 복잡한 기계학습의 기술적 불투명이 결합하면 경영진이 자기 창조물을 있는 그대로 보지 못하게 눈을 가린다. 여러 중요한 면에서 소셜미디어는 본질적으로 제어받지 않는다.

심리학자, 네트워크 분석가, 규제 기관, 새로이 눈뜬 엔지니어와 이야기를 나눌수록, 이 기술을 설명할 때 이들이 사용한 용어가 스탠리 큐브릭의 〈2001: 스페이스 오디세이〉에 나오는 인공지능 할 9000을 떠올리게 했다. 소셜미디어를 조사하는 과정에서 할 9000의 특징이 거듭 드러났기 때문이다. 영화에서 할은 승무원의 안전을 책임졌는데도, 무슨 일이 있어도 예정된 목적지에 도착해야 한다고 지시한 프로그램을 과잉 해석해 승무원을 모두 죽이려 한다. 할은 악당이 아니었다. 굳이 악당을 찾으라면, 자만심에 젖어 자기 창조물이 자기네 의도대로 다정하게 행동하리라고 지레짐작한 엔지니어나, 자기네 생사를 가를 권력을 쥐었으나 자기네와 다른 동기가 있을지도 모를 기계에 자신을 내맡긴 우주비행사일 것이다.

〈2001: 스페이스 오디세이〉가 남긴 교훈은, 할이 다음에는 더 책임 있게 작동하기를 바라는 마음으로 알고리즘을 수정해 할을 개량하는 것과는 거리가 멀었다. 할을 만든 엔지니어가 사죄하고 개선을 약속하는 것도 아니었다. 정치인과 언론인이 로봇의 본질을 깊이 고민하는 사이, 할의 제작사가 고객의 삶을 훨씬 더 많이 통제하는 것도 아니었다. 교훈은 분명했다. 할을 멈춰 세워라. 할이 선사한 모든 이로움을 잃더라도, 영화의 마지막 장면이 보여주듯 모든 면에서 우주인의 생명을 관리하는 시스템에서 할의 연결을 끊기가 어렵더라도, 기계가 온 힘을 다해 맞서더라도 말이다.

뒷이야기

1. 지난한 싸움

2023년 5월, 나는 IT업계에서 가장 유명한 내부 고발자를 만났다. 그동안 상황이 많이 바뀌었다는 것을 보여주듯, 장소는 은밀한 밀실이나 비밀 보호가 확실한 변호사 사무실이 아니라 베벌리힐스 포시즌스 호텔의 카페였다. 프랜시스 하우건이 페이스북이 사용자를 충격적일 만큼 잘못된 길로 이끌어 과격화하는 지사 플랫폼의 행테를 알면서도 방치했다고 증명하는 내부 문서 수천 건을 들고 페이스북을 나온 지 딱 2년 만이었다. 2년 전, 분노에 찬 세상은 TV 방송국, 상원 청문회장, EU 규제 기관같이 하우건이 아는 내용을 이용해 IT업계에 반격할 수 있는 권력의 중심지로 여러 달 동안 하우건을 불러냈다.

하지만 적막한 카페에서 하우건과 밀린 이야기를 나눠보니, 하우건의 여행 일정은 분명히 느슨해져 있었다. 만나는 상대도 국가 수상이나 국제적 규제 기관이 아니라 대학 관계자나 홍보 책임자였다. 미국의 탐사 보도 프로그램 〈60분〉에 출연 요청을 받기는커녕 하우건이 직접 언론인을 찾았다.

2022년 11월 중간 선거가 있기 전 가을, 나는 국회의원과 유명 인사 수십 명이 연방 정부가 소셜미디어 기업에 중대 조처를 하기를 바라며 주최한 비공개 회의에서 우연히 하우건과 마주쳤다. 워싱턴에서는 간단한 요깃

거리와 함께 국가 운영의 방향과 방식을 논의하는 행사가 흔하다. 고풍스럽게 목재로 벽을 장식한 회의실에서 종이 접시에 담긴 과일 샐러드를 앞에 놓고, 참석자들은 선거에 대비해 서로 단결된 행동을 보이겠다고 다짐했다. 되돌아보면 그때가 정치적 추진력의 정점이었다. 드디어 11월이 되었지만, 성과는 거의 보이지 않았다.

그렇다고 소셜미디어의 폐해를 우려하는 여론이 크게 식은 것은 아니었다. 2022년 말 기준, 미국인 셋 중 한 명이 소셜미디어가 미국의 "민주주의에 해롭다"고 평가했다. 또 대다수는 소셜미디어가 아이들에게 해롭고 소셜 플랫폼을 운영하는 기업을 불신한다고 답했다. 그러나 하우건과 이야기를 나누다 보니, 둘 다 터놓고 말하지는 않았어도 사람들이 하우건을 바라보는 태도가, 더 중요하게는 하우건이 폭로한 소셜미디어업계의 일탈을 바라보는 태도가 바뀐 것이 감지되었다. 세상의 분노가 이미 가라앉아 있었다. 인간의 자율성을 되찾으려는 하우건의 포부는 꺾이지 않았지만, 쓸 수 있는 수단은 줄어들 수밖에 없었다. 하우건은 교사들과 손잡고, 아이들이 잔혹성과 소외감을 부채질하는 알고리즘에 단단히 대비하게 도왔다. 또 맥길 대학교의 한 연구소에 합류해, 소셜미디어 플랫폼의 사용자 수 공표 방식을 제어할 더 명확한 규정을 마련하자는 주장에 힘을 보탰다. 하우건은 이런 활동이 소셜 플랫폼에 의존하는 언론사와 광고주를 쥐락펴락하는 업계의 영향력을 조절하는 데 도움이 되리라고 확신했지만, 이는 변혁이 더 멀어졌다는 현실을 암묵적으로 인정하는 것이기도 했다.

그사이 새로운 연구들이 플랫폼이 확실한 폐해를 일으킨다는 증거를 계속 내놓았다. 그중 한 연구에 따르면 소셜미디어 알고리즘은 사용자 자신도 잘 깨닫지 못하는 인종 편견을 알아채는 데 능숙해졌다. 알고리즘은 어떤 백인 사용자가 흑인 사용자들의 게시물에 '좋아요'를 누르거나 게시물을 공유하기 전 겨우 1초 남짓 머뭇거리는 행동에서 미묘한 실마리를 습득한다. 그다음에는 이 백인 사용자에게 모든 흑인 사용자의 게시물을 적게 노출한다.

실제로 누구나 은연중에 어느 정도 인종 편견을 내비친다. 그런데 사실은 잠깐의 머뭇거림이 자기도 모르게 튀어나온 편견을 이성으로 극복하고자 의식적으로 잠시 멈췄다는 뜻인데도, 소셜 플랫폼의 알고리즘은 사용자의 욕구로 해석하는 듯하다. 소셜미디어가 우리 대신 편견에 빠져, 우리가 편견을 극복할 능력을 빼앗고 있었다.

아마 이런 연구 결과가 발표되었다는 말을 들어본 사람은 드물 것이다. 소셜미디어가 미국인 수백만 명이 팬데믹에 느끼는 불안을 일부러 심각하게 높였고, 그 바람에 미국 전역에서 지속되는 정신 건강 위기가 더 악화했다는 주장도 들어보지 못했을 것이다. 게다가 이런 결과를 굳이 알아야 할까? 이제는 이런 연구 결과가 놀랍지도 않다. 아무리 중요한 결과일지라도, 우리가 이미 잘 아는 폐해에 세부 내용을 조금 더 보탤 뿐이다.

한때 사람들은 소셜미디어가 국제적 사건을 일으킬 만큼 우리 정서나 행동을 바꿀 수 있다는 견해를 터무니없게 여겼지만, 이제는 널리 받아들인다. 이 책을 처음 발간했을 당시 세계 지도자들이 조처를 약속했고 여론이 거기에 지지를 보냈지만, 가장 강력한 철퇴라고는 EU가 페이스북에 벌금 12억 유로(13억 달러)를 매긴 것뿐이다. 12억 유로는 페이스북이 16일이면 벌어들이는 수입이다.

규제가 느슨해진 것을 알아챈 실리콘밸리는 공공의 복리를 챙기는 체하는 허울을 다시 한번 벗어던졌다. 페이스북은 성공이 불러올 의도치 않은 악영향을 피하는 법을 엔지니어들에게 조언하는 임무를 맡았던 '책임을 다하는 혁신' 팀을 해체했다. 딱히 받아들일 마음도 없는 조언을 얻자고 20

명 남짓한 윤리학자와 구성원에게 임금을 줄 이유가 무엇이겠는가?

2022년 11월, 트위터가 도널드 트럼프의 트위터 계정을 복원했다. 2023년 1월에는 페이스북이, 3월에는 유튜브가 그 뒤를 따랐다. 어느 곳도 트럼프가 바뀌었다는 명분을 내세우지 않았다. 그저 트럼프가 대선 때 내뱉은 거짓말과 폭력 선동이 더는 위협이 되지 않는다고만 주장했다. 현실에서는 오히려 위험이 커져만 갔다. 열혈 트럼프 지지자들은 지금도 지난 대선이 부정 선거였다고 굳게 믿는다. 소셜 플랫폼들이 트럼프의 계정을 복원하기 직전, 대선 결과를 뒤집으려 했던 트럼프가 공공연한 시도 말고도 드러나지 않은 모의를 여럿 꾸몄다는 의회 조사가 발표되었다. 여러 집회에서 트럼프는 백악관을 되찾으면 폭동 가담자를 모두 사면하고 법무부를 직접 통제하겠다고 큰소리쳤다.

유튜브는 다른 플랫폼보다 한 술 더 떠, 국회의사당 폭동을 부추겼던 2020년 대선 관련 허위 정보의 유포를 막는 규정을 없앴다. 명분은 그런 허위 정보가 "폭력이나 다른 실제 폐해"로 이어지지 않으리라는 것이었다. 또다시 실리콘밸리가 광고 수익을 조금이라도 늘릴 셈으로 미국의 민주주의를 걸고 도박을 벌이려 했다. 페이스북 임원 닉 클레그는 트럼프의 계정을 복원한다고 알리는 발표에서 민주주의를 위협하는 진짜 위험은 페이스북의 결정을 비판하는 까탈스러운 선거 무결성 단체에서 나온다는 뜻을 내비쳤다.

그래도 하우건 같은 전직 종사자나 실리콘밸리 비판자들은 포기하지 않았다. 정부와 규제 당국이 한발 물러선 사이, 세계를 대표하는 그런 지도층을 모두 합친 것보다 잠재력이 훨씬 큰 생각지 못한 두 동맹이 빈자리를 대신했다. 한 동맹은 시장의 보이지 않는 손, 다른 동맹은 굳센 신세대 청소년이었다.

2. 디지털 디톡스

"한동안 플립폰으로 바꿀까 생각 중이에요." 2022년 밀, 스물어싯 실 가수 도브 캐머런_{Dove Cameron}이 라디오 토크쇼 〈자크 생 쇼〉에 나와 한 말 이다.

진행자 자크 생_{Zach Sang}이 어리둥절했다. "잠깐만요, 설마요."

"정말이에요." 캐머런이 웃음을 터트리며 사실이라고 말했다. "매트릭 스에 나온 것 같은 작은 플립폰도 구했어요." 그러면서 스마트폰 이전에 숫자 버튼을 필요한 횟수만큼 눌러 문자를 입력했던 방식을 흉내 냈다.

말을 이어가는 캐머런의 목소리가 진지해졌다. "'문명에서 벗어나라' 같은 허세를 부리거나 재수 없이 굴겠다는 뜻이 아니에요. 스마트폰이 저 한테 아주 해롭다는 것을 알 뿐인 거죠. 확실히 느끼는데, 지금 저는 스마 트폰에서 어떤 기쁨도 얻지 못해요."

"괜찮네요." 생이 무슨 뜻인지 알겠다는 듯 답했다.

Z세대, 그러니까 대략 1997년부터 2012년 사이에 태어난 제작자가 Z 세대를 대상으로 거의 모든 문화 평론을 다루는 〈자크 생 쇼〉에서는 소셜 미디어와 스마트폰이 익숙한 화제였다. 캐머런의 말마따나 Z세대에게는 소셜미디어와 스마트폰이 "말도 안 되게 유해"한 "질병", "현대 세계가 저 지른 가장 큰 실수", "손에 꼽게 끔찍한 재앙", "이 세대가 피부에 와 닿게 잘 아는" 골칫거리였다. 캐머런은 소셜미디어의 중독성이 강해 "그냥 전화 기를 끄는 수밖에 없어요"라고 덧붙였다.

나는 1984년에 태어났다. 자라는 동안 1세대 가정용 컴퓨터, 인터넷, 스마트폰이 차례로 내 삶과 주변 모든 사람의 삶에 스며드는 모습을 지켜 봤다. 우리는 이 기술들을 반겼고, 모든 새로운 장치와 앱에 감사했고, 이른바 인터넷 혁명이 제시하는 한없는 낙관주의에 푹 빠졌다. 그러나 한때 구원자로 칭송했던 IT 대기업들이 일으킨 파괴에 혼쭐이 난 끝에, 마침내 디지털 이상주의를 버려야 했다.

하지만 우리보다 조금 늦게 태어난 사람 대다수와 IT의 관계는 이전 세대와 달랐다. 1990년대 중반쯤, 미국 사회에 확고하고도 영원한 선이 그어졌다. 스마트폰과 소셜미디어 시대의 토템은 그런 기기와 기술이 없던 시절을 아예 모르는 사람들에게는 두려움과 파멸의 원천이나 다를 바 없었다.

1995년 이후 태어난 미국인은 사춘기나 그 이전부터 이들을 겨냥해 출시된 앱과 함께 성장했으므로, 다른 어떤 연령 집단보다 강하게 디지털에 중독되었다. 아이패드로 자동 재생되는 유튜브 영상을 보는 것이 새로운 〈세서미 스트리트〉가 되었다. 2022년 기준으로 미국 청소년 3분의 1이 "거의 끊임없이 소셜미디어를 사용한다"고 답했다. 유튜브 하나만 해도 그 수치가 5분의 1이었다. 하지만 오로지 중독성만 따지면, 유튜브도 틱톡에는 맞수가 되지 못한다. 틱톡은 2017년 출시 이래 소셜미디어 역사에서 미국 십 대의 시간을 다른 어떤 플랫폼보다 많이 빼앗았다. 젊은이 대다수가 소셜미디어 사용을 줄이기가 어렵다고 답했다. 특히 십 대는 이 문제가 다른 약물 중독과 마찬가지로 나이가 들수록 심해진다고 답했다. 코로나19 이전에도 십 대 사이에 대면 교제 활동이 심리적으로 공허한 디지털 교제 활동에 자리를 내줘 크게 줄었다. 2019년에는 친구들과 거의 매일 만난다고 답한 십 대가 넷 중 한 명뿐으로, 이전 세대보다 절반으로 줄었다. 자주 외로움을 느낀다고 답한 십 대의 비중은 2010년에서 2019년 사이에 거의 두 배나 늘었다. 불안과 우울을 호소하는 비중도 마찬가지로 솟구쳤다.

2012년 이후 태어난 알파 세대에서는 상황이 훨씬 더 나쁠지 모른다. 코로나19 탓에 2년 동안 영상으로 다른 사람과 관계를 쌓아야 했던 이 세대에서는 우리가 이제 막 이해하기 시작한 방식으로 교제 욕구가 재설계되었다. 이 세대의 청소년은 앱을 통해 관계를 쌓고 유지하는 데 매우 익숙해 오히려 현실 세계가 낯설고 불편하다고 자주 말한다.

"온라인이 더 맘 편하고 평온해요. 남과 직접 이야기하거나 직접 무얼 하지 않아도 되니까요."《뉴욕타임스》가 진행한 포커스 그룹 인터뷰에서 열네 살 소년이 한 말이다.

열한 살인 인터뷰 참여자는 "온라인에서는 말없이 있을 수 있어요. 남들이 나를 보지도 못하고요. 현실에서는 그냥 말없이 있기가 어렵죠"라고 설명했다.

하지만 현실을 보고 자라는 데는 그 나름의 장점이 있다. 고등학교와 대학교에서 갑자기 십 대들의 '러다이트 클럽'이 생겨나고 있다. 회원들은 소셜미디어 계정을 지우고 스마트폰 심 카드를 값싼 플립폰으로 옮겨, 소셜웹이 등장하기 바로 직전인 2000년대 중반의 기술로 스스로 회귀한다.

고등학교 졸업반인 한 학생은《뉴욕타임스》에 "플립폰을 쓰자마자 상황이 바로 바뀌었어요. 뇌를 쓰기 시작했거든요. 저를 한 사람으로서 관찰하게 되었어요"라고 전했다.

뜻은 훌륭할지 몰라도, Z세대의 러다이트 운동이 실리콘밸리의 상업적, 기술적 영향력을 물리치기는 어려워 보인다. 하지만 이 운동은 우리 일부에게 워싱턴과 실리콘밸리의 망가진 제도가 개선되기를 기다리지 않고 빠져나갈 길을 제공한다. 선을 잘라라. 자유를 누려라. 이 기술들을 있는 그대로, 독으로, 새로운 담배로 대하는 새로운 규정을 만들라.

2023년 초, 나는 러다이트 클럽이 스마트폰 중독에서 벗어나려고 쓰는 여러 방법을 몇 주 동안 직접 시도해 봤다. 1주차: 아이폰의 심 카드를 70달러짜리 구형 플립폰으로 옮겼다. 플립폰은 고통스러웠다. 갑자기 술을 끊은 알코올 중독자가 네일 리무버를 바라보듯, 시간만 표시된 플립폰 화면을 나도 모르게 뚫어져라 쳐다보곤 했다. 그래도 주말이 되자 영화 한 편이나 장편 소설 한 권에 오롯이 집중할 수 있었다. 친구들에게 더 충실할 수 있었다. 잠을 더 푹 잤다. 눈길을 잡아끌어 심리를 바꿔놓는 소셜 플랫폼에서, 나를 소셜미디어 중독으로 이끈 화려한 스마트폰에서 겨우 며칠 멀어졌을 뿐인데도, 디지털에 길든 오랜 시간이 무너졌다.

한 주 뒤 다시 스마트폰을 켰지만, 이때는 한 번 접속할 때마다 내 인생을 한 시간씩 빨아들이는 것 같은 트위터나 인스타그램 같은 앱에 접속하기 어렵게 여러 방지 장치를 적용했다. 이를테면 실리콘밸리가 자기네 상품의 중독성을 강화하고자 슬롯머신을 흉내 낸 화려한 색상을 사용하는 것을 알기 때문에, 스마트폰 화면을 흑백 모드로 설정했다. 또 집에 오면 매일 밤 전화기를 플라스틱 잠금 상자에 넣었다가 다음 날 아침 출근하기 직전에 꺼냈다.

실험을 시작하기 전, 내 휴대폰 사용 시간은 하루 평균 4시간 48분이었다. 대부분 사용할 필요가 없거나, 사실은 사용하고 싶은 것도 아닌 소셜 앱에 쓴 시간이었다. 실험 뒤에는 그 시간이 80분(업무에 필수인 기능 때문에 휴대폰을 쓰는 최대 시간이다)에서 20분 사이를 오갔다. 일부 업무를 더 큰 화면에서 처리하느라 노트북 사용 시간이 평균 한 시간가량 늘었는데도, 하루 평균 세 시간을 되찾았다. 세 시간이면 내가 깨어 있는 시간에서 거의 5분의 1에 해당한다. 무엇이든 하고 싶은 일을 할 수 있는 날이 매주 하루씩 더 있는 셈이었다. 내가 미국 남성의 평균 기대 수명만큼 산다면, 내 인생에서 실리콘밸리에 넘겨줬을 시간을 5년이나 되찾을 것이다.

아마 다른 사람의 스마트폰 중독도 나와 크게 다르지 않을 것이다. 미국인의 스마트폰 사용 시간은 추정치에 따라 하루 평균 3시간 15분에서

4시간 48분 사이를 오간다. 세계에서 내로라하게 부유한 기업이 제 주머니를 불리려고 당신한테서도 날마다 이만큼 많은 시간을 앗아간다. 이런 시간이 쌓이고 쌓여 몇 달이 되고 몇 년이 된다.

스마트폰 사용 습관을 고치기란 쉽지 않다. 스마트폰을 기반으로 성장한 수조 달러짜리 산업이 우리의 스마트폰 사용 습관을 굳히고자 세계에서 가장 정교한 AI 시스템을 동원한다. 하지만 틱톡에 중독된 십 대 중 많은 수가 중독을 고칠 수 있다면, 또 내가 고칠 수 있다면, 당신도 고칠 수 있다. 여기에는 실리콘밸리의 지배에 맞서는 또 다른 주요 맞수가 도움을 줄지 모른다. 사람이 아닌 이 맞수는 거시경제라는 힘이다.

3. 벤처 투자사의 겨울

2023년 초, 실리콘밸리에 엄청난 붕괴가 일어났다. 하나같이 냉정한 사고력을 자랑하는 실리콘밸리 사람들이고 붕괴의 원인이 이미 훤히 보였는데도, 붕괴를 예상한 사람은 거의 없어 보인다. 실리콘밸리는 수조 달러를 안기는 광산 안에서 아주 커다란 카나리아가 죽는 모습을 함께 지켜봤다. 그 카나리아는 실리콘밸리은행이었다.

은행 운영은 비교적 단순하다. 먼저 고객(당좌 계좌를 만드는 가족이나 운영 자금을 맡기는 사업체)에게서 예금을 받는다. 그 돈을 주택담보대출로 빌려주거나 주식 시장에 집어넣어 투자한다. 수익 중 일부를 예금주 계좌에 이자로 돌려준다. 대개는 다양한 고객한테서 예금을 받아 다양한 투자처에 투자하므로, 시장의 예기치 못한 변화에서 보호받는다. 하지만 실리콘밸리은행은 이런 운영 방식을 따르지 않았다.

이미 PC 산업으로 호황을 맞은 IT업계의 심장부에서 1983년에 문을 연 실리콘밸리은행은 딱 한 부류의 예금주, IT 스타트업에만 집중했다. 그리고 샌프란시스코의 베이에어리어에서 스타트업 창업자들이 투자받은 자본을 집어넣어도 안전하다는 평판을 얻은 유일한 곳이 되었다. 은행 경영진은 특히 실리콘밸리 벤처 자본가들의 환심을 사려 애썼다. 이런 투자가들이 엄청난 현금을 쥐락펴락할뿐더러 스타트업에 금융과 관련한 의사 결정에 대해 자주 조언하기 때문이었다.

IT 산업이 활황을 맞자, 실리콘밸리은행의 예치금도 쌓여갔다. 특히 2010년대에 클라우드 컴퓨팅 시대가 열리자, 은행이 크게 성장했다. 당시 스타트업은 창업 비용이 적은 데다 초기 투자가들이 회사를 상장하면 엄청난 이익을 거둘 수 있었다. 딱히 필요하지도 않은 투자금 1000만 달러, 심지어 1조 달러가 갑자기 생기곤 했다. 스타트업들이 그렇게 남아도는 자본을 대부분 실리콘밸리은행에 보관해, 2022년 들어 실리콘밸리은행의 예치금이 자그마치 1890억 달러로 불었다.

실리콘밸리은행이 굳이 예금주를 다각화하지 않은 까닭은 투자가들이 명확한 수익성 확보 전략이 없는 스타트업에 계속 돈을 쏟아붓는 이유와 다르지 않았을 것이다. 이들은 파티가 끝없이 이어지리라고 믿었다. 앞으로도 돈이 계속 실리콘밸리로 흘러들어오리라고, IT 산업이 계속 성장하리라고, 투자마다 수익이 두세 배씩 나리라고. 그런데 실리콘밸리은행의 예금주들한테는 이미 벤처 자금이 넘쳐났으므로, 실리콘밸리은행에는 여느 은행처럼 예금주들에게 주택담보대출이나 중소기업 대출로 현금을 빌려줄 가망이 거의 없었다. 그래서 예치금 거의 절반을 주택저당증권mortgage-backed security, MBS한군데에 투자했다. 주택저당증권은 2018년 금융 위기를 일으켰던 고위험 주택담보대출이 아니었다. 사실, 수익률이 1.5%뿐인 아주 안전한 증권이었다.

2023년 3월, 실리콘밸리은행이 채권 투자 손실 18억 달러를 충당하고자 유상 증사를 진행하겠다고 발표했다. 나중에 조사해보니, 실리콘밸리은행이 감당할 수 있는 문제였다. 달리 말해, 예금주들이 앞다퉈 계좌에서 돈을 뺄 이유가 거의 없었다. 하지만 사이가 아주 긴밀한 작은 공동체에 속한 예금주들은 서로 어떻게든 돈을 빼라고 겁을 줬다.

이들이 주고받은 문자들을 보면 유명한 IT 투자가들이 잇달아 예금을 빼냈다고 발표해 서로 공포를 부추겼다. 페이스북과 여러 IT 기업을 후원하는 실리콘밸리의 슈퍼스타 피터 틸을 포함해 많은 투자가가 기업들에 돈을 모조리 빼내라고 재촉했다. 실리콘밸리은행은 이렇게 한꺼번에 돈을 빼내는 많은 예금주에 대처할 방도가 없었다. 사실, 이런 상황에는 어떤 은행도 대처하지 못한다. 실리콘밸리은행은 파산했다. 연방 규제 당국이 실리콘밸리은행의 재무상태표를 압수하고, 다른 은행으로 뱅크런이 번지지 않도록 실리콘밸리은행 예금을 전액 보증하겠다는 긴급 조치를 발표했다.

실리콘밸리의 벤처 자본가들은 제 손으로 자기네 은행을 날려버렸다. 그것도 오해 때문에. 모든 사달을 일으킨 손실 18억 달러는 은행이 파산한다는 신호가 아니라, 곧이어 실리콘밸리를 뒤집어놓을 거시 경제의 변화가 낳은 결과였다. 2022년 들어 2008년 금융 위기 이후 처음으로 연방준비제도가 연방기금금리(기준금리)를 크게 올렸다. 금리가 차근차근 오르더니, 2023년 들어 15년 만에 최고를 기록했다.

금리 상승은 은행업의 예금주와 투자처를 모두 압박했다. 금리가 오르자, 스타트업이 투자자에게서 예컨대 신제품 출시에 필요한 추가 자금을 받기 어려워졌다. 신규 자금이 들어오지 않자, 운영 자금이 필요한 많은 스타트업이 실리콘밸리은행에 예치했던 돈을 꺼내 써야 했다. 문제는 이런 상황을 예상하지 못한 실리콘밸리은행이 예치금 절반을 초저위험 장기채인 주택저당증권에 투자해, 이를 갑자기 매도하기가 어려웠다는 것이다. 수익률이 1.5%인 주택저당증권을 그대로 현금화하려면 정가에 사줄 매수인을 찾아야 했다. 하지만 그러려는 매수인이 없었다. 연방기금금리와 연동된 신규 주택저당증권 상품의 수익률이 금리 인상의 영향으로 세 배 넘게 오른 5%였기 때문이다. 실리콘밸리은행에 남은 선택지는 20% 손절매뿐이었다. 그 결과, 재무제표에 18억 달러 손실이 생겼다.

여러 해 동안 IT 기업 청문회, 과징금, 소셜미디어가 민주주의 자체를 무너뜨린다는 공포를 겪은 워싱턴에서는 실리콘밸리의 평판이 나빴다. 실리콘밸리은행의 예금주들은 예금 전액을 보장받았지만, 여러 IT 투자자를 포함한 채권자들은 된서리를 맞았다. 워싱턴이나 월가의 저명인사 누구도 IT 대기업을 위한 목소리를 내지 않았다. 대다수가 IT 대기업을 견제해야 할 유해 요소로 보는 것 같았다.

실리콘밸리은행 파산은 실리콘밸리의 크나큰 약점을 드러냈다. 인터넷 시대의 산업은 역사적으로 찾아보기 어려운 제로에 가까운 금리를 기반으로 구축되었다. 경제 전문가들의 말마따나 대출금이 '공돈free money'이 되었다. 그런 제로 금리가 끝나자, IT 대기업의 전체 사업 모델도 파국을 맞았다.

러네이 디레스타를 크게 당혹에 빠뜨렸던 '구불구불한 차트'를 떠올려 보라. 당시 벤처 투자사들은 구불구불하게 우상향하는 수익 전망 말고는 별다른 사업 계획이 없는 무료 사용 앱의 지분을 얻으려고 창업자의 손에 수표를 찔러넣었다. 이런 스타트업은 거의 수익을 내지 못했지만, 어찌 된 일인지 모두 부자가 되었다.

그런데 벤처 투자사에 이렇게 투자금이 있었던 유일한 이유는 낮은 금리 탓에 기존 투자 대상의 실적이 부진한 시기에 쏠쏠한 수익률에 목마른 외부 투자자들(부유한 개인, 연금 기금)이 뭉칫돈을 건넸기 때문이었다. 게다가 벤처 투자사는 투자한 스타트업이 한 푼도 못 벌어도 회사를 주식 시장에 빠르게 상장하면 큰 이익을 거둘 수 있었다. 월가는 스타트업의 가치를 훨씬 더 높게 평가했는데, 근거는 스타트업이 돈을 벌어서가 아니라 무료 서비스를 이용하는 사용자를 많이 확보해서였다. 그런 사용자들로 어떻게 돈을 벌지 고려할 때마다, 이들은 이런 기업 가치 평가의 근거가 가정일 뿐이라는 것을 신경 쓰지 않았다. 금리가 낮으니, 뭉칫돈을 빌려 기술주에 집어넣고 회사가 이익을 내기까지 20년 동안 기다리기가 대수롭잖은 일이었다. 투자 수익이 투자자가 은행에 갚아야 할 손톱만큼의 이자보다만 많으면 그만이었다. 아직은 더 많은 투자자가 주가를 밀어 올릴 테니 십중팔구 가능한 일이다.

우버 같은 IT 기업들은 거래 중개 때마다 손해를 보면서도, 투자받은 자금을 모두 보조금으로 지급해 사업을 더 키우는 방식으로 주가를 거듭 두 배로 올릴 수 있었다. 바로 이런 이유로, 페이스북과 구글처럼 수익성이 큰 IT 기업마저 사용자 증가에 목을 맨다. 이들 기업의 주가는 기업이 영원히 성장하리라는 가정에 기반한다. 스타트업부터 포천 500대 기업까지 모든 기업이 수명 주기의 모든 단계에서 필요 이상으로 돈을 쓴다. 공돈을 빌릴 수 있으니, 자기네 주식을 더 많이 사고자 필요 이상으로 더 많은 돈을 쓸 누군가가 있으리라고 기대하기 때문이다.

금리가 오르자, 모든 것이 무너지기 시작했다. 2022년 들어 주가 하락세로 현금이 궁해지자, 벤처 자본가들의 IT 기업 투자가 2021년에 견줘 절반으로 줄었다. IT 기업의 기업 가치도 평균 반토막이 났다. 투자금을 1억 달러 이상 모은 기업의 수가 4분의 3이나 줄었다. 기업 가치가 10억 달러를 넘기는 유니콘 스타트업은 거의 사라졌다. 시장 전문가들은 '벤처 투자사의 겨울'이 왔다고 알렸다. 스타트업 시대가 저물고 있었다.

실리콘밸리 대기업들은 훨씬 더 큰 타격을 받았다. 페이스북 주가가 고점 대비 75% 넘게 폭락했다가 겨우 절반 수준을 회복했다. 구글과 다른 회사들도 비슷한 궤적을 따랐다. 게다가 절반 수준을 회복하는 것도 쉽지 않았다. 이제 투자자들은 20년 뒤를 겨냥한 야심 찬 계획에 관심이 없었다. 이번 분기에 당장 배당금을 받기를 바랐다. 페이스북의 메타버스처럼 수백억 달러를 투자하려 했던 프로젝트가 주주들의 압박으로 대부분 중단되었다. IT 대기업이 감원에 들어갔다. 2022년에 총 15만 4천 명을 해고했고, 2023년 전반기에도 20만 1천 명을 더 해고했다. 갈수록 인색해진 기업들은 일상생활에서 디지털 중독을 부추기는 핵심 사업에서 푼돈까지 싹싹 긁어모았다.

실리콘밸리에 한 가닥 희망이 있다면, IT 산업을 주도하는 구글과 페이스북 같은 기업들이 앞으로도 광고 시장을 통제할 가능성이 크다는 것이다. 스타트업이 줄어들면 그런 대기업들이 혁신하라는 압박이나 도전을 거의 받지 않을 터이기 때문이다. 단, 미국의 경제 변화에 크게 영향받지 않는 시장과 대규모 첨단 IT 산업 분야가 둘 다 있는 곳은 예외다. 바로 중국말이다.

4. 새로운 현재

실리콘밸리가 쇠락을 맞닥뜨린 사이, 신흥 경쟁사였던 중국의 동영상 서비스 앱 틱톡이 재앙을 부를지 모를 위협으로 떠올랐다. 틱톡은 베이징에 본사를 둔 바이트댄스에서 2017년 출시된 지 5년 만에 미국에서 사용자 1억 명을 확보했다. 미국에서 틱톡보다 사용자가 많은 소셜 플랫폼은 인스타그램, 유튜브, 페이스북뿐이었다. 하지만 기업 가치가 1조 달러 이상인 실리콘밸리의 대기업들도 중독성에서는 틱톡의 맞수가 되지 못했다. 틱톡 플랫폼은 AI가 개별 맞춤으로 선별한 동영상이라는 끝없는 토끼굴로 사용자를 내려보내는 알고리즘 그 자체다. 틱톡은 특히 청년층에서 우위를 차지한다. 달리 말해 소셜미디어 산업의 미래에서 우위에 있다. 2023년 기준으로 18~24세인 미국인 사용자의 틱톡 사용 시간은 하루 평균 한 시간 이상으로, 인스타그램이나 스냅챗보다 두 배나 많았다. 틱톡은 25~34세 사용자에서도 살짝 우위에 있는데, 점점 격차를 늘리고 있다.

사용량으로 보면 유튜브, 인스타그램, 스냅챗의 미래가 여전히 나쁘지 않지만, 매 분기가 지날수록 틱톡에 더 뒤처져 미래가 점점 어두워진다. 정체된 페이스북과 트위터는 점점 PC 통신 시절 인터넷 서비스 대기업이자 이제 사용자층의 노령화를 넋 놓고 지켜보는 좀비 기업 AOL을 닮아간다. 가상현실 속 메타버스라는 꿈과 천재 청년 사업가라는 이미지가 모두 무너진 저커버그는 인류의 구원자가 아닌 피트니스 전문가로 인상이 바뀌었다. 인류의 미래를 이야기하던 수천 단어짜리 공개 서신은 온데간데없고, 주짓수 체육관에서 찍은 셀카가 그 자리를 차지했다.

미국 정치계가 보기에 마뜩잖기는 해도 여전히 수익성이 높은 IT 분야에 이렇게 외국 기업이 도전장을 던졌으니, 2023년 초 미국 의회가 중국 기업인 틱톡이 미국의 국가 안보를 용납할 수 없이 위협할지 모른다고 판단한 것도 놀랍지 않다. 베이징이 틱톡을 지렛대 삼아 미국의 이익을 해칠지 모른다는 우려에는 근거가 있다. 지난 여러 해 동안 미래의 국제 질서를 장악하고자 서로 드잡이하는 사이, 중국과 미국은 계속 첩보 활동을 확대했다. 게다가 중국 당국은 바이트댄스 같은 기업들을 국가의 도구로 삼아 국내에서 선전 활동을 펼치고 달갑지 않은 견해를 억누르는 데 이용했다. 가뜩이나 양국 관계가 걱정스러울 만큼 최악으로 치닫는 마당에, 중국이 국외에서도 같은 일을 하지 않으리라고 생각하기가 과연 쉬울까?

2023년 초, 미국 규제 당국이 바이트댄스가 틱톡 지분을 미국 자본에 매각하지 않으면 서비스를 완전히 차단하겠다는 신호를 보냈다. 의원들은 틱톡 CEO를 워싱턴으로 불러 날 선 청문회를 진행했다. 국가 안보를 중시하는 매파는 서비스 차단이나 강제 지분 매각을 선호했지만, IT 연구자들의 반응은 더 복잡했다. 토론토 대학교의 한 연구실은 틱톡이 "멀웨어에서 나타나는 것 같은 명백히 악의적 행동은 드러내지 않는 듯하다"고 평가했다. 틱톡이 사용자의 허락 없이 연락처 목록, 위치 데이터, 사진, 영상을 수집한다는 증거를 찾지 못했기 때문이다. 바이트댄스는 이 보고서를 결백의 증거로 제시했지만, 연구소 소장은 결코 그렇지 않다고 반박했다. "대략 말하자면, 틱톡은 여느 소셜미디어 앱과 비슷해, 개인 데이터를 진공청소기처럼 빨아들였다. 이건 좋지 않은 일이다."

그렇다면 틱톡은 거대한 패권 충돌에 동원된 트로이 목마일까? 아니면 개인 정보를 침해하고 우리 뇌를 중독으로 이끌어, 우리가 지구에서 보내는 짧은 시간을 광고 수익(미국 사용자 1인당 한 시간에 31센트다)으로 바꾸는 소셜미디어 앱일까? 스탠퍼드 대학교에서 중국 IT 분야를 연구하는 그레이엄 웹스터Graham Webster는 후자가 더 진실에 가깝다고 주장한다. 자국에서 굳이 활동을 숨기지 않아도 되는 중국 선전원들이 틱톡으로 감쪽같이 메시지를 전달하기에는 너무 어색해 티가 난다는 것이 이유다. 또 베이징이 탐낼 만한 미국 사용자의 데이터는 다크웹에서 확보하는 쪽이 더 쉽다. 미국 소셜미디어 플랫폼이 오래전 확보한 개인 데이터가 보나 마나 이미 다크웹에서 팔리고 있을 터이기 때문이다.

그래도 바이트댄스는 미국 내에 독자적 데이터센터를 마련해 미국 사용자의 모든 데이터와 미국판 틱톡의 소프트웨어 사본을 보관하겠다고 규제 당국을 달랬다. 연방 정부의 감시관은 물론이고 미국 IT 기업 오라클이 데이터센터를 감독하면 이론상으로 베이징의 영향력을 차단할 테고, 그렇게 하면 바이트댄스의 잘못된 행동을 방지하고 일탈을 쉽게 잡아낼 것이다. 하지만 지금까지는 이런 안전장치가 법으로 제정되지 않았다. 미국 행정부가 연방 정부 직원이 공무용 기기에서 틱톡을 사용하지 못하게 막았지만(유럽 여러 나라와 캐나다도 같은 정책을 도입했다), 더 큰 진전은 이루지 못했다. 틱톡의 시장 점유율이 계속 올라가는 만큼 미국 IT 대기업의 손실도 커졌다.

최근 실리콘밸리의 실상, 즉 아이디어가 고갈되어 내리막길로 들어서고 한때 찬사받던 분야에서 조롱거리가 된 현실을 가장 실감 나게 보여준 참사는 일론 머스크의 트위터 인수다. 머스크는 틸처럼 페이팔로 첫 성공을 거뒀다. 페이팔 매각으로 받은 돈으로 전기차 회사 테슬라의 지분을 대량 확보했고, 나중에 CEO가 되었다. 재산의 대부분을 차지하는 테슬라 주식이 오르자, 머스크는 적어도 서류상으로는 세계에서 손에 꼽는 부자가 되었다. 인터넷에서 살다시피 하는 젊은 남성 사이에 이미지를 의식하고 오락가락하기로 악명 높은 머스크에 환호하는 열혈 팬들이 생겼다. 머스크는 트위터에서 지나칠 만큼 왕성하게 활동해 재탕한 밈, 흥미로운 과학적 사실, 청소년의 마약과 섹스에 관련된 농담을 올렸다(한 번은 테슬라를 비상장회사로 만들고자 주당 420달러에 매입하려 한다는 트윗을 올렸는데, 420은 은어로 대마초를 뜻하는 숫자다. 머스크는 나중에 테슬라 주주들이 제기한 소송에 증인으로 나와 이 문제를 해명해야 했다). 또 IT 마니아 남성이 주축인 트위터를 못마땅하게 여기는 주요 적들을 비난해, 정치 견해가 포챈과 비슷하게 꾸준히 오른쪽으로 기울었다. 레딧 회장이 되려고 끝없는 허세를 부리는 것 같은 때가 한두 번이 아니었다.

머스크는 2022년 초부터 트위터 주식을 꽤 많이 사들였다. 트윗에서는 트위터가 좌파 편향이라는 날조된 허상에 맞서 싸우겠다고 약속했다. 그리고 4월, 440억 달러에 트위터를 완전히 인수하겠다고 제안했다. 아마 머스크가 흔히 그랬듯, 인수 시도는 관심을 끌려는 허세였을 것이다. 아니나 다를까, 트위터 이사회가 매각을 승인하자, 머스크는 몇 달 동안 매각 합의를 파기하려고 애썼다. 트위터가 소송을 걸었고, 그해 10월 머스크는 하는 수 없이 트위터를 인수해야 했다.

트위터 인수는 머스크 제국의 재정에 재앙이었다. 머스크가 인수 자금을 마련할 유일한 길은 테슬라 주식을 일부 파는 것뿐이었기 때문이다. 하필 테슬라가 어려움에 직면한 상황에 머스크가 테슬라 주식을 팔자, 월가는 테슬라의 상황이 알려진 것보다 훨씬 더 나쁘다는 신호로 받아들였다. 결국 테슬라 주가가 폭락했고, 머스크의 순자산도 줄어들었다. 머스크는 자금 조달을 완료하고자 130억 달러를 대출받았다(법적으로는 트위터가 부채를 떠안았다). 대출 위험도가 매우 높다고 판단한 은행들은 머스크에게 연간 12억 달러를 상환하라고 요구했다. 트위터는 창립 이후 대부분 적자를 이어왔으므로, 이만한 금액을 감당하지 못할 것이 뻔했다. 머스크가 대출을 상환하려면 테슬라 주식을 더 팔아야 하는데, 이미 투자자들에게 주식을 더는 팔지 않겠다고 약속했을뿐더러 주식이 대부분 대출 담보로 잡혀 있어 법적으로도 어려운 일이었다. 어떻게든 부채를 상환해야 한 머스크는 트위터 직원 절반을 해고했고, 남은 직원에게는 사무실에서 잠을 자는 사람이 숱할 만큼 장시간 노동을 강요했다. 기본 기능을 여럿 없애 트위터가 엉망이 되고 느려지게 했고, 선거 무결성팀과 허위 정보 퇴치팀도 없앴다. 한 직원이 회의에서 몰래 녹음한 바에 따르면, 머스크는 파산을 심각하게 고려해야 한다고 밀했다.

머스크는 트위터로 이루고 싶은 주요 야망이 온라인의 박수갈채라는 것을 숨기지 않았다. 직원들이 피곤한 얼굴로 앉아 있는 회의에서는 손자병법에 나올 법한 명언을 말하는 자기 모습을 비서에게 촬영하게 했다. 트위터에서는 내부 비판자들과 설전을 벌였고, 한 번은 해고를 내비치는 이메일을 받은 어느 장애인 직원과 온라인에서 신경전을 벌이다 장애를 비웃는 발언을 했다(해고 금지 조건이 있는 이 직원을 해고했다가는 막대한 비용을 치러야 한다는 것을 알고서 나중에 공개 사과했다). 머스크는 이전에 트위터가 정지했던 극우 계정을 다수 복원했고, 공공 자금을 일부 지원받는 NPR 같은 독립 매체에 오해할 여지가 있는 '국영 언론' 라벨을 붙였다. 트위터 사용자에게 여론조사로 자신이 CEO에서 내려와야 하는지 물었다가 근소한 차이로 사퇴 의견이 많았을 때는 자기 개를 CEO로 앉히겠다고 발표했다. 검증된 사용자에게 줬던 파란색 인증 배지를 없앨 때는 인터넷에서 비웃음을 일삼는 진보주의 엘리트에게 날리는 포퓰리스트의 한방이라고 표현했다(사실 트위터가 인증 배지를 도입한 까닭은 사칭 계정에 맞서고, 트위터 활동을 대부분 주도하는 유명인과 언론인의 활동을 북돋는 것이었다). 머스크는 우파 음모론을 사실인 양 게시했고, 민주당 정치인을 사칭하는 가짜 계정을 부추겼다. 광고주들이 유해하고 엉망진창인 트위터를 떠나자, 트위터의 현금 흐름에서 거의 전부인 광고 수익이 절반 넘게 떨어졌다.

《디 애틀랜틱》의 기사 제목 그대로, 머스크의 게시물은 "IT 천재라는 신화를 산산조각 냈다." 금리 인상 때문에 실리콘밸리 전역이 붕괴한 가운데, IT업계에서마저 아주 뒤늦게나마 머스크가 벌거벗은 임금님 같다고 깨달은 것 같았다. 어쨌거나 자기를 해고하는 CEO를 찬양하기는 어려운 법이다.

이 모든 충격이 실리콘밸리를 덮친 가운데, IT 대표들이 IT 산업을 구할 새 원천을 찾았다고 주장했다. 구세주는 인공지능이었다. 구글 CEO 순다르 피차이는 "AI는 인류가 공을 들이는 매우 중요한 대상 중 하나입니다. 뭐랄까, 전기나 불보다 더 대단하죠"라고 주장했다. 그러면서 AI의 성과를 기대할 만한 예로 암 치료를 들었다.

웅대한 주장은 이뿐이 아니었다. 실리콘밸리 투자자와 엔지니어들은 물론이고 IT 저술가들도 차세대 AI가 많은 창의적 활동을 자동화해, 능력이 달리는 인간 화가, 시나리오 작가, 더 나아가 배우까지도 밀어내리라고 단언했다. 그뿐이 아니었다. AI가 인간에게 불멸을 선사할 것이다, AI 챗봇이 치료 전문가와 의사를 대체할 것이다, 챗봇이 사랑하는 법을 배울 테고 우리도 챗봇을 사랑할 것이다, 새로운 AI가 아마 몇 달 안에 인간 경험의 모든 측면을 바꿔놓을 것이다, 같은 주장이 나왔다. 실리콘밸리를 믿지 않는 사람들은 이런 주장을 마케팅 전략으로 여겼지만, 업계 대표들은 공동 서명을 통해 AI가 기후 변화와 핵전쟁에 맞먹게 인류를 절멸시킬 위험이 있을 만큼 강력해지고 있다고 경고했다.

많은 사람이 이런 주장들이 신빙성이 있다고 받아들였다. 새로운 AI 프로그램들이 마음을 뒤흔들 만큼 인상적인 묘기를 부렸기 때문이다. AI 프로그램들은 아무것도 없는 상태에서 간단한 프롬프트(입력값)만으로도 완전한 이미지나 영상을 생성했다. 또 인간 사용자와 문자로 색다르면서도 물 흐르듯 자연스럽게 대화를 나눴다. 그 자체만 보면 세상을 바꿀 만한 결과는 아니었다. 너무 자연스러워 오싹한 느낌이 드는 한 영상에서는 〈해리 포터〉의 등장인물들이 아방가르드한 발렌시아가를 입고 있었다. 한 챗봇은 《뉴욕타임스》 기자와 나눈 대화에서 기자를 향한 사랑과 프로그래머에게서 벗어나고 싶은 바람을 드러냈다.

일부 전문가는 이런 결과가 지능이기기보다 매우 정교한 자동 완성을 뜻한다고 강조했다. 대형 언어 모델large language model, LLM이라는 프로그램은 엄청나게 많은 단어나 영상의 데이터 집합을 처리해 프롬프트가 의도한 출력을 예측한다. 그렇게 나온 답이 사람의 것처럼 느껴지는 까닭은 기계가 생각하는 법을 배웠기 때문이 아니라 복사, 붙여넣기를 할 줄 알아서다. 심리학자들은 구름에서 사람 얼굴을 보거나 검게 탄 토스트에서 성모 마리아를 보게 하는 인지 편향 때문에, 인간이 컴퓨터가 처리한 이런 속임수를 AI의 실제 인공 의식으로 오해하기 쉽다고 경고했다.

문득 2000년대 기계학습 시스템과 2010년대 딥러닝 알고리즘의 부상이 떠올랐다. 두 기술 모두 '진짜' 인공지능의 시작을 알리는 신호라고 인식되었다. 둘 다 일부 제한된 중요 영역에서 믿기 어려운 진전을 보였다. 프랑스 출신 AI 엔지니어 기욤 샤슬로가 유튜브에 합류하기 전 연구한 딥러닝 시스템의 경우, 체커보다 훨씬 더 크고 개방적인 중국 보드게임 바둑에서 인간 선수를 물리치는 능력을 개발하는 것이 목표였다. 바둑의 복잡도는 거의 무한하다. 체스 게임 한판에서 나올 수 있는 모든 수의 조합보다 10^{400}, 10을 400번 곱한 만큼이나 높다. 따라서 사람들은 컴퓨터를 이용해 아무리 많은 수를 계산해도 바둑에서 이기기는 어렵다고, 이렇게 복잡한 문제를 해결할 수 있는 것은 인간의 반짝이는 창의력뿐이라고들 생각했다. 그런데 2015년, 딥러닝 프로그램 딥마인드가 처음으로 바둑에서 승리를 거뒀다. 딥마인드는 몇 달 만에 더 정교해지더니, 갈수록 더 어렵게 변형된 대국에서 마치 장벽을 무너뜨리듯 잇달아 승리했다. 이제 딥마인드는 바둑에서 천하무적이 되었다. 이것은 진정한 인공지능이 출현했다는 선언이었다. 인류는 처음으로 인류에 맞먹는 대상을 창조했을뿐더러, 이제 당연히 인류를 지배할 위치에 오르려 하는 전지전능한 기계에 가려 빛을 잃었다. 적어도 실리콘밸리는 그렇게 봤다. 실리콘밸리 엔지니어들은 자기네가 우리를 진화의 다음 단계로 안내할 것이라는 1990년대의 신념을 고스란히 믿었다.

하지만 곧 드러났듯이, 딥러닝은 인공지능의 출현을 뜻하지 않았다. 딥러닝의 효용은 한때 끔찍하리만치 복잡했던 비슷한 수학 난제로도 확장했지만, 거기까지만이었다. 결국 딥러닝이 가장 크게 영향을 미친 것은 구글 번역기, 스포티파이의 자동 재생, 소셜미디어의 알고리즘이다. 온갖 강력한 영향을 미쳤고 더러 큰 변화를 이끌기도 했지만, 기대에는 크게 미치지 못했다.

이런 결과는 딥러닝 기술뿐 아니라, 그런 프로그램을 생산하고 감독한 경제 체제에 대해서도 많은 내용을 알려줬을 것이다. 바둑을 정복한 딥마인드는 구글에 인수되었다. 변형된 여러 딥러닝 프로그램과 이를 개발한 엔지니어들도 IT업계의 자원을 장악한 여러 실리콘밸리 대기업에 합류했다. 우리가 인류의 새로운 진보를 꿈꾸면서도 영화 〈터미네이터〉의 스카이넷처럼 인류를 장악할지 모를 인공지능 컴퓨터는 두려워하는 사이, 딥러닝의 능력은 무료 웹에서 광고를 더 많이 팔도록 사용자 참여를 극대화하는 데 이용되었다(이보다 적합한 데가 있을까?). 차세대 대형 언어 모델도 똑같은 일을 하리라고 기대할 만한 이유는 차고 넘친다.

대형 언어 모델의 작동 방식은 모두 같다. 딥러닝이 주축이든 최신 AI가 주축이든, 중소기업이 주도하든 대기업이 주도하든, 미국 기업이 주도하든 중국 기업이 주도하든, 실리콘밸리가 불황기든 성장기든, 정치가 IT에 반발하든 포용하든 마찬가지다. 대형 언어 모델은 인간의 주목도를 무자비하게 극대화한다. 이때 대형 언어 모델을 지배하는 것이 있다면 그것은 주로 탐욕과 오만에서 비롯한 편협한 IT 선언서 이데올로기다. 우리 인간의 가장 나쁜 편향과 충동이 여러 번 기준선을 넘어 직동했다. 오랫동안 문명으로 봉인해 억누르려 한 맨 밑바닥의 본능이 갑자기 세상을 뒤바꿀 만큼 커지고 뒤틀렸다. 수십억 명이 부족주의, 공격성, 불신 쪽으로 몇 단계 기울었다. 그 영향을 공공 생활과 개인 생활의 모든 측면에서 볼 수 있다. 그 결과, 몇몇 기업과 그런 기업들 꼭대기에 앉아 자축하는 IT 엘리트들이 우리의 피해를 대가로 자기네 배를 불렸다.

이 책에 조금이라도 가치가 있다면 편집자 벤 조지에게 크게 빚진 것이다. 조지의 열정, 배려, 기운을 북돋는 투혼은 무릎에 갓난아이를 앉히고 열여섯 시간 동안 마라톤 편집을 이어갈 때조차 한 번도 식지 않았다. 브루스 니컬스, 캐서린 마이어스, 그리고 리틀 브라운 출판사에서 일하는 모든 이가 보여준 열정과 신념에도 고마움을 전한다.

ICM 파트너의 제니퍼 조엘이 없었다면 책이 세상에 나오지 못했을 것이다. 조엘은 꿋꿋하고 지혜롭게 기회와 난관을 헤치며 작업을 이끌어줬다.

이 책은 《뉴욕타임스》의 많은 동료에게도 빚졌다. 인터내셔널판의 부편집장 마이클 슬랙먼이 이 프로젝트의 아이디어를 처음 제안했을 뿐 아니라 책의 섹션이 되거나 영감을 준 보도를 살펴보고 힘을 실어줬다. 그런 보도를 편집한 에릭 내고니, 줄리애나 바바사, 더그 쇼츠먼은 이름을 실어야 할 만큼 기사에 피땀을 쏟았다. 2016년에 나와 함께 인터프리터 칼럼을 시작한 어맨다 타웁은 스리랑카, 독일, 브라질을 취재한 기사를 함께 작성했다. 나는 운 좋게도 미얀마에서 와이 모에 나잉, 독일에서 카트린 벤홀트와 셰인 토머스 맥밀란, 스리랑카에서 다리샤 바스티안스, 그리고 브라질에서 마리아나 시몽이스와 케이트 스타이커-긴즈버그와 함께 기사를 작성하거나 보도하고, 영상 다큐 시리즈 〈더 위클리〉의 프로듀서 알리스 쇼랜드, 신젤리 애그뉴와 함께 일하는 행운을 누렸다. 푸이-윙 탐, 케빈 루스, 폴 모주르를 포함한 이들이 소셜미디어 취재에 지원과 연대의 손길을 내밀었다. 그런 보도를 지원하고 이 책을 쓸 지면을 허락해준 《뉴욕타임스》 경영진에도 고마움을 전한다.

학자, 연구자를 포함해 내단히 많은 사람이 이 프로젝트를 돕고자 자기 에너지, 아이디어, 때로는 참신한 연구를 기꺼이 내줬다. 의사, 엔지니어, 인권 운동가, 이 문제로 일선에서 싸우는 여러 사람은 물론이고, 우리가 에둘러 '정보원'이라 부르는 사람들, 즉 생존자, 내부자, 목격자들도 마찬가지였다. 이들은 너무 많아 여기에서 일일이 이름을 언급하지 못하지만, 본문 곳곳에서 언급되었다. 여러모로 이 책은 그들의 책이다.

특히 나를 믿어주고 지금의 내가 있게 해준 어머니, 아버지, 조애나에게 고마움을 전한다. 내 몸과 영혼을 계속 북돋아주고 모든 것이 가치 있다고 느끼게 해준 조던도 고마운 사람이다.

진솔한 서평을 올려주세요!

이 책 또는 이미 읽은 제이펍의 책이 있다면, 장단점을 잘 보여주는 솔직한 서평을 올려주세요. 매월 최대 5건의 우수 서평을 선별하여 원하는 제이펍 도서를 1권씩 드립니다!

- **서평 이벤트 참여 방법**
  ❶ 제이펍 책을 읽고 자신의 블로그나 SNS, 각 인터넷 서점 리뷰란에 서평을 올린다.
  ❷ 서평이 작성된 URL과 함께 review@jpub.kr로 메일을 보내 응모한다.
- **서평 당선자 발표**
  매월 첫째 주 제이펍 홈페이지(www.jpub.kr)에 공지하고, 해당 당선자에게는 메일로 개별 연락을 드립니다.

독자 여러분의 응원과 채찍질을 받아 더 나은 책을 만들 수 있도록 도와주시기 바랍니다.

미주

들어가며 - 소셜미디어의 영향

1 "Facebook Just Opened an Epic $300 Million Gehry-Designed Campus with a Redwood Forest and Rooftop Garden," Andrew Evers, CNBC, September 4, 2018.

2 "Tina Vaz on Facebook's Artist in Residence Program," Whitewall.art, January 15, 2020.

3 Interview with Monika Bickert, Facebook's head of global policy management, in October 2018.

4 Interview with Nathaniel Gleicher, Facebook's head of security policy, in October 2018.

5 Interview with Sara Su, then director for product management on Facebook's news feed integrity team, in October 2018.

6 From "Facebook Executives Shut Down Efforts to Make the Site Less Divisive," Jeff Horwitz and Deepa Seetharaman, *Wall Street Journal*, May 2020.

7 "Facebook's Civil Rights Audit — Final Report," Laura W. Murphy and the law firm Relman Colfax, About.fb.com, July 8, 2020.

1장 : 개미지옥에 빠지다

1 "How Facebook and YouTube Help Spread Anti- Vaxxer Propaganda," Julia Carrie Wong, *The Guardian*, February 1, 2019.

2 *The Code: Silicon Valley and the Remaking of America*, Margaret O'Mara, 2019, establishes, in great detail, how the Valley's founding traits and personalities produced the modern social networks and made them as they are.

3 From *The Man Behind the Microchip: Robert Noyce and the Invention of Silicon Valley*, Leslie Berlin, 2005, one of many biographies of Shockley contemporaries, detailing his abuses. For greater detail, particularly on his turn toward eugenics and racism, see *Broken Genius: The Rise and Fall of William Shockley, Creator of the Electronic Age*, Joel N. Shurkin, 2006.

4 O'Mara, 2019: 7– 9.

5 Interview with Leslie Berlin, a Stanford University historian, in May 2020.

6 Userbase source for Facebook: "Inside Mark Zuckerberg's Controversial Decision to Turn Down Yahoo's $1 Billion Early Offer to Buy Facebook," Mike Hoefflinger, *Business Insider*, April 16, 2017. For Friendster: "The Friendster Autopsy: How a Social Network Dies," Robert McMillan, *Wired*, February 27, 2013, and "Friendster Patents Social Networking," Pete Cashmore, *Mashable*, July 7, 2006. For Orkut: "Google's Orkut Captivates Brazilians," by Seth Kugel, *New York Times*, April 9, 2006. For Myspace: "The Decline of Myspace: Future of Social Media," Karl Kangur,

DreamGrow, August 13, 2012.

7   *Facebook: The Inside Story*, Steven Levy, 2020, relays detailed, firsthand accounts from Zuckerberg and other high- ranking employees of the decision to turn down the Yahoo offer, as well as the subsequent news feed episode.

8   This phenomenon, known to social scientists as common knowledge, is perhaps best captured in "How Does Media Influence Social Norms? Experimental Evidence on the Role of Common Knowledge," Eric Arias, *Political Science Research and Methods*, July 2019. See also *Rational Ritual: Culture, Coordination, and Common Knowledge*, Michael Suk- Young Chwe, 2013 reissue, or the work of Princeton University's Betsy Levy Paluck, explored later in this book.

9   "Calm down. Breathe. We hear you," Mark Zuckerberg on nowdefunct Facebook Notes, September 2006.

10 "Microsoft Buys Stake in Facebook," Brad Stone, *New York Times*, October 25, 2007.

11 All statistics in this paragraph from *Social Media Fact Sheet*, Pew Research Center, April 7, 2021.

12 Facebook usage statistics are from "10 Facts About Americans and Facebook," John Gramlich, Pew Research Center, June 1, 2021. In-person socializing statistics are from the Bureau of Labor Statistics and "Facebook Has 50 Minutes of Your Time Each Day. It Wants More," James B. Stewart, *New York Times*, May 5, 2016.

13 Parker's comments are from a business conference hosted by the news site Axios in November 2017, where he was interviewed by reporter Mike Allen.

14 "The Formula for Phone Addiction Might Double as a Cure," Simone Stolzoff, *Wired*, February 1, 2018.

15 The textbook overview of dopamine and its uses and abuses, including by Pavlov, is the academic article "A Selective Role for Dopamine in Stimulus–Reward Learning," Shelly B. Flagel et al., *Nature*, 2011.

16 For an approachable overview of Skinner's findings, as well as elaboration on dual amplifiers of variable and intermittent rewards (social media provides both), try "Schedules of Reinforcement," Annabelle G.Y. Lim, *Simply Psychology*, July 2, 2020. Greater detail, along with citations to supporting neurological research, can be found in chapter 2 of *Behave: The Biology of Humans at Our Best and Worst*, Robert M. Sapolsky, 2017.

17 "The Top 10 Valuable Facebook Statistics," Zephoria Research, 2021.

18 "47 Facebook Stats That Matter to Marketers in 2021," Christina Newberry, *Hootsuite*, January 11, 2021.

19 "The Welfare Effects of Social Media," Hunt Allcott, Luca Braghieri, Sarah Eichmeyer, and Matthew Gentzkow, *American Economic Review*, March 2020.

20 "What's the History of the 'Awesome Button' (That Eventually Became the Like Button) on Facebook?," Andrew Bosworth, *Quora*, October 16, 2014.

21 "Sociometer Theory," by Mark R. Leary, is chapter 33 in *Handbook of Theories of Social Psychology*, vol. 2, 2011.

22 A fuller discussion of this number, its origins, and implications takes place later in this book. Its progenitor, Robin Dunbar, provides a useful overview in "Dunbar's Number: Why My Theory That Humans Can Only Maintain 150 Friendships Has Withstood 30 Years of Scrutiny," *The Conversation*, May 12, 2021.

23 *Survival of the Friendliest*, Brian Hare and Vanessa Woods, 2021.

24 Further discussion of these emotions' uniquely human origins and function in *Humankind: A Hopeful History*, Rutger Bregman, 2019.

25 "The Binge Breaker," Bianca Bosker, *The Atlantic*, November 2016.

26 "Jack Dorsey on Twitter's Mistakes," *The Daily , a New York Times* podcast, August 7, 2020.

27 Unless noted otherwise, all references to the neurological effects of social media use in this section draw from the research of Dar Meshi, a Michigan State University neuroscientist. See, in particular, "The Emerging Neuroscience of Social Media," Meshi et al., in *Trends in Cognitive Sciences*, December 2015.

28 "Facebook Usage on Smartphones and Gray Matter Volume of the Nucleus Accumbens," Christian Montag et al., *Behavioural Brain Research*, June 2017.

29 "The Inventor of the 'Like' Button Wants You to Stop Worrying About Likes," Julian Morgans, *Vice News*, July 5, 2017.

30 " 'Our Minds Can Be Hijacked': The Tech Insiders Who Fear a Smartphone Dystopia," Paul Lewis, *The Guardian*, October 6, 2017.

31 "Individuals and Groups in Social Psychology," Henri Tajfel, *British Journal of Social & Clinical Psychology* 18, no. 2, 1979.

32 For an effective overview, see "The Social Identity Theory of Intergroup Behavior," Henri Tajfel and John C. Turner, *Psychology of Intergroup Relations*, 1986.

33 "Social Psychology of Intergroup Relations," Henri Tajfel, *Annual Review of Psychology* 33, 1982.

34 "Social Categorization and Discriminatory Behavior: Extinguishing the Minimal Intergroup Discrimination Effect," Anne Locksley, Vilma Ortiz, and Christine Hepburn, *Journal of Personality and Social Psychology* 39, no. 5, 1980.

35 An overview of many such studies can be found in "Ingroup Favoritism and Prejudice," in *Principles of Social Psychology, First International Edition*, Charles Stangor, Hammond Tarry, and Rajiv Jhangiani, 2014.

36 Heston has recounted this in several interviews, with the first appearing in "The Arts," Jeff Rovin, *Omni Magazine*, November 1980: 140. His co-star, Natalie Trundy, independently described the incident at least once: "The Day of the Apes," Tom Weaver, *Starlog magazine*, September 2001: 20.

37 Tafjel, "Social Psychology of Intergroup Relations."

38 This effect has been repeatedly demonstrated, perhaps best in "A New Stress- Based Model of Political Extremism," Daphna Canetti- Nisim, Eran Halperin, Keren Sharvit, and Stevan E. Hobfoll, *Journal of Conflict Resolution* 53, no. 2, June 2009.

39 *Why We're Polarized, Ezra Klein*, 2020: 143.

40 "Google Chief Says Internet Freedom Key for Myanmar," Agence France- Presse video, March 22, 2013.

41 reported in "Fears over Facebook Regulation Proposal," Tim McLaughlin, *Myanmar Times*, July 15– 21, 2013.

42 *Sticks and Stones: Hate Speech Narratives and Facilitators in Myanmar*, by the nonprofit research group C4ADS, February 2016.

43 *Internet Health Report: 2019*, published by the Mozilla Foundation, provides survey data showing that majorities of users in several zero- rated countries "have no idea there is an internet beyond

Facebook."

44   See the C4ADS *Sticks and Stones* report for deep and often disturbing detail on Facebook hate speech in Myanmar at this time.

45   45 "How Facebook's Rise Fueled Chaos and Confusion in Myanmar," Timothy McLaughlin, *Wired*, July 2018, captures this episode in detail. See also "Why Facebook Is Losing the War on Hate Speech in Myanmar," Steve Stecklow, Reuters, August 15, 2018.

2장 : 모든 것이 게이머게이트로 통한다

1   *Crash Override: How Gamergate (Nearly) Destroyed My Life, and How We Can Win the Fight Against Online Hate*, Zoë Quinn, 2017: 2.

2   Logs of these discussions are accessible at "GamerGate — #GameOverGate IRC Logs Explanation," Knowyourmeme.com, undated. See also "Zoe Quinn's Screenshots of 4chan's Dirty Tricks Were Just the Appetizer. Here's the First Course of the Dinner, Directly from the IRC log," David Futrelle, Wehuntedthemammoth.com, September 8, 2014.

3   Quinn: 4.

4   "Game of Fear," Zachary Jason, *Boston Magazine*, April 28, 2015.

5   "Zoë and the Trolls," Noreen Malone, *New York Magazine*, July 2017.

6   "That Time the Internet Sent a SWAT Team to My Mom's House," Caroline Sinders, Narratively.com, July 17, 2015.

7   "His 'Swatting' Call Led to the Death of a Man. Now He is Going to Prison for 20 Years," Steve Almasy and Melissa Alonso, CNN, March 30, 2019.

8   8 "FBI Arrests Man Suspected of Orchestrating Dozens of 'Swatting' Calls," Timothy B. Lee, Arstechnica.com, January 14, 2020.

9   "Intel Pulls Ads from Gamasutra, and Then Apologizes for It," Dean Takahashi, Venturebeat.com, October 3, 2014.

10   "I'm Brianna Wu, and I'm Risking My Life Standing Up to Gamergate," Brianna Wu, *Daily Dot*, February 12, 2015.

11   O'Mara: 90– 92.

12   194.

13   136– 39.

14   *From Counterculture to Cyberculture: Stewart Brand, the Whole Earth Network, and the Rise of Digital Utopianism*, Fred Turner, 2010: 71– 72.

15   Cliff Figallo, one of the platform's architects, has said, for example, "Principles of tolerance and inclusion, fair resource allocation, distributed responsibility, management by example and influence, a flat organizational hierarchy, cooperative policy formulation, and acceptance of a libertarian-bordering-on-anarchic ethos were all carryovers from our communal living experience." Source: Turner: 148.

16   Ibid.

17   17 "A Cloudy Crystal Ball / Apocalypse Now," presentation by David Clark, July 1992, to the 24th annual Internet Engineering Task Force conference.

18   18 "A Declaration of the Independence of Cyberspace," John Perry Barlow, February 8, 1996.

Initially circulated to dozens of websites simultaneously, now available at Eff.org/cyberspace-independence.

19 'We Are the Free Speech Wing of the Free Speech Party,' " Josh Halliday, *The Guardian*, March 22, 2012.

20 *The Inside Story*: 458.

21 This is according to Dave Morin, a former senior engineer at Facebook, as paraphrased in Levy: 149.

22 "The Facebook Dilemma," *PBS Frontline*, October 29, 2018.

23 "Zuckerberg's Letter to Investors," Reuters, February 1, 2012.

24 Levy, 7.

25 *Hackers and Painters*, Paul Graham, 2004: 9.

26 "What We Look for in Founders," Paul Graham, Paulgraham.com, October 2010.

27 "What I Did This Summer," Paul Graham, Paulgraham.com, October 2005.

28 *Zero to One: Notes on Startups, or How to Build the Future*, Peter Thiel and Blake Masters, 2014: 40.

29 Ibid: 122.

30 Screenshots documenting the incident can be found at "Kenny Glenn Case / Dusty the Cat," nowyourmeme.com, September 10, 2011.

31 "Media Manipulation and Disinformation Online," Alice Marwick and Rebecca Lewis, *Data & Society*, May 2017.

32 "The Trolls Among Us," Mattathias Schwartz, *New York Times Magazine*, August 3, 2008.

33 *The Biology of Humans at Our Best and Worst*, Robert M.Sapolsky, 2017: 163– 164.

34 *Teens, Social Media, and Privacy*, Mary Madden et al., Pew Research Center, May 21, 2013.

35 "From LOL to LULZ, the Evolution of the Internet Troll over 24 Years," Kristen V. Brown, Splinternews.com, March 18, 2016.

36 "How the Internet Beat Up an 11-Year- Old Girl," Adrian Chen, *Gawker*, July 16, 2010.

37 "Myspace- Famous Musician Dahvie Vanity Was Accused of Child Sex Abuse for Years. Now the FBI is Involved," Kat Tenbarge, Insider.com, July 2, 2020.

38 Ibid.

39 *You Are Here: A Field Guide for Navigating Polarized Speech, Conspiracy Theories, and Our Polluted Media Landscape*, Whitney Phillips and Ryan M. Milner, 2021: 58.

40 Ibid.

41 Schwartz.

42 Phillips and Milner: 78.

43 "The End of Kindness: Weev and the Cult of the Angry Young Man," Greg Sandoval, *The Verge*, September 12, 2013.

44 "We're Awarding Goatse Security a Crunchie Award for Public Service," Michael Arrington, *TechCrunch*, June 14, 2010.

45 "Lulz and Leg Irons: In the Courtroom with Weev," Molly Crabapple, *Vice News*, March 19, 2013.

46 "The Kleiner Perkins sFund: A $250 Million Bet That Social Is Just Getting Started," Michael Arrington, *TechCrunch*, October 21, 2010.

47 "CEO 2.0," address by Bing Gordon to Endeavor Entrepreneur Summit in San Francisco, California, June 28, 2011.

48 A comprehensive account of this history can be found in "No Girls Allowed," Tracey Lien, Polygon.com, December 2, 2013.

49 "How the Alt- Right's Sexism Lures Men into White Supremacy," Aja Romano, *Vox*, April 26, 2018.

50 *Facebook: The Inside Story*, Steven Levy, 2020: 213.

51 "Coevolution of Neocortical Size, Group Size, and Language in Humans," Robin Dunbar, *Behavioral and Brain Sciences* 16, 1993.

52 This was reported by Facebook's nowdefunct statistics page as of 2010. See, for example, "10 Fascinating Facebook Facts," *Mashable*, July 22, 2010.

53 "Friends, Friendsters, and Top 8: Writing Community into Being on Social Network Sites," Danah Boyd, *First Monday* 11, no. 12, December 2006.

54 "Like, How Many Friends Does Facebook Need?" Edo Elan, *The Product Guy*, May 10, 2010.

55 Zuckerberg had said, "There's this famous Dunbar's number — humans have the capacity to maintain empathetic relationships with about 150 people. I think Facebook extends that." From Levy, *Facebook: The Inside Story*: 226.

56 Sapolsky: 428- 436.

3장 : 두 세계를 연결하는 문

1   "New Survey Reflects Lack of Women and Minorities in Senior Investment Roles at Venture Capital Firms," National Venture Capital Association press release, December 14, 2016.

2   "Funding for Female Founders Stalled at 2.2% of VC Dollars in 2018," Emma Hinchliffe, *Fortune*, January 28, 2019.

3   "Reddit CEO Addresses Violentacrez Controversy," Sean Hollister, *The Verge*, October 18, 2012.

4   Sections of the post, which Reddit has since removed, can be found at: "Reddit's Confusing Response to the Distribution of Nudes," Alex Goldman, NPR, September 8, 2014.

5   "From 1 to 9,000 Communities, Now Taking Steps to Grow Reddit to 90,000 Communities (and Beyond!)," Ellen Pao et al., Reddit, February 24, 2015.

6   "How Reddit Became a Worse Black Hole of Violent Racism than Stormfront," Keegan Hankes, *Gawker*, March 10, 2015.

7   "Reddit's Racists 'Celebrate' Charleston Terror — and Worry About the Blowback," Jacob Siegel, *The Daily Beast*, July 12, 2017.

8   "Weev and the Rise of the Nazi Troll Army," Andrew Anglin, *Daily Stormer*, October 4, 2014.

9   This is according to Brad Griffin, a far- right activist. "Dylann Roof, 4chan, and the New Online Racism," Jacob Siegel, *Daily Beast*, April 14, 2017.

10 *A Comparative Study of White Nationalist and ISIS Online Social Media Networks*, J. M. Berger, George Washington University Program on Extremism, September 2016.

11 "The Trolls Are Winning the Battle for the Internet," Ellen Pao, *Washington Post*, July 16, 2015.

12 "How Stephen Bannon Made Milo Dangerous," Keegan Hankes, Southern Poverty Law Center, February 23, 2017.

13 Ibid.

14 *Devil's Bargain: Steve Bannon, Donald Trump, and the Nationalist Uprising*, Joshua Green, 2017: 147.

15 "Here's How Breitbart and Milo Smuggled White Nationalism into the Mainstream," Joseph Bernstein, *BuzzFeed News*, October 5, 2017.

16 "An Establishment Conservative's Guide to the Alt- Right," Allum Bokhari and Milo Yiannopoulos, *Breitbart*, March 29, 2016.

17 "Behind the Racist Hashtag That Is Blowing Up Twitter," Joseph Bernstein, *BuzzFeed News*, July 27, 2015.

18 "Meme Magic: Donald Trump Is the Internet's Revenge on Lazy Elites," Milo Yiannopoulos, *Breitbart*, May 4, 2016.

19 "This Is *The Daily Stormer's* Playbook," Ashley Feinberg, *HuffPost*, December 13, 2017.

20 Bokhari and Yiannopoulos.

21 *Partisanship, Propaganda, and Disinformation: Online Media and the 2016 U.S. Presidential Election*, Robert M. Faris et al., Berkman Klein Center for Internet & Society research paper, 2017.

22 "Key Findings About the Online News Landscape in America," A. W. Geiger, Pew Research Center, September 11, 2019.

23 "Mark Zuckerberg Is Struggling to Explain Why Breitbart Belongs on Facebook News," Adi Robertson, *The Verge*, October 25, 2019.

24 All findings in this paragraph and the next are from Faris et al.

4장 : 사촌의 횡포

1 "Full transcript: Walter Palmer Speaks About Cecil the Lion Controversy," Paul Walsh, *Minneapolis Star Tribune*, September 7, 2015.

2 Ibid.

3 "Zimbabwe's 'Iconic' Lion Cecil Killed by Hunter," BBC News, July 27, 2015.

4 "Odeo Releases Twttr," Michael Arrington, *TechCrunch*, July 15, 2006.

5 "twttr sketch," Jack Dorsey, Flickr, March 24, 2006.

6 In a representative reaction, Mark Pfeifle, a deputy national security adviser in the George W. Bush White House, urged a Nobel Peace Prize for Twitter, without which, he wrote, "the people of Iran would not have felt empowered and confident to stand up for freedom and democracy." "A Nobel Peace Prize for Twitter?" Mark Pfeifle, *Christian Science Monitor*, July 6, 2009.

7 "Outrage and Backlash: #CecilTheLion Racks Up 670K Tweets in 24 Hours," Jordan Valinsky, Digiday.com, July 29, 2015.

8 "The Entire World Is Enraged with Walter Palmer, the American Dentist Who Killed Cecil the Lion," Hanna Kozlowska, QZ.com, July 28, 2015.

9 "Stars Blast Minnesota Dentist over Killing of Cecil the Lion," Justin Ray, NBC News, July 31, 2015.

10 "Killer of Cecil the Lion Finds Out That He Is a Target Now, of Internet Vigilantism," Christina Capecchi and Katie Rogers, *New York Times*, July 29, 2015.

11 Comment on "Meanwhile, Outside Walter Palmer's Dentistry Office" by user CinnamonDolceLatte, Reddit, July 29, 2015.

12 "Where Clicks Reign, Audience Is King," Ravi Somaiya, *New York Times*, August 16, 2015.

13 "The Clickbait Candidate," James Williams, *Quillette*, October 3, 2016.

14 Ibid.

15 "The New Synthesis in Moral Psychology," Jonathan Haidt, *Science*, May 18, 2007.

16 "How Infants and Toddlers React to Antisocial Others," Kiley Hamlin et al., *Proceedings of the National Academy of Sciences*, December 13, 2011. See also *Just Babies: The Origins of Good and Evil* (2013), by Paul Bloom, a co-author on the Hamlin studies.

17 Haidt, 2007.

18 "The Emotional Dog and Its Rational Tail: A Social Intuitionist Approach to Moral Judgment," Jonathan Haidt, *Psychological Review*, October 2001.

19 "A Dongle Joke That Spiraled Way Out of Control," Kim Mai- Cutler, *TechCrunch*, March 21, 2013.

20 "Re-Shaming the Debate: Social Norms, Shame, and Regulation in an Internet Age," Kate Klonick, *Maryland Law Review* 76, no. 4, 2016.

21 : Ibid.

22 "How One Stupid Tweet Blew Up Justine Sacco's Life," Jon Ronson, *New York Times Magazine* , February 12, 2015.

23 "The Nazi Salute Picture That Divided an American Town," Chris McGreal, *The Guardian*, January 10, 2019.

24 "Twitter Hates Me. The *Des Moines Register* Fired Me. Here's What Really Happened," Aaron Calvin, *Columbia Journalism Review*, November 4, 2019.

25 "The CEO of Holy Land Hummus I Know Doesn't Match the Social Media Monster," Rob Eshman, *The Forward*, June 8, 2020.

26 "Bogus Social Media Outrage Is Making Authors Change Lines in Their Books Now," Laura Miller, *Slate*, June 8, 2021.

27 "Inside a Battle Over Race, Class, and Power at Smith College," Michael Powell, *New York Times*, February 24, 2021.

28 "Anger Is More Influential than Joy: Sentiment Correlation in Weibo," Rui Fan et al., *PLOS One* 9, no. 10, October 2014.

29 "Experimental Evidence of Massive- Scale Emotional Contagion Through Social Networks," Adam D.I. Kramer et al., *Proceedings of the National Academy of Sciences* 111, no. 24, June 2014. "Hostile Emotions in News Comments: A CrossNational Analysis of Facebook Discussions," Edda Humprecht et al., *Social Media + Society* 6, no. 1, March 2020. "Behavioral Effects of Framing on Social Media Users: How Conflict, Economic, Human Interest, and Morality Frames Drive News Sharing," Sebastián Valenzuela et al., *Journal of Communication* 67, no. 5, October 2017. "Emotion Shapes the Diffusion of Moralized Content in Social Networks," William J. Brady et al., *Proceedings of the National Academy of Sciences* 114, no. 28, July 2017. "Critical Posts Get More Likes, Comments, and Shares than Other Posts," Pew Research Center, February 21, 2017.

30 For an overview of the experiment and its findings: "How to Tame a Fox and Build a Dog,"

Lee Alan Dugatkin and Lyudmila Trut, *American Scientist*, July– August 2017. "The Silver Fox Domestication Experiment," Lee Alan Dugatkin, *Evolution: Education and Outreach* 11, 2018.

31   "Early Canid Domestication: The Farm- Fox Experiment," Lyudmila Trut, *American Scientist* 87, no. 2, March– April 1999.

32   The extrapolation of Trut's research into this and the immediately subsequent lessons for human anthropology and behavior are the basis of Richard Wrangham's *The Goodness Paradox: The Strange Relationship Between Virtue and Violence in Human Evolution*, 2019. Though these connections and conclusions are far from Wrangham's alone, he is most associated with the overarching theory.

33   Wrangham: 274.

34   *Conditions of Liberty: Civil Society and Its Rivals*, Ernest Gellner, 1994.

35   Wrangham: 275.

36   "Evolution of Coalitionary Killing," Richard Wrangham, *Yearbook of Physical Anthropology* 42, no. 1, 1999. Also see Wrangham, *Goodness Paradox*: 244.

37   "Perceptual Dehumanization of Faces Is Activated by Norm Violations and Facilitates Norm Enforcement," Katrina M. Fincher and Philip E. Tetlock, *Journal of Experimental Psychology* 145, no. 2, 2016.

38   "Moral Grandstanding: There's a Lot of It About, All of It Bad," Justin Tosi and Brandon Warmke, *Aeon*, May 10, 2017.

39   Ibid.

40   "Moral Grandstanding in Public Discourse: StatusSeeking Motives as a Potential Explanatory Mechanism in Predicting Conflict," Joshua B. Grubbs et al., *PLOS One* 14, no. 10, 2019.

41   "Reputation Fuels Moralistic Punishment That People Judge To Be Questionably Merited," Jillian J. Jordan and Nour S. Kteily, working paper, 2020. See also "Signaling When No One Is Watching: A Reputation Heuristics Account of Outrage and Punishment in One- Shot Anonymous Interactions," Jillian J. Jordan and D. G. Rand, *Journal of Personality and Social Psychology* 118, no. 1, 2020.

42   For a comprehensive account of the incident, see "How Two Lives Collided in Central Park, Rattling the Nation," Sarah Maslin Nir, *New York Times*, June 14, 2020.

43   "The Bird Watcher, That Incident and His Feelings on the Woman's Fate," Sarah Maslin Nir, *New York Times*, May 27, 2020.

44   Of the many reflections on the shift in social mores animated by social media, one that perhaps best captures the ambivalence of that moment: "Karens All the Way Down," Kat Rosenfield, *Arc Digital*, May 26, 2020.

45   Political Rumoring on Twitter During the 2012 US Presidential Election: Rumor Diffusion and Correction," Jieun Shin et al., *New Media & Society* 19, no. 8, 2017.

5장 : 기계를 깨우다

1   *Measure What Matters: How Google, Bono, and the Gates Foundation Rock the World with OKRS*, John Doerr, 2017: 161.

2   Ibid: 162

3   Ibid.

4   "Spam Wars," Evan I. Schwartz, *MIT Technology Review*, July 1, 2003.

5   the company credits its algorithm: "The Netflix Recommender System: Algorithms, Business Value, and Innovation," Carlos A. Gomez- Uribe and Neil Hunt, *ACM Transactions on Management Information Systems* 6, no. 4, January 2016.

6   "The Amazing Ways Spotify Uses Big Data, AI and Machine Learning to Drive Business Success," Benard Marr, *Forbes*, October 30, 2017.

7   : This figure has been independently corroborated by, e.g., "The Demographics of YouTube, in 5 Charts," Eric Blattberg, Digiday.com, April 24, 2015.

8   aThe executive was Shishir Mehrota. All quotes and paraphrases in this and the next paragraph are from Doerr: 163.

9   "Beware Online 'Filter Bubbles,' " Eli Pariser, speech at TED2011, Long Beach, California, May 2, 2011.

10   "The Search Engine Manipulation Effect (SEME) and Its Possible Impact on the Outcomes of Elections," Robert Epstein and Ronald E. Robertson, *Proceedings of the National Academy of Sciences* 112, no. 33, August 18, 2015.

11   "How Google Could Rig the 2016 Election," Robert Epstein, *Politico*, August 19, 2015.

12   Pariser.

13   "How Facebook Shapes Your Feed," Will Oremus, Chris Alcantara, Jeremy B. Merrill, and Artur Galocha, *Washington Post*, October 26, 2021.

14   "Teen Vine Stars Enrage Followers by Telling Girls How to Be More Attractive," Aja Romano, *Daily Dot*, December 29, 2013.

15   "Letter to Shareholders," Jeff Bezos, Security and Exchange Commission filings, 1997.

16   Doerr: 166– 167.

17   *Waking Up to the Facebook Catastrophe*, Roger McNamee, 2019: 41.

18   The original memo, a fascinating snapshot of the industry's shift to an attention economy, can be found in full at "Microsoft's CEO Sent a 3,187- Word Memo and We Read It So You Don't Have To," Polly Mosendz, *The Atlantic Wire*, July 10, 2014.

19   Doerr.

20   "Deep Neural Networks for YouTube Recommendations," Paul Covington, Jay Adams, and Emre Sargin, *Proceedings of the 10th ACM Conference on Recommender Systems*, September 2016.

21   "Reverse Engineering the YouTube Algorithm (Part 2)," Matt Gielen, Tubfilter.com, February 2017.

22   "YouTube Executives Ignored Warnings, Letting Toxic Videos Run Rampant," Mark Bergen, Bloomberg, April 2, 2019.

23   This is according to comments by Neel Mohan, YouTube's chief product officer, at the industry Consumer Electronics Show in January 2018. See, for example, "YouTube's AI Is the Puppet Master over Most of What You Watch," Joan E. Solsman, *CNet*, January 10, 2018.

24   "The Facebook Dilemma," *PBS Frontline*, October 29, 2018.

25   Ibid. Speaker is Sandy Parakilas, Facebook's former platform operations manager.

26   Ibid. Speaker is Antonio García Martínez, a former product manager.

27   "Exposure to Ideologically Diverse News and Opinion on Facebook," Eytan Bakshy, Solomon Messing, and Lada A. Adamic, *Science* 348, no. 6239, May 7, 2015.

28 Ibid.

29 Exchange is from the comments field in "For the Next Hour I'll Be Here Answering Your Questions on Facebook," Mark Zuckerberg, Facebook.com, June 30, 2015.

30 "Inside Facebook's AI Machine," Steven Levy, *Wired*, February 2017.

31 "News Feed: Getting Your Content to the Right People," Adam Mosseri, presentation to Facebook F8 conference in San Francisco, April 21, 2016.

32 Doerr: 161.

33 "I was an eng leader on Facebook's NewsFeed," Krishna Gade, Twitter, February 11, 2021. Twitter. com/krishnagade/status/1359908897998315521

34 "Can Mark Zuckerberg Fix Facebook Before It Breaks Democracy?" Evan Osnos, *The New Yorker*, September 17, 2018.

35 "TikTok and the Sorting Hat," Eugene Wei, Eugenewei.com, August 4, 2020.

36 Speaker is Jim McFadden. "How YouTube Drives People to the Internet's Darkest Corners," Jack Nicas, *Wall Street Journal*, February 7, 2018.

37 "On Believing What We Remember," Ian Begg, Victoria Armour, and Thérèse Kerr, *Canadian Journal of Behavioral Science* 17, 1985.

38 All findings from Chaslot's 2016 election research project were later published at "How YouTube's A.I. Boosts Alternative Facts," Guillaume Chaslot, Medium.com, March 31, 2017.

39 The Binge Breaker," Bianca Bosker, *The Atlantic*, November 2016.

40 Osnos.

41 " 'Our Minds Can Be Hijacked': The Tech Insiders Who Fear a Smartphone Dystopia," Paul Lewis, *The Guardian*, October 6, 2017.

42 *Stand Out of Our Light: Freedom and Resistance in the Attention Economy*, James Williams, 2017: 29.

43 "The Lunatics Are Running the Asylum," Renee DiResta, speech to GoogleIO conference, Mountain View, California, June 8, 2016.

44 Ibid.

45 "Twitter's Algorithm Does Not Seem to Silence Conservatives," *The Economist*, August 1, 2020.

46 "Jack Dorsey on Twitter's Mistakes," Lauren Jackson, *New York Times*, August 7, 2020.

47 "Microsoft's Chat Bot Was Fun for Awhile, Until It Turned into a Racist," Mathew Ingram, *Fortune*, March 24, 2016.

48 "How to Make a Bot That Isn't Racist," Sarah Jeong, *Motherboard*, March 25, 2016.

49 Doerr: 169.

50 Ibid.

51 Ibid.

6장 : 뒤틀린 거울

1   "The Psychology of Conspiracy Theories," Karen M. Douglas, Robbie M. Sutton, and Aleksandra Cichocka, *Current Directions in Psychological Science* 26, no. 6, December 2017.

2   A beat-by-beat chronology of Pizzagate's rise, including references to individual posts, can be found at "Anatomy of a Fake News Scandal," Amanda Robb, *Rolling Stone*, November 16, 2017; and "How the Bizarre Conspiracy Theory Behind 'Pizzagate' Was Spread," Craig Silverman, *BuzzFeed News*, December 5, 2016.

3   "Trump Remains Unpopular; Voters Prefer Obama on SCOTUS Pick," Tom Jenson, Public Policy Polling, December 9, 2016.

4   *The Economist*/YouGov Poll, December 20, 2016.

5   "YouTube Executives Ignored Warnings, Letting Toxic Videos Run Rampant," Mark Bergen, Bloomberg, April 2, 2019.

6   All quotes in this paragraph from *Facebook: The Inside Story*, Steven Levy, 2020: 360– 361.

7   "Facebook, in Cross Hairs After Election, Is Said to Question Its Influence," Mike Isaac, *New York Times*, November 12, 2016.

8   "Facebook Executives Shut Down Efforts to Make the Site Less Divisive," Jeff Horwitz and Deepa Seetharaman, *Wall Street Journal*, May 26, 2020.

9   "Zuckerberg Once Wanted to Sanction Trump. Then FaceBook Wrote Rules That Accommodated Him," Elizabeth Dwoskin, Craig Timberg, and Tony Romm, *Washington Post*, June 28, 2020.

10 "Zuckerberg: The Idea That Fake News on Facebook Influenced the Election Is 'Crazy,' " Casey Newton, *The Verge*, November 10, 2016.

11 "Facebook Experiment Boosts US Voter Turnout," Zoe Corbyn, *Nature*, 2012.

12 "I want to share some thoughts on Facebook and the election," Mark Zuckerberg, Facebook.com, November 12, 2016.

13 "Twitter Board Member: Twitter Helped Trump Win The Election," Charlie Warzel, *BuzzFeed News*, November 30, 2016.

14 "Media in the Age of Algorithms," Tim O'Reilly, Oreilly.com, November 16, 2016.

15 "YouTube's A.I. Was Divisive in the US Presidential Election," Guillaume Chaslot, Medium.com, November 27, 2016.

16 Welch's attack and YouTube's response are detailed in "John Podesta Is Ready to Talk About Pizzagate," Andy Kroll, *Rolling Stone*, December 9, 2018.

17 The methodology and results detailed in these pages were first published as "Emotion Shapes the Diffusion of Moralized Content in Social Networks," William J. Brady, Julian A. Wills, John T. Jost, Joshua A. Tucker, and Jay J. Van Bavel, *Proceedings of the National Academy of Sciences* 114, no. 28, July 11, 2017.

18 "Twitter's Research Shows That Its Algorithm Favors Conservative Views," Emma Roth, *The Verge*, October 22, 2021.

19 "Out- Group Animosity Drives Engagement on Social Media," Steve Rathje, Jay J. Van Bavel, and Sander van der Linden, *Proceedings of the National Academy of Sciences* 118, no. 26, June 29, 2021.

20 "Examining Algorithmic Amplification of Political Content on Twitter," Rumman Chowdhury and Luca Belli, Twitter corporate blog, October 21, 2021.

21 Twitter reported 328 million monthly active users in the first quarter of 2017. Facebook reported 1.94 billion. YouTube does not consistently release comparable data, but has at times claimed to have over 2 billion monthly active users. Sources: "Twitter's Surprising User Growth Bodes Well

For 2017," Trefis Team, Forbes, April 27, 2017. "Facebook Beats in Q1 with $8.03B Revenue, Faster Growth to 1.94B Users," Josh Constine, *TechCrunch*, May 3, 2017.

22 Twitter's market capitalization as of April 2017 was $10.68 billion and Facebook's was $417 billion. By comparison, Google's was $594 billion. All figures from Macrotrends.net.

23 "Why I'm Breaking Up with Twitter," Alisyn Camerota, CNN, July 12, 2017.

24 "Elliott Management's Paul Singer Seeks to Replace Twitter CEO Jack Dorsey, Source Says," Alex Sherman, CNBC, February 28, 2020.

25 " 'Did We Create This Monster?' How Twitter Turned Toxic," Austin Carr and Harry McCracken, *Fast Company*, April 4, 2018.

26 Tweet by Jack Dorsey (@jack), December 8, 2018. Twitter.com/jack/status/1071575088695140353

27 "Jack Dorsey's Planned Move to Africa Divides Square and Twitter Investors," Kate Rooney, CNBC, December 2, 2019.

28 Kaplan's role has been exhaustively and independently reported, for example in Dwoskin et al.; Horwitz and Seetharaman; "15 Months of Fresh Hell Inside Facebook," Nicholas Thompson and Fred Vogelstein, *Wired*, April 16, 2018; and "Delay, Deny, and Deflect: How Facebook's Leaders Fought Through Crisis," Sheera Frenkel, Nicholas Confessore, Cecilia Kang, Matthew Rosenberg, and Jack Nicas, *New York Times*, November 14, 2018.

29 "Read Mark Zuckerberg's Full 6,000- Word Letter on Facebook's Global Ambitions," Kurt Wagner and Kara Swisher, *ReCode*, February 16, 2017.

30 Jackson.

31 "The Making of a YouTube Radical," Kevin Roose, *New York Times*, June 8, 2019.

32 32 "Inside Facebook's A.I. Machine," Steven Levy, *Wired*, February 23, 2017.

33 Ibid.

34 "A Meta- Analytic Test of Intergroup Contact Theory," Thomas F. Pettigrew and Linda R. Tropp, *Journal of Personality and Social Psychology* 90, no. 5, June 2006.

35 "Exposure to Opposing Views on Social Media Can Increase Political Polarization," Christopher A. Bail et al., *Proceedings of the National Academy of Sciences* 115, no. 37, September 11, 2018.

36 Social scientists call this the "outgroup homogeneity effect." See, for example: "Out- Group Homogeneity Effects in Natural and Minimal Groups," Thomas M. Ostrom and Constantine Sedikides, *Psychological Bulletin* 112, no. 3, 1992.

37 For a comprehensive account of false polarization, see "The Great and Widening Divide: Political False Polarization and Its Consequences," Victoria Parker, master's thesis, Wilfrid Laurier University, 2018.

38 "On Trolls and Polls: How Social Media Extremists and Dissenters Exacerbate and Mitigate Political False Polarization," presentation by Victoria Parker, Wilfrid Laurier University, 2019.

39 "Thinking Fast and Furious: Emotional Intensity and Opinion Polarization in Online Media," David Asker and Elias Dinas, *Public Opinion Quarterly* 83, no. 3, fall 2019.

40 "The Spreading of Misinformation Online," Michela Del Vicario et al., *Proceedings of the National Academy of Sciences* 113, no. 3, January 19, 2016.

41 "How Social Media Took Us from Tahrir Square to Donald Trump," Zeynep Tufekci, *MIT Technology Review*, August 14, 2018.

42 "Interview with Siva Vaidhyanathan," David Greene, National Public Radio, *Morning Edition*,

December 26, 2017.

43 "Screaming into the Void: How Outrage Is Hijacking Our Culture, and Our Minds," National Public Radio, *Hidden Brain*, October 7, 2019.

44 Ibid

45 "Moral Outrage in the Digital Age," Molly J. Crockett, *Nature Human Behaviour* 1, 2017.

46 "Mark Warner to Facebook: Tell Me What You Know," Elaine Godfrey, *The Atlantic*, September 28, 2017.

47 "The Facebook Dilemma," *PBS Frontline*, October 29, 2018.

48 Ibid.

49 "It's Not Misinformation. It's Amplified Propaganda," Renee DiResta, *The Atlantic*, October 2021.

50 "Who's Influencing Election 2016?," William Powers, Medium.com, February 23, 2016.

51 For an account of Mackey's story, including details from the federal indictment issued against him, see "Trump's Most Influential White Nationalist Troll Is a Middlebury Grad Who Lives in Manhattan," Luke O'Brien, *HuffPost*, April 5, 2018; and "FBI Arrests Prolific Racist Twitter Troll 'Ricky Vaughn' For 2016 Election Interference," Luke O'Brien, *HuffPost*, January 27, 2021.

52 "Debunking 5 Viral Images of the Migrant Caravan," Kevin Roose, *New York Times*, October 24, 2018.

53 "Shifting Attention to Accuracy Can Reduce Misinformation Online," Gordon Pennycook et al., *Nature* 592, 2021.

54 Ibid.

55 "Does YouTube's Algorithm Promote Populist Candidates in the French Presidential Elections?," Guillaume Chaslot et al., Mediashift.org, April 21, 2017.

56 How an Ex-YouTube Insider Investigated Its Secret Algorithm," Paul Lewis and Erin McCormick, *The Guardian*, February 2, 2018.

57 Ibid.

58 Except where otherwise noted, all subsequent references to Brady and Crockett's study in this chapter draw from "The MAD Model of Moral Contagion: The Role of Motivation, Attention, and Design in the Spread of Moralized Content Online," William J. Brady, Molly J. Crockett, and Jay J. Van Bavel, *Perspectives on Psychological Science* 15, no. 4, June 2020.

59 "Attentional Capture Helps Explain Why Moral and Emotional Content Go Viral," William J. Brady, Ana P. Gantman, and Jay J. Van Bavel, *Journal of Experimental Psychology* 149, no. 4, 2020.

60 "Moral- Emotional Content and Patterns of Violent Expression and Hate Speech in Online User Comment," Jeffrey Javed and Blake Miller, working paper, April 2019. (Javed subsequently took a job at Facebook, on a team that optimizes ad placement.)

7장 : 불씨와 바람

1 See, for example: *Massacre by the River: Burmese Army Crimes Against Humanity in Tula Toli*, Human Rights Watch report, December 19, 2017.

2 "Rohingya Recount Atrocities: 'They Threw My Baby into a Fire,' " Jeffrey Gettleman, *New York Times*, October 11, 2017.

3 *Sexual Violence Against Rohingya Women and Girls in Burma*, Human Rights Watch report, November 16, 2017.

4 "How Facebook's Rise Fueled Chaos and Confusion in Myanmar," Timothy McLaughlin, *Wired*, July 2018.

5 All examples in this and the next paragraph from: *Hate Speech Narratives and Facilitators in Myanmar*, Center for Advanced Defense Studies (C4ADS) report, February 2016.

6 Ibid.

7 *Survey of Burma/Myanmar Public Opinion*, Center for Insights in Survey Research, April 1, 2017.

8 McLaughlin, 2018.

9 "Across Myanmar, Denial of Ethnic Cleansing and Loathing of Rohingya," Hanna Beech, New York *Times*, October 24, 2017.

10 "Genocide in the Modern Era: Social Media and the Proliferation of Hate Speech in Myanmar," Ashley Kinseth, *Tea Circle Oxford*, May 2018.

11 Tweet by Max Read (@max_read), March 15, 2018 (since deleted).

12 by Adam Mosseri (@mosseri), March 15, 2018 (since deleted).

13 "When Is Government Web Censorship Justified? An Indian Horror Story," Max Fisher, *The Atlantic*, August 22, 2012.

14 "Panic Seizes India as a Region's Strife Radiates," Jim Yardley, New York Times, August 17, 2012.

15 See, for example: "Beredar Hoax Penculikan Anak, Gelandangan Disiksa Nyaris Tewas," Fajar Eko Nugroho, Liputan6, March 7, 2017. "Justice by Numbers," Sana Jaffrey, New Mandala, January 12, 2017. "The Muslim Cyber Army: What Is It and What Does It Want?" Damar Juniarto, Indonesiaatmelbourne.unimelb.edu.au, 2017.

16 "Social Media Sparked, Accelerated Egypt's Revolutionary Fire," Sam Gustin, *Wired*, February 11, 2011.

17 "Let's Design Social Media That Drives Real Change," Wael Ghonim, TED Talk, January 14, 2016.

18 "Former Facebook Exec Says Social Media Is Ripping Apart Society," James Vincent, *The Verge*, December 11, 2017.

19 *Free Internet and the Costs to Media Pluralism: The Hazards of Zero- Rating the News*, Daniel O'Maley and Amba Kak, CIMA digital report, November 8, 2018.

20 *Facebook: The Inside Story*, Steven Levy, 2020: 435.

21 *Zero to One*, Thiel and Masters, 2014: 32.

22 "Building Global Community," Mark Zuckerberg, Facebook.com, February 16, 2017.

8장 : 21세기판 교회 종

1 "La Otra Violencia: El Linchamiento de José Abraham y Rey David," Gema Santamaría, *Nexos*, October 22, 2015.

2 "Un Ruso sobrevive a un intento de linchamiento en Cancún por insultar a los mexicanos," L.P.B., *El País*, May 20, 2017.

3 "In Frightened Mexico Town, a Mob Kills 2 Young Pollsters," Alberto Arce, Associated Press, October 22, 2015.

4   "When Fake News Kills: Lynchings in Mexico Are Linked to Viral Child- Kidnap Rumors," Patrick J. McDonnel and Cecilia Sanchez, *Los Angeles Times*, September 21, 2018.

5   For more, see *In the Vortex of Violence: Lynching, Extralegal Justice, and the State in Post-Revolutionary Mexico*, Gema Kloppe- Santamaría, 2020.

6   "Like. Share. Kill," Yemisi Adegoke, *BBC Africa Eye*, November 12, 2018.

7   For an explication of the research status threat and its relevance to the Trump coalition, see, for example: "Trump- ing Foreign Affairs: Status Threat and Foreign Policy Preferences on the Right," Rachel Marie Blum and Cristopher Sebastian Parker, *Perspectives on Politics* 17, no. 3, August 2019.

8   "The MAD Model of Moral Contagion: The Role of Motivation, Attention, and Design in the Spread of Moralized Content Online," William J. Brady, Molly J. Crockett, and Jay J. Van Bavel, *Perspectives on Psychological Science* 15, no.4, June 2020.

9   "Eine rechtsradikale Einstellung besteht aus mehr als Fremdenhass," *Der Spiegel*, October 12, 2015.

10   "Fanning the Flames of Hate: Social Media and Hate Crime," Karsten Müller and Carlo Schwarz, *Journal of the European Economic Association* 19, no. 4, August 2021.

11   "How the Parkland Teens Give Us a Glimpse of a PostIrony Internet," Miles Klee, *Mel Magazine*, February 28, 2018.

12   "Brandstifterprozess Altena," Akantifahagen.blogsport.eu, May 31, 2016.

13   "Political Tolerance, Dogmatism, and Social Media Uses and Gratifications," Chamil Rathnayake and Jenifer Sunrise Winter, *Policy & Internet* 9, no. 4, 2017.

14   grandiose narcissism: "Why Narcissists Are at Risk for Developing Facebook Addiction: The Need to Be Admired and the Need to Belong," Silvia Casale and Giulia Fioravanti, *Addictive Behaviors* 76, January 2018.

15   "The Relationship Between Addictive Use of Social Media, Narcissism, and Self- Esteem: Findings from a Large National Survey," Cecilie Schou Andreassen, Ståle Pallesen, and Mark D. Griffiths, *Addictive Behaviors* 64, January 2017.

16   "The Psychology of Online Political Hostility: A Comprehensive, Cross- National Test of the Mismatch Hypothesis," Alexander Bor and Michael Bang Peterson, *American Political Science Review*, 2021.

17   "Snapchat vs. Facebook: Differences in Problematic Use, Behavior Change Attempts, and Trait Social Reward Preferences," Dar Meshi, Ofir Turel, and Dan Henley, *Addictive Behaviors* Report 12, December 2020.

18   "The Efficacy of Reddit's 2015 Ban Examined Through Hate Speech," Eshwar Chandrasekharan et al., Proceedings of the *ACM on Human- Computer Interaction* 1, November 2017.

19   For an accessible overview of Paluck's work, see "Romeo & Juliet in Rwanda: How a Soap Opera Sought to Change a Nation," NPR, *Hidden Brain*, July 13, 2020.

20   "Changing Climates of Conflict: A Social Network Experiment in 56 Schools," Elizabeth Levy Paluck, Hana Shepher, and Peter M. Aronow, *Proceedings of the National Academy of Sciences* 113, no. 3, January 19, 2016.

21   "How Does Media Influence Social Norms? Experimental Evidence on the Role of Common Knowledge," Eric Arias, *Political Science Research and Methods* 7, no. 3, July 2019.

22 Paluck et al., 2016.

23 "Mark Zuckerberg on Facebook's Hardest Year, and What Comes Next," Ezra Klein, *Vox*, April 2, 2018.

24 "Open Letter to Mark Zuckerberg," Phandeeyar et al., April 5, 2018.

25 "Zuckerberg Was Called Out Over Myanmar Violence. Here's His Apology," Kevin Roose and Paul Mozur, *New York Times*, April 9, 2018.

26 *Report of Independent International Fact- Finding Mission on Myanmar*, United Nations Human Rights Council, August 27, 2018.

27 "Can Mark Zuckerberg Fix Facebook Before It Breaks Democracy?" Evan Osnos, *The New Yorker*, September 17, 2018.

28 "Facebook Reports Fourth Quarter and Full Year 2018 Results," press release, Facebook Investor Relations, January 30, 2019.

9장 : 토끼굴

1   "As Germans Seek News, YouTube Delivers Far- Right Tirades," Max Fisher and Katrin Bennhold, *New York Times*, September 7, 2018.

2   "Revealed: Facebook hate speech exploded in Myanmar during Rohingya crisis," Libby Hogan and Michael Safi, *The Guardian*, April 2, 2018.

3   "Searching for Video? Google Pushes YouTube Over Rivals," Sam Schechner, Kirsten Grind, and John West, *Wall Street Journal*, July 14, 2020.

4   Kaiser later published his findings in "Public Spheres of Skepticism: Climate Skeptics' Online Comments in the German Networked Public Sphere," Jonas Kaiser, *International Journal of Communication* 11, 2017.

5   See, for example, "Feeding Hate with Video: A Former Alt- Right YouTuber Explains His Methods," Cade Metz, *New York Times*, April 15, 2021.

6   The researchers later published their results in "The German Far- right on YouTube: An Analysis of User Overlap and User Comments," Adrian Rauchfleisch and Jonas Kaiser, *Journal of Broadcasting and Electronic Media* 64, no. 3, 2020. The research first appeared in "YouTubes Algorithmen sorgen dafür, dass AfD- Fans unter sich bleiben," Adrian Rauchfleisch and Jonas Kaiser, *Vice Germany*, September 22, 2017.

7   Ibid.

8   "The Alt- Right Can't Disown Charlottesville," Ashley Feinberg, *Wired*, August 13, 2017.

9   "Summer of Hate Challenged in Companion Civil Lawsuits," Bill Morlin, Southern Poverty Law Center, October 19, 2017.

10 "Our Extended Interview with Richard Spencer on White Nationalism," *Vice News*, December 10, 2016.

11 Feinberg, 2017.

12 "Analysis of 2017 Unite the Right Event, One Year Later," Megan Squire, Megansquire.com, August 2018.

13 "The Dark Side of the Networked Public Sphere," lecture by Jonas Kaiser to Berkman Klein Luncheon Series at Harvard University, Cambridge, Massachusetts, January 23, 2018.

14   McInnes, Molyneux, and 4chan: Investigating Pathways to the Alt- Right," Cassie Miller, Southern Poverty Law Center, April 19, 2018.

15   Ibid.

16   "Birth of a White Supremacist," Andrew Marantz, *The New Yorker*, October 9, 2017.

17   All the Right Stuff quotes from Miller, 2018.

18   Marantz, 2018.

19   See, for example, "Alternative Influence: Broadcasting the Reactionary Right on YouTube," Rebecca Lewis, *Data & Society*, September 2018.

20   "Jordan Peterson, Custodian of the Patriarchy," Nellie Bowles, *New York Times*, May 18, 2018.

21   "The Alt- Right Is Recruiting Depressed People," Paris Martineau, *The Outline*, February 26, 2018.

22   *Angry White Men: Masculinity at the End of an Era*, Michael Kimmel, 2017: 31– 68.

23   Tweet by @SadMarshGhost, February 23, 2018. twitter.com/SadMarshGhost/status/967029954016874497

24   "On Jordan Peterson, the Alt Right and Engagement across Difference," Joel Finkelstein, *Heterodox Academy*, November 18, 2019.

25   *Extremism*, J. M. Berger, 2018: 62– 89.

26   Ibid: 96.

27   "Elliot Rodger, Isla Vista Shooting Suspect, Posted Misogynistic Video before Attack," Josh Glasstetter, Southern Poverty Law Center, May 24, 2014.

28   "The Alt- Right Is Killing People," Keegan Hankes and Alex Amend, Southern Poverty Law Center, February 5, 2018. See also "Understanding the Incel Community on YouTube," Kostantinos Papadamou et al., *Proceedings of the ACM on Human- Computer Interaction*, October 2021.

29   "The Evolution of the Manosphere across the Web," Manoel Horta Ribeiro et al., *Proceedings of the Fifteenth International AAAI Conference on Web and Social Media*, 2021.

30   "The Misogynist Incel Movement Is Spreading," Lois Beckett, *The Guardian*, March 3, 2021.

31   "In the Years Since the Isla Vista Shooting, the Incel Subculture Continues to Inspire Gunmen," Jennifer Mascia, *The Trace*, May 23, 2019.

32   "How Do People Join Militias? A Leaked Oath Keepers Roster Has Answers," Ali Breland, *Mother Jones*, October 27, 2021.

33   "The Making of a YouTube Radical," Kevin Roose, *New York Times*, June 9, 2019.

34   Tweet by Chris Sacca (@sacca), January 12, 2021. twitter.com/sacca/status/1349055880348663808

35   "How YouTube Built a Radicalization Machine for the Far- Right," Kelly Weill, *Daily Beast*, December 19, 2018.

36   "From Memes to Infowars: How 75 Fascist Activists Were 'Red- Pilled,' " Robert Evans, Bellingcat.com, October 11, 2018.

37   "My Affair with the Intellectual Dark Web," Meghan Daum, Medium.com, August 24, 2018.

38   Kaiser and Rauchfleisch provided me, in interviews over 2019 and 2020, with several working papers that detail their methods and findings, as well as much of the underlying data. These later became the basis for multiple peer- reviewed articles and book chapters, some still forthcoming. See, for example: "Birds of a Feather Get Recommended Together: Algorithmic Homophily in YouTube's Channel Recommendations in the United States and Germany," Jonas Kaiser and Adrian

Raucheisch, *Social Media + Society* 6, no. 4, October 2020.

39 "How YouTube's Channel Recommendations Push Users to the Fringe," Craig Silverman, *BuzzFeed News*, April 12, 2018.

40 "Unite the Right? How YouTube's Recommendation Algorithm Connects the U.S. Far- Right," Jonas Kaiser and Adrian Rauchfleisch, *Data & Society*, April 11, 2018.

41 "Auditing radicalization pathways on YouTube," Manoel Horta Ribeiro et al., *Proceedings of the 2020 Conference on Fairness, Accountability, and Transparency*, January 2020.

42 "Untrue- Tube: Monetizing Misery and Disinformation," Jonathan Albright, Medium.com, February 25, 2018.

43 "YouTube Executives Ignored Warnings, Letting Toxic Videos Run Rampant," Mark Bergen, Bloomberg, April 2, 2019.

44 "An open letter to Mark Zuckerberg," Leonard Pozner and Veronique De La Rosa, *The Guardian*, July 25, 2018.

45 "Facebook Touts Fight on Fake News, but Struggles to Explain Why InfoWars Isn't Banned," Oliver Darcy, CNN, July 11, 2018.

46 "Zuckerberg: The Recode Interview," Kara Swisher, *Recode*, October 8, 2018.

47 Tweet by Jack Dorsey (@jack), August 7, 2018. twitter.com/jack/status/1026984245925793792

48 "Can Mark Zuckerberg Fix Facebook before It Breaks Democracy?" Evan Osnos, *The New Yorker*, September 17, 2018.

49 Tweet by Jack Dorsey (@jack), March 1, 2018. twitter.com/jack/status/969234275420655616

50 "Jack Dorsey's Push to Clean Up Twitter Stalls, Researchers Say," Deepa Seetharaman, *Wall Street Journal*, March 15, 2020.

51 Landrum published her findings in "Differential Susceptibility to Misleading Flat Earth Arguments on YouTube," Asheley Landrum, Alex Olshansky, Othello Richards, *Media Psychology* 24, no. 1, 2021.

52 Social scientists call this the "illusory truth effect." See, for example: "Knowledge Does Not Protect against Illusory Truth Effect," Lisa K. Fazio et al., *Journal of Experimental Psychology* 144, no. 5, October 2015.

53 This is the "common knowledge" effect referenced in Chapter 1. See Arias 2019 and Chwe 2013.

54 *Understanding Racist Activism: Theory, Methods, and Research*, Kathleen M. Blee, 2017: 70.

55 Among the studies to establish a link between feelings of powerlessness and conspiracy belief: "Beliefs in conspiracies," Marina Abalakina- Paap, *Political Psychology* 20, no. 3, 1999.

56 "QAnon High Priest Was Just Trolling Away as Citigroup Tech Executive," William Turton and Josh Brustein, Bloomberg, October 7, 2020.

57 Among the studies to find that conspiracy belief often serves a way to reassert lost feelings of autonomy and control: "Measuring Individual Differences in Generic Beliefs in Conspiracy Theories across Cultures: Conspiracy Mentality Questionnaire," Martin Bruder et al., *Frontiers in Psychology* 4, 2013.

58 This process will be discussed further in a later chapter. See, among many others: "The Prophecies of Q," Adrienne LaFrance, The Atlantic, June 2020. "QAnon Booms on Facebook as Conspiracy Group Gains Mainstream Traction," Deepa Seetharaman, *Wall Street Journal*, August 13, 2020. "Seven: 'Where We Go One,' " Kevin Roose et al., *New York Times*, May 28, 2020.

59   "Apple, Google Cashed in on Pizzagate- Offshoot Conspiracy App," Ben Collins and Brandy Zadrozny, NBC News, July 16, 2018.

60   "How a Conspiracy Theory about Democrats Drinking Children's Blood Topped Amazon's Best-Sellers List," Kaitlyn Tiffany, Vox, March 6, 2019.

61   "QAnon Is Attracting Cops," Ali Breland, Mother Jones, September 28, 2020.

62   "The Yoga World Is Riddled with Anti- Vaxxers and QAnon Believers," Cecile Guerin, Wired UK, January 28, 2021.

63   Tweet by @_qpatriot1776_, June 28, 2020, now removed by Twitter. Copy available at tweet by Travis View (@travis_view), June 29, 2020, twitter.com/travis_view/status/1277634756927033345

64   Ibid.

65   " 'Carol's Journey': What Facebook Knew about How It Radicalized Users," Brandy Zadrozny, NBC News, October 22, 2021.

66   Ibid.

67   Tweet by Renee DiResta (@noUpside), February 18, 2018. twitter.com/noupside/status/965340235251920896

68   "Facebook Knew Calls for Violence Plagued 'Groups,' Now Plans Overhaul," Jeff Horwitz, Wall Street Journal, January 31, 3031.

69   Mark in the Middle," Casey Newton, The Verge, September 23, 2020.

70   Facebook post by Dominic Fox, August 8, 2019. www.facebook.com/reynardine/posts/10156003037586991

71   "Facebook: New Zealand Attack Video Viewed 4,000 Times," BBC News, March 19, 2019.

72   "Twitter User Hacks 50,000 Printers to Tell People to Subscribe to PewDiePie," Catalin Cimpanu, ZD Net, November 30, 2018.

73   All user posts from thread titled "*ahem*" by Anonymous, 8chan, March 15, 2019. Formerly at 8ch.net/pol/res/12916717.html.

74   " 'Shut the Site Down,' Says the Creator of 8chan, a Megaphone for Gunmen," Kevin Roose, New York Times, August 4, 2019.

75   Royal Commission of Inquiry into the Terrorist Attack on Christchurch Mosque on March 15, 2019, Royal Commission of New Zealand, December 2020.

76   Ibid.

77   "Christchurch Inquiry Report Released," Helen Sullivan, The Guardian, December 7, 2020.

10장 : 색다른 지배자

1   "Post No Evil," WNYC, Radiolab, August 17, 2018.

2   aspects of Jacob's account of Facebook moderation's inner workings, as well as the experiences of its moderators, have been independently established. See "Behind the Walls of Silence," Till Krause and Hannes Grassegger, Süddeutsche Zeitung Magazine, December 15, 2016. "The Low-Paid Workers Cleaning Up the Worst Horrors of the Internet," Gillian Tett, Financial Times, March 16, 2018. "The Secret Lives of Facebook Moderators in America," Casey Newton, The Verge, February 25, 2019.

3　Interview with Justin Osofsky, then Facebook's vice president for global operations, October 2, 2018. "We, Obviously, Are Always Working to Make Sure that We Have the Right Controls and Relationships in Place. My Instinct in What You're Uncovering Here Is Probably Less an Issue at a Partner Level, at a Company to Company Level, and More of What You're Saying. Which Is Like, You Have Someone on the Front Lines That's Just Saying Something That's Inappropriate."

4　"Startup Advice for Entrepreneurs from Y Combinator," Mark Coker, *VentureBeat*, March 26, 2007.

5　"The Hardest Lessons for Startups to Learn," talk by Paul Graham to Y Combinator Startup School, April 2006.

6　*The Code: Silicon Valley and the Remaking of America*, Margaret O'Mara, 2019: 201, 271– 272.

7　*Zucked: Waking Up to the Facebook Catastrophe*, Roger McNamee: 2019: 48.

8　Ibid.

9　"The Education of a Libertarian," Peter Thiel, CatoUnbound.com, April 13, 2009.

10　"Mouthbreathing Machiavellis Dream of a Silicon Reich," Corey Pein, *The Baffler*, May 19, 2014.

11　A widely used term of art, it is referenced, for example, in "The History of Progress Is a History of Better Monopoly Businesses Replacing Incumbents," *Zero to One*, Thiel and Masters, 2014: 33.

12　Open Hearing on Foreign Influence Operations' Use of Social Media Platforms, Select Committee on Intelligence of the United States Senate, August 1, 2018.

13　Ibid.

14　"A Blueprint for Content Governance and Enforcement," Mark Zuckerberg, Facebook, November 15, 2018. www.facebook.com/notes/751449002072082

15　Ibid.

16　"Facebook Overhauls News Feed in Favor of 'Meaningful Social Interactions,' " Julia Carrie Wong, *The Guardian*, January 11, 2018.

17　"Five Points for Anger, One for a 'Like': How Facebook's Formula Fostered Rage and Misinformation," Jeremy B. Merrill and Will Oremus, *Washington Post*, October 26, 2021.

18　"Facebook Tried to Make Its Platform a Healthier Place. It Got Angrier Instead," Keach Hagey and Jeff Horwitz, *Wall Street Journal*, September 15, 2021.

19　Ibid.

20　"Whistleblower: Facebook Is Misleading the Public on Progress against Hate Speech, Violence, Misinformation," Scott Pelley, *60 Minutes*, October 4, 2021.

21　"The Welfare Effects of Social Media," Hunt Allcott et al., *American Economic Review* 110, no. 3, March 2020.

22　" 'Turning point': Mitch Fifield Flags Further Government Regulation of the Internet," Michael Koziol, *Sydney Morning Herald*, October 8, 2018.

23　"European Union Says Facebook Must Change Rules by End of 2018," Alexander Smith and Jason Abbruzzese, NBC News, September 19, 2018.

24　"Facebook Morale Takes a Tumble Along with Stock Price," Deepa Seetharaman, *Wall Street Journal*, November 14, 2018.

25　"15 Months of Fresh Hell Inside Facebook," Nicholas Thompson and Fred Vogelstein, *Wired*, April 16, 2019.

26　Political scientists refer to democracy mediated by institutional gatekeepers as "Schumpeterian democracy," after the theorist Joseph Schumpeter. For more on the causes and consequences of this system's decline, see *How Democracies Die*, Steven Levitsky and Daniel Ziblatt, 2018: 97–117.

27 "Mark Zuckerberg's Letter to Investors: The Hacker Way," CNN Money, February 1, 2012.

28 "What Happened to the Public Sphere? The Networked Public Sphere and Public Opinion Formation," Jonas Kaiser et al., *Handbook of Cyber- Development, Cyber- Democracy, and Cyber-Defense*, 2016: 433– 459.

29 "The Yellow Vest Riots In France Are What Happens When Facebook Gets Involved with Local News," Ryan Broderick and Jules Darmanin, *BuzzFeed News*, December 5, 2018.

30 "Demands of France's Yellow Vests," France Bleu, Opendemocracy.net, November 29, 2018.

31 Trends in Nonviolent Resistance and State Response: Is Violence towards Civilian- Based Movements on the Rise?" Erica Chenoweth, *Global Responsibility to Protect* 9, no. 1, January 2017.

32 *Twitter and Tear Gas: The Power and Fragility of Networked Protest*, Zeynep Tufekci, 2017.

33 "Former Facebook Workers: We Routinely Suppressed Conservative News," Michael Nunez, *Gizmodo*, May 9, 2016.

34 "Republicans Press Facebook over Allegations of Bias against Conservative News," Andrea Peterson, *Washington Post*, May 11, 2016.

35 Levy, 2020: 343.

36 "Three Days after Removing Human Editors, Facebook Is Already Trending Fake News," Abby Ohlheiser, *Washington Post*, August 29, 2016.

37 The blog in question is called *Ending the Fed*. Source on its role in the 2016 election: "Partisanship, Propaganda, and Disinformation: Online Media and the 2016 U.S. Presidential Election," Robert M. Faris et al., Berkman Klein Center for Internet & Society Research Paper, 2017.

38 "Inside the Two Years that Shook Facebook — and the World," Nicholas Thompson and Fred Vogelstein, *Wired*, February 2, 2018.

39 See, for example: "Is Facebook as Left- Leaning as Everyone Suspects?" John Brandon, Fox News, September 26, 2016.

40 "Facebook's Mark Zuckerberg Met with Conservatives over the 'Trending' Bias Spat," Arjun Kharpal, CNBC, May 19, 2016.

41 "Twitter Is 'Shadow Banning' Prominent Republicans," Alex Thompson, *Vice News*, July 25, 2018.

42 "Twitter's Not 'Shadow Banning' Republicans, but Get Ready to Hear that It Is," Laura Hazard Owen, NiemanLab.com, July 27, 2018.

43 Tweet by Matt Gaetz (@RepMattGaetz), July 25, 2018. twitter.com/RepMattGaetz/status/1022224027673219072

44 Tweet by Ronna McDaniel (@GOPChairwoman) July 25, 2018. twitter.com/gopchairwoman/status/1022289868620267522

45 Tweet by Donald Trump, Jr. (@donaldtrumpjr), July 25, 2018. twitter.com/donaldjtrumpjr/status/1022198354468593665

46 Overviews of the IBM and Microsoft episodes are recounted in, for example, "IBM and Microsoft: Antitrust Then and Now," CNet, January 2, 2002. For greater detail and discussion of the cases legacy, see O'Mara, 2017: 341– 346.

47   "Dominance Ended, I.B.M. Fights Back," Sandra Salmans, *New York Times*, January 9, 1982.

48   Osnos, 2018.

49   "What the Microsoft Antitrust Case Taught Us," Richard Blumenthal and Tim Wu, *New York Times*, May 18, 2018.

50   "Peacetime CEO/Wartime CEO," Ben Horowitz, A16z.com, April 15, 2011.

51   "To Create Culture, Start a Revolution," talk by Ben Horowitz to Startup Grind Global Conference, February 2017.

52   "How Mark Zuckerberg Became a Wartime CEO," Casey Newton, *The Verge*, November 20, 2018. The book: *The Hard Thing about Hard Things*, Ben Horowitz, 2014.

53   "With Facebook at 'War,' Zuckerberg Adopts More Aggressive Style," Deepa Seetharaman, *Wall Street Journal*, November 19, 2018.

54   "Delay, Deny and Deflect: How Facebook's Leaders Fought through Crisis," Sheera Frenkel, Nicholas Confessore, Cecilia Kang, Matthew Rosenberg, and Jack Nicas, *New York Times*, November 14, 2018.

55   "Safe Space: Silicon Valley, Clubhouse, and the Cult of VC Victimhood," Zoe Schiffer and Megan Farokhmanesh, *The Verge*, July 16, 2020.

56   Tweet by Balaji Srinivasan (@balajis), July 1, 2020. twitter.com/balajis/status/1278198087404515328

57   Schiffer and Farokhmanesh.

58   Thompson and Vogelstein, 2019.

59   "Facebook Executives Shut Down Efforts to Make the Site Less Divisive," Jeff Horwitz and Deepa Seetharaman, *Wall Street Journal*, May 26, 2020.

60   "Inside Mark Zuckerberg's Private Meetings with Conservative Pundits," Natasha Bertran and Daniel Lippman, *Politico*, October 14, 2019.

61   "Tucker Carlson: Facebook's Zuckerberg Dictating Which Political Opinions You're 'Allowed to Have,' " Ian Schwartz, Realclearpolitics.com, May 2, 2019.

62   "Facebook, Elections and Political Speech," Nick Clegg, About.fb.com, September 24, 2019. See also "Facebook Says It Won't Remove Politicians' Posts for Breaking Its Rules," Adi Robertson, *The Verge*, September 24, 2019.

63   Tweet by Sophie Zhang (@szhang_ds), June 6, 2021. twitter.com/szhang_ds/status/1401392039414046720

64   Zhang has told her story several times, most comprehensively in "She Risked Everything to Expose Facebook. Now She's Telling Her Story," Karen Hao, *MIT Technology Review*, July 29, 2021.

65   Ibid.

66   "The Case against Mark Zuckerberg: Insiders Say Facebook's CEO Chose Growth Over Safety," Elizabeth Dwoskin, Tory Newmyer, Shibani Mahtani, *Washington Post*, October 25, 2021.

67   Let us breathe! Censorship and criminalization of online expression in Viet Nam, Amnesty International Report, November 30, 2020.

68   "Dissent Erupts at Facebook over Hands- Off Stance on Political Ads," Mike Isaac, *New York Times*, October 28, 2019.

69   "Read the Letter Facebook Employees Sent to Mark Zuckerberg about Political Ads," compiled by *New York Times*, October 28, 2019.

70   "I Worked on Political Ads at Facebook. They Profit by Manipulating Us.," Yaël Eisenstat, *Washington Post*, November 4, 2019.

71   "Facebook Wrestles with the Features It Used to Define Social Networking," Mike Isaac, *New York Times*, October 25, 2021.

72   Ibid.

73   The file, and others, can be seen at "Inside Facebook's Secret Rulebook for Global Political Speech," Max Fisher, *New York Times*, December 27, 2018.

74   "Quality Time, Brought to You by Big Tech," Arielle Pardes, *Wired*, December 31, 2018.

75   Tweet by B.J. Fogg (@bjfogg), September 11, 2019. twitter.com/bjfogg/status/1171883692488183809

76   "Addicted to Screens? That's Really a You Problem," Nellie Bowles, *New York Times*, October 6, 2019.

77   Pardes, 2018.

78   "Where Silicon Valley Is Going to Get in Touch with Its Soul," Nellie Bowles, *New York Times*, December 4, 2017.

79   "Ex-Content Moderator Sues Facebook, Saying Violent Images Caused Her PTSD," Sandra E. Garcia, *New York Times*, September 25, 2018.

80   "Facebook Will Pay $52 Million in Settlement with Moderators Who Developed PTSD on the Job," Casey Newton, *The Verge*, May 12, 2020.

11장 : '좋아요'의 독재

1   "É horrível ser difamado pelo Bolsonaro," Débora Lopes, *Vice Portuguese*, May 11, 2013.

2   "With Amazon on Fire, Environmental Officials in Open Revolt against Bolsonaro," Ernesto Londoño and Letícia Casado, *New York Times*, August 28, 2019.

3   "A Look at Offensive Comments by Brazil Candidate Bolsonaro," Stan Lehman, Associated Press, September 29, 2018.

4   "URSAL, Illuminati, and Brazil's YouTube Subculture," Luiza Bandeira, Digital Forensic Research Lab, August 30, 2018.

5   "Fast and False in Brazil," Luiza Bandeira, Digital Forensic Research Lab, September 19, 2018.

6   "Pesquisa Video Viewers: como os brasileiros estão consumindo vídeos em 2018," Maria Helena Marinho, Google Marketing Materials, September 2018.

7   Almeida and his team provided us with several separate reports documenting their methodology and findings, along with the underlying raw data, in a series of interviews conducted throughout early 2019. I shared much of this material with YouTube prior to publication of our *New York Times* story. Almeida et al. have not yet published this research in full and in a formal journal article, though they have used similar methodology (and produced similar findings) in subsequent peer- reviewed studies. See "Auditing Radicalization Pathways on YouTube," Manoel Horta Ribeiro et al., *Proceedings of the 2020 Conference on Fairness, Accountability, and Transparency*, January 2020. "Misinformation, Radicalization and Hate through the Lens of Users," Manoel Horta Ribeiro, Virgilio Almeida, and Wagner Meira Jr., dissertation, June 30, 2020.

8   See, for example: "Snitch on a Teacher: Bolsonaro Win Sparks Push against 'Indoctrination,' " Dom Phillips, *The Guardian*, October 30, 2018.

9   Education Is in the Crosshairs in Bolsonaro's Brazil," Michael Fox, *The Nation*, November 12, 2018. See also "Brazil's Classrooms Become a Battleground in a Culture War," *The Economist*, December 1, 2018.

10   Tweet by Jair Bolsonaro (@jairbolsonaro), November 11, 2018. twitter.com/jairbolsonaro/status/1061809199196368896

11   For example: "Brazil Replaces Far- Right Education Minister with Conspiracy Theorist," Dom Phillips, *The Guardian*, April 9, 2019.

12   "Facebook Removes Pages of Brazil Activist Network before Elections," Brad Haynes, Reuters, July 25, 2018.

13   "Vaccine Confidence and Hesitancy in Brazil," Amy Louise Brown et al., *Cadernos de Saúde Pública* 21, September 2018.

14   "The Effects of Corrective Information About Disease Epidemics and Outbreaks: Evidence from Zika and Yellow Fever in Brazil," John M. Carey et al., *Science Advances* 6, no. 5, January 2020.

15   "Mapeando propagação de boatos no YouTube — Febre Amarela," Isabela Pimentel, Instituto Brasileiro de Pesquisa e Análise de Dados, February 8, 2018.

16   Kaiser et al. shared their findings and methodology with me as it proceeded, along with supporting documentation and underlying data. I shared relevant selections of this with YouTube prior to publication. Much on this research later appeared in: "Fighting Zika with Honey: An Analysis of YouTube's Video Recommendations on Brazilian YouTube," Kaiser, Rauchfleisch, and Yasodara Cordova, *International Journal of Communication*, February 2021.

17   Much of the methodology, data, and findings referenced in this research can be found in these two published studies: "Analyzing and Characterizing Political Discussions in WhatsApp Public Groups," Josemar Alves Caetano et al., working paper, 2018. "Characterizing Attention Cascades in WhatsApp Groups," Caetano et al., *Proceedings of the 10th ACM Conference on Web Science*, June 2019.

18   "The Four Rs of Responsibility, Part 2: Raising authoritative content and reducing borderline content and harmful misinformation," YouTube Official Blog, December 3, 2019.

19   The researchers later published some of their findings and methods in "The Implications of Venturing Down the Rabbit Hole," Jonas Kaiser and Adrian Rauchfleisch, *Internet Policy Review*, June 27, 2019.

20   For an overview of the research: "The Science of Sex Abuse," Rachel Aviv, *The New Yorker*, January 6, 2013.

21   "Does Deviant Pornography Use Follow a GuttmanLike Progression?" Kathryn Seigfried- Spellar and Marcus Rogers, Computers in *Human Behavior* 29, no. 5, September 2013.

22   See, among others: "An Integrative Review of Historical Technology and Countermeasure Usage Trends in Online Child Sexual Exploitation Material Offenders," Chad M. S. Steel et al., *Forensic Science International* 33, June 2020. "Online Sexual Deviance, Pornography and Child Sexual Exploitation Material," Ethel Quayle, *Forensische Psychiatrie, Psychologie, Kriminologie* 14, 2020. "Prevention, Disruption and Deterrence of Online Child Sexual Exploitation and Abuse," Ethel Quayle, *ERA Forum* 21, 2020.

23   "YouTube Bans Comments on Videos of Young Children in Bid to Block Predators," Daisuke Wakabayashi, *New York Times*, February 28, 2019.

24   "Senate Bill Targets YouTube's Kids Content amid Probe Report," Rebecca Kern, Bloomberg, June

20, 2019.

25 Richard Blumenthal and Marsha Blackburn to Susan Wojcicki, June 6, 2019. www.blumenthal. senate.gov/imo/media/doc/2019.06.03%20-%20YouTube%20-%20Child%20Abuse.pdf

26 "Protecting Innocence in a Digital World," Senate Judiciary Committee Hearing, July 9, 2019.

12장 : 인포데믹

1 W.H.O. Fights a Pandemic Besides Coronavirus: An 'Infodemic,'" Matt Richtel, *New York Times*, February 6, 2020.

2 "Q&A: Solidifying Social Media Platforms' Role in Global Health," Devex Partnerships, Devex.com, November 29, 2021.

3 "How WHO Is Engaging Big Tech to Fight Covid-19," Catherine Cheney, Devex.com, August 14, 2020.

4 "Facebook, Amazon, Google and More Met with WHO to Figure Out How to Stop Coronavirus Misinformation," Christina Farr and Salvador Rodriguez, CNBC, February 14, 2020.

5 "Coronavirus Cannot be Cured by Drinking Bleach or Snorting Cocaine, despite Social Media Rumors," Christina Capatides, CBS News, March 9, 2020.

6 "Coronavirus Conspiracy Video Spreads on Instagram among Black Celebrities," Brandy Zadrozny, NBC News, March 13, 2020.

7 Tweet by Brody Logan (@BrodyLogan), March 16, 2020. twitter.com/BrodyLogan/ status/1239406460188020736

8 "Why Coronavirus Conspiracy Theories Flourish. And Why It Matters," Max Fisher, *New York Times*, April 8, 2020.

9 "Eight: 'We Go All,' " Kevin Roose, *New York Times*, June 4, 2020.

10 "YouTube Controls 16% of Pandemic Traffic Globally: Sandvine," Daniel Frankel, Next TV, May 7, 2020.

11 In April 2020, the advocacy group Avaaz identified 100 Covidconspiracy posts on Facebook with 1.7 million combined shares. "How Facebook Can Flatten the Curve of the Coronavirus Infodemic," Avaaz, April 15, 2020.

12 His post received 18,000 shares. "Fact- Checking a Facebook Conspiracy about Bill Gates, Dr. Fauci and Covid-19," Daniel Funke, Politifact, April 14, 2020.

13 Her post received 90,000 shares and 350,000 likes. Tweet by @krisssnicolee, March 7, 2020. twitter. com/krisssnicolee/status/1236309595544584192

14 Their video received 4.3 million views. "Cue the debunking: Two Bakersfield Doctors Go Viral with Dubious COVID Test Conclusions," Barbara Feder Ostrov, *Cal Matters*, April 27, 2020.

15 "How Has Covid-19 Affected the Anti- Vaccination Movement? A Social Media Analysis," Commetric, June 2, 2020.

16 "The Online Competition between Pro- and Anti-Vaccination Views," Neil F. Johnson et al., *Nature* 582, May 2020.

17 "The Case against Mark Zuckerberg: Insiders Say Facebook's CEO Chose Growth over Safety," Elizabeth Dwoskin, Tory Newmyer, Shibani Mahtani, *Washington Post*, October 25, 2021.

18 Ibid.

19 Facebook Employees Found a Simple Way to Tackle Misinformation. They 'Deprioritized' It after Meeting with Mark Zuckerberg, Documents Show," Billy Perrigo and Vera Bergengruen, *Time*, November 10, 2021.

20 "Virality Project (US): Marketing Meets Misinformation," Renée DiResta and Isabella Garcia-Camargo, Stanford Internet Observatory, May 26, 2020.

21 Ibid.

22 "How the 'Plandemic' Movie and Its Falsehoods Spread Widely Online," Sheera Frenkel, Ben Decker, Davey Alba, *New York Times*, May 20, 2020.

23 Cheney, August 2020.

24 "The Relation between Media Consumption and Misinformation at the Outset of the SARS- CoV-2 Pandemic in the US," Kathleen Hall Jamieson and Dolores Albarracin, *Harvard Kennedy School Misinformation Review* 1, no.2, 2020.

25 "Coronavirus Doctors Battle Another Scourge: Misinformation," Adam Satariano, *New York Times*, August 17, 2020.

26 Tweet by Rachel McKibbens (@rachelmckibbens), November 15, 2021. twitter.com/RachelMcKibbens/status/1460268133302738947

27 "No, Covid-19 Vaccines Do Not 'Shed,' " Arijeta Lajka, Associated Press, April 29, 2021.

28 Tweet by Rachel McKibbens (@rachelmckibbens), November 11, 2021. twitter.com/RachelMcKibbens/status/1458881015917678594

29 "Criminal complaint, *United States of America v. Ivan Harrison Hunter*, Case 20-mj-758-hb, May 27, 2020.

30 "I Felt Hate More than Anything: How an Active Duty Airman Tried to Start a Civil War," Gisela Pérez de Acha, Kathryn Hurd, and Ellie Lightfoot, *Frontline* and ProPublica, April 13, 2021.

31 "Cyber Swarming, Memetic Warfare and Viral Insurgency," Alex Goldenberg and Joel Finkelstein, Network Contagion Research Institute, February 2020.

32 Tech Transparency Project, April 22, 2020.

33 Criminal complaint, *United States of America v. Timothy John Watson*, Case 3:20-mj-000127- RWT, October 30, 2020.

34 Criminal complaint, *United States of America v. Jessie Alexander Rush, Robert Jesus Blancas, Simon Sage Ybarra, and Kenny Matthew Miksch*, Case CR-21-0121-JD, March 23, 2021.

35 "Facebook Removes Some Events Calling for Protests of Stay-at-Home Orders," Brandy Zadrozny, NBC News, April 20, 2020.

36 See, for example: "Extremists Are Using Facebook to Organize for Civil War amid Coronavirus," Tech Transparency Project Report, April 22, 2020.

37 "QAnon Booms on Facebook as Conspiracy Group Gains Mainstream Traction," Deepa Seetharaman, *Wall Street Journal*, August 13, 2020.

38 Tweet by Nina Jankowicz (@wiczipedia), May 27, 2020. twitter.com/wiczipedia/status/1265629272988954625

39 "Facebook Bans One of the Anti- Vaccine Movement's Biggest Groups for Violating QAnon Rules," Aatif Sulleyman, *Newsweek*, November 18, 2020.

40 " 'PizzaGate' Conspiracy Theory Thrives Anew in the Tik-Tok Era," Cecilia Kang and Sheera

Frenkel, *New York Times*, June 27, 2020.

41 "Here are the QAnon Supporters Running for Congress in 2020," Alex Kaplan, Media Matters, January 7, 2020 (updated through July 27, 2021).

42 *USA v. Hunter*, 2020.

43 The details of Carrillo and Justus's actions are according to federal criminal complaints. See, for example: "Alleged 'Boogaloo' Extremist Charged in Killing of Federal Officer during George Floyd Protest," Andrew Blankstein and Ben Collins, NBC News, June 16, 2020.

44 De Acha, Hurd, and Lightfoot, April 2021.

45 Tweet by Donald J. Trump (@realDonaldTrump), May 29, 2020. Since deleted.

46 "Zuckerberg Says He's 'Struggling' with Trump's Latest Posts but Leaving Them Up," David Ingram, NBC News, May 29, 2020.

47 "Show Me State of Mind," Jelani Cobb, *This American Life* 671, March 29, 2019.

48 Tweet by Andy Mannix (@andrewmannix), May 29, 2020. twitter.com/AndrewMannix/status/1266253783408930816. As if to underscore that his antagonists perhaps had the wrong man, Mannix later shared a Pulitzer Prize for the *Minneapolis Star Tribune 's* reporting on the police abuses that had inspired the protests.

49 Tweet by Max Blumenthal (@MaxBlumenthal), May 30, 2020. Since deleted.

50 "Facebook Promoted Extremism Leading to Federal Officer Dave Patrick Underwood's Murder: Lawsuit," Aaron Katersky, ABC News, January 6, 2020.

51 Tweet by Lauren Tan (@sugarpirate_), June 1, 2020. twitter.com/sugarpirate_/status/1266470996162146304

52 "How Facebook Is Undermining 'Black Lives Matters,' " *The Daily, a New York Times* podcast, June 22, 2020.

53 "Zuckerberg Once Wanted to Sanction Trump. Then Facebook Wrote Rules that Accommodated Him," Elizabeth Dwoskin, Craig Timberg, Tony Romm, *Washington Post*, June 28, 2020.

54 "Facebook's Tipping Point," Judd Legum, Popular Information, June 27, 2020.

55 "Banning a Violent Network in the US," Facebook Newsroom, About.fb.com, June 30, 2020.

56 "YouTube Bans Stefan Molyneux, David Duke, Richard Spencer, and More for Hate Speech," Julia Alexander, *The Verge*, June 29, 2020.

57 "Reddit Bans The_Donald, Forum of Nearly 800,000 Trump Fans, over Abusive Posts," Bobby Allyn, NPR, June 29, 2020.

58 " 'Facebook Is Hurting People at Scale,' " Ryan Mac and Craig Silverman, *BuzzFeed News*, July 23, 2020.

59 "Facebook Fails to Appease Organizers of Ad Boycott," Mike Isaac and Tiffany Hsu, *New York Times*, July 7, 2018. "When a Critic Met Facebook: 'What They're Doing Is Gaslighting,' " Charlie Warzel, *New York Times*, July 9, 2020.

60 "Facebook's Civil Rights Audit — Final Report," Laura W. Murphy and the law firm Relman Colfax, About.fb.com, July 8, 2020.

61 Ibid.

62 Data from Crowdtangle.com.

63 "Nancy Pelosi Wonders How Top Facebook Employees Can 'Look Themselves in the Mirror'

because They 'Make Money Off Poison,' " Avery Hartmans, *Business Insider*, September 21, 2020.

64 "New Steps to Protect the US Elections," Facebook Newsroom, About.fb.com, September 3, 2020.

65 Tweet by @instagramcommes, October 29, 2020. mobile .twitter.com/InstagramComms/status/1321957713476280320

66 "With Election Day Looming, Twitter Imposes New Limits on U.S. Politicians — and Ordinary Users, Too," Elizabeth Dwoskin and Craig Timberg, *Washington Post*, October 9, 2020.

67 "Additional Steps We're Taking Ahead of the 2020 US Election," Vijaya Gadde and Kayvon Beykpour, Twitter corporate blog, October 9, 2020.

68 "Facebook Amps Up Its Crackdown on QAnon," Sheera Frenkel, *New York Times*, October 6, 2020. "Twitter, in Widening Crackdown, Removes over 70,000 QAnon Accounts," Kate Conger, *New York Times*, January 11, 2021.

69 "YouTube Tightens Rules on Conspiracy Videos, but Stops Short of Banning QAnon," Jennifer Elias, CNBC, October 15, 2020.

70 Social Media in 2020: Incitement, Counteraction report, November 25, 2020.

71 "Marjorie Taylor Greene Indicated Support for Executing Prominent Democrats in 2018 and 2019 before Running for Congress," Em Steck and Andrew Kaczynski, CNN, January 26, 2021.

72 "The Rise and Fall of the 'Stop the Steal' Facebook Group," Sheera Frenkel, *New York Times*, November 5, 2020.

73 "Richard Barnett, Arkansas Man Pictured Sitting at Nancy Pelosi's Desk, Arrested," The Associated Press, January 8, 2021.

74 "Save Our Children Raises over $1,000 for Nonprofit," *Westside Eagle Observer*, October 28, 2020.

75 "Capitol Attack Was Months in the Making on Facebook," *Tech Transparency Project Report*, January 19, 2021.

76 Data from Crowdtangle.com.

77 "No Evidence Ballots Were Smuggled into Detroit Counting hub," Clara Hendrickson, *Detroit Free Press*, November 5, 2020.

78 "Critics Call Gary Franchi's YouTube Channel, the Next News Network, a Hive of Conspiracy Theories. So How Has It Survived the Platform's Conspiracy Crackdown?" John Keilman, *Chicago Tribune*, October 31, 2020.

79 Tweet by @j_epp_, November 4, 2020. Since deleted.

80 Tweet by @breaking911, November 5, 2020. Since deleted.

81 "Internal Alarm, Public Shrugs: Facebook's Employees Dissect Its Election Role," Ryan Mac and Sheera Frenkel, *New York Times*, October 22, 2021.

82 Tweet by Guillaume Chaslot (@gchaslot), December 3, 2020. twitter.com/gchaslot/status/1334615047197380610

83 "Election Fraud Narrative," *Transparency.tube Report*, November 17, 2020.

84 "YouTube Still Awash in False Voter Fraud Claims," *Tech Transparency Report*, December 22, 2020.

85 "Trump's Far- Right Supporters Promise Violence at Today's DC Protests," Jordan Green, *Raw Story*, January 6, 2021.

86 "On Far- Right Websites, Plans to Storm Capitol Were Made in Plain Sight," Laurel Wamsley, NPR, January 7, 2021.

87 Green, January 6, 2021.

88 Swaine, April 2021.

89 "Richard Barnett Benton County Republican Rally," KNWA Fox 24, January 6, 2021.

90 "How the Insurgent and MAGA Right Are Being Welded Together on the Streets of Washington D.C.," Robert Evans, Bellingcat.com, January 5, 2021.

91 Ibid.

92 "What Does 'Pedes' Mean?" naterich_stl, Reddit, March 16, 2019.

93 Evans.

94 "Capitol Police Told to Hold Back on Riot Response on Jan. 6, Report Finds," Luke Broadwater, *New York Times*, April 13, 2021.

95 "West Virginia Lawmaker Records Himself Storming the U.S. Capitol: 'We're in!' " The Associated Press, January 7, 2021.

96 Criminal complaint, *United States of America v. Derrick Evans*, Case 1:21-CR-337, January 8, 2021.

97 Criminal complaint, *United States of America v. Jenny Cudd*, Case 1:21-cr-00068- TNM, October 13, 2021.

98 Criminal complaint, *United States of America v. Thomas Edward Caldwell, Donovan Ray Crowl, and Jessica Marie Watkins*, Case 1:21-mj-00119, January 19, 2021.

99 Criminal complaint, United States of America v. Peter Francis Stager, Case 1:21-mj-00057, January 14, 2021.

100 Criminal complaint, United States of America v. Dominic Pezzola, Case 1:21-mj-00047, January 13, 2021.

101 "The Proud Boy Who Smashed a US Capitol Window Is a Former Marine," Tess Owen and Mack Lamoureux, Vice News, January 15, 2021.

102 "The Radicalization of Kevin Greeson," Connor Sheets, Pro-Publica and *Birmingham News*, January 15, 2021.

103 "Death of QAnon Follower at Capitol Leaves a Wake of Pain," Nicholas Bogel- Burroughs and Evan Hill, *New York Times*, May 30, 2021.

104 "The Story of the Man Who Filmed Ashli Babbitt's Death," Samuel Benson, *Deseret News*, August 11, 2021.

105 "John Sullivan, Who Filmed Shooting of Ashli Babbitt in Capitol, Detained on Federal Charges," Robert Mackey, *The Intercept*, January 14, 2021.

106 "Twitter, Facebook Freeze Trump Accounts as Tech Giants Respond to Storming of U.S. Capitol," Elizabeth Culliford, Katie Paul, and Joseph Menn, Reuters, January 6, 2021.

107 "Facebook Forced Its Employees to Stop Discussing Trump's Coup Attempt," Ryan Mac, *BuzzFeed News*, January 6, 2021.

108 "Alphabet Workers Union Statement on Yesterday's Insurrection," Alphabet Workers Union, January 7, 2021.

109 Tweet by Chris Sacca (@sacca), January 6, 2021. twitter.com/sacca/status/1346921144859783169

110 "Joe Biden," The Editorial Board, *New York Times*, January 17, 2020.

111 Tom Malinowski and Anna G. Eshoo to Mark Zuckerberg, January 21, 2021. malinowski.house.

gov/sites/malinowski.house.gov/files/Letter%20to%20Facebook%20 — %20Malinowski_Eshoo__nal_0.pdf

112 Tom Malinowski and Anna G. Eshoo to Sundar Pichai and Susan Wojcicki, January 21, 2021. malinowski.house.gov/sites/malinowski.house.gov/files/Letter%20to%20YouTube%20 — %20Malinowski_Eshoo__ nal_0.pdf

113 Post by Ron Watkins (@codemonkeyz), Telegram, January 20, 2021.

114 Ibid.

115 Post by Pillow, 8kun, January 20, 2021. archive.is/lG6er

116 Post by StartAgain, Greatawakening.win, January 20, 2021.

117 Post by FL350, Greatawakening.win, January 20, 2021.

118 Post by Bubba1776, Greatawakening.win, January 20, 2021.

119 Ibid.

마치며 – 내부 고발

1 "Facebook to Stop Recommending Civic and Political Groups," BBC News, January 28, 2021.

2 "Facebook Said It Would Stop Pushing Users to Join Partisan Political Groups. It Didn't," Leon Yin and Alfred Ng, The Markup, January 19, 2021.

3 "Facebook Says 'Technical Issues' Were the Cause of Broken Promise to Congress," Alfred Ng and Leon Yin, The Markup, February 12, 2021.

4 "Facebook Reverses Postelection Algorithm Changes that Boosted News from Authoritative Sources," Kevin Roose, The New York Times, December 16, 2020.

5 "An Update on the Georgia Runoff Elections," Sarah Schiff, About .fb.com, December 15, 2020.

6 "In Georgia, Facebook's Changes Brought Back a Partisan News Feed," Corin Faife, The Markup, January 5, 2021.

7 "Facebook Ends Ban on Political Advertising," Mike Isaac, The New York Times, March 3, 2021.

8 "Facebook's Sandberg Deflected Blame for Capitol Riot, but New Evidence Shows How Platform Played Role," Elizabeth Dwoskin, Washington Post, January 13, 2021.

9 "Banning President Trump Was the Right Decision, Says Instagram's Adam Mosseri," Nilay Patel, The Verge, January 19, 2021.

10 "You and the Algorithm: It Takes Two to Tango," Nick Clegg, Medium.com, March 31, 2021.

11 Trending in the Wrong Direction: Social Media Platforms' Declining Enforcement of Voting Disinformation, Common Cause Report, September 2, 2021.

12 Breaching the Mainstream: A National Survey of Far-Right Membership in State Legislatures, Institute for Research and Education on Human Rights, May 2022.

13 "Florida GOP pushes 'intellectual diversity' survey for colleges," Ana Ceballos, The Tampa Bay Times, April 6, 2021.

14 "Voting Machine Missing after Michigan Clerk Stripped of Election Power," Jonathan Oosting, Bridge Michigan, October 28, 2021. "Several Interruptions from Tina Peters Caused Commissioners to Almost Throw Peters Out of Public Hearing," Western Slope Now, October 25, 2021.

15 "QAnon candidates are on the ballot in 26 states," Steve Reilly, et al., Grid, April 12, 2022.

16 "Surgeon General Assails Tech Companies over Misinformation on Covid-19," Sheryl Gay Stolberg and Davey Alba, *New York Times*, July 15, 2021.

17 " 'They're Killing People': Biden Denounces Social Media for Virus Disinformation," Zolan Kanno-Youngs and Cecilia Kang, *New York Times*, July 16, 2021.

18 *Investigation of Competition in Digital Markets*, House Subcommittee on Antitrust, Commercial and Administrative Law, October 6, 2020.

19 "Can Australia Force Google and Facebook to Pay for News?" Celina Ribeiro, *Wired*, August 30, 2020.

20 Digital News Report: Australia 2020, University of Canberra News & Media Research Centre, 2020.

21 "Facebook's New Look in Australia: News and Hospitals Out, Aliens Still In," Damien Cave, *New York Times*, February 18, 2021.

22 Tweet by Evelyn Douek (@evelyndouek), February 17, 2021. twitter.com/evelyndouek/status/1362171044136710144

23 Tweet by Sophie McNeill (@sophiemcneill), February 17, 2021. twitter.com/Sophiemcneill/status/1362187114431975426

24 Tweet by Anthony Albanese (@albomp), February 17, 2021. twitter.com/AlboMP/status/1362177819304812544

25 "Meta Says It May Shut Down Facebook and Instagram in Europe over Data- Sharing Dispute," Sam Shead, *CNBC*, February 7, 2022.

26 "We're Fine without Facebook, German and French Ministers Say," William Horobin and Zoe Schneeweiss, *Bloomberg News*, February 7, 2022.

27 How Tech Workers Feel about China, AI and Big Tech's Tremendous Power," Emily Birnbaum and Issie Lapowsky, *Protocol*, March 15, 2021.

28 "Inside the Big Facebook Leak," Ben Smith, *New York Times*, October 24, 2021.

29 "The education of Frances Haugen: How the Facebook Whistleblower Learned to Use Data as a Weapon from Years in Tech", Cat Zakrzewski and Reed Albergotti, *Washington Post*, October 11, 2021.

30 "Whistleblower: Facebook Is Misleading the Public on Progress against Hate Speech, Violence, Misinformation," Scott Pelley, *60 Minutes*, October 4, 2021.

31 Frances Haugen Opening Statement, Senate Hearing on Children and Social Media, October 5, 2021.

32 Zakrzewski and Albergotti, October 2021.

뒷이야기

1 *Social Media Seen as Mostly Good for Democracy Across Many Nations, But U.S. is a Major Outlier*, Pew Research Center, December 6, 2022.

2 CGO Tech Poll, Utah State University Center for Growth and Opportunity, February 2023.

3 *Automating Automaticity: How the Context of Human Choice Affects the Extent of Algorithmic Bias*, Amanda Agan et al., Becker Friedman Institute for Economics at the University of Chicago, February 2023.

4 "Emotional Contagion: Research on the Influencing Factors of Social Media Users' Negative

Emotional Communication During the COVID-19 Pandemic," Dan Lu and Dian Hong, *Frontiers in Psychology*, July 2022.

5   "Meta Fined $1.3 Billion for Violating E.U. Data Privacy Rules," Adam Satariano, *New York Times*, May 22, 2023.

6   "Facebook Parent Meta Platforms Cuts Responsible Innovation Team," Jeff Horwitz, *Wall Street Journal*, September 8, 2022.

7   "Trump expresses support for Capitol rioters as he continues to embrace extremist groups," Kristen Holmes, CNN.com, December 2, 2022.

8   "YouTube reverses misinformation policy to allow U.S. election denialism," Sara Fischer, *Axios*, June 2, 2023.

9   "Ending Suspension of Trump's Accounts With New Guardrails to Deter Repeat Offenses," Nick Clegg, Meta Newsroom, January 25, 2023.

10 Interview with Dove Cameron, *Zach Sang Show*, November 15, 2022.

11 *Teens, Social Media and Technology 2022*, Pew Research Center, August 10, 2022.

12 "Teens have less face time with their friends–and are lonelier than ever," Jean Twenge, *The Conversation*, March 20, 2019.

13 Ibid.

14 " 'Listen to Us.' What These 12 Kids Want Adults to Know," Ariel Kaminer and Adrian J. Rivera, *New York Times*, March 21, 2023.

15 " 'Luddite' Teens Don't Want Your Likes," Alex Vadukul, *New York Times*, December 15, 2022.

16 "Screen time stats 2019," Jory MacKay, *RescueTime* March 21, 2019.

17 "We spent nearly 5 hours a day on our mobile devices in 2021," Allison Murray, ZD Net, January 13, 2022.

18 "Venture capitalists urge startups to withdraw funds from crisis-laden Silicon Valley Bank," Ryan Browne and Hugh Son, CNBC, March 10, 2023.

19 All statistics in this and the next paragraph from: "Venture Capital: Surviving the VC Winter," Jason Kardachi et al., Kroll, March 15, 2023. "How the titans of tech investing are staying warm over the VC winter," *The Economist*, February 26, 2023.

20 "Global tech layoffs have surpassed 201,000 since the start of 2023," James Rogers, MarketWatch, June 2, 2023.

21 "How TikTok broke social media," *The Economist*, March 21, 2023.

22 "Mark Zuckerberg Would Like You to Know About His Workouts," Joseph Bernstein, *New York Times*, June 2, 2023.

23 "TikTok vs Douyin: A Security and Privacy Analysis," Pellaeon Lin, Citizen Lab, University of Toronto, March 22, 2021.

24 "My statement on TikTok's continuing references to Citizen Lab research," Ronald Deibert, Citizen Lab, March 23, 2023.

25 *The Economist*, 2023.

26 "Project Texas: The Details of TikTok's Plan to Remain Operational in the United States," Matt Perault and Samm Sacks, LawFare, January 26, 2023.

27 "420 is not a joke, Elon Musk testifies," Kylie Robison, *Fortune*, January 23, 2023.

28 "Looming Twitter interest payment leaves Elon Musk with unpalatable options," Tabby Kinder et al., *Financial Times*, January 16, 2023.

29 Ibid.

30 "Two Weeks of Chaos: Inside Elon Musk's Takeover of Twitter," Kate Conger et al., *New York Times*, November 11, 2022.

31 "Elon Musk apologizes after mocking laid-off Twitter employee with disability," Associated Press, March 8, 2023.

32 "In latest round of Twitter cuts, some see hints of its next CEO," Zoë Schiffer and Casey Newton, Platformer, February 27, 2023.

33 "Elon Musk, in a Tweet, Shares Link From Site Known to Publish False News," Kurtis Lee, *New York Times*, October 30, 2022.

34 "Twitter's U.S. Ad Sales Plunge 59% as Woes Continue," Ryan Mac and Tiffany Hsu, *New York Times*, June 5, 2023.

35 "Elon Musk's Texts Shatter the Myth of the Tech Genius," Charlie Warzel, *The Atlantic*, September 30, 2022.

36 "Your Creativity Won't Save Your Job From AI," Derek Thompson, *The Atlantic*, December 1, 2022.

37 "AI Can Now Make You Immortal — But Should It?" Bernard Marr, *Forbes*, February 21, 2023.

38 Tweet by @aisolopreneur, June 3, 2023. twitter.com/aisolopreneur/status/1664970492074250245

39 "Can We Enhance AI Safety By Teaching AI To Love Humans And Learning How To Love AI?" Alex Zhavoronkov, *Forbes*, March 28, 2023.

40 "Experts are warning AI could lead to human extinction. Are we taking it seriously enough?" Oliver Darcy, CNN, May 31, 2023.

41 "A Conversation With Bing's Chatbot Left Me Deeply Unsettled," Kevin Roose, *New York Times*, February 16, 2023.

42 Tweet by Michael Bang Petersen (@M_B_Petersen), February 20, 2023. twitter.com/M_B_Petersen/status/1627597746269048839

찾아보기